Empirically Oriented Theoretical Morphology and Syntax

Chief Editor: Stefan Müller
Consulting Editors: Berthold Crysmann, Laura Kallmeyer

In this series:

1. Lichte, Timm. Syntax und Valenz: Zur Modellierung kohärenter und elliptischer Strukturen
   mit Baumadjunktionsgrammatiken

# Syntax und Valenz

Zur Modellierung kohärenter und elliptischer Strukturen mit Baumadjunktionsgrammatiken

Timm Lichte

Freie Universität Berlin

# Inhaltsverzeichnis

# Danksagung

Dieses Buch ist eine leicht überarbeitete Fassung meiner Doktorarbeit, die ich im November 2013 an der Philosophischen Fakultät der Eberhard-Karls-Universität Tübingen verteidigen durfte. Besonderer Dank gilt daher zuerst meinen Betreuern Laura Kallmeyer und Detmar Meurers, die mich fürsorglich und vertrauensvoll durch den Promotionsprozess gelotst haben.

Die Doktorarbeit entstand größtenteils in Laura Kallmeyers Emmy-Noether-Nachwuchsgruppe in Tübingen, finanziert durch die Deutsche Forschungsgemeinschaft (DFG). Laura hat es verstanden, dort eine familiäre, anregende und experimentierfreudige Atmosphäre zu schaffen, wozu auch Johannes Dellert, Kilian Evang, Miriam Käshammer, Wolfgang Maier und Yannick Parmentier erheblich beigetragen haben. Ihnen allen möchte ich dafür sehr danken. Insbesondere mit Wolfgang über längere Zeit ein Büro zu teilen, war einfach ein ungeheurer Glücksfall – fachlich, menschlich und musikalisch. Bedanken möchte ich mich auch bei Piklu Gupta, Wolfgang Maier, Daniela Marzo, Yannick Parmentier, Georg Rehm, Oliver Schonefeld, Holger Wunsch und Thomas Zastrow für ihre regelmäßige Teilnahme am Mittwochsstammtisch. Mein Dank gilt außerdem Beate Starke, die, vom Sekretariat der Sonderforschungsbereiche 441 und 833 aus, organisatorische Steine jeglicher Größe mit einem Lächeln aus dem Weg geräumt hat.

Abgeschlossen habe ich die Doktorarbeit am Institut für Sprache und Information und am Sonderforschungsbereich 991 der Universität Düsseldorf. Ich möchte dem Kollegenkreis dort für die freundliche Aufnahme danken, die dafür gesorgt hat, dass Düsseldorf schnell zu einer neuen Heimat geworden ist.

Außerdem bin ich Andreas Konietzko und Stefan Müller dankbar für ausführliche fachliche Hilfestellungen, Anders Søgaard für die entscheidende terminologische Schützenhilfe, und Lucas Champollion und Albert Ortmann für allerlei Hinweise. Im Zuge der Veröffentlichung bei Language Science Press hatte ich das Glück, dass sich Kim Gerdes, Stefan Müller und Owen Rambow den Text nochmals kritisch vorgenommen haben. Ihre Anmerkungen habe ich zu berücksichtigen versucht, aber selbstverständlich liegt die Verantwortung für die alten und neuen Unzulänglichkeiten ausschließlich bei mir.

*Danksagung*

Es ist bei einer Doktorarbeit naturgemäß leicht zu sagen, wann alles ein Ende gefunden hat; die Anfänge sind dagegen vielfältig und verlieren sich irgendwo im Nebel der Erinnerungen. Was die Zeit vor der Emmy-Noether-Nachwuchsgruppe betrifft, möchte ich aber Frank Richter und Manfred Sailer hervorheben. Nicht nur wegen ihrer Begeisterung für formale Grammatiken und Grammatiktheorie, die mich angesteckt hat, sondern auch weil sie im entscheidenden Moment an mich gedacht haben. Ohne ihre Vermittlung wäre dieses Buch wohl nicht entstanden.

Ganz sicher hätte ich dieses Buch nicht geschrieben, wenn Verena mir nicht über all die Jahre ihre Liebe, Zuversicht und dann noch Henning, Marlene und Clemens geschenkt hätte. Ohne Dich wäre alles nichts.

# Abkürzungsverzeichnis

| | |
|---|---|
| ARG | Argumenthaftigkeit |
| ASSOZ | Assoziiertheit |
| BET | Beteiligtheit |
| CCG | Combinatorial Categorial Grammar |
| CETM | Condition on Elementary Tree Minimality |
| CFG | Context-Free Grammar, kontextfreie Grammatik |
| CG | Categorial Grammar, Kategorialgrammatik |
| DG | Dependenzgrammatik |
| DTG | D-Tree Grammar |
| EHC | External Homogeneity Condition |
| EXO | Exozentrizität |
| FOSP | Formale Spezifität |
| FTH | Fundamental TAG Hypothesis |
| GB | Government-and-Binding Theory |
| HPSG | Head-Driven Phrase Structure Grammar |
| ID/LP | Immediate Dominance/Linear Precendence |
| INSP | Inhaltliche Spezifität |
| LCFRS | Linear Context-Free Rewriting Systems |
| LF | Logische Form |
| LFG | Lexical Functional Grammar |
| LTAG | Lexicalized Tree Adjoining Grammar |
| MCS | Mild Context-Sensitivity, schwache Kontextsensitivität |
| MCTAG | Multi-Component Tree Adjoining Grammar |
| MG | Minimalist Grammar |
| NL-MCTAG | Non-Local MCTAG |
| NOT | Notwendigkeit |
| NPI | Negative Polarity Item |
| OFR | Oberfeldregel |
| PF | Phonetische Form |
| PPI | Positive Polarity Item |
| RNR | Right-Node-Raising |

| | |
|---|---|
| **RRG** | Role-and-Reference Grammar |
| **SCC** | Strong Co-occurrence Constraint |
| **SCC** | String Continuation Condition |
| **Seg-TAG** | Segmented Tree Adjoining Grammar |
| **STAG** | Synchronous Tree Adjoining Grammar |
| **STUG** | Synchronous Tree Unification Grammar |
| **SUBKLASS** | Subklassenspezifik |
| **SL-MCTAG** | Set-Local MCTAG |
| **SN-MCTAG** | TL-MCTAG with Shared Nodes |
| **TAG** | Tree Adjoining Grammar, Baumadjunktionsgrammatik |
| **TL-MCTAG** | Tree-Local MCTAG |
| **TT-MCTAG** | MCTAG with Shared Nodes and Tree Tuples |
| **TUG** | Tree Unification Grammar |
| **UFR** | Unterfeldregel |
| **VPE** | VP-Ellipse |
| **V-TAG** | Vector-MCTAG |
| **WCC** | Weak Co-occurrence Constraint |

# 1 Einführung und Überblick

> *Wo Sinn ist, muß vollkommene Ordnung sein.*
> *– Also muß die vollkommene Ordnung auch*
> *im vagsten Satze stecken.*
>
> Wittgenstein (1984: §98)

So gegensätzlich sie auch in vielerlei Hinsicht sein mögen – die meisten, wenn nicht alle, prominenten Syntaxmodelle[1] haben eines gemeinsam: Sie unterscheiden strukturell oder derivationell zwischen Valenzträgern (Köpfen, Regenten), Ergänzungen (Komplementen, Argumenten) und Angaben (Adjunkten, Modifizierern). Unabhängig davon, wie jeweils die syntaktische Struktur aussieht, die einem Satz wie (1) zugewiesen wird, es wird darin ein Unterschied gemacht zwischen *repariert* als dem Valenzträger, den Nominalphrasen *Peter* und *den Kühlschrank* als dessen Ergänzungen und dem Temporaladverb *heute* als dessen Angabe.

(1)     Peter repariert heute den Kühlschrank.

Dabei verläuft diese Unterscheidung nicht entlang morphologischer Klassen, was noch Tesnière im Sinn hatte, denn nicht alle Nominalphrasen gelten als Ergänzungen und nicht alle Adverbien als Angaben. Vielmehr kommen lexikalische, d. h. idiosynkratische Eigenschaften der Valenzträger ins Spiel, die die Einteilung in Ergänzungen und Angaben lizenzieren, nämlich deren Valenz.

Der Konsens in Bezug auf die Trichotomie der syntaktischen Einheiten in Abhängigkeit von Valenzeigenschaften scheint so breit und so wohlbegründet, dass die allermeisten formalgrammatischen Arbeiten ihre Modelle im Vertrauen auf deren weitgehende Unstrittigkeit und empirischen Gültigkeit errichten. Daran ist per se nichts Schlechtes, denn das wissenschaftliche Arbeiten, genauso wie

---

[1] Dazu zähle ich zumindest die Chomsky-Grammatiken, insbesondere die Government and Binding Theory (GB, Chomsky 1981), außerdem Dependenzgrammatik (DG, Tesnière 1959; Kunze 1975; Heringer 1996), Lexical Functional Grammar (LFG, Kaplan & Bresnan 1982), Combinatorial Categorial Grammar (CCG, Steedman 2000), Head-Driven Phrase Structure Grammar (HPSG, Pollard & Sag 1994), Tree Adjoining Grammar (TAG, Joshi & Schabes 1997), Minimalist Grammar (MG, Stabler 1997), Role and Reference Grammar (RRG, Van Valin 2005). Tatsächlich ist mir kein Syntaxmodell bekannt, auf das diese Zuschreibung nicht zutrifft.

das Denken im Allgemeinen, braucht unhinterfragte Axiome als Ausgangspunkt. Es stimmt aber auch, dass jedes Axiom den Blick in eine gewisse Richtung lenkt und Alternativen ausblendet.

Das vorliegende Buch hat den Zweck, genau diesen gemeinhin ausgeblendeten Konsens aufzugreifen, nämlich das intime Verhältnis zwischen Syntaxmodell und Valenzeigenschaften hinsichtlich seiner Grundlagen und Auswirkungen zu untersuchen und schließlich auch in Frage zu stellen. Die Forschungsfragen lauten genauer: Welchen Stellenwert haben Valenzeigenschaften in solchen Syntaxmodellen, welche Ausweichstrategien provoziert dieser Stellenwert bei der Modellierung bestimmter Phänomenklassen (nämlich Kohärenz und Ellipse), wie können diese Ausweichstrategien vermieden werden und wie könnte ein Syntaxmodell ohne direkten Valenzbezug aussehen?

Bei der Behandlung dieser Forschungsfragen stehen Syntaxmodelle im Vordergrund, die sich einer Baumadjunktionsgrammatik (Tree Adjoining Grammar, TAG) oder einer ihrer Weiterentwicklungen bedienen. Sie eignen sich in zweierlei Hinsicht besonders gut: zum einen als Anschauungsobjekte für den relativ direkten Reflex von Valenzeigenschaften in den syntaktischen Elementarstrukturen; zum anderen aber auch, um zu zeigen, dass die daraus resultierenden Ausweichstrategien zumindest teilweise vermeidbar sind und von der Wahl des Formalismus abhängen.

Das Buch ist folgendermaßen aufgebaut: Den Anfang macht Kapitel 2 mit einer allgemeineren Darstellung des klassischen Valenzbegriffs. Die grundsätzlichen Schwierigkeiten hinsichtlich Definition, Ermittlung und Realisierung haben bereits andere Autoren ausgiebig diskutiert und können im Wesentlichen referiert werden. Hinzu kommt allerdings die Bestimmung von Realisierungsidealisierungen, die in den meisten Syntaxmodellen mit internalisiertem Valenzkonzept wirksam sind: die Idealisierung der Kontinuität und die Idealisierung der Vollständigkeit.

Im Anschluss werden zwei Datenklassen thematisiert, die im Widerspruch mit diesen Idealisierungen stehen. Zuerst betrachte ich in Kapitel 3 eine Klasse diskontinuierlicher Valenzrahmenrealisierungen, sogenannte kohärente Konstruktionen. Kohärente Konstruktionen zeichnen sich dadurch aus, dass Ergänzungen unterschiedlicher Verben, die untereinander durch Statusrektion verbunden sind, in einem bestimmten topologischen Bereich relativ frei angeordnet werden können. Beispiele dafür sind in (2):

(2)    a.   Den Kühlschrank versucht Peter heute zu reparieren.

        b.   dass Peter den Kühlschrank heute versucht zu reparieren

        c.   dass den Kühlschrank Peter heute zu reparieren versucht

Vergleicht man die lineare Verteilung von Valenzträger, Ergänzung und Angabe
in Satz (2a) und (2b) mit der in Satz (1), dann stellt man fest, dass nun ein über-
geordneter Valenzträger, nämlich *versucht,* zwischen *zu reparieren* und seiner Ergänzung *den Kühlschrank* interveniert.[2] Diskontinuierlich ist die Valenzrealisierung von *zu reparieren* also aufgrund einer anderen Valenzrealisierung, die *zu
reparieren* als Ergänzung enthält. Die Intervention der Angabe *heute* ist dagegen
nicht hinreichend, sofern es sich um eine Angabe von *zu reparieren* handelt.

Nach den kohärenten Konstruktionen stehen in Kapitel 4 unvollständige Valenzrahmenrealisierungen im Fokus, besser bekannt als Ellipsen. Wenn man wieder von Satz (1), nun wiederholt als (3a), ausgeht, so öffnet sich abhängig vom
Kontext (z. B. in Frage-Antwort-Folgen) ein weites Feld der Ellipsemöglichkeiten,
die in (3b–g) angedeutet werden:

(3)    a.    Peter repariert heute den Kühlschrank.
        b.    Peter repariert heute ~~den Kühlschrank~~.
        c.    ~~Peter~~ Repariert heute ~~den Kühlschrank~~.
        d.    Peter ~~repariert~~ den Kühlschrank.
        e.    Peter ~~repariert den Kühlschrank~~.
        f.    ~~Peter repariert~~ Den Kühlschrank.
        g.    ~~Peter repariert~~ Heute ~~den Kühschrank~~.

Von dieser Ellipsemöglichkeit können prinzipiell alle Valenzrahmenbestandteile
betroffen sein, was die Idealisierung der Vollständigkeit konterkariert.

Die Wirksamkeit dieser beiden Idealisierungen erklärt wiederum die Mühe,
die die Modellierung von Kohärenz und Ellipse gemeinhin bereiten. Um dies an
einem konkreten Syntaxmodell zu demonstrieren, werde ich dann zum Framework der Baumadjunktionsgrammatiken greifen, das in Kapitel 5 ausführlich
eingeführt wird. Die bisherigen Anstrengungen, kohärente Konstruktionen im
Rahmen von TAG adäquat zu behandeln, werden anschließend in Kapitel 6 dargestellt, bevor ich in Kapitel 7 einen eigenen Vorschlag, der auf die TAG-Variante
TT-MCTAG zurückgreift, detailliert ausarbeite. Tatsächlich hebt dieses TT-MC-
TAG-Modell die Idealisierung der Kontinuität weitgehend auf.

Während kohärente Konstruktionen mittels TT-MCTAG adäquat modelliert
werden können (trotz der im Vergleich zu anderen Frameworks geringeren Ausdrucksstärke), besteht noch immer das Desideratum der Ellipsemodellierung. Kapitel 8 zeigt das Spektrum der Modellierungsstrategien, die dafür unter dem Dik-

---

[2] Das Nomen *Peter* wird aufgrund der Subjekt-Verb-Kongruenz oft als Ergänzung des Finitums
behandelt, kann aber gleichzeitig als eine Ergänzung von *zu reparieren* betrachtet werden.
In der vorliegenden Arbeit spielt diese Doppelfunktion eine untergeordnete Rolle. Siehe Abschnitt 2.4.2.

tat der Idealisierung der Vollständigkeit in früheren TAG-Arbeiten (aber nicht nur in TAG-Arbeiten) implementiert wurden. Dagegen fehlte bisher ein Ansatz, der sich von der Idealisierung der Vollständigkeit freimacht, vergleichbar mit der Aufgabe der Idealisierung der Kontinuität im TT-MCTAG-Modell. In Kapitel 9 stelle ich erstmals ein solches Syntaxmodell vor, nämlich die sogenannte synchrone Baumunifikationsgrammatik (STUG). Das Wittgenstein-Zitat, das dieses Kapitel eröffnet hat, drückt dessen Credo aus: Kohärenz und Ellipse sind nicht aus vollkommenen Ordnungen abgeleitet, sie sind an sich schon vollkommen.

Bevor es losgeht, möchte ich noch zwei Interessenschwerpunkte hervorheben, die die vorliegende Arbeit leiten. Zum einen besteht ein computerlinguistischer Interessenschwerpunkt: Ich interessiere mich für mathematisch-formal präzisierte Syntaxmodelle, die hinsichtlich der Analyse oder Generierung eines Satzes vollständig algorithmisierbar sind. Es muss also zumindest theoretisch möglich sein, auf Grundlage dessen eine sprachverarbeitende Software zu programmieren. Die Eigenschaften eines Syntaxmodells unter gewissen Implementierungsannahmen interessieren mich daher mindestens ebenso sehr wie die Plausibilität der Implementierungsannahmen selber.

Zum anderen legt diese Arbeit ihren empirischen Betrachtungsschwerpunkt auf das Deutsche. Das hat zwei Gründe: Erstens hält das Deutsche ein reichhaltiges, produktives Reservoir an Kohärenzmustern bereit, die darüber hinaus in zahlreichen exzellenten Arbeiten beschrieben worden sind; zweitens handelt es sich beim Deutschen um meine Muttersprache. Letzteres kommt dann zum Tragen, wenn ich mich in Kapitel 4 an eine Systematisierung elliptischer Phänomene wage, für die auf keine entsprechende Vorarbeit zurückgegriffen werden kann.

# Teil I

# Valenzbegriff und Valenzphänomene

# 2 Was ist Valenz?

Der Valenzbegriff und die Valenztheorie wurden in der neueren Forschung maßgeblich durch Tesnière (1959) initiiert und können mittlerweile auf eine reichhaltige Rezeptionsgeschichte zurückblicken.[1] Darauf in dieser Arbeit in gebüh-
rendem Maße einzugehen, wäre nicht nur sehr aufwändig, es wäre auch nicht
zielführend. Das Ziel ist nämlich, ein bestimmtes Valenzverständnis formal möglichst eindeutig zu charakterisieren, welches in den betrachteten Syntaxmodellen (in oft impliziter Weise) zum Ausdruck kommt. Damit werde ich mich in den
Abschnitten 2.1 und 2.2 beschäftigen. Eine natürliche Folge dieser formalen Charakterisierung ist auch, den Valenzbegriff von verwechslungsgefährdeten Konzepten wie Dependenz, Rektion oder logische Stelligkeit abzugrenzen.

Auf die formale Charakterisierung des Valenzbegriffs folgt in Abschnitt 2.3 ei-
ne Diskussion der Valenzermittlungsmethoden. Diese werden zwar im weiteren
Verlauf der Arbeit keine zentrale Rolle spielen, aber daran spiegeln sich nochmals
Eigenschaften und auch Schwierigkeiten des Valenzbegriffs.

Schließlich werden in Abschnitt 2.4 verschiedene Idealisierungen der Valenzrealisierung formuliert, die die Amalgamierung von Valenz und Syntax begleiten
und mit denen wir uns in der restlichen Arbeit intensiv auseinandersetzen werden.

## 2.1 Hinleitung zum Valenzbegriff

Beginnen möchte ich, um einen etwas weiteren Anlauf zu nehmen, mit der „Valenzidee" von Vilmos Ágel:

(1)    Valenzidee (Ágel 2000: 105):

      a.    Wörter – vor allem Verben – prädeterminieren die Satzstruktur.
(Ágel 2000: 7)

      b.    Relationale Sprachzeichen, die der Kategorie Verb angehören, haben
qua ihres Aktantenpotentials die Fähigkeit/Potenz, die semantische
und syntaktische Organisation des Satzes zu prädeterminieren.

---

[1] Siehe die Literaturangaben in Ágel (2000: 9).

In der Literatur wird auf die Valenz von nicht-verbalen Kategorien, etwa Substantiven und Adjektiven, nur selten eingegangen. Vermutlich weil dort die Prädetermination der syntaktischen Umgebung weniger ausgeprägt ist und etwa bei Substantiven im Allgemeinen ein „Valenzverlust durch Nominalisierung" (Ágel 2000: 61) vorliegt. Außerdem steht meist, wie auch bei anderen Syntaxtheorien, der Satz im Mittelpunkt des Interesses und damit verbunden auch das Verb, denn ihm wird bei der syntaktischen und semantischen Prädetermination des Satzes eine zentrale Rolle zugeschrieben. Die vorliegenden Arbeit macht da keine Ausnahme.

Wie die Prädetermination qua Valenz zu verstehen ist, führt Joachim Jacobs weiter aus:

> Mit dem Valenzkonzept sollen bestimmte mit einzelnen Wörtern verbundene und für sie spezifische Informationen darüber erfasst werden, in welchen Satzumgebungen sie unter welchen inhaltlichen Bedingungen vorkommen können. (Jacobs 2003: 378)

Prädeterminiert ist also der Satzgliedbestand bzw. die „mögliche Satzumgebung" oder die Verträglichkeit mit einer Satzumgebung, wie ich es hier nennen möchte, nicht aber die Linearisierung der Satzglieder, welche ja primär von deren syntaktischen Kategorie abhängt. Jacobs verdeutlicht dies anhand der folgenden Satzumgebungen:

(2)   a.   Er — .
      b.   Ihm — .
      c.   Er — die Tür.
      d.   Er — der Tür.
      e.   Er — die Tür mit einem Trick.
      f.   Er — ihr die Tür.
      g.   Die Tür — ihn.
      (Jacobs 2003: (1))

Es lässt sich beobachten, so Jacobs, dass Verben in ihrer Verträglichkeit mit den Satzumgebungen in (2) variieren. Das Verb *öffnet* lasse die Satzumgebungen (2a), (2c), (2e) und (2f) zu, wohingegen andere Verben wesentlich eingeschränkter platziert werden können: *erblickt* sei nur mit der Satzumgebung (2c) verträglich, und *schnarcht* nur mit (2a).[2] Diese Verträglichkeit bzw. Unverträglichkeit mit Satzumgebungen führt Jacobs auf Valenzeigenschaften der Verben zurück, die von an-

---

[2] Grund für die Unverträglichkeit von *erblickt* mit Satzumgebung (2g) sei, so Jacobs, eine Folge der „semantischen Repräsentation" des Verbs, welche einen belebten Agens fordere. Wir

deren Faktoren der Satzumgebungsselektion, etwa der Subjekt-Verb-Kongruenz, unterschieden werden müsse. Wie wir gleich sehen werden, muss man auch das bloße Rektionspotential als eigenständigen Selektionsfaktor begreifen.

Führt man die Jacobs'sche Herleitung des Valenzkonzepts anhand möglicher Satzumgebungen fort, so kann man feststellen, dass für die Verträglichkeit eines Verbs mit einer bestimmten Satzumgebung die anderen Satzglieder nicht gleichermaßen relevant sind. Fügt man beispielsweise den Sätzen in (2) die temporale Bestimmung *nach Mitternacht* hinzu, dann ändert sich am Verträglichkeitseindruck für *öffnet, erblickt* und *schnarcht* nichts:

(3)    a.    Er — nach Mitternacht.
          b.    Ihm — nach Mitternacht.
          c.    Er — die Tür nach Mitternacht.
          d.    Er — der Tür nach Mitternacht.
          e.    Er — die Tür mit einem Trick nach Mitternacht.
          f.    Er — ihr die Tür nach Mitternacht.
          g.    Die Tür — ihn nach Mitternacht.

*nach Mitternacht* ist also weniger relevant für die Satzumgebungsselektion als z. B. *die Tür*. Diese Relevanzdiskrepanz schlägt sich in einer dichotomischen Kategorisierung der das Verb umgebenden Satzglieder nieder: Das verträglichkeitsrelevante Satzglied *die Tür* wird als ERGÄNZUNG (bzw. Komplement) bezeichnet, und das verträglichkeitsirrelevante Satzglied *nach Mitternacht* als ANGABE (bzw. Adjunkt), wobei dann die Zuordnung E/A-KLASSIFIKATION genannt wird.[3] Demzufolge besitzt *öffnet* in der Satzumgebung (3c) zwei Ergänzungen, *er* und *die*

---

werden diese Eigenschaft weiter unten als Valenzbeziehung INSP behandeln. „Zunächst rätselhaft" sei dagegen die Unverträglichkeit von *erblickt* und (2e). Jacobs erklärt diese mit einer Unverträglichkeit der „sortalen Forderung" bezüglich der beschriebenen Situationen: *erblickt* beschreibe Situationen ohne Handlungsmoment, d. h. „ihr Eintreten wird vom jeweiligen Subjekt nicht aktiv und intentional herbeigeführt" (Jacobs 2003: 382). Dagegen könne *mit einem Trick* „sinnvoll nur auf Situationen angewandt werden, die Handlungen sind".

[3] Die Terminologie ist alles andere als einheitlich, siehe Storrer (2003: 766). Tesnière unterscheidet im Rahmen seiner Drama-Metaphorik zwischen valenzgebundenen „actants" und valenzungebundenen „circonstants". In der englischsprachigen Literatur trifft man dagegen in der Regel auf „arguments" und „complements" auf der einen und „adjuncts" und „modifiers" auf der anderen Seite. Zu beachten ist hier, dass das Subjekt oft nicht zu den „complements" gerechnet wird (Müller 2010: 25), dass also die „complements" in den „arguments" echt enthalten sein können (siehe dazu auch Fußnote 42). In der germanistischen Forschungstradition ist dagegen die Unterscheidung zwischen Ergänzungen und Angaben weit verbreitet, insbesondere in den Arbeiten, die dieser Darstellung zugrundeliegen. Im Folgenden verwende ich die Termini Ergänzung, Komplement und (syntaktisches) Argument synonym.

*Tür*, und die Angabe *nach Mitternacht*. Betrachtet man aber auch das Verb *öffnet* in der Satzumgebung (3a), mit der es ebenfalls verträglich ist, fällt sogleich auf, dass eine Ergänzung nicht immer realisiert sein muss, denn nun fehlt das Akkusativobjekt *die Tür*. Man spricht in diesem Fall von einer FAKULTATIVEN ERGÄNZUNG. Dass es daneben auch OBLIGATORISCHE ERGÄNZUNGEN gibt, zeigt sich in der für *öffnet* unverträglichen Satzumgebung (3b), dessen Unverträglichkeit wohl mit dem Fehlen eines Subjekts zu erklären ist. Als obligatorische Ergänzungen können auch andere Kategorien auftreten, etwa Akkusativobjekte, was sich bei Einsetzung von *erblickt* beobachten lässt: Fehlt hier die Ergänzung *die Tür* wie in der Satzumgebung (3a), dann erscheint der Satz nicht wohlgeformt. Die Entscheidung, ob eine Ergänzung obligatorisch oder fakultativ ist, wird gemeinhin als O/F-KLASSIFIKATION bezeichnet.

Die Realisierungsnotwendigkeit als Kriterium der o/f-Klassifikation von Ergänzungen ist allerdings mit Vorsicht zu genießen. Konstruktionsbedingt kann auch eine vermeintlich obligatorische Ergänzungen weggelassen werden, z. B. das Subjekt bei der Vorfeldellipse in (4b) und beim Imperativ in (5):

(4)    Und was macht Peter?

       a.    Er öffnet die Tür.

       b.    Öffnet die Tür.

(5)    Öffne die Tür!

Darüber hinaus gibt es noch umfassendere Ellipseformen wie das Gapping in (6b), die jegliche Obligatheitsansprüche von Bestandteilen des Valenzrahmens zu konterkarieren scheinen:

(6)    Und was öffnet Peter?

       a.    Er öffnet die Tür.

       b.    Die Tür.

Solche Ellipsephänomene stellen eine besondere Herausforderung für Valenztheorien und deren Syntaxmodellierung dar und stehen daher in dieser Arbeit im Zentrum des Interesses. Eine eingehende Darstellung des Phänomens findet sich in Kapitel 4.

Die Betrachtung von Satzumgebungsalternativen stellt nur eine der Möglichkeiten dar, die E/A-Klassifikation empirisch-theoretisch zu fundieren. Im nächsten Abschnitt werde ich diesen Ansatz der Subklassenspezifik (SUBKLASS) zuordnen. Darüber hinaus kursiert in der Literatur eine Vielzahl weiterer Valenzkriterien bzw. Valenzbeziehungen – Jacobs (1994b) nennt derer sieben – was Ausdruck der Schwierigkeit ist, den Valenzbegriff auf eine einzelne empirisch-theoretische Größe zurückzuführen. Die exakte Bestimmung, Rechtfertigung und Anwendung jeder dieser Valenzbeziehungen ist keine leichte Aufgabe und soll in dieser Arbeit auch gar nicht geleistet werden. Ich werde stattdessen überblicksartig markante Begriffe, Probleme und Perspektiven vortragen, um der Vielschichtigkeit und Unschärfe des Valenzbegriffs gerecht zu werden. Ich strukturiere die weiteren Ausführungen zur Valenztheorie anhand der drei Problemkomplexe, die Storrer (1992: 23) identifiziert hat:

1. Problem der Begriffsklärung
2. Problem der Valenzermittlung (E/A-Klassifikaktion)
3. Problem der Valenzrealisierung (o/f-Klassifikation)

Das Problem der Begriffsklärung wird im nächsten Abschnitt Thema sein. An dessen Ende wird trotz der widrigen Umstände eine exakte Formalisierung der Valenzeigschaften von Verben unternommen, die die wesentlichen Intuitionen des Jacobs'schen Valenzbegriffs aufnimmt. In engem Zusammenhang mit dem Problem der Begriffsklärung steht das Problem der Valenzermittlung, dem wir uns in Abschnitt 2.3 zuwenden. Schließlich wird in Abschnitt 2.4 auf das Problem der Valenzrealisierung eingegangen, woran sich die Formulierung dreier Idealisierungen der Valenzrealisierung anschließt.

## 2.2 Problem der Begriffsklärung

Ágels Valenzidee und Jacobs „gemeinsamer Nenner" des Valenzkonzepts gehen von einer irgendwie gearteten verbbestimmten Strukturierung der Satzsyntax bzw. Satzsemantik aus. Diese Strukturierung vollzieht sich anhand der dichotomischen Klassifizierung der Ko-Satzglieder des Verbs in Ergänzungen oder Angaben (E/A-Klassifikation). Die Klärung des Valenzbegriffs bedeutet also die Klärung folgender Fragen:

1. Was ist der Unterschied zwischen Ergänzungen und Angaben? D. h. was ist die spezifische Beziehung zwischen Ergänzung und Valenzträger?

2. Warum gibt es diesen Unterschied?

Was die erste Frage betrifft, so möchte ich mich hauptsächlich an die Arbeit von Joachim Jacobs, vor allem Jacobs (1994b), halten.[4] Jacobs entwirft und verteidigt

---

[4] Für einen kurzen historischen Überblick über die Entwicklung der verschiedenen Valenzbegriffe ist Helbig (1973: 208-215) zu empfehlen. Eine neuere, gerafftere Darstellung des Jacobs'schen Ansatzes findet man auch in Zifonun (2003: 369ff).

hier einen multidimensionalen Ansatz, der sich deutlich von dem bis dahin in der germanistischen Forschungstradition vorherrschenden Ziel, Valenz auf eine einzelne Valenzbeziehung zu reduzieren, absetzt. Die dort formulierten mono- und bidimensionalen Erklärungsversuche seien letztlich erfolglos gewesen, haben sie doch zu einer „Aufsplitterung des Valenzbegriffs" geführt, ohne dass eine dominante Valenzbeziehung gefunden worden sei. Als Ursache für diese „Valenzmisere" diagnostiziert Jacobs das Ausgehen von falschen Prämissen, nämlich von der Homogenität des Valenzphänomens.[5] Stattdessen, so Jacobs, muss von einer Heterogenität des Valenzphänomens, also von einer Bündelung verschiedener Phänomene unter den Valenzbegriff ausgegangen werden, weshalb eine „Aufsplitterung des Valenzbegriffs" nur folgerichtig sei. Er favorisiert deshalb eine Nebeneinanderstellung von sieben gleichwertigen Valenzbeziehungen, die nicht notwendigerweise simultan vorliegen müssen, und die bereits aus monodimensionalen Erklärungsversuchen bekannt sind: Notwendigkeit (NOT), formale Spezifität (FOSP), inhaltliche Spezifität (INSP), Argumenthaftigkeit (ARG), Beteiligtheit (BET), Assoziiertheit (ASSOZ) und Exozentrizität (EXO).[6] Davon rückt Jacobs NOT, FOSP, INSP und ARG in das Zentrum seiner Betrachtungen, und so möchte ich es im Folgenden auch halten.[7] Diese vier Valenzbeziehungen sollen in gebotener Kürze und anhand der Explikationen in Jacobs (1994b: Kapitel 4) skizziert werden. Hinzunehmen werde ich allerdings die bereits erwähnte Subklassenspezifik (SUBKLASS).

---

[5] Eine andere falsche Prämisse sei es, von einer klaren Intuition auszugehen (Jacobs 1994b: Fußnote 8).

[6] Eine gegenteilige Schlussfolgerung aus dieser „Valenzmisere" zieht Vater (1978), der die Unterscheidung von Ergänzungen und Angaben als solche in Frage stellt. Vater zufolge gibt es keine Angaben, nur Ergänzungen, die verbspezifisch als obligatorisch oder fakultativ differenziert werden. In Jacobs' Terminologie: Vater beschränkt sich auf die NOT-Beziehung und lehnt also den ARG-gestützten Valenzbegriff ab. In eben diese Kerbe schlägt auch Storrer (1992) mit ihrem Konzept der Situationsvalenz (siehe Abschnitt 9.4). Später rückt Vater von dieser Position allerdings wieder ab und zeigt sich in Vater (1981: 227) von einem anderen Valenzkriterium überzeugt, das auf Höhle (1978) zurückgeht: „Ergänzungen sind die Konstituenten, deren Auftreten im Zusammenhang mit einem Verb nicht prädiktabel sind." Jacobs subsumiert dieses Kriterium unter FOSP (Jacobs 1994b: 44).

[7] Es ist unklar, so Jacobs, wie die BET-Beziehung einzuordnen ist. „Es liegt nahe, zu vermuten, daß sich BET deswegen nicht in einer konsistenten Weise in einer [Inklusions-]Hierarchie der B-Bindungen [d. h. Valenzbindungen] einordnen läßt, weil diese Relation eine qualitativ anderer Art der B-Bindung darstellt als die anderen Beziehungen." (Jacobs 1994b: 66)

## 2.2.1 NOT

NOT expliziert eine spezifischere Form der im letzten Abschnitt erwähnten Realisierungsnotwendigkeit, wobei Jacobs vorausschickt, dass *S* für „strukturell und semantisch disambiguierte Sätze" stünde.

(7)  **Notwendigkeit (NOT)**: Es „gilt für alle *S* und alle Konstituenten *X* und *Y* von *S*: NOT(*X,Y*) in *S* gdw. *X* aufgrund der lexikalischen Füllung von *Y* in *S* nicht weggelassen werden kann, ohne daß die dadurch entstehende Struktur bei gleichbleibender Interpretation von *Y* ungrammatisch wird". (Jacobs 1994b: 14)

Welchen syntaktischen Kategorien *X* und *Y* angehören, lässt Jacobs dagegen offen, so dass im Prinzip diese und die folgenden Explikationen nicht bloß auf die Verbvalenz anwendbar sind. Wenn man die Verbvalenz zugrunde legt (also *X* als Ergänzung und *Y* als Verb versteht), fallen zwei wesentliche Einschränkungen auf: Zum einen soll die Etablierung der NOT-Beziehung zwischen Ergänzung und Verb von der „lexikalischen Füllung" des Verbs abhängig sein, und nicht etwa von konstruktionsbedingten Eigenheiten des Satzes wie der Möglichkeit zur Ellipse; zum anderen ist NOT auch an eine bestimmte Interpretation des Verbs geknüpft. Ließe man, so Jacobs, beispielsweise das Objekt *Gerda* in (8) weg, dann änderte sich auch die Interpretation des Verbs. Dieses Datum sei deshalb ungeeignet für die Falsifikation von NOT(*Gerda, erschrecken*[a]).

(8)  a.  Peter wird Gerda erschrecken[a].
      b.  Peter wird erschrecken[p].
(Jacobs 1994b: 14f)

Zu beachten ist außerdem, dass NOT von einer Reihe anderer Notwendigkeitsbeziehungen abgegrenzt werden muss, die sich nicht an der Grammatikalität eines sprachlichen Ausdrucks festmachen, damit aber bei der Valenzermittlung verwechselt werden können. Storrer (1992: 105) zählt hierzu SEM-NOT (semantische Notwendigkeit), KOM-NOT (kommunikative Notwendigkeit) und TEX-NOT (textuelle Notwendigkeit).[8] Schließlich macht Storrer auch auf die grundsätzliche Problematik des Prädikats ‚ungrammatisch‘ aufmerksam. Der Anschein

---

[8]  Storrers Notwendigkeitstaxonomie erinnert an die Taxonomie der Unvollständigkeit bzw. der „Expansionserwartung" bei Kindt (1985). Kindt unterscheidet zwischen syntaktischer, semantischer und pragmatischer Expansionserwartung, die mit ebensolchen Formen der Unvollständigkeit korrelieren. Auch andere Autoren haben die Vielschichtigkeit des linguistischen Notwendigkeitskonzepts erkannt (vgl. Vater 1981: 226).

trügt also, dass NOT per Eliminierungstest leicht zu überprüfen sei (siehe Abschnitt 2.3.2).

## 2.2.2 FOSP und INSP

FOSP und INSP greifen die Idee auf, dass der Valenzträger eine Ergänzung „formal" (d. h. morphosyntaktisch) oder „inhaltlich" (d. h. semantisch-konzeptionell) in idiosynkratischer, von der Grammatik und dem Lexikon nicht vorhergesagter Weise spezifiziert:

(9)  **Formale Spezifität (FOSP):** Es „gilt für alle $S$ und alle Konstituenten $X$ und $Y$ von $S$: FOSP($X$,$Y$) in $S$ gdw. es mindestens ein Formmerkmal $M$ von $X$ gibt, für das gilt: Daß ein Ausdruck mit dem Formmerkmal $M$ als Begleiter von $Y$ in $S$ fungieren kann, ist eine spezifische Eigenschaft von $Y$". (Jacobs 1994b: 22)

(10)  **Inhaltliche Spezifität (INSP):** Es „gilt für alle $S$ und alle Konstituenten $X$ und $Y$ von $S$: INSP($X$,$Y$) in $S$ gdw. es mindestens ein Inhaltsmerkmal $M$ von $X$ gibt, für das gilt: Daß ein Ausdruck mit dem Inhaltsmerkmal $M$ als Begleiter von $Y$ in $S$ fungieren kann, ist eine spezifische Eigenschaft von $Y$". (Jacobs 1994b: 22)

Die Einschränkung auf eine „spezifische Eigenschaft" des Valenzträgers bedeutet hier, dass diese Eigenschaft nicht aus allgemeineren, z. B. lexikalischen Regeln abgeleitet ist, also in Anbetracht der übrigen Eigenschaften des Valenzträgers nicht „prädiktabel" ist. Davon betroffen ist, so Jacobs, beispielsweise das Akkusativobjekt *Herrn Maier* in (11):

(11)  (weil) Peter Herrn Maier rasiert

„Dass *rasieren* eine Akkusativ-NP als Objekt nimmt", sei eine Eigenschaft, die „sich nicht durch irgendwelche grammatischen Regeln vorhersagen [lässt]" (Jacobs 1994b: 23). Es besteht hier demnach die Valenzbeziehung FOSP(*Herrn Maier*, *rasiert*). Darüber hinaus liegt auch INSP(*Herrn Maier, rasiert*) vor, da das Akkusativobjekt ein „semantisches Merkmal [+belebt]" enthalten muss. Dass nicht nur das Akkusativobjekt von einer solcherart motivierten INSP-Beziehung betroffen sein kann, haben wir bereits in (2g) gesehen, als es um die Unverträglichkeit von *erblicken* mit der Satzumgebung *die Tür — ihn* ging. Übrigens schließt Jacobs, zumindest für das Englische, eine FOSP-Beziehung zur Subjekt-NP grundsätzlich aus, weil „keines ihrer formalen Merkmale spezifisch für ein bestimmtes Verb ist" (Jacobs 1994b: 37).

Die Tücken einer „spezifischen Eigenschaft" werden an der Jacobs'schen Analyse von (12) deutlich:

(12)     (weil) Peter Herrn Maier den Kopf rasiert

Die Valenzbeziehungen FOSP(*Herrn Maier, rasiert*) und FOSP(*den Kopf, rasiert*) bestünden hier nämlich nicht, also auch nicht die Valenzbeziehung zwischen *rasiert* und seinem Akkusativobjekt wie noch in (11). Jacobs begründet dies mit einer denkbare Regel, die ein „NPnom-NPakk-Verb" wie in (11) mit einer „NPnom-NPdat-NPakk-Variante" korreliert. Daran wird deutlich, dass die Rücksichtnahme auf jegliche Regelhaftigkeit der Formmerkmalsverteilung den Bestand der FOSP- und INSP-Beziehungen stark einschränkt – möglicherweise zu stark.[9] Im Epilog wählt Jacobs deshalb eine schwächere Formulierung: keine „spezifische", d. h. „unprädiktable" Eigenschaft soll hier ausschlaggebend sein, sondern eine „inhärente" Eigenschaft des Valenzträgers, im Unterschied zu Eigenschaften der syntaktischen Konstruktion (Jacobs 1994b: 71f). Im Weiteren werde ich diese schwächere Formulierung von FOSP und INSP vor Augen haben.

Zuletzt sei noch darauf hingewiesen, dass FOSP zwar an den Rektionsbegriff im Sinne der Formfestlegung (vgl. Zifonun 2003: Abschnitt 2.1; Eisenberg 2006: 33ff) erinnert, doch es kann keine vollständige Entsprechung bestehen. Jacobs berücksichtigt in der FOSP-Explikation ausdrücklich nur Satzglieder (Jacobs 1994b: 14), was etwa die Rektionsbeziehung zwischen Präposition und Nomen in einer PP ausklammert. Und es wäre zumindest erklärungsbedürftig, wenn Präpositionen durch die Kasusrektion eines Nomens pauschal der Status eines Valenzträgers zugesprochen würde, wo doch Präpositionen „in der Regel nicht als selbständige Valenzträger eingeordnet werden" (Zifonun 2003: 371).[10] Nur so ist es auch verständlich, dass Jacobs bei der Systematisierung der Valenzbeziehungen (siehe Abschnitt 2.2.5) ohne weitere Kommentierung von der Gültigkeit der Inklusion der FOSP-Beziehungen unter die ARG-Beziehungen ausgeht. Stünden nämlich alle Präpositionen in einer FOSP-Beziehung zum kasusregierten Nomen, und damit

---

[9] Aus diesem Grund nimmt Jacobs zusätzlich noch die Valenzbeziehungen DFOSP und DINSP an (Jacobs 1994b: 25), auf die ich hier nicht eingehen will. Möglicherweise ist es besser, kein dichotomisches Kategorieverständis der Regelhaftigkeit bzw. Vorhersagbarkeit anzusetzen, sondern ein „Stufenmodell" (Ágel 2000: 181), wie es in Breindl (1989) entwickelt wurde.

[10] Präpositionen gelten nicht als typische Valenzträger, da sie „nicht selbst einen Sachverhalt entwerfen, sondern der verbalen oder nominalen Stütze bedürfen" (Zifonun 2003: 374). Ähnliches wird für Hilfsverben, Kopulaverben und Modalverben angenommen, die zwar in einer FOSP-Beziehung zu einer infinitivischen Verbform stehen, die aber nicht das „Zentrum eines Sachverhaltsentwurfs" (Zifonun 2003: 375) bilden. Ihr valenztheoretischer Stellenwert ist dadurch dem von adverbialen Bestimmungen vergleichbar.

auch dank der Inklusion in einer ARG-Beziehung, dann wäre zu erklären, worin z. B. die eigenständige Prädikation von *auf* in *warten auf* oder die von *um* in *bitten um* bestünde. Ich kann sie nicht erkennen. Weder sind also Rektionsbeziehungen notwendigerweise Valenzbeziehungen (kontra Eisenberg, siehe Zifonun 2003: 360), noch Valenzbeziehungen notwendigerweise FOSP-Beziehungen.

Im Übrigen berührt Jacobs in seinen Ausführungen die interne Struktur von Präpositionalphrasen überhaupt nicht, so weit ich erkennen kann. Damit soll Präpositionen, ebenso wie Nomen, keinesfalls der Valenzträgerstatus pauschal abgesprochen sein. Dieser steht einfach nicht im Fokus seiner Arbeit.[11]

### 2.2.3 ARG

Die Besetzung einer Argumentstelle im semantischen Prädikat des Valenzträgers konstituiert die Valenzbeziehung ARG:

(13)     **Argumenthaftigkeit (ARG)**: Es „gilt für alle $S$ und alle Konstituenten $X$ und $Y$ von $S$: ARG($X$,$Y$) in $S$ gdw. $X$ in $S$ in einer von $Y$ ausgehenden Prädikation als Argument integriert ist". (Jacobs 1994b: 17)

Jacobs geht hier offensichtlich von der Existenz einer sprecher- und intuitionsunabhängigen Prädikation einer konkreten Verbbedeutung aus, die durch spezielle Tests, etwa den Geschehen-Test (siehe Abschnitt 2.3.2), ermittelt werden kann. Dagegen sei der intuitionsgeleiteten Bestimmung einer semantischen Repräsentation nicht zu trauen, weil in manchen Fällen mehrere unterschiedliche Prädikationen denkbar sind. Beispielsweise hält Jacobs für den Satz

(14)     Er trägt das Fahrrad in den Keller.

die zwei Prädikationen in (15) mit zwei- oder dreistelligem `trägt`-Prädikat für intuitiv plausibel:

(15)     a.     `trägt(er,das Fahrrad, in den Keller)`
         b.     `in den Keller(trägt(er,das Fahrrad))`
         (Jacobs 1994b: (6),(7))

Die für ARG relevante Prädikation soll allerdings nur die zweistellige in (15b) sein, weswegen in Satz (14) hinsichtlich *trägt* also genau die ARG-Beziehungen

---

[11] Allerdings klammert Jacobs auch Kopulakonstruktionen aus, die, zumindest Zifonun (2003: 374f) zufolge, im Zusammenspiel mit dieser FOSP-Explikation zu einem „Widerspruch der Befunde" führen.

ARG(*in den Keller, trägt*), ARG(*trägt, er*) und ARG(*trägt, das Fahrrad*) bestehen. Unstrittig ist also der Argumentstatus der Agens- und Patiensrollen, wohingegen „bei lokalen, temporalen, instrumentalen und direktionalen Begleiterrollen [...] das Vorliegen von Argumenthaftigkeit im Einzelfall geprüft werden [muss]" (Storrer 2003: 768).

Die Gleichsetzung von Valenzträger und Prädikat hat übrigens zur Folge, dass entsprechend der Prädikation in (15b) die Angabe *in den Keller* den Status eines Valenzträgers erhält, als dessen Ergänzung das finite Verb *trägt* fungiert. Dies ist für die E/A-Unterscheidung beim Valenzträger *trägt* selber unerheblich (siehe Jacobs 1994b: 59), hat aber gravierende Folgen für die Richtung der Dependenzrelation: Da auf Grundlage der Valenzeigenschaften die Dependenzrelationen etabliert werden, dominiert nun in der Dependenzstruktur die Angabe *in den Keller* den Valenzträger *trägt*. Die Dependenzliteratur geht jedoch im Allgmeinen vom umgekehrten Dominanzverhältnis aus.[12] Um dem zu genügen und trotzdem die ARG-Beziehung als „zentrales Kriterium der Valenzgebundenheit" (Storrer 2003: 768) beizubehalten, muss also die semantische Repräsentation sorgfältig gewählt werden. Man könnte z. B. statt (15b) die Repräsentation in (16) à la Davidson zur Ermittlung der ARG-Beziehung heranziehen, in der *trägt* kein Argument der Prädikation *in den Keller* darstellt:

(16)    ∃e [trägt(er,das Fahrrad,e) ∧ in den Keller(e)]

Jacobs (1994b: 19f) macht auf eine ähnliche Problematik im Zusammenhang mit der semantischen Repräsentation von Quantoren aufmerksam:[13]

(17)    weil er alle Gläser reinigt                     (Jacobs 1994b: (12))

    a.   Für alle Gläser x gilt: reinigt (er,x)   (Jacobs 1994b: (12a))

    b.   ∀ x [Glas(x) → reinigt(er,x)]

Nimmt man die Prädikation in (17a) oder die etwas formalere Variante in (17b) ernst, dann kann *alle Gläser* nicht als Ergänzung von *reinigt* fungieren, da die dafür nötige Prädikat-Argument-Struktur nicht vorliegt. Allenfalls könne die erwünschte ARG-Beziehung irgendwie über die Variablenbindung zustande kommen, so Jacobs.

---

[12] Siehe aber Mel'čuk (2009: 5–7), der unterschiedliche Dependenzstrukturen („Semantic Structure", „Deep-Syntactic Structure" und „Surface-Syntactic Structure") annimmt und damit die semantische Dependenz von der syntaktischen entkoppelt.

[13] Mit den Worten von Arnim von Stechow und Wolfgang Sternefeld wird hier „das janusköpfige Verhalten von Nominalien" deutlich, „die sich semantisch als Prädikate, syntaktisch als Argumente verhalten." (von Stechow & Sternefeld 1988: 71)

## 2.2.4 SUBKLASS

Einer Erwähnung wert ist eine (umstrittene) Valenzbeziehung, die bei Jacobs zwar kurz diskutiert (Jacobs 1994b: 26), aber nicht in den Valenzbeziehungskatalog aufgenommen wird: die Subklassenspezifik. Sie ist bei Ágel (2000: 187) folgendermaßen expliziert:[14]

(18)   **Subklassenspezifik (SUBKLASS):** Es gilt für alle $S$ und alle Konstituenten $X$ und $Y$ von $S$: SUBKLASS$(X,Y)$ in $S$ gdw. die Klasse [von] $X$ nicht bei jedem beliebigen Element der Klasse [von] $Y$ in $S$ korrekt ist und das negative Sprecherurteil bei abweichenden $S$ nicht auf bloßer Inkongruenz basiert.

SUBKLASS kann also spiegelbildlich zu NOT verstanden werden, denn es problematisiert nicht die Abwesenheit, sondern die Anwesenheit einer bestimmten Ko-Konstituente. Insofern ist auch eine kontrastive Ähnlichkeit zu FOSP und INSP vorhanden, da bei SUBKLASS nach der grammatischen Inkompatibilität mit bestimmten Formmerkmalen gefragt wird. Zur Verdeutlichung sieht man in (19) den Kontrast zwischen den Verben *warten* und *erwarten,* der auf die grammatischen Inkompatibilität von *erwarten* mit einem Präpositionalobjekt mit der Präposition *auf* zurückzuführen ist:

(19)   a.   Beckett wartet auf Godot.
       b.   *Beckett erwartet auf Godot.
       (Ágel 2000: 187)

Dieser Kontrast ist im Sinne der SUBKLASS-Beziehung nun weniger für die Valenzeigenschaften von *erwarten* interessant, sondern sagt vielmehr etwas über die Valenzgebundenheit des Präpositionalobjekts von *warten* aus. Es liegt also, bezogen auf die Datenlage in (19), die Beziehung SUBKLASS(*auf Godot, wartet*) vor, womit sich für den Status einer Ergänzung beim Präpositionalobjekt argumentieren ließe. Die Etablierung der SUBKLASS-Beziehung per Substitutionstest ist allerdings mit Vorsicht anzugehen, denn, wie Ágel in seiner Explikation auch betont, das negative Sprecherurteil darf sich nicht durch Inkongruenz bezüglich des Weltwissens ergeben, sondern nur durch „Inkorrektheit" bezüglich der „grammatischen und lexikalischern Regeln einer Einzelsprache" (Ágel 2000:

---

[14] Ágel (2000: 190f) kann, ebenso wie Jacobs (1994b) und Vater (1978), in der SUBKLASS-Beziehung keine Valenzbeziehung sehen. Vielmehr sei es eine Dependenzbeziehung. Ich belasse die SUBKLASS-Beziehung trotzdem im Kreis der Valenzbeziehungen, weil sie sich gut auf die eingangs beobachtete Satzumgebungs(un)verträglichkeit anwenden lässt.

188). Damit berühren wir jedoch bereits das Problem der Valenzermittlung, auf das in Abschnitt 2.3 genauer eingegangen wird.

## 2.2.5 System der Valenzbeziehungen

Soweit die knappe Darstellung der Valenzbeziehungen und die ebensolche Beantwortung der Frage nach dem Unterschied von Ergänzung und Angabe. Es sollte sich der Eindruck eingestellt haben, dass die skizzierten Valenzbeziehungen tatsächlich sehr unterschiedlich sind, z. B. hinsichtlich ihrer linguistischen Beschreibungsebene: Während NOT und FOSP (und auch SUBKLASS) auf einer syntaktischen bzw. morphologischen Ebene operieren, beziehen sich INSP und ARG auf eine logisch-semantisch-konzeptuelle Ebene. Da noch hinzukommt, dass sie sich extensional nicht vollkommen decken (Jacobs 1994b: Kapitel 5),[15] erhält Jacobs' These der Heterogenität des Valenzphänomens unter diesen Umständen etwas zwingendes. In der Konsequenz kann also Valenz als „relativ inhaltsleere Sammelbezeichnung" (Jacobs 1994b: 55) verstanden werden, die verglichen mit dem traditionellen Verständnis doch sehr an linguistischer Strahlkraft verliert. Andererseits, so Jacobs im Epilog (Jacobs 1994b: 71), stünden die Phänomene doch in einem Zusammenhang und lägen „in prototypischen Fällen" gemeinsam vor. Diese „empirisch sehr häufige Zusammenballung" gelte es zu erklären – und damit den Valenzbegriff zu rehabilitieren.

Hierfür beobachtet Jacobs (1994b: 64–68) zunächst die Inklusionsverhältnisse zwischen den Valenzbeziehungen und erkennt darin u. a. den Zusammenhang, dass eine NOT-, FOSP- oder INSP-Beziehung nur dann besteht, wenn auch die entsprechende ARG-Beziehung vorliegt.[16] Das bedeutet jedoch nicht, dass man Valenz mit der logischen Stelligkeit des Denotatprädikats gleichsetzen kann. Da-

---

[15] Jacobs spricht zunächst von einer „Unabhängigkeit der Beziehungen", doch er meint eigentlich die „Kontravalenz" (d. h. die negierte Äquivalenz $\neq$) der Beziehungen. Es ist sehr wohl möglich, dass eine logische Abhängigkeit in Form einer Folgebeziehung besteht, dass also $P \neq Q \wedge P \rightarrow Q$. Damit ist nicht ausgeschlossen, dass es eine Beziehung $R$ gibt, die alle anderen Beziehungen $R_1 \ldots R_n$ inkludiert, d. h. für jede $R_i$ gilt $R_i \rightarrow R$. Siehe Jacobs (1994b: 52, 64).

[16] Vater (1981: 227f) nennt Beispiele für den für diese Inklusionssystematik problematischen Fall, dass zwar keine ARG-Beziehung, aber sehr wohl eine NOT-, FOSP- oder INSP-Beziehung besteht:

(i)    Dann kam es zu Gewalttätigkeiten.     (Vater 1981: (22'))

In diesem Satz habe das unpersönliche Verb *kam* „logisch nur ein Argument, nämlich das Ereignis, zu dem es kam". Das Expletivpronomen *es* sei also nur in der „kategorialen Charakterisierung (KC)" enthalten und nicht mit Elementen der „logischen Charakterisierung (LC)" koindiziert, was den Jacobs'schen Valenzbeziehungen NOT und FOSP entspricht. Soweit ich erkennen kann, geht Jacobs (1994b) auf diesen Fall nicht ein.

gegen sprechen Fälle, in denen Argumente, d. h. semantische Rollen, die konzeptuell recht deutlich vorliegen, nicht realisiert werden können, d. h. „blockiert" (Steinitz 1992: 36) sind. Ein Beispiel dafür liefert das Verb *lügen*, dessen Patiens-Rolle sich einer Realisierung widersetzt – anders als etwa beim Derivat *belügen*, wo die Patiensrolle zu den obligatorischen Ergänzungen zu rechnen ist.[17] Im Epilog systematisiert und verfeinert Jacobs diese Inklusionsbeziehungen folgendermaßen:[18]

(20)    { NOT, FOSP } > INSP > ARG                    (Jacobs 1994b: 71)

Daran wird deutlich, dass die ARG-Beziehung eine grundlegende, irgendwie dominante Valenzbeziehung darstellt.

Wie lässt sich nun diese Inklusionsdominanz der ARG-Beziehung erklären? Oder um auf die zweite Eingangsfrage zurückzukommen: Warum gibt es den Unterschied zwischen Ergänzungen und Angaben? Jacobs Erklärungsvorschlag zielt auf eine Grammatikalisierungsabstufung der ARG-Beziehung entlang der Inklusionshierarchie in (20) ab.[19] Eine ARG-Beziehung kann also zu einer INSP-Beziehung grammatikalisieren, und eine INSP-Beziehung zu einer NOT-Beziehung und/oder zu einer FOSP-Beziehung. Valenz ist demnach Ausdruck der Grammatikalisierung der ARG-Beziehung, oder etwas allgemeiner mit den Worten Vaters „als syntaktischer Reflex eines logischen Tatbestands zu sehen" (Vater 1981: 225).[20]

Diese Grammatikalisierungshypothese lässt sich funktional präzisieren, indem der Valenz darüber hinaus die Rolle eines Vermittlers zuerkannt wird: Valenz vermittelt zwischen semantischen Argumenten und deren syntaktischen Realisierungen. Jacobs bringt das in einer neueren Arbeit folgendermaßen auf den Punkt:

---

[17] Dass es vielleicht nicht völlig ausgeschlossen ist, die Patiens-Rolle und die Thema-Rolle mit *lügen* zu realisieren, zeigt Storrer (1996) mit folgenden Daten:

   (i)   a. „Die Hausaufgaben sind schon fertig", log Peter.                    (Storrer 1996: (2))
         b. ?Peter log gegenüber der Mutter.                    (Storrer 1996: (3))

[18] „>" sei eine transitive, irreflexive und asymmetrische Relation: „Wenn es $P > Q$, dann gilt für alle Sätze $S$ und alle Konstituenten $X, Y$ von $S$: Falls $P(X, Y)$ in $S$, dann $Q(X, Y)$ in $S$." (Jacobs 1994b: 65)

[19] In Jacobs (1994a) werden die Valenzbeziehungen nochmals gebündelt, so dass eine Zweiteilung aus „syntaktischer Valenz" (FOSP und NOT) und „semantischer Valenz" (INSP und ARG) entsteht. Eine Besonderheit in Jacobs' Theorie ist, dass die syntaktische Valenz immer realisiert werden muss und die Fakultativität bestimmter Ergänzungen mit der lexikalischen Varianz von syntaktischen Valenzen eines Valenzträgers erklärt wird, denen wiederum eine Varianz in der semantischen Valenz entspricht. Vgl. auch Abschnitt 2.4.1.

[20] Siehe Ágel (2000: 205ff) für eine kritische Entgegnung.

> Valenz ist ein relationales morphosyntaktisches Merkmal von Wortformen, das kodiert, wie semantische Argumente des Lexems, zu dem die jeweilige Wortform gehört, zu realisieren sind. (Jacobs 2009: 504)

Dieser Funktionsaspekt wird insbesondere in der englischsprachigen Literatur als Argument Linking bezeichnet.

## 2.2.6 Mathematisch-formale Explikation

Die Valenz einer Verbform als die für die Prädetermination einer Satzumgebung relevante Größe fasse ich als Menge von Tripeln aus semantischer Rolle, Formmerkmal und Notwendigkeitsmarker auf:

**Definition 1 (Valenz)** *Die Valenz einer Verbform $V$ ist die Menge* $\mathsf{Val}(V) \subseteq \{\langle R, F, not \rangle |$

- *$R$ ist eine semantische Rolle,*

- *$F$ ist ein morphosyntaktisches Merkmal,*

- *und $not \in \{+, -\}$ zeigt die Notwendigkeit an, einer Konstituente mit Merkmal $F$ die semantische Rolle $R$ zuzuweisen* }.

Eine Verbform ist die morphologisch ausspezifizierte und semantisch disambiguierte Instanziierung eines Verblexems, wie sie in einem konkreten Satz auftritt. Dementsprechend wäre beispielsweise die Valenz der Verbform *rasiert* mit seinen zwei obligatorischen Ergänzungen die Menge $\mathsf{Val}(rasiert) = \{\langle agens, nominativ, + \rangle, \langle patiens, akkusativ, + \rangle\}$. Die Mengen von semantischen Rollen und Formmerkmalen sehe ich hier als gegeben an und möchte sie vorerst nicht weiter konkretisieren. Durch den Bezug auf Verbformen erlaubt Definition 1, den Aktiv- und Passivformen der Verben unterschiedliche Valenzen zuzuordnen, ohne dies allerdings zu erzwingen. Darüber hinaus lässt die Definition zu, dass eine Verbform mehr als eine Valenz besitzt.

Die Menge der Valenztripel als Valenz einer Verbform $V$ ist weitgehend unrestringiert und man könnte zusätzlich die folgenden Einschränkungen ins Auge fassen:

1. Jede semantische Rolle wird genau einem Formmerkmal zugeordnet, d. h. die Menge $\{\langle R, F \rangle | \langle R, F, not \rangle \in \mathsf{Val}(V)\}$ ist eine (partielle) Funktion.

2. Jedes Formmerkmal wird genau einer semantischen Rolle zugeordnet, d. h. die Menge $\{\langle F, R \rangle | \langle R, F, not \rangle \in \mathsf{Val}(V)\}$ ist eine (partielle) Funktion.

3. Jede Rollenrealisierung ist entweder notwendig oder nicht notwendig, d. h. die Menge $\{\langle R, not\rangle | \langle R, F, not\rangle \in \mathsf{Val}(V)\}$ ist eine (partielle) Funktion ist.

Die erste und zweite Einschränkung greifen jedoch empirisch zu kurz.[21] Eine Ausnahme zur dritten Einschränkung ist dagegen nur schwer vorstellbar, zumindest solange ‚notwendig' einen binären Wertebereich hat.

Nur kurz erwähnen möchte ich zwei Aspekte, die bei der hier vorgebrachten Valenz-Definition unberücksichtigt bleiben: Zum einen die mögliche Unverträglichkeit eines Valenzträgers mit bestimmten Angabentypen, die im Zusammenhang mit der SUBKLASS-Beziehung thematisiert wurde und werden wird (siehe die Diskussion des Substitionstests im Anschluss auf S. 29); zum anderen die mögliche Interdependenz hinsichtlich der Realisierung verschiedener Valenzrollen (Jacobs 1994a: 306ff; Jacobs 2003: 397f).[22] Der valenztheoretische Status beider Aspekte scheint mir in der Literatur nicht gesichert zu sein. Außerdem hätte deren Berücksichtigung keine substantielle Auswirkung auf den Valenzbegriff, zumindest was die vorliegenden Arbeit betrifft.

Eine Trennung der morphosyntaktischen und semantischen Ebene der Valenz kann man in der Unterscheidung von syntaktischer und semantischer Valenz vollziehen:

**Definition 2 (Syntaktische Valenz)** *Die syntaktische Valenz einer Verbform V ist* $\mathsf{synVal}(V) = \{\langle F, not\rangle | \langle R, F, not\rangle \in \mathsf{Val}(V)\}.$

**Definition 3 (Semantische Valenz)** *Die semantische Valenz einer Verbform V ist* $\mathsf{semVal}(V) = \{R | \langle R, F, not\rangle \in \mathsf{Val}(V)\}.$

---

[21] Z. B. Valenzalternationen (*Ich schreibe den Brief Peter/an Peter*) und doppelter Akkusativ (*Ich nenne ihn meinen Freund* oder *Er lehrt ihn den Tango*).

[22] Eine Interdependenz zwischen der Realisierung von Akkusativ- und Dativobjekt drückt sich z. B. in folgenden Gegenüberstellungen aus:

(i)   a.  dass er (dem Boten) das Paket übergibt
       b.  dass er dem Boten *(das Paket) übergibt
     (Jacobs 2003: (29))

(ii)  a.  dass er (seinem Nachbarn) das Haus renoviert
       b.  dass er seinem Nachbarn *(das Haus) renoviert
       c.  dass er (seinem Nachbarn das Haus) renoviert
     (Jacobs 2003: (30))

Valenz ist also die Verknüpfung von syntaktischer und semantischer Valenz, wobei semantische Valenz nicht mit logischer Stelligkeit gleichzusetzen ist.[23] Der Valenzrahmen bündelt schließlich Verb und Valenz:

**Definition 4 (Valenzrahmen)** *Der Valenzrahmen einer Verbform $V$ ist $\widehat{\mathsf{Val}}(V) = \langle V, \mathsf{Val}(V) \rangle$.*

Die bis hier definierten Valenztermini sind lexikalische Größen und von einer Instanziierung im konkreten Satz abstrahiert. Die Valenzbeziehung zwischen Satzgliedern ist folgendermaßen zu bestimmen:

**Definition 5 (Valenzbeziehung)** *Seien die Verbform $V$ und die Konstituente $K$ Satzglieder von Satz $S$. Zwischen $V$ und $K$ besteht eine Valenzbeziehung $\langle V, K, R \rangle$ an einer semantischen Rolle $R$, falls gilt:*

- *$K$ hat die semantische Rolle $R$ bzgl. der Prädikation von $V$ und*

- *$K$ hat das Formmerkmal $F$ für beliebiges $F$ und*

- *$\langle R, F, not \rangle \in \mathsf{Val}(V)$ für beliebiges not.*

Hinsichtlich der Menge der Valenzbeziehungen für einen Satz $S$, nennen wir diese $\mathsf{ValR}(S)$, könnte man, wie schon bei den Valenztripelmengen aus Definition 1, bestimmte Einschränkungen in Form von funktionalen Beziehungen durchspielen. Eine solche Einschränkung ist etwa, dass jede Konstituente $K$ in einer Valenzbeziehung zu maximal einem Verb $V$ steht, d. h. $\{\langle K, V \rangle | \langle V, K, R \rangle \in \mathsf{ValR}(S)\}$ ist eine partielle Funktion. Wir werden uns diese und andere Einschränkungen später in Abschnitt 2.4.2 ansehen.

Auf die so definierten Valenzbeziehungen können wir bei der Bestimmung von Ergänzung und Angabe zurückgreifen:

**Definition 6 (Ergänzung und Angabe)** *Seien die Verbform $V$ und die Konstituente $K$ Satzglieder von Satz $S$. Besteht eine Valenzbeziehung $\langle V, K, R \rangle$ mit beliebigen $R$, dann ist $K$ eine Ergänzung von $V$. Andernfalls ist $K$ eine Angabe von $V$, wenn die Bedeutung von $K$ an der Prädikation von $V$ unmittelbar beteiligt ist.*

Die Bedingung der Prädikationsbeteiligung für den Angabenstatus ist mit Blick auf kohärente Konstruktionen hinzugefügt, wo Satzglieder Angaben unterschiedlicher Verben sein können (siehe Kapitel 3).

---

[23] Dank der Entkoppelung von semantischer Valenz und logischer Stelligkeit ist es z. B. möglich, den Verben *lügen* und *belügen* dieselbe logische Stelligkeit zuzuweisen, obwohl *lügen*, im Unterschied zu *belügen*, die Realisierung der Patiensrolle blockiert.

Schließlich fasse ich den Valenzträger und seine Ergänzungen und Angaben unter dem Terminus Dependenzfeld zusammen:

**Definition 7 (Dependenzfeld)** *Sei V ein verbaler Valenzträger, E die Menge der Ergänzungen von V und A die Menge der Angaben von V. Das Dependenzfeld von V ist die Menge* $\{V\} \cup E \cup A$.

## 2.3 Problem der Valenzermittlung

Angesichts der Unklarheit des traditionellen Valenzbegriffs wundert es nicht, dass eine Reihe unterschiedlichster Valenzermittlungsverfahren ersonnen wurden, deren Aufgabe darin besteht, die Anzahl und Spezifität der Ergänzungen eines konkreten Valenzträgers (meist eines Verbs) zu bestimmen. Um eine gewisse Ordnung zu erhalten, orientiere ich mich in der folgenden Darstellung an den Valenzermittlungsfamilien aus Storrer (1992: 7.2.2). Die SYSTEMINTERNEN METHODEN greifen auf nicht beobachtbare, abstrakte Entitäten der „System-Ebene" zurück und sehen hierin die entscheidenden Kriterien für das Vorliegen einer Valenzbeziehung. Dazu zählen im Folgenden logische Repräsentationen und Regeln der Grammatik. Dagegen gehen KONSTRUKTIVE METHODEN davon aus, dass sich Valenzeigenschaften aus statistischen Eigenschaften eines Individuenkollektivs herleiten lassen.

### 2.3.1 Valenzermittlung anhand der logischen Repräsentation

In seiner Explikation der ARG-Beziehung stützt sich Jacobs (1994b) auf Prädikat-Argument-Strukturen, die, seinem Beispiel in (15b) nach zu urteilen, nicht beliebig, sondern irgendwie festgelegt sind: Das Verb *trägt* denotiert eine zweistellige, keine dreistellige Prädikation. Wie kommt Jacobs darauf? Eine Erklärung könnte sein, dass Jacobs Prädikat-Argument-Strukturen als extrasubjektiv gegeben betrachtet, dass er ihnen, mit anderen Worten, ontologische Realität zuspricht. Des weiteren muss von einem Homomorphismus zwischen Prädikat-Argument-Strukturen und Valenzrahmen ausgegangen werden, der die Prädikate auf Valenzträger und die Argumente auf Ergänzungen abbildet. Eine elegante, sprecherunabhängige Methode der Valenzermittlung bestünde dann darin, die Valenz eines Verbs direkt und unzweifelhaft von der naturgegebenen Stelligkeit seiner Prädikation abzulesen.

Einen vermeintlichen Fürsprecher dieser Methode findet man in der Person Gottlob Freges. Zum einen bringt Frege mehrmals zum Ausdruck, dass der Sinn eines sprachlichen Ausdrucks, der „Gedanke", ontologisch unabhängig vom Denkenden ist, d. h. „Gedanken existieren nach Frege unabhängig davon, ob sie jemals von einem Menschen gefaßt und sprachlich ausgedrückt werden" (Schirn 1992: 492). Zum anderen lassen sich diese Gedanken in gesättigte und ungesättigte Gedankenteile zerlegen (Schirn 1992: 491). Die ungesättigten Gedankenteile sind der Sinn sogenannter Begriffswörter, die wie mathematische Funktionen im Verbund mit sättigenden Argumenten einen Sinn bzw. eine Bedeutung ergeben (Schirn 1992: 476f). Man ist versucht, in dieser Gedankenzerlegung die besagte Prädikat-Argument-Struktur zu erkennen, die Begriffswörter als Valenzträger zu verstehen und damit den oben geforderte Homomorphismus zwischen Prädikat-Argument-Strukturen und Valenzrahmen herzustellen.

Leider liegt diese Deutung der Fregeschen Position an entscheidender Stelle falsch: Die Gedanken im Fregeschen Sinne enthalten per se keine Prädikat-Argument-Struktur; sie sind zwar durch Begriffe (auf vielfache Weise) in gesättigte und ungesättigte Gedankenteile zerlegbar, bringen aber per se keine Zerlegungen mit (Kemmerling 1990, 2010; Schirn 1992: 492). Gedankenzerlegungen sind also sprach- und sprecherabhängig, was sie als sprecherunabhängige Entscheidungshilfe für die Valenzermittlung offensichtlich unbrauchbar macht. Diese „Amorphie" der Gedanken wurde jedoch, so Kemmerling (1990), in der Frege-Rezeption von einflussreichen Autoren nicht erkannt und stattdessen die Gedankenzerlegung als eine apriorische tradiert. Insofern werden die ontologischen Annahmen, die ich Jacobs hier unterstelle, zwar nicht von Frege geteilt, aber ihm zugeschrieben und sind in der sprachwissenschaftlichen Community wohl weit verbreitet.[24]

Doch egal, wie es um die sprachphilosophische Motivierung naturgegebener ARG-Beziehungen steht: Selbst unter der Annahme naturgegebener ARG-Beziehungen, die man Jacobs nach allem, was er sagt, unterstellen kann, sieht er sich dazu genötigt, auf ein Testverfahren auf Basis von Grammatikalitätsurteilen zurückzugreifen, nämlich den sogenannten Geschehen-Test.

---

[24] Als Beispiel eines Autors, der diese Position und sogar ein isomorphisches Abbildungsverhältnis zwischen „Tatsachen" und Sätzen vertritt, ist natürlich der Ludwig Wittgenstein des *Tractatus logico-philosophicus* zu nennen (von Kutschera 1975: 53). Die vielleicht schärfste Entgegnung formulierte Ludwig Wittgenstein selber in seinen *Philosophischen Untersuchungen*, sowohl hinsichtlich der Existenz einer „Wirklichkeit an sich", als auch hinsichtlich des Abbildungscharakters der Sprache (siehe dazu von Kutschera 1975: 133; Ortner 1987: 22).

## 2.3.2 Valenzermittlung anhand von Grammatikalitätsurteilen

Geht man davon aus, dass für die Grammatikalität einer Konstruktion die Valenzeigenschaften der Teilkonstituenten eine Rolle spielen, dass sich also Valenzeigenschaften in Grammatikalitäturteilen widerspiegeln, dann liegt eine Valenzermittlung anhand von Grammatikalitätsurteilen nahe. In diesem Abschnitt soll eine Auswahl der hierfür verwendeten Tests dargestellt werden, die alle dem Schema genügen, einen „grammatischen" Satz nach einer durch den Test bestimmten Regel zu modifizieren und zu prüfen, ob er seine „Grammatikalität" beibehalten hat. Zwei Aspekte der Testverfahren gilt es hier genauer zu prüfen: (1) die Zuordnung zu einem der Valenzbeziehungen und (2) der Bezug zum Begriff der Grammatikalität, der nicht nur theoretisch problematisch ist, sondern auch praktisch zu unbefriedigenden Ergebnissen der Testanwendungen führt. Letzterem Punkt werden wir uns am Ende dieses Abschnitts widmen.

Bei der Überprüfung einer NOT-Beziehung bietet sich der ELIMINIERUNGSTEST an, d. h. eine Konstituente des grammatischen Ausgangssatzes wird entfernt:

(21)    a.    Peter verzehrt eine Pizza.

           b.    *Peter verzehrt.

Die Konstituente *eine Pizza* ist also nicht weglassbar und steht damit in einer NOT-Beziehung zum Verb. Man beachte dabei aber die zwei zusätzlichen Bedingungen, die in der Jacobs'schen Explikation der NOT-Beziehung genannt sind, nämlich die Abhängigkeit zur „lexialischen Füllung" und die Kontinuität der Verbinterpretation. Außerdem muss, entsprechend Storrers Unterteilung, SYN-NOT ausschlaggebend sein, nicht SEM-NOT, KOM-NOT oder TEX-NOT (siehe Storrer 1992: 105). Schließlich müssen elliptische Konstruktionen, die ein Weglassen obligatorischer Ergänzungen zulassen (z. B. Vorfeldellipsen), vermieden werden. Der auf den ersten Blick simple Eliminierungstest wird damit zu einer komplexen Angelegenheit, denn bei der Erzeugung des Testsatzes muss ein gehöriges Maß an linguistischem Wissen eingesetzt werden, um all diese Faktoren zu berücksichtigen.[25]

Ein populärer Test für die ARG-Beziehung ist (so auch bei Jacobs 1994b: 17f) der GESCHEHEN-TEST.[26] Hierbei werden Konstituenten des Ausgangssatzes in ei-

---

[25] Ähnlich sieht das Heringer (1984: 36f): „[...] die Frage der Notwendigkeit von Satzgliedern ist eben so vielfältig, daß sie nicht ohne weiteres operationalisierbar oder gar mit einer einfachen Einteilung [in syntaktischer, semantischer und kommunikativer Notwendigkeit] lösbar ist." Siehe auch z. B. Vater (1981: 226).

[26] Zusätzlich zum Geschehen-Test finden sich in der Literatur eine Reihe weiterer ARG-Tests. Da sich diese, was die Grundidee und die grundsätzlichen Probleme betrifft, nicht wesentlich vom Geschehen-Test unterscheiden, verweise ich für eine Überblick auf Ágel (2000: 178).

nen separaten, nachfolgenden Satz ausgelagert, welcher mit dem Verb *geschehen* (oder einem Äquivalent) gebildet wird:

(22)  a.  Die Kinder spielen hinter dem Hause.
      b.  Die Kinder spielen. Das Spielen ist (=geschieht) hinter dem Hause.
      (Storrer 1992: 63)

(23)  a.  Der Obstgarten liegt hinter dem Hause.
      b.  *Der Obstgarten liegt. Das Liegen ist (=geschieht) hinter dem Hause.
      (Storrer 1992: 63)

Demnach soll *hinter dem Hause* beim Verb *spielt* eine Angabe und beim Verb *liegt* eine Ergänzung sein. Die Grundidee dabei ist, dass eine Auslagerung von Argumenten die Prädikation des Ausgangssatzes zerstört und somit zu einer ungrammatischen Konstruktion führt. An kritischen Bemerkungen zu diesem Test mangelt es nicht.[27] Bereits Jacobs (1994b) hat angemerkt, dass der Geschehen-Test „nicht scharf genug zwischen Argumenthaftigkeit und Notwendigkeit" (Jacobs 1994b: Fußnote 16) trennt, dass wir es hier also im ersten Satz mit einem „versteckten Eliminierungstest" (Ágel 2000: 178) zu tun haben, wodurch natürlich auch die eben geschilderten Schwierigkeiten geerbt werden. Was diesen „versteckten Eliminierungstest" übersteht, also fakultative Ergänzungen und Angaben, wird im zweiten Satz indirekt auf die Verträglichkeit mit dem Verb *geschehen* hin geprüft. Direktionalbestimmungen und Akkusativobjekte haben es hier, unabhängig vom ersten Testsatz und der darin vorkommenden Prädikation, schwerer, so dass die erzeugten Testsätze oft „künstlich und konstruiert klingen" (Storrer 1992: 76) und keine zuverlässigen Sprecherurteile erwarten lassen. Möglicherweise weniger gravierend, aber dennoch von Bedeutung ist die Einschränkung Jacobs, dass sich der Geschehen-Test nicht auf nicht-verbale Prädikationen anwenden lässt. Warum sollte aber die syntaktische Kategorie bei einem Test, der die ARG-Beziehung an sich offenlegen soll, eine Rolle spielen? Schließlich ist generell fragwürdig, ob mit einem Grammatikalitätsurteil eine ARG-Beziehung, die außergrammatisch motiviert sein soll, ermittelbar sein kann.[28]

---

[27] Siehe der ausführlichere Überblick in Ágel (2000: 178f).

[28] Ágel hat dazu eine klare Meinung:

> Aus der Tatsache, dass ARG ein formallogisch linguistisches System-Konstrukt ist, das [...] an konkretem sprachlichem Material unmittelbar weder nachweisbar noch nachvollziehbar ist, folgt [...], dass es methodisch schlicht absurd ist, ARG überhaupt testen zu wollen. Denn warum sollte ein parolebezogenes Angemessenheitsurteil eines Sprachteilhabers irgendeine Beziehung haben zu einem [...] formallogisch-linguistischen System-Konstrukt? (Ágel 2000: 179)

Siehe auch Storrer (1992: 235).

Für die Ermittlung von FOSP- und INSP-Beziehungen schlägt Ágel (2000: 180) die ERSATZPROBE vor. Durch Ersetzung eines Form- bzw. Inhaltsmerkmals einer Konstituente des Ausgangssatzes durch ein anderes soll ein ungrammatischer Testsatz erzeugt werden. Gelingt dies wie in (24), so besteht zwischen dem ursprünglichen Formmerkmal und dem Verb eine FOSP-Beziehung.

(24)    a.    Anja will auf den FWB nicht verzichten.
           b.    *Anja will über das/dem FWB nicht verzichten.
        (Ágel 2000: 179)

Eine andere Situation finden wir in (25) vor, wo keine der Ersetzungen einen ungrammatischen Testsatz hervorruft.

(25)    Tobias stellt die Lampe auf/unter/neben/hinter/vor den Tisch.
        (Ágel 2000: 180)

Doch auch bei der Ersatzprobe kann es, meiner Ansicht nach, zu Überschneidungen mit dem Eliminierungstest kommen, denn bei der Ersetzung von Formmerkmalen einer obligatorischen Ergänzung mit Formmerkmalen einer Angabe vollzieht man ebenfalls einen „versteckten Eliminierungstest". Beispielsweise kann, wie in (26) zu sehen ist, das obligatorische Objekt *eine Pizza* durch die Angabe *nach einer Pizza* ersetzt werden. Der resultierende Testsatz ist jedoch wegen der Weglassung des obligatorischen Objekts ungrammatisch.

(26)    a.    Peter verzehrte eine Pizza.
           b.    *Peter verzehrte nach einer Pizza.

Ich sehe außerdem nicht, was verhindern sollte, mit Hilfe der Ersatzprobe aus der Ungrammatikalität von (27) die FOSP-Beziehungen der jeweiligen Präpositionen von (25) zum Verb *stellt* zu folgern. Sicher wäre das nicht das Ergebnis, das Ágel im Sinn hat:

(27)    *Tobias stellt die Lampe des Tisches.

Die Ersatzprobe funktioniert also nicht mit beliebigen Ersetzungen der Formmerkmale, sondern mit ganz bestimmten, die jedoch von Ágel nicht genau spezifiziert werden. Welche Ersetzungen sind wohl gemeint? Mir scheint die folgende Eingrenzung am sinnvollsten: Die Ersetzung des Formmerkmals $F_1$ mit dem Formmerkmal $F_2$ im Satz $S$ gilt nur dann als Ersatzprobe, wenn $F_2$ an dieselbe semantische Rolle geknüpft werden kann wie $F_1$ in $S$. Dementsprechend wäre also die Ersetzung in (27) keine Instanz einer Ersatzprobe, weil der Genitiv nicht als Formmerkmal einer Richtungsangabe benutzt werden kann. Analoges gilt für die Ersetzung in (26) und auch für Ágels Beispiel in (24). Letzteres kann jedoch leicht angepasst werden:

(28)    a.    Anja will auf den FWB nicht verzichten.
          b.    *Anja will den FWB nicht verzichten.
          c.    Anja will den FWB nicht missen.

Der ungrammatische Satz (28b) zeigt, dass das Formmerkmale der Patiensrolle von *verzichten* (auf-PP) nicht durch das Formmerkmal der Patiensrolle von *missen* (Akkusativ-NP) in (28b) ersetzt werden kann, obwohl beide Verben eine identische Rollensemantik haben.[29] Demnach besteht zwischen beiden Verben und ihren Patiensrollenrealisierungen eine FOSP-Beziehung. Die Ersatzprobe erfasst also die Wahl eines Valenzträgers aus einer Menge möglicher Formmarkierungen für eine bestimmte Rolle.

Schließlich soll noch der SUBSTITUTIONSTEST für die Ermittlung der SUBKLASS-Beziehungen erwähnt werden. Anders als bei der Ersatzprobe wird hier der Valenzträger ersetzt, so dass Ungrammatikalität dann auftritt, wenn die betroffenen Valenzträger unterschiedliche Valenzrahmen aufweisen. Ágels Beispiel aus (19) sei hier wiederholt, in dem *wartet* durch *erwartet* substituiert und dadurch ein ungrammatischer Testsatz erzeugt wird:

(29)    a.    Beckett wartet auf Godot.
          b.    *Beckett erwartet auf Godot.

Leider gibt es auch hier neben den klaren Fällen wie in (29) solche, die einer weiteren Einschränkung bedürfen. Wie schon in der Explikation der SUBKLASS-Beziehung oben angesprochen wurde, müssen die erzeugten Testsätze „inkorrekt“, also ungrammatisch sein, während „Inkongruenz“ nicht ausreicht:

(30)    a.    Peter schläft auf der Wiese.
          b.    ??Peter ist auf der Wiese tot.

Der Testsatz im Beispiel zeige, so Ágel (2000: 188), eine Inkongruenz von Lokalbestimmung und dem Ausdruck *ist tot*. Dass SUBKLASS also die Valenzgebundenheit der Lokalbestimmung postuliert, was Jacobs (1994b: 26) behauptet, entspricht nicht der Ágel'schen Explikation. Neben der Schwierigkeit der Unterscheidung von Inkongruenz und Inkorrektheit findet sich bei Storrer (1992: 66f)

---

[29] Weitere Paarungen dieser Art sind *helfen/unterstützen* (Müller 2010: 402) und *treffen/begegnen* (Pollard & Sag 1987: 126). Auch Paarungen sogenannter Besitzwechselverben wie *geben/nehmen* (Kunze 1991: Kapitel 7) können in diesem Zusammenhang genannt werde. Vgl. auch die Zusammenfassung in Müller (2010: Abschnitt 11.11.5).

eine weitere Schwierigkeit für die Durchführung des Substitutionstests: Wie viele Verben müssen substituiert werden, bis die beliebige Substituierbarkeit und damit der Angabe-Status nachgewiesen ist? Die unbefriedigende Antwort lautet: Alle! In der konkreten Anwendung der Substitution bedeutet dies, dass die SUBKLASS-Beziehung zwar verifiziert, aber nicht falsifiziert werden kann. Das will jedoch nicht heißen, dass die SUBKLASS-Beziehung immer verifiziert werden kann, wo eine Valenzbeziehung angenommen wird. Eine solche testimmanente Lücke bilden diejenigen Ergänzungen, die die Form und Funktion von Lokalitäts- oder Direktionalbestimmungen haben und andernorts als Angaben gelten (siehe Zifonun 2003: 360f).[30]

Es gibt eine Reihe weiterer Tests, die sich jedoch nicht einer Valenzbeziehung zuordnen lassen bzw. in der Valenzliteratur nicht zugeordnet werden. Stellvertretend sollen zwei Tests kurz dargestellt werden, die prototypisch für andere Tests stehen, nämlich der Permutationstest und der Dialogtest.

Der PERMUTATIONSTEST gehört zu jenen Tests, bei denen die Linearisierung des Ausgangssatzes verändert wird. Die Grundannahme ist also, dass sich Angaben und Ergänzungen in ihrer Bewegungsflexibilität unterscheiden, dass z. B. Angaben in das Nachfeld bewegt werden können, Ergänzungen aber nicht. In manchen Fällen kann man das tatsächlich beobachten:

(31)    a.    Du hast das Buch am Vormittag dorthin gelegt.
          b.  (*)Du hast das Buch dorthin gelegt am Vormittag.
          c.    *Du hast das Buch gelegt dorthin.
    (Storrer 1992: 63)

Die Extraposition der Ergänzung *dorthin* in (31b) soll deutlich schlechter sein als die Extraposition der Angabe *am Vormittag* in (31c). Das muss aber nicht so sein, wie Müller (1999: Abschnitt 13.1.1) anhand von Korpusdaten zeigt. Die Extraponierbarkeit stellt also keinen Reflex des valenztheoretischen Status dar.

Im Gegensatz zum Permutationstest betrachtet man beim DIALOGTEST eine Folge von Sätzen, beispielsweise die alternativen Frage-Antwort-Folgen in (32). Hierbei wird angenommen, dass die Antwort *das weiß ich nicht* auf eine Nachfrage nur dann möglich (bzw. angemessen) ist, wenn nach einer Angabe gefragt wird:

---

[30] Vater (1981: 16f) diskutiert den Substitutionstest unter anderem Blickwinkel als „Kriterium der freien Hinzufügbarkeit": „Es besagt, daß Angaben dann vorliegen, wenn sie einem Satz frei hinzufügbar sind." Wie Jacobs kommt Vater unter der Annahme eines weiten Inkorrektheitsbegriffs, der semantische Inkompatibilität einschließt, zu dem Ergebnis, dass u. a. Lokalitäts- und Direktionaladverbien vorschnell als Ergänzungen klassifiziert werden.

(32)     Mitteilung: Die Neubauers sind gekommen.
         Frage 1: Wohin sind sie gekommen?
         Frage 2: Wann sind sie gekommen?
         Antwort: Das weiß ich nicht.
         (Storrer 1992: 68)

Die Antwort ist bei Frage 1 wesentlich schlechter als bei Frage 2 (vermutlich weil die Verwendung des Verbs *gekommen* präsupponiert, dass der Sprecher das Ziel kennt). Daraus wird gefolgert, dass es sich bei der Richtungsangabe beim Verb *gekommen* um eine (fakultative) Ergänzung handelt, bei der Temporalbestimmung dagegen um eine Angabe. Abgesehen von der Fragwürdigkeit dieser Zuordnung funktioniert der Dialogtest in dieser Form nicht für alle Verben gleichermaßen gut. Beispielsweise könnte hier auch nach dem Akkusativobjekt von *essen* gefragt werden, was demnach Angabenstatus hätte.

Valenzbeziehungen ohne geeignete Sprechertests sind BET und ASSOZ. BET richtet sich nach der semantischen Rolle, die lexikalisch/konzeptuell vorgegeben und damit einem Grammatikalitätsurteil nicht zugänglich ist. Ähnlich verhält es sich bei ASSOZ, welche auf Basis eines Assoziationstest und gleichsam grammatikextern ermittelt wird (siehe Abschnitt 2.3.3).

Die Auseinandersetzung mit den Ermittlungsverfahren für NOT, FOSP, INSP, SUBKLASS und ARG hat gezeigt, dass sie alle mit spezifischen und allgemeinen Problemen behaftet sind, was Konzeption und Durchführung betrifft. Storrer (1992: 215) fasst die daraus resultierende Situation so zusammen:

1. „Für dieselbe verbspezifische Rolle werden bei verschiedenen, zur parallelen Verwendung vorgeschlagenen Tests unterschiedliche Meßergebnisse erzielt."

2. „Für dieselbe verbspezifische Rolle werden bei einem mit demselben System-Satz [kontextlose Beispielsätze, T. L.] durchgeführten Test bei unterschiedlichen Probanden verschiedene Meßergebnisse erzielt."

Was den ersten Punkt betrifft, lässt sich die Uneinheitlichkeit der Testergebnisse noch relativ leicht mit der Zugehörigkeit zu unterschiedlichen Valenzbeziehungen erklären, die ja naturgemäß eine unterschiedliche Extension haben können. Verglichen damit ist der zweite Punkt schwerwiegender und nicht so leicht aus der Welt zu schaffen – wenn überhaupt. Schuld daran hat das grundsätzlich problematische Verhältnis zwischen Grammatikalitätsbegriff und Sprecherintuition.

Das entscheidende Kriterium bei Sprecherbefragungen anhand von System-Sätzen ist der introspektive Wohlgeformtheitseindruck.[31] Wie Storrer (1992) betont, sei dieser jedoch nicht mit einem der Termini Grammatikalität und Akzeptabilität gleichzusetzen. Nach Chomsky (1965) wird Grammatikalität durch das bereits vorliegende (abstrakte, kompetenzseitige) Grammatikmodell bestimmt, wogegen Akzeptabilität durch Performanzfaktoren gesteuert wird. Ein grammatischer Satz kann also sehr wohl unakzeptabel sein.[32] Bei der Sprecherbefragung zur Valenzermittlung ist das Prädikat ‚grammatisch' also deswegen fehl am Platz, weil gerade das zugrundeliegende Grammatikmodell unbekannt ist und Sprecherurteile generell als performanzbeeinflusst betrachtet werden müssen.[33] Andererseits kann aber auch das Prädikat ‚akzeptabel' nicht gemeint sein, da die Sprecherbefragung kontextlose System-Sätze verwendet und Performanzeinflüsse zu vermeiden sucht. Die Unschärfe vieler Valenzermittlungsverfahren lässt sich dann damit erklären, dass die Performanzeinflüsse nicht hinreichend eingeschränkt werden, etwa durch die Beigabe eines detaillierten Kontextes, sondern der Proband einem freien Kontextassoziationsspiel ausgesetzt wird, dessen Ausgang stark von valenzunabhängigen Faktoren abhängt.[34]

Storrers Weg aus diesem Dilemma ist einerseits die strikte Trennung von Valenz und Grammatikalität und andererseits der explizite Bezug zu Kontextfaktoren. Dieser nichtsyntaktische Valenzbegriff, den Storrer in einem „Modell der Situationsvalenz" einführt, findet sich auch im STUG-Framework und soll daher in Abschnitt 9.4.1 genauer dargestellt werden.

---

[31] System-Sätze sind gewissermaßen „Sätze in Vacuo" (Clemens Knobloch, zitiert nach Ortner 1987: 12).

[32] Der spiegelbildliche Fall, nämlich dass ein ungrammatischer Satz akzeptabel erscheint, kann ebenfalls eintreten (Frazier 1985; Gibson & Thomas 1999).

[33] Chomsky erkennt das grundlegende Problem seines Ansatzes sehr wohl: „no adequate formalizable techniques are known for obtaining reliable information concerning the facts of linguistic structure" (Chomsky 1965: 19). Mit anderen Worten: Wie kann ich etwas über das Grammatikmodell in Erfahrung bringen, wenn kompetenzreine, grammatische Sätze nicht zweifelsfrei bestimmt werden können, d. h. wenn alle Sprecherurteile potentiell performanzbeeinflusst sind? Sein Lösungsansatz besteht darin, von den „klaren Fällen" („crucial and clear cases") auszugehen und daraus eine vorläufige Grammatik abzuleiten, welche dann auf „schwierigere Fälle" („unclear and difficult cases") angewandt wird. Leider ist nicht immer offensichtlich, gerade wenn es um lexikalische Eigenschaften geht, was ein „klarer Fall" und ein „schwieriger Fall" sein soll und wie das eine aus dem anderen (nicht) abgeleitet werden kann.

[34] Für eine allgemeine Auseinandersetzung mit den Problemen einer Gleichsetzung von introspektiven Sprecherurteilen und Grammatikalität (bzw. mit dem Grammatikalitätsbegriff an sich) siehe Schütze (1996) und Sampson (2007).

### 2.3.3 Valenzermittlung mit statistischen Methoden

Anders als die Valenzermittlungsverfahren anhand einzelner Sprecherurteile und System-Sätze gründen „konstruktive Methoden" (Storrer 1992: 228ff) auf Datenkollektiven und deren statistischen Merkmalen. Storrer zufolge muss man zwei Typen von Datenkollektiven unterscheiden: Korpora beobachteter Valenzrealisierungen („Korpussätze") und psycholinguistische Versuchsergebnisse („Sprecherkollektivierung").

Die Statistik von Textkorpora ist für die Valenzermittlung nur von Belang, wenn sich Valenzverhältnisse in der Häufigkeitsverteilung ihrer Bestandteile niederschlagen. Bestandteile eines Textkorpus können nicht nur Worttoken, sondern auch z. B. Lemmatisierungen, morphosyntaktische Marker oder Phrasenstrukturmarker sein.[35] Storrer nennt als Beispiel Arbeiten zur historischen Valenzlexikographie, wo auf Basis kleiner historischer Korpora überaus simple statistische Methoden zur Valenzermittlung herangezogen werden: Es wird gemessen, wie häufig Komplementtypen zusammen mit einem bestimmten Valenzträger auftreten, und anschließend anhand eines mehr oder weniger willkürlichen prozentualen Schwellenwertes über den Ergänzungsstatus des Komplementtyps entschieden. Dieses Vorgehen wäre heutzutage, da sich die Methodik der statistischen Kookkurrenzanalyse wesentlich weiterentwickelt hat und gewisse Standards üblich geworden sind,[36] sicherlich nicht mehr zu rechtfertigen. Allerdings gilt für die heute üblichen Valenzermittlungverfahren qua Korpusstatistik dieselbe Grundannahme wie damals – die Grundannahme nämlich, dass Valenzträger mit Ergänzungen häufiger oder zumindest statistisch auffälliger kookkurieren als mit Nicht-Ergänzungen. Und auch heute muss in den meisten Fällen irgendwie ein statistischer Schwellenwert gesetzt werden, der signifikante von insignifikanten Kookkurrenzen trennt.[37] Andernfalls erhielte man bestenfalls „das komplette Rolleninventar" (Storrer 1992: 232) ohne Valenzeingrenzung, d. h. sowohl Ergänzungsrollen als auch Angaberollen.

Als Beispiel einer Sprecher-Kollektivierung dient Storrer (1992: 93ff, 232ff) Heringers Assoziationstest (Heringer 1985). Hier wird nicht von System-Sätzen oder Korpussätzen ausgegangen, sondern von Verben in deren Infinitivform, zu denen Probanden Fragewörter möglicher Ergänzungsfragen nennen sollen. Aufgrund der Häufigkeit und Latenzzeit der Nennung eines Frageworts wird eine graduelle Valenzbindung zum Verb errechnet, die in einem folgenden Schritt anhand

---

[35] Schulte im Walde (2002) betrachtet beispielsweise die Häufigkeitsverteilung lexikalisierter CFG-Regeln, die beim Parsen eines Textkorpus verwendet werden.

[36] Siehe z. B. Lemnitzer (1997), Krenn (1999), Evert (2005).

[37] Siehe Schulte im Walde (2009) für eine aktuelle Übersicht über korpusbasierte Valenzermittlungsverfahren.

eines zu bestimmenden Schwellenwerts der Valenzbindungsstärke evaluiert werden kann.[38] Obwohl Heringers Studie schon ein paar Jahre zurückliegt, kann man nicht sagen, dass sich an den Grundsätzen der Herangehensweise in neueren Arbeiten wie z. B. Schulte im Walde (2008) etwas wesentliches verändert hat.

Die Statistik von Textkorpora und Sprecher-Kollektivierungen der Valenzermittlung zugrunde zu legen, ist Storrer zufolge prinzipiell problematisch: Zum einen müsse der Schwellenwert festgelegt werden, ab dem ein statistisches Kookkurrenzverhältnis als Valenzverhältnis gilt. Diese Festlegung ist in Storrers Augen künstlich und graduelle Valenzbindungsmaße damit kein Ausweg aus der Valenzermittlungsproblematik. Zum anderen müssen die anhand der Statistik eines Datenkollektivs gewonnenen Ergebnisse auf deren Individuen übertragen werden, womit eine unerlaubte „Re-Individualisierung" (Storrer 1992: 233) vorliege, die nämlich nur dann erlaubt sei, wenn sich alle Individuen des Datenkollektivs tatsächlich gleich verhielten. Eine dritte Schwierigkeit speziell für statistische Verfahren sei die potentielle Polysemie der Verben (Storrer 1992: Fußnote 174). Was das betrifft, könnten aber möglicherweise die Methoden der Word Sense Disambiguation etwas ausrichten, die in den letzten 20 Jahren spürbare Fortschritte gemacht haben (siehe McCarthy 2009; Jurafsky & Martin 2009: Kapitel 20).

Wenn aber die Festlegung eines Schwellenwerts zur E/A-Abgrenzung prinzipiell problematisch ist, drängt sich natürlich die Frage auf, ob nicht stattdessen eine graduelle E/A-Abgrenzung angenommen werden sollte. Nur ist so eine graduelle Abgrenzung schwer mit Syntaxmodellen vereinbar, die von einer dichotomischen E/A-Abgrenzung ausgehen. Die Anerkennung der Gradualität führt nämlich letztlich zu einer kategorialen Nivellierung von Ergänzungen und Angaben, was sich bei Heringer (1984) und im Situationsvalenzmodell von Storrer (1992) auch ganz offen zeigt (siehe Abschnitt 9.4.1).

## 2.4 Problem der Valenzrealisierung

Nehmen wir an, dass die Valenzermittlung (halbwegs zufriedenstellend) durchgeführt wurde und das Ergänzungsinventar eines bestimmten Verbs *V* vorliegt. Zwei Fragestellungen hinsichtlich der Realisierung dieses Valenzrahmens in einem konkreten Satz *S*, d. h. hinsichtlich des Verhältnisses zwischen Valenz und Syntax, treten nun in den Vordergrund:

---

[38] Die zugrundeliegende Valenzbeziehung wird von Jacobs (1994b: 29) als ASSOZ(IIERTHEIT) bestimmt, was Ágel (2000: 209) ablehnt und lieber von PRÄSUPP(OSITION) spricht. Ágel nennt außerdem Argumente dafür, dass „PRÄSUPP kein psychologisches Korrelat von ARG sein kann" (Ágel 2000: 210).

1. Welche Valenz(rahmen)bestandteile von *V* werden in *S* realisiert?

2. Wie wird Valenz von *V* strukturell in *S* realisiert?

Die erste Fragestellung möchte ich als Existenzfrage bezeichnen, die zweite dagegen als Strukturfrage.[39] Das Ergebnis der folgenden Auseinandersetzung mit diesen Fragestellungen wird die Formulierung dreier Idealisierungen der Valenzrealisierung sein.[40]

Der Terminus Idealisierung ist hier im Sinne von Stokhof & van Lambalgen (2011) zu verstehen. Stokhof und van Lambalgen unterscheiden zwischen Idealisierung („idealisation") und Abstraktion („abstraction") als Mittel der wissenschaftlichen Konzeptualisierung: Während die Abstraktion, die in den Naturwissenschaften vorherrsche, zu einer reversiblen Neutralisierung eines quantitativen Parameters führt, wird bei der Idealisierung ein qualitativer Parameter ignoriert. Die Idealisierung gehe also mit einem ontologischen Wechsel („ontological change" oder „ontological shift") einher, welcher durch das resultierende Modell allein nicht rückgängig gemacht werden kann – anders als bei der Abstraktion. Als Beispiele nennen Stokhof und van Lambalgen u. a. die Kompetenz-Performanz-Unterscheidung, die Unterscheidung zwischen semantischer und pragmatischer Bedeutung und die Annahme der Unendlichkeit natürlicher Sprache (zu Letzterem siehe auch Pullum & Scholz 2010).

## 2.4.1 Existenzfrage

Auch wenn nach der Valenzermittlung eine Liste von Ergänzungen für ein Verb vorliegt, heißt das nicht, dass alle diese Ergänzungen tatsächlich in einem konkreten Satz realisiert werden müssen. Es ist eben nicht allein das Notwendigkeitskriterium NOT valenzbestimmend. In der Literatur ist deshalb eine Einteilung in obligatorische und fakultative Ergänzungen üblich, die zum Problem der Valenzrealisierung führt, d. h. zum Problem der o/f-Klassifikation der Ergänzungen des Valenzrahmens (siehe Storrer 1992: 95ff).

Das übliche Verfahren zur o/f-Klassifizierung ist der schon erwähnte Eliminierungstest an kontextlosen System-Sätzen, wobei das Kriterium der introspektive Wohlgeformtheitseindruck von Sprechern ist. Dieses Verfahren ist jedoch denselben Einschränkungen (Abhängigkeit von der „lexikalischen Füllung", Kontinui-

---

[39] Storrer (1992) selber konzentriert sich bei ihrer Auseinandersetzung mit diesem Problemkomplex auf Teilaspekte der Existenzfrage, nämlich auf die obligatorisch/fakultativ-Klassifizierung.

[40] Wie die Diskussion im vorangegangenen Abschnitt gezeigt hat, kann man auch in der dichotomischen E/A-Abgrenzung eine Idealisierung des Valenzbegriffs erkennen. Diesen Hinweis verdanke ich Kim Gerdes.

tät der Verbinterpretation, Beschränkung auf SYN-NOT) unterworfen wie bei der E/A-Klassifikation. Und natürlich kann nicht erwartet werden, dass die intersubjekte Unschärfe mit einem Mal verschwunden ist, die damit zu erklären ist, dass zwar kein Kontext angegeben, aber implizit gefordert und sprecherspezifisch imaginiert wird. Die o/f-Klassifizierung erbt also die methodologischen Schwächen der E/A-Klassifikation (Storrer 1992: 240ff).

Ungeachtet der methodologischen Schwächen der o/f-Klassifikation wird auf die Frage, welche Valenzrahmenbestandteil zu realisieren sind, gewöhnlich mit der folgende Idealisierung geantwortet:[41]

**Idealisierung 1 (Idealisierung der Vollständigkeit)** *Der Valenzträger und die obligatorischen Ergänzungen werden realisiert.*

Diese Idealisierung hat zwei Bestandteile, nämlich die Realisierung der Valenzträger und die Realisierung der obligatorischen Ergänzungen, die ich im Folgenden anhand prominenter Beispiele veranschaulichen möchte.

Eine Idealisierung der Valenzträgerrealisierung wird besonders dann deutlich, wenn diese aus formalen Eigenschaften einer Repräsentationsstruktur folgt. Ein konsequentes Beispiel liefert etwa die Dependenzgrammatik (siehe z. B. Engel 1988; Heringer 1993; Eroms 2000), deren Repräsentationsstrukturen aus Graphen über Wörtern bestehen, in denen dem Valenzträger eine zentrale Rolle zukommt: Als Knoten, der die Ergänzungen und Angaben dominiert, ist er in den meisten Fällen für das Zustandekommen eines verbundenen und daher wohlgeformten Dominanzgraphen notwendig. Ohne einen Valenzträger hängen die Dependenten quasi in der Luft.

Auch in einer prominenten Konstituentengrammatik wie der Generativen Grammatik findet man die Realisierung des Valenzträgers im Repräsentationsformalismus vorausgesetzt. In Chomskys ersten Beschreibung des X-bar-Schemas (Chomsky 1970: 210) treten beispielsweise die Valenzträger als Kopf („head") derjenigen Phrase in Erscheinung, in der die Valenzrealisierung in der Tiefenstruktur lokalisiert ist (mehr dazu im nächsten Abschnitt). Zu den formalen Eigenschaften dieser Phrasenstrukturen (als Parsebäume kontextfreier Grammatiken) gehört, dass es strenggenommen keine leeren Köpfe geben kann, d. h. es kann keine nicht-terminalen Blätter geben. Man kann sich allerdings in der Generativen Grammatik mit phonetisch leeren Terminalen behelfen, den sogenannten leeren Kategorien („empty categories") – ein Mittel, das Dependenzgrammatiken

---

[41] Vgl. Storrers „Teilregel 1: In einem Satz mit dem Verb Vi muß jeder obligatorische Valenzpartner zu Vi realisiert sein." (Storrer 1992: 110)

der obigen Art normalerweise nicht zur Verfügung steht, da leere Kategorien dort keinen Wortstatus haben (wobei es Ausnahmen gibt wie z. B. die „zero verb forms" in Mel'čuk 2009).

Während die Valenzträgerrealisierung durch Eigenschaften des Repräsentationsformalismus in vielen Fällen bereits vorausgesetzt ist, kommt die Idealisierung der Valenzrealisierung meist expliziter zum Ausdruck. Als Beispiel möchte ich aus Gründen der Prominenz wiederum die Generative Grammatik herausgreifen, genauer gesagt die Government-and-Binding-Theorie (GB-Theorie) in Chomsky (1981). Dort regelt das sogenannte Projektionsprinzip („projection principle") das Verhältnis zwischen Valenzeigenschaften („subcategorization properties") und Syntax, welches lautet:[42]

> Representations at each syntactic level (i.e. LF and D- and S-structure) are projected from the lexicon, in that they observe the subcategorization properties of lexical items. (Chomsky 1981: 29)

Die Valenzrollen müssen also vollständig in der syntaktischen Struktur repräsentiert sein, wobei Chomsky keinen Unterschied zwischen obligatorischen und fakultativen Valenzrollen macht. Was man sich unter dieser Repräsentation genauer vorstellen muss, legt Chomsky im sogenannten $\theta$-Kriterium („$\theta$-criterion") für die Tiefenstruktur fest:[43]

> Each argument bears one and only one $\theta$-role, and each $\theta$-role is assigned to one and only one argument. (Chomsky 1981: 36)

Zwischen syntaktischen Argumenten („argument[s]") und semantischen Rollen („$\theta$-role[s]") soll ein eineindeutiges bzw. bijektives Abbildungsverhältnis bestehen.

---

[42] Ich setze hier der Einfachheit halber Valenz (bzw. „$\theta$-marking") mit Subkategorisierung gleich, obwohl Chomsky ein echtes Inklusionsverhältnis zwischen $\theta$-Markierung und Subkategorisierung stipuliert: Das Subjekt sei zwar vom Verb $\theta$-markiert, es sei aber nicht Teil der Subkategorisierungsmerkmale des Verbs (Chomsky 1981: 37). Das Projektionsprinzip müsse daher intuitiv folgendermaßen lauten: „every syntactic representation (i.e. LF and D- and S-structure) should be a projection of the thematic structure and the properties of subcategorization of lexical entries" (Chomsky 1981: 36). Chomsky formuliert daraufhin eine angepasste, aber auch umständlichere Version des Projektionsprinzips (Chomsky 1981: 38), deren Darstellung uns an dieser Stelle keine neuen Einsichten bieten würde.

[43] Chomsky (1981) ersetzt später die Bewegungstransformation durch Beschränkungen auf Ketten, die direkt auf der S-Struktur definiert sind: „Eine Kette besteht aus den Positionen, die eine NP bei Bewege-$\alpha$ durchläuft" (von Stechow & Sternefeld 1988: 263). Damit wird auch die Tiefenstruktur obsolet. In unnachahmlicher Weise benutzt Chomsky jedoch beide Begrifflichkeiten, Bewegung und Kette, parallel. Ich beschränke mich hier auf die Bewegungsmetapher.

Nichts geht also verloren oder wird mehrfach verwendet. Ein syntaktisches Argument entspricht hier einem phrasalen Knoten im Syntaxbaum, wobei dieser Knoten auch eine leere Kategorie dominieren könnte, also nicht overt realisiert sein muss.[44] Soweit ich aber sehen kann, sieht Chomsky (1981) eine Basisgenerierung leerer Kategorien, mit Ausnahme von PRO in der Subjektposition von nicht-finiten Komplementsätzen, nicht vor. Das hat zur Folge, dass in der Regel alle thematischen Rollen eines Verbs, sein sogenanntes $\theta$-Raster, auch eineindeutig oberflächenrealisiert werden müssen.

Wir haben bereits festgestellt, dass Chomsky in einem gegebenen $\theta$-Raster nicht zwischen obligatorischen und fakultativen $\theta$-Rollen unterscheidet. Bezogen auf ein gegebenes $\theta$-Raster ist also Chomskys Ansatz der Valenzrealisierung strikter als die Idealisierung der Vollständigkeit, da letztere immerhin das Fehlen der fakultativen Ergänzungen zulässt. Allerdings lässt sich das Konzept der fakultativen Ergänzung auch in Chomskys Ansatz implementieren, wenn es möglich ist, einem Verb mehrere unterschiedliche $\theta$-Raster zuzuweisen. Dann wären nämlich nur diejenigen $\theta$-Rollen obligatorisch, die in allen $\theta$-Rastern vertreten sind, während alle anderen $\theta$-Rollen qua $\theta$-Raster-Auswahl einen fakultativen Status haben.[45] Eine solche Wahlfreiheit unter verschiedenen $\theta$-Rastern scheint aber bei Chomsky nicht gegeben zu sein. Vielmehr scheint es so zu sein, dass sich das $\theta$-Raster eines Verbs exakt aus seiner Bedeutung ableiten lässt, dass nämlich „ein n-stelliges Prädikat n verschiedene $\theta$-Rollen vergibt" (von Stechow & Sternefeld 1988: 258).[46] Ein Kernmerkmal dieser sowie anderer Grammatiktheorien aus dem Bereich der Generativen Grammatik ist nach Culicover & Jackendoff (2005) deren Schnittstellenuniformität („Interface Uniformity"):

> The syntax-semantics interface is maximally simple, in that meaning maps transparently onto syntactic structure; and it is maximally uniform, so that the same meaning always maps onto the same syntactic structure. (Culicover & Jackendoff 2005: 47)

Die eindeutige Zuordnung von Bedeutung und Valenzrahmen fehlt in dem in Abschnitt 2.2 entwickelten Valenzbegriff, bei dem die Bedeutung die Valenz zwar

---

[44] Manche Autoren machen deshalb einen Unterschied zwischen in der Tiefenstruktur „notwendigen" Ergänzungen und in der Oberflächenkette „obligatorischen" Ergänzungen (siehe Storrer 1992: 100). Die Mengen der „notwendigen" und „obligatorischen" Ergänzungen müssen dort nicht deckungsgleich sein, was die Möglichkeit für fakultative Ergänzungen eröffnet.

[45] Etwas Analoges schlägt beispielsweise Jacobs (1994a) vor.

[46] Ich drücke mich hier vorsichtig aus, da ich in Chomsky (1981) keine eindeutigen Aussagen diesbezüglich finden kann.

motiviert, aber nicht vorgibt. Die Folgen der Schnittstellenuniformität sind weitreichend und betreffen keinesfalls nur fakultative Ergänzungen. Ein Beispiel: Das Verb *lügen* würde dann auch die blockierte Patiensrolle in die syntaktische Struktur projizieren, weil sie Bestandteil des semantischen Rolleninventars von *lügen* ist, wie die overte Realisierung bei *belügen* zeigt (siehe S. 20). Man erhielte bei *lügen* also zwangsweise zu viele Argumentpositionen in der syntaktischen Struktur, die mittels leerer Kategorien gefüllt werden müssten. Genau das (mittels PRO) wird zumindest bei der Subjektposition von Infinitiven üblicherweise gemacht. Die Alternative kann nur darin bestehen, für *lügen* und *belügen* unterschiedliche Bedeutungen zu stipulieren, d. h. bei *lügen* keine Patiensrolle zuzulassen. Das wird aber der konzeptionellen Übereinstimmung von *lügen* und *belügen* nicht gerecht – und kein Synaxmodell wäre dieses Opfer wert.[47] Nehmen wir also an, dass *lügen* eine blockierte Patiensrolle und *essen* eine fakultative Ergänzung in die Syntax projiziert (was Chomsky meines Wissens weder offen befürwortet noch ausschließt). Wo steckt dann die Idealisierung der Vollständigkeit? Kann nicht durch die Verwendung von leeren Kategorien jegliche Valenzrealisierung modelliert werden? Das ist jedoch nicht der entscheidende Punkt. Entscheidend ist, dass es in der GB-Theorie leere Kategorien geben *muss*, weil die Tiefenstruktur das Ideal der Vollständigkeit erfüllt.

Dass die Idealisierung der Vollständigkeit empirisch zu kurz greift, steht eigentlich außer Frage: Sowohl Valenzträger als auch obligatorische Ergänzungen können weggelassen werden, was in den zweiten Konjunkten der folgenden Koordinationen beispielhaft zu sehen ist:

(33)  a.  [$\kappa_1$ Der Jäger sah einen Hasen] und [$\kappa_2$ der Tourist einen Waschbären].

  b.  [$\kappa_1$ Einen Hasen sah der Jäger] und [$\kappa_2$ erschoss ihn]

  c.  [$\kappa_1$ Einen Hasen sah der Jäger] und [$\kappa_2$ einen Waschbären]

Das Weglassen des Valenzträgers in (33a) wird als Gapping bezeichnet und das Fehlen einer obligatorischen Ergänzung in (33b) findet im Rahmen einer sogenannten asymmetrischen Koordination statt, wohingegen das Fehlen sowohl des Valenzträgers als auch der obligatorischen Ergänzung in (33c) eine sogenannte Bare Argument Ellipsis konstituiert. Alle diese Phänomene werden in Kapitel 4 einer näheren Betrachtung unterzogen.

---

[47] Ein weiteres interessantes Problemfeld für Grammatiktheorien mit Schnittstellenuniformität sind polyvalente Verben wie *rollen*. Siehe Vogel (1998).

## 2.4.2 Strukturfrage

Die Strukturfrage hat eine horizontale und eine vertikale Dimension: Die horizontale Dimension umfasst Aspekte der Linearisierung der Valenzrahmen als Teil von Dependenzfeldern, also die lineare (Dis-)Kontinuität der Dependenzfelder und die relative lineare Positionierung von Regent und Dependenten. Die vertikale Dimension betrifft dagegen Aspekte der Valenzrahmenzugehörigkeit bzw. Dependenzfeldzugehörigkeit. Im Folgenden werde ich kurz auf die (Dis-)Kontinuität der Dependenzfelder und auf einen Aspekt der Dependenzfeldzugehörigkeit eingehen. Zur Lokalisierung von Valenzrahmenbestandteilen in einer hierarchischen Repräsentationsstruktur, z. B. in Dependenzgraphen oder Konstituentenstrukturen, werde ich mich ausführlicher in Kapitel 5 äußern, wo die TAG-Modellierung von Valenzrahmen im Vordergrund steht.

Was die Linearisierung der Dependenzfelder (und der darin enthaltenen Valenzrahmen) betrifft, erweist sich die folgende Idealisierung als grammatiktheoretisch wirkungsmächtig:[48]

**Idealisierung 2 (Idealisierung der Kontinuität)** *Die Linearisierung eines Dependenzfelds ist zusammenhängend.*

Die lineare Kontinuität von Dependenzfeldern im Satz wurde insbesondere im Rahmen der Dependenztheorie in den 1960ern unter dem Stichwort der PROJEKTIVITÄT herausgestellt (Dikovsky & Modina 2000: 73ff) und verschiedentlich formal charakterisiert (Kuhlmann 2010: 17ff). Sehr allgemein gesprochen kann man mit Brettschneider (1978: 51) das der Projektivität zugrunde liegende Prinzip folgendermaßen auf den Punkt bringen: „alles Zusammengehörende hat zusammenzustehen".[49] Das bedeutet jedoch nicht, dass der Dependent immer neben dem Kopf steht. Beispielsweise kommt das in der folgenden Linearisierungsregel („sequence rule") aus Hudson (1980) zum Ausdruck:

(34)    The modifiers [= Dependenten, T. L.] of a head should not be separated from it by any other items except other modifiers of the same head. (Hudson 1980: (9))

Die Attraktivität der Annahme, dass alle Dependenzstrukturen projektiv sind, beruht auch auf ihrem restringierenden, ordnenden Einfluss auf die Theoriebil-

---

[48] Alternativ könnte man auch von einer Idealisierung der Überschneidungsfreiheit sprechen und sie folgendermaßen formulieren: Valenzrealisierungen bzw. Dependenzfelder überschneiden sich nicht linear.

[49] Das erinnert natürlich stark an das erste Behaghel'sche Gesetz, „daß das geistig eng Zusammengehörige auch eng zusammengestellt wird" (Behaghel 1932: §1426).

dung, „weil sie die rein algebraische Kombinatorik spektakulär einschränkt und damit fundamentale Eigenschaften der Sprache schon durch die Form der Beschreibungssprache erfasst" (Eroms & Heringer 2003: 250). Das hat bei der Zuweisung einer konkreten Dependenzstruktur den Effekt, dass versucht wird, Dependenzen so zu bestimmen, dass die resultierende Dependenzstruktur dem Ideal der Projektivität genügt (Eroms & Heringer 2003: 251). Ist die Nichtprojektivität einer Dependenzstruktur dagegen unvermeidbar, so wird dies als „Signal für die Markiertheit dieser Typen" (Eroms & Heringer 2003: 259) interpretiert.

Zusätzlich zur Attraktivität projektiver Dependenzstrukturen beigetragen hat in meinen Augen zweierlei: Zum einen weiß man seit Gaifman (1965), dass eine schwache Äquivalenz zwischen projektiven Dependenzstrukturen und kontextfreie Grammatiken (CFG) besteht. Sie können also dieselben Stringsprachen erzeugen und haben eine vergleichsweise niedrige computationelle Komplexität. Zum anderen ist die Klasse der nicht-projektiven Dependenzstrukturen computationell schwer zu beherrschen, d. h. die Erkennung der entsprechenden Stringsprachen ist NP-vollständig (Neuhaus & Bröker 1997).[50]

Doch die Idealisierung der Kontinuität von Dependenzfeldern findet sich auch in der Tiefenstruktur der Generativen Grammatik. Laut Chomsky (1965: 122, 215) sollen dort die Valenzrelationen („strict subcategorization", wobei das Subjekt ausgenommen ist) streng lokal („strictly local") realisiert werden, d. h. nur innerhalb einer sogenannten lexikalischen Kategorie („lexical category"). Die lexikalische Kategorie kann man sich als denjenigen Phrasenstrukturknoten vorstellen, dessen Kopf der Valenzträger bildet.[51] Bei der Einführung des X-bar-Schemas in Chomsky (1970) kommt dieser Aspekt deutlicher zum Vorschein:

> To introduce a more uniform notation, let us use the symbol $\overline{X}$ for a phrase containing $X$ as its head. Then the base rules introducing $N$, $A$, and $V$ will be replaced by a schema (48), where in place of ... there appears the full range of structures that serve as complements and $X$ can be any one of $N$, $A$, or $V$:

(48)  $\overline{X} \rightarrow X \dots$

---

[50] In jüngeren Arbeiten (z. B. Holan et al. 1998; Dikovsky & Modina 2000; Bodirsky et al. 2005; Havelka 2007; Maier & Lichte 2011; Gómez-Rodríguez et al. 2011) wird der Frage nachgegangen, wie sich derjenige Teilbereich der Nicht-Projektivität formal bestimmen lässt, der für natürliche Sprache tatsächlich relevant ist, und ob dieser Teilbereich computationell effizient verarbeitbar ist. Die Projektivität erweist sich jedoch empirisch betrachtet als dependenzstruktureller Normalfall (Kuhlmann & Nivre 2006; Maier & Lichte 2011).

[51] Den Terminus Kopf („head") benutzt Chomsky (1965) an dieser Stelle allerdings nicht.

> Continuing with the same notation, the phrases immediately dominating $\overline{N}$, $\overline{A}$ and $\overline{V}$ will be designated $\overline{\overline{N}}$, $\overline{\overline{A}}$, $\overline{\overline{V}}$ respectively. (Chomsky 1970: 210)

Die Valenzrahmenbestandteile („head" und „complements") bilden also die rechte Seite einer kontextfreien Regel. Damit ist ihre Kontinuität in der abgeleiteten Tiefenstruktur zwingend. Varianten dieser Kontinuitätsidealisierung setzen sich in neuere Arbeiten fort, meist wenn Grundbegriffe wie Phrase oder Konstituente erklärt werden:

> Der Kopf einer Wortgruppe/Konstituente/Phrase/Projektion ist dasjenige Element, das die wichtigsten Eigenschaften der Wortgruppe/Konstituente/ Phrase/Projektion bestimmt. Gleichzeitig steuert der Kopf den Aufbau der Phrase, d. h. der Kopf verlangt die Anwesenheit bestimmter anderer Elemente in seiner Phrase. (Müller 2010: 19)

Entscheidend ist hier, dass Müller eine „Wortgruppe/Konstituente/Phrase/Projektion" als „linear zusammenhängende Folge von Wörtern" (Müller 2010: 4) bzw. als „Schachtel" (Müller 2010: Abbildung 1.1) versteht. Etwas technischer drückt sich Jacobs (2009) aus:

> Wenn $X$ als valenzgebundenes Element und $Y$ als Valenzträger analysiert wird, ist $X$ in der syntaktischen Struktur mit $Y$ oder einer Phrase, deren Kopf $Y$ ist, verschwestert, wobei diese $Y$ enthaltende Phrase wiederum der Kopf der Phrase ist, die $X$ und $Y$ umfasst. (Jacobs 2009: 497)

Da Phrasen hier wohl als linear kontinuierlich begriffen werden (denn Jacobs verwendet keine kreuzenden Kanten in den Phrasenstrukturbäumen), können sich Valenzrealisierungen nicht linear überschneiden.

Eine abgeschwächte Form der Kontinuitätsidealisierung findet sich auch in den Wohlgeformtheitsbedingungen des TAG-Frameworks, denen wir uns in Abschnitt 5.3 zuwenden werden.

Die empirischen Unzulänglichkeiten der Idealisierung der Kontinuität sind hinlänglich bekannt. Die Sätze in (35) enthalten allesamt diskontinuierliche Dependenzfelder bzw. Valenzrahmenrealisierungen:

(35)   a.   dass den Kühlschrank Peter heute zu reparieren versucht
       b.   Wen meint Doris, dass Gerhard liebt?        (Featherston 2003: (2c))
       c.   Über Syntax hat Sarah sich ein Buch ausgeliehen.
            (De Kuthy 2002: (1))

Satz (35a) zeigt eine sogenannte kohärente Konstruktion und Satz (35b) eine Brückenkonstruktion. Dass selbst nominale Valenzrahmen diskontinuierlich sein können, verdeutlicht schließlich Satz (35c). In dieser Arbeit werde ich daraus das Kohärenzphänomen herausgreifen und in Abschnitt 3 detailliert darstellen. Um solche Diskontinuitäten analysieren zu können, ohne die Idealisierung der Kontinuität aufzugeben, wird beispielsweise in transformationsgrammatischen Theorien auf Bewegungstransformationen zurückgegriffen (siehe Abschnitt 6.1).

Abschließend möchte ich eine Idealisierung formulieren, die auf die vertikale Dimension der Strukturfrage (Wie sind Valenzbeziehungen in einem Satz hierarchisch organisiert?) Bezug nimmt, nämlich auf die Dependenzfeldzugehörigkeit oder, etwas eingegrenzter, auf die Zugehörigkeit zu einer Valenzrahmenrealisierung. Entsprechend dieser Eingrenzung findet man in vielen Syntaxtheorien die folgende Idealisierung:

**Idealisierung 3 (Idealisierung der Funktionalität)** *Die Valenzbeziehungen in einem Satz sind hinsichtlich der daran beteiligten Verben und Konstituenten funktional.*

Oben in Definition 5 habe ich die Valenzbeziehungen in einem Satz $S$, genannt $\mathsf{ValR}(S)$, als Menge von Tripeln $\langle V, K, R \rangle$ einer Verbform $V$, eines Satzglieds $K$ und einer semantischen Rolle $R$ definiert. Diese Valenzbeziehungen können auf unterschiedliche Weise funktional eingeschränkt sein. Eine bereits erwähnte funktionale Einschränkung ist etwa, dass jede Konstituente $K$ in einer Valenzbeziehung zu maximal einem Verb $V$ steht, d. h. $\{\langle K, V \rangle | \langle V, K, R \rangle \in \mathsf{ValR}(S)\}$ ist eine partielle Funktion. Mit anderen Worten: Es gibt in einem Satz keine zwei Verbformen $V_1$, $V_2$ und ein Satzglied $K$ mit den Valenzbeziehungen $\langle V_1, K, R_i \rangle$ und $\langle V_2, K, R_j \rangle$ (für beliebige $R_i, R_j$). Diese Einschränkung wird im Rahmen der Dependenzgrammatik durch den Ausschluss von Multidominanz in den Dependenzgraphen erreicht. In der GB-Theorie ist die Idealisierung der Funktionalität dagegen Folge des $\theta$-Kriteriums, wonach eine Argumentposition genau eine $\theta$-Markierung haben muss.

Die Idealisierung der Funktionalität mag auf den ersten Blick harmlos erscheinen, doch es handelt sich dabei tatsächlich um eine Idealisierung. Das wird an Sätzen wie (36a) mit einer sogenannten Kontrollkonstruktion deutlich:

(36)    a.    Peter versucht zu schlafen.

          b.    `versucht(Peter, schlafen(Peter))`

Das Nomen *Peter* ist hier nämlich das Argument zweier Prädikationen, angedeutet in (36b), und aufgrund zweier bestehenden ARG-Beziehung und entsprechend des oben dargestellten Valenzbegriffs auch Bestandteil zweier Valenzrahmenrealisierungen. Gegen eine Valenzbeziehung zwischen *zu schlafen* und *Peter* könnte man zwar vorbringen, dass gleichzeitig keine FOSP- oder NOT-Beziehung besteht, und dieses als Bedingung in obigen Valenzbegriff integrieren. Aber genau dies wird in der GB-Theorie durch die Idealisierung der Vollständigkeit qua Schnittstellenuniformität ausgeschlossen. Die Kombination aus Idealisierung der Funktionalität und Idealisierung der Vollständigkeit führt also angesichts von Kontrollkonstruktionen wie in (36a) zu einem Dilemma: *zu schlafen* kann *Peter* nicht $\theta$-markieren, weil es bereits von *versucht* $\theta$-markiert ist; die Argumentposition, die *zu schlafen* $\theta$-markieren muss, bleibt also leer. Der Lösungsvorschlag von Chomsky (1981) besteht darin, in der Argumentposition von *zu schlafen* ein phonetisch leeres Pronomen PRO anzunehmen, das durch das Nomen *Peter* „kontrolliert" wird. Um PRO wieder loszuwerden, muss also entweder die Idealisierung der Vollständigkeit qua Schnittstellenuniformität oder die Idealisierung der Funktionalität, oder beide, angepasst bzw. fallengelassen werden (Culicover & Wilkins 1986; Culicover & Jackendoff 2006: 46, Abschnitt 3.1.1).

Man kann die Funktionalität von Valenzbeziehungen aber auch anders bestimmen und die semantische Rolle miteinbeziehen. Eine solche Einschränkung ist beispielsweise, dass jedes $K$ nicht mehr als eine semantische Rolle in $V$ innehaben kann, dass also $\{\langle(V,K),R\rangle|\langle V,K,R\rangle \in \mathsf{ValR}(S)\}$ funktional ist. Empirisch scheint das nur schwer widerlegbar zu sein. Betrachtet man dagegen die Menge der Paare $\langle(V,R),K\rangle$, dann impliziert deren Funktionalität, dass jede semantische Rolle von $V$ nur einmal besetzt werden kann. Mit anderen Worten: Ergänzungen sind (ohne Koordination) nicht iterierbar. Das Kʀɪᴛᴇʀɪᴜᴍ ᴅᴇʀ Iᴛᴇʀɪᴇʀʙᴀʀᴋᴇɪᴛ wird in der Literatur gerne zur Unterscheidung von Ergänzungen und Angaben herangezogen (siehe z. B. Müller 2010: 22f) und fließt auch in Chomskys $\theta$-Kriterium ein.[52] Dem widersprechen zumindest oberflächlich betrachtet die Jacobs-Daten in (37), die er als Fälle von „Akkumulation" behandelt:

(37)    a.    Er wohnt in München in der Innenstadt in einem Altbau.

           b.    Sie trug den Korb in den Garten unter den Apfelbaum.

           c.    Das Unglück ereignete sich am Sonntag um vier Uhr früh.

           d.    Die Besprechung dauerte den ganzen Nachmittag bis in die frühen Abendstunden.

           e.    Er benahm sich wie üblich miserabel.

(Jacobs 1994b: (11), (13)–(15))

---

[52] Ähnlich auch das „Stratal Uniqueness Law" aus Kracht (2002: 255): „For a given predicate there can be at most one constituent bearing a particular relation to that predicate."

Die hier iterierten Bestimmungen der Position, Richtung, Zeit etc. stünden in einer „Spezifikationsbeziehung" zueinander, seien aber jeweils durch das Verb valenzgebunden (siehe auch z. B. Maienborn 1991; Steinitz 1992). Folglich wären etwa die semantische Rolle der Positionsbestimmungen in (37a) dreimal realisiert, nämlich durch *in München, in der Innenstadt* und *in einem Altbau.* Es ist aber auch denkbar, dass diese Realisierungen syntaktisch direkter zusammenhängen, dass also in (37a) nur *in einem Altbau* die Ergänzung von *wohnt* ist, während es sich bei *in München in der Innenstadt* um ein disloziertes Adjunkt von *in einem Altbau* handelt – darin vielleicht der Diskontinuität bei NPs (NP-PP-Splits) nicht unähnlich, die oben anhand von (35c) erläutert wurde. Oder man könnte stattdessen argumentieren, dass *in München in der Innenstadt* ein „frame adjunct" (Maienborn 2001; Frey 2003) ist, das den Wahrheitsanspruch bzw. propositionalen Gehalt von (37a) wesentlich allgemeiner einschränkt als die Ergänzungen des Verbs.

An diesen Überlegungen wird deutlich, dass sich die Valenzbeziehungen, die im Zusammenhang mit der Idealisierung der Funktionalität interessant sind, anscheinend schwieriger beurteilen lassen und dass hier in stärkerem Maße zusätzliche Annahmen eine Rolle spielen. Ich möchte daher diesen Bereich weitgehend ausklammern und mehr Gewicht auf die Auseinandersetzung mit den Idealisierungen der Vollständigkeit und Kontinuität legen.

## 2.5 Zusammenfassung

Das Valenzkonzept, so der Ausgangspunkt dieser Arbeit, ist ein wesentlicher Bestandteil heutiger Syntaxtheorien. Dieses Kapitel diente der Klärung des Fragekomplexes, was Valenz überhaupt ist, wie sie ermittelt und syntaktisch realisiert werden kann.

Bei der Klärung des traditionellen Valenzbegriffs habe ich mich des multikriterialen Ansatzes von Jacobs (1994b) bedient, der zur Explikation der Valenzintuition die Valenzkriterien NOT, FOSP, INSP und ARG ins Feld führt und damit dem sehr uneinheitlichen Bild der Valenzforschung Rechnung trägt. Darauf aufbauend habe ich die Valenz als Menge von 3-Tupeln aus semantischer Rolle, morphosyntaktischem Formmerkmal und Notwendigkeitsmerkmal definiert.

Diese Uneinheitlichkeit, d. h. das Fehlen eines überzeugenden monokriterialen Ansatzes, bedingt eine Diversifizierung der Valenzermittlungsmethoden, ohne leider in den meisten Fällen passgenau und zuverlässig eine bestimmte Valenzbeziehung identifizieren zu helfen. Methoden wie z. B. der Eliminierungstest für NOT und der Geschehen-Test für ARG, die auf introspektiven Grammatikalitätseindrücken beruhen, scheinen grundsätzlich durch Performanzeinflüsse beeinträchtigt. Es ist zudem oft strittig, insbesondere beim Geschehen-Test, ob mit einem bestimmten Testverfahren die anvisierte Valenzbeziehung überhaupt getestet werden kann. Statistische Methoden versprechen demgegenüber einen objektiveren Standpunkt durch die Erstellung von Kookkurrenzmustern aus einer Vielzahl von Valenzrealisierungsinstanzen. Hier gilt es jedoch zu klären, ob Kookkurrenz ein hinreichend eindeutiger Reflex von Valenzbeziehungen darstellt, wie der Verbpolysemie mit statistischen Mitteln begegnet werden kann, und vor allem, wie sich der zwingend benötigte statistische Schwellenwert, der die Grenze zwischen Ergänzung und nicht-Ergänzung definiert, nicht ad hoc festlegen lässt.

Mit der Unklarheit des Valenzkonzepts und dem Problem der Valenzermittlung hängt natürlich auch das Problem der Valenzrealisierung, insbesondere das Problem der o/f-Unterscheidung, eng zusammen. Würden der gesamte Valenzrahmen oder ein bestimmter Teil des Valenzrahmens immer realisiert sein, dann hätte man bei der Klärung des Valenzkonzepts und bei der Valenzermittlung leichtes Spiel. Tatsächlich, so meine These, gehen die meisten Syntaxmodelle bei der Integrierung des Valenzkonzepts genau diese Idealisierung der Vollständigkeit ein, zusammen mit der Idealisierung der Kontinuität und der Idealisierung der Funktionalität. Die nächsten beiden Kapitel werden jedoch zeigen, dass die Realität anders aussieht: Zum einen können beliebige Bestandteile eines realisierten Valenzrahmens abhängig vom Äußerungskontext weggelassen werden; zum anderen können Valenzrahmen linear diskontinuierlich (bzw. überlappend) realisiert sein. Zur Modellierung solcher Phänomene müssen dann Ausweichstrategien implementiert werden, auf die ich in den Kapiteln 6 und 8 eingehe.

Es ist klar, dass in dieser Hinsicht Syntaxmodelle von Vorteil sind, die keine Realisierungsidealisierungen inkorporieren, oder zumindest nicht alle. Solche Syntaxmodelle und ihre sowohl theoretische als auch empirische Tragfähigkeit stehen im Zentrum des Interesses dieser Arbeit: In Kapitel 7 werde ich ein Syntaxmodell auf Grundlage von TT-MCTAG ausarbeiten, das ohne Idealisierung der Kontinuität auskommt, während in Kapitel 9 eine etwas programmatischere Darstellung eines Syntaxmodells (STUG) folgt, dass zudem die Idealisierung der Vollständig umgeht. Das letztere Syntaxmodell greift Storrers Idee der Situationsvalenz auf, das wir in Abschnitt 9.4.1 kennenlernen werden. Darin wird Valenz primär im Schnittstellenbereich zwischen Lexikon, Semantik und Informationsstruktur angesiedelt, was für das Syntaxmodell natürlich gravierende Folgen hat, bedeutet dies doch nichts weniger als eine Trennung von Syntax und Valenz.

# 3 Kontra Kontinuität: Kohärenz

Das vorangegangene Kapitel schloss mit der Formulierung dreier Idealisierungen des Verhältnisses zwischen Syntax und Valenz: (i) die Idealisierung der Vollständigkeit, (ii) die Idealisierung der Kontinuität und (iii) die Idealisierung der Funktionalität. In diesem Kapitel soll eine Form der Valenzrealisierung untersucht werden, die die Idealisierung der Kontinuität empirisch konterkariert: die kohärente Konstruktion.

Kohärenz ist ein Phänomen der Satzsyntax, bei dem die Ergänzungen und Angaben unterschiedlicher, aber in einer Rektionsbeziehung befindlicher Verben so permutieren, dass einzelne Valenzrahmen diskontinuierlich realisiert sind.[1] Identifizierbar sind kohärente Konstruktionen anhand der Wortstellung, der Valenzbeziehungen (zu Ergänzungen) und der semantischen Dependenzbeziehungen (zu Angaben). Das ist beispielsweise in Satz (1) der Fall:

(1)     Das Fahrrad versuchte Peter zu reparieren.

Die Valenzrahmenrealisierung *das Fahrrad zu reparieren* wird hier durch das Verb *versuchte* und seine Ergänzung *Peter* linear unterbrochen, und ist also diskontinuierlich. Wie im letzten Kapitel angekündigt, werde ich die Nominativ-Ergänzung jeweils dem maximal übergeordneten Valenzträger zuordnen, wenn ich sie nicht ganz ignoriere. Damit werde ich zwar dem oben formulierten Valenzbegriff nicht ganz gerecht (denn *Peter* muss wohl auch als ein Argument von *zu reparieren* angesehen werden und eo ipso als seine Ergänzung) und vernachlässige auch sträflich die Nicht-Funktionalität dieser Valenzrahmenrealisierungen, aber die Darstellung der Diskontinuität von Valenzrahmenrealisierungen gewinnt dadurch erheblich an Klarheit – insbesondere deswegen, weil ich enger an der Darstellung Gunnar Bechs bleiben kann. Bech (1955) ist unbestreitbar der sichtbarste Wegbereiter einer stringenten, hinreichend expliziten Systematisierung des Kohärenzphänomens. Auch wenn nicht immer valenztheoretisch einwandfrei, las-

---

[1] Eigentlich müsste hier von Dependenzfeldern (siehe Definition 7, S. 24) statt von Valenzrahmenrealisierungen gesprochen werden, da natürlich Diskontinuität nicht allein dann vorliegen soll, wenn die Valenzrahmenbestandteile durch Angaben des Valenzträgers voneinander getrennt sind. Ich klammere im Folgenden Angaben jedoch weitgehend aus.

sen sich damit die unterschiedlichen Diskontinuitätstypen in einer einheitlichen, mittlerweile etablierten Schreibweise erfassen.

## 3.1 Grundbegriffe und Grundstellung

### 3.1.1 Status, Kette, Rang und Verbalfeld

Beginnen wir mit der Morphologie der nicht-finiten Verben. Bech unterscheidet hier je drei STATUS der supinischen, d. h. nicht-flektierten, und der partizipialen, d. h. der adjektivischen, Verbformen. Tabelle 3.1 fasst diese Taxonomie zusammen.

Tabelle 3.1: Status der nicht-finiten Verben nach Bech (1955)

|  | 1.Stufe<br>Supinum | 2.Stufe<br>Partizipium |
|---|---|---|
| 1. Status | *lieben* | *liebend(-er)* |
| 2. Status | *zu lieben* | *zu liebend(-er)* |
| 3. Status | *geliebt* | *geliebt(-er)* |

In dieser Arbeit sind auschließlich die supinischen Verbformen von Interesse. Deren Status entsprechen den Kasus der nominalen und adjektivischen Wortformen, indem sie den Bezugspunkt für Rektionsbeziehungen bilden. Man spricht hier, analog zur Kasusrektion, von der Statusrektion.

In einem Satz können beliebig viele Verben durch eine Kette von Rektionsbeziehungen miteinander verknüpft sein, d. h. sie bilden eine sogenannte SUBORDINATIVE oder HYPOTAKTISCHE KETTE. Diese wird bei Bech durch eine Sequenz $V^1 \ldots V^n$ mit $1, \ldots, n \in \mathbb{N}$ schematisiert, wobei gilt: Ein Verb $V^i$ regiert immer den Status eines Verbs $V^{i+1}$, so dass $V^i$ einen höheren RANG einnimmt. Der Rangindex $i$ eines Verbs $V^i$ ist also in dieser Notation niedriger als der Rangindex des statusregierten Verbs $V^{i+1}$. Das ranghöchste Verb einer subordinativen Kette wird durch den Rangindex 1 angezeigt. Wir erhalten also für einen Satz wie in (2) das Rangschema $V^1 V^2 V^4 V^3$:

(2)    Ich habe nach drei Jahren gebeten, in der Einzelhaft bleiben zu dürfen.
      $V^1$                 $V^2$                 $V^4$   $V^3$

Das finite Verb *habe* regiert den 3. Status von *gebeten*, *gebeten* wiederum den

2. Status von *zu dürfen*, und das wiederum den 1. Status von *bleiben.* Jedes dieser Verben wird genau einem VERBALFELD zugeordnet (und vice versa): „Zum verbalfeld $F^n$ gehören außer dem verbum $V^n$ alle bestandteile des satzes, die von $V^n$ abhängen, außer $V^{n+1}$ und diejenigen glieder, die von $V^{n+1}$ abhängen." (Bech 1955: §36) Es ist für mich nicht zu erkennen, wie für Bech die Abhängigkeit zwischen Bestandteilen des Satzes genau definiert ist. Die Verbalfelder für Satz (2) sind wohl aber $F^1 = $ (*ich, habe*), $F^2 = $ (*nach drei Jahren, gebeten*), $F^4 = $ (*in der Einzelhaft, bleiben*), $F^3 = $ (*zu dürfen*).[2] Ein Verbalfeld ist also nicht zu verwechseln mit dem Valenzrahmen des enthaltenen Verbs, denn (i) das statusregierte Verbalfeld ist nur implizit über die Rangindizierung der Verbalfelder angedeutet und (ii) das Verbalfeld enthält nicht nur Ergänzungen, sondern auch Angaben. Mit Blick auf das Kohärenzphänomen ist die Unterscheidung von Verbalfeldern jedoch sinnvoll, da nicht nur die Ergänzungen unterschiedlicher Verbalfelder permutieren können, sondern natürlich auch deren Angaben. Schließlich (iii) ordnet Bech die Subjekte den Verbalfeldern der finiten Verben zu, was nicht unüblich ist, aber dem im letzten Kapitel explizierten Valenzbegriff widerspricht, da etwa das Hilfsverb *habe* dem Subjekt *ich* keine semantische Rolle zuweist. Die Existenz diskontinuierlicher Valenzrahmenrealisierungen ist von dieser Zuordnung jedoch nicht abhängig, also belasse ich es bei Bechs Darstellung.

## 3.1.2 Kohärenzfeld

Während Verbalfelder je eine dependenzielle Einheit bilden, ist das KOHÄRENZFELD die maßgebliche topologische Einheit. Jedes Kohärenzfeld wird aus einem oder mehreren per Statusrektion verbundenen Verbalfeldern gebildet, so dass (im Normalfall) die Verben im SCHLUSSFELD angeordnet werden, dem das RESTFELD mit den übrigen Bestandteilen der Verbalfelder linear vorangeht. Das finite Verb kann, im Unterschied zu Infinita, auch Bestandteil des Restfelds sein. Bech notiert das Kohärenzfeldschema ähnlich wie in (3) (Bech 1955: §55):[3]

(3)     $K^i = R^i S^i$, mit $i \in \mathbb{N}^+$

$R$ ist hier das Restfeld und $S$ das Schlussfeld. Den heutigen Gepflogenheiten entsprechend nenne ich das Schlussfeld auch VERBALKOMPLEX.[4] Die Rangindizierung der Kohärenzfelder ergibt sich aus der Rangindizierung der enthaltenen

---

[2] Siehe Bech (1955: §22).

[3] Ich greife auf diese Notation insbesondere bei der Darstellung von Abweichungen in Abschnitt 3.4 zurück.

[4] Manche Autoren sagen statt Verbalkomplex auch Verbkomplex, z. B. Vogel (2009). Aus meiner Sicht ist das eine Geschmacksfrage.

Verbalfelder: Bei Kohärenzfeldern $K^i$, $K^{i+1}$ regiert das rangniedrigste Verbalfeld aus $K^i$ das ranghöchste Verbalfeld aus $K^{i+1}$. Ein Satz umfasst also nicht selten mehrere Kohärenzfelder, so auch Satz (2), der über zwei Kohärenzfelder $K^1 =$ (*ich, habe, nach drei Jahren*)(*gebeten*) und $K^2 = $ (*in der Einzelhaft*)(*bleiben zu dürfen*) verfügt. Da es sich dabei um linear zusammenhängende Einheiten handelt, kann man die Kohärenzfeldpartition auch mit Klammern visualisieren:[5]

$$\underbrace{\overbrace{\text{Ich habe nach drei Jahren}}^{R^1}\ \overbrace{\text{gebeten,}}^{S^1}}_{K^1}\ \underbrace{\overbrace{\text{in der Einzelhaft}}^{R^2}\ \overbrace{\text{bleiben zu dürfen.}}^{S^2}}_{K^2}$$

(4)

Es ist aber auch eine alternative Kohärenzfeldpartition mit kleineren Kohärenzfeldern denkbar – dazu mehr im nächsten Abschnitt.

Was die Binnenstruktur der Restfelder betrifft, macht Bech (1955) keine genauen Angaben. Man kann wohl annehmen, dass er hier keine spezifischen Gesetzmäßigkeiten erkennen kann, die auf Kohärenzfelder mit mehreren Verbalfeldern beschränkt ist. Das Hauptaugenmerk seiner Arbeit lenkt er stattdessen auf Gesetzmäßigkeiten in der Abfolge der Verben im Schlussfeld. Als Grundstellung kann man hier das Rangschema in (5) anführen, d. h. die subordinative Verbalkette ist linksläufig, so dass ein Verb $V_i$ immer rechts neben einem Verb $V_{i+1}$ steht, dessen Status $V_i$ regiert:

(5)    $V_n \dots V_1$, mit $n \geq 1$

Um das Rangschema eines Schlussfelds unabhängig von der Einbettung des Kohärenzfelds darzustellen, wechselt hier die Notation: Als Subskript wird der RELATIVE, SCHLUSSFELDBEZOGENE RANGINDEX angegeben, der im Unterschied zum absoluten, satzbezogenen Rangindex nur die subordinative Kette eines einzelnen Schlussfelds indiziert. Das vollständige Rangschema des Schlussfelds des Kohärenzfelds $K^2 = $ (*in der Einzelhaft*)(*bleiben zu dürfen*) ist also $V_2^4 V_1^3$. Befindet sich das finite Verb im Restfeld, wirkt es sich nicht auf die relative Rangindizierung aus. Das Rangschema des Schlussfelds von $K^1 = $ (*ich, habe, nach drei Jahren*)(*gebeten*) ist deshalb $V_1^2$.[6]

---

[5] Die Klammerdarstellung stammt aus Müller (1999: Kapitel 17).

[6] Man beachte, dass Bech (1955) als Subskripte, soweit ich sehen kann, keine relativen, schlussfeldbezogenen Rangindizes einsetzt (vgl. §17), sondern vielmehr absolute Rangindizes, wobei jedoch das finite Verb im Restfeld, d. h. bei „hauptwortsatzstellungen“, den Rangindex 0 erhält. Das hat zur Folge, das immerhin das Schlussfeld von Kohärenzfeldern mit dem finiten Verb über so etwas wie eine relative Rangindizierung verfügt. Für tiefer eingebettete Kohärenzfelder ohne finitem Verb gilt dies jedoch nicht. Hinsichtlich der Daten, die Bech bei der

### 3.1.3 Kohärente Konstruktion vs. inkohärente Konstruktion

Die „verbindungsart" (Bech 1955: §71) zwischen zwei Verbalfeldern $F^i$ und $F^{i+1}$ ist kohärent, falls $F^i$ und $F^{i+1}$ zu einem Kohärenzfeld $K$ gehören, so dass sich (i) $V^i$ im Restfeld von $K$ und $V^{i+1}$ im Schlussfeld von $K$ oder (ii) $V^i$ und $V^{i+1}$ im Schlussfeld von $K$ befinden. Man spricht in solchen Fällen von einer KOHÄRENTEN KONSTRUKTION. Andernfalls ist die „verbindungsart" zwischen $F^i$ und $F^{i+1}$ inkohärent und es liegt eine INKOHÄRENTE KONSTRUKTION vor. Subordinative Ketten mit mehr als einem Kohärenzfeld enthalten trivialerweise sowohl kohärente als auch inkohärente Konstruktionen, wie Satz (2) beweist: Die Kohärenzfelder $K^1 = $ (*ich, habe, nach drei Jahren*)(*gebeten*) und $K^2 = $ (*in der Einzelhaft*)(*bleiben zu dürfen*) enthalten zwar kohärent-konstruierte Verbalfelder, aber die „verbindungsart" zwischen *gebeten* und *zu dürfen* ist inkohärent.

Die Kohärenzfeldpartition von (2) durch $K^1$ und $K^2$ ist jedoch nicht die einzig mögliche. $K^1$ und $K^2$ lassen sich weiter aufteilen, so dass z. B. die Kohärenzfelder $K^{11} = $ (*ich, habe*)(), $K^{12} = $ ()(*gebeten*), $K^{21} = $ ()(*zu dürfen*), $K^{22} = $ (*in der Einzelhaft*)(*bleiben*) entstehen. Bei dieser Kohärenzfeldpartition durch $K^{11}$, $K^{12}$, $K^{21}$, $K^{22}$ gibt es keine kohärenten Verbalfelder mehr. Dieses Beispiel zeigt also, dass das Vorliegen von Kohärenz und Inkohärenz abhängig von der Kohärenzfeldpartition ist. Das einzig eindeutige Indiz für die Zugehörigkeit zweier Verbalfelder $F^i$ und $F^{i+1}$ zu einem Kohärenzfeld $K$ ist die Diskontinuität von $F^{i+1}$.

Die Kohärenzfeldpartition wird also primär durch das Kohärenzfeldschema in (3) und das Rangschema in (5), zu dem in Abschnitt 3.2 weitere Rangschemata hinzukommen, bestimmt. Dies sind jedoch nicht alle Faktoren, die auf die Zulässigkeit einer Kohärenzfeldpartition einwirken. Weitere Faktoren kommen in einer Reihe von Testverfahren zum Ausdruck, die Bech zur Unterscheidung von kohärenten und inkohärenten Konstruktionen entwirft: die Rangprobe (Bech 1955: §71), die Statusprobe (Bech 1955: §73) und die Skopusprobe bei Negation bzw. Negationskohäsion (Bech 1955: §80). Hier reicht es, nur auf die Rangprobe einzugehen: Die RANGPROBE besteht darin, „daß man sämtlichen verben der hypotaktischen kette [im mutmaßlichen Schlussfeld, T. L.] einen niedrigeren unteren rang [d. h. einen höheren relativen Rangindex, T. L.] gibt, ohne daß man die reihenfolge der restfeldglieder – oder die konstruktion in irgendwelcher anderen beziehung – verändert". Kann danach noch immer eine regelkonforme Schlussfeldtopologie ermittelt werden, so liegt Kohärenz vor, andernfalls Inkohärenz. Bech veranschaulicht die Rangprobe anhand der folgenden Umstellungen, der-

---

Untersuchung des Schlussfelds zu Rate zieht, ergibt sich allerdings kein Unterschied zu meiner etwas generelleren Notation der relativen Rangindizes.

zufolge die Verben *wagt* und *zu stören* in (6a) kohärent und in (6b) inkohärent
sein sollen:

(6)  a.  Sie $wagt_0$ ihn nicht zu $stören_1$.
       ⤳ ...dass sie ihn nicht (zu $stören_2$ $wagt_1$)
   b.  Sie $wagt_0$ nicht, ihn zu $stören_1$.
       ⤳ *...dass sie nicht ihn (zu $stören_2$ $wagt_1$)
   (Bech 1955: §71)

Von den zwei möglichen Kohärenzfeldpartitionen, die (6b) prima facie enthält,
bleibt also nur die inkohärente Konstruktion, wenn man die Rangprobe anwen-
det. Der Faktor, der hier meiner Meinung nach zum Ausdruck kommt, ist die
Markierung des rechten Rands des Restfelds durch den Negationsmarker *nicht*.
Eine solche Markierung ergibt sich auch durch abgetrennte Verbzusätze. Bech
geht an dieser Stelle nicht auf die Ursache für die Ungrammatikalität der Umstellung von (6b) ein.

In (6) ist es die Veränderung des Satztyps, die einen höheren relativen Rangindex der Verben des ursprünglichen Schlussfelds (*zu stören*) bewirkt. Bei Ver-
bzweit-Sätzen ist das ein probates Mittel, um das finite Verb aus dem Restfeld
in das potentielle Schlussfeld eines Kohärenzfelds zu stellen. Dagegen muss man
bei Verbletzt-Sätzen anders vorgehen: Ein Hilfsverbs wird hier als ranghöchstes
Verb im Schlussfeld eingesetzt, welches den 1. oder 3. Status regiert (und deshalb mit dem regierten Verb ein Kohärenzfeld bilden muss). In Satz (7) ist es das
Hilfsverb *hat*:

(7)  ...dass sie nicht $wagt_1$ zu $schlafen_2$
     ⤳ ...dass sie nicht $gewagt_2$ $hat_1$ zu $schlafen_3$

Dieses Beispiel ist in gewisser Weise schlecht, da im Ausgangssatz nur eine Kohärenzfeldpartition mit einer inkohärenten Konstruktion möglich ist, denn das
Rangschema $V_1 V_2$ ist im Schlussfeld nicht zulässig. Ein in dieser Hinsicht besseres Beispiel werden wir in (13) in Abschnitt 3.2 sehen, wenn weitere zulässige
Rangschemata im Schlussfeld thematisiert werden.

### 3.1.4 Lexikalische Klassifizierung der Verben

Eine wichtige lexikalische Klassifizierung der statusregierenden Verben gründet
auf ihrer KOHÄRENZTAUGLICHKEIT bzw. KOHÄRENZUNTAUGLICHKEIT. Anhand der
Kohärenzfeldpartitionierung ist der Unterschied so zu erklären, dass kohärenzuntaugliche Verben und die Verben, deren Status sie regieren, immer in getrennten

Kohärenzfeldern platziert sind, wohingegen kohärenztaugliche Verben dieser Regel nicht unterworfen sind. Der etablierte Terminus für kohärenzuntaugliche Verben ist der der OBLIGATORISCH INKOHÄRENT KONSTRUIERENDEN VERBEN. Die kohärenztauglichen Verben werden dagegen gemeinhin in FAKULTATIV KOHÄRENT KONSTRUIERENDE VERBEN und OBLIGATORISCH KOHÄRENT KONSTRUIERENDE VERBEN unterschieden. Die obligatorisch kohärent konstruierenden Verben sind nur dort zulässig, wo sie mit dem statusregierten Verb ein Kohärenzfeld teilen. Die fakultativ kohärent konstruierenden Verben harmonieren dagegen prinzipiell (d. h. unter bestimmten Umständen, siehe unten) mit beiden, kohärenten und inkohärenten Konstruktionen. Man kann hier also auch so wie z. B. Meurers (1999b: 38) von OPTIONAL INKOHÄRENT KONSTRUIERENDEN VERBEN sprechen. In Satz (2) lassen sich Instanzen beider Globalklassen beobachten: die Verben *haben* und *dürfen* konstruieren obligatorisch kohärent, das Verb *bitten* dagegen obligatorisch inkohärent.

Bech hat in seiner „Kohärenzregel" bereits ein recht zuverlässiges Indiz für Kohärenz(un)tauglichkeit festgehalten:[7] Alle Verben, die den 1. oder 3. Status regieren, sind kohärenztauglich, ja konstruieren (meist) sogar obligatorisch kohärent. Weniger eindeutig verhält es sich bei Verben, die den 2. Status regieren. Sie können in allen drei Subklassen vorkommen. Auch eine Querklassifizierung dieser Verben anhand von Kontroll- und Anhebungseigenschaften erbringt kein klares Verteilungsmuster, denn immer lassen sich Ausnahmefälle finden (siehe dazu Meurers 1999b: Abschnitt 2.3).[8,9] Dies betrifft insbesondere die Klasse der obligatorisch inkohärent konstruierenden Verben, die in Tabelle 3.2 von der Klasse der Akkusativkontrollverben besetzt ist. Grosse (2005) diskutiert in diesem Zusammenhang das Akkusativkontrollverb *bitten*, dem ein Potential zu kohärenter Konstruktionsweise zugesagt wird. Grundsätzlich scheint es so zu sein, dass obligatorisch inkohärent konstruierende Verben empfänglich für einen gewissen „Trainingseffekt" sind, unter dem sie in eine kohärente Konstruktion „gezwun-

---

[7] Kohärenzregel nach Bech (1955: §65): „Zwei verbalfelder, *F′* und *F″*, die – per definitionem – dadurch verbunden sind, daß *V′* den status von *V″* regiert, sind kohärent, wenn *V″* im 1. oder 3. status steht, können aber je nach den umständen kohärent oder inkohärent sein, wenn *V″* im 2. status steht."

[8] Ich setze die Begriffe der Anhebung und der Kontrolle hier als bekannt voraus. Ihr konzeptuelles Korrelat verbirgt sich bei Bech hinter den Begriffen „Orientierung" der statusregierten Verben bzw. „Koeffizient" der statusregierenden Verben (Bech 1955: Kapitel 3). Eine detaillierte, korpusgeleitete Untersuchung des Zusammenhangs zwischen Kontrolle und Kohärenz leistet Grosse (2005).

[9] Cook (2001) schlägt daher eine informationsstrukturelle Fundierung der Kohärenzklassen vor, die Grosse (2005: Abschnitt 4.4) kritisch sieht.

gen" werden können.[10] Tabelle 3.2 stellt daher nur eine grobe Verallgemeinerung der in der Literatur vorgefundenen Klassifizierung dar.[11]

Tabelle 3.2: Kohärenzklassen der Verben

| | |
|---|---|
| obligatorisch kohärent | Verben, die den 1. oder 3. Status regieren (Hilfs- und Modalverben), bestimmte Modalverben, die den 2. Status regieren (*brauchen*), Anhebungsverben (*scheinen, ...*), bestimmte Kontrollverben (*wissen, suchen*)[a] |
| fakultativ kohärent | Subjektkontrollverben (*versuchen, wagen, glauben, lernen, ...*), Dativkontrollverben (*ermöglichen, ...*), bestimmte Anhebungsverben (*drohen, versprechen*)[b] |
| obligatorisch inkohärent | Akkusativkontrollverben (*auffordern, bitten, anflehen, unterlassen, ersuchen, ...*)[c] |

[a] Siehe Reis (2001).
[b] Siehe Reis (2005).
[c] Siehe Grosse (2005: 55). Müller (2002: Abschnitt 2.1.7) zeigt dagegen, dass Akkusativkontrollverben kohärent konstruieren können.

Aufgrund dieser klassifikatorischen Schwammigkeit und der Ergebnisse ihrer Korpusstudie plädiert Grosse für ein graduelles Verständnis der Kohärenzeigenschaften von Kontrollverben, die von „kohärenzfordernden und kohärenzstörenden Faktoren" semantischer, pragmatischer und struktureller Art beeinflusst werden können. Auch sieht sie hinsichtlich der fakultativ kohärent konstruierenden Verben Evidenz dafür gegeben, „dass es sich bei diesen Verben um keine homogene Gruppe handelt, sondern dass es innerhalb dieser prinzipiell kohärenztauglichen Kontrollverbgruppe Abstufungen bezüglich der gezeigten Kohärenzstärke gibt" (Grosse 2005: 11). Dabei zeigt sich in ihren Korpusdaten, dass selbst bei „prinzipieller Kohärenztauglichkeit" eine Bevorzugung der inkohärenten Konstruktionsweise vorliegt.[12]

---

[10] Diese Einschätzung teilt Grosse (2005) mit Meurers (1999b: 19, Fußnote 12), wo es heißt: „The class of obligatorily incoherent verbs appears to be rather fragile in that one often manages to force such verbs into a coherent pattern if one tries long enough. This 'training effect' does not surface with obligatorily coherent verbs, which when forced into an incoherent pattern always cause ungrammaticality."

[11] Vgl. z. B. Grosse (2005: Kapitel 1) und Colomo (2011: Abschnitt 3.5.2, Tabelle 5, 207), wobei sich Colomo letztlich dagegen ausspricht, obligatorische Inkohärenz als lexikalische Eigenschaft zu behandeln.

[12] Grosse plädiert deswegen dafür, anstelle von „fakultativ kohärent" den Terminus „schwach

Neben der empirischen Unschärfe der Kohärenzklassen wurden auch Subklassifizierungen der fakultativ kohärenten Verben und der obligatorisch inkohärenten Verben diskutiert. Bei Reis & Sternefeld (2004) etwa erhält die Klasse der fakultativ kohärenten Verben („K2") zwei Subklassen: (i) Verben aus K2, die die Bildung der sogenannten dritten Konstruktion erlauben („K3"), und (ii) Verben aus K2, die die Bildung des sogenannten Fernpassivs erlauben („K4"). Auf beide Konstruktionstypen werden wir detaillierter in Abschnitt 3.4 bzw. 3.3 eingehen. Auslöser dieser Subklassifizierung ist eine Beobachtung in Wöllstein-Leisten (2001: 318), derzufolge *ablehnen* und *aufgeben* zwar gut Fernpassiv bilden können, aber schlecht die 3. Konstruktion. Wurmbrand (2001) teilt dagegen die fakultativ kohärenten Verben in zwei komplementäre Subklassen auf: solche, die Fernpassiv erlauben („lexical restructuring") und solche, die Fernpassiv nicht erlauben („lexical non restructuring"). Schließlich ist auch vorgeschlagen worden, die Klasse der obligatorisch inkohärenten Verben dahingehend zu differenzieren, ob Intraposition möglich ist oder nicht, d. h. ob die Verben „schwach inkohärent" oder „stark inkohärent" konstruieren (siehe Sternefeld 2008).

In dieser Arbeit werde ich Grosses Schlussfolgerungen und die Subklassifizierungsvorschläge anderer Autoren weitgehend ignorieren und die Klassifizierung in Tabelle 3.2 als empirischen Fixpunkt heranziehen. Der Grund dafür ist, dass in dieser Arbeit allein die syntaktische Modellierung der Konstruktionstypen im Vordergrund steht, und nicht die Erfassung lexikalischer Generalisierungen.

## 3.2 Wortstellung im Verbalkomplex

Das Rangschema in (5) wurde als Grundstellung des Schlussfelds oder Verbalkomplexes, wie es von nun an heißen soll, eingeführt. Tatsächlich existieren noch weitere Stellungmöglichkeiten, die als Permutierungen dieser Grundstellung betrachtet werden können.

Die geläufigste Permutierung ist die OBERFELDUMSTELLUNG, bei der eine Gruppe von Verben mit höheren Rängen den restlichen, niederrangigen Verben vorangestellt wird. Der Verbalkomplex zerfällt also in zwei Teilfelder, das OBERFELD und das UNTERFELD, und erhält das generalisierte Rangschema in (8):

(8) $\underbrace{V_1...V_n}_{\text{Oberfeld}} \underbrace{V_m...V_{n+1}}_{\text{Unterfeld}}$, mit $1 \leq n < n+1 \leq m$

Das Rangschema der Teilfelder ist gegenläufig, d. h. das Unterfeld ist wie in der

---

kohärent" zu benutzen.

Tabelle 3.3: Rangschemata inklusive Oberfeldumstellung nach Bech (1955: §61) für Verbalkomplexe mit bis zu fünf Verben. Die Spalten enthalten Rangschemata gleicher Gesamtgröße, und die Zeilen Rangschemata mit gleicher Oberfeldgröße.

|   | 1 | 2 | 3 | 4 | 5 |
|---|---|---|---|---|---|
| 0 | $V_1$ | $V_2V_1$ | $V_3V_2V_1$ | $V_4V_3V_2V_1$ | $V_5V_4V_3V_2V_1$ |
| 1 |   |   | $V_1V_3V_2$ | $V_1V_4V_3V_2$ | $V_1V_5V_4V_3V_2$ |
| 2 |   |   |   | $V_1V_2V_4V_3$ | $V_1V_2V_5V_4V_3$ |
| 3 |   |   |   |   | $V_1V_2V_3V_5V_4$ |

Grundstellung linksläufig, während das Oberfeld rechtsläufig ist, also ein $V_i$ vor $V_{i+1}$ steht. Außerdem regiert das maximal untergeordnete Verb des Oberfelds $V_n$ den Status des maximal übergeordneten Verbs des Unterfelds $V_{n+1}$. Neben einem solchen Rangschema muss der Verbalkomplex auch eine gewisse Mindestgröße aufweisen, d. h. das Unterfeld muss mindestens aus zwei Verben bestehen.[13] Die damit lizenzierten Rangschemata des Verbalkomplexes sind in Tabelle 3.3 zusammengefasst. Bech (1955: §61) beschränkt sich bei dieser Aufstellung auf Verbalkomplexe bzw. Schlussfelder bis zu einer Größe von fünf Verben, denn „Schlußfelder mit mehr als vier verben sind [...] äußerst selten". Tatsächlich kann ich in Bech (1955) keinen einzigen Korpus-Beleg für einen fünfgliedrigen Verbalkomplex finden. Bech konstruiert jedoch die Verbalkomplexpermutationen in (9), um das theoretisch vorhandene Potential vorzuführen:

(9)    dass man ihn hier

      a.    liegen$_5$ bleiben$_4$ lassen$_3$ können$_2$ wird$_1$

      b.    wird$_1$ liegen$_5$ bleiben$_4$ lassen$_3$ können$_2$

      c.    wird$_1$ können$_2$ liegen$_5$ bleiben$_4$ lassen$_3$

      d.    wird$_1$ können$_2$ lassen$_3$ liegen$_5$ bleiben$_4$

    (vgl. Bech 1955: §61)

Abgesehen von der Instanziierung eines der lizenzierten Rangschemata aus Tabelle 3.3 muss ein gegebener Verbalkomplex noch weitere Bedingungen erfüllen. Zum einen besteht das Oberfeld nur aus Verben mit bestimmten Status:

---

[13] Es ist aber nicht vollkommen ausgeschlossen, dass das Unterfeld weniger als zwei Verben enthält, siehe Meurers (1999b: 83).

(10)    **Oberfeldregel (OFR)**[14]
        Das Oberfeld enthält kein Verb im 2. Status.

Sätze wie (11) sind also ungrammatisch:

(11)    *ich freue mich sie zu haben kommen gesehen          (Bech 1963: §11)

Zum anderen nimmt u. a. Meurers (1999b: 75ff) die Einschränkung an, dass nur bestimmte Verben, die Hilfsverben *werden* und *haben*, im Oberfeld auftreten können. Die Oberfeldumstellungen in (9c) und (9d) seien demgegenüber veraltet und nicht mehr im selben Maß gebräuchlich. Insbesondere das Auftreten der Verben *lassen* und *sein* im Oberfeld führt zu einer merklichen Verminderung der Akzeptanz:

(12)    a.    daß man ihn hier lässt liegen bleiben          (Bech 1955: §61)
        b.    *daß der Brief ist abgeschickt worden     (Meurers 1999b: (125a))

Was Modalverben wie *können*, *müssen* und *sollen* betrifft, ist die Akzeptanzminderung wohl nicht so ausgeprägt.

Für das Unterfeld existieren anscheinend keine morphologischen Einschränkungen ähnlich der Oberfeldregel: Verben mit 2. oder 3. Status finden dort ohne Schwierigkeiten einen Platz (siehe Meurers 1999b: 80ff). Man muss bei der Betrachtung von Verben des 2. Status allerdings Vorsicht walten lassen, wenn sie das maximal übergeordnete Verb des Unterfelds sein sollen. Bech nimmt beispielsweise für den Verbalkomplex in (13) das Rangschema $V_1 V_3 V_2$ an, wobei $V_2$ durch das Status-2-Verb *zu können* instantiiert wird:

(13)    daß sie eine Absicht glaubten$_1$ verbergen$_3$ zu können$_2$   (Bech 1955: §62)

Wendet man auf diesen Verbalkomplex die Rangprobe an, dann kann er zu dem in (14) umgebildet werden:

(14)    daß sie eine Absicht geglaubt$_2$ hatten$_1$ verbergen$_4$ zu können$_3$
        (Meurers 1999b: (127))

Die dadurch entstandene subordinative Kette entspricht jedoch nicht den Stellungsmöglichkeiten eines einzelnen Schlussfelds: Die Schlussfeldstellung $V_2 V_1$ $V_4 V_3$ gibt es nicht, denn die Abfolge $V_2 V_1$ ist nicht die eines regelkonformen Oberfeldes. Statt der Rangindizierung in (13) muss man also vielmehr die folgende Rangindizierung einer inkohärenten Konstruktion ansetzten:

---

[14] Dies ist eine Generalisierung der 2. Wortstellungsregel aus Bech (1963: §11), die nur für eingliedrige Oberfelder gilt.

(15)　　daß sie eine Absicht glaubten$_1$ | verbergen$_2$ zu können$_1$

Dem Ergebnis der Rangprobe zufolge enthalten diese Sätze also nicht einen Verbalkomplex, sondern zwei. Das Verb *glaubten* ist nicht im Oberfeld und die Kette *verbergen zu können* im dazugehörigen Unterfeld wie in (13), vielmehr sind sie Bestandteile getrennter Unterfelder wie in (15).

Doch damit nicht genug. Betrachtet man diese Konstruktionen unter dem Eindruck der Bech'schen Systematik genauer, so stellt man Erstaunliches fest: Zwar können zwei getrennte Schlussfelder identifiziert werden, was auf Inkohärenz schließen lässt, aber die dazugehörigen vermeintlichen Restfelder stehen nicht adjazent zum jeweiligen Schlussfeld, was auf Kohärenz hindeutet. Es entsteht also ein Widerspruch, d. h. solche Konstruktionen, die als 3. KONSTRUKTION (den Besten & Rutten 1989) bezeichnet werden, lassen sich in der Bech'schen Kohärenzfeldtypisierung nicht sauber einordnen. Darauf werde ich im nächsten Abschnitt nochmals ausführlicher eingehen. Als Résumé dieser Gedankengänge kann die Hypothese festgehalten werden, dass das maximal übergeordnete Verb des Unterfelds aus analytischen Gründen nicht im 2. Status stehen kann.

Eine weitere, seltenere Permutationsmöglichkeit im Verbalkomplex ist die ZWISCHENSTELLUNG (Meurers 1994; Meurers 1999b: 84ff). Dabei interveniert das Oberfeld gleichsam im Unterfeld, so dass ein Schlussfeld wie in (16) entstehen kann:

(16)　　daß er das Examen bestehen$_3$ wird$_1$ können$_2$　　　　(Meurers 1999b: (138))

Die Meinungen darüber, ob dies zum Standarddeutschen gerechnet werden soll oder ob es sich dabei um ein auf süddeutsche Dialekte begrenztes Stellungsphänomen handelt, gehen auseinander (siehe Meurers 1999b: 84ff). Bech (1955) unterlässt es jedenfalls, sie zu erwähnen – er schließt sie allerdings auch nicht aus.

Eine Intervention ganz anderer Art ist die sogenannte LINKSSTELLUNG, bei der der Verbalkomplex zwischen Ober- und Unterfeld durch nicht-verbales Material aus dem Restfeld unterbrochen ist, oder mit anderen Worten, bei der das Oberfeld vom Unterfeld getrennt und nach links versetzt ist.[15] Ein Beispiel dafür liefert Satz (17) mit dem linksversetzten Verb *hätte*:

(17)　　ohne daß der Staatsanwalt hätte darum bitten müssen.
　　　　(Meurers 1999b: (145a))

---

[15] Der Terminus geht auf Meurers (1997: 218ff) zurück. Kefer & Lejeune (1974), die die erste umfassendere Untersuchung dazu durchführen, sprechen von „Einklammerung", Haegeman & van Riemsdijk (1986) von „verb projection raising" und Müller (1999: Abschnitt 14.3) von „Unterbrechung des Verbalkomplexes". Übrigens streift auch Bech (1955: §63) dieses Phänomen kurz.

Da hier strenggenommen keine Permutation innerhalb des Verbalkomplexes stattfindet, werden wir uns diesem Phänomen (und dem verwandten Phänomen der Linksstellung maximal untergeordneter Verben) etwas ausführlicher in Abschnitt 3.4.3 zuwenden.

## 3.3 Abweichungen bei der Rektion

Die Bestandteile eines Verbalkomplex können neben der Linearisierungsposition auch hinsichtlich der Flexionsform von einer bestimmten Normvorstellung abweichen. Davon sind nicht nur Verben, sondern im Fall der Fernpassiv-Konstruktion auch deren nominalen Ergänzungen betroffen. Doch beginnen wir mit einem noch relativ regelhaften und häufigen Phänomen aus dem Bereich der Verbalmorphologie.

### 3.3.1 Ersatzinfinitiv

Bestimmte Verben können im 1. Status realisiert werden, obwohl das sie regierende Verb den 3. Status fordert. Solch ein Infinitiv, der quasi den 3. Status ersetzt, wird üblicherweise als ERSATZINFINITIV oder als INFINITIVUS PRO PARTICIPIO (IPP) bezeichnet. Während die Generalisierung belastbar zu sein scheint, dass Ersatzinfinitive ausschließlich vom Perfekt-Hilfsverb *haben* regiert werden können (siehe Meurers 1999b: 62ff), ist die Frage, welche Verben in welchen Konfigurationen im Ersatzinfinitiv realisiert werden können oder gar müssen, nicht ganz so einfach zu beantworten.[16]

Recht eindeutig ist die Situation bei Modalverben, die den 1. Status regieren und dabei keine Partizip-II-Form haben, also *dürfen, können, mögen, müssen, sollen, wollen*. Falls sie vom perfektiven *haben* regiert werden, kann nur der Ersatzinfinitiv stehen:[17]

---

[16] Meurers (1999b: 53) drückt es so aus: „there is a fair amount of dialectal and inter-speaker variaton concerning the classification of verbs which can or have to occur as substitute infinitives [Ersatzinfinitiv, T. L.]."

[17] Aber auch hier gibt es schon erste Irritationen. Bech (1955) etwa erwähnt den Fund in (i) mit einem Modalverb in Partizip-II-Form:

   (i)   Christian machte eine heftige Bewegung danach, obgleich sie es ihm ohnedies hatte reichen gewollt.     (Bech 1955: §62)

Meurers (1999b: 53) wertet solche Verwendungen jedoch als veraltet, weshalb er sie mit einem Stern versieht. Es ist damit aber nicht gesagt, dass *gewollt* nicht gebildet werden kann. Tatsächlich erlauben viele der Modalverben bei einer Verwendung als transitives Verb das Partizip-II:

   (ii)   Ich habe das nicht gewollt.

(18)    Er hat heute Schokolade essen dürfen / *gedurft.    (Meurers 1999b: (82))

Regiert das perfektive *haben* einen Ersatzinfinitiv, gilt für seine Position eine spezielle Regel, die Bech (1963) 1. WORTSTELLUNGSREGEL (1.WR) nennt, und die ich hier als UNTERFELDREGEL paraphrasiere:[18]

(19)    **Unterfeldregel (UFR)**
        Das regierende Verb des Ersatzinfinitivs darf nicht im Unterfeld stehen.

Die UFR erfasst korrekterweise die relativ eindeutige Unverfügbarkeit der Verbalkomplexgrundstellung in (20a), erlaubt jedoch die Zwischenstellung in (20b), die Bechs 1. WR aussortiert, und die Oberfeldumstellung in (20c):

(20)    a.    *dass er heute Schokolade essen dürfen hat
        b.    ?dass er heute Schokolade essen hat dürfen
        c.    dass er heute Schokolade hat essen dürfen

Das Fragezeichen deutet es an: Was die Grammatikalität der Zwischenstellung bei Ersatzinfinitiven betrifft, möchte ich damit aber nicht das letzte Wort gesprochen haben.

Im Unterschied dazu erlauben AcI-Verben wie *sehen, hören, lassen, fühlen*, das Modalverb *brauchen* oder sonstige Verben wie *helfen* oft eine Alternation zwischen Partizip-II-Form und Ersatzinfinitiv, auch wenn in der Literatur bisweilen das Gegenteil behauptet wird (siehe dazu Meurers 1999b: 55ff). Das Beispiel in (21) zeigt dieses Potential anhand des AcI-Verbs *hören*:

(21)    Ich hab's in meiner Schulter krachen hören / gehört.
        (vgl. Meurers 1999b: (89a))

Diese Alternation ist jedoch nicht immer ohne Weiteres verfügbar, wobei vielfältige Faktoren Einfluss nehmen können. Leider vermag ich hier nicht genügend Platz einzuräumen, um der teils diffusen Datenlagen gerecht zu werden. Nur einen Hinweis möchte ich hier noch abschließend anbringen. Die Vorhersagen der UFR bezüglich der fakultativen Ersatzinfinitive beim AcI-Verb *sehen* in (22) decken sich zwar mit den Grammatikalitätsurteilen von Bech (1963):

---

Diese Verwendungsmöglichkeit als Partizip-II-Form, wenn auch in einem anderen syntaktischen Kontext, wirkt wahrscheinlich einem klaren Urteil über die Verwendung als Modalverb entgegen.

[18] Im Original: „Falls ein Satz drei Verben in finaler Position: $V_1$, $V_2$ und $V_3$ enthält, von denen $V_1$ das Verbum *haben* ist, während $V_2$ und $V_3$ im Inf. stehen, indem der Inf. bei $V_2$ das Part. Prät. ersetzt, so ist die Reihenfolge $V_1 V_3 V_2$ die einzig mögliche [...]." (Bech 1963: §10)

(22)   a.   daß ich sie kommen *sehen / gesehen habe
       b.   daß ich sie habe kommen sehen / gesehen
       (vgl. Bech 1963: §20)

Es finden sich aber auch grammatische Sätze wie (23), in deren Verbalkomplex der Regent des Ersatzinfinitvs im Unterfeld steht:

(23)   weil Hans ihn will kommen sehen haben        (Zifonun et al. 1997: 1286)

Während hier das den Ersatzfinitiv regierende Verb *haben* den 1. Status trägt, gibt es Indizien dafür, dass an dieser Stelle auch der 2. Status verwendet werden kann, dass also Sätze wie (24) grammatisch sind:

(24)   ?Ich freue mich sie kommen sehen zu haben.

Eine kurze Recherche meinerseits förderte folgenden Beleg zutage:

(25)   Sie bekundete, merkwürdige Geräusche aus der Wohnung der E bemerkt
       und einen Mann, der in Größe und Statur dem H ähnelte, aus der Woh-
       nung kommen sehen zu haben.[19]

Die UFR (ebenso wie Bechs 1. WR) ist also zu strikt, um für das ganze Spektrum der Ersatzinfinitive gelten zu können. Immerhin darf weiterhin vermutet wer-den, dass die UFR die Stellungsmöglichkeiten der Regenten von obligatorischen Ersatzinfinitiven korrekt generalisiert.

### 3.3.2 *Zu*-Verschiebung oder Ersatz-*zu*-Infinitiv

Die Statusrektion innerhalb des Verbalkomplexes mit 132-Schema in Satz (26a) ist in zweierlei Hinsicht irregulär: Erstens ist das höchste Verb *haben* nicht im 2. Status, obwohl dieser vom regierenden Verb *glaube* zugewiesen ist; zweitens ist das von *haben* abhängende Verb *zu können* nicht im 3. Status, den *haben* übli-cherweise zuweist:[20]

(26)   a.   Ich glaube es haben$_1$ tun$_3$ zu können$_2$.
       b.   *Ich glaube es zu haben$_1$ tun$_3$ können$_2$.
       c.   *Ich glaube es tun$_3$ können$_2$ zu haben$_1$.
       (Bech 1963: §14)

---

[19] Entnommen aus: Uwe Hellman (ed.). 2007. *Fallsammlung zum Strafprozessrecht.* Springer. S. 151.
[20] Anders als bei den Fällen mit Abkopplungseffekt bzw. mit Skandalkonstruktion (siehe unten) ist hier kein Rangschema denkbar, unter dem die angesprochenen Irregularitäten in der Sta-tusrektion verschwinden.

Bech (1963) zufolge sehen wir hier „eine Art Kompromiß" für den folgenden Regel-Widerspruch:[21] einerseits besteht gemäß der OFR eine Unvereinbarkeit des *zu*-Infinitivs mit dem Oberfeld (siehe (26b)) und andererseits verlangt die UFR, dass *zu haben* als Regent des Ersatzinfinitivs im Oberfeld stehen muss (siehe (26b)): *zu haben* wird dadurch quasi „zerissen".

Bech ist jedoch nicht dazu bereit, den 2. Status ad hoc in *zu*-Markierung und 1. Status aufzuteilen, denn das wäre eine Ausnahme von einer Regel „ganz grundlegender Art", nämlich der Unabtrennbarkeit der *zu*-Markierung.[22] Stattdessen schlägt Bech neben dem Ersatzinfinitiv eine weitere Ersetzungsregel vor, bei der in solchen Konfliktfällen ein Verb im 3. Status durch einen *zu*-Infinitiv ersetzt wird. Man kann deshalb auch von einem Ersatz-*zu*-Infinitiv sprechen, wie das etwa Meurers (1999b: 70ff) tut („substitute *zu*-infinitive"). Interessanterweise entwirft Bech die Ersetzungsregeln für Ersatz-Infinitive (1. ER) und Ersatz-*zu*-Infinitive (2. ER) als konkurrierende Regeln, wobei der 2. ER Vorrang eingeräumt wird. Es scheint mir dagegen bedenkenswert, die 2. ER als Folgeregel zur 1. ER zu betrachten, so dass die Ersatzinfinitive unter Umständen durch *zu*-Infinitive ersetzt werden. Dieses Verständnis des Ersatz-*zu*-Infinitivs wird durch die Tatsache unterstützt, dass nur solche Verben einen Ersatz-*zu*-Infinitiv zugewiesen werden kann, die auch einen Ersatzinfinitiv erlauben. Zur Illustration zeigt (27a) einen Ersatz-*zu*-Infinitiv des AcI-Verbs *sehen*. Wie bei der Darstellung der Ersatzinfinitive angesprochen wurde, erlauben solche Verben anders als Modalverben eine Alternation mit der Partizip-II-Form. Dadurch ist in (27b), anders als in (26c), eine Vermeidung des Ersatz-*zu*-Infinitivs möglich:[23]

(27)    a.    Ich freue mich sie haben kommen zu sehen.
           b.    Ich freue mich sie kommen gesehen zu haben.
        (Bech 1963: §20)

Die Annahme von Ersatz-*zu*-Infinitiven erklärt jedoch nur einen Teilaspekt des Phänomens: Zwar ist nun erklärt, wie *haben* ein Verb im 2. Status regieren kann, weiterhin unklar ist aber, warum in den obigen Beispielen *freuen* und *glauben* ein Verb im 1. Status regieren. Anders gesagt, bisher ist nur das Ziel der *zu*-Verschiebung betrachtet worden – was aber passiert am Ursprung, d. h. am Verb

---

[21] Auch andere Autoren gehen auf dieses Phänomen ein. Siehe Meurers (1999b: 70) für eine Zusammenstellung.

[22] Wie wir im Zusammenhang mit Abkopplungseffekten bzw. mit Skandalkonstruktionen sehen werden (siehe S. 65), hat Vogel (2009) diesbezüglich keine Skrupel.

[23] Statt des Partizip-II in (27b) kann auch der Ersatzinfinitiv stehen, wie wir in (24) und (25) gesehen haben.

*haben*, das ja eigentlich den 2. Status tragen soll? Leider lässt sich bei Bech (1963) nichts dazu finden. Im Geiste der Ersatz-Status ließe sich ein weiterer Ersatzinfinitivtyp vorstellen, der ausschließlich den 2. Status des Perfekt-Hilfsverbs *haben* ersetzt, sofern dessen unmittelbar regiertes Verb einen Ersatz-*zu*-Infinitiv aufweist.

Einen anderen interessanten Vorschlag macht Meurers (1999b: 189ff): *haben* in (26a) und (27a) sei kein regierender Kopf, sondern ein Markierer und in dieser Funktion nicht Teil der subordinativen Kette. *haben* regiert also weder den Ersatz-*zu*-Infinitiv noch wird es regiert. Beim Ersatz-*zu*-Infinitiv handelt es sich demzufolge um einen gewöhnlichen *zu*-Infinitiv, der vom vermeintlichen *haben*-Regens direkt regiert wird. Meurers wendet diesen Markiereransatz auch bei anderen Oberfeldum- und Zwischenstellungen an und wir werden im Theorieteil in Abschnitt 7.2.4 kurz darauf zurückkommen.

### 3.3.3 Fernpassiv

Auf eine Besonderheit der Kasusmarkierung in passivierten kohärenten Konstruktionen hat zuerst Höhle (1978: 175ff) hingewiesen. Bei der Passivierung von (28a) in (28b) beispielsweise kann das Objekt des eingebetteten Verbs *zu reparieren* im Nominativ stehen, obwohl eine Akkusativrektion durch *zu reparieren* vorliegt:

(28)   a.   wenn Karl den Wagen zu reparieren versucht
       b.   wenn der Wagen zu reparieren versucht wird
       (Höhle 1978: 176)

Solche Passivkonstruktionen werden üblicherweise Fernpassiv genannt. Der Aspekt der Alternation von Nominativ und Akkusativ wird in diesem Zusammenhang auch oft als Kasuskonversion (Haider 1993: Abschnitt 9.3; Wöllstein-Leisten 2001: Abschnitt 4.1) bezeichnet.

Man beachte, dass in (28b) eine Kasusmarkierung mit dem Akkusativ noch immer möglich ist. Diese Ambiguität bezüglich der Kasusmarkierung, die (29a) vor Augen führt, wird durch die Verfügbarkeit unterschiedlicher Kohärenzfeldanalysen erklärt, d. h. für (29a) kann sowohl eine kohärente als auch eine inkohärente Analyse angegeben werden. Dass tatsächlich nur kohärente Konstruktionen von der Kasuskonversion betroffen sind, zeigt der Kontrast zu (29b). Durch die Vorfeldstellung der Nominalphrase ist die inkohärente Analyse, also die Bestimmung zweier Kohärenzfelder, unmöglich. Es muss deshalb im Nominativ stehen. Bei eindeutig inkohärenten Konstruktionen wie (29c) ist die Konversion des Akkusativs dagegen unzulässig und das Fernpassiv nicht bildbar (Kiss 1995: 136; Meurers 1999b: 304):

(29)    a.    wenn der/den Wagen zu reparieren versucht wird

          b.    Der/*Den Wagen wird zu reparieren versucht.[24]

          c.    Obwohl versucht wurde, *der/den Wagen zu reparieren

          (Meurers 1999b: (306), (307))

Die Kasuskonversion macht auch nicht halt vor obligatorischen Ergänzungen, obwohl sie mir hier schwieriger erscheint als bei fakultativen Ergänzungen, vgl. (30):

(30)    a.    Der prügelnde Ehemann wurde wiederholt zu verlassen versucht.

          b.    weil der Konflikt zu beenden versucht wurde     (Sabel 2001: (1a))

          c.    Die Nordwand wird im Sommer wieder zu besteigen versucht.

Unter diesem Eindruck ist die Erklärung unplausibel, dass in Fällen der Kasuskonversion Verben ohne Akkusativobjekt verwendet werden. Darüber hinaus ist erstaunlich, dass der Akkusativ selbst dann nicht realisiert werden kann, wenn unpersönliches Passiv zur Verfügung stehen sollte. Beispielsweise ist die Bildung eines unpersönlichen Passivs mit einem Dativ-Objekt eines eingebetteten Verbs in (31a) möglich, während die analoge kohärente Konstruktion mit Akkusativobjekt (31b) deutlich schlechter ist:

(31)    a.    Ihm wird zu helfen versucht.

          b.    *Ihn wird zu reparieren versucht.

Diese formale Akkusativphobie des Passivs spricht dafür, dass das Akkusativobjekt in kohärenten Konstruktionen syntaktisch nicht primär in Beziehung zum regierenden Verb steht, sondern zum Verbalkomplex als gebündelter Einheit (siehe Haider 1993: 253).[25]

In der Literatur ist der grammatiktheoretische Status des Fernpassivs umstritten. Einerseits gibt es Stimmen, das Fernpassiv als ein gewöhnliches Kohärenzphänomen aufzufassen, das prinzipiell alle kohärent konstruierenden Verben involvieren kann (siehe z. B. Wurmbrand 2001; Sabel 2001); andererseits wird auch die Sichtweise vertreten, dass das Fernpassiv ein Ausdruck idiosynkratischer Ei-

---

[24] Die Unakzeptabilität des Akkusativs ist bei Meurers nicht im Beispiel annotiert, aber aus dem Text erschließbar.

[25] Unter bestimmten Umständen, etwa bei Vorhandensein einer generischen Lesart, scheint der Akkusativ bei Passivkonstruktionen aber möglich zu sein. Siehe Meurers (1999b: 301ff).

genschaften weniger kohärent konstruierender Verben und im Allgemeinen ungrammatisch ist (siehe z. B. Höhle 1978: 177f; Kiss 1995: Abschnitt 3.3.1.4; Reis & Sternefeld 2004; Grosse 2005). Die Beweislast zugunsten oder zuungunsten einer dieser Positionen hängt maßgeblich von dem Anteil der kohärent konstruierenden Verben ab, die Fernpassiv ermöglichen. Tatsächlich ist die Menge der anerkannten Fernpassiv-Verben sehr klein, auch wenn hier unterschiedliche Einschätzungen konkurrieren.

Seit Höhle (1978) stehen die Verben *versuchen* und *erlauben* im Fokus der Fernpassiv-Untersuchungen, während andere Verben in dieser Verwendung keine breite Akzeptanz gefunden haben.[26] Dazu zählen die Verben, die Wurmbrand (2001: 16) „lexical restructuring predicates" nennt: *beabsichtigen, beginnen, empfehlen, erlauben, gelingen, gestatten, misslingen, untersagen, verbieten, vergessen, vermeiden, versäumen, versuchen, wagen.* Bei der introspektiven Bewertung solcher Verben sind allerdings häufig Unsicherheiten im Spiel, denen mittels Fragezeichenurteilen Ausdruck verliehen wird.[27] Eine bessere Entscheidungsgrundlage versprechen da Korpusstudien zu sein. So hat Grosse (2005: 30f) in COSMAS[28] nur Belege für Fernpassiv-Konstruktionen mit *versuchen* und *erlauben* finden können (vgl. auch Müller 2002: Abschnitt 3.1.4.1), wohingegen es Wurmbrand (2003) mittels einer Google-Recherche gelingt, Fernpassiv-Konstruktionen mit *beginnen, vergessen* und *wagen* empirisch nachzuweisen. Hier gibt es sicherlich noch mehr zu entdecken.

### 3.3.4 Abkopplungseffekt oder Skandalkonstruktion

Zuletzt möchte ich auf eine interessante Beobachtung von Marga Reis (Reis 1979) zu sprechen kommen, die ebenfalls nicht recht in die Bech'sche Systematik zu passen scheint, sofern es die Interpretation der Rektionsbeziehung betrifft. Der Satz in (32) ist oberflächlich betrachtet regelkonform:

(32)    Eine Pariserin namens Dimanche soll sich ein gewaltiges Stirnhorn operativ entfernt$_3$ haben$_2$ lassen$_1$. (Reis 1979: 15)

---

[26] Eine Fernpassiv-Konstruktion mit *erlauben* findet sich bereits bei Bech (1955):

(i)    Keine Zeitung wird ihr zu lesen erlaubt. (Bech 1955: §350)

[27] Auch hier kann man wohl einen Trainingeffekt vermuten. Grosse (2005: 31) jedenfalls beobachtet, dass *versuchen* und *erlauben* „hochfrequente" Kontrollverben sind, und sieht sich daher zur Formulierung folgender These berechtigt: „Nur bei sehr frequenten Verben und bei Abwesenheit von ‚Störfaktoren' können solch sensible Konstruktionen wie Fernpassiv unmarkierte Ergebnisse erzielen".

[28] http://www.ids-mannheim.de/cosmas2/

Die folgende subordinative Kette ist erkennbar: Das finite Verb *soll* regiert den
1. Status von *lassen*, *lassen* regiert den 1. Status von *haben*, und schließlich *haben*
den 3. Status von *entfernt*. Wenn dementsprechend die Rektionsbeziehungen auf
eine Funktor-Argument-Struktur abgebildet werden, so dass jeweils der Regent
der Funktor und das regierte Verb sein Argument ist, dann ergibt sich für (32)
im Wesentlichen die Funktor-Argument-Struktur in (33a):[29]

```
(33)   a.   angeblich(lassen(D,perf(entfernen(S))))
       b.   angeblich(perf(lassen(D,entfernen(S))))
```

Tatsächlich soll jedoch die Funktor-Argument-Struktur in (33b) zutreffend sein,
in der die Funktor-Argument-Beziehung zwischen `perf`, der Interpretation von
*haben*, und `lassen` im Vergleich zu (33a) invertiert ist. Die Funktor-Argument-
Beziehung ist hier also von der Rektionsbeziehung abgekoppelt. Dass dies kein
Ergebnis semantischer Esoterik darstellt, zeigen die Paraphrasen in (34), in denen
*haben* und *lassen* alternierend aus dem Verbalkomplex in die linke Satzklammer
„angehoben" wurden:

(34)   a.   Sie hat es sich entfernen lassen.
       b.   *Sie ließ es sich entfernt haben.
       (vgl. Meurers 1999b: (160))

Überraschend ist hier zunächst, dass die Anhebung von *lassen* in (34b) zu einem
unakzeptablen Ergebnis führt, obwohl *lassen* in (32) die Position des maximal
übergeordneten Verbs des Verbalkomplexes einnimmt. Im Normalfall sollte eine
solche Anhebung ohne Probleme durchführbar sein. Anscheinend ist es aber so,
dass die Anhebung von *lassen* nur die Interpretation in (33a) zulässt, welche aus
irgendwelchen semantischen Gründen schlecht ist. Dafür spricht auch, dass die
Anhebung von *haben* keinerlei Probleme erkennen lässt und eindeutig mit der
Interpretation in (33b) korreliert. Interessant ist auch, dass eine Invertierung des
Rektionsverhältnisses von *haben* und *lassen* wie in (35) im Vergleich zu (32) keine
gravierenden Bedeutungsunterschiede bewirkt:

(35)   a.   Sie soll es sich operativ haben entfernen lassen.
       b.   ?Sie soll es sich operativ entfernen lassen haben.

Es erscheint mir also überlegenswert, für den Abkopplungseffekt in (32) und
die Unverfügbarkeit von (34b) semantische Gesetzmäßigkeiten verantwortlich
zu machen. Eine Ausarbeitung dieser Hypothese ist jedoch außerhalb des eigentlichen Interesses dieser Arbeit.

---

[29] Vgl. Meurers (1999b: (159)).

Einen anderen Erklärungsansatz für diese Syntax-Semantik-Diskrepanz wählt Vogel (2009). Er geht von einer strikten Isomorphie von Rektionsbeziehung und Funktor-Argument-Beziehung aus und nimmt deshalb für Verbalkomplexe wie *entfernt haben lassen* in (32), die er als SKANDALKONSTRUKTION bezeichnet, kein 321-Schema an, sondern ein 312-Schema. Der Verbalkomplex zeigt also eine Zwischenstellung. Vogel muss nun plausibel machen, warum die Rektionseigenschaft von *lassen* verletzt wird, indem es anstatt des 1. Status nun den 3. Status von *entfernt* regiert. Noch schlimmer kommt es bei Sätzen wie (36):

(36)    Er bedauert, es nicht verhindert haben zu können.        (Vogel 2009: (1))

Unterstellt man auch hier dem Verbalkomplex ein 312-Schema, dann ist auch die Rektion des 2. Status von *zu können* erklärungsbedürftig, denn *haben* regiert ja gemeinhin den 3. Status. Außerdem müsste *haben* als maximal übergeordnetes Verb in dieser Konstruktion den 2. Status tragen, der von *bedauert* regiert wird. Damit sind also alle Verben des Verbalkomplexes im falschen Status. Dies verwundert um so mehr, als es ja Alternativen zu (36) mit einer wohlgeformten Rektionskette gibt:

(37)    Er bedauert, es nicht verhindern gekonnt zu haben.    (Vogel 2009: (9d))

Wie motiviert also Vogel die Existenz dieser für die Bech'sche Systematik wahrlich skandalösen Konstruktionen? Seine Analysestrategie besteht im Wesentlichen aus der Formulierung verbalkomplexglobaler Positionsregeln für die Statusmorphologie, die in einem optimalitätstheoretischen Mechanismus mit den Rektionseigenschaften der Verben interagieren. Die Statusmorphologie dient demnach nicht nur dazu, lexikalische Selektionsverhältnisse abbzubilden, sondern auch dazu, hierarchische Verhältnisse in der subordinativen Verbalkette zu signalisieren. Vogel stipuliert dafür eine „Hierarchie der verbalen Statusformen" und erklärt die Grammatikalität von (36) mit einer im Vergleich zu (37) stärkeren Hierarchiesignalisierung, die die Abweichung von der semantisch erwarteten Rektionskette ausgleichen soll.[30]

Doch man könnte stattdessen auch die Isomorphieannahme zwischen Rektionskette und Funktor-Argument-Struktur abschwächen. Das Perfekthilfsverb würde dann die Fähigkeit besitzen, bei der Interpretation aus der Rektionskette auszubrechen und weiten Skopus zu nehmen.[31] In jedem Fall ist an diesen Konstruktionen nicht die Rektionskette an sich, sondern die Semantik der Rektions-

---

[30] Vogel (2009: (52)) nimmt die ideale Hierarchie „finites Verb > Infinitiv > Partizip" an. Das erfüllt die Skandalkonstruktion in (36), aber nicht die Variante in (37).

[31] Dieser Ansatz passt auch gut zur Markiererhypothese von Meurers (1999b: Abschnitt 8.2), auf die in Abschnitt 7.2.4 kurz eingegangen werden wird.

kette entscheidend. Und da die in dieser Arbeit eigentlich nicht im Vordergrund steht, werde ich darauf im Analyseteil auch nicht eingehen.

## 3.4 Diskontinuierliche Kohärenzfelder

Gemäß Bech (1955) besteht ein Kohärenzfeld aus einem kontinuierlichen Restfeld und einem kontinuierlichen Schlussfeld, wobei das Restfeld dem Schlussfeld unmittelbar vorangeht. Das Kohärenzfeld ist also selbst eine kontinuierliche topologische Einheit. In (3) wurde dieser topologische Zusammenhang als $K^i = R^i S^i$ aufgeschrieben. Wir haben jedoch schon bei dem Datum in (13) eine Ahnung davon erhalten, dass diese Charakterisierung in manchen Fällen von Kohärenz nicht zutrifft. Bech scheinen die im Folgenden dargestellten Stellungsmöglichkeiten, die seinem Kohärenzfeldbegriff widersprechen, entgangen zu sein.

### 3.4.1  3. Konstruktion

Wie oben bereits angesprochen, muss man für Satz (38) entsprechend der Rangprobe zwei Schlussfelder und damit zwei getrennte Kohärenzfelder annehmen:

(38)    daß sie eine Absicht glaubten$_1$ | verbergen$_2$ zu können$_1$

Dieser Satz müsste also entsprechend der Bech'schen Kohärenzfeldtopologie die Struktur $R^1\,S^1 S^2$ haben. Schaut man sich jedoch das, was $R^1$ sein sollte, genauer an, so stellt man eine unzulässige Unterbrechung fest: $R^1$ enthält auch das zu $S^2$ gehörige Objekt *eine Absicht*. Die Kohärenzfeldstruktur ist also tatsächlich $R^1 R^2 S^1 S^2$, womit ein Widerspruch zur Bech'schen Kohärenzfeldtopologie hergestellt ist, da die Restfelder nicht linksadjazent zum jeweiligen Schlussfeld stehen.[32] Satz (38) weist also gleichzeitig kohärente Eigenschaften (bezgl. des Restfelds) und inkohärente Eigenschaften (bezgl. des Schlussfelds) auf.

Dieses Zwitterwesen wird in der Folge von den Besten & Rutten (1989) als 3. Konstruktion bezeichnet. Die Abgrenzung zu den anderen beiden Konstruktionstypen wird in (39) nochmals exemplarisch verdeutlicht:

(39)    a.    dass er versucht, den Wagen ohne Werkzeug zu reparieren
             (Extraposition, inkohärent)

        b.    dass er den Wagen ohne Werkzeug zu reparieren versucht
             (Intraposition, kohärent oder inkohärent)

---

[32] Auf dieses Problem haben zuerst Kvam (1979) und Höhle (1986: 331, Fußnote 4) hingewiesen.

c. dass er den Wagen versucht, ohne Werkzeug zu reparieren
dass er ohne Werkzeug versucht, den Wagen zu reparieren
(3. Konstruktion, partiell kohärent)

Der Konstruktionstyp in (39a) zeigt die Extraposition eines vollständigen Kohärenzfelds und ist somit eindeutig inkohärent. Dagegen kann die Intraposition eines statusregierten Kohärenzfelds in (39b) als kohärent analysiert werden. Ein entsprechendes Beispiel für die 3. Konstruktion ist schließlich in (39c) wiedergegeben. Man erkennt die PARTIELLE EXTRAPOSITION des Kohärenzfelds $K^2 =$ (*den Wagen, ohne Werkzeug*) (*zu reparieren*), wovon *den Wagen* herausgelöst im Mittelfeld platziert ist. Im Unterschied zu (38) sehen wir in (39c) außerdem, dass der extraponierte Teil eines Kohärenzfelds auch aus nicht-verbalen Bestandteilen (hier *ohne Werkzeug*) bestehen kann, dass also das Restfeld diskontinuierlich und Teile des Restfelds extraponiert sein können. Die Kohärenzfeldstruktur des Satzes ist demnach so etwas wie $R^1 R^2 S^1 R^2 S^2$. Das extraponierte Restfeld verhält sich aber in einem wichtigen Punkt anders als das intraponierte Restfeld: Während das intraponierte Restfeld in dem Restfeld $R^1$ des statusregierenden Verbs in kohärenter Weise aufgehen kann, ist das extraponierte Restfeld für Bestandteile von $R^1$ unzugänglich. Es ist also nicht möglich, das $R^1$-Nomen *er* zusammen mit dem extraponierten Teil von $K^2$ im Nachfeld zu platzieren:

(40)   *dass den Wagen versucht, er ohne Werkzeug zu reparieren.

Dass diese Einschränkung nicht nur für das Subjekt gilt, sondern für alle Bestandteile der regierenden Verbalfelder, demonstrieren die Beispiele in (41):

(41)   a.   *Er hat gebeten, ihn zu kommen.
       b.   Er hat versprochen, am Montag am Mittwoch zu kommen.
            ≠ Er hat am Montag versprochen, am Mittwoch zu kommen.

Einen deutlichen kasusmorphologischen Reflex dieses Nebeneinanders von kohärenten und inkohärenten Bereichen kann man bei der Bildung des Fernpassivs beobachten. So regiert das finite Passivhilfsverb in (42a) den Nominativkasus des Objekts von *zu füttern*. Dagegen kann die Nominativrektion nicht auf Bestandteile des extraponierten Restfelds in (42b) einwirken. Das zuvor im Nominativ realisierte Objekt trägt nun den Akkusativ, d. h. die Rektionseigenschaften von *zu füttern* kommen frei zur Entfaltung:

(42)   a.   weil der Hund vergessen wurde zu füttern
            (Wöllstein-Leisten 2001: (12c))
       b.   weil vergessen wurde, *der/den Hund zu füttern

Bemerkenswert an der 3. Konstruktion ist auch, dass das partiell extraponierte Kohärenzfeld von einem beliebig tief eingebetteten Verb des übergeordneten Kohärenzfelds regiert werden kann:

(43)  dass er den Wagen hätte[1] versuchen[3] können[2], ohne Werkzeug zu reparieren[4].

Diesbezüglich herrscht kein Unterschied zur vollständigen Extraposition.

Tritt die 3. Konstruktion mehrmals in einer subordinativen Kette mit fakultativ kohärent konstruierenden Verben auf, so erwarten wir, dass ein Restfeld $R^i$ teilweise oder ganz in einem höhergeordneten Restfeld $R^j$ mit $i < j$ aufgehen kann. Diese Erwartung findet sich in einem Beispiel von Sabel (1995) leider nur zum Teil bestätigt:[33]

(44)  a.  daß keiner wagte, dem Fritz[2] zu erlauben[2], den Wagen[3] zu reparieren[3]
      b.  *daß keiner wagte, den Wagen[3] dem Fritz[2] zu erlauben[2], zu reparieren[3]
      c.  daß den Wagen[3] dem Fritz[2] keiner wagte, zu erlauben[2], zu reparieren[3]
      d.  daß dem Fritz[2] keiner wagte, zu erlauben[2], den Wagen[3] zu reparieren[3]
      e.  daß den Wagen[3] keiner wagte, dem Fritz[2] zu erlauben[2], zu reparieren[3]
      (Sabel 1995: (28))

Satz (44b) sollte unserer Erwartung entsprechend ebenfalls akzeptabel sein, ist es aber nach Sabels Einschätzung nicht.[34] Sein Grammatikalitätsurteil wird allerdings von Kulick (2000) in Zweifel gezogen, der es in einer (nicht näher spezifizierten) Informantenbefragung nicht zu reproduzieren vermag und anstelle der strikten Ungrammatikalität für ein Fragezeichen-Bewertung plädiert. Kulick stellt darüber hinaus fest, dass (44b) mit einer Intraposition anstelle der partiellen Extraposition die Tendenz des Grammatikalitätsurteils nicht signifikant beeinflusst:

(45)  ?/*daß keiner wagte, dem Fritz[2] den Wagen[3] zu reparieren[3] zu erlauben[2]
      (Kulick 2000: (37))

Möglicherweise haben wir es hier also mit einem Verarbeitungseffekt zu tun. Zumindest in (45) erscheint mir das als wahrscheinlich, da hier das Grammatika-

---

[33] Siehe auch die Daten in Rambow (1994: 18).

[34] Sabel führt die Ungrammatikalität von (44b) auf eine spezifische Bewegungsbeschränkung zurück, die eine Bewegung in Infinitiv-Gliedsätze („infinitivals") verhindert (vgl. Sabel 1995: 418).

litätsempfinden schlagartig verbessert werden kann, wenn man das Verbalfeld *den Wagen zu reparieren* durch eine NP (z. B. *dieses Unterfangen*) ersetzt.

Kommen wir noch kurz zur Klärung der Frage, welche Verben die maximal übergeordneten Verben eines partiell extraponierten Kohärenzfelds regieren können. Die Vermutung liegt nahe, dass solche Verben zwei Eigenschaften haben müssen: (i) sie konstruieren kohärent und (ii) sie erlauben die Extraposition des statusregierten Verbs, d. h. sie können auch inkohärent konstruieren. Mit anderen Worten: Die Erwartung besteht, dass genau die fakultativ kohärent konstruierenden Verben diesen Konstruktionstyp zulassen. Mit Blick auf Verben, die den 1. oder 3. Status regieren und obligatorisch kohärent konstruieren, wird diese Vermutung bestätigt. Die vollständige Extraposition in (46b) und (46d), sowie die partielle Extraposition in (46a) und (46c) sind zweifelsohne unakzeptabel:[35]

(46)　　a.　*dass er den Wagen muss ohne Werkzeug reparieren
　　　　　b.　*dass er muss den Wagen ohne Werkzeug reparieren
　　　　　c.　*dass er den Wagen hat ohne Werkzeug repariert
　　　　　d.　*dass er hat den Wagen ohne Werkzeug repariert

Auch obligatorisch kohärente Anhebungsverben wie *scheinen*, die den 2. Status regieren, sind wohl aufgrund des inkohärenten Teilaspekts mit der 3. Konstruktion nicht vereinbar:

(47)　　*dass er ohne Werkzeug scheint, den Wagen zu reparieren

Im Unterschied dazu sollten Anhebungsverben wie *drohen* und *anfangen*, denen fakultative Kohärenz nachgesagt wird (siehe Tabelle 3.2), die 3. Konstruktion zulassen. Das ist auch tatsächlich der Fall:[36]

(48)　　a.　Im Herbst schließlich stoppte Apple die Auslieferung einiger Power Books, weil sie drohten, sich zu überhitzen und in Flammen aufzugehen.　　　　　(Meurers 1999b: (71a); Müller 2002: (111a))[37]
　　　　　b.　als der Ballon drohte, in einen Strudel zu geraten
　　　　　　　(Grosse 2005: 41a)[38]
　　　　　c.　Als mir erneut anfing, schlecht zu werden, ... (Meurers 1999b: (70a))

---

[35] Man beachte, dass die Sätze in (46) wegen des fehlenden Oberfelds keine Linksstellung aufweisen (siehe S. 77).

[36] Siehe Meurers (1999b: Abschnitt 3.2.1), Müller (2002: Abschnitt 2.1.4.3) für weitere Daten und Literaturangaben.

[37] Der Korpusbeleg geht auf Stefan Müller zurück.

[38] Grosse zitiert hier aus einer unveröffentlichten Arbeit von Marga Reis.

Bei anderen fakultativ kohärent konstruierenden Verben stellt dagegen Wöllstein-Leisten (2001), wie oben schon angesprochen, eine unerwartete Asymmetrie zwischen der 3. Konstruktion und dem Fernpassiv fest:

(49)  a.  obwohl der Wagen zu reparieren abgelehnt wurde
     b.  %obwohl er den Wagen ablehnte zu reparieren
     (Wöllstein-Leisten 2001: 318)

Nach Wöllstein-Leistens Einschätzung ist *ablehnen* (und auch *aufgeben*) in dieser Konstruktion deutlich markiert. Die oben formulierte Erwartung scheinen also einzelne fakultativ kohärente Verben zu enttäuschen. Erwartungsgemäß können dagegen Akkusativkontrollverben wie *auffordern, anflehen, unterlassen, ersuchen*, die ausschließlich inkohärent konstruieren, Grosse (2005) zufolge die 3. Konstruktion nicht bilden:

(50)  a.  *weil der Richter den Zeugen das Geschehen$^2$ auffordert vorzutragen$^2$
     b.  *weil Oma ihren Enkel das Abenteuer$^2$ anfleht zu unterlassen$^2$
     c.  *weil Hans den Nachbarn die Bäume$^2$ ersucht zu fällen$^2$
     (Grosse 2005: (32))

Diese Sätze als strikt ungrammatisch hinzustellen, halte ich jedoch für übertrieben.

### 3.4.2 Partielle Voranstellung

Eine gewisse Parallelität zur 3. Konstruktionen beobachtet man bei der Voranstellung von Kohärenzfeldern, d. h. bei der Platzierung im Vorfeld von V2-Sätzen. Auch hier lässt sich eine vollständige und eine partielle Form der Voranstellung unterscheiden:[39]

(51)  a.  Den Wagen$^2$ ohne Werkzeug$^2$ zu reparieren$^2$ versucht er.
     (vollständige Voranstellung, inkohärent?)
     b.  Ohne Werkzeug$^2$ zu reparieren$^2$ versucht er den Wagen$^2$.
     (partielle Voranstellung, partiell kohärent)

Bei der partiellen Voranstellung können, wie bei der partiellen Extraposition, kohärente und inkohärente Bereiche identifiziert werden. Bezogen auf (51b) können Bestandteile des Restfelds des Kohärenzfelds $K^2$ von *zu reparieren* zwar im Mit-

---

[39] Für eine Literaturübersicht und eine Einordnung in andere (partielle) Voranstellungsphänomene siehe z. B. Meurers (1999b: Kapitel 9).

telfeld und Nachfeld platziert werden, also im Kohärenzfeld $K^1$ von *versucht*, für Bestandteile von $R^1$ ist das vorangestellte Restfeld $R^2$ aber unzugänglich. Das gilt in (51) etwa für das Subjekt *er* als Bestandteil von $R^1$:

(52)   *Er ohne Werkzeug zu reparieren versucht den Wagen.

Damit ist aber nicht gesagt, das die Voranstellung des Subjekts mit einer Verbalphrasen generell ausgeschlossen ist. Dazu gleich mehr.

Auch die Kasusmarkierung in manchen Fällen von Fernpassiv lässt darauf schließen, dass die Voranstellung vergleichbar der Extraposition einen inkohärenten Bereich definiert, während das Mittelfeld weiterhin Kohärenz zulässt. Beispielsweise ist in (53) die Kasusüberschreibung mit dem Nominativ, der von *wurde* regiert wird, im vorangestellten Restfeld nicht möglich:

(53)   *Der/Den Wagen zu reparieren wurde lange Zeit versucht.
       (Meurers 1999b: (315b))

Steht das Zielnomen jedoch im Mittelfeld so wie in (54) und (55), kann (und muss) der von *zu reparieren* regierte Akkusativ ignoriert und stattdessen der Nominativ verwendet werden (Pollard 1994):

(54)   Zu reparieren versucht wurde der/*den Wagen.   (Meurers 1999b: (305))

(55)   a.   Zu stehlen versucht wurde der/*den Apfel.
       b.   Zu entziffern gelungen ist der/*den Brief.
       (Reis & Sternefeld 2004: (7))

Ein weiteres Indiz für die Inkohärenz des vorangestellten Kohärenzfelds (bezogen auf das Kohärenzfeld des regierenden Verbs) liefern obligatorisch inkohärent konstruierende Verben wie *glauben* und *empfehlen*, die erwartungsgemäß keine partielle Voranstellung ihrer regierten Verbalfelder erlauben, siehe (56):

(56)   a.   *Zu verkaufen glaubt er das Pferd nicht.[40]     (Meurers 1999b: (211))
       b.   *Zu verkaufen empfahl er ihr das Pferd.       (Meurers 1999b: (205c))

Allenfalls die vollständige Voranstellung ist hier möglich:

(57)   Das Pferd zu verkaufen wird er ihr noch heute empfehlen.
       (Meurers 1999b: (212c))

---

[40] Für Stefan Müller (persönliche Mitteilung, 2012) ist der Satz auch ohne partielle Voranstellung aus semantischen Gründen schlecht: *Er glaubt, das Pferd nicht zu verkaufen.*

Irritationspotential hat die Eigenschaft obligatorisch kohärenter Verben, mit beiden Voranstellungsvarianten kompatibel zu sein. Dies steht in auffälligem Kontrast zu ihrer Unverträglichkeit mit der 3. Konstruktion (siehe (46)):

(58)  a.  Den Wagen ohne Werkzeug reparieren muss er nicht.
      b.  Den Wagen ohne Werkzeug repariert hat er noch nicht.

(59)  Das Pferd verkaufen wird er noch heute wollen.  (Meurers 1999b: (212a))

Die entscheidende Einschränkung besteht jedoch hinsichtlich der Zugänglichkeit des vorangestellten Kohärenzfelds für das Subjekt des übergeordneten finiten Verbs. Wie in (60) verdeutlicht, ist das Vorfeld für das Subjekt *er* nicht zugänglich:

(60)  a.  *Er reparieren muss den Wagen nicht.
      b.  *Er repariert hat den Wagen noch nicht.

Bis hierhin spricht alles dafür, dass das vorangestellte Kohärenzfeld einen für übergeordnete Verbalfelder unzugänglichen, ergo inkohärenten Bereich festlegt. Leider wird diese Generalisierung durch eine Reihe von Daten konterkariert, die Indizien dafür liefern, dass das vorangestellte Kohärenzfeld unter bestimmten Umständen kohärent, d. h. für Einflüsse höhergeordneter Verben zugänglich, sein kann. Beispielsweise erhält Meurers (1999b) nach Voranstellung des gesamten nicht-finiten Schlussfelds der Fernpassiv-Konstruktion in (53) das folgende Ergebnis:

(61)  Der/Den Wagen zu reparieren versucht wurde lange Zeit.
      (Meurers 1999b: (316b))

Seiner Einschätzung zufolge ist im Gegensatz zu (53) nun die Nominativrektion des Akkusativobjekts von *zu reparieren* zulässig. Wie ist das möglich? Der Satz in (61) reiht sich in eine Gruppe von Sätzen ein, bei denen das Subjekt zusammen mit einer nicht-finiten Verbalphrase vorangestellt ist:[41]

---

[41] Ich unterschlage hier infinite Kopulakonstruktionen wie in (i), die zusammen mit einer Nominativ-NP offensichtlich auch ohne Anhebungsverb vorangestellt werden können:

(i)  Ein Held zu sein macht Spaß.     (Gert Webelhuth, zitiert nach Meurers 1999b: (322))

Ausschlaggebend scheint hier die Eigenart von Kopulaverben zu sein, auch in anderen Infinitivkonstruktionen mit einem Prädikatkomplement im Nominativ auftreten zu können, vgl. die AcI-Konstruktion in (ii):

(ii)  Baby, lass mich dein Tanzpartner sein.     (Müller 1999: (15.12d))

(62)   a.   Ein Fehler unterlaufen ist ihr noch nie.   (Haider 1990: (10a))
        b.   Ein Außenseiter gewonnen hat hier noch nie.   (Haider 1990: (10d))
        c.   Ein Außenseiter zu gewinnen scheint hier eigentlich nie.
            (Meurers 1999b: (265))
        d.   Der Führerschein abgenommen wurde einem Autofahrer am Samstag abend bei Friedrichsdorf.   (Meurers 1999b: (283))

Der gemeinsame Nenner dieser Daten ist Meurers zufolge die Beteiligung eines finiten Anhebungsverbs, das die vorangstellte Verbalphrase regiert und das Subjekt anhebt (Meurers 1999b: 289ff). Dabei ist es nebensächlich, ob das Subjekt oder das Akkusativobjekt angehoben wird, wie das Beispiel in (63) mit dem AcI-Verb *sehen* deutlich macht:

(63)   Den Kanzler tanzen sah der Oskar.   (Meurers 1999b: (275))

Dagegen stellt sich erwartungsgemäß eine Verschlechterung ein, sobald das Anhebungsverb durch ein Kontrollverb ersetzt wird. (64) ist daher deutlich schlechter als (62c):

(64)   *Ein Außenseiter zu gewinnen versuchte hier noch nie.
       (Meurers 1999b: (266))

Wir sehen also eine auf Anhebungsverben und deren Anhebungsobjekte beschränkte Form der Kohärenz mit dem regierten, vorangestellten Kohärenzfeld. An diese Voranstellungskonstellationen knüpfen sich der in Literatur meist theoriespezifische Fragen der Kasusmarkierung.[42] Ich möchte darauf an dieser Stelle jedoch nicht weiter eingehen, sondern verweise auf den entsprechenden Theorieteil in den Abschnitten 7.2.4 und 9.1.2.

Doch nicht allein die Beschränkung auf Anhebungsverben scheint für eine geglückte Subjektvoranstellung entscheidend. Wenn man sich nochmals das Datum in (60b), hier wiederholt als (65a), in Erinnerung ruft und beispielsweise mit (65b) flankiert, droht das Bild sogleich diffuser zu werden:

(65)   a.   *Er repariert hat den Wagen noch nicht.
        b.   *Peter gelesen hat den Roman.   (Gerdes 2004: Abbildung 6)

---

Siehe Meurers (1999b: 314ff) für eine kurze Diskussion und weitere Referenzen.

[42] Grundsätzlich muss folgendes (theoriespezifisch) beantwortet werden: Wie erhält das Subjekt seinen Kasus, wenn sich der Kasusregent in einem anderen Konhärenzfeld befindet, zu dem er sich eigentlich inkohärent verhält? Diese Frage stellt sich auch bei Extrapositionsdaten wie (i):

(i)   Obwohl damals anfing, der/*den Mond zu scheinen.   (Meurers 1999b: (270))

Meurers (1999b: 316ff) gibt eine Antwort hierauf im Rahmen der HPSG.

Obwohl mit *hat* ein Anhebungsverb involviert ist, wirkt die Voranstellung des Subjekts *er/Peter* in Verbindung mit dem nicht-finiten Verb *repariert/gelesen* unakzeptabel. Wie lässt sich das erklären? Zum einen hat Haider (1990) darauf hingewiesen, dass die Akzeptabilität solcher Voranstellungen durch die Definitheit des Subjekts generell abnimmt („definiteness effect"):

(66)    a.  ??Dieser Fehler unterlaufen ist ihr noch nie.
          b.  ??Der Außenseiter gewonnen hat hier noch nie.
          (Haider 1990: (10))

Ebenfalls relevant sei, so Haider, das Vorhandensein und die Platzierung des Akkusativobjekts, was in folgendem Kontrast deutlich werde:

(67)    a.  *Ein Außenseiter gewonnen hat da noch nie das Derby.
          b.  Ein Außenseiter gewonnen hat das da noch nie.
          (Haider 1990: (12b), (12c))

Wird das Akkusativ-Objekt realisiert, dann führt also eine Platzierung in der Wackernagel-Position (als Pronomen) wie in (67b) zu einem besseren Ergebnis. Ein dritter Faktor scheint mir hingegen in Haider (1990) nicht berücksichtigt zu werden. Man beobachtet nämlich einen rapiden Akzeptanzverfall, wenn das Mittelfeld vollständig oder bis auf das Akkusativ-Objekt entleert ist:

(68)    a.  ??Ein Außenseiter gewonnen hat.
          b.  ??Ein Außenseiter gewonnen hat das.

Beachtet man diese drei Faktoren, dann kann man tatsächlich auch für (65a) und (65b) leicht eine weitaus akzeptablere Variante angeben:

(69)    a.  ?Ein Lehrling repariert hat den Wagen noch nicht.
          b.  ?Ein Kritiker gelesen hat den Roman noch nicht.

Es scheint mir am wahrscheinlichsten, dass hier diskurs- und informationsstrukturelle Faktoren am Werk sind, dass also die hier betrachteten Subjektvoranstellungen nicht primär aus syntaktischen Gründen unakzeptabel oder marginal sind. Vielmehr lässt sich für sie nur schwer ein passender Äußerungskontext imaginieren.[43]

---

[43] Siehe die informationsstrukturelle Beschränkung der VP-Voranstellung bei Cook (2001: Kapitel 4, Abschnitt 5.2.1): Die vorangestellte Kette müsse eine informationsstrukturelle Einheit bilden („the initial string must be a single informational unit", S. 198), wobei die Agentivität des Subjekts die Bildung einer solchen Einheit erschwere. Ähnlich äußert sich z. B. Gerdes (2004:

Schließlich sollte noch die folgende Gesetzmäßigkeit erwähnt werden: Die subordinative Kette in der rechten Satzklammer kann nur durch ein Verb in der linken Satzklammer regiert werden. Es ist also nicht zulässig, wie in (70) eine Lücke in die subordinative Kette zwischen rechter und linker Satzklammer zu schlagen:

(70)    *Müssen wird er ihr ein Märchen erzählen.        (Müller 2002: (569a))

Man beachte hier, dass ein analoges Beispiel mit einem vorangestellten fakultativ kohärenten Verb wie *versuchen* zwar vorstellbar ist, dass dann aber eine inkohärente Analyse unvermeidbar erscheint:

(71)    Versuchen wird er, ihr ein Märchen zu erzählen.


### 3.4.3 Linksstellung des Oberfelds

Wie bereits im Zusammenhang mit Verbalkomplexpermutationen erwähnt, besteht die Möglichkeit, das Oberfeld vom Unterfeld durch nicht-verbales Material des Restfelds zu trennen, es also quasi nach links in das Mittelfeld zu verschieben.[44] Einige Beispiele sind in (72) zu sehen:

(72)    a.    ohne daß der Staatsanwalt hätte darum bitten müssen
        b.    wenn ich nur ein einziges Mal habe glücklich sein dürfen
        c.    Es war ein Wackelkontakt, den er mit ein paar Handgriffen hätte in
              Ordnung bringen können.
        d.    daß er es habe genau erkennen lassen
        (Meurers 1999b: (145))

Es ist unklar, ob hinsichtlich des intervenierenden Restfeldmaterials handfeste syntaktische Einschränkungen bestehen. Zwar nehmen etwa Kefer & Lejeune (1974) aufgrund von Daten wie (73a) an, dass Subjekte von dieser Position ausgeschlossen sind, doch weist Meurers (1999b) darauf hin, dass sich hierzu ohne Schwierigkeiten Gegenbeispiele wie (73b) finden lassen:

---

Abschnitt 5), rückt aber die Rolle der Agentivität stärker in den Vordergrund.

[44] Haegeman & van Riemsdijk (1986) nennen das Phänomen im Hinblick auf eine bestimmte Modellierung, auf die wir in Abschnitt 6.1 kurz eingehen werden, „verb projection raising". Man beachte, dass Bech (1955: §63) auch in solchen Fällen ein kontinuierliches Restfeld diagnostiziert – allerdings mit nicht-verbalem Einsprengsel: „Das schlußfeld umfaßt im allgemeinen nur verben, und zwar supina und eventuell das verbum finitum, V1(0). Wenn aber ein oberfeld vorhanden ist, so kommt es bisweilen vor, daß ein nicht-verbales glied, das irgendwie eine nahe verbindung mit dem maximal untergeordneten verbum des schlußfeldes hat, unmittelbar vor diesem verbum steht."

(73)    a.    *Sie wußte, daß vielleicht hätte Paul kommen sollen.

       b.    Daß ihn gestern hätte jemand besiegen können, ist unwahrschein-
          lich.

      (Meurers 1999b: (146))

Es bleibt die vage Vermutung, dass das eingeschlossene Restfeldmaterial dazu in der Lage sein muss, „irgendwie eine nahe Verbindung" (Bech 1955: §63) zum Unterfeld einzugehen.

Vom syntaktischen Standpunkt leichter beantworten lässt sich die Frage, wie weit das Oberfeld nach links verschoben werden kann: Meurers (in Anlehnung an Marga Reis) nimmt an, dass ein Oberfeld nie direkt hinter dem Komplementierer stehen kann (Meurers 1999b: 89, Fußnote 21).[45] Der Satz (74), eine Umbildung von (73b), sei aus diesem Grund ungrammatisch:

(74)    *Daß hätte ihn gestern jemand besiegen können, ist unwahrscheinlich.

Unterfelder sind dagegen nicht (oder jedenfalls nicht immer) von einer solchen Einschränkung betroffen, wie (75) beweist:

(75)    wenn ansteht, diese Dinge zu erledigen    (Meurers 1999b: 89, Fußnote 21)

Meurers Linksstellungsregel erfasst jedoch auch Oberfelder, die nicht linksversetzt sind und trotzdem direkt an den Komplementierer grenzen. Die Konstruktion mit unpersönlichem Passiv in (76) liefert dafür ein Beispiel, das vielleicht marginal, aber keinesfalls ungrammatisch auf mich wirkt:[46]

(76)    ??dass hätte getanzt werden sollen    (Meurers 1999b: 89, Fußnote 21)

---

[45] Im Original: „[...] an upper-field verb can never immediately follow the complementizer [...]" (Meurers 1999b: 89, Fußnote 21)

[46] Eine kurze Internetrecherche bringt immerhin zwei historische Belege aus dem 19. Jahrhundert ans Licht:

    (i)    Ich werde die Geduld des Reichstages nicht sehr lange auf die Probe stellen, in dem ich sehr wohl sehe, daß ein großer Theil der Ansicht ist, daß hätte geschlossen werden müssen. (*Stenographische Berichte über die Verhandlungen des Reichstages des Norddeutschen Bundes im Jahre 1867. Erster Band.* S. 344. http://www.reichstagsprotokolle.de/Blatt3_nb_bsb00000436_00372.html)

    (ii)    Ebendarum finde ich auch das adolescentem ganz an seiner Stelle und glaube nicht, dass hätte geschrieben werden müssen: Quum ego adolescenti gratulatus essem et tamen eum essem cohortatus. (Iohannes Caspar Orellius (ed.). 1829. *M. Tulii Ciceronis Opera.* Band 3, S. 21. https://books.google.de/books?id=5QY9AAAAcAAJ)

Auch Meurers sieht hier kein klares *-Urteil gerechtfertigt. Ich halte es daher für überlegenswert, Meurers Linksstellungsregel folgendermaßen zu modifizieren: Das linksversetzte Oberfeld kann nicht direkt hinter dem Komplementierer stehen. Dadurch ist das Datum in (76) nicht tangiert, denn hier ist nicht zwingend ein linksversetztes Oberfeld involviert.

### 3.4.4 Linksstellung des maximal untergeordneten Verbs

Nicht nur das Oberfeld kann in Form der obigen Linksstellung vom Unterfeld getrennt werden, auch das maximal untergeordnete Verb kann vom Unterfeld getrennt ins Mittelfeld versetzt sein. Man kann also auch von einer Linksstellung (von Teilen) des Unterfelds sprechen. Zwei Beispiele dafür gibt es in (77):[47]

(77)    a.  ??Den alten Wagen$^3$ hat er zu fahren$^3$ noch nicht gelernt.

           b.  ??Nach dem Vornamen des Fremden$^3$ hat er sie zu fragen$^3$ niemals gewagt.

(Askedal 1983: (9))

Für solche linksversetzte Elemente des Unterfelds scheint die Beschränkung zu bestehen, dass sie den 2. Status tragen müssen, siehe (78):

(78)    a.  *Den alten Wagen hat er reparieren noch nicht müssen.

           b.  *Den alten Wagen sollte er repariert noch nicht haben.

Es ist deshalb nicht unplausibel, wie Meurers (1999b: 238) anzunehmen, dass hier eine inkohärente Konstruktion zugrundeliegt, aus der heraus topikalisiert wurde.[48] Man muss jedoch im Auge behalten, dass die Topikalisierung, d. h. die Vorfeldbesetzung, keine notwendige Bedingung darstellt. Wie die Beispiele in (79)

---

[47] Für Meurers (1999b: 238) sind diese Sätze akzeptabel.

[48] Daran anschließend könnte gefragt werden, wie sich Verben verhalten, die den 2. Status regieren und obligatorisch kohärent konstruieren. Wenn es stimmt, dass diese Form der Linksstellung aus inkohärenten Konstruktionen abgeleitet ist, müsste eigentlich folgen, dass ein obligatorisch kohärentes Verb wie *brauchen* keine Linksstellung erlaubt. Wie das Beispiel in (i) jedoch zeigt, ist dieser Zusammenhang nicht immer eindeutig konstruierbar:

(i)    a.??Er hat den alten Wagen zu reparieren nicht *mehr* gebraucht.

      b. ?Den alten Wagen hat er zu reparieren nicht *mehr* gebraucht.

Ich finde die Linksstellung in (ib) deutlich akzeptabler als die intraponierte inkohärente Konstruktion in (ia).

zeigen, ist die Linksversetzung auch ohne Einbezug des Vorfelds möglich:[49]

(79)    a.  ??dass ihn der Mechaniker zu reparieren nicht gewagt hat
        b.   dass zu reparieren der Mechaniker ihn nicht gewagt hat

Hier befindet sich das disjunkte Verbalfeld $F^3 = (ihn, zu\ reparieren)$ vollständig im Mittelfeld, wobei beide Linearisierungsmöglichkeiten grundsätzlich zur Verfügung stehen, d. h. *ihn* kann vor oder hinter dem regierenden Verb *zu reparieren* stehen.

## 3.5 Zusammenfassung

Die Darstellung des Phänomenbereichs der kohärenten Strukturen konnte sich weitgehend an Vorarbeiten anlehnen, zuallererst an Bech (1955). Anhand dieser Darstellung lässt sich die kohärenzverschuldete Diskontinuität realisierter Valenzrahmen in mehrere Schweregrade einteilen: Da wären zunächst die Diskontinuitäten im Rahmen prototypischer Kohärenzfelder bestehend aus Restfeld und adjazentem Schlussfeld bzw. Verbalkomplex; dann die Diskontinuitäten im Verbalkomplex, namentlich die Zwischenstellung; und schließlich die Diskontinuität ganzer Kohärenzfelder, bekannt als 3. Konstruktion, partielle Voranstellung und Linksstellung.

Diese empirischen Herausforderungen können durch bestimmte syntaxtheoretische Manöver gemeistert und damit die Idealisierung der Kontinuität gelockert werden. Abschnitt 6.1 wird darüber einen Überblick verschaffen. Das in Kapitel 7 vorgestellte TT-MCTAG-Modell verzichtet dagegen weitgehend auf die Idealisierung der Kontinuität. Dass die Rede von Schweregraden aber auch dort gerechtfertigt ist, zeigt sich darin, dass bei der 3. Konstruktion und der partiellen Voranstellung besondere Maßnahmen getroffen werden müssen, um TT-MCTAG mit der nötigen Ausdrucksstärke zu versehen (siehe Abschnitt 7.3 und 7.4).

Orthogonal dazu verhalten sich Rektionsabweichungen wie der Ersatzinfinitiv, die *zu*-Verschiebung oder das Fernpassiv. Auch dieser Aspekt wird in Abschnitt 7.2.4 bei der Darstellung des TT-MCTAG-Modells berührt, obgleich generell der Diskontinuitätsaspekt im Vordergrund stehen soll.

Die Erfahrungen bei der Entwicklung des TT-MCTAG-Modells fließen schließlich in das STUG-Modell ein, das in Kapitel 9 eingeführt wird und sowohl die Idea-

---

[49] Vgl. auch das folgende Datum aus G. Müller (1998) mit linksversetztem Partizipium:

(i)    weil gelesen es keiner hat                                    (G. Müller 1998: 159)

lisierung der Kontinuität als auch die Idealisierung der Vollständigkeit vermeidet. Zunächst werden wir uns aber im nächsten Kapitel einem weiteren Phänomenbereich zuwenden, nämlich dem Phänomenbereich der Ellipse, der im Widerspruch zur Idealisierung der Vollständigkeit steht.

# 4 Kontra Vollständigkeit: Ellipse

Die zweite empirische Herausforderung für eine enge konzeptuelle Verzahnung
von Syntax und Valenz ist die unvollständige Realisierung des Valenzrahmens,
besser bekannt als Ellipse. In Kapitel 1 wurde das anhand von Satz (1a) veranschaulicht, der je nach Diskurskontext in unterschiedlicher Weise gekürzt werden kann:

(1)  a.  Peter repariert heute den Kühlschrank.
     b.  Peter repariert heute ~~den Kühlschrank~~.
     c.  ~~Peter~~ Repariert heute ~~den Kühlschrank~~.
     d.  Peter ~~repariert~~ den Kühlschrank.
     e.  Peter ~~repariert den Kühlschrank~~.
     f.  ~~Peter repariert~~ Den Kühlschrank.
     g.  ~~Peter repariert~~ Heute ~~den Kühlschrank~~.

In diesem Kapitel sollen die valenztheoretischen Bedingungen solcher Weglas-
sungen untersucht werden. Es geht also um die Frage: Welche Bestandteile eines
Valenzrahmens können im günstigsten Fall, d. h. bei Wahl eines jeweils passenden Diskurskontexts, weggelassen werden?

Neben diesem an der Valenzrahmenrealisierung orientierten Ellipsenbegriff
findet man jedoch in der Literatur auch einen anderen Ellipsenbegriff, der sich
an der Semantik orientiert. Der erste Abschnitt stellt daher zunächst diese beiden
Konzepte unter den Schlagwörtern Weglassung und Mitverstehen einander gegenüber. In Abschnitt 4.2 folgt anschließend die Herleitung einer Taxonomie der
Ellipsenphänomene anhand des unmittelbaren syntaktischen Kontextes und der
Position des Antezedens, nämlich Koordinationsellipsen, Adjazenzellipsen und
freie Ellipsen. Diese Klassen werden schließlich in den restlichen Abschnitten des
Kapitels (4.3–4.7) weiter spezifiziert und empirisch unterfüttert. Besonderen Stellenwert erhält dabei die Koordinationsellipse, denn sie wird uns als Grundlage
für die Herausarbeitung der Gesetzmäßigkeiten der sogenannten Vorwärtsellipse, d. h. im Wesentlichen Gapping und Vorfeldellipse, dienen. Dafür ist allerdings
eine exakte Unterscheidung zwischen Konstituentenkoordination und Satzkoordination nötig, für die ich die sogenannte $\kappa$-Reduzierbarkeit heranziehen werde.

Diese Unterscheidung wird es auch erlauben, Vorwärtsellipsen vom sogenannten Right-Node-Raising (RNR) abzugrenzen, das auf Koordinationen beschränkt scheint und bei dem sich nicht zwingend eine Ellipse feststellen lässt. Daher wird RNR (ebenso wie VP-Ellipsen (VPE) und Sluicing, aber hier aus anderen Gründen) bei der Ellipsenmodellierung in Kapitel 8 kein Thema sein.

## 4.1 Weglassung versus Mitverstehen

Diese Arbeit geht von einem valenztheoretisch fundierten Ellipsenbegriff aus: Eine Ellipse ist die WEGLASSUNG des Valenzträgers oder seiner obligatorischen Ergänzungen, d. h. von eigentlich obligatorischen Bestandteilen eines realisierten Valenzrahmens. Die Weglassung fakultativer Ergänzungen zählt demnach nicht als Ellipse. Um auch die Weglassung von funktionalen Elementen wie *dass*-Komplementierer unter den Ellipse-Terminus zu fassen, bietet sich eine Erweiterung der folgenden Art an: Eine Ellipse ist die Weglassung von solchen Teilen der objektsprachlichen Kette, deren Vorhandensein gemäß allgemeiner syntaktischer Regeln (im Zusammenspiel mit lexikalischen Eigenschaften) eigentlich notwendig sind, die also nicht weggelassen werden dürften. Ellipsen stellen dann Spezialfälle der syntaktischen Lizenzierung dar.

Davon abzugrenzen ist ein zweiter, die (Diskurs-)Semantik einbeziehender Ellipsenbegriff, der sich in meinen Augen als MITVERSTEHEN von nicht-realisiertem Material paraphrasieren lässt. Er kommt beispielsweise in der Charakterisierung von Winkler & Schwabe (2003: 1) zum Ausdruck, „ellipsis lacks form and still has meaning", oder letztens bei Aelbrecht (2010: 1): „Ellipsis, however, is the omission of elements that are inferable from the context and thus constitutes a mismatch between sound and meaning."[1] Hier wird nicht die Valenzverletzung problematisiert, sondern vielmehr der nicht-kompositionale Charakter elliptischer Konstruktionen, in denen das Ellipsenantezedenz Bedeutung beiträgt. Die E/A-Unterscheidung, geschweige denn die Unterscheidung zwischen obligatorischen und fakultativen Ergänzungen, ist dabei zunächst irrelevant: Auch das Mitverstehen von Angaben wird als elliptisch deklariert. Dies hat z. B. zur Folge, dass das Mitverstehen von *gestern* und *bei Peter* im zweiten Satz von (2) als Ellipse gilt:

---

[1] Dieser semantisch induzierte Ellipsenbegriff findet sich bei einer Vielzahl von Autoren, z. B. bei Lyons (1968: 175), bei Kindt (1985) im Konzept der Expandierbarkeit eines Satzes unter Beibehaltung seiner Bedeutung und auch bei Klein (1981: 52): „By regular ellipsis, I refer to the phenomenon that, under certain complex conditions, the meaning of an utterance is systematically completed by the meaning of expressions which are not uttered but whose meaning is derived from the context".

(2)     Susi war gestern bei Peter.
        Sie schlief ~~gestern bei Peter~~ auf dem Sofa ein.

Ich kann mir nicht vorstellen, dass die erwähnten Autoren hier tatsächlich immer das Vorliegen einer Ellipse diagnostizieren würden. Träfe dies nämlich zu, dann würde in letzter Konsequenz nicht nur die Unterscheidung zwischen Denotation und Kontextbedeutung verloren gehen, sondern es würde auch dazu führen, dass selbst einfachste Sätze unendlich viele und beliebig umfangreiche syntaktische Analysen erhalten. Im Zuge einer Fundierung des Ellipsenbegriffs wäre es also unumgänglich, genauer zu bestimmen, was beim Mitverstehen wesentlich sein soll und was nicht.

Statt aber einen recht vagen Begriff irgendwie durch Einschränkungen unter Kontrolle zu bekommen, werde ich im Folgenden den valenztheoretisch fundierten Ellipsenbegriff, Ellipse als Weglassung, verwenden.

## 4.2 Taxonomie der Ellipsenphänomene

Bei der Klassifikation von Ellipsen hat sich ein Zweiteilung des Phänomenbereichs etabliert, welche den einbettenden Kontext als Klassifizierungsgrundlage heranzieht.[2] Dabei ist die Unterscheidung zwischen SPRACHLICHEM KONTEXT und NICHTSPRACHLICHEM KONTEXT wesentlich: Unter nichtsprachlichem Kontext versteht etwa Klein (1993: 766) Weltwissen und situative Faktoren, unter sprachlichem Kontext dagegen unmittelbaren syntaktischen (d. h. „expliziten") Kontext. Das ellidierte Material kann auf diese beiden Kontexte referieren, d. h. es existiert ein Kontextkorrelat des ellidierten Materials. Handelt es sich bei diesem Kontextkorrelat um ein Teil des sprachlichen Kontexts, dann spricht man von einem Antezedens. Darauf bezogen können schließlich die folgenden beiden Globalklassen unterschieden werden: ELLIPSEN MIT ANTEZEDENS und ELLIPSEN OHNE ANTEZEDENS.[3] Des weiteren werden Ellipsen mit Antezedens in KOORDINATIONSELLIPSEN und ADJAZENZELLIPSEN eingeteilt. In Arbeiten wie Klein (1993: 768) liegt dieser Subklassifizierung kriterial allerdings der Satzbegriff zugrunde,

---

[2] Bemerkenswert daran ist, dass für die Klassifikation von Ellipsen auf den Kontext Bezug genommen wird, aber nicht etwa auf die syntaktische Struktur der Ellipsen. Damit enthält die Klassifikation keine natürlichen Klassen hinsichtlich der elliptischen Strukturen selber.

[3] Wiewohl diese Klassifizierung üblich ist, wird die Terminologie variiert: Kontextgestützte vs. situative Ellipsen (Schwabe 1994); umgebungsabhängige vs. umgebungsunabhängige Ellipsen (Kindt 1985); kontextkontrollierte vs. kontextabhängige Ellipsen (Klein 1993). Ähnliches findet man bei der Unterscheidung von tiefen Anaphern und Oberflächenanaphern („deep and surface anaphora") von Hankamer & Sag (1976).

indem Ellipse und Antezedens bei Koordinationsellipsen „innerhalb eines Satzes" stehen sollen und bei Adjazenzellipsen in verschiedenen Sätzen („selbständige aber eng zusammengehörige Äußerungen"). Nun ist der Satzbegriff insbesondere bei Satzkomplexen notorisch unklar,[4] und sein Einsatz hat bei Klein (1993) wohl in erster Linie den Zweck, dieses Phänomen überhaupt in der Rubrik (Satz-) Syntax abhandeln zu können. Ich werde dem in dieser Arbeit eine formale Definition der Koordinationsellipse entgegenstellen, die von einer Kategorisierung der Koordination als intra- oder supersententiell weitgehend unabhängig ist.

Was die Verteilung der Forschungsaktivitäten betrifft, fällt eine beträchtliche Schieflage auf: Während den Ellipsen ohne Antezedens vergleichsweise wenig Aufmerksamkeit entgegengebracht wird, entfachen Ellipsen mit Antezedens, insbesondere Koordinationsellipsen, einen regen Forschungsdiskurs seit den Anfängen der generativen Grammatik bis in unsere Tage. Dies hängt wohl mit der Flüchtigkeit nichtsprachlicher Kontexte zusammen, und mit dem natürlichen Drang der Syntaktiker, die Ellipse-Antezedens-Relation innerhalb eines vertrauten Satzmodells zu behandeln. In dieser Hinsicht stellt die Koordinationsellipse sicherlich den ergiebigsten Teilbereich dar.[5] Auch ich werde im Analyseteil in Kapitel 8 und 9 vorrangig auf Koordinationsellipsen eingehen.

## 4.3 Koordinationsellipsen

In diesem Abschnitt erläutere ich die Begriffe und Methoden, die nötig sind, um Umfang und Art der koordinationsgebundenden Ellipsen genau zu bestimmen. In den nachfolgenden Abschnitten 4.4 und 4.5 werden dann auf dieser Grundlage die spezifischen Gesetzmäßigkeiten von Gapping und RNR behandelt.

### 4.3.1 Koordination und Satz

Eine Koordination besteht aus syntaktisch weitgehend gleichwertigen Konjunkten, die durch einen oder mehrere Konjunktoren verbunden sind. Wir beschrän-

---

[4] Siehe B. L. Müller (1985) und Matthews (1993: 91ff) für eine Übersicht. Ortner (1987: 86ff) geht spezifischer auf das Verhältnis von Satzbegriff und Ellipsenbegriff in der germanistischen Forschungsgeschichte ein.

[5] Symptomatisch für diese Einstellung ist folgende Bemerkung aus Klein (1993): „Dem Linguisten, der sich für Aufbau und Bedeutung der Ellipsen und ihr Verhältnis zu ‚vollständigen‘ Äußerungen interessiert, kann es nun nicht darum gehen, all diese Fälle zu sichten und ihre Verwendungsbedingungen anzugeben. Vielmehr muß versucht werden, jene Regeln anzugeben, nach denen sich solche Äußerungen aufbauen und nach denen sich die Bedeutung des gesamten Ausdrucks ergibt. Dies läßt sich am ehesten für die kontextkontrollierten Fälle der Koordinationsellipse und der Adjazenzellipse leisten." (S. 768)

ken uns in dieser Arbeit auf Koordinationen, die aus zwei Konjunkten und dem Konjunktor *und* bestehen. Es gilt also folgende Definition:

**Definition 8 (Koordination)** *Seien $\kappa_1$, $\kappa_2$ nicht-leere Konstituentenketten und ‚und' ein Konjunktor, dann ist ‚$\kappa_1$ und $\kappa_2$' eine Koordination, wobei gilt, dass sich $\kappa_1$ unmittelbar rechtsadjazent vom Konjunktor befindet und $\kappa_2$ unmittelbar linksadjazent vom Konjunktor (Adjazenzbedingung).*

Die Adjazenzbedingung ist ein wichtiger Bestandteil dieser Definition, denn man könnte, so wie Hudson (1976: 546ff) unter dem Schlagwort „conjunct postposing", alternativ davon ausgehen, dass in bestimmten Fällen $\kappa_1$ in der objektsprachlichen Kette dem Rest der Koordination *und* $\kappa_2$ nicht unmittelbar vorausgeht.[6] Die Instanziierung von $\kappa_1$, $\kappa_2$ in einer objektsprachlichen Kette heißt $\kappa$-INSTANZIIERUNG. Man beachte, dass die grammatische Wohlgeformtheit einer Koordination in dieser Definition keine Rolle spielt. Sie beschreibt also auch ungrammatische Koordinationen. Die Auseinandersetzung mit syntaktischen Parallelitätsbedingungen für die Konjunkte, z. B. bezüglich ihrer syntaktischen Kategorie, wird in dieser Arbeit auf ein Minimum beschränkt, nämlich auf ihre $\kappa$-Reduzierbarkeit.[7] Dazu gleich mehr.

Des weiteren werden in dieser Arbeit ausschließlich Koordination auf Satzebene berücksichtigt, d. h. die Konjunkte bestehen aus Satzkonstituenten oder Satzgliedern. Ignoriert wird also intranominale, intrapräpositionale und intraadjektivische Koordination. Was ist unter einem Satzglied zu verstehen? Hier geraten wir unweigerlich an den Satzbegriff, für den, wie eben erwähnt, kein kanonisches Verständnis vorliegt. Als Arbeitsdefinition verwende ich deshalb den folgenden valenztheoretisch motivierten Satzbegriff, wobei ein Dependenzfeld den Valenzträger, seine Ergänzungen und seine Angaben umfasst (siehe Definition 7, S. 24):

(3)  **Valenztheoretisch motivierter Satzbegriff:**
     Ein Satz ist der (kleinste) kontinuierliche Teil einer objektsprachlichen Kette, in dem das Dependenzfeld eines finiten Verbs realisiert wird.

Der Satz ist demnach der syntaktische Bereich, in dem die Valenzrealisierung beurteilt und die Nicht-Realisierung von Valenzrollen, also eine Ellipse, festgestellt werden kann. Entsprechend verstehe ich unter einem Satzglied das Folgende:

---

[6] Vgl. auch die „gespaltenen Konjunkte" in Höhle (1983b).

[7] Einen ganz anderen Schwerpunkt legen in dieser Hinsicht z. B. Sag et al. (1985), indem sie die Parallelitätsbedingung entlang der internen syntaktischen Struktur der Konjunkte formulieren.

(4)  **Satzglied:**
Ein Satzglied ist Bestandteil des Dependenzfelds des finiten Verbs oder Bestandteil des Dependenzfelds eines infiniten Verbs, das mit dem finiten Verb kohärent konstruiert.

Dieser Satzgliedbegriff wird auch bei der Formulierung der Ellipseneigenschaften eine wichtige Rolle spielen (siehe insbesondere Abschnitt 4.4).

### 4.3.2 Konstituentenkoordination versus Satzkoordination

Da in dieser Arbeit die Ellipse von Satzgliedern (oder die Nicht-Realisierung von Bestandteilen verbaler Valenzrahmen) im Vordergrund steht, ist die folgende Typisierung der Koordination zweckmäßig und auch in der Forschungsliteratur üblich: Bestehen die Konjunkte einer Koordination aus Sätzen, so spricht man von einer SATZKOORDINATION; bestehen die Konjunkte einer Koordination dagegen aus Nicht-Sätzen, d. h. aus Satzgliedern, nennt man diese eine KONSTITUENTENKOORDINATION.[8] Dabei ist es nicht ausgeschlossen, dass ein und dieselbe Koordination unterschiedliche $\kappa$-Instanziierungen zulässt. Um die Plausibilität einer $\kappa$-Instanziierung als Satzkoordination oder als Konstituentenkoordination zu überprüfen, werde ich deren $\kappa$-Reduzierbarkeit zu Rate ziehen.

**Definition 9 ($\kappa$-Reduzierbarkeit)** *Eine Koordination $K$ mit Konjunkten $\kappa_1$ und $\kappa_2$ in einem Satz $S$ ist $\kappa$-reduzierbar, gdw. $K$ in $S$ sowohl durch $\kappa_1$ als auch durch $\kappa_2$ ersetzt werden kann, ohne dass die daraus resultierenden Sätze $S_1$ und $S_2$ unter Ellipsenrekonstruktion ungrammatisch sind.*

Mit anderen Worten: Die $\kappa$-Reduzierbarkeit ist ein Kriterium für die Ähnlichkeit der Konjunkte, die sich indirekt in der Kompatibilität mit einem identischen syntaktischen Kontext zeigt. Diese der $\kappa$-Reduzierbarkeit zugrundeliegende Idee ist keinesfalls neu. Maxwell & Manning (1996) erläutern sie anhand der Schemata in (5) und sprechen gar von „traditional idea". Die Grammatikalität von Instanzen von Schema (5a) soll die Grammatikalität von Instanzen der Schemata (5b) und (5c) implizieren, wobei A und B Konstituentenketten sind:[9]

(5)  a.  A $\kappa_1$ und $\kappa_2$ B  (S)

   b.  A $\kappa_1$ B  ($S_1$)

   c.  A $\kappa_2$ B  ($S_2$)

---

[8] Statt Konstituentenkoordination liest man auch oft „phrasale Koordination".

[9] Maxwell & Manning (1996) erwähnen auch, dass Chomskys Koordinationsregel (Chomsky 1957: 35) die umgekehrte Implikation („backward implication") enthält. Siehe S. 98.

Auch die External Homogeneity Condition (EHC) aus Höhle (1990, 1991) und die String Continuation Condition (SCC) aus Kathol (1999) zielen in diese Richtung. Auf EHC und SCC sowie auf andere verwandte Konzepte der $\kappa$-Reduzierbarkeit gehe ich am Ende des Abschnitts (S. 98) gesondert ein.

Es ist fraglich, ob die $\kappa$-Reduzierbarkeit eine Mindestanforderung für Koordination darstellt, ob sich also für jeden grammatischen Satz mit einer Koordination eine $\kappa$-Instanziierung finden lässt, die $\kappa$-reduziert werden kann. Bestimmte Koordinationstypen, nämlich Koordination, die syntaktisch oder semantisch als pluralische Einheiten auftritt, und asymmetrische Koordination, scheinen diesen Schluss nicht zuzulassen, wie wir gleich sehen werden.

Eine KOORDINATIONSELLIPSE liegt genau dann vor, wenn Ellipse und Antezedens in unterschiedlichen Konjunkten einer Koordination auftreten. Da ich den Ellipsenbegriff auf die unvollständige Realisierung eines Valenzrahmens einschränke und der Satzbegriff aus (3) eng mit der Realisierung eines Valenzrahmens eines finiten Verbs zusammenhängt, gilt in dieser Arbeit folgendes Korollar:[10]

**Korollar 1** *Koordinationsellipsen können nur in Satzkoordinationen auftreten, nicht aber in Konstituentenkoordinationen.*

Die Konjunkte einer Konstituentenkoordination können per definitionem keine vollständigen finiten Valenzrahmen enthalten, d. h. Teile solcher Valenzrahmen befinden sich immer außerhalb der Koordination. Nimmt man dennoch die Existenz valenzbezogener Ellipsen bei einer Konstituentenkoordination an, widerspricht das nicht nur formal unserem Verständnis einer Koordinationsellipse, sondern dann muss auch jegliche Konstituentenkoordination als elliptisch gelten. Und nichts spricht dagegen, hier noch weiter zu gehen: Jegliche Ergänzung kann demzufolge immer als elliptisch deklariert werden, allein deswegen, weil sie trivialerweise nie den ganze Valenzrahmen darstellt. Es dürfte offensichtlich sein, dass dieser Ellipsenbegriff abwegig ist. Ellipsen bei der Valenzrealisierung sind erst dann interessant, wenn der ganze mögliche Realisierungsbereich betrachtet wird.

Die Frage, ob Koordination eher als Konstituentenkoordination oder als Satzkoordination modelliert werden sollte, wird in der Literatur schon seit Jahrzehnten kontrovers diskutiert, auch weil damit gravierende Entscheidungen für das

---

[10] Katharina Hartmann drückt dasselbe aus, wenn sie schreibt: „Deletion is a process only allowed by the LCH" (Hartmann 2000: 33). Hinter dem Kürzel LCH (für „Long Conjunct Hypothesis") verbirgt sich die Annahme, dass Konjunkte aus Sätzen bestehen, die gegebenenfalls reduziert werden. Der erwähnte Tilgungsprozess ist also auf Satzkoordination beschränkt.

Syntaxmodell einhergehen.[11] Das vorgestellte Diagnoseverfahren in Form der $\kappa$-Reduzierbarkeit bildet diese Möglichkeit unterschiedlicher Sichtweisen auf die Koordination ab, indem sie mehrere parallele $\kappa$-Instanziierungen einer Koordination lizenzieren kann. Wir werden dafür gleich Beispiele sehen. Da ich jedoch in dieser Arbeit an elliptischen Strukturen interessiert bin, wird schließlich die Betrachtung auf Satzkoordinationen eingegrenzt, ohne damit jedoch irgendwelche neuen Entscheidungshilfen contra Konstituentenkoordination liefern zu wollen.

### 4.3.3 Beispiele für $\kappa$-Instanziierungen

Die $\kappa$-Instanziierung kann in vielen Fällen sowohl als Satzkoordination als auch als Konstituentenkoordination $\kappa$-reduzierbar sein. Das Vorliegen einer Koordinationsellipse ist dann also abhängig von der Wahl der $\kappa$-Instanziierung. Ein Beispiel dafür ist in (6) zu sehen: Die $\kappa$-Instanziierung als Konstituentenkoordination in (6a) führt zu Konjunkten mit Konstituentenketten, während die $\kappa$-Instanziierung als Satzkoordination in (6b) eine Ellipsenannahme im zweiten Konjunkt notwendig macht:

(6)    Gestern sah der Jäger einen Hasen und der Tourist drei Waschbären.

      a.    Gestern sah [$\kappa_1$ der Jäger einen Hasen] und [$\kappa_2$ der Tourist drei Waschbären].
            $\leadsto$ Gestern sah der Jäger einen Hasen.
            $\leadsto$ Gestern sah der Tourist drei Waschbären.

      b.    [$\kappa_1$ Gestern sah der Jäger einen Hasen] und [$\kappa_2$ ~~Gestern sah~~ der Tourist drei Waschbären].
            $\leadsto$ Gestern sah der Jäger einen Hasen.
            $\leadsto$ Gestern sah der Tourist drei Waschbären.

Entsprechendes lässt sich auch in Beispiel (7) beobachten – mit dem Unterschied allerdings, dass hier bei Konstituentenkoordination satzmedial einzelne Verben koordiniert und bei Satzkoordination in beiden Konjunkten Ellipsen angenommen werden müssen:

(7)    Der Jäger sah und erschoss den Hasen.

      a.    Der Jäger [$\kappa_1$ sah] und [$\kappa_2$ erschoss] den Hasen.
            $\leadsto$ Der Jäger sah den Hasen.
            $\leadsto$ Der Jäger erschoss den Hasen.

---

[11] Siehe z. B. van Oirsouw (1987: Kapitel 1), Wilder (1997: 61ff) und Hartmann (2000: 32ff) für ausführliche Übersichten.

b.  [$\kappa_1$ Der Jäger sah ~~den Hasen~~] und [$\kappa_2$ ~~der Jäger~~ erschoss den Hasen].
↝ Der Jäger sah den Hasen.
↝ Der Jäger erschoss den Hasen.

Daneben gibt es aber auch Koordinationsdaten, die nur eine $\kappa$-Instanziierung zulassen, bei der also die Konjunkte entweder ausschließlich Sätze oder ausschließlich Nicht-Sätze sind. Oft reichen bereits kleine Umstellungen oder morphologische Veränderungen aus, um eine bestimmte $\kappa$-Instanziierung zu verhindern oder zu ermöglichen. Die Koordination in (8) unterscheidet sich beispielsweise von der in (6) allein im Numerus der Nominativ-NP im zweiten Konjunkt. Dadurch ist jedoch die $\kappa$-Instanziierung als Konstituentenkoordination in (8a) nicht mehr $\kappa$-reduzierbar, denn es besteht nun ein Numeruskonflikt zwischen der Nominativ-NP *die Touristen* und dem finiten Verb *sah*. Die $\kappa$-Instanziierung als Satzkoordination in (8b) kann dagegen $\kappa$-reduziert werden, jedoch nur unter der Voraussetzung, dass der Numerus von Ellipse und Antezedens nicht identisch sein muss:

(8)  Gestern sah der Jäger einen Hasen und die Touristen drei Waschbären.

    a.  Gestern sah [$\kappa_1$ der Jäger einen Hasen] und [$\kappa_2$ die Touristen drei Waschbären].
       ↝ *Gestern sah die Touristen drei Waschbären.

    b.  [$\kappa_1$ Gestern sah der Jäger einen Hasen] und [$\kappa_2$ ~~gestern sahen~~ die Touristen drei Waschbären].
       ↝ Gestern sah der Jäger einen Hasen.
       ↝ Gestern sahen die Touristen drei Waschbären.

Eine Umstellung der Satzglieder kann ebenfalls zu einer Verminderung der $\kappa$-Instanziierungsoptionen führen. Verschiebt man etwa in (6) die Nominativ-NP in das Vorfeld, geht man also von dem Satz in (9) aus, dann fällt die $\kappa$-Instanziierung als Konstituentenkoordination in (9a) weg. Die $\kappa$-Reduzierung erzielt dann nämlich einen Satz mit zwei Nominativ-NPs, eine im Vorfeld und eine im Mittelfeld, was sicher ungrammatisch ist. Das gilt aber nicht für die $\kappa$-Reduzierung der $\kappa$-Instanziierung als Satzkoordination in (9b):

(9)  Der Jäger sah einen Hasen und der Tourist drei Waschbären.

    a.  Der Jäger sah [$\kappa_1$ einen Hasen] und [$\kappa_2$ der Tourist] drei Waschbären.
       ↝ *Der Jäger sah der Tourist drei Waschbären.

b.   [$\kappa_1$ Der Jäger sah einen Hasen] und [$\kappa_2$ der Tourist ~~sah~~ drei Waschbären].
    ⤳ Der Jäger sah einen Hasen.
    ⤳ Der Tourist sah drei Waschbären.

Die Beispiele bis hierhin vermitteln den Eindruck, dass eine $\kappa$-Instanziierung als Satzkooordination immer zur Verfügung steht. In der Literatur herrscht jedoch weitgehend Konsens darüber, dass bei bestimmten Koordinationstypen ausschließlich eine Konstituentenkoordination vorliegt (siehe Hartmann 2000: Abschnitt 2.3). Auf diese gehe ich im Folgenden ein. Daran anschließend finden Satzkoordinationen Erwähnung, die nicht als Satzkoordination $\kappa$-instanziierbar sind, nämlich manche Vertreter der sogenannten asymmetrischen Koordination.

### 4.3.4 Konstituentkoordination durch Variablenbindung?

Die Diagnose bestimmter Bindungsrelationen bei Indefinita und quantifikationellen Ausdrücken gilt z. B. Klein (1993: 773), Hartmann (2000: 33ff) und Reich (2009: 31ff) als hinreichendes Indiz für das Vorliegen einer Konstituentenkoordination. Ausgangspunkt ist der Satz in (10), der oberflächlich betrachtet problemlos sowohl als Satzkoordination als auch Konstituentenkoordination $\kappa$-instanziierbar ist:

(10)    Jemand kam um vier Uhr und ging um fünf Uhr.     (Klein 1993: (34d))

    a.   [$\kappa_1$ Jemand kam um vier Uhr] und [$\kappa_2$ ~~jemand~~ ging um fünf Uhr].
        ⤳ Jemand kam um vier Uhr.
        ⤳ Jemand ging um fünf Uhr.
    b.   Jemand [$\kappa_1$ kam um vier Uhr] und [$\kappa_2$ ging um fünf Uhr].
        ⤳ Jemand kam um vier Uhr.
        ⤳ Jemand ging um fünf Uhr.

Dieser Satz soll jedoch nicht mit (11) semantisch äquivalent sein:

(11)    Jemand kam um vier Uhr und jemand ging um fünf Uhr.
       (Klein 1993: (34c))

Satz (10) hat also nur die Lesart, dass es sich bei demjenigen, der kam, und demjenigen, der ging, „um dieselbe Person handelt" (Klein 1993: 773). Anders verhalte es sich bei einer entsprechenden Tilgung im ersten Konjunkt (eine sogenannte RNR-Koordination, dazu gleich mehr):

(12)    Um vier Uhr kam und um fünf Uhr ging jemand.

=    Jemand kam um vier Uhr und jemand ging um fünf Uhr.

Die genannten Autoren ziehen daraus den Schluss, dass nur Konstituentenkoordination vorliegen kann, also:

(13)    Jemand [$\kappa_1$ kam um vier Uhr] und [$\kappa_2$ ging um fünf Uhr].

Die Argumentation hat zwei Prämissen: (i) es gibt in (10) nur die Lesart mit Referenzidentität und (ii) Ellipsenrekonstruktion führt immer zu einer Ambiguität zwischen Referenzidentität und Referenzunterschied (denn Ellipse unter Identität ist das Resultat einer Tilgungsoperation, die Syntax und Semantik einer Koordination unangetastet lässt, siehe Hartmann 2000: 33). Ergo liegt in (10) keine Ellipse und keine Satzkoordination vor.

Es stellt sich dann die Frage, ob diese Prämissen stimmen. Interessanterweise finden sich in Höhle (1991) ganz entgegengesetzte Einschätzungen zu strukturanalogen Daten, siehe (14) und (15):[12]

(14)    Einen Hund hat Karl gefüttert und hat Heinz gestreichelt.

=    Es hat Karl einen Hund gefüttert und es hat Heinz einen Hund gestreichelt.

(Höhle 1991: (122-a), (123))

(15)    Ein Affe hat den Hund gefüttert und hat den Kater gefüttert.

=    Ein Affe hat den Hund gefüttert und ein Affe hat den Kater gefüttert.

(Höhle 1991: (125), (126))

Höhle zufolge sollen die Indefinita *einen Hund/ein Affe* hier gerade nicht zwingend konjunktübergreifend referenzidentisch sein. Eine zwingende Referenzidentität kann ich auch in den Beispielsäzen in (16) nicht erkennen:

(16)    a.    Irgendetwas Teures kauft Hans im Baumarkt und bestellt Maria im Internet.

b.    Haferflocken sind gesund und isst Henning täglich.

---

[12] Höhle nimmt trotzdem keine Satzkoordination mit Ellipse in (14) und (15) an, sondern schlägt eine ATB-Analyse auf Grundlage einer Konstituentenkoordination vor. Eine erhellende Diskussion solcher Referenzlesarten liefert van Oirsouw (1987: Abschnitt 3.2.4), der zu dem Schluss kommt, dass nicht die syntaktische Struktur, sondern der Äußerungskontext ausschlaggebend ist: „possible differences in interpretation are not reflected in the structure of underlying represenations, but depend on context. [...] The different readings are imposed by the contexts in which the sentences occur [...]." (S. 204)

c.    An einem lauen Sommerabend verliebten sie sich und heirateten sie später auch.

Dies Alles widerspricht den Generalisierungen zur Referenzidentität, die z. B. Klein (1993) und Reich (2009) mit (10) motivieren – und es nährt auch Zweifel am Vorliegen einer zwingenden Referenzidentität in (10) selber. Ist hier wirklich kein Referenzunterschied möglich? Man muss sagen: Das Fehlen einer Lesart eines konkreten Satzes anhand der eigenen Intuition zu behaupten, ist immer spekulativ. Diese Spekulation auf eine Menge semantisch heterogener Sätze qua ihres Konstruktionstyps zu extrapolieren, ist sogar hochspekulativ.

Wie steht es um die zweite Prämisse? Führt Ellipsenrekonstruktion immer zu einer Ambiguität zwischen Referenzidentität und Referenzdiversität? Zunächst gilt festzuhalten, dass bei der $\kappa$-Reduzierung rein deskriptiv verfahren wird, d. h. es wird nur festgestellt, dass eine Ellipse besteht, und diese behelfsmäßig rekonstruiert. Es wird also nichts darüber ausgesagt, wie ein konkretes Syntaxmodell vorgeht und ob z. B. die Ellipse phonologisch, morphologisch oder referentiell identisch mit dem Antezedens rekonstruiert wird. Zudem will ich nicht generell ausschließen, dass in solchen Fällen auch im Zuge einer Ellipserekonstruktion eine Referenzidentität erzwungen werden kann.[13]

Ein Vorteil dieser oberflächenorientierten, bezogen auf die Ellipserekonstruktion agnostischen Herangehensweise ist auch, dass Koordinationen wie in (17) überhaupt eine $\kappa$-Instanziierung zugewiesen werden kann:

(17)    Um vier Uhr kam jemand und ging um fünf Uhr.

Falls nämlich die $\kappa$-Instanziierung als Satzkoordination aus referenz-semantischen Gründen inadäquat ist, bleibt nur die $\kappa$-Instanziierung als Konstituentenkoordination. Eine solche ist aber (entsprechend der Valenzeigenschaften von *ging*) nicht $\kappa$-reduzierbar:

(18)    $[\kappa_1$ Um vier Uhr kam jemand] und $[\kappa_2$ ging um fünf Uhr].
       ↝ Um vier Uhr kam jemand.
       ↝ *Ging um fünf Uhr.

---

[13] Man beachte, dass sich die Ellipse in den hier betrachteten Fällen immer im Vorfeld eines V2-Satzes verorten lässt, und dass man daher Referenzidentität an diesem Merkmal festmachen könnte. Doch auch diesen Eindruck torpediert Höhle mit folgender Einschätzung:

    (i)    daß ein Affe den Hund gefüttert hat und den Kater gefüttert hat.

       ≠ Ein Affe hat den Hund gefüttert und ein Affe hat den Kater gefüttert.

    (Höhle 1991: (127), (126))

Koordinationen wie in (17) sind bekannt als SLF-Koordinationen (Höhle 1983b), die eine Teilklasse der asymmetrischen Koordination bilden (siehe Reich 2009: 1f). Wir werden weiter unten in diesem Abschnitt noch eine andere Teilklasse der asymmetrischen Koordination kennenlernen, deren Vertreter sich tatsächlich auch rein oberflächlich einer $\kappa$-Instanziierung als Satzkoordination und als Konstituentenkoordination widersetzen.

### 4.3.5 Problem: Die Koordination als pluralische Einheit

Eine weitere Gruppe von Koordinationsdaten, bei denen die Annahme einer Satzkoordination unplausibel sein soll, lässt sich folgendermaßen charakterisieren: Bei ihnen handelt es sich (im Sinne der Konstituentenkoordination) meist um eine Koordination einzelner Nominalphrasen, die syntaktisch oder semantisch als pluralische Einheit in Erscheinung tritt. Syntaktisch wird die Pluralbildungseigenschaft der Koordination mit *und* bei der Subjekt-Verb-Kongruenz deutlich, indem etwa eine Koordination mit singularischen Nominalkonjunkten (in der Subjektposition) mit einem pluralischen Finitum kongruiert, z. B. in (19):[14]

(19)     Der Jäger und der Hase trafen sich im Wald.

      a.    $[_{\kappa_1}$ Der Jäger ~~trafen sich im Wald~~] und $[_{\kappa_2}$ der Hase trafen sich im Wald].

          $\rightsquigarrow$ *Der Hase trafen sich im Wald.

      b.    $[_{\kappa_1}$ Der Jäger] und $[_{\kappa_2}$ der Hase] trafen sich im Wald.

          $\rightsquigarrow$ *Der Hase trafen sich im Wald.

Die $\kappa$-Instanziierung als Satzkoordination in (19a) muss also scheitern.

Sind die Konjunkte dagegen pluralisch wie in (20), dann ist eine $\kappa$-Instanziierung sowohl als Satzkoordination als auch als Konstituentenkoordination $\kappa$-reduzierbar:

(20)     $[_{\kappa_1}$ Die Jäger ~~trafen sich im Wald~~] und $[_{\kappa_2}$ die Hasen trafen sich im Wald].

      $\rightsquigarrow$ Die Jäger ~~trafen sich im Wald~~.

---

[14] Die Koordination singularischer Nominalphrasen ist in manchen Fällen jedoch auch mit einem singularischen Finitum verträglich:

(i)     Da stehen / steht ein Mann und eine Frau.           (Steiner 2009: (1))

Diese „partielle" oder „asymmetrische" Kongruenz (vgl. Munn 2000; Lorimor 2007; Steiner 2009) ermöglicht sowohl eine $\kappa$-Instanziierung als Konstituentenkoordination als auch eine $\kappa$-Instanziierung als Satzkoordination. Bei freien Relativsätzen ist die asymmetrische Kongruenz sogar der Normalfall (Oppenrieder 1991: 143; Müller 1999: Abschnitt 10.4.1.1).

⤳ Die Hasen trafen sich im Wald.

≠ Die Jäger trafen sich im Wald und die Hasen trafen sich im Wald.

Man darf jedoch nicht übersehen, dass die Bedeutung der $\kappa$-reduzierten Ausdrücke nicht mehr dem des Ausgangsausdrucks entspricht. Konnte der Ausgangsausdruck in (20) nämlich noch bedeuten, dass die Jäger auf eine Gruppe von Hasen trafen, so wird diese Lesart durch die $\kappa$-reduzierten Ausdrücke nicht mehr unterstützt. Vielmehr trafen nun nur die Jäger auf Jäger, und die Hasen auf Hasen. Davon sind systematisch die Subjekt- und Objektpositionen sogenannter symmetrischer oder nicht-distributiver Prädikate (*sich treffen, zusammenstoßen, ähnlich sein*) betroffen. Ein ähnliches Verhalten zeigen zudem Koordinationen mit Reziprokpronomen und Rezprokadverbien:[15]

(21)    [$\kappa_1$ Peter hetzte den Hasen ~~aufeinander~~] und [$\kappa_2$ ~~Peter hetzte~~ den Igel] aufeinander.

⤳ #Peter hetzte den Hasen aufeinander.

All diese Fälle vermeintlich eindeutiger Konstituentenkoordination haben allerdings einen Haken: Sie sind auch als Konstituentenkoordination nicht $\kappa$-instanziierbar. Dies stellt natürlich die Brauchbarkeit der $\kappa$-Reduzierung in Frage, indem es die oben geäußerte Vermutung konterkariert, dass „es für jeden grammatischen Satz mit Koordination mindestens eine $k$-Instanziierung gibt, die $k$-reduzierbar ist". Ein offensichtlicher Ausweg aus dieser Misere besteht darin, diese Koordinationsfälle innerhalb eines Satzglieds zu verorten. Da koordinieren also nicht vollständige Satzglieder, sondern Bestandteile eines komplexen Satzglieds. Dafür spricht, dass diese komplexen Satzglieder tatsächlich syntaktisch und semantisch als pluralische Einheit auftreten. Und daraus folgt, dass solche Koordinationsfälle bei der Betrachtung der Koordination von vollständigen Satzgliedern irrelevant sind.

Aber nicht alle pluralbildenden Koordinationen können als satzgliedinterne Phänomene abgetan werden. Dies legen zumindest die englischen Koordinationsdaten in (22) nahe:[16]

(22)    a.    The pilot claimed that the first nurse, and the sailor proved that the second nurse, were spies.          (Postal 1998: 173)

        b.    John whistled and Mary hummed together.    (Jackendoff 1977: 192)

---

[15] Hier zeigt sich, dass auch die Koordination von Verben eine pluralische Einheit bilden kann:

(i)    Er liest und schreibt nacheinander.          (Hesse & Küstner 1985: (3-140))
⤳ #Er liest nacheinander.

[16] Siehe dazu auch Yatabe (2002).

Solche Daten scheinen sich im Deutschen zunächst nicht reproduzieren zu lassen, denn die Übersetzungen von (22) in (23) sind (nicht nur) meiner Einschätzung nach schlecht:

(23)  a.  *Der Pilot behauptete, dass die erste Krankenschwester, und der Matrose bewies, dass die zweite Krankenschwester Spione waren.
  b.  *Karl pfiff und Maria summte gemeinsam.
  (Wesche 1995: 52, Fußnote 5)

Dieser Anschein trügt jedoch; Schwabe & von Heusinger (2001: (34)) liefern ein klares Gegenbeispiel:

(24)  Bist du sicher, dass [$\kappa$ Hans den Saft] und [$\kappa$ Fritz den Wein] gestohlen haben?
  ⤳ *...dass Hans den Saft gestohlen haben?
  ⤳ *...dass Fritz den Wein gestohlen haben?

Während hier also offensichtlich eine Anwendungslücke der $\kappa$-Reduzierbarkeit besteht, bezweifle ich, dass diese Lücke für unsere empirische Perspektive relevant ist. Es ist nämlich fraglich, ob der Koordinationstyp in (24) überhaupt als elliptische Satzkoordination, auf die es hier ja ankommt, auftreten kann. Der Versuch, (24) zu einer eindeutig elliptischen Satzkoordination (mit Gapping) umzuformulieren, scheitert:

(25)  a.  Heute haben Hans den Saft und Fritz den Wein gestohlen.
  b.  *Hans haben den Saft und Fritz den Wein gestohlen.

## 4.3.6 Problem: Asymmetrische Koordination

Ein kritisches Maß an Verschiedenheit der Konjunkte scheint bei der sogenannten asymmetrischen Koordination (Höhle 1990) überschritten, die Höhle mit (26) veranschaulicht:[17]

(26)  wenn [$\kappa_1$ jemand nach Hause kommt] und [$\kappa_2$ da steht der Gerichtsvollzieher vor der Tür], ...
  ⤳ *wenn da steht der Gerichtsvollzieher vor der Tür, ...
  (Höhle 1990: (6))

Die Konjunkte $\kappa_1$ und $\kappa_2$ unterscheiden sich im Satztyp, denn in $\kappa_1$ liegt VE vor, in $\kappa_2$ dagegen V2. Der einbettende Komplementierer *wenn* ist jedoch nur mit VE

---

[17] Zur Empirie und Analyse asymmetrischer Koordination siehe auch z. B. Wunderlich (1988), Büring & Hartmann (1998), Kathol (1999), Sternefeld (2006: 596ff), Reich (2009).

verträglich, weshalb die $\kappa$-Reduzierung mit $\kappa_2$ zu einem ungrammatischen Satz führt.[18] Die asymmetrische Koordination ist deshalb auch im mathematischen Sinne asymmetrisch, weil nämlich deren Konjunkte nicht umgeordnet werden können:

(27)  *wenn [$\kappa_2$ da steht der Gerichtsvollzieher vor der Tür] und [$\kappa_1$ jemand nach Hause kommt], ...

Natürlich gibt es zur $\kappa$-Instanziierung in (26) Alternativen, aber keine davon ist aus meiner Sicht $\kappa$-reduzierbar. Man könnte z. B. von der $\kappa$-Instanziierung in (28) ausgehen, bei der der Komplementierer *wenn* Teil des ersten Konjunkts ist und somit nicht in irregulärer Weise mit einem V2-Satz kombiniert wird:

(28)  [$\kappa_1$ Wenn jemand nach Hause kommt] und [$\kappa_2$ da steht der Gerichtsvoll-zieher vor der Tür], steigt man eben durch das Küchenfenster ein.
$\leadsto$ *Da steht der Gerichtsvollzieher vor der Tür, steigt man eben durch das Küchenfenster ein.

Die daraus resultierende $\kappa$-Reduktion finde ich jedoch ebenfalls unakzeptabel.

Im Folgenden werde ich diesen Koordinationstyp weitgehend ignorieren. Obwohl die $\kappa$-Reduzierbarkeit hier offensichtlich eine Anwendungslücke aufweist, schätze ich diese als nicht sehr groß ein, so dass damit trotzdem ein hinreichender Teil des Koordinationsphänomens abgedeckt werden kann. Reich (2009: (173)) zufolge sind Ellipsenprozesse bei asymmetrischer Koordination sowieso „strikt ausgeschlossen".

### 4.3.7 Alternativen zur $\kappa$-Reduzierbarkeit

Die $\kappa$-Reduzierbarkeit ist in erster Linie ein diagnostisches Werkzeug. Sie dient dazu, Koordinationstypen zu unterscheiden und deren Eigenschaften festzustellen. Dafür setzt sie ein Mindestmaß an Ähnlichkeit zwischen den Konjunkten voraus, nämlich im Fall der Konstituentenkoordination die jeweilige Kompatibilität mit dem Kontext der Koordination, und im Fall der Satzkoordination die Rekonstruierbarkeit einer Ellipse in einem Konjunkt anhand eines Antezedens im anderen Konjunkt. Es fehlt dagegen vollständig der Bezug zu phrasenstrukturellen oder morphosyntaktischen Eigenschaften der Konjunkte (z. B. deren Konstituentenhaftigkeit). Um dieses Wesen der $\kappa$-Reduzierbarkeit zu veranschaulichen, werde ich in diesem Abschnitt vergleichbare Diagnose- und Ähnlichkeitskonzepte aus anderen Arbeiten kontrastierend darstellen.

---

[18] Zur Erläuterung der Satztypen V2 und VE siehe Abschnitt 7.2.1.

In mehrfacher Hinsicht ist unser Ansatz z. B. von der abgeschwächten Koordinationsregel in Chomsky (1957: 35) abzugrenzen, auch wenn zunächst Ähnlichkeiten auffallen. Chomsky schreibt nämlich:

> If we had two sentences Z+X+W and Z+Y+W, and if X and Y are actually constituents of these sentences, we can generally form a new sentence Z-X+and+Y-W.[19]

Hier wird also ein Satz mit einer Koordination, schematisiert als „Z-X+and+Y-W", mit zwei anderen Sätzen mit den Schemata „Z+X+W" bzw. „Z+Y+W" in Verbindung gebracht. Dies tut in dieser allgemeinen Form auch die $\kappa$-Reduzierung, siehe (5), doch bei genauerem Hinsehen unterscheiden sich diese Verbindungen folgendermaßen: (i) Da ist zunächst eine unterschiedliche Richtung in der Betrachtungsweise. Die Koordinationtsregel geht von koordinationsfreien Sätzen aus und generiert hiermit eine Koordination, während die $\kappa$-Reduzierung eine Koordination analysiert, indem daraus koordinationsfreie Sätze gebildet werden. (ii) Dann werden unterschiedliche empirische Vorhersagen getroffen. Die $\kappa$-Reduzierung impliziert eben nicht, dass eine Koordinaton, die zwei grammatische $\kappa$-Redukte erhält, selber wohlgeformt ist. Die empirischen Vorhersagen sind also wesentlich schwächer. Freilich wird angenommen, dass die $\kappa$-Reduzierbarkeit eine der Wohlgeformtheitsbedingungen der Koordination (von Satzgliedern) darstellt. (iii) Schließlich werden die Konjunkte durch die Koordinationsregel so beschränkt, dass sie nur einzelne Konstituenten enthalten.[20] Die $\kappa$-Reduzierung macht dagegen keinerlei derartigen Einschränkungen hinsichtlich der Anzahl und Art der Konjunktkonstituenten.

Einen flexibleren Ähnlichkeitsbegriff entwickelt Hudson (1988) im Rahmen der Dependenzgrammatik. Seinem DICS-Prinzip („Dependency in Coordinate Structures") entsprechend müssen die Konjunkte jeweils dieselbe Anzahl an Dependenzbeziehungen mit denselben Wörtern außerhalb der Koordination eingehen.[21] Flexibler ist dieses dependenzbasierte Vorgehen deswegen, weil ein Konjunkt aus mehreren distinkten Dependenzgraphen bestehen kann. Dadurch ist es

---

[19] Der Unterschied zu der ausführlicheren, etwas strikteren Formulierung der Koordintionsregel (Chomsky 1957: (26)) ist für uns unwesentlich. Deshalb zitiere ich hier die einfachere Formulierung.

[20] Die striktere Formulierung der Koordinationsregel in Chomsky (1957: (26)) lässt darüberhinaus nur einen gemeinsamen Konstituententyp („type") zu.

[21] Hudson (1988: 323) bringt es folgendermaßen auf den Punkt: „any dependency relation which crosses a conjunct boundary must be shared by all the conjuncts". Diese Art der Übereinstimmung von extrovertierten syntaktischen Relationen ist auch Ansatzpunkt des Sharing-Konzepts bei Johnson (2004: 35).

beispielsweise möglich, die Koordination in (29) zu erfassen, dessen Konjunkte je in drei Dependenzrelationen mit dem finiten Verb *gave* stehen:

(29)   He gave [$\kappa_1$ Mary a record for her birthday] and [$\kappa_2$ Sue some chocolates for Christmas].                    (Hudson 1988: (35))

Die Konjunkte können dagegen schwerlich als einzelne Konstituenten im Sinne von Chomskys Koordinationsregel gelten.[22]

Verglichen mit der $\kappa$-Reduzierbarkeit ist das DICS-Prinzip trotzdem ein (in den meisten Fällen)[23] restriktiverer Ähnlichkeitsbegriff. Der Unterschied zeigt sich bei den Koordinationen in (30), deren Konjunkte zwar nicht den Vorgaben des DICS-Prinzips entsprechen, aber als Konstituentenkoordination $\kappa$-reduzierbar sind:

(30)   a.   *[$\kappa_1$ John] and [$\kappa_2$ Harry thinks that Mary] climbed the mountain. (Pickering & Barry 1993: (47a))

      b.   He gave [$\kappa_1$ Mary a record for her birthday] and [$\kappa_2$ Sue some chocolates].

Dass die unakzeptable Koordination in (30a) nicht mit dem DICS-Prinzip vereinbar ist, da zwischen *climbed* und dem ersten Konjunkt eine Dependenzrelation, zwischen *climbed* und dem zweiten Konjunkt aber zwei Dependenzrelationen bestehen, ist ein willkommener Effekt. Das gilt sicherlich nicht für die Tatsache, dass auch die (in meinen Augen) wohlgeformte Koordination in (30b) dem DICS-Prinzip widerspricht.

Einen anderen Ähnlichkeitsbegriff, der wiederum weniger restriktiv als das DICS-Prinzip ist, schlagen Höhle (1990, 1991) mit der External Homogeneity Condition (EHC) und Kathol (1999: 305) mit der String Continuation Condition (SCC) vor. Tatsächlich sind EHC, SCC und $\kappa$-Reduzierbarkeit äquivalent, soweit es die Konstituentenkoordination betrifft. Für die Definition des EHC geht Höhle von dem Abfolgeschema in (31) aus:

(31)   $^1A \ldots {}^kA \, [(\&) \, {}^1B \ldots \& \, {}^nB] \, {}^{k+1}A \ldots {}^mA$                    (Höhle 1990: (1))

$^iB$ mit $1 \leq i \leq n$ steht hier für eines der Konjunkte einer beliebig vielgliedrigen Koordination. Die EHC lautet demnach:

---

[22] Im Rahmen generativer, konstituentenbasierter Grammatiktheorien wurde und wird deswegen meist angenommen, dass hier die Überreste einer vollständigen Konstituente sichtbar sind, die durch Bewegung (z. B. ATB-Extraktion) oder Tilgung transformiert wurde.

[23] Als weniger restriktiv erweist sich das DICS-Prinzip bei der NP-Koordination bei symmetrischen Prädikaten und bei pluralbildendem *und*, die es anders als die $\kappa$-Reduzierbarkeit ohne Umwege zulässt.

(32) **External Homogeneity Condition** (Höhle 1990: (3))
The combinatorial properties of each $^iB$ are satisfied by $^1A, \ldots, {}^mA$ in the
same way as the combinatorial properties of every $^jB$ are.

Die Ähnlichkeit der kombinatorischen Eigenschaften der Konjunkte hinsichtlich
des Kontexts der Koordination kommt dann folgendermaßen zum Ausdruck: „It
follows, then, that each single conjunct $^iB$ may be substituted for the whole constituent ‚(&) $^1B \ldots {}^nB$' salva grammaticalitate." (Höhle 1990: 222) Die Analogie
zur $\kappa$-Reduzierbarkeit ist offensichtlich, obgleich bei der $\kappa$-Reduzierbarkeit „salva
grammaticalitate" nach der Ellipsenrekonstruktion gilt. Höhle nutzt die EHC, um
die Besonderheit der asymmetrischen Koordination zu veranschaulichen, nämlich gerade die Verletzung der EHC. Wie wir bereits gesehen haben, widersetzt
sich dieser Koordinationstyp auch einer $\kappa$-Instanziierung, die sich $\kappa$-reduzieren
lässt. Denselben Zweck hat die SCC in Kathol (1999), die Kathol anhand der Koordination in (33) erläutert:

(33) In den Wald [$\kappa_1$ ging der Jäger] und [$\kappa_2$ lief der Junge]. (Kathol 1999: (1))

Die Bedingung ist hier, dass die Konjunkte den koordinationsexternen String *in
den Wald* jeweils so erweitern können, dass ein grammatischer deutscher Satz
entsteht.[24]

Um ein Diagnoseinstrument ohne Ähnlichkeitsbegriff handelt es sich schließlich bei der S-Paraphrasierbarkeit („sentence-paraphrasable") von van Oirsouw
(1987: 13f). In van Oirsouws Bestreben, jegliche Koordination aus der Koordination vollständiger Sätze abzuleiten, dient ihm dieses sehr vage bestimmte Kriterium dazu, NP-Koordinationen herauszufiltern, die nicht oder nur sehr schwer
auf koordinierte Sätze zurückgeführt, also S-paraphrasiert, werden können. Die
Rede ist von NP-Koordination bei symmetrischen Verben. Als S-paraphrasierbar
gelten Koordinationen, die durch die Vereinbarkeit mit bestimmten Triggern wie
*in that order* ihre Asymmetriefähigkeit unter Beweis stellen.[25] Die folgenden Beispiele aus van Oirsouw (1987: 13f) demonstrieren eine S-paraphrasierbare Koordination in (34a) und eine nicht-S-paraphrasierbare Koordination in (34b):

(34) a. John arrived and Mary left, in that order.
 b. *John and Mary are alike, in that order.

---

[24] Im Original: „both conjuncts can be used to extend the initial string *in den Wald* to yield the
well-formed German sentences *In den Wald ging der Jäger* und *In den Wald lief der Junge.*"
(Kathol 1999: 305)

[25] Daher wäre wohl die Unterscheidung zwischen asymmetriefähigen und asymmetrieunfähigen
Koordinationen terminologisch näher an der Sache.

Die Partitionierung der Koordinationsdaten in S-paraphrasierbare und nicht-S-paraphrasierbare stimmt nicht mit der entsprechenden Partitionierung durch die $\kappa$-Reduzierbarkeit überein. Als nicht-$\kappa$-reduzierbar gelten sowohl die nicht-S-paraphrasierbare Koordination in (34b) als auch die S-paraphrasierbare Koordination in (35):

(35)    John and Mary have arrived, in that order.

Wie oben (S. 95–97) bereits dargestellt ist die $\kappa$-Reduzierbarkeit bei der Koordination singularischer Nominalphrasen nur eingeschränkt einsetzbar.

### 4.3.8 Taxonomie der Satzkoordination

Eine Taxonomie der Koordinationsdaten lässt sich auf Basis der $\kappa$-Instanziierung als Satzkoordination und der dortigen Ellipsendistribution erstellen. Hiermit werden die vier Koordinationstypen in Tabelle 4.1 unterscheidbar, die ich mit der Klein'schen Terminologie der Vorwärts- und Rückwärtsellipse (Klein 1993: 770) versehen habe: Koordinationen mit zwei vollständigen (d. h. ellipsenfreien) Konjunkten, Koordinationen mit einem vollständigen ersten Konjunkt und einem unvollständigen zweiten Konjunkt (Vorwärtsellipse), Koordinationen mit einem unvollständigen ersten Konjunkt und einem vollständigen zweiten Konjunkt (Rückwärtsellipse), und schließlich Koordinationen mit einem unvollständigen ersten Konjunkt und einem unvollständigen zweiten Konjunkt (Vorwärts-Rückwärtsellipse). Die Nützlichkeit dieser Taxonomie wird darin deutlich, dass sie zwei elliptische Koordinationsformen trennt, deren Unterschiedlichkeit bereits vielfach in der Literatur thematisiert wurden (siehe z. B. Ross 1970; Hudson 1976; Höhle 1983a; Klein 1993; Hartmann 2000): Gapping und Right-Node-Raising. Im Folgenden werde ich deren Gesetzmäßigkeiten mit Blick auf die Valenzrahmenrealisierung weiter herausarbeiten.

Die Taxonomie in Tabelle 4.1 enthält nicht alle Formen der Ellipse, die mit Koordination in Verbindung gebracht werden können. Es fehlen zumindest VP-Ellipse (VPE) und Sluicing. Die VPE bezeichnet eine im Englischen häufig anzutreffende Konstruktion (siehe z. B. Hardt 1993; Johnson 2001), in der die durch ein Hilfs- oder Modalverb regierte Infinitiv-Verbalphrase fehlt. Beispiele dafür sind (36a) und (36b):

(36)    a.    Dan likes golf, and George does ~~like golf~~ too.
             (Dalrymple et al. 1991: (1))
        b.    Ben can solve the problem, but I know that Peter can't ~~solve the problem~~.                    (Winkler 2005: (32a), 134)

Tabelle 4.1: Taxonomie der Satzkoordination

|  |  | 2. Konjunkt | |
|  |  | **vollständig** | **unvollständig** |
|---|---|---|---|
| **1. Konjunkt** | **vollst.** |  | Vorwärtsellipse<br>Gapping<br>Vorfeldellipse<br>Subjektlücke |
|  | **unvollst.** | Rückwärtsellipse<br>Right-Node-Raising | Vorwärts-Rückwärtsellipse<br>Right-Node-Raising |

Im Deutschen scheint die VPE dagegen sehr viel eingeschränkter möglich (Lobeck 1995: 158ff; Winkler 2005: Kapitel 3).[26] Die deutsche Überstzung von (36b) sei beispielsweise nur mit Proform möglich:

(37)    Ben kann die Aufgabe lösen, aber ich weiß, dass Peter *(es) nicht kann. (Winkler 2005: (33a), 134)

Sprachtypologisch universeller ist das Sluicing (siehe z. B. Ross 1969; Merchant 2001). Hierbei soll, wie in (38) exemplifiziert, eine *Wh*-Konstituente das Überbleibsel eines eingebetteten Interrogativsatzes bilden:

(38)    Peter sah jemanden, aber ich weiß nicht, wen ~~er sah~~.

Diese VPE- und Sluicing-Instanzen können zwar als Vorwärtsellipsen klassifiziert werden, sie unterscheiden sich aber im Aufbau und im Verhältnis zum Antezedens erheblich von Gapping und Vorfeldellipse. Die Herausarbeitung ihrer Spezifika würde den Rahmen dieser Arbeit sprengen. Gleichwohl werden VPE und Sluicing bei der Untersuchung von Modellierungstechniken in Kapitel 8 da in Erscheinung treten, wo die referierte Literatur sich ihrer annimmt.

---

[26] Aufschlussreich könnte zudem die Studie von Aelbrecht (2010: Kapitel 2) zu Modalkomplementellipsen („Modal Complement Ellipsis") im Niederländischen sein, die mir in großen Teilen auf das Deutsche übertragbar zu sein scheint. Aelbrecht versucht zu zeigen, dass Modalkomplementellipsen andere Extraktionseigenschaften haben als VPE im Englischen.

## 4.4 Gapping

Gapping ist eine Form der Vorwärtsellipse, bei der die Ellipse im zweiten Konjunkt das finite Verb einschließt. Ich verwende hier eine weite Auslegung des Gappingbegriffs, der auf sämtliche Vorwärtsellipsen in (39) anzuwenden ist und in dieser Hinsicht mit dem in Hartmann (2000: 144) übereinstimmt. In der Literatur (z. B. bei Ross 1970; Jackendoff 1971) findet sich auch ein enger Gappingbegriff, der nur solche Vortwärtsellipsen abdeckt, die wie (39a) über eine kontinuierliche, satzmediale, das finite Verb einschließende Ellipse verfügen. Der weite Gappingbegriff umfasst dagegen auch Ellipsen mit einem einzelnen Überbleibsel wie in (39b) und (39c), die gemeinhin als „bare argument ellipsis" (BAE) oder „stripping" vom Gapping (im engeren Sinne) unterschieden werden:[27]

(39)    a.    [$\kappa_1$ Der Jäger sah einen Hasen] und [$\kappa_2$ der Tourist ~~sah~~ drei Waschbären].

           b.    [$\kappa_1$ Der Jäger sah einen Hasen] und [$\kappa_2$ ~~der Jäger sah~~ drei Waschbären].

           c.    [$\kappa_1$ Der Jäger sah einen Hasen] und [$\kappa_2$ der Tourist ~~sah einen Hasen~~].

           d.    dass [$\kappa_1$ der Jäger einen Hasen sah] und [$\kappa_2$ der Tourist drei Waschbären ~~sah~~]

Halten wir diesen kleinsten gemeinsamen Nenner der beiden Gappingbegriffe in der Regel G1 fest:

    **G1:** Die Ellipse in Satz *S* schließt das finite Verb von *S* ein.

Der weite Gappingbegriff erfasst jedoch nicht alle grammatischen Formen der Vorwärtsellipse im Deutschen. Unter gewissen strukturellen Voraussetzungen ist es nämlich möglich, ein Satzglied des zweiten Konjunkts zu tilgen, ohne dabei das finite Verb in die Ellipse miteinzubeziehen. Solche Ellipsen lassen beispielsweise die Koordinationsdaten in (40) zu, deren Gemeinsamkeit in der VE-Konfiguration des zweiten Konjunkts liegt (vgl. Wilder 1994, 1997). Man beachte, dass hier nicht nur Koordinationen wie (40a) betroffen sind, die auch als Konstituentenkoordination $\kappa$-instanziiert werden können, sondern dass mit (40b) und (40c) Beispiele angegeben sind, die ausschließlich eine $\kappa$-Instanziierung als Satzkoordination erlauben:[28]

---

[27] Culicover & Jackendoff (2005: 275f) halten ebenfalls eine Bündelung von BAE und Gapping (im engeren Sinne) für angebracht, aber sie betrachten dabei das Gapping als Spezialfall der BAE, nämlich als „double BAE".

[28] Bei der $\kappa$-Instanziierung von *dass*-Nebensätzen steht der Komplementierer außerhalb der Koordination. Unter den Prämissen dieser Arbeit, insbesondere die Akzentuierung der valenzbezogenen Ellipse, erscheint mir dieser Schritt als folgerichtig.

(40)  a.  dass [$\kappa_1$ der Jäger den Hasen sah] und [$\kappa_1$ ~~der Jäger~~ ihn erschoss].

    b.  dass [$\kappa_1$ der Jäger den Hasen sah] und [$\kappa_1$ der Tourist ~~ihn~~ erschoss].

    c.  dass [$\kappa_1$ den Hasen der Jäger sah] und [$\kappa_2$ ihn ~~der Jäger~~ erschoss].

Doch nicht nur VE-Konfigurationen sind dafür empfänglich. Auch bestimmte V1-
und V2-Konfigurationen können im Rahmen der Vorwärtsellipse quasi am finiten Verb vorbeitilgen. Hier sind die Vorgaben allerdings spezifischer: (i) maximal
ein Satzglied kann getilgt werden; (ii) das Vorfeld ist nicht besetzt, bzw. es besteht
eine V1-Konfiguration. Ich nenne diese Form der Ellipse daher VORFELDELLIPSE.[29]
In der Literatur bekannt geworden ist aber ein Spezialfall der Vorfeldellipse, die
sogenannte SUBJEKTLÜCKE.[30] Dafür zwei Beispiele in (41):

(41)  a.  [$\kappa_1$ Der Jäger sah einen Hasen] und [$\kappa_2$ ~~der Jäger~~ erschoss ihn].

    b.  [$\kappa_1$ Einen Hasen sah der Jäger] und [$\kappa_2$ ~~der Jäger~~ erschoss ihn]

Die Subjektlücke in (41b) ist hier besonders auffällig, da sie, im Unterschied zu
(41a), nicht als Konstituentenkoordination $\kappa$-instanziiert werden kann. Interessanterweise stoßen entsprechende Vorfeldellipsen mit Objektlücke auf sehr wenig Akzeptanz. Zu diesen Ausnahmen gehört Fortmann (2005), der die als akzeptabel eingestufte Objektlücke in (42) als Beispiel anführt:[31]

(42)  [Den Mitgliedern der Forstverwaltung widerfahren immer wieder neue
      Abenteuer.]
      So entkam dem Förster jüngst in der Schonung ein Hase und begegnete
      ein Fuchs.                                                 (Fortmann 2005: (44))

Man beachte, dass die Objektlücke unproblematisch ist, falls eine $\kappa$-Instanziie-
rung als Konstituentenkoordination zugrunde gelegt werden kann, z. B. in (43):

(43)  Den Ochsen füttert Karl und tränkt Heinz.           (Höhle 1983a: (29a))

---

[29] Freie Vorfeldellipsen, die auch „Null-Topik" (Fries 1988) oder Topic Drop genannt werden, werden unten in Abschnitt 4.6 behandelt.

[30] Der Terminus geht auf Höhle (1983a) zurück. Anders als in der vorliegenden Arbeit wird
dort nur dem Koordinationstyp in (41b) eine „Subjektlücke" zugesprochen. Ausschlaggebend
dafür ist das Fehlen einer „phrasale Koordination", d. h. im Grunde die Unverfügbarkeit einer $\kappa$-Instanziierung als Konstituentenkoordination. Desweiteren geht Höhle von einer V1-
Konfiguration im zweiten Konjunkt aus, das die Subjektlücke im Mittelfeld verortet. In der Fülle der nachfolgenden Forschungsliteratur wird dieser Koordinationstyp oft als Spezialfall der
asymmetrischen Koordination abgehandelt. Siehe auch die Hinweise oben in Abschnitt 4.3.2.

[31] Wolfgang Sternefeld äußert jedoch ernsthafte Zweifel an der Grammatikalität der Fortmann-
Daten (siehe sein Vortrag an der Universität Leipzip am 20.07.2007, http://www.s395910558.
online.de/Downloads/Leipzig2007.pdf). Dem schließt sich Reich (2009: 48ff) an.

Ich möchte es bei diesen Ausführungen zu anderen Vorwärtsellipsen bewenden lassen. Im Folgenden werden aus dieser Koordinationsklasse nur die Gappingfälle eine weitergehende Betrachtung erfahren.

Abgesehen von G1 unterliegt das Gapping weiteren internen Bedingungen, die von den externen, antezedensbezogenen Bedingungen zu unterscheiden sind (siehe S. 110).[32] Die INTERNEN BEDINGUNGEN bestimmen die Bestandteile des zweiten Konjunkts, die getilgt werden dürfen bzw. übrig bleiben können. Letztere werden auch als Überbleibsel („remnants") bezeichnet. Es gilt dabei, Daten wie in (44) auszuschließen:

(44)  a.  *Karl versteckt sich hinter einer Mülltonne und Peter ~~versteckt sich hinter~~ einem Auto.                                        (Hartmann 2000: 148)

  b.  #[$\kappa_1$ Der Jäger sah drei Hasen] und [$\kappa_2$ der Tourist ~~sah drei~~ Waschbären].

Die PP *hinter einem Auto* wird in (44a) nur teilweise getilgt, ebenso in (44b) die Nominalphrase *drei Waschbären*. Problematisch daran ist, dass solche Tilgungen nicht rekonstruiert werden, obwohl jeweils im ersten Konjunkt ein passendes Antezedens zur Verfügung steht. In (44a) geht der Bezug zwischen der Präposition *hinter* und dem Überbleibsel *einem Auto* vollständig verloren, so dass das Überbleibsel als einfaches Dativ-Objekt erscheint. Da jedoch *verstecken* mit einem Dativ-Objekt inkompatibel ist, erscheint infolgedessen Satz (44a) als ungrammatisch. Weniger schwer wiegt in dieser Hinsicht die fehlende Rekonstruktion des Numerals *drei* in (44a). Das Überbleibsel *Wäschbären* gibt auch ohne das Numeral ein akzeptables Akkusativobjekt des Verbs *sah* ab. Eine mögliche Generalisierung der Eindrücke aus (44) könnte also lauten:

G2: Die Ellipse in Satz *S* schließt nur vollständige Satzglieder von *S* ein.[33]

---

[32] Diese Einteilung findet man auch bei Wilder (1997: (40)), der zwischen „conditions on ellipsis independent of the antecedent" und „conditions on the antecedent-ellipsis relation" unterscheidet. Unter ersteren, die den internen Bedingungen entsprechen, befindet sich auch die „Head Condition on FWD" (Wilder 1997: (54)): „An ellipsis site may not be c-commanded by an overt (non-deleted) head in its domain (=conjunct)." Damit erfasst Wilder nicht nur Fälle von Gapping, sondern auch andere Fälle der Vorwärtsellipse. Ich formuliere hier bewußt theorieneutralere Generalisierungen ohne Kopfbegriff und c-Kommando.

[33] Im Rahmen der generativen Grammatik wird oft angenommen, dass die Überbleibsel sogenannte Hauptkonstituenten („major constituents") des Satzes bilden müssen. Im Anschluss an Hankamer (1973: Fußnote 2) hat der Begriff der Hauptkonstituente diverse Konkretisierungen und Anpassungen erfahren z. B. bei Neijt-Kappen (1979: 110ff), Chao (1987: 12ff), Wilder (1997: Fußnote 10), Hartmann (2000: 145ff). Im Grunde handelt es sich bei einer Hauptkonstituente um eine Implementierung des Satzgliedbegriffs, d. h. um eine regelhafte Identifizierung derjeni-

Dies trifft tatsächlich in vielen Fällen zu und erfasst beispielsweise auch das Gappingverhalten bei kohärenten Konstruktionen wie in (45):

(45)   [$\kappa_1$ Peter hat das Fahrrad zu reparieren versprochen] und [$\kappa_2$ Susi ~~hat~~ das Auto ~~zu reparieren versprochen~~].

Eine alternative Generalisierung mit Bezug auf einen einzelnen Valenzrahmen, etwa den des maximal übergeordneten Verbs, würde hier nicht ausreichen: Das Überbleibsel *das Auto* ist nur ein Teil der Ergänzung des infiniten Verbs *versprochen*. Man beachte außerdem, dass der Verbalkomplex partiell tilgbar zu sein scheint:

(46)   [$\kappa_1$ Peter hat das Fahrrad zu reparieren versprochen]

    a.   und [$\kappa_2$ Susi ~~hat das Fahrrad zu reparieren~~ versucht].

    b.   ?und [$\kappa_2$ Susi ~~hat das Fahrrad~~ zu benutzen ~~versprochen~~].

    c.   ??und [$\kappa_2$ Susi ~~hat~~ das Auto ~~zu reparieren~~ versucht].

Dies zeigt, dass auch die Verbalkomplexglieder zumindest in manchen Fällen als Satzglieder klassifiziert werden sollten, was sie meiner Satzglied-Definition in (4) entsprechend auch werden.

Aber auch die vorgeschlagene Bezugnahme auf Satzglieder in G2 kann nicht alle Gappingfälle erfassen. Damit sind aber nicht die „Quasi-Pronominalisierung" (Kunze 1972) in (47a) gemeint, welche so $\kappa$-instanziiert werden könnte, dass die Nominalphrase *andere Bücher* partiell getilgt zu sein scheint. Die Annahme der partiellen Tilgung von Nominalphrasen (auch bekannt als NP-Ellipse) ist nicht zwingend notwendig und zudem nicht immer plausibel (vgl. Klein 1993: 781f), siehe (47b):

(47)   a.   [$\kappa_1$ Einige Bücher stehen hier] und [$\kappa_2$ andere ~~Bücher stehen~~ dort].
        (Hesse & Küstner 1985: (3-160))

    b.   Mein Buch steht hier und *dein/deines dort.
        (Hesse & Küstner 1985: (3-161))

Ungleich problematischer ist, dass die partielle Tilgung von PPs in manchen Fällen möglich zu sein scheint. In (48) sollen beispielsweise nur noch die Präpositionen der PPs zu sehen sein. Während man in (48a) noch argumentieren kann, dass

---

gen Teilstrukturen der generativen Phrasenstruktur, die mögliche Überbleibsel repräsentieren können. Ich möchte an dieser Stelle nicht näher darauf eingehen und verweise auf Kapitel 8, wo technischen Details mehr Platz eingeräumt werden soll. In diesem Kapitel gilt weiterhin der Satzgliedbegriff aus (4) auf S. 87.

*ohne* keine Präposition ist, sondern den Status einer adverbialen Bestimmung hat, ist das in (48b) und (48c) unplausibel:[34]

(48)  a.  Peter hat das Auto mit Werkzeug repariert und Susi ~~hat das Auto~~ ohne ~~Werkzeug repariert~~.

  b.  Karl versteckt sich hinter einer Mülltonne und Peter ~~versteckt sich~~ in ~~einer Mülltonne~~.

  c.  Peter sagt, die Rohre gehören über den Putz, und Martin sagt, ~~die Rohre gehören~~ unter ~~den Putz~~.   (Hartmann 2000: 149, Fußnote 6)

Um solche partiellen PP-Ellipsen zu erfassen, müsste und könnte G2 angepasst werden. Darauf möchte ich hier aber verzichten, da dies eine Verkomplizierung bedeuten würde, die in Kauf zu nehmen wäre, ohne dieses Phänomen genauer verstanden zu haben. Abgesehen von Hinweisen findet sich nämlich in der Literatur meines Wissens keine umfangreichere Untersuchung zu diesem Thema.

Ähnlich problematisch für G2 ist ein Phänomen, das Little (2010) als SATZÜBERGREIFENDES GAPPING („cross-clausal gapping") bezeichnet und mit den Daten in (49) veranschaulicht:

(49)  a.  [$\kappa_1$ John hopes the Bills win], and [$\kappa_2$ Fred ~~hopes~~ the Colts ~~win~~]. (Little 2010: (20a))

  b.  [$\kappa_1$ Robin knows a lot of reasons why dogs are good pets], and [$\kappa_2$ Leslie ~~knows a lot of reasons why~~ cats ~~are good pets~~]. (Culicover & Jackendoff 2005: 273)

Die Überbleibsel *the Colts* und *cats* sind keine Satzglieder des Konjunktsatzes, sondern Satzglieder eines darin eingebetteten Gliedsatzes. Dieses Gappingpotential kann auch im Deutschen beobachtet werden:

(50)  a.  [$\kappa_1$ Peter versprach, das Fahrrad zu reparieren] und [$\kappa_2$ Susi ~~versprach~~ das Auto ~~zu reparieren~~].

  b.  [$\kappa_1$ Peter versprach, dass das Fahrrad repariert wird] und [$\kappa_2$ Susi ~~versprach, dass~~ das Auto ~~repariert wird~~].

  c.  [$\kappa_1$ Peter freut sich, wenn das Fahrrad repariert wird], und [$\kappa_2$ Susi ~~freut sich, wenn~~ das Auto ~~repariert wird~~].

---

[34] Den spiegelbildlichen Fall, bei dem die Nominalphrase realisiert ist und die Präposition fehlt, kann ich für das Deutsche nicht bestätigen. Für das Englische kursieren in der Literatur dagegen die Daten in (i):

  (i)  a.  [$\kappa_1$ Fred has been working on semantics] and [$\kappa_2$ Bill ~~has been working on~~ syntax]. (Hudson 1989: (6))

  b.  [$\kappa_1$ Many men like golf] and [$\kappa_2$ ~~many~~ women like gardening]. (Hudson 1988: (59-a))

In den Beispielen in (50) ist jeweils *das Auto* Satzglied eines eingebetteten Glied-satzes, nämlich eines inkohärenten Verbalfelds in (50a), eines *dass*-Satzes in (50b), oder eines Konditionalsatzes in (50c). Diese Beobachtungen (bzw. Grammatika-litätsurteile) scheinen in einem Widerspruch zu den Einschätzungen zu stehen, die z. B. bei Neijt-Kappen (1979) geäußert werden:

(51)  a.  *John discussed the question of which roses are to be planted and Peter ~~discussed the question~~ (of) which appletrees ~~are to be planted~~.
      b.  *John asked what to write to Mary and Peter ~~asked what to write~~ to Sue.
(Neijt-Kappen 1979: 153)

Neijt sieht in der Ungrammatikalität der Daten in (51) einen Beleg dafür, dass Be-wegungsinseln (z. B. *wh*-Sätze und komplexe NPs) auch beim Gapping eine Rolle spielen, indem diese nur vollständig getilgt werden können. Doch das ist insbe-sondere mit (49b) überhaupt nicht vereinbar. Das satzübergreifende Gapping im Englischen ist also einigermaßen umstritten:[35] Da ich aber an den deutschen Ex-emplaren in (50) nichts Schlechtes finden kann, schlage ich eine Anpassung von G2 vor, welche satzübergreifendes Gapping zulässt:

G2[+]: Die Ellipse in Satz $S$ schließt nur vollständige Satzglieder von $S$ ein, außer es handelt sich um Teilsätze.

Die partielle Ellidierung satzförmiger Satzglieder schließt z. B. die partielle Elli-dierung von Relativsätzen aus, wenn sie als Bestandteil einer komplexen NP be-trachtet werden können. Bestätigt wird das durch die Unakzeptabilität der Sätze in (52):

(52)  a.  ??Claudia, die einen Schäferhund hat, soll mitkommen und Annika, ~~die~~ einen Beagle ~~hat, soll mitkommen~~.
      b.  ??Jeder, der einen Schäferhund hat, soll mitkommen und jeder, ~~der~~ ei-nen Beagle ~~hat, soll mitkommen~~.

---

[35] Die Uneinheitlichkeit der Grammatikalitätsurteile setzt sich beim Gapping mit nur einem Über-bleibsel, auch „bare argument ellipsis" oder „stripping" genannt, fort. Merchant (2004: 688f) findet Adjazenzellipsen, in denen das Überbleibsel aus Bewegungsinseln stammt, ungramma-tisch, während Culicover & Jackendoff (2005: 244f) solche Fälle bei bestimmter Akzentuierung des Antezedens akzeptieren. Streitpunkt ist etwa das Datum in (i):

(i)  a.  Does Abby speak the same Balkan language that Ben speaks?
     b.  (*) No, Charly.
     c.  No, she speaks the same Balkan language that Charly speaks.
(Merchant 2004: (87); Culicover & Jackendoff 2005: 245)

Die deutschen Entsprechungen sind in meinen Augen akzeptabel.

    c. ??Jeder soll mitkommen, der einen Schäferhund hat, und jeder ~~soll mitkommen, der~~ einen Beagle ~~hat~~.

Hier zeigt sich auch, dass es keine Rolle spielt, ob der Relativsatz restriktiv oder nicht-restriktiv ist, oder ob er extraponiert wurde wie in (52c).

Abschließend soll eine Beobachtung im Zusammenhang mit *dass*-Komplementierern in die Form einer Gappingregel gebracht werden:

**G3**: Die Ellipse in Satz $S$ schließt den *dass*-Komplementierer in $S$ ein.

Die Gappingregel G3 erklärt die Unakzeptabilität der Daten in (53), für die jeweils der overte *dass*-Komplementierer im zweiten Konjunkt verantwortlich zu machen ist:

(53)    a.    *[$\kappa_1$ dass der Jäger einen Hasen sah] und [$\kappa_2$ dass der Tourist drei Waschbären ~~sah~~]

        b.    *[$\kappa_1$ Peter versprach, dass das Fahrrad repariert wird] und [$\kappa_2$ Susi ~~versprach~~, dass das Auto ~~repariert wird~~].

Ich beschränke mich hier ausdrücklich auf *dass*-Komplementierer und bleibe bis auf Weiteres agnostisch in Bezug auf andere Exemplare der Komplementiererklasse.

Die EXTERNEN BEDINGUNGEN für das Gapping bestimmen die Parallelität von Ellipse und Antezedens, also diejenigen morphosyntaktischen Aspekte, in denen Ellipse und Antezedens divergieren können oder identisch sein müssen.[36] Verben können in folgender Hinsicht divergieren: Numerus (in (54a)), Person (in (54b)), Genus Verbi (in (54c)) und Valenzrahmen (in (54d)):

(54)    a.    [$\kappa_1$ Gestern sah der Jäger einen Hasen] und [$\kappa_2$ die Touristen ~~sahen~~ drei Waschbären].

        b.    [$\kappa_1$ Gestern sah der Jäger einen Hasen] und [$\kappa_2$ du ~~sahst~~ drei Waschbären].

---

[36] Auf der anderen Seite legt eine interessante Beobachtung bei van Oirsouw (1987) nahe, dass sich Überbleibsel und Antezedens in bestimmten Aspekten unterscheiden müssen:

(i)   *John schlägt den Hund und John die Katze.         (van Oirsouw 1987: 151)

Ausschlaggebend für die Unakzeptabilität von (i) ist offensichtlich, dass das Überbleibsel *John* über ein koreferentielles Antezedens im ersten Konjunkt verfügt und beide dieselbe semantische Rolle innehaben. Divergiert die semantische Rolle dagegen, dann stellt Koreferenz kein Problem mehr dar:

(ii)   John schlägt den Esel und der Esel daraufhin John.

    c.    [$\kappa_1$ Das Fahrrad wird repariert] und [$\kappa_2$ Peter ~~wird~~ dafür bezahlen].

    d.    [$\kappa_1$ Philipp dehnte sich zweimal von Kopf bis Fuß], und [$\kappa_2$ Timm ~~dehnte sich~~ noch nicht mal den kleinen Zeh].

Dagegen scheint das Tempusmerkmal immer identisch rekonstruiert zu werden, d. h. in (55) kann das Präteritum des Antezedens-Verbs nicht in der Ellipse als Präsens rekonstruiert werden:

(55)    #[$\kappa_1$ Letztes Semester nahm Peter an einem Tanzkurs teil] und [$\kappa_2$ dieses Semester ~~nimmt Peter~~ vielleicht auch ~~an einem Tanzkurs teil~~].

Bei den Nominalphrasen können Divergenzen im Kasus beobachtet werden, sofern wie in (56a) und (56b) ein entsprechender Kasus-Synkretismus vorliegt. Es hat also den Anschein, dass Nominalphrasen, anders als Verben, phonetisch identisch rekonstruiert werden. Satz (56c) ist also deswegen inakzeptabel, weil die Antezendens-NP ebenso wie die Ellipse-NP eindeutig die Kasusmorphologie des Dativs trägt, während *erfreut* ein Akkusativobjekt benötigt:

(56)    a.    Käse mag ich nicht und ist auch nicht gut für mich.
               (van Oirsouw 1993: (36))

            b.    [$\kappa_1$ Die Spielsachen haben Johannes gefallen] und [$\kappa_2$ ~~die Spielsachen haben Johannes~~ später auch erfreut].[37]

            c.    *[$\kappa_1$ Die Spielsachen haben dem Kind gefallen] und [$\kappa_2$ ~~die Spielsachen haben dem Kind~~ später auch erfreut].

Auch eine Linearisierungsdiskrepanz zwischen Ellipse und Antezedens ist möglich, anders als Ross (1970) behauptet. van Oirsouw (1987) beweist das mit folgendem Datum:

(57)    Den Großen nehme ich, und du ~~nimmst~~ den Kleinen.
          (van Oirsouw 1987: 262)

---

[37] Das Beispiel ist eine Abwandlung von (3-165) aus Hesse & Küstner (1985).

## 4.5 Right-Node-Raising

Die zweite prominente Koordinationsellipse der Taxonomie in Tabelle 4.1 ist das sogenannte Right-Node-Raising (RNR).[38] Die wesentliche Eigenschaft des RNR ist die Unvollständigkeit des ersten Konjunkts bei einer $\kappa$-Instanziierung als Satzkoordination. Die Vollständigkeit oder Unvollständigkeit des zweiten Konjunkts ist dabei zunächst unerheblich.[39] Zwei Beispiele für RNR sind in (58) mit vollständigem zweiten Konjunkt und in (59) mit unvollständigem zweiten Konjunkt angegeben:

(58)   Der Tourist darf und der Jäger muss die Wildschweine erschießen.

    a.   $[_{\kappa_1}$ Der Tourist darf] und $[_{\kappa_2}$ der Jäger muss] die Wildschweine erschießen.

    b.   $[_{\kappa_1}$ Der Tourist darf ~~die Wildschweine erschießen~~] und $[_{\kappa_2}$ der Jäger muss die Wildschweine erschießen].

(59)   Der Jäger hat heute einen Hasen und gestern drei Waschbären gesehen.

    a.   Der Jäger hat $[_{\kappa_1}$ heute einen Hasen] und $[_{\kappa_2}$ gestern drei Waschbären] gesehen.

    b.   $[_{\kappa_1}$ Der Jäger hat heute einen Hasen ~~gesehen~~] und $[_{\kappa_2}$ ~~der Jäger hat~~ gestern drei Waschbären gesehen].

Beide Beispiele sind sowohl als Satzkoordination als auch als Konstituentenkoordination $\kappa$-instanziierbar. Dies muss jedoch nicht so sein, wie das Beispiel in (60) beweist. Hier steht nur eine $\kappa$-Instanziierung als Satzkoordination zur Verfügung:

(60)   Der Jäger hat einen Hasen und der Tourist drei Waschbären gesehen.

    a.   $[_{\kappa_1}$ Der Jäger hat einen Hasen] und $[_{\kappa_2}$ der Tourist drei Waschbären] gesehen.

       $\rightsquigarrow$ *Der Tourist drei Waschbären gesehen.

    b.   $[_{\kappa_1}$ Der Jäger hat einen Hasen ~~gesehen~~] und $[_{\kappa_2}$ der Tourist ~~hat~~ drei Waschbären gesehen].

---

[38] Die erste Beschreibung des Phänomens im Rahmen der generativen Grammatik findet man bei Ross (1967: 174ff), obgleich zuvor schon Noam Chomsky darüber gestolpert war und es als ungrammatisch abtat (Chomsky 1957: 35, Fußnote 2). Der Terminus selber stammt aus Postal (1974) und reflektiert die dort (und bei Ross) vorgeschlagene Bewegungsanalyse.

[39] Diese Bestimmung von RNR verhält sich meiner Einschätzung nach äquivalent zur Bestimmung bei Hartmann (2000), wo es heißt: „Characteristically, some element is shared by all the conjuncts. This element appears at the right periphery of the last conjunct and is phonologically empty in the same position (i.e. the right edge) of the preceding conjuncts." (S. 53)

Da aber beide Konjunkte in (60) unvollständig sind, könnte man vermuten, dass zumindest RNR-Fälle mit einem vollständigen zweiten Konjunkt immer als Konstituentenkoordination $\kappa$-instanziierbar sind. Ich sehe nichts, was gegen diese Vermutung spricht.[40]

Der Ellipse des ersten Konjunkts einer RNR-Koordination kann man außerdem folgende Eigenschaften zusprechen:

**RNR1** Die Ellipse befindet sich an der rechten Peripherie des ersten Konjunkts.

**RNR2** Die Ellipse hat einen beliebigen Umfang und ignoriert Konstituentengrenzen.

**RNR3** Das Antezedens der Ellipse ist ein kontinuierlicher Bereich an der rechten Peripherie des zweiten Konjunkts.

RNR1 drückt sich in der Unakzeptabilität der RNR-Konstruktion in (61) mit einer medialen Weglassung des finiten Verbs *hat* aus:[41]

---

[40] Folgendes RNR-Datum aus Cann et al. (2005: (23a)) könnte aus der Reihe tanzen:

(i)    John read, but he hasn't understood any of my books.

    a.   [$\kappa_1$ John read], but [$\kappa_2$ he hasn't understood] any of my books.
        $\leadsto$ *John read any of my books.
    b.   [$\kappa_1$ John read ~~some of my books~~], but [$\kappa_2$ he hasn't understood any of my books].
        $\leadsto$ John read some of my books.

Die $\kappa$-Instantiierung als Konstituentenkoordination scheitert an der fehlenden Lizenzierung des NPIs *any of my books* durch das erste Konjunkt. Andererseits muss bei der Satzkoordination eine neuartige Diskrepanz zwischen Ellipse und Antezedens stipuliert werden, damit die $\kappa$-Instanziierung funktioniert: Ellipse und Antezendent unterscheiden sich in der Polarität, so dass die Ellipse im ersten Konjunkt das PPI *some of my books* enthält. Ha (2008: 81f) sieht dieses Vorgehen durch vergleichbare VPE-Daten gestützt und verweist außerdem auf Klima (1964), der für ein morphologisches Verständnis der Polarität eintritt. Damit rückte die Polaritätsdiskprepanz in die Nähe der Numerusdiskrepanz, die in (8) zu sehen ist. Übrigens nutzen diese Flexibilität der Satzkoordination auch Cann et al. (2005), um (i) im Rahmen ihres dynamischen Ansatzes zu modellieren, wenngleich dort Ellipse und Antezedens nur semantisch verlinkt werden.

[41] Ein vermeintliches Gegenbeispiel ist die Antwort in (i):

(i)    Wer hat was gesehen?
    Der Jäger ~~hat~~ einen Hasen ~~gesehen~~ und der Tourist ~~hat~~ drei Waschbären ~~gesehen~~.

Bei den Ellipsen im ersten Konjunkt handelt es sich aber nicht um Koordinationsellipsen, sondern um Adjazenzellipsen (siehe Abschnitt 4.6), denn das Antezedens befindet sich nicht im zweiten Konjunkt, sondern in der vorangehenden Frage.

(61)   *[$\kappa_1$ Der Jäger ~~hat~~ einen Hasen ~~gesehen~~] und [$\kappa_2$ der Tourist hat drei Waschbären gesehen].

Interessanterweise gilt diese Einschränkung nicht für das zweite Konjunkt, wie man in (60) sehen konnte.[42] Die zweite Eigenschaft, RNR2, erlaubt es, einen beliebigen Bereich an der rechten Peripherie des ersten Konjunkts zu tilgen, ohne auf Konstituentengrenzen Rücksicht zu nehmen. Das führt dazu, dass auch Konstituententeile getilgt werden können, also z. B. ein Teil des einbetteten Relativsatzes in (62a), oder ein Teil des *dass*-Satzes in (62b), oder auch ein Teil einer PP in (62c):

(62)   a.   [$\kappa_1$ Er führt zu einem Kunden, dessen Radio ~~defekt ist~~], und [$\kappa_2$ ~~er führt~~ zu einer Kundin, dessen Fernsehgerät defekt ist].
(Hesse & Küstner 1985: (3-101))

   b.   [$\kappa_1$ Ich glaube, dass Hans ~~den Berg bestieg~~], und [$\kappa_2$ Susi behauptet, dass Maria den Berg bestieg].

   c.   [$\kappa_1$ Das eine Buch lag auf ~~dem Tisch~~] und [$\kappa_2$ das andere ~~lag~~ unter dem Tisch].                    (Lobin 1993: 150)

Solche Ellipsen, wie sie im ersten Konjunkt auftreten, sind beim Gapping vollkommen ausgeschlossen: (62a) und (62c) verstoßen gegen G1 und G2,[43] und (62b) verstößt gegen G3. Die dritte Eigenschaft, RNR3, beschränkt schließlich das Antezedens im zweiten Konjunkt derart, dass die Unakzeptabilität von (63) nur folgerichtig ist:

(63)   *Der Tourist darf ~~die Wildscheine erschießen~~ und die Wildschweine muss der Jäger erschießen.

RNR1 und RNR3 wirken an sich willkürlich und unmotiviert. Einen Zusammenhang erkennt man erst, wenn man auf die damit lizenzierten $\kappa$-Instanziierungen blickt: Diese Ellipseeigenschaften verhindern RNR-Koordinationen, die nicht als Konstituentenkoordination $\kappa$-instanziierbar sind. Mit anderen Worten: Man gewinnt den Eindruck, dass die RNR-Koordination eigentlich eine originäre Kon-

---

[42] Die Tilgungen im zweiten Konjunkt sind wahrscheinlich ähnlichen Einschränkungen unterworfen wie beim Gapping. Dies lässt beispielsweise (i) vermuten, wo (analog zu (44a)) das Überbleibsel *einem Mülleimer* kein vollständiges Satzglied bildet und der Satz dadurch unakzeptabel erscheint:

(i)   *[$\kappa_1$ Hinter einer Mülltonne hat sich Karl ~~versteckt~~ und [$\kappa_2$ ~~hinter~~ einem Mülleimer ~~hat sich~~ Peter versteckt].

[43] Wobei man streiten kann, ob die partielle Ellipse der PP wirklich mit dem Gapping unvereinbar ist. Siehe die Diskussion oben im Zusammenhang mit (48).

stituentenkoordination ist.[44] Diesen Eindruck trübt jedoch die Möglichkeit einer medialen Ellipse im zweiten Konjunkt (vgl. (60) und (62c)), durch die eine $\kappa$-Instanziierung als Konstituenten verhindert wird. In dieser Hinsicht fehlt also eine vierte Eigenschaft, nämlich die Ellipse im zweiten Konjunkt und das Antzedens im ersten Konjunkt jeweils auf die linke Peripherie zu beschränken. Wie bereits erwähnt, handelt es sich hier möglicherweise um ein Mischphänomen aus RNR im ersten Konjunkt und Gapping im zweiten Konjunkt.

## 4.6 Adjazenzellipsen

Üblicherweise wird der Gegensatz zwischen Koordinationsellipse und Adjazenzellipse in der relativen Platzierung von Ellipse und Antezedens festgemacht: Während sich Ellipse und Antezedens bei Koordinationsellipsen im selben Satz befinden sollen, tun sie das bei Adjazenzellipsen nicht (siehe Abschnitt 4.2). Hier sind sie auf unterschiedliche, meist adjazente Sätze oder zumindest „eng zusammengehörige Äußerungen" (Klein 1993: 768) verteilt. Dazu zählt Klein (1993) konventionalisierte Äußerungsfolgen wie die Frage-Antwort-Folge[45] in (64a), die partielle Korrektur in (64b), die partielle Bestätigung in (64c), und die parallele Fortführung in (64d):

---

[44] Möglicherweise ist diese Generalisierung zu strikt. Hudson (1976) zeigt anhand der folgenden Daten für das Englische, dass RNR nicht auf Koordinationsellipsen beschränkt ist:

(i)    a.  Of the people questioned, those who liked outnumbered by two to one those who disliked the way in which the devaluation of the pound had been handled.

       b.  I'd have said he was sitting on the edge of rather than in the middle of the puddle.

       c.  It's interesting to compare the people who like with the people who dislike the power of the big unions.

      (Hudson 1976: (5))

Satz (ib) enthält eine Komparationsellipse, die man auch als Koordinationsellipse mit dem Koordinator *rather than* auffassen könnte. In den Sätze (ia) und (ic) lässt sich beim besten Willen kein Koordinator identifizieren, trotzdem ist der jeweils erste Relativsatz elliptisch. Vorausgesetzt, dass diese RNR-Form auch im Deutschen möglich ist (eine strukturanaloge Übersetzung von (ia) und (ic) will mir nicht gelingen), müsste man also RNR-Ellipse als originäre Ellipsen mit Antezedens bezeichnen. Dadurch würde jedoch der grundsätzliche Unterschied zwischen RNR-Ellipse und Vorwärtsellipsen nicht verschwinden.

[45] Der Satzbegriff wird bisweilen so weit gedehnt, dass auch Frage-Antwort-Folgen als Sätze kategorisiert werden. Ein Beispiel dafür liefert Kindt (1985) mit der folgenden Satzdefinition: „Der Satz ist die kleinste selbständige sprachliche Einheit, d. h. daß deren Vertreter in Texten frei vorkommen können." (S.185)

(64) a. Wer schlug wen wo?

   Alexander ~~schlug~~ die Perser bei Issos.

   b. Otto hat hundert Mark gewonnen.

   (Nein,) Peter ~~hat~~ tausend verloren.

   c. Otto hat im Lotto gewonnen.

   (Ja,) ~~Otto hat~~ fast eine Million ~~gewonnen~~.

   d. Ich komme heute abend.

   Ich ~~komme~~ auch.

   Ich ~~komme~~ nicht.

   (Klein 1993: 768)

In all diesen Beispielen gibt es eine Art Vorwärtsellipse, da das Antezedens der Ellipse vorausgeht. Vermutlich ist das bei Adjazenzellipsen immer der Fall. Die interessante Frage ist nun, ob die Adjazenzellipsen denselben Einschränkungen unterworfen sind, die wir bei den Vorwärtsellipsen in Koordinationen, d. h. bei Gapping und Vorfeldellipsen, feststellen konnten. Die Antwort fällt jedoch uneinheitlich aus.

Für Frage-Antwort-Folgen scheint dies weitgehend zu gelten. Zunächst bestätigen die Frage-Antwort-Folgen in (65)–(67), dass sowohl Valenzträger als auch Ergänzungen weggelassen werden können:

(65)   Alexander schlug wen wo?

   ~~Alexander schlug~~ die Perser bei Issos.

(66)   Wer schlug die Perser wo?

   Alexander ~~schlug die Perser~~ bei Issos.

(67)   Alexander schlug die Perser wo?

   ~~Alexander schlug die Perser~~ bei Issos.

Gilt dabei G1? Umfassen Ellipsen also immer auch das finite Verb (ausgenommen Vorfeldellipsen)? Um dies im Rahmen von Frage-Antwort-Folgen klären zu können, muss nach dem Finitum gefragt werden, was man beispielsweise mit Hilfe der Konstruktion *etwas machen mit jemandem* tun kann.[46] Die Unakzeptabilität der entsprechenden Antwortsätze in (68), (69) und (70a) ist offensichtlich:

---

[46] Eine Bemerkung zur syntaktischen Parallelität zwischen Frage und Antwort: Die Frage-Antwort-Folgen mit der Konstruktion *etwas machen mit jemanden* deuten an, dass Fragen und Antworten keinesfalls immer syntaktisch parallel aufgebaut sind. Diese syntaktische Divergenz ist noch ausgeprägter in Fällen, wo Antworten aus Fragen inferiert werden. Schlangen (2003) gibt hierfür das Beispiel in (i):

(68)  Was machte Alexander mit den Persern bei Issos?
      *~~Alexander~~ schlug ~~die Perser bei Issos~~.

(69)  Was machte Alexander mit den Persern wo?
      *~~Alexander~~ schlug ~~die Perser~~ bei Issos.

(70)  Was machte Alexander bei Issos?

    a.  *Bei Issos schlug ~~Alexander~~ die Perser.

    b.  ~~Alexander~~ schlug die Perser.

Tritt das Finitum als Überbleibsel in Erscheinung, dann liegt entweder, wie in (70b), eine Vorfeldellipse oder, wie in (71a), ein VE-Satz vor:

(71)  Kallisthenes berichtet, dass Alexander was mit wem bei Issos machte?

    a.  ~~dass Alexander~~ die Perser schlug.

    b.  *dass ~~Alexander~~ die Perser schlug.

An dem Antwortsatz in (71b) wird zudem deutlich, dass die Ellipse immer auch den Komplementierer *dass* umfasst, dass also G3 gilt.

Auf den Zusammenhang zwischen Vorfeldellipsen in Koordinationen, dort besser bekannt als Subjektlücken, und freien Vorfeldellipsen wie in (72) wird überraschenderweise recht selten hingewiesen:[47,48]

---

  (i)  Warum sollte ich Seegraß essen?
      ~~Es enthält~~ Viele Vitamine.
      (vgl. Schlangen 2003: (1))

Schlangen (2003) nennt diesen Fall „resolution-via-inference" und grenzt ihn gegenüber „resolution-via-identiy" ab. Bei partiellen Korrekturen ist eine kausale Inferenz dagegen nur schwer herzustellen:

  (ii)  Seegraß ist ungesund.
      #Nein, ~~es enthält~~ viele Vitamine!

[47] Für solche freien Vorfeldellipsen kursieren unterschiedliche Bezeichnungen: Ross (1982) nennt dieses Phänomen „pronoun zap" (siehe Huang 1984), van Oirsouw (1987) „topic drop" und Fries (1988) „Null-Topik".

[48] Eine erfreuliche Ausnahme macht diesbezüglich van Oirsouw (1987: 136ff). Reich (2009: 153) sieht jedoch drei wesentliche Unterschiede: (i) Vorfeldellipsen in Koordinationen („SLFK") erlauben keinen Sprecherwechsel, (ii) sie erfordern ein Antezedens und (iii) und lizenzieren „nur die Auslassung des Subjekts", während die freie Vorfeldellipse („Topik Drop") auch „Objekte [...] oder gar Adverbiale [...] ellidieren" kann. Der dritte Punkt ist sicher der schwerwiegendste (vgl. Abschnitt 4.4).

(72)    Was ist denn mit Sofia?

    a.    ~~Sofia~~ ist mir fremd gegangen!

    b.    ~~Sofia~~ hab' ich seit drei Wochen nicht mehr geseh'n!

(Fries 1988: (1)–(3))

Meiner Einschätzung nach liegt hier tatsächlich ein und dieselbe Form der Ellipse vor. Natürlich eignet sich nicht jede freie Vorfeldellipse für jede Koordination, denn es bestehen bei Objektlücken recht deutliche Beschränkungen für die Position des Antezedens im ersten Konjunkt, wie wir oben gesehen haben. Es kann aber prinzipiell für jede freie Vorfeldellipse ein erstes Konjunkt gefunden werden, das die resultierende Koordination akzeptabel macht.

Gilt auch G2 (bzw. G2$^+$)? Können also nur vollständige Satzglieder weggelassen werden? Nein und Ja. Bei dem Antwortsatz in (73) erstreckt sich die Ellipse nur über die Präposition der PP *bei Issos*:

(73)    Alexander schlug die Perser bei welcher Stadt?
       ~~Alexander schlug die Perser bei~~ Issos.

Enthält der Antwortsatz jedoch mehr als eine overte Konstituente wie in (74), dann geht die Teilellidierung der PP *bei Issos* deutlich zu Lasten der Akzeptabilität:

(74)    Alexander schlug wen bei welcher Stadt?
       *~~Alexander schlug~~ die Perser ~~bei~~ Issos.

Die in G2$^+$ aufgenommene Ausnahme für Teilsätze lässt sich möglicherweise auch bei Frage-Antwort-Folgen reproduzieren:

(75)    Wer berichtet, dass Alexander die Perser wo schlug?
       ?Kallisthenes ~~berichtet, dass Alexander die Perser~~ bei Issos ~~schlug~~?

Es lässt sich also festhalten, dass die oben für die Vorwärtsellipse in Koordinationen (G1–G3 und Vorfeldellipse) formulierten Gesetzmäßigkeiten auch bei Adjazenzellipsen im Rahmen von Frage-Antwort-Folgen beobachtbar sind.

Im Vergleich zu Frage-Antwort-Folgen sind die Ellidierungsmöglichkeiten bei partiellen Korrekturen sehr viel größer. Die Daten in (76) führen beispielsweise vor Augen, dass zwar (76b) mit einem overten Finitum eher unakzeptabel ist, dass in (76c) jedoch das Finitum als alleiniges Überbleibsel durchzugehen scheint:

(76)    Der Jäger streichelte den Hasen.

    a.    Nein, der Jäger erschoss den Hasen!

  b. *Nein, Peter erschoss ~~den Hasen~~!

  c. ?Nein, ~~der Jäger~~ erschoss ~~den Hasen~~!

  d. Nein, ~~der Jäger~~ erschoss ihn!

Was VE-Konstruktionen betrifft, gibt es dagegen wieder eine gewisse Parallelität zwischen Antwortsätzen (siehe (71)) und Korrektursätzen:

(77) Man sagt, dass der Jäger den Hasen streichelte.

  a. Nein, ~~dass der Jäger den Hase~~ erschoss!

  b. Nein, ~~dass der Jäger~~ die Waschbären erschoss!

  c. *Nein, dass ~~der Jäger~~ die Waschbären erschoss!

Möglicherweise liegt der Schlüssel zum Verständnis von (76c) in der Eigenschaft partieller Korrekturen bzw. Bestätigungen, einzelne Wörter (!) in korrigierender oder bestätigender Weise fokussieren zu können, oder eine bestehende Fokussierung aufzunehmen. Augenfällig wird das bei der partiellen Bestätigung einer Ja/Nein-Frage in (78b), die durch die Fokussierung des finiten Verbs die Tilgung aller anderen Ko-Konstitutenten ohne Schwierigkeit ermöglicht. Dies scheint bei der entsprechenden partiellen Korrektur in (78a) zwar nicht gleichermaßen ausgeprägt zu sein, aber es ist doch eher möglich als in den Antworten zu den W-Fragen oben:

(78) Der Jäger streichelte den Hasen?

  a. ?Nein, ~~der Jäger~~ erschoss ~~den Hasen~~!

  b. Ja, ~~der Jäger~~ streichelte ~~den Hasen~~!

Dies lässt sich auch auf Teile von PPs anwenden, wodurch G2$^+$ konterkariert wird:

(79) Der Jäger lauert auf seinem Jägersitz?

  a. Nein, ~~der Jäger lauert~~ unter ~~seinem Jägersitz~~.

  b. Nein, ~~der Jäger lauert auf~~ Manfreds ~~Jägersitz~~.

  c. Ja, ~~der Jäger lauert~~ auf ~~seinem Jägersitz~~.

  d. Ja, ~~der Jäger lauert auf~~ seinem ~~Jägersitz~~.

Die Ellipsen im Zusammenhang mit partiellen Korrekturen sind also prinzipiell flexibler als bei Frage-Antwort-Folgen, womit wir abschließend festhalten können, dass Adjazenzellipsen zumindest nicht eingeschränkter in ihren Tilgungsmustern sind als Vorwärtsellipsen in Koordinationen.

## 4.7 Ellipsen ohne Antezedens

Koordinationsellipsen und Adjazenzellipsen besitzen ein Antezedens, d. h. ein Kontextkorrelat im sprachlichen Kontext. Was dabei als relevanter sprachlicher Kontext zählt, kann unterschiedlich festgelegt sein: Mal ist es das andere Konjunkt, mal eine vorausgehende Frage oder sonstwie beschaffene Äußerung. Das Vorhandensein eines passenden Antezedens ist jedoch nicht Voraussetzung für das Vorhandensein einer Ellipse. So wird beispielsweise die unvermittelte Frage in (80) sicher nicht als irgendwie ungrammatisch oder unverständlich empfunden:

(80)    ~~Möchtest du~~ Kaffee?

Dasselbe gilt, um ein weiteres Beispiel zu geben, für den Fall, dass die Frage in (72) nonverbal gestellt wird, etwa indem der Fragende auf Sofias Portrait zeigt, und die Antwort lautet:

(81)    ~~Sofia~~ hab' ich seit drei Wochen nicht mehr geseh'n!

Solche antezedensfreien Ellipsen besitzen ein Kontextkorrelat im nichtsprachlichen Kontext oder Common Ground, d. h. im geteilten Weltwissen oder in den geteilten, unausgesprochenen Annahmen hinsichtlich der aktuellen Diskurssituation. Schwabe (1994) nennt sie deshalb SITUATIVE ELLIPSEN.[49]

Was aber die Form der Ellipse betrifft, kann man nur geringfügige Unterschiede zwischen situativen Ellipsen und Adjazenzellipsen feststellen. So halte ich die situativen Ellipsen in (82) mit ungetilgtem finiten Verb grundsätzlich für ungrammatisch:

(82)    a.    *~~Sofia~~ sah ~~ich~~ letzten Donnerstag.
        b.    *Sofia sah ~~ich~~ letzten Donnerstag.

G1 scheint also auch bei Ellipsen ohne Antezedens wirksam zu sein. Was allerdings G2$^+$ und G3 betrifft, insbesondere die Tilgungsmöglichkeiten innerhalb ei-

---

[49] Für weitere Beispiele verweise ich ebenfalls auf Schwabe (1994), wo eine Vielzahl situativer Ellipsen gesammelt und systematisiert wird. Eine neuere Übersicht über situative Ellipsen im Englischen (und anderen Sprachen) liefert z. B. Merchant (2004). Klein (1993: 767) nennt in seiner Aufzählung „kontextabhängiger" Ellipsen weniger solche relativ produktiven dialogischen Ellipsen, sondern vor allem recht konventionalisierte Ausdrucksformen wie Textsortellipsen, elliptische Aufforderungen (*Ins Bett mir dir!*), rituelle Formeln (*Aus den Augen – aus dem Sinn*) und lexikalische Ellipsen (*Otto sitzt ~~im Gefängnis~~*), die als Teil des Sprachwissens gesehen werden müssen und daher ganz anders zu bewerten sind – ganz zu schweigen von verarbeitungsbedingten und entwicklungsbedingten Ellipsen, die Klein hier auch nennt.

nes Teilsatzes, lassen sich passende Daten (mit passenden Kontexten) nur schwer konstruieren. Ich finde aber, dass die Akzeptabilitätsunterschiede in (83) recht deutlich hervortreten:

(83)　a.　~~Du fragst mich,~~ ob ich Sofia gesehen habe?
　　　b.　*~~Du fragst mich, ob~~ ich Sofia gesehen habe?
　　　c.　~~Du fragst mich, ob~~ ich Sofia gesehen ~~habe~~?
　　　d.　~~Du fragst mich, ob ich~~ Sofia gesehen ~~habe~~?
　　　e.　*~~Du fragst mich,~~ ob ich Sofia gesehen ~~habe~~?

Während sich die Grammatikalität von (83a), (83c) und (83d) auf $G2^{+}$ zurückführen lässt, ist die Ungrammatikalität von (83a) mit G1 und die Ungrammatikalität von (83e) mit G3 zu erklären. Die bei Koordinationsellipsen beobachtbare Ausnahme von VE-Sätzen bei G1 scheint bei situativen Ellipsen also nicht zu bestehen.

Auch die satzübergreifende Ellipse in (84) ist nur mit Mühe als situative Ellipse rekonstruierbar, da hier sehr spezifische, schwer nachzuvollziehende Annahmen über den Diskurskontext gemacht werden müssen:

(84)　?Susi ~~freut sich, wenn~~ das Auto ~~repariert wird~~?

Mit Blick auf die angeführten Daten lässt sich also sagen, dass situative Ellipsen zwar im Detail über ein eingeschränkteres Ellipsenpotential verfügen als Vorwärtsellipsen und Adjazenzellipsen, dass jedoch die Tilgungsformen von Vorwärtsellipsen, die sich im Einklang mit G1–G3 und der Vorfeldellipse befinden, auch bei situativen Ellipsen gefunden werden können.

Andererseits gibt es ein Ellipsenpotential, dass der situativen Ellipse alleine gegeben zu sein scheint. Die singularischen, zählbaren Nomen in (85) und (86) kommen ohne Artikel aus, sofern sie satzinitial stehen:[50]

(85)　a.　~~Ein~~ Nettes Kleid.
　　　b.　~~Ein~~ Nettes Kleid hast du da!
　　　c.　*Du hast da ~~ein~~ nettes Kleid!

(86)　a.　~~Ein~~ Idiot!
　　　b.　*So ~~ein~~ Idiot!

Die Ursache hierfür ist wohl in spezifischen Eigenschaften von Exklamationskonstruktionen zu suchen, auf die ich hier nicht weiter eingehen möchte. Fakt

---

[50] Solche Artikel-Tilgungen im Englischen werden beispielsweise in Morgan (1973: 736), Yanofsky (1978: 492), Barton (1990: 64ff), Merchant (2004: 728f) thematisiert.

ist auf jeden Fall, dass nach diesen verkürzten, exklamativen NPs nicht gefragt werden kann, und deshalb zumindest die Adjazenzellipsen in (87) nicht wohlgeformt sind:

(87)  Was hast du da? / Was soll ich anziehen?

    a.  *~~Ein~~ Nettes Kleid.
    b.  Ein nettes Kleid.

## 4.8 Zusammenfassung

Die Weglassung obligatorischer Valenzrahmenbestandteile ist offensichtlich eine empirische Herausforderung für eine Verschränkung von Syntax und Valenz, die mit der Idealisierung der Vollständigkeit von Valenzrahmenrealisierungen einhergeht. Dieses Kapitel hatte den Zweck, die allgemeinen Gesetzmäßigkeiten der Weglassung zu bestimmen. Ausgangspunkt dafür war die aus der Forschungsliteratur bekannte kontextbezogene Ellipsentaxonomie mit Koordinationsellipse, Adjazenzellipse und antezedensfreier bzw. situativer Ellipsen.

Die Untersuchung der Koordinationsellipse setzt eine saubere Unterscheidung zwischen Konstituentenkoordination und Satzkoordination voraus, denn ob bei einer Koordination eine Ellipse überhaupt vorliegt, ist maßgeblich davon abhängig, welche Abmessungen den Konjunkten zugesprochen werden. Da die für uns interessante Koordinationsform allein die Satzkoordination ist, denn nur sie kann per definitionem Ellipsen enthalten, werden die Konjunkte jeder betrachteten Koordination als Sätze betrachtet bzw. $\kappa$-instanziiert. Jede $\kappa$-Instanziierung muss dabei dem Kriterium der $\kappa$-Reduzierbarkeit genügen. Es stellt sich heraus, dass sich für die meisten Koordinationen auf Satzebene (mit Ausnahme der pluralbildenden Koordination und der asymmetrischen Koordination) eine $\kappa$-reduzierbare $\kappa$-Instanziierung als Satzkoordination finden lässt. Die mit dieser Methode gebildeten elliptischen Satzkoordinationen wurden dann entsprechend der Taxonomie aus Klein (1993) in Vorwärtsellipsen, Rückwärtsellipsen und Vorwärts-Rückwärtsellipsen eingeteilt.

Im nächsten Schritt wurden spezifische Formen der Koordinationsellipse, nämlich Vorwärtsellipsen (Gapping, Vorfeldellipse) und Rückwärtsellipsen (Right-Node-Raising) eingehend untersucht. Die für das Gapping gewonnenen Generalisierungen G1–G3 konnten schließlich auch bei Adjazenzellipsen und antezedensfreien Ellipsen beobachtet werden. Die Ergebnisse lassen sich folgendermaßen zusammenfassen:

1. Es deutet vieles darauf hin, dass Vorwärtsellipsen, Adjazenzellipsen und situative Ellipsen im Wesentlichen denselben Wohlgeformtheitsregeln unterworfen sind. Gapping ist also nicht nur auf Koordination beschränkt.

2. Daraus folgt, dass jede linguistische Modellierung der Ellipse, die eines satzimmanenten Antezedens bedarf, empirisch lückenhaft ist.

3. Dagegen sind RNR-Ellipsen, d. h. Ellipsen im ersten Konjunkt von RNR-Koordinationen, auf Koordination beschränkt. Sie scheinen zudem immer als Konstituentenkoordination $\kappa$-instanziierbar zu sein, was dafür spricht, RNR in erster Linie als Koordinationsphänomen und nicht als Ellipsenphänomen zu betrachten.

Den Modellierungsstrategien für elliptische Strukturen unter Beibehaltung der Idealisierung der Vollständigkeit werden wir uns in Kapitel 8 zuwenden. Wie bei der Modellierung kohärenter Konstruktionen sollen dabei TAG und seine Varianten im Vordergrund stehen, ohne jedoch allgemeingültige Tendenzen aus dem Blick zu verlieren. Dazu gehört etwa, dass die Fixierung auf Koordinationsellipsen bei der Betrachtung der Ellipsenphänomene zu Modellen führen kann, die nur einen Teilbereich des Phänomens abdecken. Aber auch, wie eine Ellipsenmodellierung aussehen muss, die die Idealisierung der Vollständigkeit vermeidet.

# Teil II

# Syntax mit Valenz

# 5 Baumadjunktionsgrammatik

In Kapitel 2 wurden die Idealisierungen der Kontinuität und der Vollständigkeit, deren empirische Unzulänglichkeiten in den letzten beiden Kapiteln Gegenstand der Untersuchung war, an Eigenschaften prominenter, aber letztlich willkürlich herausgegriffener Syntaxmodelle nachgewiesen, nämlich der Dependenzgrammatik und Chomskys Rektions- und Bindungstheorie. Man hätte dafür auch eine andere Auswahl treffen können, da diese Idealisierungen in den meisten, wenn nicht in allen bedeutenden Syntaxmodellen zu finden sind. In gewisser Hinsicht wird das im vorliegenden Kapitel nachgeholt, indem das Spektrum um die Familie der Baumadjunktionsgrammatiken (Tree Adjoining Grammar, TAG) erweitert wird. Über die Gründe für diese Wahl wird der folgende Abschnitt Auskunft geben. Danach führt Abschnitt 5.2 in die Grundbegriffe des Formalismus ein und Abschnitt 5.3 zeigt, wie diese mit syntaktischen Konzepten korreliert werden können. Die Folgen dieser Korrelierung für die Modellierung von Kohärenz und Ellipse werden in Abschnitt 5.4 thematisiert.

Ausgehend von den Erläuterungen in diesem Kapitel werde ich später in den Kapiteln 6–8 Erweiterungen von TAG vorstellen, die die Modellierung von Kohärenz und Ellipse erleichtern bzw. in bestimmten Fällen erst ermöglichen.

## 5.1 Warum TAG?

Es ist eine Kombination von Eigenschaften, die TAG als Framework des strikten Valenzrealisierungsparadigmas zu einem besonders interessanten Studienobjekt macht.

1. TAG-Theorien vertreten eine „lexikalistische Position" im Sinne von Wunderlich (1985): Die syntaktische Struktur wird weitestgehend vom Lexikon und den darüber operierenden Wohlgeformtheitsbedingungen bestimmt. Dagegen sind die Verknüpfungsoperationen in ihrer Anzahl und ihrer Art stark beschränkt und sprachübergreifend konstant. Dies unterscheidet TAG von HPSG (wg. unlexikalisierter Prinzipien und Linearisierungsregeln), GB (wg. der Transformationsoperationen), Dependenzgrammatik (wg. der Linearisie-

rungsregeln) und LFG (wg. unlexikalisierter Phrasenstrukturregeln). Kategorialgrammatiken erlauben eine ähnliche Ausrichtung am Lexikon, allerdings ist dort das System der Verknüpfungsoperationen weitaus flexibler.

2. TAG ist ein schwach kontextsensitiver Grammatikformalismus, was u. a. bedeutet, dass sich die computationellen Komplexitätseigenschaften in einem theoretisch akzeptablen Bereich befinden (siehe Abschnitt 5.2). Die Beibehaltung dieser Komplexitätsklasse ist ein wichtiges Korrektiv bei der Entwicklung von TAG-Varianten und macht es gerade für computerlinguistische Anwendungen interessant. Ein ähnliches grundlegendes Interesse an der Einhaltung schwacher Kontextsensitivität findet man sonst nur bei Vertretern der CCG (Steedman 2000: 22f) und der Minimalist Grammar (Stabler 1997; Michaelis 2001a,b).

3. TAG-Theorien fordern eine Valenzrealisierung, die sogar noch etwas strikter ausfällt als in den bisher betrachteten Grammatikmodellen: Es gibt nur sehr eingeschränkte Möglichkeiten, die in den Elementarstrukturen definierten, unsaturierten Valenzrollen nicht overt zu realisieren. Zwar könnten dafür leere Elemente stipuliert werden, aber dies würde dem Lexikalisierungsprinzip der TAG-Theorien zuwiderlaufen. Mit anderen Worten, es besteht keine Möglichkeit, den Valenzrahmen von der Valenzrealisierung zu abstrahieren, wie dies etwa in der HPSG und CCG ohne Weiteres möglich ist (siehe Abschnitt 6.1.2).

Klassische TAG-Theorien zeichnen sich also dadurch aus, dass sie vielleicht am konsequentesten eine syntaktische Auffassung der Valenzbeziehungen abbilden und dass sie durch die technischen Grenzen des Formalismus einerseits und die Art der Valenzkodierung andererseits eine striktere Form der Valenzrealisierung erzwingen als anderswo. Der Reiz ihrer Betrachtung besteht also darin, Modellierungs- und Extensionsmöglichkeiten, welche der Diskontinuität von Valenzrahmen und der Auslassung von Valenzrollen gerecht werden, innerhalb eines wohldefinierten und wohlmotivierten formalen Rahmens zu erkunden. Gleichzeitig ist die Vermeidung der Idealisierung der Kontinuität schon im Formalismus angelegt und kann damit an einem ausgearbeitetem Syntaxmodell (siehe Kapitel 7) auf ihre Praktikabilität hin überprüft werden.

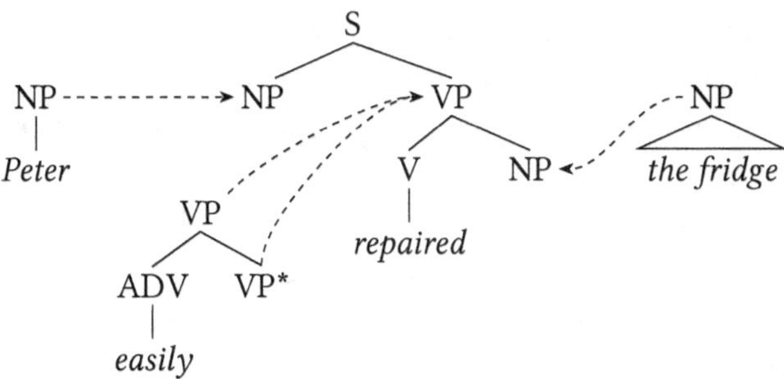

Abbildung 5.1: Beispiel einer TAG-Ableitung des Satzes *Peter easily repaired the fridge*

## 5.2 Der Formalismus

Dieser Abschnitt dient dazu, wichtige Grundbegriffe des TAG-Formalismus zu erläutern. Die Darstellung ist daher möglichst informell gehalten. Ich verweise auf Kallmeyer (2009) für eine saubere mathematische Darstellung.

### 5.2.1 Kernkomponenten

Die Baumadjunktiongrammatik oder Tree Adjoining Grammar (TAG, Joshi et al. 1975; Joshi & Schabes 1997) ist ein Baumersetzungsformalismus, bei dem die Grammatik aus einer endlichen Menge von ELEMENTARBÄUMEN besteht, die mittels bestimmter Ersetzungsoperationen verknüpft werden können.[1] Ein Elementarbaum ist ein gerichteter, azyklischer, geordneter, verbundener Graph mit genau einem nicht dominierten Wurzelknoten. Seine INNENKNOTEN (d. h. die Menge der Mutterknoten) sind mit Nicht-Terminalen beschriftet, wogegen die Beschriftung der Grenzknoten oder BLÄTTER (d. h. die Komplementmenge der Innenknoten) aus Nicht-Terminalen und Terminalen bestehen kann. Beispiel dafür sind in Abbildung 5.1 zu sehen. Elementarbäume werden in INITIALBÄUME und HILFSBÄUME unterschieden, denen je eine eigene Verknüpfungsoperation zugeordnet ist, d. h. Initialbäume werden mittels SUBSTITUTION verknüpft, und Hilfsbäume mittels ADJUNKTION. Initialbäume und Hilfsbäume unterscheiden sich hinsichtlich ihrer Blätter: Nur Hilfsbäume verfügen über ein spezielles, mit einem Stern (∗) versehenes Blatt, den sogenannten FUßKNOTEN.

Substitution bedeutet die Ersetzung eines nicht-terminalen Blattes durch einen Initialbaum. Ein Beispiel hierfür ist in Abbildung 5.1 dargestellt. Die Initialbäume

---

[1] Es handelt sich also um einen generativ-aufzählenden Formalismus. Vgl. die Klassifikation in Pullum & Scholz (2001).

*Peter* und *the fridge* ersetzen dort die nicht-terminalen Blätter von *repaired*. Dagegen versteht man unter Adjunktion die Ersetzung eines Innenknotens durch einen Hilfsbaum. Der ursprünglich vom Innenknoten dominierte Teilbaum wird dann vom Fußknoten dominiert. Dies ist in Abbildung 5.1 durch den Hilfsbaum *easily* exemplifiziert, der an den unteren VP-Knoten adjungiert wird. Die Adjunktion wird durch Adjunktionsbeschränkungen geleitet, die es zulassen, für jeden Innenknoten OBLIGATORISCHE ADJUNKTION (OA), SELEKTIVE ADJUNKTION (SA) und NULL-ADJUNTION (NA) zu spezifizieren. Beispielsweise muss der tiefere VP-Knoten im *repaired*-Baum den *easily*-Hilfsbaum zur selektiven oder obligatorischen Adjunktion freigegeben haben. Ist dagegen kein Hilfsbaum zur selektiven Adjunktion zugelassen, spricht man von Null-Adjunktionsbeschränkung. Einer weitverbreiteten Konvention entsprechend werden in dieser Arbeit die Blätter der Elementarbäume immer eine NA-Beschränkung enthalten, falls nicht anders angezeigt.

Zwei wichtige Nebenprodukte der TAG-Ableitung sind der ABGELEITETE BAUM und der ABLEITUNGSBAUM. Sie sind für obiges Beispiel in Abbildung 5.2 wiedergegeben. Der Ableitungsbaum ist das Protokoll der Ableitung und charakterisiert den abgeleiteten Baum in eindeutiger Weise, indem seine Knoten Elementarbäume repräsentieren und seine Kanten Verknüpfungsoperationen. Die Kanten sind mit GORN-ADRESSEN beschriftet, die die Knotenadresse (des Elementarbaums im Mutterknoten) anzeigen, an der eine Verknüpfung stattfand.[2] Dabei gilt die Konvention, dass ein Mutterknoten den ZIELBAUM einer Verknüpfung darstellt, in dem ein nicht-terminaler Knoten durch den Elementarbaum des Tochterknotens ersetzt wurde. Im Beispiel gibt es nur einen Mutterknoten, `repaired`, der den Elementarbaum des Verbs repräsentiert. Alle anderen Elementarbäume ersetzen durch Substitution oder Adjunktion einen Knoten von `repaired`, sind also im Ableitungsbaum dessen Tochterknoten. Der Ableitungsbaum spielt eine wichtige Rolle bei der Berechnung der Semantik (siehe z. B. Kallmeyer & Joshi 2003; Kallmeyer & Romero 2008) und wird in Abschnitt 5.3 ausführlicher thematisiert.

### 5.2.2 Gebräuchliche Varianten: LTAG, FSTAG und MCTAG

Die sehr geraffte Darstellung bis hier entspricht etwa dem Kernverständnis des TAG-Formalismus. Darauf aufbauend kursiert jedoch durch Erweiterungen oder Einschränkungen eine Unzahl von TAG-Varianten, von denen ich die Gebräuchlichsten ebenfalls kurz einführen möchte, nämlich LTAG, FSTAG und MCTAG.

---

[2] Die Gorn-Adresse des Wurzelknotens ist das leere Wort $\varepsilon$. Die Gorn-Adresse des $i$-ten Kindes eines Knotens mit Gorn-Adresse $p$ ist $pi$. Gorn-Adressen sind benannt nach Gorn (1967).

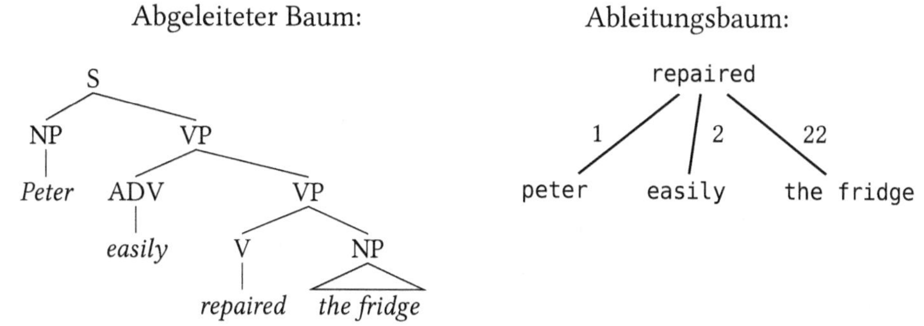

Abgeleiteter Baum:

Ableitungsbaum:

Abbildung 5.2: Beispiel für einen abgeleiteten Baum und einen Ableitungsbaum

Die Elementarbäume in Abbildung 5.1 enthalten ein nicht-terminales Blatt, der auch ANKER genannt wird. Eine TAG, die ausschließlich aus Elementarbäumen dieser Art besteht, wird LEXIKALISIERTE TAG oder LTAG genannt. In dieser Arbeit werde ich die Termini TAG und LTAG synonym verwenden, da die Lexikalisierung von TAG bei der Modellierung natürlicher Sprache üblich ist, auch aus technischen Gründen (siehe Schabes et al. 1988; Schabes 1990; Schabes & Joshi 1990; Joshi & Schabes 1991b). Die umfangreichsten TAG-Implementierungen, XTAG für das Englische (XTAG Research Group 2001) und French TAG für das Französische (Abeillé 2002), sind lexikalisiert. Ebenso die aus Baumbanken induzierten TAG (Chiang 2000; Xia 2001; Chen et al. 2006; Kaeshammer & Demberg 2012).[3]

Statt atomarer Knotenlabels benutzt man insbesondere bei Grammatiken mit großer Abdeckung (z.B. bei der XTAG-Grammatik) Merkmalsstrukturen. Diese TAG-Variante wird FSTAG oder FTAG (Feature-Structure-based TAG, Vijay-Shanker & Joshi 1988) genannt und unterscheidet sich in der Ausdrucksstärke nicht von TAG, sofern die Menge der zulässigen Merkmalsstrukturen endlich ist.[4] Deshalb findet man in der TAG-Literatur selten den Terminus FSTAG und subsumiert ihn stillschweigend unter TAG – so auch in dieser Arbeit. Die Merkmalsstrukturen in den Knoten bestehen jeweils aus zwei Blöcken, den TOP-Merkmalen und den BOT(TOM)-Merkmalen, die bei der Verknüpfung von Elementarbäumen unterschiedlich behandelt werden. Bei der Substitution werden die TOP-Merkmale des Zielblattes mit den TOP-Merkmalen des Wurzelknotens des Initi-

---

[3] Kaeshammer & Demberg (2012) induzieren neben der LTAG auch unlexikalisierte „Prediction Trees", um inkrementelle Ableitungen zu erhalten.

[4] Die Merkmalsstrukturen der FSTAG übernehmen die Funktion der Adjunktionsbeschränkungen bei TAG.

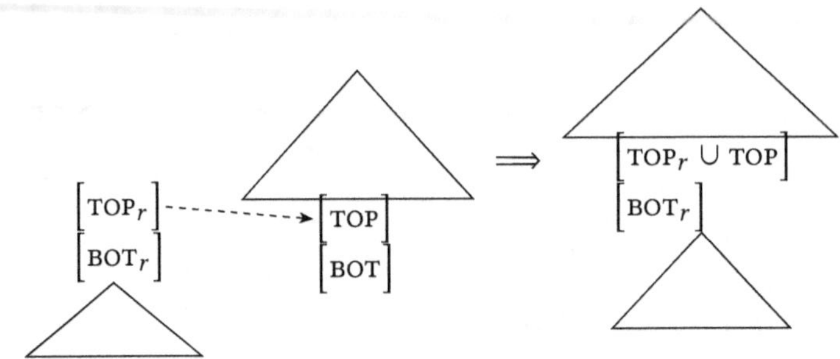

Abbildung 5.3: Schema der Merkmalsunifikation bei Substitution

albaums unifiziert. Abbildung 5.3 soll dies veranschaulichen. Die BOT-Merkmale des Zielblattes werden dabei ignoriert. Deshalb ist es üblicher, zu sagen, dass ein Substitutionsknoten keine BOT-Merkmale enthält. Das Verfahren bei Adjunktion ist etwas komplizierter. Hier werden die TOP-Merkmale des Wurzelknotens des Hilfsbaums mit den TOP-Merkmalen des Zielknotens unifiziert, und die BOT-Merkmale des Fußknotens mit den BOT-Merkmalen des Zielknotens. Schematisch ist dies in Abbildung 5.4 dargestellt. Nachdem die Verknüpfung der Elementarbäume abgeschlossen ist, werden zuletzt die TOP-Merkmale und BOT-Merkmale aller Knoten im abgeleiteten Baum unifiziert.

Eine abweichende Form der Elementarstrukturen findet man in den TAG-Varianten, die als MCTAG (Multi-Component TAG) bezeichnet und bereits bei Joshi et al. (1975) als „simultaneous TAG" eingeführt werden. Die Elementarstrukturen können hier aus mehreren Elementarbäumen bestehen und beispielsweise Elementarbaummmengen bilden. Eine Anwendung finden solche Elementarbaummengen etwa bei der Simulation von Bewegungsanalysen wie in Abbildung 5.5. Dort sind die *wh*-bewegte NP und deren Spur in einer Elementarbaummenge gebündelt und können an unterschiedlichen Stellen im Zielbaum eingesetzt werden. An den Verknüpfungsoperationen sowie an der Form des abgeleiteten Baums und des Ableitungsbaums ändert sich nichts, zumindest nicht bei den klassischen MCTAG-Varianten von Weir (1988). Die Verwendung einer Elementarbaummenge ist jedoch zwei spezifischen Beschränkungen unterworfen: (i) alle Elemente einer Elementarbaummenge müssen bei der Ableitung berücksichtigt werden; (ii) die Verknüpfungsziele der Elemente einer Elementarbaummenge müssen sich im selben Elementarbaum befinden, dann ist es eine BAUMLOKALE MCTAG oder TL-MCTAG wie in Abbildung 5.5, oder sie müssen mit den Elemente derselben Elementarbaummenge verknüpft werden, dann spricht man von einer MENGENLO-

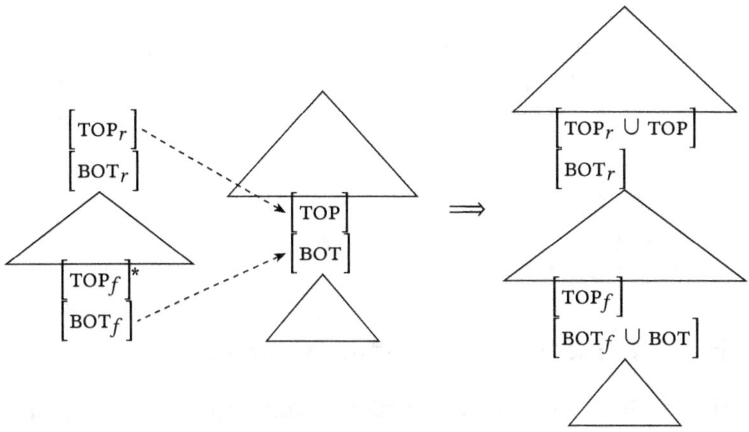

Abbildung 5.4: Schema der Merkmalsunifikation bei Adjunktion

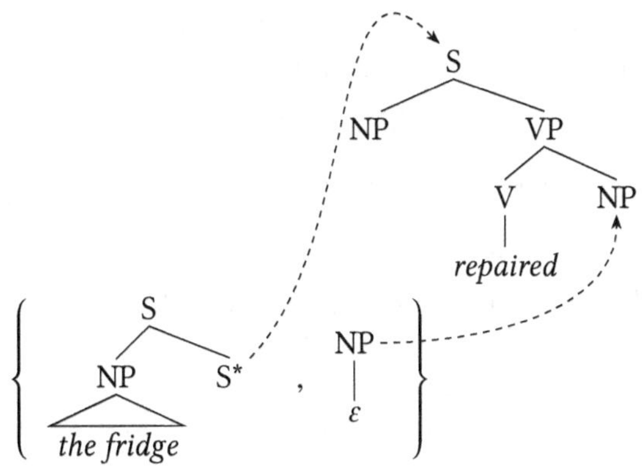


Abbildung 5.5: Beispiel einer Elementarbaummmenge für *wh*-Bewegung, die mit dem *repaired*-Elementarbaum verknüpft wird

KALEN MCTAG oder SL-MCTAG. Ist das Verknüpfungsziel dagegen in dieser Hinsicht unbeschränkt, kann es also für die Elemente einer Elementarbaummenge in verschiedenen Elementarbaummengen liegen, spricht man von einer NICHT-LOKALEN MCTAG oder NL-MCTAG. Weir zufolge ist die Verknüpfungslokalität von Elementarbaummengen einer NL-MCTAG nicht vollkommen unbeschränkt, denn die Elemente einer Elementarbaummenge müssen simultan verwendet werden.[5] Das führt u. a. dazu, dass Elemente einer Elementarbaummenge nicht untereinander verknüpft werden können. Eine NL-MCTAG ohne Simultanitätsbeschränkung hat Rambow (1994) mit der Vector-MCTAG für die Modellierung kohärenter Konstruktion im Deutschen vorgeschlagen. Auf diese und andere MCTAG-Varianten gehen ich in Abschnitt 6.2 und 7.1 ausführlicher ein.

### 5.2.3 Ausdrucksstärke und Verarbeitungskomplexität

Eine wesentliche Motivation bei der Entwicklung von TAG ist es, einem Kompromiss zwischen Ausdrucksstärke und Verarbeitungskomplexität zu entsprechen, für den Joshi (1985) den Begriff der SCHWACHEN KONTEXTSENSITIVITÄT (mild context-sensitivity, MCS) prägte. Was die nötige Ausdrucksstärke für die Erfassung natürlicher Sprache betrifft, herrscht spätestens seit den Arbeiten von Huybrechts (1984) und Shieber (1985) Konsens darüber, dass kontextfreie Grammatiken diesbezüglich nicht ausreichen. Als Beleg dafür dienen kreuzende Abhängigkeiten im Niederländischen und Schweizerdeutschen, bei denen es sich um Valenzbeziehungen zwischen den Verben eines Verbalkomplex und ihren nominalen Ergänzungen handelt. Shieber gibt das Beispiel in (1), wobei die Verbalfeldannotation und die Glossierung von mir stammt:

(1)    ...mer em Hans[1] es huus[2] hälfed[1] aastriiche[2]
       ...wir  dem Hans das Haus helfen   anstreichen
       (Shieber 1985: (1))

Aus (1) lässt sich übrigens leicht ein VE-Satz des Hochdeutschen formen, der ebenfalls eine kreuzende Abhängigkeit enthält:

(2)    dass wir das Haus[2] dem Hans[1] anstreichen[2] helfen[1]

---

[5] Die Simultanitätsbedingung impliziert, dass die Elemente einer Baummenge einander im Ableitungsbaum nicht dominieren können, und dass die Baummengen im Ableitungsbaum nicht verschränkt sind. Für eine formale Darstellung der Simultanitätsbedingung siehe Kallmeyer (2005: 197; 2009: 65f).

Da die vollständige Klasse der kontextsensitiven Sprachen weit über das erforderliche Maß an Ausdrucksstärke hinausgeht und zudem eine zu hohe Verabeitungskomplexität aufweist, d. h. nicht polynomiell parsbar ist, steht der Begriff der schwachen Kontextsensitivität für den Versuch, den für natürliche Sprachen nötigen Teilbereich innerhalb der polynomiell parsbaren Sprachen exakt zu definieren. Einstweilen erfüllt eine schwach kontextsensitive Grammatik die folgenden Kriterien:[6]

(3)    **Kriterien der schwachen Kontextsensitivtät (MCS):**

    (i)    Erzeugung mindestens aller kontextfreien Sprachen

    (ii)   Erzeugung kreuzender Abhängigkeiten

    (iii)  Konstantes Wachstum (oder Semi-Linearität)

    (iv)   Polynomielle Parsebarkeit

Grob gesagt fordert das Kriterium des konstanten Wachstums (oder der Semi-Linearität), dass die Strings (oder „Wörter") einer MCS-Sprache durch Rekursion nur konstant „wachsen". Das bedeutet, dass die Längen zweier Strings $w_i, w_j$ in einer MCS-Sprache maximal um ein beliebiges, konstantes $k$ differieren, falls es kein $w_x$ mit einer Länge zwischen der von $w_i$ und $w_j$ gibt. Anders ausgedrückt, falls $|w_i| < |w_j|$ und es gibt kein $w_x$, so dass $|w_i| < |w_x| < |w_j|$, dann gilt auch $|w_j| - |w_i| + n = k$, mit $1 \leq n \leq k$. Eine Folge des konstanten Wachstums ist beispielsweise, dass die Sprache $\{a^{2^n}\,|\,n \geq 1\}$ nicht erzeugt werden kann.

Die klassische TAG erfüllt die MCS-Kriterien und auch alle TAG-Erweiterungen, die für die Sprachmodellierung eingesetzt werden, sollen sie erfüllen. Es ist z. B. bekannt, dass NL-MCTAG das Kriterium der polynomiellen Parsebarkeit nicht erfüllt, Vector-MCTAG dagegen schon (siehe Abschnitt 6.2.1).

Eine weitere wichtige Eigenschaft der Ausdrucksstärke von TAG ist die Möglichkeit, bestimmte CFGs, nämlich solche, die für jeden String immer nur endlich viele Ableitungen ermöglichen („finitely ambiguous"), mit einer LTAG stark zu lexikalisieren (Schabes et al. 1988; Joshi & Schabes 1991a). Lexikalisiert eine LTAG $G_{LTAG}$ eine CFG $G_{CFG}$ stark, dann generieren $G_{LTAG}$ und $G_{CFG}$ nicht nur dieselbe Stringsprache, sondern auch dieselbe Baumsprache.

Schließlich darf an dieser Stelle nicht der Hinweis fehlen, dass die Elementarbäume eine bezogen auf CFG-basierte Formalismen (CFG, HPSG, LFG) ERWEI-

---

[6] Als Kandidat für ein weiteres MCS-Kriterium wurde in letzter Zeit die Erzeugung von ausschließlich wohl-eingebetteten Abhängigkeiten diskutiert (siehe z. B. Kuhlmann & Möhl 2007; Kanazawa 2009; Mönnich 2010). Im Unterschied zur Erzeugung kreuzender Abhängigkeiten ist dies allerdings als Obergrenze der Ausdrucksstärke zu verstehen, d. h. nicht-wohleingebettete Strukturen sollen nicht erzeugt werden.

TERTE LOKALITÄTSDOMÄNE („extended domain of locality") abbilden. Während eine CFG-Regel im Parsebaum einem Teilbaum der Höhe 1 entspricht und damit nur unmittelbare Dominanz ausdrücken kann, verfügen Elementarbäume über eine beliebige Höhe. Deshalb und dank der FAKTORISIERUNG DER REKURSION („factoring of recursion") durch die Adjunktion von Hilfsbäumen ist es möglich, dass zwei Knoten aus demselben Elementarbaum im abgeleiteten Baum beliebig weit auseinanderliegen. Diese Mischung aus Lokalität in den Elementarbäumen und Nichtlokalität im abgeleiteten Baum ist ein wichtiger Ansatzpunkt für die Modellierung natürlicher Sprache mit TAG, zu der wir nun kommen.

## 5.3 TAG als linguistisches Framework

Die Elementarbäume und Verknüpfungsoperationen einer TAG sind per se abstrakte mathematische Objekte, die zunächst einmal mit natürlicher Sprache nicht das Geringste zu tun haben. Damit sie als linguistisches Framework dienen können, müssen Elementarbäume und Verknüpfungsoperationen erst syntaxtheoretisch interpretiert werden, d. h. es muss erst festgelegt werden, welchen Entitäten der Syntaxtheorie sie wie entsprechen. Zusätzlich zu den Beschränkungen durch den Formalismus (z. B. Lexikalisierung) werden der Gestalt von Elementarbäumen deshalb auch linguistisch motivierte Wohlgeformtheitsbedingungen auferlegt. Erste Ansätze dazu gab es bei Abeillé (1988a,b) und Frank (1992), die in jüngerer Zeit durch Abeillé & Rambow (2000) und Frank (2002) präzisiert und erweitert wurden. Im Folgenden werde ich die syntaxorientierte Explikation der Wohlgeformtheitsbedingungen aus Frank (2002) ausführlicher darstellen, aber auch die eher semantikorientierte Explikation aus Abeillé & Rambow (2000) am Ende des Abschnitts kurz erwähnen.

### 5.3.1 Allgemeine Wohlgeformtheitsbedingungen

Eine erste, wichtige Idee, was ein Elementarbaum sein soll und was er enthalten soll, kommt bei Frank (2002) mit der Fundamental TAG Hypothesis zum Ausdruck:

(4)  **Fundamental TAG Hypothesis (FTH)**
     Every syntactic dependency is expressed locally within an elementary tree.
     (Frank 2002: 22)

Zu den syntaktischen Abhängigkeiten zählen im Wesentlichen die Valenzbeziehungen, aber auch z. B. Bewegungsbeziehungen, d. h. die Beziehung zwischen einer bewegten Konstituente und seiner Spur, bis hin zur Beziehung zwischen extraponiertem Relativsatz und Antezedens (Kroch & Joshi 1987) und die Bindung von Reflexiv- und Reziprokpronomen (Ryant & Scheffler 2006; Kallmeyer & Romero 2007; Champollion 2008). Uns interessieren hier natürlich vor allem die Valenzbeziehungen. Diesbezüglich folgt aus der FTH übrigens nicht, dass der Valenzträger und alle valenzgebundenen Ko-Konstituenten in einem Elementarbaum repräsentiert sein müssen. Es ist vielmehr mit der FTH verträglich, dass jede Valenzbeziehung durch einen eigenen Elementarbaum repräsentiert wird.

Der Valenzträger und seine Ergänzung können im Elementarbaum auf unterschiedliche Weise repräsentiert werden, nämlich

- durch lexikalische Anker, d. h. terminale Blätter,

- durch Substitutionsknoten und Fußknoten,

- durch Markierung eines Innenknotens für obligatorische Adjunktion.

Es ist nichts darüber ausgesagt, wie von diesen Repräsentationsweisen Gebrauch gemacht werden soll. Valenzträger und Ergänzung können also beliebig repräsentiert werden, wobei nur beachtet werden muss, dass die Elementarbäume lexikalisiert sind. Nicht ausgeschlossen ist also, dass die Ergänzung in einem Elementarbaum als lexikalischer Anker realisiert ist und der Valenzträger als Substitutionsknoten. Dies entspricht freilich nicht der üblichen Konvention, nach der die Repräsentation bzw. Realisierung des Valenzrahmens genau umgekehrt geschehen würde. Der Elementarbaum für *repaired* aus Abbildung 5.1, der in Abbildung 5.6 nochmals wiedergegeben ist, befindet sich im Einklang mit dieser Konvention: Der Valenzträger ist der lexikalische Anker des Elementarbaums und seine Ergänzungen werden als nicht-terminale Blätter, d. h. hier als Substitionsknoten, repräsentiert. Man beachte, dass Frank in seinen Elementarbäumen eine andere Phrasenstruktur verwendet, worauf gleich noch eingegangen wird. Elementarbäume der Form in Abbildung 5.6 finden sich allerdings in der XTAG-Grammatik (XTAG Research Group 2001).

Die in der FTH erwähnten syntaktischen Abhängigkeiten schließen auch nicht-lokale oder weite Abhängigkeiten wie die *wh*-Dislokation in (5) ein:

(5)    (I wonder) [which book]$_i$ Gabriel had thought his friends should read $t_i$.
      (Frank 2002: 25)

Der Elementarbaum für *read* muss also auch direkt mit der *wh*-dislozierten Ergänzung *which book* verknüpft werden. In der XTAG-Grammatik wird das mit dem zusätzlichen Elementarbaum in Abbildung 5.7 erreicht. Die Dislokation in (5)

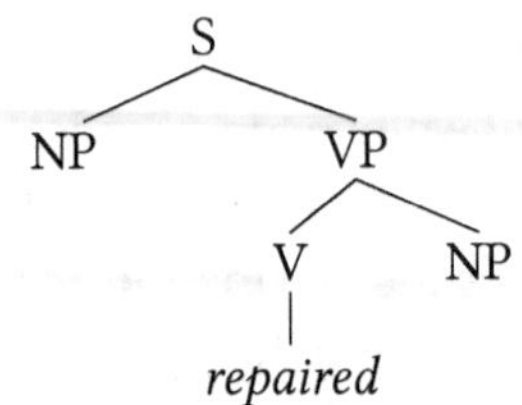

Abbildung 5.6: Elementarbaum für *repaired*

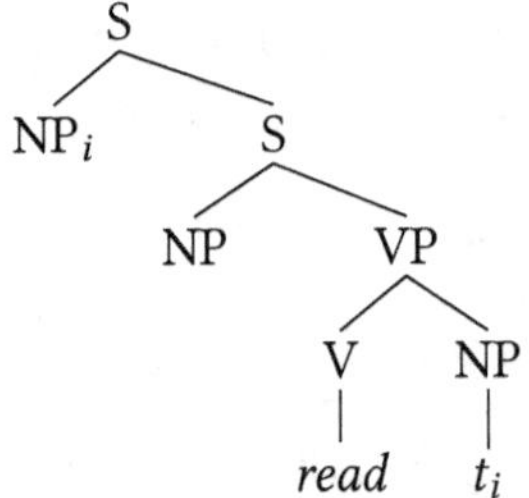

Abbildung 5.7: Elementarbaum für *repaired* mit *wh*-Bewegung

kommt dann durch Substitution am höheren NP-Knoten (mit der Gorn-Adresse 1) zustande, während *Gabriel had thought* durch Adjunktion am unteren S-Knoten eingefügt wird.

Der FTH zufolge sind also weite Abhängigkeiten wie die *wh*-Dislokation in (5) Ergebnisse ein- oder mehrmaliger Adjunktion und lassen sich in einem Elementarbaum lokalisieren. Es gilt das folgende Korollar:

(6)   **Non-local Dependency Corollary**
      Non-local dependencies always reduce to local ones once recursion is factored away. (Frank 2002: 27)

Die Lokalisierung von Dependenzbeziehungen in einem Elementarbaum stellt folglich eine schwächere Form der Idealisierung der Kontinuität (siehe Abschnitt 2.4.2) dar, denn bestimmte Diskontinuitätstypen können in TAG durch Adjunktion direkt erzeugt werden. Diese Ausdrucksstärke aufgrund der erweiterten Lokalitätsdomäne fehlt beispielsweise CFG-basierten Grammatikformalismen, wo die Erzeugung von Diskontinuität allenfalls indirekt möglich ist (siehe Abschnitt 6.1). Dass jedoch nicht alle Diskontinuitätstypen mit TAG erzeugbar sind, wird sich unten in Abschnitt 5.4 zeigen.

## 5.3.2 Struktur und Kategorien der Innenknoten

Die FTH und die Non-local Dependency Corollary lassen viele Aspekte eines Elementarbaums unbestimmt: Wie sieht die Struktur eines Elementarbaums aus? Welche Dependenzbeziehungen werden zusammen in einem Elementarbaum repräsentiert? Und wie wird Dependenz repräsentiert? Um diese Fragen zu beantworten und eine der Konvention in Abbildung 5.6 und 5.7 nahekommende Gestalt der Elementarbäume zu erhalten, formuliert Frank (2002) zwei weitere Wohlgeformtheitsbedingungen: die Condition on Elementary Tree Minimality (CETM) und das $\theta$-Kriterium.

Zunächst legt die CETM fest, welche Rolle der lexikalische Anker spielt und wie die Konfiguration und Beschriftung der Innenknoten auszusehen hat:

(7)    **Condition on Elementary Tree Minimality (CETM)**
        The syntactic heads in an elementary tree and their projections must form the extended projection of a single lexical head. (Frank 2002: 54)

Das heißt zunächst einmal, dass ein Elementarbaum mindestens den lexikalischen Kopf bzw. den lexikalischen Anker und seine Projektion enthält. Die Projektion eines lexikalischen Kopfs ist hier im Sinne des X-bar-Schemas (Chomsky 1970) zu verstehen, nämlich im Elementarbaum als Dominanzpfad über dem lexikalischen Kopf, für den gelten soll: Die morphosyntaktische Kategorie des lexikalischen Kopfs und der Knoten des Dominanzpfads sind im Wesentlichen identisch, abgesehen von der Annotation der Komplexitätsebene mit Strichen und dem Postfix P (für „phrase").[7] Sei also $X$ eine morphosyntaktische Kategorie eines lexikalischen Kopfs $head_X$, dann ist z. B. der Dominanzpfad $XP$ $X'$ $X$ eine mögliche Projektion von $head_X$ mit dem syntaktischen Kopf $X$. Dementsprechend würden also Elementarbäume des Verbs *reads* dem Schema in Abbildung 5.8 folgen.

Nun spricht Frank in der CETM-Formulierung in (7) jedoch von einer erweiterten Projektion („extended projection"). Die erweiterte Projektion (Grimshaw 1991, 2000) bezeichnet eine Erweiterung der X-bar-Projektion um funktionale, nicht-lexikalische Projektionen. Dazu zählen beispielsweise die Projektionen der syntaktischen Köpfe („syntactic heads") C(omplementizer), I(nflection), T(ense) oder Neg(ative marker). Diese funktionalen syntaktischen Köpfe können funktionale Elemente wie Komplementierer (in C) oder Hilfsverben (in T) enthalten. Ein Verb wie *reads* lexikalisiert dann einen Elementarbaum entsprechend des Schemas in Abbildung 5.9. Frank (2002: 45ff) argumentiert in Anlehnung an Grims-

---

[7] Zum X-bar-Schema siehe auch Abschnitt 2.4.2.

haw (1991) und anderen für die Nützlichkeit der Annahme von erweiterten Projektionen im Rahmen der generativen Schule. Dessen ungeachtet werde ich im Weiteren X-bar-ähnliche Projektionen wie in Abbildung 5.8 verwenden, die sich u. a. auch in den Elementarbäumen der XTAG-Grammatik wiederfinden. Die hier im Vordergrund stehende Idee des CETM ist also, dass ein Elementarbaum mindestens die Projektion des lexikalischen Kopfs im Sinne der X-bar-Theorie enthält, aber keine anderen syntaktischen Köpfe und deren Projektionen. Ich halte dies in der folgenden vereinfachten Formulierung des CETM fest:

(8)     **CETM** (vereinfacht)
        Ein Elementarbaum enthält genau eine X-bar-Projektion, nämlich die des lexikalischen Kopfes.

Diese Vereinfachung des CETM, genauso wie Franks Originalformulierung, gilt auch für Elementarbäume von Modifizierern bzw. Angaben, die üblicherweise als Hilfsbaum wie in Abbildung 5.10 implementiert werden. Der vollständige Dominanzpfad über dem lexikalischen Kopf *easily* ist zwar *VP AP A* und entspricht damit nicht der Projektion von *easily*, aber es gibt einen Dominanzpfad, nämlich *AP A*, der dieses Kriterium erfüllt.[8] Ein deutlicher Unterschied zwischen den CETM-Versionen zeigt sich jedoch bei Komplementierern und Hilfsverben: Während Franks CETM erlaubt, sie als Koanker eines verbalen Kopfes zu behandeln, muss man für sie bei der vereinfachten CETM eigenständige Elementarbäume stipulieren. Letzteres entspricht auch dem Vorgehen in der XTAG-Grammatik.

Beide Versionen des CETM erlauben also maximale Projektionen ohne syntaktischen Kopf, um bestimmte funktionale oder modifizierende Hilfsbäume zuzulassen. Man könnte sich damit zufrieden geben und alle sich daraus ergebenden Phrasenstrukturen akzeptieren. Man könnte jedoch stattdessen auch Vorsicht walten lassen und den abgeleiteten Baum phrasenstrukturell folgendermaßen restringieren:

---

[8] Frank betrachtet diesen Aspekt von Modifizierern natürlich vom Blickwinkel seiner Formulierung des CETM und ohne Bezug auf Dominanzpfade:

> Since the root VP node is not projected from a V head present in the elementary tree, the CETM is blind to its presence, just as phrasal argument slots do not count for the purposes of the CETM since they are not the projections of heads present in the elementary tree. (Frank 2002: 63)

Hier wird der Unterschied zur CETM-Formulierung in Frank (1992: 54) deutlich, wo noch eine Übereinstimmung von erweiterte Projektion und Elementarbaum gefordert wurde. Die Lizenzierung von modifizierenden Hilfsbäumen wie in Abbildung 5.10, wo der VP-Spine nicht zur erweiterten Projektion von *easily* gehört, fällt dadurch schwerer (siehe Frank 1992: 60f).

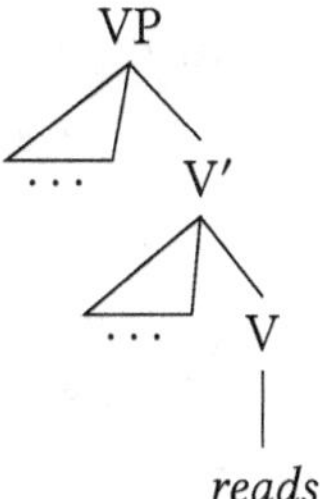

Abbildung 5.8: Schema einer X-bar-Projektion

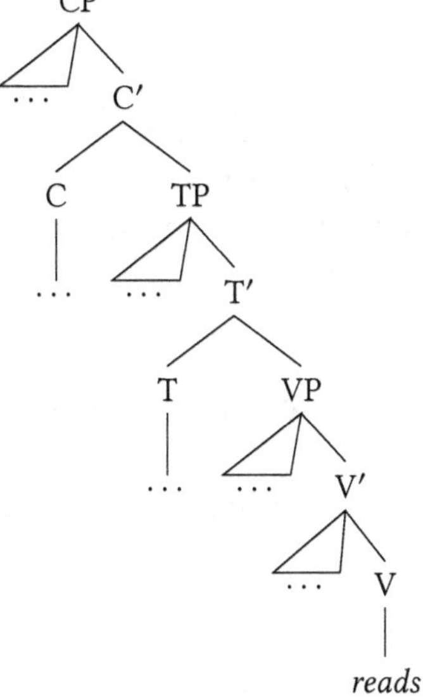

Abbildung 5.9: Schema einer erweiterte Projektion nach Frank (2002: 25)

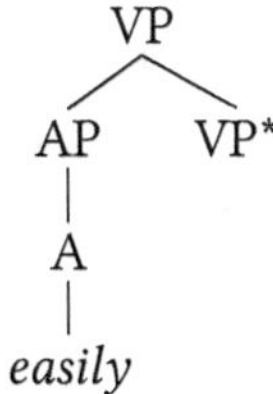

Abbildung 5.10: Hilfsbaum für den Modifizierer *easily*

(9)   **Phrasenstrukturprinzip**
Der abgeleitete Baum enthält nur die vollständigen Projektionen der lexikalischen Anker.

Dadurch wird sichergestellt, dass die generierte Phrasenstruktur auch tatsächlich im Sinne des X-bar-Schemas wohlgeformt ist. Allein durch das CETM ist das nämlich nicht sichergestellt, wie wir z. B. in Abbildung 5.18 (S. 157) sehen werden. Außerdem bietet das Phrasenstrukturprinzip den Vorteil, die Bestandteile idiomatischer Mehrwortausdrücke als Koanker eines Elementarbaums behandeln zu können, was z. B. von Abeillé & Schabes (1989, 1996) und Abeillé (1995) vorgeschlagen wird und dem CETM offensichtlich widerspricht (Frank 2002: Endnote 5, 292). Ich werde mich deshalb im Weiteren an das Phrasenstrukturprinzip halten.

### 5.3.3  Anzahl der Blätter

Die abzweigenden Kanten und die daran hängenden nicht-terminalen Blätter werden bei Frank (2002) durch eine TAG-Version des $\theta$-Kriteriums aus Chomsky (1981) (siehe Abschnitt 2.4.1) lizenziert:

(10)   **$\theta$-criterion (TAG version)**
  a.   If H is the lexical head of an elementary tree T, H assigns all of its $\theta$-roles in T.
  b.   If A is a frontier non-terminal of elementary tree T, A must be assigned a $\theta$-role in T.
(Frank 2002: 55)

Hierdurch wird analog zum $\theta$-Kriterium der GB-Theorie ein bijektives Abbildungsverhältnis zwischen $\theta$-Rollen und nicht-terminalen Blättern innerhalb eines Elementarbaums erreicht. Es ist also sichergestellt, dass der Valenzträger als lexikalischer Anker und alle seine Valenzrollen (bzw. seine semantischen Rollen) als nicht-terminale Blätter repräsentiert werden. Der TAG-Formalismus stellt darüber hinaus die „Füllung" dieser nicht-terminalen Blätter im Verlauf der Ableitung sicher. Damit erbt das resultierende TAG-Modell die Idealisierungen, die in Abschnitt 2.4 auf das $\theta$-Kriterium der GB-Theorie zurückgeführt wurden, nämlich die Idealisierung der Vollständigkeit und die Idealisierung der Funktionalität.

Das $\theta$-Kriterium für TAG geht jedoch noch weiter, indem es fordert, dass auch die Fußknoten in modifizierenden Hilfsbäumen wie oben in Abbildung 5.10 eine $\theta$-Rolle tragen müssen. Frank (2002: 63f) zufolge tun sie das auch, wobei dann

jedoch keine $\theta$-Markierung, sondern eine $\theta$-Identifizierung („$\theta$-identification")
gemäß Higginbotham (1985: 564) vorliegen soll. Unter einer $\theta$-Identifizierung versteht man die Mehrfachverwendung einer Variable in der semantischen Repräsentation, etwa die Mehrfachverwendung einer Eventvariable à la Davidson wie
in (11):

(11)    ∃e [repaired(Peter,the fridge,e) ∧ easily(e)]

Dagegen soll die $\theta$-Markierung ein echtes Prädikat-Argument-Verhältnis voraus-
setzen.[9]

Was funktionale Hilfsbäume betrifft, die durch das vereinfachte CETM möglich geworden sind und deren lexikalische Anker über keine $\theta$-Rollen verfügen,
ist eine Anpassung des $\theta$-Kriteriums nötig, welche in (14) als Valenzprinzip vorgestellt werden wird.

Eine Formulierung von Wohlgeformtheitsbedingungen für Elementarbäume
unter Rückgriff auf deren Semantik findet man bei Abeillé & Rambow (2000: 21f).
Dabei wird naturgemäß die genaue Beschriftung der Knoten und die genaue Konfiguration der Elementarbäume offen gelassen. Die wesentlichen valenztheoretischen Annahmen decken sich jedoch mit denen der syntaktischen Wohlgeformtheitsbedingungen bei Frank (2002). Das Predicate Argument Cooccurrence Principle (PACP) etwa ist eine semantischere Formulierung des $\theta$-Kriteriums in der
TAG-Version:[10]

(12)    **Predicate Argument Cooccurrence Principle (PACP)**
        A predicative lexical item has (substitution or foot) nodes for each of its
        subcategorized arguments in its elementary trees.

Wieder muss das Prädikat, d. h. der Valenzträger, als lexikalischer Anker realisiert sein und mit seinen Argumenten in Form von nicht-terminalen Blättern
innerhalb eines Elementarbaums kookkurrieren. Zudem wird explizit gemacht,
dass alle Argumente in dieser Form angedeutet sein müssen. Im Unterschied zum
$\theta$-Kriterium für TAG sind allerdings mehr nicht-terminale Blätter als Valenzrollen möglich, da keine Bijektion von Valenzrollen und Blättern gefordert wird.
Außerdem besteht diese Bijektionsforderung nur für Elementarbäume mit prä-
dikativem lexikalischen Anker, d. h. mit Valenzträger. Das PACP verhindert also
nicht, dass es Hilfsbäume mit nicht-prädikativen, funktionalen Ankern gibt.

---

[9] Siehe auch die Diskussion im Zusammenhang mit der Darstellung der ARG-Beziehung (S. 16ff).

[10] Das „weak co-occurrence constraint"und das „strong co-occurrence constraint" aus Joshi et al.
(2000) sind keine Beschränkungen auf den Elementarbäumen, sondern auf den Ableitungen.
Siehe Abschnitt 5.4.1.

Solche Hilfsbäume mit funktionalen Ankern werden möglicherweise durch ein weiteres, allgemeineres Prinzip ausgeschlossen, das die semantische Minimalität der Elementarbäume fordert und das bei Abeillé & Rambow (2000) keinen Namen erhält:[11]

(13)   **Non-Compositional Semantics Principle (NCSP)**
An elementary tree is associated with some atomic (i.e., non-compositional) semantic meaning.

Das NCSP hat zum einen zur Folge, dass Elementarbäume nicht durch mehr als einen Valenzträger geankert werden dürfen (unabhängig davon, was genau unter den Begriff einer „atomic semantic meaning" fällt). Diese wichtige Einschränkung kommt oben in beiden CETM und auch im $\theta$-Kriterium für TAG zum Ausdruck. Zum anderen sortiert das NCSP solche Elementarbäume aus, die keine Bedeutung (bzw. „semantic meaning") beitragen. Davon betroffen sind Elementarbäume mit ausschließlich funktionalen Ankern wie dem Komplementierer *dass*. Im Folgenden wird dieser Aspekt des NCSP keine Rolle spielen.

Die valenztheoretischen Implikationen der syntaktischen und semantischen Wohlgeformtheitsprinzipien für Elementarbäume sollen mithilfe der in Kapitel 2 etablierten Terminologie als Valenzprinzip reformuliert und zusammengefasst werden. Dabei wird auf eine Kompatibilität mit dem vereinfachten CETM in (8) geachtet, d. h. auf eine Ermöglichung von Hilfsbäumen mit funktionalen Ankern.

(14)   **Valenzprinzip (für TAG)**
Lexikalisiert ein Valenzträger einen Elementarbaum, dann gilt: Es besteht ein bijektives Abbildungsverhältnis zwischen Valenzrollen einerseits und Substitutionsknoten und Fußknoten andererseits.

Lexikalisiert beispielsweise das Verb *reads* einen Elementarbaum $\gamma$ und verfügt der Valenzrahmen von *reads* über zwei Valenzrollen, dann bedingen diese dank des Valenzprinzips die Existenz genau zweier nicht-terminaler Blätter in $\gamma$. Lexikalisiert dagegen ein Komplementierer wie *that* ohne Valenzrahmen einen Elementarbaum, liegt das außerhalb des Geltungsbereichs des Valenzprinzips.

Das Valenzprinzip führt also wie das $\theta$-Kriterium und das PACP zur Idealisierung der Vollständigkeit und zur Idealisierung der Funktionalität. Außerdem unterscheidet das Valenzprinzip ebenfalls nicht zwischen obligatorischen und fa-

---

[11] Ähnlich Kallmeyer & Romero (2008: 5) unter dem Begriff „compositional minimality of elementary trees": „whenever the semantic contribution of an expression can be decomposed into the semantic contributions of different lexical items, each of these lexical items has a separate elementary tree."

kultativen Ergänzungen. Der wesentliche Unterschied besteht darin, dass beim Valenzprinzip obligatorische und fakultative Ergänzungen nicht in jedem Elementarbaum repräsentiert sein müssen, dass *reads* also bei gleichem Rolleninventar unterschiedliche Valenzrahmen haben kann. Mit dem Valenzprinzip gibt es daher die Wahl zwischen zwei Modellierungsansätzen: Zum einen kann man *reads* einen eindeutigen Valenzrahmen zuweisen. Dann muss ein zusätzlicher Mechanismus, z. B. in Form von phonetisch leeren Elementarbäumen, bereitstehen, durch den die Realisierung der fakultativen Ergänzungen zumindest oberflächlich umgangen werden kann, denn der Elementarbaum von *reads* muss ja qua Valenzprinzip die nicht-terminalen Blätter für fakultative Ergänzungen enthalten. Dieser Ansatz verhält sich analog zum Ansatz der GB-Theorie mit der dort vertretenen Schnittstellenuniformität (siehe Abschnitt 2.4.1). Und diesen Ansatz verfolgt auch Frank, indem er am Projektionsprinzip der GB-Theorie anknüpft (Frank 2002: 64). Darüber hinaus erlaubt das Valenzprinzip aber auch, einem Valenzträger mehrere Valenzrahmen zuzuweisen, z. B. bei *reads* mit und ohne Akkusativ-Ergänzung, und damit auch die entsprechenden Elementarbäume. Auf leere Kategorien für die Modellierung von fakultativen Ergänzungen kann dann verzichtet werden. Die Multiplizierung der Valenzrahmen wird beispielsweise von Jacobs (1994a) vorgeschlagen. Dieser zweite Ansatz steht beim $\theta$-Kriterium und beim PACP deswegen nicht zur Verfügung, weil dort das Inventar der semantischen Rollen (nicht der Valenzrollen) bijektiv auf syntaktische Positionen abgebildet wird.

### 5.3.4 Substitution oder Adjunktion?

Das Valenzprinzip lässt offen, ob Valenzträger mit Ergänzungen per Substitution oder Adjunktion verknüpft werden. Es wäre natürlich wünschenswert, wenn sich der Unterschied zwischen Ergänzung und Angabe in der Art der Verknüpfungsoperation manifestierte, indem etwa Ergänzungen immer substituieren und Angaben immer adjungieren. Doch das lässt sich leider nicht durchhalten, da es in manchen Konfigurationen für das Adjungieren des Valenzträgers an die Ergänzungen keine Alternative gibt. Ummantelt nämlich die Ergänzung den Valenzträger, wie in Abbildung 5.11 die Satzergänzung *Peter to sleep* das Anhebungsverb *seems*, dann kann dies im Geltungsbereich des Valenzprinzips nur per Adjunktion generiert werden. Außer bei Anhebungsverben trifft man auf eine solche Valenzträgerummantelung bzw. ein solches Ergänzungssplitting auch bei Hilfs- und Modalverben und bei Brückenverben.

Das Valenzverhältnis zwischen Hilfsbaum und Zielbaum ist also uneinheitlich: Der Hilfsbaum ist mal der Valenzträger, mal eine Angabe. Wenn aber im

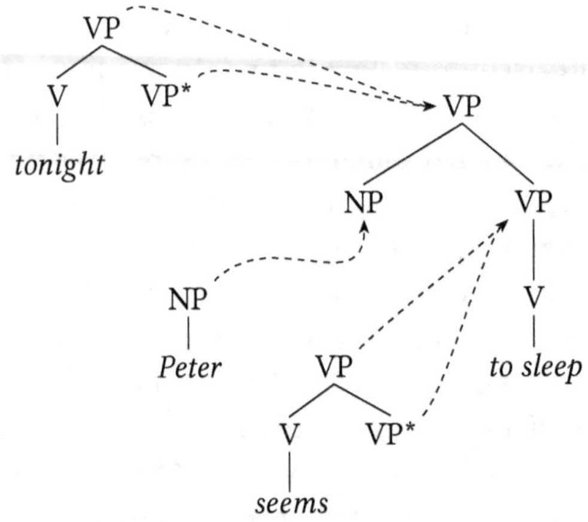

Abbildung 5.11: Derivation einer Anhebungskonstruktion

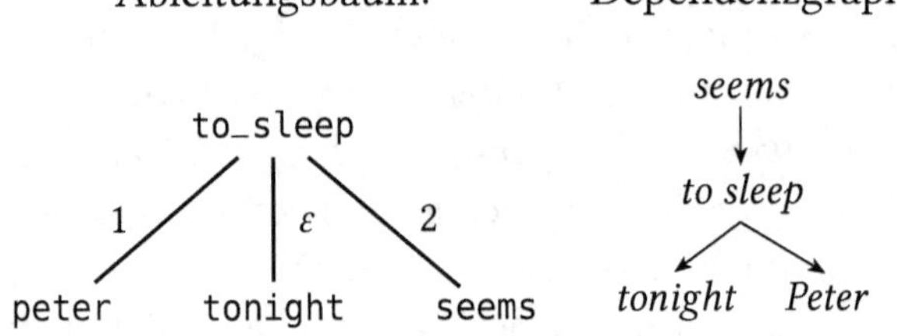

Abbildung 5.12: Diskrepanz zwischen Ableitungsbaum und Dependenzgraph

Ableitungsbaum adjungierte und substituierte Elementarbäume gleichermaßen vom Zielbaum dominiert werden, wie in Abbildung 5.12 dargestellt, dann führt das bei Anhebungskonstruktionen zu einer falschen dependenziellen Repräsentation, bei der die Satzergänzung den Valenzträger regiert.[12] Ändert man dagegen die Darstellung der Adjunktion im Ableitungsbaum so, dass Hilfsbäume nun die Zielbäume dominieren, dominieren nicht nur Anhebungsverben ihre Satzergänzungen, sondern auch Angaben den Valenzträger. Man erhält also einen mehrwurzligen Ableitungsgraphen wie in Abbildung 5.13. Abgesehen davon, dass mehrwurzlige Dependenzgraphen in der Dependenztheorie kaum Verwendung finden, entspricht dieser Ableitungsgraph auch nicht dem dependenziellen Verständnis der Valenzträger-Angabe-Relation. Es besteht also eine fundamentale Diskrepanz zwischen TAG-Ableitungsbaum und klassischem Dependenzgra-

---

[12] Darüber hinaus können Dependenzbeziehungen im Ableitungsbaum fehlen (Rambow et al. 1995).

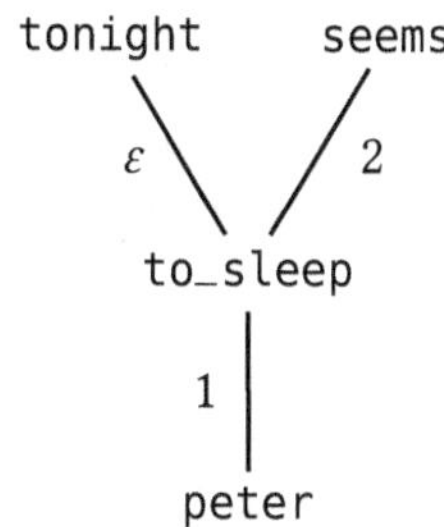


Abbildung 5.13: Mehrwurzliger Ableitungsgraph mit invertierten Adjunktionskanten

phen. Will man trotzdem eine dependenzartigere Struktur des Ableitungsbaums erreichen, muss man erhebliche Änderungen am TAG-Formalismus oder am Valenzprinzip vornehmen (Rambow et al. 1995; Schabes & Shieber 1994).

Die Indifferenz der Adjunktion hinsichtlich Komplementation und Modifikation ist letztlich eine Folge der konsequenten Anwendung des Valenzprinzips, das ja semantische Beziehungen (d. h. Prädikat-Argument-Beziehungen oder Mehrfachverwendungen einer Variable) zwischen lexikalischem Anker und nicht-terminalen Blättern in den Vordergrund rückt. Folglich sollte man vielleicht den Ableitungsbaum nicht als missglückten Dependenzgraphen begreifen, sondern im weiteren Sinne als semantischen Graphen, wie das Candito & Kahane (1998) vorschlagen. Dann stört es nicht, die Adjunktionen im Ableitungsbaum generell so zu repräsentieren, dass ein Hilfsbaum den Zielbaum dominiert.

## 5.3.5 Ökonomieprinzip

Abschließend möchte ich eine Wohlgeformtheitsbedingung ganz anderer, nicht-linguistischer Art formulieren, der die Rolle eines Ockham'schen Rasiermessers für TAG-Grammatiken zukommt:

(15)  **Ökonomieprinzip**
      Die Elementarbäume sind so geformt, dass die Anzahl und die Größe der
      Elementarbäume minimal ist.

Das Ökonomieprinzip wendet sich beispielsweise gegen die Existenz von Hilfsbäumen, die nirgendwo adjungieren können, oder gegen die Existenz von internen Knoten, an die nicht adjungiert werden kann. Mir ist klar, dass das Ökonomieprinzip, abgesehen vielleicht von solchen einfachen Beispielen, hochproblematisch ist, denn zum einen ist das Prädikat „minimal" hier nicht verifizierbar (dafür müsste man nämlich alle möglichen Grammatiken in Betracht ziehen, von denen es unendlich viele gibt) und zum anderen ist nicht ausgeschlossen, dass es mit anderen Wohlgeformtheitsbedingungen wie dem CETM konfligiert. Zumindest das Konfliktpotential lässt sich jedoch mühelos eliminieren, indem das Ökonomieprinzip nachgeordnet bzw. als Metaprinzip behandelt wird.[13] Und auch wenn sich die Minimalität prinzipiell nicht verifizieren lässt, ist sie doch ein wichtiges Ideal bei der Implementierung und Gegenüberstellung von Grammatiktheorien.

## 5.4 Die Grenzen von TAG

In diesem Abschnitt betrachten wir die Grenzen der Ausdrucksstärke von TAG unter dem Einfluss der gerade dargestellten Wohlgeformtheitsbedingungen.[14] Im Mittelpunkt steht also die linguistische oder DERIVATIONELLE MÄCHTIGKEIT (Becker et al. 1992) des TAG-Formalismus.[15] Die derivationelle Mächtigkeit unterscheidet sich von der generativen Mächtigkeit durch den Bezug auf die Formatierung der Elementarstrukturen. Es wird also berücksichtigt, wie Strukturen erzeugt werden, und nicht nur die erzeugte Struktur selber betrachtet.[16]

### 5.4.1 Scrambling bei kohärenten Konstruktionen

Aus Sicht der generativen Mächtigkeit ist das Scrambling bei kohärenten Konstruktionen keine Herausforderung. Das String-Schema bei Verbletzt-Sätzen stellt sich folgendermaßen dar:

(16)    $NP^n \; V^m$

---

[13] Freilich erspart dieser Schritt nicht das Nachdenken über Fälle, in denen die Ökonomie in eine andere Richtung weist als stipulierte, linguistische Wohlgeformtheitsbedingungen.

[14] Siehe auch Gerdes (2002b: Abschnitt 2.4), wo die Grenzen von TAG ebenfalls mit Blick auf die Modellierung des Deutschen dargestellt werden.

[15] Man könnte hier auch die etwas allgemeinere Generative Attachment Capacity (Kallmeyer 2006) in Betracht ziehen.

[16] Ein Kriterium für MCS ist die Erzeugung kreuzender Abhängigkeiten. Ist dies nun eine Eigenschaft der derivationellen oder der generativen Mächtigkeit? Man kann möglicherweise beides sehen, abhängig von der zugrundegelegten formalen Sprachklasse: Bei der Zählsprache $\{a^n \; b^n | n \in \mathbb{N}\}$ ist das eine Eigenschaft der derivationellen Mächtigkeit, denn es wird zusätzliche eine bestimmte Ko-Indizierung verlangt, die in der Sprache selber nicht sichtbar ist; bei der Zählsprache $\{a^n \; b^m \; c^n \; d^m | n, m \in \mathbb{N}\}$ und der Kopiersprache $\{ww | w \in \{a, b\}^*\}$ ist es dagegen eine Eigenschaft der generativen Mächtigkeit, denn die Ko-Indizierung ist hier quasi Teil der Sprache. Bei den natürlichen Sprachen gehört etwa das Niederländische zur ersten Klasse und das Schweizerdeutsche zur zweiten. Siehe Beispiel (1) und die Diskussion in Shieber (1985).

Einer Anzahl von NPs folgt also eine Anzahl von Vs. Dieses String-Schema übergeht jedoch die Valenzrelationen zwischen NPs und Vs, die qua Valenzprinzip die Elementarstrukturen einschränken. Ich nehme im Folgenden an, dass die NP-Wörter des String-Schemas den NP-Substitutionsknoten der Elementarbäume entsprechen, die von V lexikalisiert werden. Ein String-Schema ist dann, bezogen auf die dahinterstehenden Elementarbäume, eine Mischung aus nicht-terminalen NPs und terminalen Vs. Tatsächlich interessant ist also ein String-Schema wie in (17), in dem die Wörter so mit Indizes $(i, j, k, l)$ annotiert sind, dass Wörter mit identischem Index aus derselben Elementarstrukturinstanz stammen:[17]

(17)    $NP_i \ldots NP_j \; V_k \ldots V_l$

Das Valenzprinzip zusammen mit dieser Indizierung entspricht dem, was Joshi et al. (2000: 175) das WEAK CO-OCCURRENCE CONSTRAINT (WCC) nennen. Sollen darüber hinaus die Verben so verknüpft werden, dass der Elementarbaum von $V_i$ immer an den Elementarbaum von $V_{i+1}$ adjungiert, dann ist Joshi et al. (2000: 177) zufolge das STRONG CO-OCCURRENCE CONSTRAINT (SCC) erfüllt.[18]

Becker et al. (1991) zeigen nun, dass TAG nicht die derivationelle Mächtigkeit besitzt, um das folgende String-Schema der Indizierung entsprechend zu erzeugen:

(18)    $NP_2 \; NP_1 \; NP_2 \; NP_1 \; V_2 \; V_1$

Der Grund dafür ist recht offensichtlich: Da (18) aus zwei Elementarbäumen abgeleitet werden muss, nämlich aus einem über dem String $NP_1 \; NP_1 \; V_1$ und aus einem über den String $NP_2 \; NP_2 \; V_2$, führt deren Verknüpfung zu sechs Teilstrings. Die Adjunktionsoperation des TAG-Formalismus kann jedoch maximal fünf Teilstrings erzeugen. Sätze wie (19) sind also allein mit TAG nicht zu bewältigen, wenn ein Valenzrahmen vollständig in einem Elementarbaum realisiert wird:

(19)    daß des Verbrechens der Detektiv den Verdächtigen dem Klienten zu überführen versprochen hat                                    (Becker et al. 1991: (2b))

Ein Beispiel etwas anderer Art findet sich bei Rambow (1994):

---

[17] Indizierte Sprachen und der Begriff der derivationellen Mächtigkeit werden in Becker et al. (1992) formal eingeführt. Siehe auch Rambow (1994: 41).

[18] WCC und SCC fußen auf dem „Co-occurrence Constraint", einer Art Valenzprinzip (siehe auch Becker et al. 1991: 22): „We are really only interested in linguistically appropriate grammars, namely those that exploit the extended domain of locality and whose trees obey the constraint that each elementary tree encapsulates the lexical anchor and positions for all of its arguments and no other arguments." (Joshi et al. 2000: 175)

(20)   Dieses Buch hat den Kindern niemand zu geben versucht.
$NP_2$          $V_1$   $NP_2$          $NP_1$      $V_2$        $V_1$
(Rambow 1994: 42)

Anders als in (19) liegt hier ein Verbzweit-Satz vor. Damit das Beispiel funktioniert, muss das finite Hilfsverb zusammen mit dem regierten Vollverb *versucht* und der Nominativ-NP in einem Elementarbaum realisiert sein. Diese Bündelung ist nicht ohne Alternative, denn das finite Hilfsverb könnte auch vom infiniten Vollverb und dem Subjekt getrennt und durch einen eigenen Elementarbaum repräsentiert werden.

Doch selbst wenn es technisch möglich ist, fünf Teilstrings durch die Adjunktionsoperation zu erzeugen, stehen die involvierten Elementarbäume nicht immer im Einklang mit dem Valenzprinzip. So können das String-Schema in (18) und der Satz (19) zwar zu (21) vereinfacht werden:

(21)   dass der Detektiv den Verdächtigen dem Klienten zu überführen
         $NP_1$         $NP_2$                $NP_1$          $V_2$
       versprochen hat
       $V_1$

Aber dann muss der Elementarbaum des eingebetteten Verbs $V_2$ an den Elementarbaum des regierenden Verbs $V_1$ adjungieren – anders ist eine Erzeugung von fünf Teilstrings nicht zu schaffen. Das ist mit dem Valenzprinzip jedoch unvereinbar, da der Elementarbaum von $V_2$ einen Fußknoten zuviel bzw. der Elementarbaum von $V_1$ einen Fußknoten zuwenig hat.

Becker et al. (1991) und Joshi et al. (2000) betrachten auch String-Schemata, in denen jedes Verb genau eine Nominalphrase regiert, die also Wörter der indizierte Scramblingsprache SCR$^{ind}$ sind:[19]

(22)   SCR$^{ind} = \{\sigma(NP_1, \ldots, NP_m)V_m \ldots V_1 | m \geq 1$ and $\sigma$ ist eine Permutation$\}$

Im Gültigkeitsbereich des WCC soll TAG in der Lage sein, alle Scramblingmöglichkeiten bei Verbalkomplexen mit maximal vier Verben zu erzeugen (Becker et al. 1991: 23; Joshi et al. 2000: 177), also die Menge $\{\sigma(NP_1, \ldots, NP_k)V_k \ldots V_1 | k \leq$

---

[19] Kallmeyer (2005: 200) bemängelt an SCR$^{ind}$, dass damit nicht alle Scrambling-Möglichkeiten im Deutschen erfasst sind. Auf die von ihr vorgeschlagene Variante trifft dies jedoch auch nicht zu, da diese etwa Oberfeldumstellungen oder partielle Voranstellungen nicht abdeckt. Man sollte SCR$^{ind}$ also besser als Abstraktion über einen aussagekräftigen Teilbereich des Kohärenzphänomens betrachten, die sich als Messlatte für die derivationelle Mächtigkeit von TAG-Varianten eignet.

4, $\sigma$ ist eine Permutation}. Ich bezweifle allerdings, ob das stimmt.[20] Tatsächlich fangen die Probleme schon bei Verbalkomplexen mit drei Verben an, nämlich bei folgendem String-Schema:

(23)    $NP_2\ NP_3\ NP_1\ V_3\ V_2\ V_1$

Bei der Erzeugung dieses String-Schemas mit einer TAG scheint es mir unvermeidbar, dass das tiefste Verbs $V_3$ am höchsten Verb $V_1$ adjungiert. Mit Blick auf das WCC (bzw. das Valenzprinzip) hat der Elementarbaum von $V_3$ also in jedem Fall einen Fußknoten zuviel. Auch Joshi et al. (2000: (6)) erwähnen das String-Schema in (23) – nur leider nicht im Zusammenhang mit dem WCC, sondern mit dem SCC. Der Grund dafür liegt vermutlich darin, dass Joshi et al. (2000) an dieser Stelle nur auf die Indizierung achten und nicht wie angekündigt (siehe oben) auch auf das Valenzprinzip. Indem das SCC – anders als das WCC – auch die Indizierung des Verbalkomplex auswertet, wird dem Valenzprinzip implizit Rechnung getragen. Bezogen auf deren Definition sind aber sowohl das SCC als auch das WCC zu stark für die Derivation von (23). Beide können somit alle Scramblingmöglichkeiten nur bei Verbalkomplexen mit zwei Verben derivieren, also die Menge $\{\sigma(NP_1, \ldots, NP_k)V_k \ldots V_1 | k \leq 2, \sigma$ ist eine Permutation$\}$.

Natürlich könnte es sein, dass Joshi et al. (2000) die Definition des WCC anders intendiert haben als oben festgelegt. Ich halte das aber für unwahrscheinlich, denn sie stellen ihre Arbeit explizit in den Geltungsbreich des Valenzprinzips (bzw. des „co-occurrence constraint").[21] Andernfalls wäre das WCC für die linguistische Modellierung uninteressant. Außerdem gibt es bei anderen String-Schemata tatsächlich einen Unterschied zwischen WCC und SCC, was sich z. B. mit folgendem String-Schema belegen lässt:

(24)    $NP_1\ NP_3\ NP_2\ V_3\ V_2\ V_1$

Dieses String-Schema kann mittels der Grammatik in Abbildung 5.14 deriviert werden, die dem WCC genügt, jedoch nicht dem SCC. Eine entsprechende Grammatik mit SCC scheint mir dagegen nicht konstruierbar.

---

[20] Leider wird der Beweis in Becker et al. (1991) und Joshi et al. (2000) nicht mitgeliefert, sondern auf ein unveröffentlichtes, unauffindbares Manuskript von Tilman Becker und Owen Rambow verwiesen, das diesen enthalten soll. Es wird nur angedeutet, dass für das Unvermögen, Scrambling bei Verbalkomplexen > 4 korrekt zu erfassen, das String-Schema $NP_3\ NP_1\ NP_5\ NP_2\ NP_4\ V_5\ V_4\ V_3\ V_2\ V_1$ verantwortlich sei. Vermutlich ist hier das Problem, dass der Elementarbaum von $NP_2V_2$ zweimal adjungieren müsste, was TAG ausschließt.

[21] Siehe Fußnote 18.

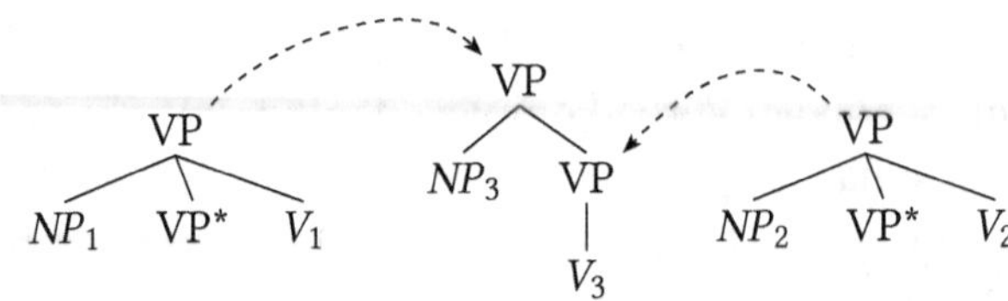

Abbildung 5.14: Derivation des String-Schemas $NP_1$ $NP_3$ $NP_2$ $V_3$ $V_2$ $V_1$, die dem WCC genügt, jedoch nicht dem SCC

Missverständlich ist auch das in der Einleitung von Joshi et al. (2000) vorgegriffene Fazit, dass LTAG nicht in der Lage sei, Long Distance Scrambling (LDS) aus Einbettungen der Tiefe > 2, d. h. kohärente Verbalkomplexe mit drei Verben, adäquat zu beschreiben.[22] Die maximale Einbettungstiefe ist tatsächlich abhängig von der Anzahl der Ergänzungen pro Verb. Wie wir in (18) sehen können, reicht bei zwei Ergänzungen pro Verb bereits eine Einbettungstiefe von 1 aus, um mit TAG nicht immer adäquat beschreibbar zu sein. Andererseits sind auch kohärente Konstruktionen mit einer Einbettungstiefe > 2 denkbar, die kein Problem für TAG darstellen:[23]

(25)   dass den Kühlschrank niemand zu reparieren zu versuchen
      $NP_4$            $NP_1$    $V_4$        $V_3$
      zu versprechen bereit ist
      $V_2$            $V_1$

Eine bessere Charakterisierung ist also die folgende: TAG kann diejenigen indizierten String-Schemata aus $\{\sigma(NP_n, \ldots, NP_1)V_n \ldots V_1 | \sigma$ ist eine Permutation $\}$ nicht adäquat modellieren, in denen ein Verb $V_m$ mit mindestens einer Ergänzung $NP_m$ existiert, und außerdem mindestens zwei Ergänzungen $NP_{l1}, NP_{l2}$ mit $l1, l2 < m$. Stammen $NP_{l1}, NP_{l2}$ von zwei unterschiedlichen Verben $V_{l1}, V_{l2}$, dann sind diejenigen String-Schemata betroffen, bei denen $NP_m$ und $V_m$ von $NP_{l1}, NP_{l2}$ und $V_{l1}, V_{l2}$ in der folgenden Weise eingefasst sind:

(26)   $\ldots NP_{l2} \ldots NP_m \ldots NP_{l1} \ldots V_m \ldots V_{l2} \ldots V_{l1} \ldots$

---

[22] „We show that in the case of scrambling we are able to find a class of LTAG which have the property that as a class they are adequat [...] to describe scrambling from up to two levels of embedding, and beyond two levels they fail." (Joshi et al. 2000: 167)

[23] Das Schema in (25) wird von Kallmeyer (2005: 190) irrtümlicherweise als in diesem Sinne problematisch für LTAG bezeichnet. Der Grund ist wohl das angesprochene, missverständliche Fazit aus Joshi et al. (2000: 167).

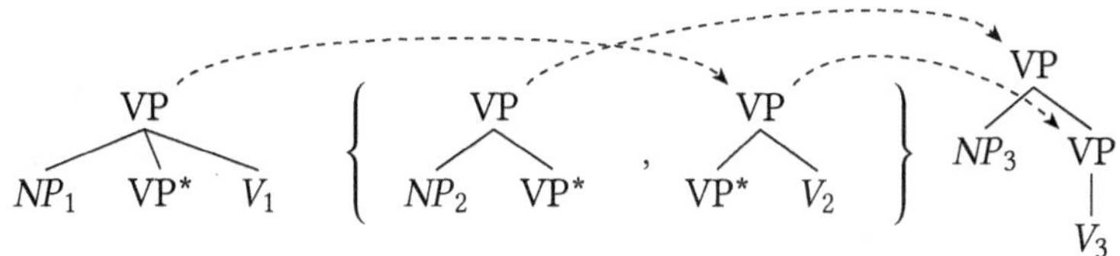

Abbildung 5.15: TL-MCTAG-Derivation des String-Schemas $NP_2$ $NP_3$ $NP_1$ $V_3$ $V_2$ $V_1$

$NP_{l1}$, $V_{l1}$ und $NP_{l2}$, $V_{l2}$ überkreuzen sich hier und dieses Muster kann man auch im String-Schema (23) erkennen.

## 5.4.2 TL-MCTAG, SL-MCTAG oder NL-MCTAG?

Weil TAG also nicht über die notwendige derivationelle Mächtigkeit für solche Scrambling-Phänomene verfügt, lohnt ein Blick auf die von Weir (1988) definierte Multikomponenten-TAG (MCTAG). Die restringierteste Variante, MCTAG mit baumlokaler Anwendung (TL-MCTAG), zeichnet sich dadurch aus, dass ihre generative Mächtigkeit äquivalent ist zur generativen Mächtigkeit von TAG, wohingegen TL-MCTAG in derivationeller Hinsicht mächtiger ist. Der Zugewinn reicht aus, um den Yield einer Elementarstruktur bei der Verknüpfung mit einer anderen Elementarstruktur in beliebig viele disjunkte Teilstrings aufzutrennen. Die Derivation des String-Schemas in (18) gelingt daher selbst unter dem SCC (Joshi et al. 2000: Abbildung 6). Und auch die in (23) und (24) erwähnten Instanzen der Scramblingsprache SCR$^{ind}$ lassen sich mit TL-MCTAG so modellieren, dass das SCC erfüllt ist. Das String-Schema in (23) wird beispielsweise im Zuge der TL-MCTAG-Ableitung in Abbildung 5.15 erzeugt.

Im Geltungsbereich des SCC kann TL-MCTAG jedoch nicht alle String-Schemata aus SCR$^{ind}$ erzeugen. Joshi et al. (2000: 175) behaupten, dass das beispielsweise bei folgendem String-Schema mit vier Verben der Fall ist:[24]

(27)    $NP_2$ $NP_4$ $NP_3$ $NP_1$ $V_4$ $V_3$ $V_2$ $V_1$

Hält man sich dagegen nur an das schwächere WCC, so steht für (27) die TL-MC-TAG-Ableitung in Abbildung 5.16 zur Verfügung. Auffällig an dieser TL-MCTAG

---

[24] Eine schöne vergleichende Darstellung der Ausdrucksstärke verschiedener TAG-Varianten bei vier Verben bieten übrigens Chen-Main & Joshi (2008: Abbildung 3, Abbildung 7) an. Dort werden auch weitere String-Schemata mit vier Verben aufgeführt, die für eine TL-MCTAG unter dem SCC nicht derivierbar sind.

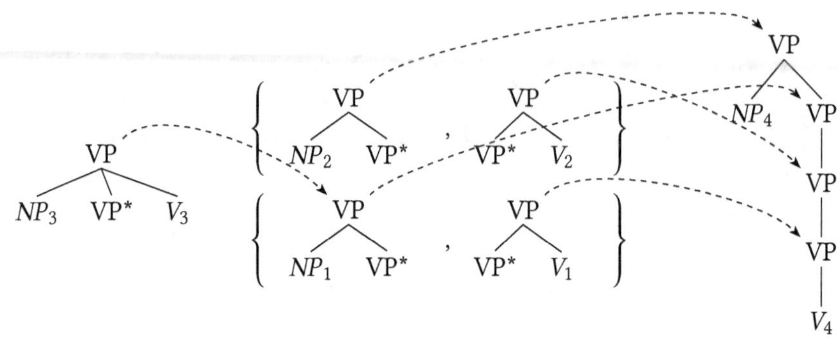

Abbildung 5.16: TL-MCTAG-Derivation des String-Schemas $NP_2$ $NP_4$ $NP_3$ $NP_1$ $V_4$ $V_3$ $V_2$ $V_1$

ist der $V_4$-Elementarbaum mit den vier VP-Knoten, die dafür sorgen, dass die dargestellten Elementarbaummengen baumlokal verknüpft werden können. Wären weitere Elementarbaummengen involviert, müsste $V_4$ (oder ein anderer Elementarbaum) über eine entsprechende Anzahl zusätzlicher VP-Knoten verfügen, um alle Scramblingmöglichkeiten erzeugen zu können. Daran kann man sehen, dass es eine endliche TL-MCTAG für $SCR^{ind}$ nicht geben kann: Je mehr Verben involviert sind, desto mehr Elementarbaummengen und desto mehr VP-Knoten in einem Elementarbaum müssen zur Verfügung stehen. Der Beweis in Becker et al. (1992) zeigt zudem, dass $SCR^{ind}$ auch nicht durch eine mengenlokale MCTAG (SL-MCTAG) derivierbar ist.[25] Was mit TL-MCTAG und SL-MCTAG allerdings derivierbar ist, ist etwas Eingeschränkteres, das man allgmein als $k$-$SCR^{ind}$ aufschreiben kann:

(28)    $k$-$SCR^{ind} = \{\sigma(NP_1, \ldots, NP_m)V_m \ldots V_1 | 1 \leq m \leq k$ und $\sigma$ ist eine Permutation$\}$

Während $k$ im Geltungsbereich des WCC je Grammatik beliebig wählbar ist, gilt im Geltungsbereich des SCC zumindest für TL-MCTAG: $k = 3$.

Joshi et al. (2000) versuchen aus der mangelnden Ausdrucksstärke eine Tugend zu machen und argumentieren, dass die Sprecherkompetenz nicht $SCR^{ind}$ enthält, sondern bloß 3-$SCR^{ind}$ und dass daher TL-MCTAG der richtige Kandidat für die Modellierung der Sprecherkompetenz darstellt.[26] Diese Argumentation ist nicht unumstritten. Zum einen hält es Müller (2010: Abschnitt 10.6.3) für möglich, das

---

[25] Genaugenommen zeigen Becker et al. (1992), dass $SCR^{ind}$ nicht durch eine LCFRS generiert werden kann, und LCFRS enthält TL-MCTAG und SL-MCTAG. Siehe auch Rambow (1994: 53ff).

[26] Chen-Main & Joshi (2008, 2012) führen diese Idee fort.

Sting-Schema $NP_2$ $NP_4$ $NP_3$ $NP_1$ $V_4$ $V_3$ $V_2$ $V_1$ als grammatischen Satz zu instanziieren. Zwar fände man generell „in Kopora keine Belege mit vier oder mehr eingebetteten Verben" (S. 268) und die Verarbeitung der konstruierten Daten sei schwierig – aber es sei keinesfalls unmöglich, wie (29) beweise:

(29)    weil [der Frau]$_2$ [diesen Teich]$_4$ [den Mann]$_3$ niemand$_1$ leer$_4$ fischen$_3$
helfen$_2$ sah$_1$                  (Müller 2010: 270)

Der Satz sei durch Performanzfaktoren markiert und solle „nicht von der Grammatik ausgeschlossen werden". Zum anderen moniert Müller, dass Umstellungen im TL-MCTAG-Modell mal kompetenzseitig und mal performanzseitig beschränkt sind, ohne dass dies durch die Umstellung selber gerechtfertigt wäre. Während beispielsweise (29) jenseits der Ausdrucksstärke von TL-MCTAG liegt, ist eine Umstellung wie in (30) durch eine TL-MCTAG adäquat modellierbar:

(30)    weil niemand$_1$ [der Frau]$_2$ [diesen Teich]$_4$ [den Mann]$_3$ leer$_4$ fischen$_3$
helfen$_2$ sah$_1$                  (Müller 2010: 270)

Müller kann zwischen (29) und (30) keinen Markiertheitsunterschied feststellen, der es rechtfertigen würde, in dem einen Fall von einem Kompetenzphänomen und im anderen Fall von einem Performanzphänomen zu sprechen.[27] Wenn man zudem bedenkt, dass TL-MCTAG beliebig große Verbalkomplexe erzeugen kann (die ja schon bei vier Verben schwer verständlich und nicht durch Korpora zu belegen sind), dann wirkt die durch TL-MCTAG definierte Performanz-Kompetenz-Schwelle reichlich willkürlich.

Ob die mächtigste MCTAG-Variante nach Weir (1988), die nichtlokale MCTAG (NL-MCTAG), SCR$^{ind}$ derivieren kann, ist noch nicht abschließend geklärt, erscheint mir aber durch die geltende Simultanitätsbedingung eher fraglich. Doch selbst wenn NL-MCTAG zu einer Derivierung von SCR$^{ind}$ in der Lage wäre, hätte die Modellierung mit NL-MCTAG zwei Nachteile: Erstens ist seit Rambow & Satta (1992) bekannt, dass NL-MCTAG unerwünschte Komplexitätseigenschaften besitzt. Zweitens erlaubt es NL-MCTAG trotzdem nicht, bestimmte Strukturvorstellungen in den Elementarbäumen umzusetzen. Rambow (1994: 56f) identifiziert diese Unzulänglichkeit bei der Modellierung von Topikalisierungsdaten wie (20), hier wiederholt als (31):

---

[27] „Ich halte es für falsch, Beschränkungen in Bezug auf Umstellbarkeit an der Mächtigkeit des Grammatikformalismus festzumachen, denn die Beschränkungen, die man finden kann, sind unabhängig von Verbalkomplexen bereits bei einfachen Verben mit zwei Argumenten wirksam." (Müller 2010: 269)

(31)    Dieses Buch hat den Kindern niemand zu geben versucht.
$NP_2$         $V_1$  $NP_2$          $NP_1$       $V_2$        $V_1$
(Rambow 1994: 42)

Unter der Voraussetzung, dass (31) als Ergebnis einer Bewegung von *dieses Buch* („long-distance topicalization") und *den Kindern* („long-distance scrambling") in den Matrixsatz modelliert werden soll, ergibt sich folgender Widerspruch: Für eine Bewegungsanalyse sollte hier das eingebettete Infinitum *zu geben* und seine NP-Ergänzungen *dieses Buch* und *den Kindern* in unterschiedlichen Elementarbäumen einer Elementarbaummmenge repräsentiert werden, damit die NP-Ergänzungen im Baum des Matrixsatzes *hat niemand versucht* adjungieren.[28] Gleichzeitig muss wegen des Valenzprinzips der regierende Matrixsatz *hat niemand versucht* irgendwie an *zu geben* adjungieren. Dies widerspricht jedoch der für NL-MCTAG bestehenden Simultanitätsbedingung bei der Anwendung einer Elementarbaummmenge: Die Ergänzungen von *zu geben* müssen an etwas adjungieren, was (unmittelbar oder mittelbar) an *zu geben* adjungiert hat. Mit anderen Worten, selbst der Einsatz von NL-MCTAG schränkt den Spielraum in der Gestaltung der Elementarstrukturen so ein, dass unangenehme Zugeständnisse nötig sind. Ein erstaunliches Ergebnis aus Rambow (1994) ist da, dass sowohl die computationelle Komplexität als auch die Einschränkungen für die Grammatikimplementierung durch die Herausnahme der Simultanitätsbedingung wesentlich verbessert werden. Dazu mehr in Abschnitt 6.2.

## 5.4.3 Relativsatzextraposition und NP-PP-Splits

Andere Formen der Diskontinuität mit je eigenen Grenzen für die TAG-Modellierung liegen bei extraponierten Relativsätzen und NP-PP-Splits vor, auf die ich jedoch nur in diesem Abschnitt kurz eingehen möchte.

Die Beziehung zwischen Nomen und extraponiertem Relativsatz wird gemeinhin als syntaktische Beziehung aufgefasst und dementsprechend analysiert,[29] etwa durch Basisgenerierung am Nomen und anschließender Rechtsbewegung ins Nachfeld (Büring & Hartmann 1997) oder mittels eines Slash-Mechanismus (Pollard & Sag 1994; Keller 1995; Müller 1999). Was das TAG-Framework betrifft, kommt der einschlägige Modellierungsvorschlag von Kroch & Joshi (1987), wobei sie eine TL-MCTAG verwenden und keine klassische TAG. Kroch und Joshi streben die Simulation einer Bewegungsanalyse an und verwenden dafür Baum-

---

[28] Vgl. Abbildung 5.5 auf Seite 133.
[29] Eine Analyse als anaphorische Beziehung schlägt z. B. Kiss (2005) vor.

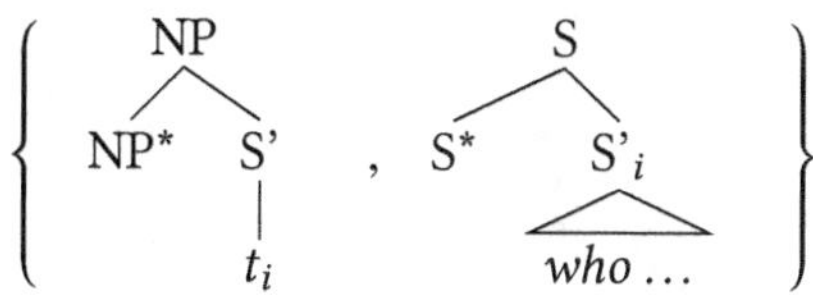

Abbildung 5.17: Elementarbaummenge für extraponierte Relativsätze gemäß Kroch & Joshi (1987)

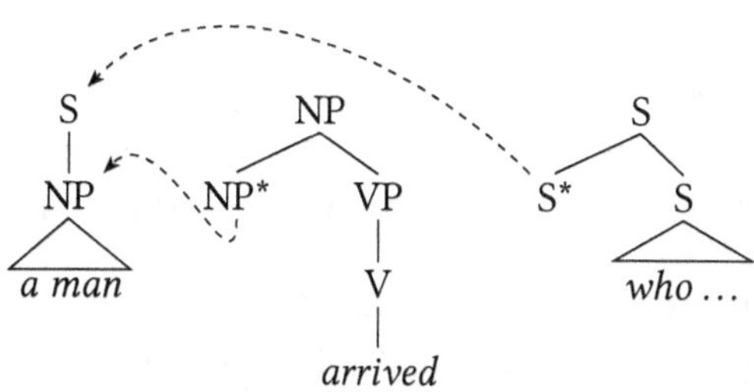

Abbildung 5.18: Versuch einer TAG-Analyse für extraponierte Relativsätze

mengen, die den extraponierten Relativsatz und seine Spur bündeln. Für die Extraposition in (32) schlagen sie daher die Baummenge in Abbildung 5.17 vor:

(32)    A man arrived who knew Mary.          (Kroch & Joshi 1987: (70))

Wenn man einen Elementarbaum für *arrived* annimmt, der dem Valenzprinzip gehorcht,[30] muss die Spur an dessen NP-Substitutionsknoten adjungieren und der Relativsatz an dessen S-Knoten. Die Baumlokalität garantiert dann die Einhaltung wichtiger Inselbeschränkungen.

Sieht man von der Simulation einer Bewegungsanalyse ab, ist auch eine Modellierung ohne Baummengen, d. h. mit klassischer TAG, denkbar. In TAG werden Relativsätze wie Modifizierer durch Hilfsbäume repräsentiert, die an den Elementarbaum des modifizierten Nomens adjungieren. Das sollte auch für extraponierte Relativsätze gelten. Versucht man also für die Extraposition in (32) eine entsprechende TAG-Analyse zu finden, z. B. die stark vereinfachte in Abbildung 5.18, dann stößt man schnell auf Schwierigkeiten: Zwar erfüllen die Elementarbäume das Valenzprinzip, aber der abgeleitete Baum genügt nicht dem Phrasenstrukturprinzip, weil nämlich darin ein S-Knoten nur einen NP-Knoten dominiert. Dies könnte noch ausgebessert werden, indem *arrived* an einem S-Knoten von *a man* adjungiert – um den Preis freilich, dass *arrived* fälschlicherweise eine Satzkategorie subkategorisiert.

---

[30] Kroch & Joshi (1987: (71)) zeigen nur einen bereits abgeleiteten Baum für *a man arrived*.

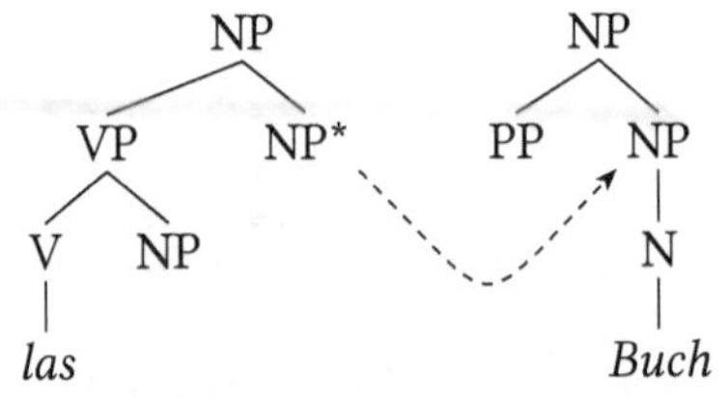

Abbildung 5.19: Versuch einer TAG-Analyse für NP-PP-Splits

Nun ist das hervorstechende Merkmal der Relativsatzextraposition deren potentielle Nichtlokalität, denn das Antezendens-Nomen kann beliebig tief in einem nominalen Satzglied eingebettet sein, wie in (33) zu sehen ist:

(33)  a.  Karl hat mir das Bild einer Frau gegeben, die schon lange tot ist.
      b.  Karl hat mir eine Fälschung des Bildes einer Frau gegeben, die schon lange tot ist.
      c.  Karl hat mir eine Kopie einer Fälschung des Bildes einer Frau gegeben, die schon lange tot ist.

(Müller 1999: (13.18))

Außerdem können mehrere Relativsätze von verschiedenen Ergänzungen und Angaben extraponiert werden.[31] Kroch & Joshi (1987) gehen auf solche Extrapositionsdaten nicht ein und eine Modellierung mit TL-MCTAG, und daher auch mit TAG, scheint mir auch ausgeschlossen zu sein. Möglicherweise könnte man hier mit SL-MCTAG noch etwas ausrichten.

Ein ähnliches Problem stellen NP-PP-Splits wie in (34) dar:

(34)  Über Goethe las Peter ein Buch.

Die Bestandteile des NP-PP-Splits, die NP *ein Buch* und die PP *über Goethe*, werden bisweilen (siehe etwa De Kuthy 2002) als Bestandteile eines Valenzrahmens aufgefasst, worin *ein Buch* als Valenzträger und *über Goethe* als seine optionale Ergänzung fungieren. Darin liegt der Unterschied zur Relativsatzextraposition, bei der ein nominaler Valenzträger und seine Angabe bzw. sein Modifizierer diskontinuierlich realisiert sind. Gemäß dem Valenzprinzip muss also im Elementarbaum von *ein Buch* die PP-Ergänzung *über Goethe* mittels nicht-terminalem Blatt angedeutet sein. Unter dieser Voraussetzung scheint eine TAG-Analyse von (34) zunächst möglich, z. B. mit den Elementarbäumen in Abbildung 5.19. Allerdings

---

[31] Dank an Stefan Müller für den Hinweis!

muss man dafür in Kauf nehmen, dass die resultierende Phrasenstruktur den Satz (34) als NP ausweist. Wie schon bei dem Modellierungsversuch einfachster Extrapositionsdaten (Abbildung 5.18) kommt es also im günstigsten Fall zu falschen Kategoriezuweisungen, die mir unausweichlich erscheinen, da in beiden Fällen ein verbaler Valenzträger an eine nominale Ergänzung adjungieren muss. Andere Fälle von NP-PP-Split sind dagegen unerreichbar für eine TAG-Modellierung, z. B. die Konfiguration in (35):

(35)     Peter hat über Goethe an einem Tag zwei Bücher gelesen.

Zur Veranschaulichung stelle man sich vor, dass Satz (35) durch eine Adjunktion eines Hilfsbaums mit der Terminalkette *Peter hat an einem Tag gelesen* an einen Elementarbaum mit der Terminalkette *über Goethe zwei Bücher* deriviert werden soll. Das ist jedoch unmöglich, weil die Terminalkette des Hilfsbaums (also *Peter hat an einem Tag gelesen*) bei der Adjunktion nur in maximal zwei Teile geteilt werden kann. In Satz (35) besteht sie aber aus drei Teilen. Ein analoges Problem trat bereits beim Scrambling in kohärenten Konstruktionen in (21) auf.

Dass auch die einfachsten Formen der Relativsatzextraposition und des NP-PP-Splits nicht immer mit TAG modelliert werden können, sobald diese kombiniert werden, zeigt schließlich (36):[32]

(36)     Über Goethe las derjenige Schüler ein Buch, der als extrem lesefaul gilt.

Beide Ergänzungen des Verbs *las* sind hier diskontinuierlich. Darüber hinaus überkreuzt sich aber der String des NP-PP-Splits mit dem String der Nominativ-NP *derjenige Schüler* und seines extraponierten Relativsatzes, so dass eine Adjunktion des Verbs nur eine der Diskontinuitäten erzeugen kann. Konfigurationen wie in (36) werden in der Dependenzliteratur als nicht-wohleingebettet (non-well-nested / ill-nested) bezeichnet (Bodirsky et al. 2005). Kuhlmann & Möhl (2006) haben gezeigt, dass nicht-wohleingebettete Dependenzstrukturen nicht von einer LTAG induziert werden können. Dagegen sei dies mit TL-MCTAG prinzipiell möglich.

## 5.4.4 Ellipse

In Abschnitt 5.3 wurde festgestellt, dass ein TAG-Modell, dessen Elementarbäume dem $\theta$-Kriterium für TAG, dem PACP oder dem Valenzprinzip unterworfen sind, der Idealisierung der Vollständigkeit auf sehr konsequente Weise folgt: Elementarbäume, die einen Valenzrahmen repräsentieren, enthalten für alle obligatorischen Valenzrollen je ein nicht-terminales Blatt, das im Laufe der Derivation

---

[32] Siehe auch die Diskussion in Chen-Main & Joshi (2012).

„gefüllt" werden muss. Elementarbäume mit phonetisch leerem Anker gelten als unlexikalisiert und stehen daher in einer lexikalisierten TAG nicht zur Verfügung. Die Weglassung obligatorischer Valenzrahmenbestandteile ist also ausgeschlossen. Wie wir in Kapitel 8 sehen werden, gibt es für einen Teilbereich der Ellipsenphänomene Ansätze, diese sehr strikte Form der Valenzrealisierung zu umgehen. Dabei müssen allerdings erhebliche Abweichungen vom TAG-Formalismus in Kauf genommen werden. Das spricht vielleicht dafür, eine Korrektur der zugrundeliegenden Prinzipien in Betracht zu ziehen, nämlich das Valenzprinzip selber zu lockern oder Valenz sogar ganz von der Syntax zu entkoppeln. Darum wird es in Kapitel 9 gehen.

## 5.5 Zusammenfassung

In diesem Kapitel habe ich den TAG-Formalismus eingeführt und Anwendungsprinzipien für die Modellierung natürlicher Sprache erläutert. Elementarbäume werden demnach als komplexe syntaktische Repräsentationen interpretiert, deren Struktur und Knotenbeschriftungen maßgeblich durch die syntaktischen Eigenschaften der lexikalischen Anker determiniert sind. Diese Determinierung vollzieht sich entlang von Wohlgeformtheitsprinzipien, die in diesem Kapitel anhand von prominenten Explikationen, etwa dem CETM und dem $\theta$-Kriterium aus Frank (2002), dargestellt und diskutiert wurden. Weil sich die bisher vorgeschlagenen Explikationen als inadäquat erwiesen haben, wurden drei zentrale Wohlgeformtheitsprinzipien überarbeitet bzw. neu formuliert, nämlich das Phrasenstrukturprinzip, das Valenzprinzip und das Ökonomieprinzip. Für uns ist natürlich das Valenzprinzip von besonderem Interesse, weil es das Verhältnis zwischen Valenz und TAG-Syntax bestimmt. Schließlich bin ich auf die Grenzen der Ausdrucksstärke von TAG unter dem Einfluss dieser Wohlgeformtheitsprinzipien, insbesondere des Valenzprinzips, eingegangen. Die restlichen Kapitel werden sich u. a. damit befassen, wie diese zu engen Grenzen durch moderate Veränderungen am TAG-Formalismus geweitet werden können.

# 6 Analyse kohärenter Konstruktionen mit TAG-Varianten

In Kapitel 5 wurde die derivationelle Unzulänglichkeit des TAG-Formalismus bei der Bewältigung bestimmter Diskontinuitätsmuster, die im Zusammenhang mit kohärenten Konstruktionen auftreten, deutlich. In diesem Kapitel gilt es, die bisherigen Anstrengungen darzustellen, den TAG-Formalismus maßvoll, d. h. im Rahmen der schwachen Kontextsensitivität, zu erweitern und mit der nötigen Ausdrucksstärke auszustatten. Wir werden sehen, dass all diese TAG-Erweiterungen bestimmte Nachteile mit sich bringen und damit eine Bresche besteht, in die die von mir entwickelte TAG-Erweiterung, TT-MCTAG, springen kann. TT-MCTAG wird im nächsten Kapitel ausführlich behandelt.

Die Diskontinuitätsphänomene bei kohärenten Konstruktionen haben natürlich auch in anderen Syntax-Frameworks, die ebenfalls unter dem Einfluss der Idealisierung der Kontinuität stehen, eine reichhaltige Forschungsliteratur provoziert. Um den Horizont etwas zu erweitern und die grundsätzliche Ähnlichkeit der Syntax-Frameworks bei der Behandlung solcher Diskontinuitätsphänomene zu zeigen, wird im ersten Abschnitt zunächst eine allgemeine Taxonomie unterschiedlicher Modellierungsstrategien entwickelt. In Abschnitt 6.2 folgt dann die Darstellung und Einordnung der bislang vorgeschlagenen TAG-Erweiterungen.

## 6.1 Modellierungsstrategien im Überblick

In dieser Arbeit wird Kohärenzmodellierung vom Standpunkt der Valenzrahmenrealisierung aus betrachtet und danach richtet sich auch die Taxonomie der Modellierungsstrategien, die in Abbildung 6.1 dargestellt ist. Die Idealisierung der Kontinuität bei der Valenzrealisierung besagt, dass der Valenzrahmen als kontinuierlicher String realisiert wird (vgl. Abschnitt 2.4.2). Dementsprechend erhält in einer Vielzahl von Modellierungsansätzen die kontinuierliche Valenzrahmenrealisierung einen primären Status, dem gegenüber die diskontinuierliche Valenzrahmenrealisierung nachgeordnet ist und nur durch zusätzliche Mechanismen oder Ableitungsschritte erfasst werden kann. In Abbildung 6.1 fallen darunter die Modellierungsstrategien mit Bewegung und Valenzvereinigung. Ganz anders verhalten sich solche Modellierungsansätze, die Diskontinuität direkt repräsentieren.[1]

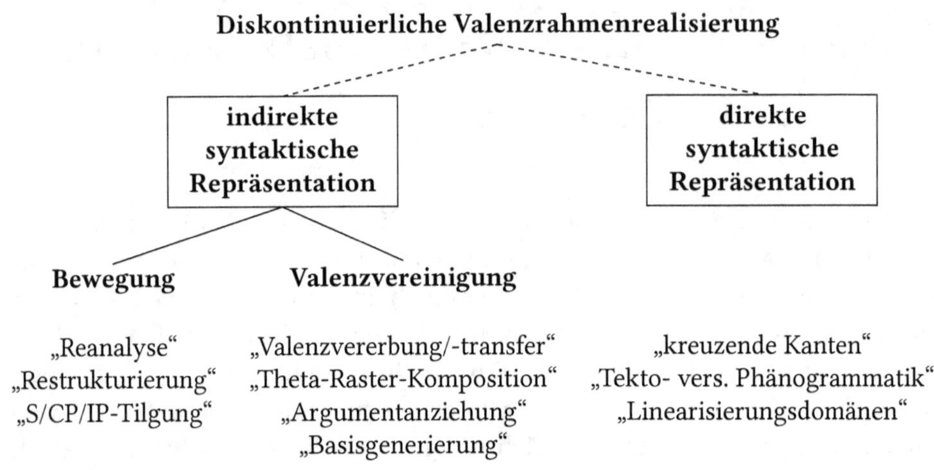


Abbildung 6.1: Taxonomie der Diskontinuitätsmodellierung

## 6.1.1 Bewegung

Bewegungsansätze leiten kohärente Strukturen aus inkohärenten Strukturen ab. Diskontinuität ist also derivationell abhängig von Kontinuität. Dieser Prozess kann in Anlehnung an Evers (1975: (1)) so schematisiert werden wie in Abbildung 6.2.[2] Ausgangspunkt ist ein inkohärentes Satzgefüge mit eingebetteten S-Baum, aus dem in einem ersten Schritt mittels V-Bewegung ein Verbalkomplex gebildet und der S-Knoten getilgt wird. In einem zweiten Schritt erfolgt die NP-Bewegung, so dass der diskontinuierlich indizierte Terminalstring $NP_2$ $NP_1$ $V_2$ $V_1$ resultiert.

Der erste Schritt, der in der Literatur oft als Reanalyse bezeichnet wird (Haegeman & van Riemsdijk 1986; von Stechow & Sternefeld 1988: Kapitel 12; von

---

[1] Die Taxonomie in Wurmbrand (2001: 10ff) hat nur die kontinuierliche Valenzrealisierung im Blick. Dort wird zwischen „bi-clausal approaches" (≈ Bewegung) und „mono-clausal approaches" (≈ Valenzvereinigung) unterschieden. An diese Taxonomie hält sich auch Grosse (2005: 21), nennt diese Klassen aber „derivationelle Ansätze" und „basisgenerierte Ansätze". Siehe Wurmbrand (2001) für eine umfassendere Literaturübersicht über Ansätze innerhalb der Generativen Grammatik.

[2] Bei Evers (1975: (1)) sind die Terminale nicht indiziert. Da er die Wortstellung des Niederländischen im Blick hat, also $NP_1$ $NP_2$ $V_1$ $V_2$, beschränkt er sich in seiner Schemadarstellung auf die S-Tilgung („S-Pruning") und V-Bewegung („V-Raising").

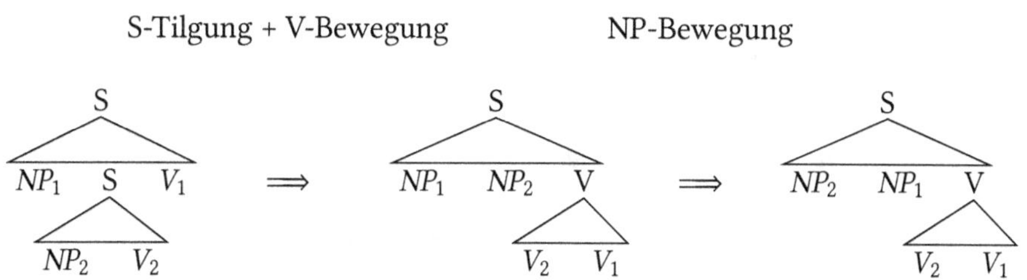

Abbildung 6.2: Bewegungsstrategie nach Evers (1975: (1a), (1b))

Stechow 1990), schafft durch die S-Tilgung erst die Voraussetzung für die Möglichkeit, $NP_1$ und $NP_2$ zu scrambeln, da $NP_2$ gemäß der üblichen Inselbeschränkungen nicht aus dem eingebetteten S-Baum (bzw. CP-Baum) herausbewegt werden kann. Darin wird der grundsätzliche Widerspruch deutlich, bei der Generierung diskontinuierlicher Strukturen von bi-sentensialen Strukturen auszugehen, deren Wesensmerkmal gerade die Verhinderung von Diskontinuität ist. Funktionell analoge Mechanismen zur S-Tilgung, die diesen Widerspruch aufzulösen versuchen, finden sich also in allen Bewegunsansätzen der Generativen Grammatik, auch in denen, die nur Bewegung verwenden. Als Beispiele dafür seien Grewendorf & Sabel (1994) und Sabel (1996) genannt, wo CPs durch bestimmte Prozesse bewegungsdurchlässig oder „transparent" gemacht werden.[3]

## 6.1.2 Valenzvereinigung

Bei Ansätzen mit Valenzvereinigung werden die Valenzrahmen kohärent konstruierender Verben so in einen gemeinsamen Valenzrahmen zusammengefasst, dass das mittlere und das rechte Strukturschema in Abbildung 6.2 direkt generiert werden können. Vom zusammengefassten Valenzrahmen aus betrachtet erfolgt die Valenzrahmenrealisierung also immer kontinuierlich, sei es mit oder ohne zusätzliche Bewegungstransformation. Im Rahmen der Generativen Grammatik haben einen Valenzvereinigungsansatz beispielsweise Jacobs (1992) („Va-

---

[3] Jacobs (1992: 102) beklagt aber, dass die Reanalyse eine „unschöne", „weil prinzipienverletzende und strukturzerstörende" Transformation sei. Ähnlich äußert sich Haider (1993: 257):

> Im übrigen ist die Annahme von Reanalyse kontraproduktiv: Sie läßt genau die Teil der Struktur verschwinden, deren Vorhandensein die beobachteten Phänomene verhindern würde, ohne daß es eine unabhängig motivierte Theorie für Reanalyseprozesse gäbe, aus der die Eigenschaften herleitbar wären.

Haider hebt außerdem hervor, dass die Reanalyse nicht ohne Weiteres mit dem Fernpassiv zurecht kommt (Haider 1993: 254). Dass man durchaus das Fernpassiv in Bewegungsansätzen ohne Tilgung modellieren kann, zeigt Sabel (1996: 204ff).

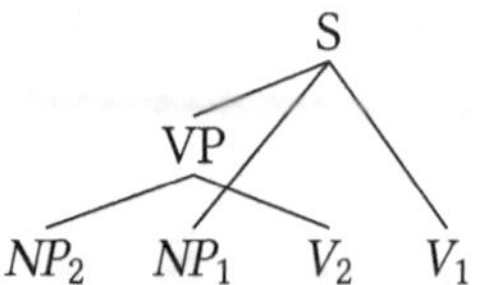

Abbildung 6.3: Beispiel einer direkten Repräsentation einer diskontinuierlichen
Valenzrealisierung

lenzvererbung"), Haider (1993: Abschnitt 9.6.2.2), Wurmbrand (2001) und Sternefeld (2006: Kapitel 5) („Theta-Raster-Komposition") ausgearbeitet. Doch dieser
Ansatz findet sich auch schon in älteren Arbeiten zur (Geach 1970; Steedman
1985) und GPSG (Johnson 1986). Nicht zuletzt gibt es eine Fülle von Arbeiten
im Rahmen der HPSG, die auf Valenzvereinigung zurückgreifen, z. B. Hinrichs
& Nakazawa (1989, 1994) („argument raising"), Nerbonne (1994), Pollard (1996),
Meurers (1999b), Müller (1999: Kapitel 17–18; 2002: Kapitel 2; 2005a; 2009).[4]

### 6.1.3  Direkte diskontinuierliche Valenzrealisierung

Die direkte Repräsentation der diskontinuierlichen Valenzrealisierung im indizierten String $NP_2\ NP_1\ V_2\ V_1$ bewerkstelligt etwa die Phrasenstruktur in Abbildung 6.3 mit einer kreuzenden Kante. Zweifelsohne kann eine kanonische CFG
solche Strukturen nicht generieren, denn die Terminale bzw. Nichtterminale auf
der rechten Seite der CFG-Regel sind immer adjazent.[5] Infolgedessen wurde eine Vielzahl von CFG-artigen Formalismen entwickelt, die im Wesentlichen diese
Adjazenzbedingung durch flexiblere Linearisierungsbedingungen ersetzen.

Einer kanonischen CFG am nächsten kommen wohl CFG-Derivate, die zusätzliche, weniger strikte Linearisierungsoperatoren für die rechte Regelseite einführen. Zu nennen sind hier etwa DPSG (Bunt et al. 1987), LSL (Suhre 1999), oder
poms-CFG (Nederhof et al. 2003). Die zwei LSL-Regeln (Linear Spezification Language) in (1) beispielsweise erfassen die diskontinuierliche Struktur in Abbildung
6.3, wobei nicht-unmittelbare Präzedens durch den Operator < anzeigt wird:[6]

---

[4] Wiewohl alle diese Arbeiten Valenzvereinigungsansätze darstellen, können sie sich doch in anderen Aspekten beträchtlich voneinander unterscheiden, etwa in der Frage, ob Verbbewegung
implementiert wird oder nicht. Siehe Meurers (1999a) und Müller (2005a) für eine Übersicht
und weitere Literatur.

[5] McCawley (1982) zufolge ist es u. a. die frühe Festlegung auf ein CFG-basiertes Syntaxmodell,
die eine Erwägung kreuzender Kanten in der traditionellen Transformationsgrammatik verhindert hat.

[6] Suhre (1999) verwendet zunächst eine ID/LP-artige Notation. Da die LP-Spezifikationen jedoch
immer regelbezogen sind, lassen sie sich mit den ID-Spezifikationen zusammenfassen.

(1)     $S \rightarrow VP \; NP_1 < V_1$
        $VP \rightarrow NP_2 < V_2$

Man beachte, dass die Position des VP-Nichtterminals in der ersten Regel vollkommen unterspezifiziert ist und deshalb der dazugehörige Yield (also $NP_2$ und $V_2$ der zweiten Regel) diskontinuierlich sein kann.

Einen anderen Weg gehen CFG-Derivate, die Yield-Funktionen verwenden, z. B. LCFRS (Vijay-Shanker et al. 1987; Weir 1988), MCFG (Seki et al. 1991), LMG (Groenink 1995) und RCG (Boullier 2000).[7] Bei einer RCG (Range Concatenation Grammar) werden die Yield-Funktionen direkt in die Regeln geschrieben. Die RCG-Regeln unterscheiden sich oberflächlich von CFG-Regeln nur insofern, als statt der Nichtterminale Prädikate über Terminalketten verwendet werden. Für die Erfassung der diskontinuierlichen Struktur in Abbildung 6.3 genügen die beiden RCG-Regeln in (2):

(2)     $S(X \; NP_1 \; Y \; V_1) \rightarrow VP(X,Y)$
        $VP(NP_2,V_2) \rightarrow \varepsilon$

X und Y sind sogenannte Range-Variablen, die einen zusammenhängende Bereich in der Terminalkette denotieren.[8] Das S-Prädikat in der ersten Regel ist einstellig, erlaubt es aber, das Argument, d. h. eine Terminalkette, mittels Range-Variablen und Terminale zu unterteilen und die Range-Variablen in den Prädikaten auf der rechten Regelseite wiederzuverwenden. Die Diskontinuität kommt dann im VP-Prädikat zum Vorschein, wo die Argumente nicht-adjazente Bereiche der Terminalkette sind.

Schließlich besteht die Möglichkeit, den ID/LP-Ansatz aus Gazdar & Pullum (1981) und Shieber (1984) weiterzuentwickeln. ID/LP stellt im Grunde eine Methode dar, mittels unterschiedlicher Regeltypen, d. h. Regeln der unmittelbaren Dominanz (ID) und Regeln der linearen Präzedens (LP), die Menge der Regeln einer CFG zu faktorisieren. Da ID/LP und CFG schwach äquivalent sind, ist auch ID/LP grundsätzlich nicht in der Lage, diskontinuierliche Strukturen zu erzeugen. Ursache dafür ist letztlich die implizite Zusatzannahme, dass von einem Knoten dominierte Knoten kontinuierlich linearisiert sind. Gibt man diese Zusatzannahme auf, kann Diskontinuität sehr wohl direkt repräsentiert werden.[9] Die ID/LP-

---

[7] Siehe Kallmeyer (2010b: Abschnitt 2.2) für eine Übersicht über deren formale Eigenschaften.

[8] Genaugenommen sind Range-Variablen Variablen über Paaren natürlicher Zahlen, die den Start- und Endpunkt eines Stringbereichs festlegen.

[9] Ein alternatives Vorgehen zeigt Pullum (1982): Mittels einer Metaregel („liberation") wird ausgehend von einer Dominanzregel $S \rightarrow VP \; NP_1 \; V_1$ eine Dominanzregeln $S \rightarrow NP_2 \; V_2 \; NP_1 \; V_1$ hinzugenommen, falls es eine Dominanzregel $VP \rightarrow NP_2 \; V_2$ gibt. $NP_2$ und $V_2$ werden also quasi aus VP „befreit". Siehe dazu auch Kathol (1995: 81f) und Kathol (2000: 32f).

Spezifikationen in (3) lizenzieren dann unter anderem die Struktur in Abbildung 6.3:

(3)   a.   $S \rightarrow VP\ NP_1\ V_1$
            $VP \rightarrow NP_2\ V_2$
      b.   $NP < V$

Man beachte, dass die LP-Spezifikation in (3b) global gilt, d. h. für beide ID-Spezifikationen (weshalb die Indizierung hier fehlt). Darin liegt der wesentliche Unterschied zu LSL, wo nur lokale LP-Spezifikationen möglich sind. Einen solcherart unrestringierten ID/LP-Ansatz, der kreuzende Kanten zulässt, verfolgen beispielsweise der Direct-Liberation-Ansatz von Zwicky (1986), Mobile Grammars (Blevins 1990) und Generalized ID/LP (Daniels 2005). Hinzu kommt jeweils eine Domänenspezifikation, um Diskontinuität effektiv zu regulieren.

Auf den ersten Blick gehört auch der Linearisierungsansatz für HPSG, den Mike Reape (Reape 1992, 1994, 1996) ausgearbeitet hat, in diese Gruppe der ID/LP-Ansätze: Die lineare Präzedens der Terminale ergibt sich nicht aus der Dominanzstruktur, wie bei HPSG sonst der Fall. Stattdessen wird sie durch das Zusammenspiel von LP-Spezifikationen und Domänenspezifikationen lizenziert. Doch auf den zweiten Blick erkennt man einen wesentlichen Unterschied zu Mobile Grammars und Generalized ID/LP: Die Dominanzstrukturen bei Reape sind ungeordnete Bäume, die mit der Terminalkette nur indirekt verbunden sind. Dagegen generieren obige ID/LP-Ansätze linear geordnete Phrasenstrukturen mit den Terminalen als Blätter.

Ein Beispiel soll dies verdeutlichen. In Abbildung 6.4 sieht man eine stark verkürzte HPSG-Repräsentation für den indizierten String $NP_2\ NP_1\ V_2\ V_1$, in der Reapes Merkmal DOM für die Linearisierung der Terminale zuständig ist. Der DOM-Wert ist eigentlich eine Liste von *sign*-Objekten, aber ich beschränke mich hier auf die Angabe derer PHON-Werte. Die DOM-Liste eines Mutterknotens wird aus den DOM-Listen der Tochterknoten mit Hilfe des ○-Operators („shuffle", „sequence-union") zusammengesetzt, wobei LP-Beschränkungen beachtet werden müssen.[10] Die DOM-Liste des S-Knotens entspricht dann der Terminal-

---

[10] Bei Reape beziehen sich die LP-Beschränkungen auf die syntaktische Kategorie der DOM-Listenelemente. Kathol (1995, 2000) benutzt hier stattdessen Marker für topologische Felder. Siehe auch Müller (1996a, 1999, 2002, 2004), der den Reapeschen Linerarisierungsansatz in seinem Babel-System (http://hpsg.fu-berlin.de/~stefan/Babel/) verwendet. Man beachte, dass Kathol und Müller einen hybriden Linearungsansatz implementieren, mit Valenzvereinigung im Verbalkomlex und Extraktion ins Vorfeld. Ein Linearisierungsansatz anderer Art wird in Richter & Sailer (1995) und Richter (1997) vorgeschlagen. Die „Permutationsdomäne" entspricht dort nicht einer DOM-Liste in der Merkmalsstruktur einer Phrase, sondern einer PHON-Liste,

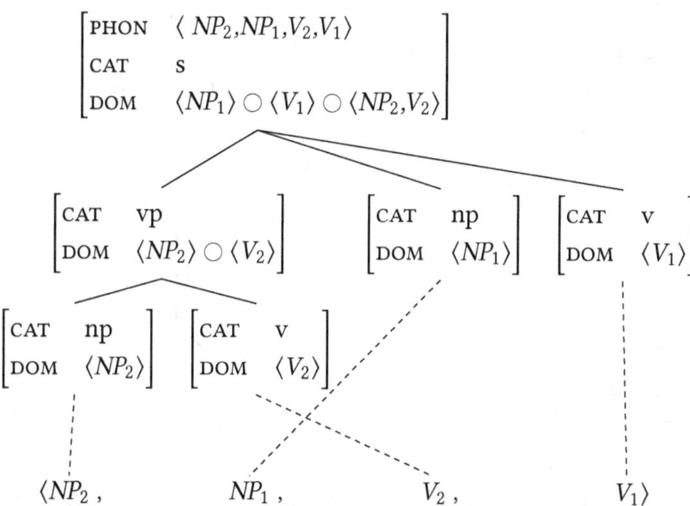

Abbildung 6.4: Direkte HPSG-Repräsentation einer diskontinuierlichen Valenzrealisierung mit den Linearisierungsdomänen aus Reape (1992,
1994, 1996)

kette im üblichen Sinne, wovon jedoch die Dominanzstruktur unbeeinflusst ist.
Gekreuzte Kanten ergeben sich hier nur bei einer Abbildung der Blätter auf die
dazugehörigen Elemente der DOM-Liste im S-Knoten, wie in Abbildung 6.4 zu
sehen ist.

Bei dieser doppelten repräsentationellen Trennung von Dominanz und Linearisierung beruft sich die HPSG- und CG-Literatur[11] auf die Unterscheidung zwischen TEKTOGRAMMATIK und PHÄNOGRAMMATIK in Curry (1963: 65f):[12] Die Tektogrammatik beschreibt die Dominanzstruktur (bzw. bei Curry die Funktor-Argument-Struktur) eines Satzes, die Phänogrammatik dagegen dessen Linearisierung. Beide Grammatikdimensionen gelten als parallel in dem Sinne, dass keine
generative Ordnung zwischen ihnen besteht – anders als etwa bei der Transformationsgrammatik, wo die Oberflächenstruktur aus der Tiefenstruktur abgeleitet wird.

---

die durch die zweistellige Relation perm-domain mit einer Phrase in Verbindung gebracht wird.
Richter und Sailer zeigen außerdem, dass der Linearisierungsansatz durchaus mit Valenzvereinigungsansätze wie Hinrichs & Nakazawa (1994) kombinierbar ist. Es darf jedoch bezweifelt
werden, dass ein direkter Modellierungsansatz im Rahmen der HPSG ohne Linearisierungsmo-
dul auskommt.

[11] Im CG-Bereich ist vor allem die Abstract Categorial Grammar (ACG) hervorzuheben, die
de Groote (2001) und Muskens (2001) einführen.

[12] Vgl. auch Dowty (1996: 12ff) und Kathol (2000: 35ff).

Eine vergleichbare Trennung findet sich jedoch schon bei Tesnière (1959), wo strukturale Ordnung („ordre structural"), d. h. die ungeordnete Dependenzstruktur, und linearer Ordnung („ordre linéaire") gegenübergestellt werden.[13] Es ist deshalb nicht verwunderlich, dass man eine Trennung von Dominanz und Linearisierung auch in Arbeiten im Rahmen der Dependenzgrammatik antrifft. So ist es bei der Extensible Dependency Grammar (XDG, Duchier & Debusmann 2001; Debusmann et al. 2004) möglich, „Dimensionen" der linguistischen Beschreibung mit je unterschiedlichen Gesetzmäßigkeiten zu definieren, etwa einen syntaktischen Dependenzgraphen („ID tree") und einen topologischen Dependenzgraphen („LP tree"). Die topologische Repräsentation bildet hier allerdings nicht nur die lineare Ordnung ab (allein durch die Tatsache, dass der topologische Dependenzgraph geordnet ist), sondern stipuliert auch eine partielle hierarchische Ordnung der Wörter anhand der Zugehörigkeit zu einem topologischen Feld. Beispielsweise dominieren Verben in der linken Satzklammer die Bestandteile des Vorfelds, des Mittelfelds und der rechten Satzklammer. Diese hierarchische Ordnung der topologischen Felder ist ein Resultat der Modellierung mittels Dependenzgraphen und eigentlich unüblich. Gerdes & Kahane (2001) gehen in ihrem mehrdimensionalen Ansatz in dieser Hinsicht anders vor, indem die Topologie stattdessen durch ein lineares Felderschema repräsentiert wird und hierarchische Aspekte nur durch Einbettungsverhältnisse einfließen.

### 6.1.4 Und TAG?

TAG kann durch die erweiterte Lokalitätsdomäne kreuzende Abhängigkeiten und eingeschränkt auch Scrambling in kohärenten Konstruktionen direkt erzeugen (siehe Abschnitt 5.4.1). Dazu zählt auch die indizierte Terminalkette (bzw. das String-Schema) $NP_2\ NP_1\ V_2\ V_1$, wobei sich allerdings im dazugehörigen abgeleiteten Baum keine kreuzenden Kanten befinden können. Sie werden nur sichtbar, wenn eine bestimmte Variante des Ableitungsbaums auf die Terminalkette abgebildet wird. Dies geschieht etwa in Abbildung 6.5, wo das Dominanzverhältnis zwischen $\gamma_1$ und $\gamma_2$ im Ableitungsbaum im Vergleich zur üblichen Notation invertiert ist. Dank dieser generativen Ausdrucksstärke implementieren die meisten TAG-Analysen kohärenter Konstruktionen einen direkten Valenzrealisierungsansatz. Dazu mehr im nächsten Abschnitt.

Neben einer direkten Repräsentation diskontinuierlicher Valenzrahmen ist es aber auch möglich, einen Bewegungsansatz mit Baummengen zu implementieren, die das bewegte Element und seine Spur bündeln. Kallmeyer motiviert mit

---

[13] Deutsche Terminologie nach Ágel (2000: 33).

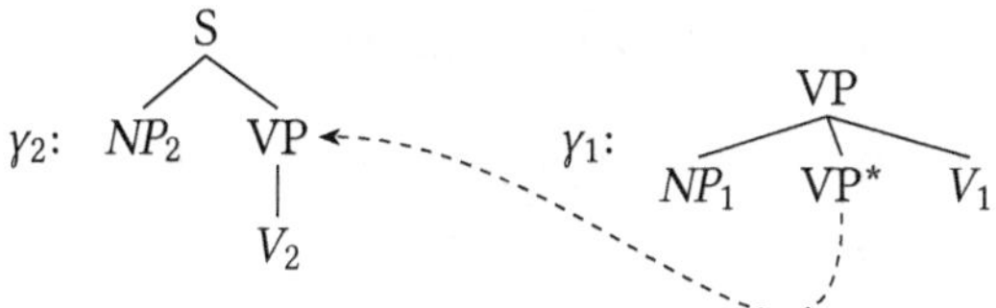

Invertierter Ableitungsbaum:

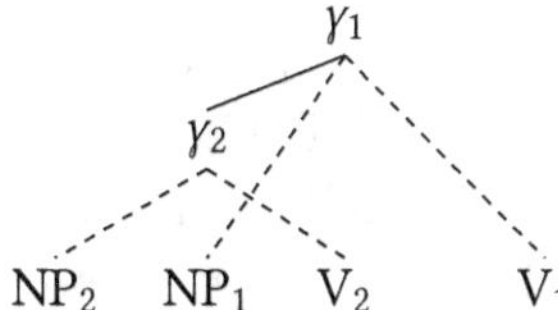

Abbildung 6.5: Direkte Ableitung einer diskontinuierlichen Valenzrealisierung mit TAG

einer solchen Modellierungsmöglichkeit eine MCTAG-Variante, SN-MCTAG, auf die ich in Abschnitt 6.2.4 eingehen werde.

Ein Valenzvereinigungsansatz ist dagegen nicht durchführbar. Das scheitert an der fundamentalen Unfähigkeit des TAG-Formalismus, nichtterminale Blätter eines Elementarbaums während der Ableitung zu tilgen oder neue hinzuzufügen. Dadurch fehlt einer Abstraktion der Valenzrepräsentation die formale Voraussetzung, wie sie etwa in der HPSG mittels Listenmanipulation vorhanden ist. Auch bei Rambow (1994: 171) liegt keine Valenzvereinigung im eigentlichen Sinne vor: Wenn dort die Valenzrahmen kohärent konstruierender Verben in einer Baummenge dargestellt werden, spiegelt diese Darstellung einen Zustand in der Ableitung wieder. Die Baummengen haben jedoch keinen lexikalischen Status, was u. a. bedeutet, dass das regierende Verb keinen direkten Zugriff auf die Argumentbäume des regierten Verbs hat. Die Kasusmarkierung bei Anhebungskonstruktionen wie dem Fernpassiv muss also weiterhin indirekt über Merkmalsperkolation im abgeleiteten Baum erfolgen (siehe S. 219f). Außerdem, so lässt sich vermuten, müsste es für einen echten Vertreter des Valenzvereinigungsansatzes möglich sein, auf eine explizite Spezifizierung der Lokalitätsdomäne mittels Integrity Constraints zu verzichten (siehe Abschnitt 6.2.1).

## 6.2 TAG-Varianten für das Deutsche

Die ungenügende derivationelle Mächtigkeit des TAG-Formalismus bei der Modellierung von Scrambling-Phänomenen wurde in Abschnitt 5.4 deutlich.[14] Um dem abzuhelfen, kam es in den letzten zwei Jahrzehnten zur Ausarbeitung mehrerer TAG- und MCTAG-Erweiterungen. Ganz am Anfang standen ID/LP-Ansätze, die durch die Unterspezifizierung der linearen Präzedens der Blätter eines Elementarbaums die Generierung kreuzender Kanten zulassen. Dazu zählen LD/LP-TAG (Joshi 1987; Joshi et al. 1990) und FO-TAG (Becker et al. 1991; Becker 1994).[15] Für den Zweck der linguistischen Modellierung haben sich schließlich Ansätze durchgesetzt, die im Wesentlichen eine Unterspezifizierung der Dominanzverhältnisse gemeinsam haben. Zwei Richtungen lassen sich hier unterscheiden: Zum einen gibt es Erweiterungen wie V-TAG (Rambow 1994) und TUG (Gerdes 2004), die von einer NL-MCTAG ausgehen und diese modifizieren; zum anderen gibt es Versuche, reguläre TAG oder TL-MCTAG möglichst minimal zu erweitern, so dass die benötigte generative und derivationelle Mächtigkeit erzielt wird. Hierunter fallen DTG (Rambow et al. 1995), SegTAG (Kulick 2000) und SN-MCTAG (Kallmeyer 2005). Mein eigener Vorschlag, TT-MCTAG, kann wohl eher der letzteren Richtung zugeordnet werden, zeigt aber auch Ähnlichkeiten zu V-TAG. Eine ausführliche Darstellung von TT-MCTAG folgt in Kapitel 7.

### 6.2.1 V-TAG

Wie bereits in Abschnitt 5.4.1 angesprochen, schlägt Rambow (1994) für die Modellierung von Scrambling in kohärenten Konstruktionen eine Variante der nicht-lokalen MCTAG (NL-MCTAG) vor, die er als Vector-MCTAG, oder kurz V-TAG bezeichnet. Der wesentliche Unterschied zwischen NL-MCTAG und V-TAG ist der, dass V-TAG, anders als NL-MCTAG, eine nicht-simultane Verknüpfung der Elemente einer Baummenge erlaubt. Diese Modifikation wirkt sich positiv auf

---

[14] Eine große implementierte Grammatik des Deutschen, die trotz allem auf TAG basiert, ist DTAG (Gerdes 2002a,b). Gerdes rechtfertigt seine Wahl und die damit einhergehenden Abdeckungslücken damit, dass die Grammatik vornehmlich zur Textgenerierung entwickelt wurde und außerdem zu jener Zeit die Software für mächtigere MCTAG-Varianten nicht zur Verfügung stand. Letzteres hat sich aber mittlerweile geändert (Parmentier et al. 2007; Kallmeyer et al. 2008). Die große Menge an TAG-Baumschablonen, die den vielen Stellungsmöglichkeiten der Verben und ihrer Argumente geschuldet ist, generiert Gerdes mit einer sogenannten Metagrammatik. Man beachte, dass die Grammatik bei MCTAG-Varianten erheblich kleiner ausfallen kann.

[15] Siehe Rambow (1994: 43ff) für eine kritische Auseinandersetzung mit FO-TAG.

die computationelle Komplexität des Formalismus aus:[16] Rambow kann zeigen, dass das Parsen mit jeder (fixierten) V-TAG polynomielle Zeitkomplexität hat (Rambow 1994: 120ff), während das für NL-MCTAG mit Simultanitätsbedingung nicht gilt (Rambow & Satta 1992; Champollion 2011).

Durch das Fehlen der Simultanitätsbedingung ist außerdem die derivationelle Mächtigkeit signifikant erhöht. Deutlich wird das beispielsweise bei der Ableitung von Satz (4) (bzw. (20) auf S. 150) mittels der Baummengen in Abbildung 6.6:

(4)    Dieses Buch hat  den Kindern niemand zu geben versucht.
       $NP_2$        $V1_1$ $NP_2$        $NP_1$     $V_2$      $V_1$
       (Rambow 1994: 42)

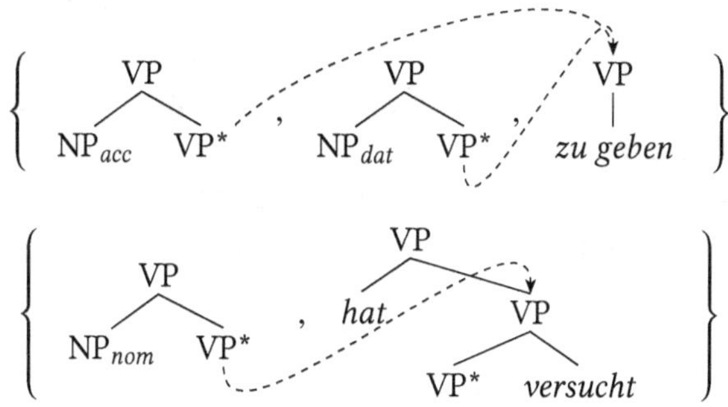

Abbildung 6.6: V-TAG-Baummengen für die Derivation des Satzes in (4)

Dabei muss nämlich der Hilfsbaum mit $NP_{nom}$-Blatt direkt an den Baum von *hat versucht* adjungieren, was klar der Simultanitätsbedingung widerspricht.

Ebenfalls positiv wirkt sich dieser Zugewinn an derivationeller Mächtigkeit beim Entwurf der Baummengen für die indizierten Sprache $\text{SCR}^{ind}$ aus. Hierfür genügen nämlich die beiden Baummengen in Abbildung 6.7, da Elemente aus einer Baummenge untereinander verknüpft werden können. Die gestrichelten Pfeile stehen hier für Dominanzlinks, die im abgeleiteten Baum überprüft werden. Zusätzlich verfügt V-TAG über die Möglichkeit, die Knoten mit *Integrity Constraints* (d. h. mit △) zu versehen, über die kein Dominanzlink verlaufen darf. Dominanzlinks und Integrity Constraints sind ein wichtiges Mittel der Einschränkung der Nicht-Lokalität. Sie spielen aber auch eine Rolle bei der Anpassung der valenzbezogenen Wohlgeformtheitsbedinungen für Baummengen. Dazu kommen wir jetzt.

---

[16] Man möchte sagen, überraschenderweise, da V-TAG weniger beschränkt ist als NL-MCTAG. Die Beschränkung durch die Simultanitätsbedingung, d. h. deren Überprüfung, scheint jedoch sehr aufwändig zu sein und nicht effektiv den Suchraum zu verkleinern.

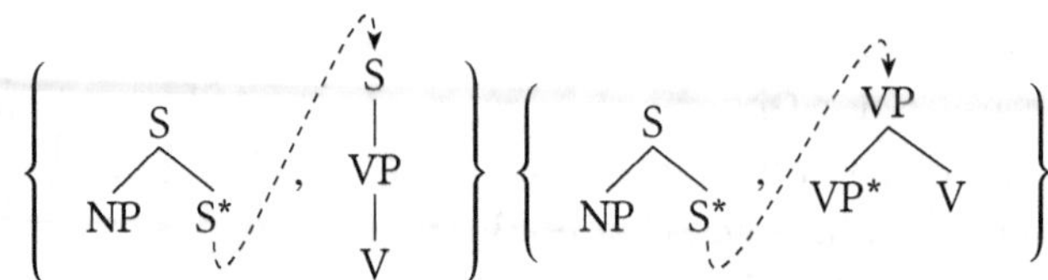

Abbildung 6.7: V-TAG-Baummengen für die indizierte Sprache SCR$^{ind}$

Aus valenztheoretischer Perspektive – die Baummengen in Abbildung 6.6 und Abbildung 6.7 haben es exemplarisch gezeigt – gewinnt man den Eindruck, dass es ohne Simultanitätsbedingung leichter fällt, Valenzrahmen in Baummengen aufzutrennen. Dagegen eignen sich simultane MCTAG wie die Weir'sche Varianten, aber auch SN-MCTAG (siehe Abschnitt 6.2.4), besser für Bewegungsanalysen, bei denen der Valenzrahmen im Normalfall durch einzelne Elementarbäume repräsentiert wird. Wenn aber die Elementarbaummenge und nicht mehr der Elementarbaum den Bereich definiert, in dem Valenzbeziehungen zum Ausdruck kommen, dann müssen die Wohlgeformtheitsprinzipien mit Valenzbezug dem angepasst werden. Rambow bezieht sich hier allerdings auf die Wohlgeformtheitsprinzipien in Frank (1992), worin noch kein $\theta$-Kriterium à la (7) zu finden ist,[17] definiert ein $\theta$-Kriterium für V-TAG[18] und vermengt es mit Franks CETM. Das Ergebnis sieht folgendermaßen aus:

(5)    The **Condition on Elementary Tree Minimality** (V-TAG version, final): every lexical set contains exactly one lexical head. There is a bijection between $\theta$-roles the head assigns and the frontier nonterminal nodes of the set. (Rambow 1994: 149)

Es fällt zunächst auf, dass der explizite Bezug zur erweiterten Projektion, der im ursprünglichen CETM in Frank (1992, 2002) zentral ist, in dieser Version des CETM fehlt. Er verbirgt sich allerdings hinter der ersten Klausel „every lexical set contains exactly one lexical head". Der lexikalische Kopf bestimmt nämlich durch Merkmalsprojektion (geregelt durch das „Head Feature Principle" Rambow 1994: 141f) die Knoten-Label der Projektion. Hinzu kommt noch ein weiteres Prinzip, das die Struktur der Elementarbaummenge einschränkt („lexical set structure principle", Rambow 1994: 149). Demnach soll z. B. jedes $\theta$-markierte,

---

[17] Stattdessen gibt es ein „Projection Principle" (Frank 1992: 56).

[18] „The $\theta$-Criterion (V-TAG version): frontier nonterminal nodes in a lexical set are assigned $\theta$-roles by its lexcial head. Furthermore, all $\theta$-roles of the head are discharged in this manner." (Rambow 1994: 148)

nicht-terminale Blatt einen eigenen Elementarbaum bilden, indem dieses mit einer Projektionskante kombiniert wird (wie in Abbildung 6.6). Auf die Details dieser strukturellen Regelungen möchte ich aber hier nicht weiter eingehen. Wichtig für uns ist die zweite Klausel aus Rambows CETM, die im Grunde eine angepasste Form des $\theta$-Kriteriums aus (10) darstellt. Klärungsbedürftig ist allerdings die Bedeutung des Ausdrucks „frontier nonterminal nodes of the set", denn die Baummengen in Abbildung 6.6 und 6.7 besitzen mehr nicht-terminale Blätter als $\theta$-Markierungen, was zwingend aus der Aufteilung des $\theta$-Rasters auf unterschiedliche Elementarbäume innerhalb einer Baummenge folgt. Tatsächlich sind nur diejenigen nicht-terminalen Blätter $\theta$-markiert, die nicht Ausgangspunkt eines Dominanzlinks sind.[19] Das heißt im Umkehrschluss, dass alle nicht-terminalen Knoten, die nicht $\theta$-markiert sind, einen ausgehenden Dominanzlink haben müssen.

Mit V-TAG steht ein mächtiges Werkzeug für die Modellierung von kohärenten Konstruktionen zur Verfügung, was angesichts der Nicht-Lokalität des Formalismus nicht verwundert. Doch obwohl diese nicht-simultane Nicht-Lokalität im Rahmen des computationell Erwünschten bleibt, sind in der Literatur kritische Stimmen laut geworden, die an bestimmten Begleiterscheinungen Anstoß nehmen (z. B. Kulick 2000: 60; Frank 2002: 239; Kallmeyer 2005: 191). Demnach sei der Grundgedanke von TAG, Lokalität allein mittels Elementarstrukturen und deren Verknüpfung herzustellen, durch die zusätzliche Annahme von Dominanzlinks und Integrity Constraints geschwächt, wenn nicht gar ersetzt. Damit folgt nämlich die Lokalität syntaktischer Beziehungen nicht mehr aus unabhängig motivierten Prinzipien, sondern muss explizit stipuliert werden.

## 6.2.2 DTG

D-Tree Grammar (DTG, Rambow et al. 1995) steht für den Versuch, zwei Unzulänglichkeiten des TAG-Kernformalismus zu überwinden: (i) die eingeschränkte derivationelle Mächtigkeit bei Diskontinuitätsphänomenen und (ii) die Diskrepanz zwischen Ableitungsbaum und Dependenzgraph (siehe S. 145). In diesem Abschnitt werde ich nur auf den ersten Punkt eingehen.[20]

---

[19] „the frontier nodes are the nonterminals [...] in which no dominance links originate" (Rambow 1994: 148, Fußnote 14).

[20] Eine ausführlichere Formalisierung der DTG als Baumbeschreibungensgrammatik (in Anlehnung an Vijay-Shanker 1992) liefern Rambow et al. (2001) nach, wobei sie im Vergleich zu Rambow et al. (1995) umfassende terminologische Änderungen vornehmen. Die DTG heißt dort D-Tree Substitution Grammar (DSG), die Verknüpfungsoperation bei Komplementation wird „generalized substitution" genannt, die durch „path constraints" kontrolliert wird. Ich bleibe hier der Terminologie aus Rambow et al. (1995) treu. Ein schwerwiegender Unterschied zwischen DTG und DSG könnte darin bestehen, dass DTG nur baumförmige D-Trees zulässt,

Eine DTG besteht nicht aus Elementarbäumen im herkömmlichen Sinn, sondern aus sogenannten D-TREES. D-Trees besitzen nicht nur Kanten für unmittelbare Dominanz, sogenannte i-Kanten („i-edges"), sondern auch d-Kanten („d-edges"), d. h. Kanten, die ein unterspezifiziertes Dominanzverhältnis ausdrücken. Mittels dieser d-Kanten können die Elementarbäume aufgebrochen werden und Fragmente anderer D-Trees intervenieren. Für die Modellierung des Beispielsatzes in (4), hier nochmal wiederholt als (6), können beispielsweise die D-Trees in Abbildung 6.8 herangezogen werden:

(6)    Dieses Buch hat den Kindern niemand zu geben versucht.

Die d-Kanten, die hier gestrichelt dargestellt werden, verbinden sogenannte D-Tree-Komponenten, d. h. Teilbäume mit i-Kanten. Um D-Trees zu verknüpfen, entwerfen Rambow et al. (1995) eine spezielle Verknüpfungsoperation: die SUBSERTION.[21] Dabei handelt es sich um eine zweiteilige Operation aus klassischer Substitution und „insertion", d. h. dem Einfügen von D-Tree-Komponenten in d-Kanten. Der Unterschied ist schematisch in Abbildung 6.9 veranschaulicht. Während die $\alpha_2$-Komponente ein Blatt der $\beta_2$-Komponente substituiert, wird die dominierende $\alpha_1$-Komponente in die d-Kante des $\beta$-Baums eingesetzt. Neben der Subsertion kann bei der D-Tree-Verknüpfung in Fällen der Modifikation auf die Schwester-Adjunktion („sister-adjunction") aus Schabes & Shieber (1994) zurückgegriffen werden. Wendet man die Subsertion auf die D-Trees in Abbildung 6.8 an, dann ist die Ableitung der Phrasenstruktur in Abbildung 6.10 möglich, und damit die Ableitung des für TAG problematischen Satzes in (6).

Die Subsertion von D-Trees ist so ausdrucksstark, dass damit sogar die MIX-Sprache generiert werden kann (Rambow et al. 2001: Abb. 13), was auch die Möglichkeit zur Generierung von SCR$^{ind}$ einschließt. Um diesen potenten Mechanismus zu kontrollieren, stellen Rambow et al. (1995) zwei Beschränkungswege zur Verfügung: Zum einen soll nur genau ein Wurzelknoten einer D-Tree-Komponente substituierbar („substitutable") sein, um baumförmige Ableitungsgraphen zu erhalten und das Zustandekommen mehrerer Valenzbeziehungen zwischen zwei Elementen zu verhindern; zum anderen kann man „subsertion-insertion constraints" (SIC) auf den d-Kanten definieren. Eine SIC für eine d-Kante $\langle v_1, v_2 \rangle$ eines D-Trees $\gamma$ spezifiziert, welche Knoten anderer D-Trees nicht

---

DSG dagegen auch nicht-baumförmige D-Trees. Eine Alternative zur DTG bzw. DSG schlägt Kallmeyer (2001) mit der Local Tree Descritption Grammar (TDG) vor, vornehmlich unter dem Gesichtspunkt der Diskontinuitätsmodellierung. Da die konzeptuellen Unterschiede zwischen DTG und TDG marginal sind (siehe Rambow et al. 2001: 118), möchte ich auf die TDG an dieser Stelle nicht weiter eingehen.

[21] In Rambow et al. (2001) wird die Subsertion in „generalized substitution" umbenannt.

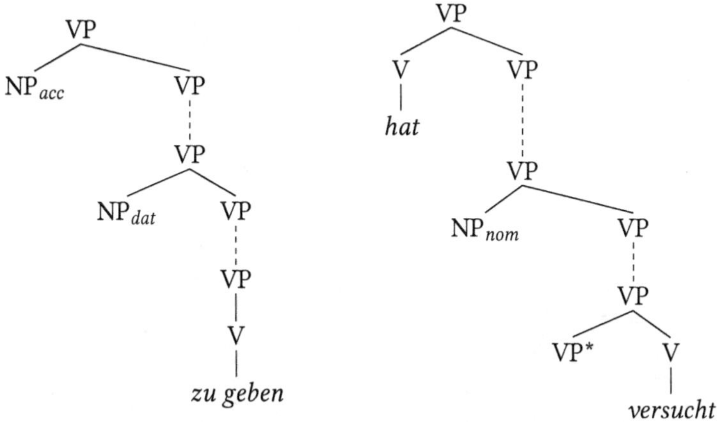

Abbildung 6.8: D-Trees für die Derivation von (6)

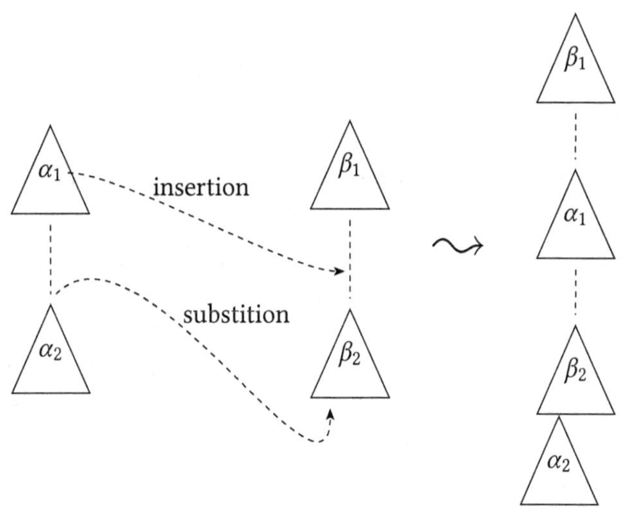

Abbildung 6.9: Schema der Subsertion

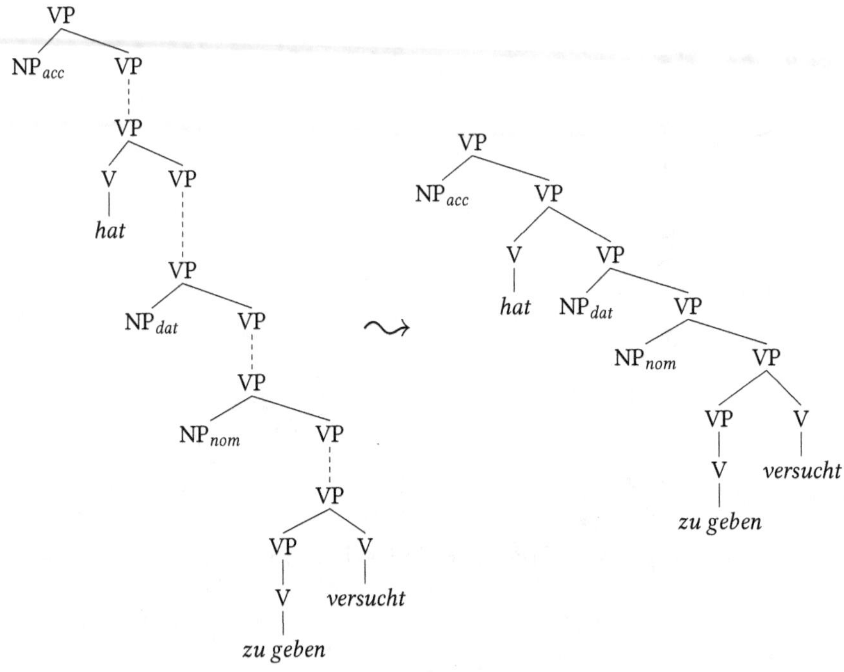

Abbildung 6.10: Abgeleiteter Baum nach Subsertion der D-Trees aus Abbildung 6.8

auf dem Dominanzpfad zwischen $v_1$ und $v_2$ liegen dürfen.[22] Nur dadurch ist die Lokalität der D-Tree-Komponenten im abgeleiteten Baum expressis verbis eingrenzbar.

DTG erinnert stark an V-TAG. Die Ähnlichkeit zwischen den D-Trees in Abbildung 6.8 und den V-TAG-Baummengen in Abbildung 6.6 für die Modellierung der kohärenten Konstruktion in (6) ist frappierend. Beide Formalismen verwenden in unterschiedlicher aber entsprechender Weise unterspezifizierte Dominanzrelation, deren Einschränkung spezifisch für jede einzelne Elementarstruktur durch einen zusätzlichen Mechanismus (SIC hier, Integrity Constraints dort) zu erfolgen hat. In dieser Hinsicht greift bei DTG also derselbe Kritikpunkt, der oben bei der Darstellung von V-TAG genannt wurde: Die Lokalität syntaktischer Beziehungen folgt nicht mehr aus der Form der Elementarstrukturen und den Verknüpfungsoperationen, sondern muss explizit stipuliert werden.

---

[22] Rambow et al. (2001) nennen die SICs deswegen auch viel treffender „path constraints".

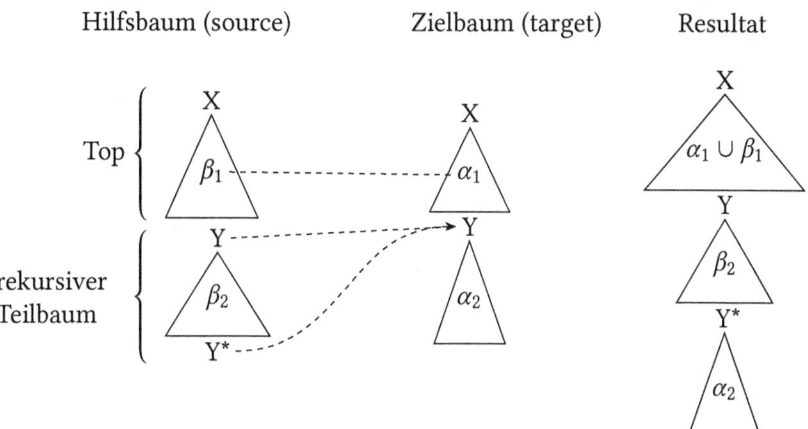


Abbildung 6.11: Segmentierte Adjunktion ohne Segmente (vgl. Kulick 2000: Fig. 6.1)

### 6.2.3 SegTAG

Segmented Tree Adjoining Grammar (SegTAG) ist eine TAG-Erweiterung, die Kulick (2000) in erster Linie zur Analyse des Clitic Climbings in romanischen Sprachen und zur Analyse des Scramblings in kohärenten Konstruktionen des Deutschen einsetzt. Motiviert wird SegTAG jedoch auch mit bestimmten Phänomenen bei Subjekt-Anhebung im Englischen, die sowohl für TAG als auch für TL-MCTAG (in einem CP-IP-Strukturparadigma) problematisch sind. Wir beschränken uns hier auf den Kohärenz-Teil dieser Arbeit.

Im Unterschied zu TAG können die Hilfsbäume in SegTAG aus zwei Teilbäumen: (i) einem rekursiven Teilbaum zwischen Fußknoten und kategoriegleichem Innenknoten („source recursive subtree"), der die Form eines gewöhnlichen TAG-Hilfsbaums hat, und (ii) einem top-Teilbaum („source top"), dessen Wurzelknoten den Wurzelknoten des rekursiven Teilbaums dominiert. In Abbildung 6.11 is $\beta_2$ der rekursive Teilbaum und $\beta_1$ der dominierende Teilbaum.[23]

Entsprechend der Zweiteilung der Hilfsbäume ist nun auch deren Verknüpfung zweigeteilt: Der rekursive Teilbaum wird adjungiert, während der top-Teilbaum mit dem Teilbaum oberhalb des Adjunktionsziels im Zielbaum *identifiziert* wird („adjoin + identify"). Die Identifizierung wird in Abbildung 6.11 im Resultat durch den Term $\alpha_1 \cup \beta_1$ angedeutet und kann tatsächlich als eingeschränkte Form der Graph-Unifikation verstanden werden (Kulick 2000: 93f): In dem for-

---

[23] Die Knotenlabel der Wurzelknoten des top-Teilbaums und des rekursiven Teilbaums müssen tatsächlich verschieden sein, damit der top-Teilbaum nicht mit einem sogenannten Segment des rekursiven Teilbaums verwechselt wird. Dazu gleich mehr.

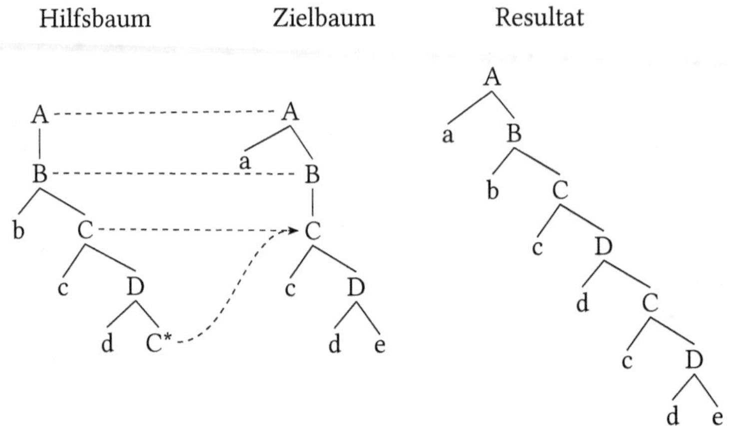



Abbildung 6.12: Formales Beispiel einer segmentierten Adjunktion (adjoin+identify, vgl. Kulick 2000: (145), (146))

malen Beispiel in Abbildung 6.12 ist die Identifizierung der Knoten durch gestrichelte Linien ohne Pfeil angedeutet. Im resultierenden Baum stammt also das a-Blatt vom Zielbaum und das b-Blatt vom zweigeteilten Hilfsbaum. Mit dieser Verknüpfungsoperation gelingt es Kulick, die Teilstring-Beschränkung der ursprünglichen TAG-Adjunktion zu überwinden, d. h. sowohl der Zielbaum als auch der zweigeteilte Hilfsbaum können über die Identifikations-Operation beliebig viele diskontinuierliche Teilstrings beisteuern.

Die Frage, warum Kulick die Hilfsbäume teilt und die Identifikationsoperation so und nicht anders definiert, muss man wohl mit Blick auf die angestrebte Konstituentenstruktur beantworten. Kulick orientiert sich hierbei nämlich am CP-IP-Strukturparadigma der erweiterten Projektion, das auch in Franks CETM implementiert wurde (siehe Abschnitt 5.3). Demzufolge besitzen die von Kulick betrachteten Phänomene (Clitic Climbing, Kohärenz und Subjekt-Anhebung) zwar mehrere IPs (d. h. Verben), aber nur eine CP (d. h. nur ein Komplementierer oder nur ein finites Verb). Identifiziert werden also die CP-Teilbäume, während die IP-Teilbäume adjungieren. Dies beschränkt die Identifikation in der Praxis erheblich, da eine CP meist nur aus der Projektion von C besteht und damit die Menge der identifizierten Knoten nur C′ und CP umfasst. In der Praxis ist also Anzahl der diskontinuierlichen Teilstrings je Verknüpfung auf maximal 6 beschränkt, was jedoch ausreicht, um Satz (20) auf Seite 150, hier wiederholt in (7), adäquat analysieren zu können, wie Abbildung 6.13 verdeutlicht:

(7)     Dieses Buch hat den Kindern niemand zu geben versucht.

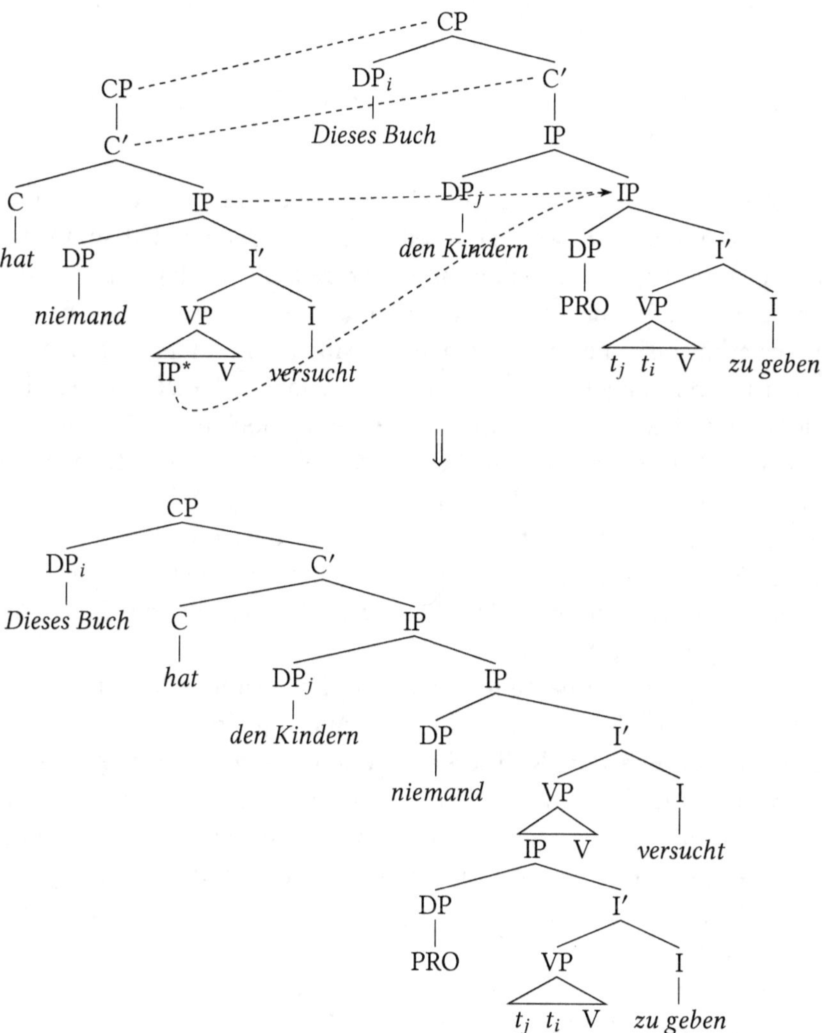

Abbildung 6.13: SegTAG-Analyse für Satz (7) (vgl. Kulick 2000: (130) ,(131))

Allerdings gilt diese derivationelle Mächtigkeit nur für Verbzweit-Sätze wie (7). In der CP von Verbletzt-Sätzen besetzt der Komplementierer die Kopfposition in C und die SpecC-Position ist für Phrasen aus der IP unzugänglich. Die derivationelle Mächtigkeit reduziert sich dadurch wieder auf das Niveau von TAG. Das Verbletzt-Korrelat zu (7) in (8), eine Wiederholung von (21) auf Seite 150, ist also weiterhin nicht adäquat modellierbar:

(8)     daß des Verbrechens der Detektiv den Verdächtigen dem Klienten zu über-
        führen versprochen hat

Um dem abzuhelfen, verfügt SegTAG über eine weitere Fähigkeit, die bisher noch nicht erwähnt wurde. Sowohl der Zielbaum als auch der Hilfsbaum können *Segmente* inkorporieren, die elementarbaumübergreifend beliebig permutiert (d. h. verschachtelt) werden können. Elementarbaumbezogen müssen jedoch bestimmte Dominanzverhältnisse gewahrt bleiben. Im Hilfsbaum bilden Segmente diejenigen kleinsten rekursiven Teilstrukturen, die zwar die gleiche Kategorie haben wie der Fußknoten und ihn dominieren, diesen jedoch nicht enthalten.[24] In den linguistischen Beispielen sind die Segmente meist IP-Knoten, die wiederum einen IP-Knoten dominieren, und ihre nicht-IP-Kinder. In Abbildung 6.14 werden sie mittels gestrichelter Kanten angedeutet. Mit dieser Technik ist es auch bei Verbletzt-Sätzen möglich, in einer Verknüpfungsoperation beliebig viele Teilstrings zu erzeugen. Der zuvor problematische Satz (8) erhält somit die valenzadäquate Analyse in Abbildung 6.14.

Die Permutierung der Segmente im Zuge einer Hilfsbaumverknüpfung bedeutet, dass die Adjunktion nicht der regulären TAG-Adjunktion entspricht. Dies ist auch daran ersichtlich, dass Kulick die Gestalt des Ableitungsbaums dahingehend ändern muss, dass die Segment-Sequenzen in die Knoten-Label kodiert sind. Darauf möchte ich aber hier nicht weiter eingehen. Eine wichtige Einschränkung der Segment-Permutierung kommt bei kohärenten Konstruktionen ins Spiel, die mehr als zwei Verben einschließen. Die Segmente aus nicht direkt verknüpften Bäumen können nämlich nicht beliebig permutieren, denn direkt verknüpfte Bäume bilden komplexe Segmente, die im weiteren Verlauf der Ableitung nicht mehr getrennt werden können (siehe Kulick 2000: 213ff).

Diese Verklumpung der Segmente hat Folgen für die derivationelle Mächtigkeit von SegTAG. Zwar ist SegTAG formal mächtiger als TAG, aber Kulick äußert die Vermutung, dass SegTAG nicht die Mächtigkeit besitzt, um die indizier-

---

[24] Kulick nimmt auch für Initialbäume Segmente an, obwohl dies aus meiner Sicht nicht unbedingt nötig ist. Ihre Funktion ist in den Fällen, in denen der Hilfsbaum keine Segmente besitzt, alleine schon durch unterschiedliche Adjunktionsmöglichkeiten erfasst. Die restlichen Fälle sind mit den Segmenten der Hilfsbäume schon hinreichend erklärt.

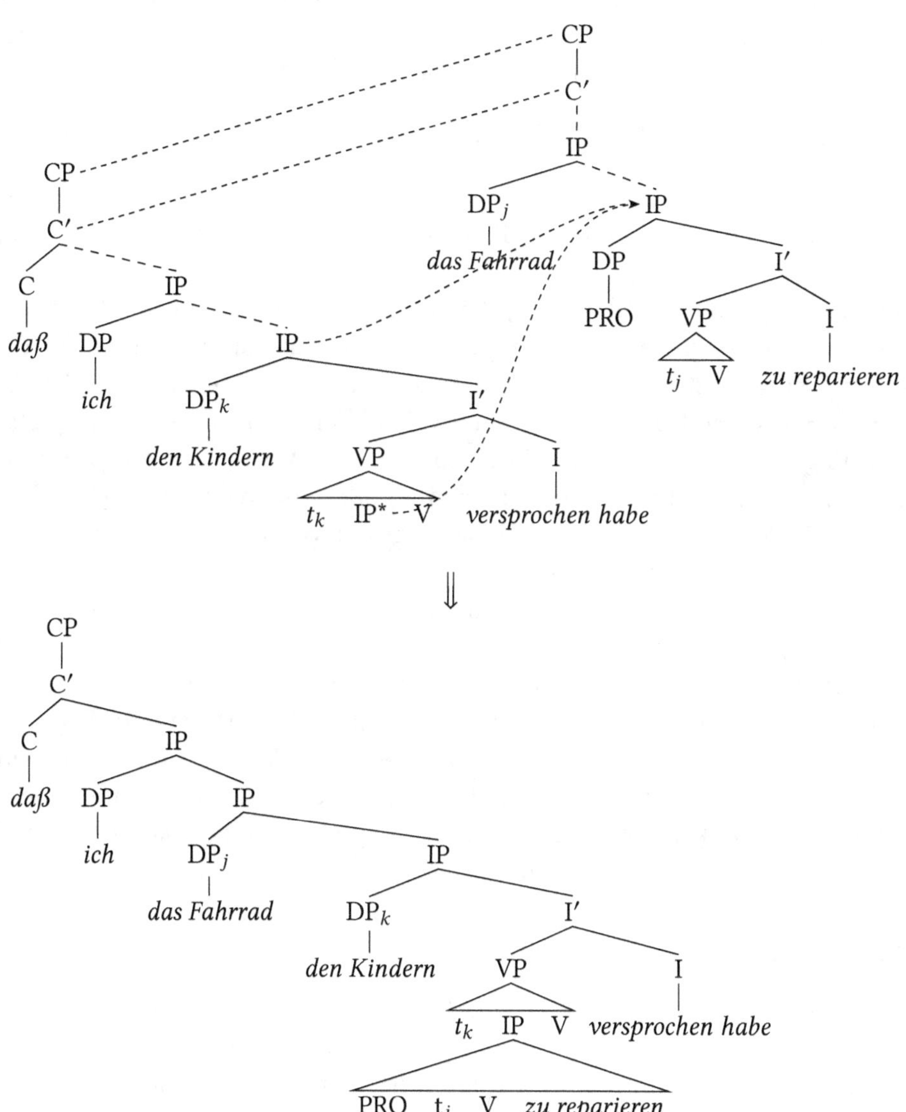

Abbildung 6.14: SegTAG-Analyse für den Satz (8) mit Segmenten (vgl. Kulick 2000: (159), (160))

te Sprache SCR$^{ind}$ zu generieren (Kulick 2000: 215).[25] Damit wäre SegTAG also nicht mächtig genug, um Scrambling in kohärenten Konstruktionen (zumindest kompetenzseitig) vollständig zu modellieren. Allerdings ermöglicht es SegTAG, kohärente Konstruktionen bis zu einem bestimmten Einbettungsgrad $k$ zu erfassen, d. h. die Teilmenge $k$-SCR$^{ind}$ (siehe Abschnitt 5.4.1):

(9)     $k\text{-SCR}^{ind} = \{\sigma(NP_1, \ldots, NP_k)V_1 \ldots V_k | k \geq 1 \text{ und } \sigma \text{ ist eine Permutation}\}$

Die Elementarbäume werden mit steigendem Einbettungsgrad $k$ größer, denn es müssen dann leere Segmente installiert werden, um die Segment-Verklumpungen wieder aufzubrechen.

Da dies eine Einschränkung ist, der auch TL-MCTAG und SL-MCTAG unterworfen sind, liegt die Frage nahe, warum nicht statt SegTAG diese MCTAG-Varianten eingesetzt werden. Kulick argumentiert hier mit dem Hinweis auf Analysen für das Clitic-Climbing, die den MCTAG-Varianten wegen der Simultanitätsbedingungen verwehrt sind, in einem SegTAG-Ansatz aber zur Verfügung stehen (Kulick 2000: 53ff). Durch die Identifikation und die Segment-Permutation bei Adjunktion ist nämlich die Reihenfolge der Verknüpfung von der Reihenfolge der Konstituenten unabhängig.

Als Fazit kann festgehalten werden, dass es Kulick zwar gelingt, eine TAG-Variante für die Erfassung von Kohärenzphänomenen zu entwickeln, die im Unterschied zu V-TAG und DTG eine Lokalitätsdomäne qua Elementarbaum verfügbar und die explizite Angabe von Barrieren in der Art der Integrity Constraints bzw. SICs überflüssig macht. Aber diese TAG-Variante muss dafür eine völlig neue Verknüpfungsoperation, die Identifikation, ins Leben rufen und die Adjunktion signifikant verändern. Wie sich diese Neuerungen auf die formalen Komplexitätseigenschaften auswirken, ist schwer abzusehen.

## 6.2.4 SN-MCTAG

Wir haben in Abschnitt 5.4.1 gesehen, dass TL-MCTAG (und auch SL-MCTAG) zwar eine im Vergleich zu TAG erhöhte derivationelle Mächtigkeit besitzt, dass diese jedoch nicht ausreicht, um die indizierte Scrambling-Sprache SCR$^{ind}$ korrekt zu erfassen. Eine Möglichkeit, dem abzuhelfen, besteht darin, eine nichtlokale MCTAG einzusetzen, wie dies etwa Rambow (1994) mit V-TAG und Gerdes (2004) mit TUG tun, wobei jedoch der Einsatz von zusätzlichen Mitteln notwendig wird, um die Lokalitätsdomäne zu reimplementieren. Einen anderen Weg

---

[25] Genauer gesagt vermutet Kulick, dass SegTAG die Ausdrucksstärke von LCFRS besitzt, und LCFRS kann SCR$^{ind}$ nicht generieren (siehe Fußnote 25, S. 154).

geht deshalb Kallmeyer (2005) mit SN-MCTAG (TL-MCTAG with shared nodes), indem sie die Lokalitätsdomäne von TL-MCTAG so erweitert, dass $SCR^{ind}$ erfasst werden kann.

Das zentrale Konzept dieser TL-MCTAG-Erweiterung ist das NODE SHARING, dem die folgende Idee zugrunde liegt: Bei Adjunktion und Substitution wird der Zielknoten nicht vollständig durch einen Hilfsbaum bzw. Initialbaum ersetzt, d. h. er verschwindet nicht einfach, sondern er ist auch nach der Verknüpfung noch im Wurzelknoten und Fußknoten des eingesetzten Hilfsbaums bzw. im Wurzelknoten des Initalbaums vorhanden. Der Wurzelknoten und Fußknoten des eingesetzten Hilfsbaums wird also nach der Verknüpfung mit dem Zielbaum geteilt. Diese Idee findet man schon in der Merkmalsunifikation bei (FS)TAG (siehe Abschnitt 5.2): Bei Adjunktion wird der TOP-Bereich des Zielknotens mit dem TOP-Bereich des Hilfsbaumwurzelknotens und der BOT-Bereich des Zielknotens mit dem BOT-Bereich des Hilfsbaumfußknotens unifiziert; bei Substitution unifizieren die TOP-Bereiche des Zielknotens und des Wurzelknoten des eingesetzten Initialbaums. Wenn in SN-MCTAG also eine Baummenge $\Gamma$ mit einem Elementarbaum $\zeta$ verknüpft wird, dann können die Elementarbäume aus $\Gamma$ nicht nur direkt an einem Knoten von $\zeta$ adjungieren, sondern auch an geteilte Knoten von $\zeta$.

Sehen wir uns ein Beispiel an. Mit Node Sharing ist es möglich, den Satz (10), der mit einer TAG nicht adäquat modellierbar ist, mit den Elementarstrukturen in Abbildung 6.15 abzuleiten:

(10)    dass ich das Fahrrad den Kindern zu reparieren versprochen habe

Es handelt sich hierbei um eine Bewegungsanalyse, d. h. die Baummengen bilden bewegte Nominalphrasen und ihre Spuren ab. In einer Weirschen TL-MCTAG müsste solch ein NP-Spur-Paar direkt an den Zielbaum substituieren oder adjungieren, d. h. das Pronomen `ich` und seine Spur $t_{nom}$ müssten direkt mit dem Verb `versprochen_habe` verknüpft werden, wie beispielsweise bei der in Abbildung 6.16 dargestellten Derivation. Der Ableitungsbaum in Abbildung 6.15 zeigt jedoch, dass dies bei der Bewegungsanalyse nicht der Fall ist. Allerdings adjungiert `ich` an einen geteilten Knoten von `versprochen_habe`, angezeigt durch eine gestrichelte Linie, was innerhalb der erweiterten Lokalität von SN-MCTAG liegt. Dasselbe gilt für die NP `das_Fahrrad` und seine Spur $t_{acc}$.

Ob Node Sharing besteht oder nicht, kann anhand der Dominanz-Pfade im Ableitungsbaumfestgestellt werden: Zwei Knoten $\gamma$, $\zeta$ in einem Ableitungsbaum $D$ stehen in einem Node-Sharing-Verhältnis, falls $\gamma$ von einem unmittelbaren Kind von $\zeta$ über eine Kette von Wurzeladjunktionen (mit Label $\varepsilon$) dominiert wird. Bei der Benutzung einer Baummenge $\Gamma$ muss also erfüllt sein, dass es genau einen

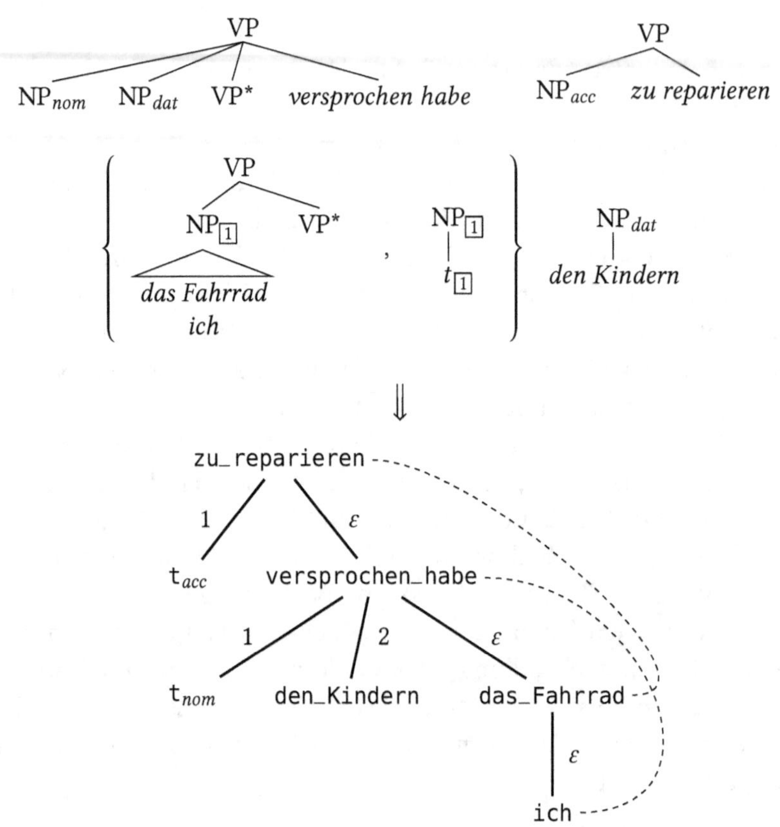

Abbildung 6.15: Elementarstrukturen und Ableitungsbaum einer SN-MCTAG-Bewegungsanalyse von (10)

Knoten $\zeta$ in $D$ gibt, so dass für jedes $\gamma \in \Gamma$ gilt: Entweder $\zeta$ dominiert $\gamma$ unmittelbar, oder $\zeta$ dominiert $\gamma$ mittelbar und $\zeta$ und $\gamma$ stehen in einem Node-Sharing-Verhältnis. Eine formalere Darstellung des Node Sharings gibt es in Kapitel 7 im Rahmen der Darstellung von TT-MCTAG, bei der das Node Sharing ebenfalls eine zentrale Rolle spielt.[26]

An den Beispielen in Abbildung 6.15 und 6.16 wird deutlich, dass SN-MCTAG durch seine höhere derivationelle Mächtigkeit eine Bewegungsanalyse für Satz (10) zulässt, die mit TL-MCTAG nicht möglich ist: Die NP-Spur-Paare müssen bei TL-MCTAG direkt mit dem jeweils regierenden Verb verknüpft werden, wodurch die Einführung weiterer Diskontinuitäten ausgeschlossen ist. Was die Simulati-

---

[26] Ein wichtiger Unterschied ist allerdings, dass das Node Sharing bei TT-MCTAG auf die Adjunktion beschränkt ist.

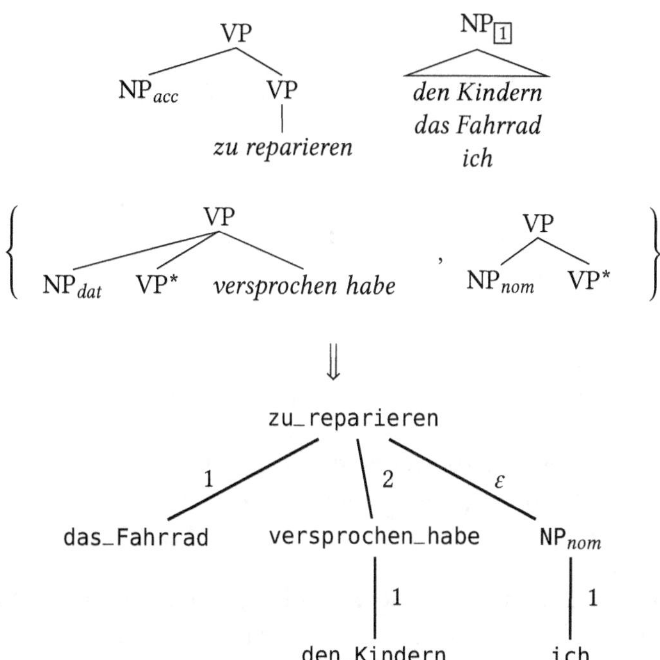

Abbildung 6.16: Elementarstrukturen und Ableitungsbaum einer TL-MCTAG-Analyse von (10)

on von Bewegungsanalysen betrifft, gibt es zwischen TL-MCTAG und TAG also keinen Unterschied. Dagegen kann SN-MCTAG durch die um das Node Sharing erweiterte Lokalitätsdomäne auch die Scrambling-Sprache SCR$^{ind}$ adäquat erfassen, die außerhalb der absoluten derivationellen Mächtigkeit von TL-MCTAG liegt. Kallmeyer zeigt dies anhand der Elementarstrukturen in Abbildung 6.17. Die Baummmenge stellt hierbei die Koindizierung von *NP* und *V* sicher, während die Hilfsbäume der Baummmenge über Node Sharing am Start-Initialbaum adjungieren. Man muss jedoch beachten, dass in dieser Grammatik die Fußknoten keiner NA-Beschränkung unterliegen dürfen, damit tatsächlich alle Permutationen von $NP_1, \ldots, NP_n$ abgeleitet werden können. Die Simultanitätsbedingung macht dies notwendig. Allerdings ist es möglich, wie Abbildung 6.18 zeigt, eine entsprechende SN-MCTAG mit NA-Beschränkung auf den Fußknoten anzugeben. Dabei wird zunächst mittels der Elementarbäume eine Basisreihenfolge von NP-Slots erzeugt, die durch die NP-Spur-Baummmenge beliebig permutiert werden können.

Was die Wohlgeformtheitsbedingungen für SN-MCTAG-Elementarstrukturen im Rahmen einer Bewegungsanalyse betrifft, findet man in Kallmeyer (2005) kei-

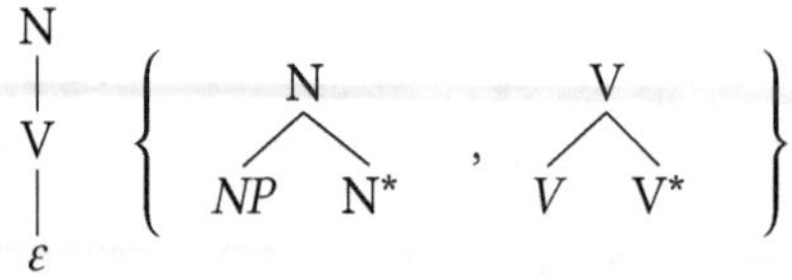

Abbildung 6.17: SN-MCTAG für die indizierte Sprache $\text{SCR}^{ind}$ ohne NA-Beschränkung auf den Fußknoten (vgl. Kallmeyer 2005: Abbildung 5)

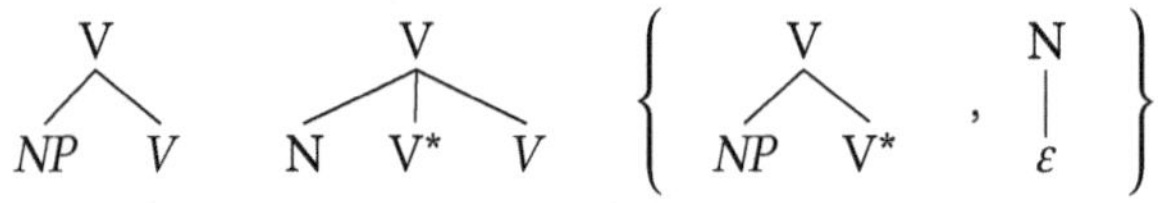

Abbildung 6.18: SN-MCTAG-Bewegungsanalyse für die indizierte Sprache $\text{SCR}^{ind}$ mit NA-Beschränkung auf den Fußknoten

ne genaue Angaben. Man kann jedoch das Folgende annehmen: Für Elementarbäume in Baummengen mit nur einem Elementarbaum gelten die Wohlgeformtheitsbedingungen für TAG-Elementarbäume. Baummengen mit mehr Elementarbäumen dienen ausschließlich zur Modellierung von Bewegungen, d. h. sie enthalten einen Hilfsbaum für die bewegte Konstituente und einen Initialbaum für die Spur in der Basisposition. Der Hilfsbaum der bewegten Konstitutente ist lexikalisiert und muss zusätzlich zu den durch das Valenzprinzip lizenzierten nichtterminalen Blättern einen valenzfreien Fußknoten besitzen.

Die formalen Komplexitätseigenschaften von SN-MCTAG untersucht Kallmeyer (2005) dagegen ausführlicher. Zunächst stellt sie fest, dass $\text{SCR}^{ind}$ durch eine SN-MCTAG deriviert werden kann (siehe Abbildungen 6.17 und 6.18). Da aber $\text{SCR}^{ind}$ nicht von einer LCFRS erfasst werden kann (Becker et al. 1992) und LCFRS in der Literatur gerne zur Charakterisierung der MCS-Sprachen dient (Kallmeyer 2010a), wird SN-MCTAG von Kallmeyer auf die Ausdrucksstärke von LCFRS zurückgestutzt, indem sie zwei Änderungen vornimmt: Zum einen soll die Anzahl der Sekundärkanten („secondary edges"), d. h. in unserer Notation die Anzahl der gestrichelten Kanten (vgl. Abbildung 6.15), an einem Knoten im Ableitungsbaum beschränkt werden. Bisher kann ein Knoten im Ableitungsbaum beliebig viele Sekundärkanten besitzen. Erkennbar wird diese Eigenschaft etwa an der Grammatik für $\text{SCR}^{ind}$ in Abbildung 6.17: Die Elementarbäume beliebig vieler Baummengeninstanzen können an geteilte Knoten des Initialbaums adjungieren. Um dies zu verhindern, werden nur Ableitungen erlaubt, bei denen zumindest ein Elementarbaum einer Baummenge direkt am Zielbaum adjungiert oder substituiert. Dadurch ist die Anzahl der Sekundärkanten für einen Knoten $\gamma$ im Ableitungsbaum beschränkt durch die Anzahl der nicht-terminalen Knoten in $\gamma$ und die Größe der Baummengen. Kallmeyer nennt diese SN-MCTAG-Variante Restricted SN-MCTAG (RSN-MCTAG). Als RSN-MCTAG kann die Grammatik in Abbildung 6.17 die Scrambling-Sprache $SCR^{ind}$ nicht derivieren. Bei der Grammatik mit Bewegungsanalyse in Abbildung 6.18 bleibt dieses Potential allerdings auch im Rahmen von RSN-MCTAG erhalten. Entscheidend ist deshalb eine zweite Einschränkung: Eine RSN-MCTAG darf maximal eine festgelegte Stelligkeit $n$ besitzen, wobei die Stelligkeit von der Anzahl der Überkreuzungen von Sekundärkanten im Ableitungsbaum abhängt (siehe Kallmeyer 2005: 212f). Nun ist auch die Derivation von $SCR^{ind}$ durch die Grammatik in Abbildung 6.18 blockiert. Der Grad dieser Einschränkung kann jedoch beliebig hoch gesetzt werden, sodass eine beliebig große, echte Teilmenge von $SCR^{ind}$, nämlich $k$-$SCR^{ind}$, erfasst werden kann und zumindest die im Sprachgebrauch auftretenden Fälle abgedeckt sind.

Zusammenfassend lässt sich also sagen, dass die Lokalitätserweiterung mittels Node Sharing eine für Scrambling-Phänomene notwendige derivationelle Ausdrucksstärke zur Verfügung stellt. Im Unterschied zu V-TAG kann auf implizite Lokalitätsbeschränkungen qua Ableitungsbaum zurückgegriffen werden. Außerdem zeichnet SN-MCTAG im Vergleich zu SegTAG ein höherer Grad der Formalisierung aus, was ein besseres Verständnis der formalen Komplexitätseigenschaften fördert. Ein Nachteil könnte jedoch sein, dass SN-MCTAG den Daten eine Bewegungsanalyse aufzwingt und dadurch anfällig für die Generierung unechter Ambiguität ist.[27] Außerdem erhält man bisweilen Bewegungsanalysen, die gar nicht benötigt werden (siehe Kallmeyer 2005: 205). Wie wir gleich sehen werden, gelingt es dagegen mit TT-MCTAG, die Lokalitätserweiterung qua Node Sharing zu nutzen, ohne eine Bewegungsanalyse mit den erwähnten Zugeständnissen implementieren zu müssen.

## 6.2.5 TUG

Etwas aus dem Rahmen fällt die Tree Unification Grammar (TUG), vorgestellt in Gerdes (2004). Es handelt sich hierbei um eine Art nicht-lokaler MCTAG, der als Verknüpfungsoperation eine Form der Baumunifikation („unify") nutzt. TUG dient allerdings primär zur Generierung wohlgeformter topologischer Strukturen. Die Beschränkung der Nicht-Lokalität scheint dagegen in den Aufgabenbereich anderer Grammatikmodule, des Dependenzmoduls und des Semantikmoduls, zu fallen. Leider sind Gerdes Angaben zu diesem Aspekt von TUG lücken-

---

[27] „In order to avoid spurious ambiguities, we assume that whenever a derivation using the single elementary tree is possible, this is chosen." (Kallmeyer 2005: 203)

haft. Wie in V-TAG entsprechen die Baummengen Valenzrahmen, das heißt, für die valenztheoretische Vollständigkeit wird bereits auf der topologischen Ebene gesorgt. Gerdes zeigt in seiner Arbeit die Mächtigkeit von TUG anhand von Daten mit partieller VP-Voranstellung, die auch in dieser Arbeit als zentrale Hürde bei der Modellierung kohärenter Konstruktionen wahrgenommen wird. Auf die Details seines Modellierungsansatzes möchte ich aber an dieser Stelle nicht weiter eingehen, gerade weil viele Details unklar sind. TUG wird uns jedoch im Zuge der Vorstellung des STUG-Modells in Kapitel 9 wiederbegegnen, denn auch STUG macht von der Baumunifikation Gebrauch (allerdings nicht in der syntaktischen Domäne).

## 6.3 Zusammenfassung

Die in diesem Abschnitt dargestellten TAG-Varianten sind prinzipiell dazu in der Lage, einen großen Teil der Diskontinuitätsphänomene in kohärenten Konstruktionen valenztheoretisch adäquat zu modellieren. Es wurde in der Darstellung jedoch deutlich, dass jede dieser TAG-Varianten gewisse Nachteile mit sich bringt: V-TAG und DTG benötigen eine explizite Stipulation der Lokalitätsdomäne in den jeweiligen Elementarstrukturen. Bei SegTAG erfolgt die Stipulation der Lokalitätsdomäne zwar implizit, d. h. elementarbaumübergreifend, aber die formalen Eigenschaften der neuartigen Verknüpfungsoperationen, von denen SegTAG Gebrauch macht, bleiben großenteils im Dunkeln. SN-MCTAG ist zwar gründlich formalisiert und verfügt ebenfalls über eine implizit festgelegte Lokalitätsdomäne, funktioniert aber nur im Rahmen einer weitläufigen Bewegungsanalyse.

Die Nachteile der bislang vorgeschlagenen TAG-Varianten definieren also den folgenden Anforderungskatalog für jede Neu- oder Weiterentwicklung: (i) Die Lokalitätsdomäne ist implizit festgelegt; (ii) das Verständnis für die Verknüpfungsoperationen und die Elementarstrukturen ist hinreichend klar, d. h. formalisiert; (iii) die Ausdrucksstärke und die Komplexitätseigenschaften befinden sich innerhalb des MCS-Bereichs und ermöglichen eine valenztheoretisch adäquate Modellierung kohärenter Konstruktionen; (iv) eine Bewegungsanalyse kann vermieden werden. Die Motivation zur Entwicklung von TT-MCTAG ist es, genau diese Anforderungen zu erfüllen.

# 7 Analyse kohärenter Konstruktionen mit TT-MCTAG

Eine ausführliche Darstellung des TT-MCTAG-Formalismus wird in Abschnitt 7.1 unternommen. Anschließend werden in Abschnitt 7.2 Analysebeispiele für eine Auswahl von Aspekten der kohärenten Konstruktion geliefert. Ein Augenmerk liegt dabei auf dem Vergleich mit HPSG-Modellierungen, da hier der Vorteil einer erweiterten Lokalitätsdomäne deutlich wird. Dann werde ich in Abschnitt 7.3 auf die Grenzen der Ausdrucksstärke von TT-MCTAG eingehen und abschließend in Abschnitt 7.4 eine Weiterentwicklung von TT-MCTAG, spinale TT-MCTAG, vorschlagen.

## 7.1 TT-MCTAG: Der Formalismus

TT-MCTAG (SN-MCTAG with Tree Tuples)[1] kombiniert Eigenschaften von SN-MCTAG und V-TAG. Von SN-MCTAG wird die Idee des Node-Sharings übernommen: Im Fall der Adjunktion wird der Zielknoten vom Hilfsbaum nicht vollständig ersetzt, sondern der Wurzelknoten des Hilfsbaums wird in die Lokalitätsdomäne beider Elementarbäume einverleibt. An V-TAG erinnert dagegen die valenztheoretische Auffassung von Elementarbaummmengen, im Gegensatz zur bewegungsbezogenen Auffassung der Elementarbaummmengen in der SN-MCTAG. Dies ist dem Umstand geschuldet, dass TT-MCTAG keiner Simultanitätsbedingung unterliegt.

Ein hervorstechender Unterschied zu SN-MCTAG und V-TAG ist sicher auch die Art der Elementarstrukturen. Bei TT-MCTAG sind das nämlich 2-Tupel der Form $\langle \gamma, \{\beta_1, \ldots, \beta_2\}\rangle$, bestehend aus einem lexikalisierten Elementarbaum $\gamma$, dem KOPFBAUM, und einer Baummenge $\{\beta_1, \ldots, \beta_2\}$, den ARGUMENTBÄUMEN. Der Gebrauch eines solchen Baumtupels wird entsprechend eingeschränkt: Im Verlauf der Derivation müssen die Argumentbäume an den Kopfbaum angeknüpft werden, wobei die Anknüpfungslokalität um das Node Sharing erweitert ist. Ein wichtiger Unterschied zur Node-Sharing-Definition bei Kallmeyer (2005) (siehe

---

[1] TT-MCTAG wurde zuerst in Lichte (2007) vorgestellt.

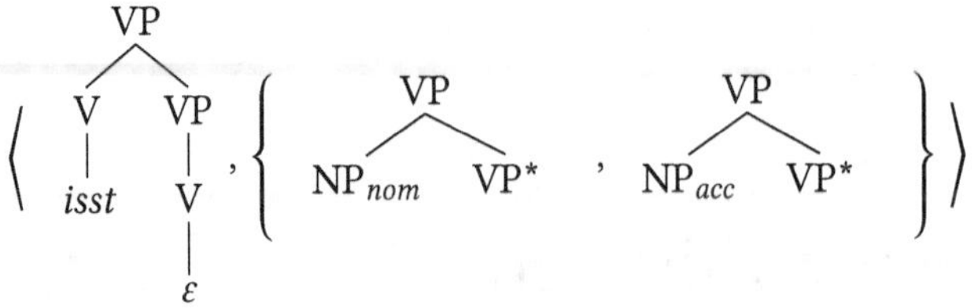

$$\left\langle \; \left\{ \begin{array}{c} VP \\ \diagup \diagdown \\ V \quad VP \\ | \qquad | \\ isst \quad V \\ | \\ \varepsilon \end{array} \right. , \left\{ \begin{array}{cc} VP & VP \\ \diagup \diagdown & \diagup \diagdown \\ NP_{nom} \; VP^* & , \; NP_{acc} \; VP^* \end{array} \right\} \; \right\rangle$$

Abbildung 7.1: Baumtupel für das Verb *isst*

Abschnitt 6.2.4), aber auch zur TT-MCTAG-Definition bei Kallmeyer (2009), ist allerdings, dass die Substitutionsknoten keine geteilten Knoten sein sollen. Im Ableitungsbaum muss daher der Kopfbaum den Argumentbaum so dominieren, dass der Pfad ausschließlich aus Adjunktionen besteht. Mit anderen Worten, Substitutionen konstituieren immer Lokalitätsinseln. All dies erhält eine formalere Explikation in Abschnitt 7.1.3. Zunächst folgt jedoch ein Beispiel und eine Charakterisierung der Ausdrucksstärke.

## 7.1.1 Funktionsweise und Ausdrucksstärke

Ein linguistisches Exemplar eines Baumtupels ist in Abbildung 7.1 zu sehen. Entsprechend des valenztheoretischen Verständnisses eines Baumtupels lexikalisiert das valenztragende Verb *isst* den Kopfbaum, während seine Valenzrollen in den Argumentbäumen, d. h. mittels der dortigen Substitutionsknoten, repräsentiert werden. Die restlichen Formeigenschaften des Kopfbaumes, d. h. die Struktur der Innenknoten und die Annahme eines leeren Terminals $\varepsilon$, entspricht einem Phrasenstrukturschema, das das System der topologischen Felder adaptiert. Dazu mehr in Abschnitt 7.2.1. Basierend auf dem Baumtupel in Abbildung 7.1 lassen sich also bei Zuhilfenahme geeigneter Merkmalsstrukturen in den VP-Knoten (siehe ebenfalls Abschnitt 7.2) u. a. die folgenden V2-Sätze generieren:

(1)    a.    Peter isst eine Pizza.
        b.    Eine Pizza isst Peter.
        c.    Bei Giovanni isst Peter eine Pizza.
        d.    Bei Giovanni isst eine Pizza Peter.

Die dazugehörigen Ableitungsbäume in Abbildung 7.2 machen deutlich, warum die Erweiterung der Lokalität mittels Node Sharing notwendig ist. Die Kantenlabel zeigen hier der Übersichtlichkeit halber auch die Art der Verknüpfungsoperation an, also s.$p$ für Substitution und A.$p$ für Adjunktion an der Adresse $p$. Während die Argumente in (1a) und (1b) direkt an den Kopfbaum adjungieren, d. h.

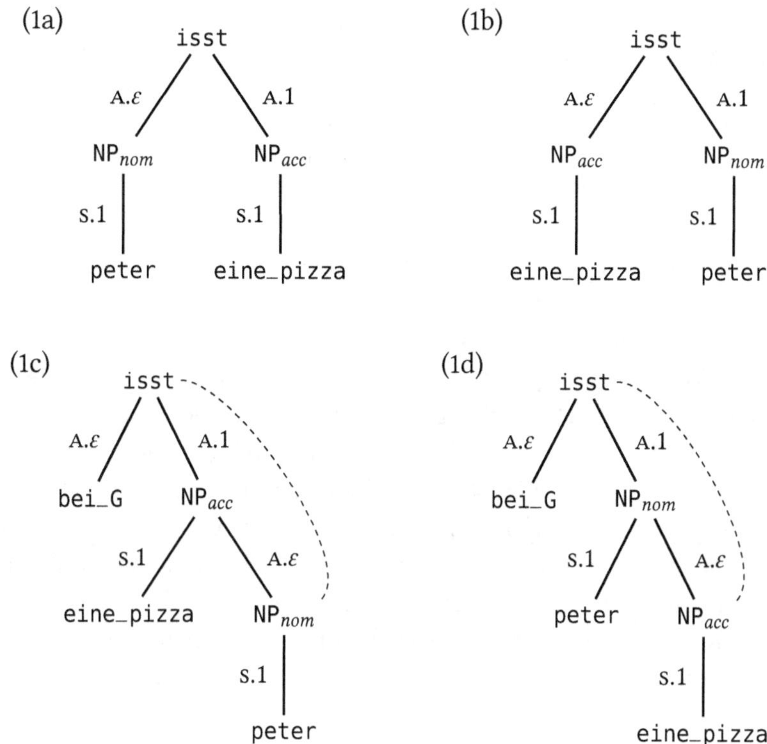

Abbildung 7.2: Ableitungsbäume für die Scramblingdaten in (1)

im Ableitungsbaum direkt vom Kopfbaum dominiert werden, ist dies in der Ableitung von (1c) und (1d) nicht der Fall. Hier ist jeweils eines der Argumente nur indirekt vom Kopfknoten dominiert, angedeutet durch die gestrichelte Linie.[2] Dies ist jedoch durch das Node Sharing lizenziert, da der Argumentbaum über einen Pfad von Wurzeladjunktionen von einem Baum dominiert wird, der wiederum direkt an den Kopfbaum adjungiert. Im Ableitungsbaum für (1c) trifft das zu: $NP_{nom}$ wird über einen (ein-gliedrigen) Dominanzpfad aus Wurzeladjunktio-

---

[2] Um diese indirekte Verknüpfung mit dem Kopfbaum in diesem Fall zu vermeiden, könnte man im Kopfbaum genügend VP-Knoten als Argumentlandeplätze zur Verfügung stellen. So würde die Notwendigkeit des Node Sharings jedoch nicht gänzlich eliminiert, da weiterhin Modifizierer intervenieren können: *Bei Giovanni isst heute Peter eine Pizza nach Feierabend.* Hier müssten also noch zusätzliche Landeplätze für Modifizierer angelegt werden. Wir erhielten damit für ein zweistelliges Verb ein dreigliedriges Mittelfeld. Diese Multiplizierung der Innenknoten ist mit Rücksicht auf das Ökonomieprinzip natürlich fragwürdig. Zudem ist die indirekte Verknüpfung qua Node Sharing bei der Modellierung kohärenter Konstruktionen unvermeidbar.

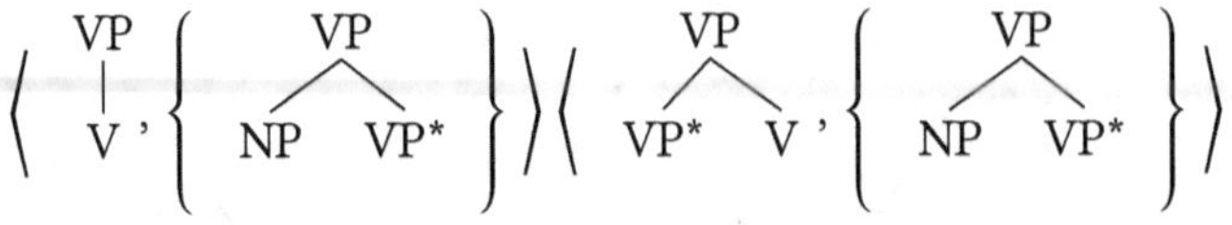

$$\left\langle \begin{array}{c} \text{VP} \\ | \\ \text{V} \end{array} , \left\{ \begin{array}{c} \text{VP} \\ \diagup\diagdown \\ \text{NP} \quad \text{VP*} \end{array} \right\} \right\rangle \left\langle \begin{array}{c} \text{VP} \\ \diagup\diagdown \\ \text{VP*} \quad \text{V} \end{array} , \left\{ \begin{array}{c} \text{VP} \\ \diagup\diagdown \\ \text{NP} \quad \text{VP*} \end{array} \right\} \right\rangle$$

Abbildung 7.3: Baumtupel für SCR$^{ind}$

nen von dem Knoten NP$_{acc}$ dominiert, der eine unmittelbare Tochter des Kopfes isst ist. Ebenso im Ableitungsbaum für (1d), wo der Kopf isst sein Argument NP$_{acc}$ node-sharing-gerecht dominiert.

Die derivationelle Mächtigkeit von TT-MCTAG reicht aus, um die indizierte Scrambling-Sprache SCR$^{ind}$ abzuleiten, z. B. anhand der Baumtupel in Abbildung 7.3. Während der Verbalkomplex mit den Kopfbäumen auf der rechten Seite der VP-Projektion gebildet wird, können die NPs mit den Argumentbäumen auf der linken Seite der VP-Projektion in beliebiger Abfolge generiert werden. Es kann dabei immer sichergestellt werden, dass der Argumentbaum an einem vom Kopfbaum geteilten Knoten adjungiert, oder anders ausgedrückt, dass im Ableitungsbaum der Kopfbaum den Argumentbaum node-sharing-gerecht dominiert. Wie Søgaard et al. (2007) außerdem gezeigt haben, reicht die Ausdrucksstärke von TT-MCTAG aus, um die MIX-Sprache zu generieren.[3]

Da SCR$^{ind}$ jenseits der Ausdrucksstärke von LCFRS liegt und damit TT-MC-TAG womöglich keine MCS-Sprache ist, stellt sich wie schon bei SN-MCTAG die Frage nach einer Reduzierung der Ausdrucksstärke. Wieder kann man hierfür eine Komplexitätsschranke $k$ bestimmen, die im Fall von TT-MCTAG die maximale Anzahl von Argumentbäumen angibt, die zu einem Zeitpunkt der Ableitung noch nicht in den abgeleiteten Baum eingefügt wurden, deren Kopfbaum aber schon. $k$ ist also auch die maximale Anzahl der Argumentbäume in einem Baumtupel. Da $k$ beliebig gewählt werden kann, kann auch eine beliebig große echte Teilmenge von SCR$^{ind}$, nämlich $k$-SCR$^{ind}$, erfasst werden, darunter auch die im Sprachgebrauch vorkommenden Fälle. Diese TT-MCTAG-Variante heißt $k$-TT-MCTAG.

Handelt es sich nun aber bei TT-MCTAG um einen schwach kontextsensitiven Grammatikformalismus? Genügt also TT-MCTAG den vier MCS-Kriterien aus Abschnitt 5.2.3 (siehe S. 135)? Kallmeyer & Parmentier (2008) zeigen, dass prinzipiell $k$-TT-MCTAG und TAG dieselbe generative Ausdrucksstärke besitzen, indem sie dieselben abgeleiteten Strukturen erzeugen können. Allerdings unterscheiden sie sich hinsichtlich der derivationellen Ausdrucksstärke: TT-MCTAG

---

[3] In der MIX-Sprache über einem Alphabet $A = \{a, b, c\}$ bestehen die Wörter aus einer gleichen Anzahl von $a$'s, $b$'s und $c$'s. Dies ist quasi der Extremfall der freien Wortstellung (Bach 1988).

ist in Bezug auf die Elementarstrukturen flexibler als TAG. Daraus folgt erfreulicherweise, dass TT-MCTAG die Mindestanforderung an seine Ausdrucksstärke erfüllt, indem es wie TAG alle kontextfreien Sprachen und bestimmte kreuzende Abhängigkeiten generieren kann. Was die Verarbeitungskomplexität betrifft, sind die Ergebnisse zwiespältig: Das universelle Erkennungsproblem[4] für TT-MCTAG ist NP-vollständig (Søgaard et al. 2007), möglicherweise auch für $k$-TT-MCTAG. Das festgelegte Erkennungsproblem[5] kann dagegen für TT-MCTAG (ohne Einschränkung) in polynomieller Zeit gelöst werden (Kallmeyer & Satta 2009). Und letzteres Ergebnis ist das entscheidende in dieser Frage, da wir es, zumindest im Parsingfall, mit einer festgelegten Grammatik zu tun haben. Fehlt noch das Kriterium des konstanten Wachstums (oder der Semi-Linearität). Hierfür liegt noch kein Beweis vor. Zusammenfassend kann man dennoch sagen, dass TT-MCTAG ein ernstzunehmender Kandidat für einen schwach kontextsensitiven Grammatikformalismus ist.

## 7.1.2 Das Valenzprinzip für TT-MCTAG

Das Valenzprinzip für TT-MCTAG kann an die Formulierung des Valenzprinzips für TAG in (14) angelehnt werden, muss aber der Auftrennung einer Elementarbaumdomäne auf mehrere Teilbäume mit unterschiedlicher Funktion gerecht werden:

(2)   **Valenzprinzip (für TT-MCTAG)**
      Baumtupel entsprechen genau einem Valenzrahmen, wobei gilt:

    a.   Der lexikalische Anker im Kopfbaum ist der Valenzträger.

    b.   Es besteht ein bijektives Abbildungsverhältnis zwischen Valenzrollen einerseits und Substitutionsknoten in der Elementarbaummmenge bzw. Substitutionsknoten und Fußknoten im Kopfbaum andererseits.

Die Fußknoten der Argumentbäume dienen allein der Verknüpfung und haben keinen Valenzbezug. Es liegt in der Natur der Sache, dass eine gewisse Ähnlichkeit zu Rambows CETM für V-TAG (vgl. (5), S. 172) hinsichtlich der Differenzierung der Fußknoten besteht. Nur greift dort eine Unterscheidung anhand von relativ willkürlich gesetzten Dominanzlinks, während bei TT-MCTAG die Rolle eines Fußknotens aus der Zugehörigkeit zu einem Argumentbaum oder Kopfbaum folgt.

---

[4] Die Grammatik ist Teil der Eingabe: Gegeben eine Grammatik $G$ und ein String $s$, ist $s$ in $L(G)$?

[5] Die Grammatik ist nicht Teil der Eingabe: Die Grammatik sei immer $G$. Gegeben ein String $s$, ist $s$ in $L(G)$?

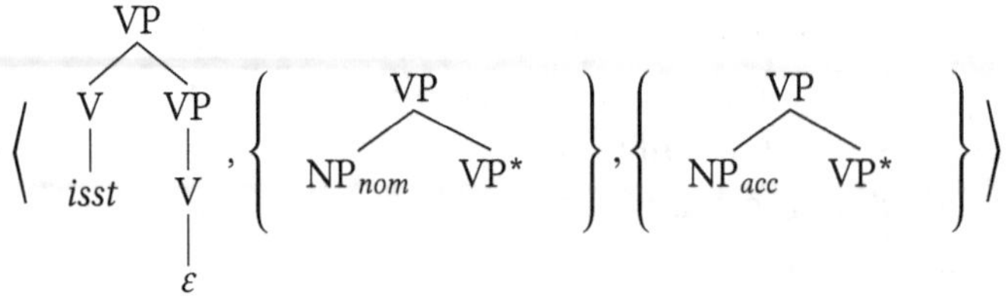

$$\left\langle\; \begin{array}{c} \text{VP} \\ \text{V} \quad \text{VP} \\ \mid \qquad \mid \\ \textit{isst} \quad \text{V} \\ \mid \\ \varepsilon \end{array} \;,\; \left\{ \begin{array}{c} \text{VP} \\ \text{NP}_{nom} \quad \text{VP*} \end{array} \right\} \;,\; \left\{ \begin{array}{c} \text{VP} \\ \text{NP}_{acc} \quad \text{VP*} \end{array} \right\} \;\right\rangle$$

Abbildung 7.4: 3-stelliges Baumtupel für das Verb *isst* mit getrennten Argumentmengen für obligatorische und fakultative Ergänzungen

Zwei weitere wesentliche Unterschiede zu V-TAG bestehen darin, dass bei TT-
MCTAG Substitutionsknoten immer Lokalitätsinseln darstellen, was dazu führt,
dass maximal eine Ergänzung disjunkt sein kann, nämlich die des Fußknotens im
Kopfbaum. Dagegen ist bei V-TAG eine beliebige Annotation von Lokalitätsinseln mittels Integrity Constraints möglich und daher auch eine beliebige Anzahl
disjunkter Ergänzungen per Valenzrahmen.

Kein wesentlicher Unterschied besteht dagegen hinsichtlich der Modellierung
der Fakultativität von Valenzrollen. Die kann sowohl bei TT-MCTAG als auch
bei V-TAG durch lexikalische Ambiguität erreicht werden, indem es im Lexikon z. B. zwei Einträge (d. h. Baumtupel bzw. Baummengen) für *isst* gibt – einen mit Akkusativobjekt, einen ohne. Dank der tupelartigen Globalstruktur ist
es jedoch leicht denkbar, anders als bei TAG und den angesprochenen Varianten,
diese Baumtupel-Alternativen mittels einer simplen Erweiterung der Baumtupel-
struktur zu vereinigen: Die obligatorischen und fakultativen Valenzrollen können nämlich in unterschiedlichen Argumentmengen repräsentiert werden. Ein
solches 3-stelliges Baumtupel für *isst* mit zwei Argumentmengen ist in Abbildung
7.4 dargestellt. Die obligatorischen Argumente befinden sich hier in der ersten
Argumentmenge und die fakultativen Argumente in der zweiten. Im Weiteren
werde ich jedoch auf diese Faktorisierung verzichten und durchgehend zweistellige Baumtupel verwenden.

### 7.1.3 Definitionen

Die folgenden Definitionen orientieren sich an denen in Kallmeyer (2005) und
Kallmeyer (2009), wobei die dortigen Definitionen bedingt durch unterschiedliche Zielsetzungen nicht vollständig kongruent sind. Der Zwischenweg, den ich
hier gehe, versucht von beiden Ansätzen zu einer möglichst passgenauen, dem
Verständnis förderlichen Definitionsvariante zu gelangen.

Die Definition der Elementarstrukturen von TAG (ohne Verknüpfungsoperationen) kennt keine große Variationsbreite und kann direkt aus Kallmeyer (2009)
übernommen werden:

**Definition 10 (Tree Adjoining Grammar)** *Eine Tree Adjoining Grammar (TAG)
ist ein Tupel $G = \langle N, T, S, I, A, f_{OA}, f_{SA} \rangle$, wobei gilt:*

- *$N, T$ sind disjunkte Alphabete nicht-terminaler und terminaler Symbole.*

- *$S \in N$ ist das Startsymbol.*

- *$I$ ist die endliche Menge der Initialbäume und $A$ ist die endliche Menge der
  Hilfsbäume.*

- *$f_{OA}$: $\{v|v$ ist ein Knoten eines Elementarbaums $\gamma \in I \cup A\} \to \{0, 1\}$,
  $f_{SA}$: $\{v|v$ ist ein Knoten eines Elementarbaums $\gamma \in I \cup A\} \to P(A)$ ,
  wobei $P(A)$ die Potenzmenge von $a$ ist und für jedes Blatt $v$ gilt: $f_{OA}(v) = 0$
  und $f_{SA}(v) = \emptyset$.*

Eine TAG wird oft als 5-Tupel notiert, indem die Adjunktionsbeschränkungen
weggelassen werden. Die Adjunktionsbeschränkungen sind hier enthalten, da
sie die NA-Beschränkung auf den Blättern explizit machen, die in weiten Teilen
der TAG-Literatur stillschweigend angenommen wird. Eine Definition der Substitution und Adjunktion überspringe ich hier und verweise auf Kallmeyer (2009:
59f).

Eine TAG-Ableitung wird gemeinhin als Ableitungsbaum, d. h. als baumförmiger Ableitungsgraph, repräsentiert. Die folgende Definition des TAG-Ableitungsbaums legt fest, wie die Repräsentation einer vollständige TAG-Ableitung
als Ableitungsbaum bestimmt ist (siehe Kallmeyer 2005: 196):

**Definition 11 (TAG-Ableitungsbaum)** *Sei $G = \langle N, T, S, I, A, f_{OA}, f_{SA} \rangle$ eine TAG
und $D = \langle V, E \rangle$ ein Baum mit Knoten $V$ und gelabelten Kanten $E \subset V \times V \times \mathbb{N}^*$. $D$
ist ein TAG-Ableitungsbaum, falls gilt:*

- *$V$ ist eine Menge von Instanzen von Elementarbäumen aus $I \cup A$.*

- *Für jede Kante $\langle \gamma_1, \gamma_2, p \rangle \in E$ gilt:*

    - *Entweder $\gamma_2$ ist ein Initialbaum, dann ist $p$ die Gorn-Adresse eines nicht-
      terminalen Blattes in $\gamma_1$, das $\gamma_2$ substituiert;*

    - *oder $\gamma_2$ ist ein Hilfsbaum, dann ist $p$ die Gorn-Adresse eines nicht-ter-
      minalen Innenknotens in $\gamma_1$, an den $\gamma_2$ adjungiert;*

- *Für jedes nicht-terminale Blatt n mit Gorn-Adresse $p_n$ in einer Elementarbauminstanz $\gamma_n \in V$ gilt:*

    - *Entweder n ist kein Fußknoten, dann gibt es genau eine Kante $\langle \gamma_n, \gamma, p_n \rangle \in E$ mit $\gamma \in V$;*

    - *oder n ist ein Fußknoten, dann gibt es genau eine Kante $\langle \gamma, \gamma_n, p \rangle \in E$ mit $\gamma \in V$ und $p \in \mathbb{N}^*$.*

- *Für jeden Innenknoten n einer Elementarbauminstanz $\gamma_n \in V$ mit Gorn-Adresse $p_n$ und OA-Adjunktionsbeschränkung gilt: Es gibt genau eine Kante $\langle \gamma_n, \gamma, p_n \rangle \in E$ mit $\gamma \in V$.*

Eine Elementarbauminstanz eines Elementarbaums $\gamma$ aus der Grammatik $G$ ist ein konkretes Objekt mit genau den Eigenschaften von $\gamma$. Analog verhält es sich bei Baummengeninstanzen.[6]

Bei der Definition von MCTAG werden der Definition von TAG Baummengen hinzugefügt:

**Definition 12 (MCTAG)** *Eine Multi-Komponenten TAG (MCTAG) ist ein Tupel $G = \langle N, T, S, I, A, \mathcal{A} \rangle$, wobei $G_{TAG} = \langle N, T, S, I, A \rangle$ eine TAG und $\mathcal{A}$ eine Teilmenge der Potenzmenge von $I \cup A$ ist.*

Dies deckt sich ebenfalls mit der MCTAG-Definition in Kallmeyer (2005). Dagegen definiert Kallmeyer (2009) $\mathcal{A}$ als die Partition von $I \cup A$. Eine Partition $\mathcal{P}$ einer Menge $M$ schließt jedoch aus, dass ein $\gamma \in M$ ein Element in zwei oder mehr Mengen aus $\mathcal{P}$ ist. In der Menge $I \cup A$ befinden sich deshalb Elementarbäume identischer Form, quasi Instanziierungen einer Elementarbaum-Superklasse, die jeweils genau einer Elementarbaummenge zugeordnet werden. Die Zugehörigkeit eines Elementarbaums zu mehreren Baummengen in der Grammatik erscheint unter diesen Voraussetzungen als Täuschung. Für unsere Zwecke ist diese zweifache Instanziierung, sowohl innerhalb der Grammatik als auch beim Parsen, nicht notwendig, denn für eine eindeutige Zuordnung der Elementarbäume zu den Baummengen im Ableitungsbaum reicht die Parsing-Instanziierung aus. Es bieten sich dann die folgenden Definitionsansätze für $\mathcal{A}$ an: Entweder $\mathcal{A}$ ist

---

[6] Ein Einwand könnte lauten, dass hier durch den Einsatz von Elementarbauminstanzen die Menge der Ableitungsbäume für einen gegebenen abgeleiteten Baum unendlich sei, da auch die Menge der Instanzen einer Elementarbaumklasse unendlich ist. Das ist jedoch beabsichtigt und kein Nachteil. Ein bijektives Verhältnis zwischen Ableitungsbaum und dem abgeleiteten Baum kann nur bezogen auf die Grammatik gefordert werden, d. h. wenn die Elementarbauminstanzen wieder auf Elementarbäume der Grammatik abgebildet werden. Der Ableitungsbaum repräsentiert hier also einen einzelnen, konkreten Parse.

eine Teilmenge der Potenzmenge von $I \cup A$, wobei dann ein Elementarbaum der Grammatik zwar in mehreren Baummengen auftreten kann, aber nicht in einer Baummenge mehr als einmal. Oder $\mathcal{A}$ ist eine Menge von Baumlisten oder Baumsequenzen wie bei Weir (1988), wodurch keine Einschränkung dieser Art besteht. Ob man die Baumlisten schließlich „Baummengen" nennt, kann als die Folge einer terminologische Konventionalisierung betrachtet werden. In meinen Augen reicht jedoch erstere Definitionsalternative bei der Grammatikimplementierung aus.

Die Einschränkungen bei der Verwendung von Elementarbaummengen können deklarativ über Einschränkungen auf den MCTAG-Ableitungsbäumen festgehalten werden:

**Definition 13 (MCTAG-Ableitungsbaum)** *Sei $G = \langle N, T, S, I, A, \mathcal{A} \rangle$ eine MCTAG mit einer TAG $G_{TAG} = \langle N, T, S, I, A \rangle$ und sei $D = \langle V, E \rangle$ ein TAG-Ableitungsbaum. D ist ein MCTAG-Ableitungsbaum gdw.:*

- *Für jedes $v \in V$ gibt es genau eine Baummengeninstanz $\Gamma$ einer Baummenge $\Gamma^e \in \mathcal{A}$, so dass $v \in \Gamma$.*

- *(MC) Wenn $\Gamma$ eine Baummengeninstanz einer Baummenge $\Gamma^e \in \mathcal{A}$ ist und es gibt ein $v \in V$, so dass $v \in \Gamma$, dann gilt für jedes $\gamma \in \Gamma$, $\gamma \in V$.*

Die erste Einschränkung bewirkt, dass die benutzen Elementarbäume tatsächlich immer aus Baummengeninstanzen stammen. Die zweite Einschränkung, die sogenannte MC-Einschränkung (Kallmeyer 2005: 197; Kallmeyer 2009: 64), fordert andererseits, dass alle Elementarbäume aus Baummengeninstanzen verwendet werden müssen. Diese beiden Einschränkungen sind allen MCTAG-Varianten eigen. Abhängig von der MCTAG-Variante kommen noch weitere Einschränkungen hinzu, wie etwa bei NL-MCTAG die Simultanitätsbedingung (siehe Kallmeyer 2009: 66). Zu den spezifischen Einschränkungen für TT-MCTAG-Ableitungsbäume, die bisher unter dem Begriff des Node Sharings angesprochen wurden, kommen wir gleich. Zunächst jedoch folgt die Definition der TT-MCTAG-Elementarstrukturen. Diese werden, ähnlich wie bei Kallmeyer (2009: 71), als MCTAG-Baummengen definiert, in denen mittels der Kopfabbildung $h$ ein Elementarbaum als Kopfbaum festgelegt wird:[7]

---

[7] Kallmeyer (2009: 71) legt den Kopfbaum als denjenigen Elementarbaum fest, der lexikalisiert ist. Da ich nicht ausschließen möchte, dass mehr als ein Elementarbaum eines Baumtupels lexikalisiert ist oder dass der Kopfbaum keinen lexikalischen Anker (oder nur ein leeres Wort als Anker) besitzt, gebe ich hier eine etwas allgemeinere Definition.

**Definition 14 (TT-MCTAG)** *Sei $G = \langle N, T, S, I, A, \mathcal{A} \rangle$ eine MCTAG und $h : \mathcal{A} \to I \cup A$ eine Kopfabbildung, dann ist $G' = \langle N, T, S, I, A, \mathcal{A}, h \rangle$ eine Baumtupel-MCTAG mit Node Sharing (TT-MCTAG).*

Jedes Baumtupel $\Gamma$ hat also eigentlich die Form $\{\gamma, \beta_1, \ldots, \beta_n\}$ mit $h(\Gamma) = \gamma$. $\gamma$ ist der Kopfbaum und $\beta_1 \ldots \beta_n$ sind die Argumentbäume. Wir notieren solch eine Baummenge aber weiterhin als 2-Tupel $\langle \gamma, \{\beta_1, \ldots, \beta_n\} \rangle$. Für eine Verkürzung der Schreibweise sagen wir außerdem: Die Menge der Argumentbäume in einer Baummenge $\Gamma$ ist $arg(\Gamma)$. Ein TT-MCTAG-Ableitungsbaum kann dann folgendermaßen definiert werden:

**Definition 15 (TT-MCTAG-Ableitungsbaum)** *Sei $G = \langle N, T, S, I, A, \mathcal{A}, h \rangle$ eine TT-MCTAG und sei $D = \langle V, E \rangle$ ein MCTAG-Ableitungsbaum. $D$ ist ein TT-MCTAG-Ableitungsbaum gdw.: Für jedes $v \in V$, wobei $v \in arg(\Gamma)$ mit einer Baummengeninstanz $\Gamma$, gilt:*

- *$\langle h(\Gamma), v, p \rangle \in E$ für beliebiges $p$, oder*

- *es gibt Instanzen von Hilfsbäumen $u_1, \ldots, u_n \in V$ mit $n > 1$, so dass*

    - *$\langle h(\Gamma), u_1, p \rangle \in E$ für beliebiges $p$, und*

    - *$\langle u_i, u_{i+1}, \varepsilon \rangle \in E$ für $1 \leq i < n$, und*

    - *$\langle u_n, v, \varepsilon \rangle \in E$.*

Die spezifischen Einschränkungen für TT-MCTAG-Ableitungbäume enthalten die Bedingungen des Node Sharings, die wir bereits informell kennengelernt haben, d. h. ein Argumentbaum ist entweder unmittelbare Tochter des Kopfbaums, oder der Kopfbaum dominiert seinen Argumentbaum Node-Sharing-gerecht. In Definition 15 manifestiert sich zudem ein wichtiger, ebenfalls bereits angesprochener Unterschied zu SN-MCTAG (Kallmeyer 2005, 2009) bezüglich der Reichweite des Node-Sharings: Anders als bei SN-MCTAG werden bei TT-MCTAG die Substitutionsknoten nicht geteilt.[8] Die Dominanzpfade zwischen Kopfbaum und Argumentbaum sind also nur dann Node-Sharing-gerecht, wenn sie ausschließlich aus Adjunktionen am Wurzelknoten bestehen. Man beachte schließlich, dass unter den spezifischen Einschränkungen für TT-MCTAG die Simultanitätsbedingung fehlt, und dass daher die Baumtupel-Elemente nicht-simultan verwendet werden können.

---

[8] Die formalen Eigenschaften ändern sich dadurch jedoch nicht (Kallmeyer, persönliche Mitteilung 2011).

Um die schwache Äquivalenz mit LCFRS und damit die Zugehörigkeit zu MCS sicherzustellen, wird dem TT-MCTAG-Ableitungsbaum eine weitere Einschränkung auferlegt:

**Definition 16 ($k$-TT-MCTAG)** *Ein TT-MCTAG-Ableitungsbaum $D = \langle V, E \rangle$ hat den Rang $k$, falls es kein $v \in V$ gibt, so dass*

$$|\{v'|$$

$$\langle v, v' \rangle \in E^+ \ und$$

$$v' \in arg(\Gamma) \ und$$

$$\langle v, h(\Gamma) \rangle \notin E^*$$

$$\}| > k$$

$E^+$ ist die transitive Hülle und $E^*$ die reflexiv-transitive Hülle von $E$, wobei von der Gorn-Adresse abgesehen wird. Die Begrenzung der Anzahl noch unverknüpfter Argumentbäume (bereits verknüpfter Kopfbäume) in jedem Ableitungsschritt durch eine Komplexitätschranke $k$ entspricht in Form und Funktion dem $k$ aus SN-MCTAG[$k$] (siehe Abschnitt 6.2.4).

## 7.2 Analysebeispiele

In diesem Abschnitt werden beispielhaft TT-MCTAG-Analysen von Kohärenzphänomenen des Deutschen vorgeführt. Die Abdeckungslücken prinzipieller Art werden separat in Abschnitt 7.3 behandelt.

### 7.2.1 Die Integration des topologischen Feldermodells

Das topologische Feldermodell verbindet grundlegende Abfolgeregeln des deutschen Satzbaus in einem linear geordneten Schema sogenannter FELDER.[9] Die Benennung und Definition der Felder erfolgt zwar nicht immer ganz einheitlich (gerade bei älteren Arbeiten), aber es hat sich seit den 1980ern ein gewisser Konsens herausgebildet.[10] Ich halte mich im Folgenden an das Feldermodell in Tabelle 7.1, das u. a. der Darstellung in Askedal (1986: 216ff) recht nahe kommt.

---

[9] Siehe Reis (1980), Askedal (1986) und Höhle (1986) für eine umfassendere Darstellung und weitere Literaturangaben.

[10] Vgl. aber die Bemerkung von Sternefeld (2006: 286), dass man sich auf keine „Standardversion" berufen könne. Warum das so sei, erklärt er leider nicht.

Tabelle 7.1: Topologisches Feldermodell und Satztypen

| | Restfeld | | | Schlussfeld | |
|---|---|---|---|---|---|
| | **Vorfeld** | **LK** | **Mittelfeld** | **RK** | **Nachfeld** |
| **V2** | *Marlene* | *isst* | *heute Plätzchen* | | *obwohl ...* |
| **V2** | *Heute* | *hat* | *Marlene* | *durchgeschlafen* | *obwohl ...* |
| **V1** | | *hat* | *Marlene heute* | *durchgeschlafen* | |
| **VE** | | *dass* | *Marlene heute* | *durchgeschlafen hat* | |

Dreh- und Angelpunkt des Feldermodells ist die Unterscheidung zwischen den Verben, deren Verbalfelder ein Kohärenzfeld bilden, und allen anderen unmittelbaren Konstituenten des Satzes, d. h. Nominalphrasen, Adjektive, Gliedsätze, etc. Die linke Satzklammer (LK) und die rechte Satzklammer (RK) werden von den Verben besetzt, während die restlichen Satzglieder über Vorfeld, Mittelfeld und Nachfeld verteilt sind. Wie in Tabelle 7.1 angezeigt, entspricht das Vorfeld, die linke Satzklammer und das Mittelfeld in der Bech'schen Terminologie dem Restfeld und die rechte Satzklammer dem Schlussfeld.[11] Darüber hinaus gelten FELDSPEZIFISCHE BESETZUNGSREGELN: (i) Das Vorfeld wird von maximal einem Satzglied besetzt; (ii) die linke Satzklammer enthält nur das finite Verb (exklusive abtrennbaren Verbzusatz) oder einen Komplementierer; (iii) die rechte Satzklammer kann finite und infinite Verben enthalten; (iv) das Nachfeld enthält meist Präpositionalphrasen, Nebensätze und Infinitivphrasen, aber auch Adverbial- und Nominalphrasen (Müller 1999: Kapitel 13).

Abhängig von der Position des finiten Verbs werden die Satztypen V1, V2 und VE unterschieden. Steht das finite Verb satzinitial, ist also das Vorfeld leer, dann liegt V1 (oder Verberst-Stellung) vor. Ist das Vorfeld besetzt und steht das finite Verb weiterhin in der linken Satzklammer, dann liegt V2 (oder Verbzweit-Stellung) vor. Während V1 und V2 nur in der Besetzung des Vorfelds voneinander abweichen und das Stellungspezifikum sogennanter Haupsätze darstellen, ist der Satztyp VE (mit Verbend- oder Verbletzt-Stellung) bei sogenannten Nebensätzen anzutreffen. Das finite Verb steht hier im Schlussfeld, potentiell flankiert von infiniten Verben, während das Vorfeld leer bleibt und in der linken Satzklammer nur Komplementierer stehen können.[12]

---

[11] Zur Bechschen Terminologie siehe Abschnitt 3.1.

[12] Höhle (1986) sieht jeweils eigene Positionen für Komplementierer und vorangestellte finite Verben vor („C" und „FINIT"), doch eine Reihe empirischer Belege spricht für eine Besetzung desselben Feldes (siehe Kathol 2001: Abschnitt 2).

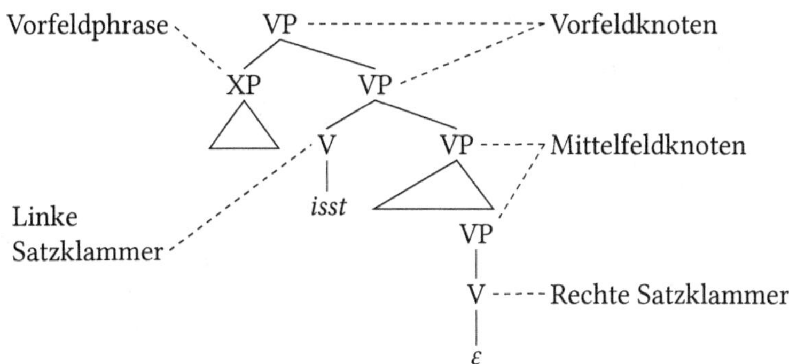


Abbildung 7.5: Phrasenstrukturschema eines V2-Satzes

Das lineare Felderschema kann auf unterschiedlichste Weise in einer hierarchischen Phrasenstruktur ausgedrückt werden. Bei den folgenden Analysen werde ich mich weitgehend an das rechtsverzweigende Phrasenstrukturschema in Abbildung 7.5 halten.[13] Wie durch gestrichelte Linien angedeutet entsprechen darin unterschiedliche Felder (abgesehen vom Nachfeld) unterschiedlichen nichtterminalen Knoten der Phrasenstruktur. Die Vorfeldknoten dominieren also den Knoten der linken Satzklammer und die Mittelfeldknoten, und letztere wiederum den Knoten der rechten Satzklammer. Diese rechtsverzweigende Gestalt der Phrasenstruktur ist in Syntaxmodellen weit verbreitet und wird u. a. durch transformationsgrammatische Überlegungen[14] und Überlegungen zur Syntax-Semantik-Schnittstelle[15] motiviert.

Eine wichtige Einschränkung dieser Phrasenstrukturen wird im Folgenden als VORFELDBÜNDELUNG bezeichnet: Das Vorfeld nimmt nicht mehr als eine Projektionsstufe der VP ein, d. h. es gibt maximal eine Vorfeldphrase. Diese Einschränkung entspricht der Besetzungsregel für Vorfelder (siehe Tabelle 7.1), nämlich dass das Vorfeld von maximal einem Satzglied besetzt wird. Es stellt sich aller-

---

[13] Bei Analysen der partiellen Voranstellung verwende ich aus Ökonomiegründen eine ternäre Struktur unterhalb des Vorfeldknotens. Siehe z. B. Abbildung 7.16, S. 212.

[14] Überaus wirkungsmächtig ist z. B. die Vorstellung, dass das Verb in der rechten Satzklammer basisgeneriert wird und dann im Zuge von Transformationsprozessen aus dieser Basisposition in die linke Satzklammer bewegt wird (siehe von Stechow & Sternefeld 1988: Abschnitt 2.2.2; Sternefeld 2006: Abschnitte III.4 und III.5; Müller 2010: Abschnitt 3.2). Bewegungstransformationen zielen dabei auf eine „höhere" Position im Syntaxbaum ab.

[15] Eine der Kernannahmen ist die Korrelation von c-Kommando und Skopus. Daraus und aus der Annahme, dass im Mittelfeld (in der Basisposition) eine Konstituente Skopus über nachfolgende Konstituenten nimmt (und nicht anders herum), ist der rechtsverzweigende Charakter des Mittelfelds notwendig gegeben.

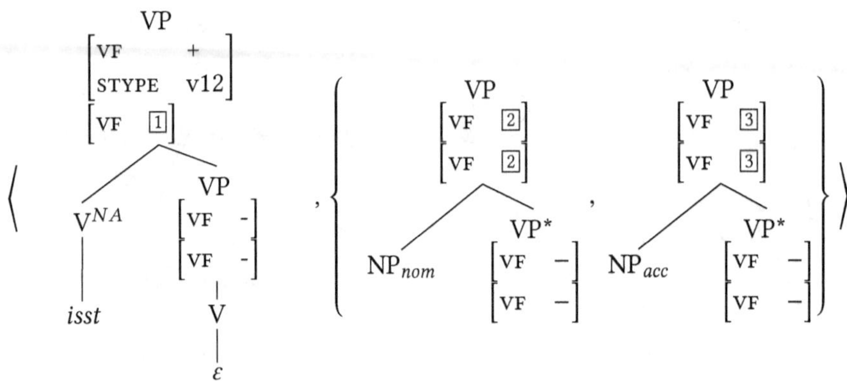

Abbildung 7.6: Baumtupel für V1/V2-Sätze

dings die Frage, ob diese Besetzungsregel nicht zu restriktiv und tatsächlich unter bestimmten Umständen eine mehrfache Vorfeldbesetzung möglich ist. Eine mehrfache Vorfeldbesetzung scheint es etwa in (3) zu geben:

(3)    [Alle Träume] [gleichzeitig] lassen sich nur selten verwirklichen.
       (Müller 2005b: (3b))

Ich schließe mich der Einschätzung von Müller (2003, 2005b) an, dass auch in Fällen wie (3) eine Vorfeldbündelung (bestehend aus einer VP mit leerem Kopf) angenommen werden sollte.

Die abgeleiteten Bäume der hier vorgestellten TT-MCTAG-Implementierung sollen Instanzen des Phrasenstrukturschemas in Abbildung 7.5 sein, so weit es V2-Sätze betrifft. Die TT-MCTAG-Implementierung unterliegt also einem Phrasenstrukturprinzip, dass spezifischer ist als das Phrasenstrukturprinzip aus Abschnitt 5.3 (S. 142):

(4)    **Phrasenstrukturprinzip (für V2-Sätze)**: Der abgeleitete Baum enthält nur
       die vollständigen Projektionen der lexikalischen Anker und ist eine Instanz des Phrasenstrukturschemas in Abbildung 7.5.

Dem genügte bereits das Baumtupel für *isst* in Abbildung 7.1, welches angereichert mit TOP-BOTTOM-Merkmalsstrukturen in Abbildung 7.6 wiederholt wird.[16] Bezogen auf den Kopfbaum entspricht der Wurzelknoten dem Vorfeld, der hier-

---

[16] Ich erinnere an die Darstellung der Unifikation von TOP- und BOTTOM-Merkmalen im Zusammenhang mit TAG in Abschnitt 5.2. $\boxed{1}, \ldots, \boxed{n}$ sind Variablen über Merkmalsstrukturen, deren Namensraum sich über ein elementares Baumtupel erstreckt.

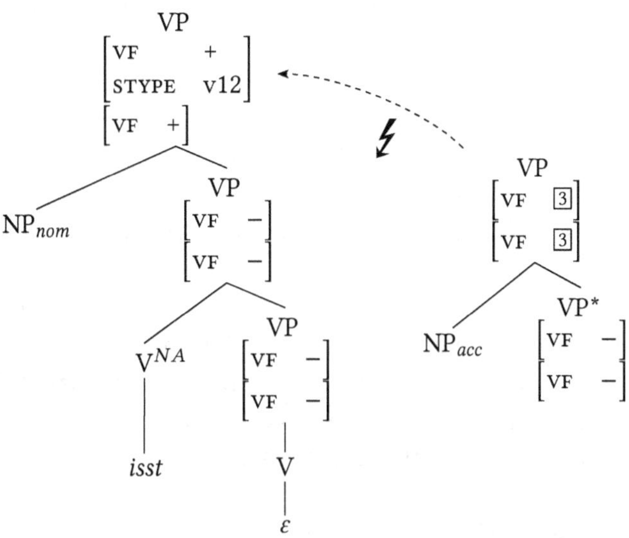

Abbildung 7.7: Merkmalskonflikt bei mehrfacher Vorfeldbesetzung

von dominierte V-Knoten entspricht der linken Satzklammer, der Geschwisterknoten mit VP-Label entspricht dem Mittelfeld und schließlich der vom Mittelfeldknoten dominierte V-Knoten der rechten Satzklammer. Diese Zuordnung
wird auch mittels des binären Merkmals VF (für Vorfeld) angezeigt: Im TOP-Bereich des Vorfeldknotens ist VF = +, im Mittelfeldknoten VF = −. Darüber hinaus wird ein unbesetztes Vorfeld dadurch angezeigt, dass der Vorfeldknoten den
VF-Wert des BOTTOM-Bereichs unspezifiziert lässt. Zur Durchsetzung der einma-
ligen Vorfeldbesetzung müssen die an VP adjungierende Elementarbäume, wie
etwa die Argumentbäume des Tupels, in geeigneter Weise spezifiziert sein: Sie
müssen (i) gewissermaßen erkennen, ob an ein bereits besetztes Vorfeld adjungiert werden soll oder nicht, und sie müssen (ii) dafür Sorge tragen, dass nach
der Adjunktion die Vorfeldbesetzung in den VF-Merkmalen des Wurzelknotens
angezeigt ist. Ersteres wird in Abbildung 7.6 im Fußknoten eines Hilfsbaums realisiert, der ja mit dem BOTTOM-Bereich des Zielknotens unifiziert und hier eine
Verträglichkeit mit VF = − verlangt. Liegt eine Adjunktion an einem Vorfeldknoten vor, dann erreicht die Spezifizierung der Wertidentität der VF-Merkmale
im Wurzelknoten, dass nach der Adjunktion beide VF-Merkmale des Wurzelknotens auf + gesetzt sind. Damit ist eine weitere Adjunktion eines entsprechenden
Hilfsbaums nicht mehr möglich, da dies zu einem Merkmalskonflikt führt. Abbildung 7.7 stellt solch eine Situation dar. Im Unterschied zum Vorfeldknoten

ist der Mittelfeldknoten so spezifiziert, dass auch mehrere Hilfsbäume sukzessiv adjungieren können.[17]

Für die Modellierung der Verbletztstellung, bei der das finite Verb in der rechten Satzklammer steht und kein Vorfeld existiert, wird das Tupel in Abbildung 7.8 verwendet. Es unterscheidet sich folgerichtig nur bezüglich der Form des Kopfbaumes von dem Tupel in Abbildung 7.6.

Zuletzt möchte ich noch ein Schlaglicht auf die Modellierung der Komplementierer von Verbletztsätzen werfen, um zu verdeutlichen, warum sie in diesem TT-MCTAG-Ansatz topologisch weder der linken Satzklammer noch dem Vorfeld zuzuordnen sind. Der Komplementierer *dass* erhält grob den Elementarbaum in Abbildung 7.9. Darin sorgt wiederum das binäre Merkmal VF dafür, dass kein anderes Satzglied dem Komplementierer vorangestellt wird, während das Merkmal STYPE die Kombination mit VE-Sätzen sicherstellt.

## 7.2.2 Stellungen des Verbalkomplexes

Ich beschränke mich hier auf Verbalkomplexe mit drei Elementen und verwende die in Abschnitt 3.1 eingeführten Rangschemata mit schlussfeldbezogenem Index. Ich abstrahiere damit von den konkreten Status und Statusrektionen der beteiligten Verben. Des weiteren wird zunächst von den Argumentbäumen abgesehen.

Die Grundstellung entspricht dem Rangschema $V_3V_2V_1$, wobei $V_1$ für das ranghöchste, potenziell finite Verb und $V_3$ für das rangniedrigste Verb steht. Zur Derivation dieser Grundstellung werden die Elementarbäume in Abbildung 7.10 eingesetzt. Die statusregierenden Verben werden als Hilfsbäume repräsentiert, in deren Fußknoten der Status des regierten Verbs mittels des Merkmals STAT(US) spezifiziert ist. Die Spezifizierung des jeweils eigenen Status findet dagegen im Wurzelknoten platz.

Für die Derivation der Oberfeldumstellung $V_1V_3V_2$ müssen zwei Änderungen an den Elementarbäumen in Abbildung 7.10 vorgenommen werden: (i) der Fußknoten des $V_1$-Baums muss rechtsperipher liegen, da sich das statusregierte Verb rechts von $V_1$ befindet; (ii) ein binäres Merkmal OF ist notwendig, um die Mindestgröße des Unterfelds von zwei Verben wahren zu helfen. Beide Änderungen ergeben für die Derivation der Oberfeldumstellung die Elementarbäume in Abbil-

---

[17] Die Regulierung der Vorfeldbesetzung mit VF funktioniert im Prinzip so wie bei Gerdes (2002a; 2002b: Abschnitt 4.3.2). Nur komme ich ohne ein zusätzliches Merkmal (NOVF) aus, das Gerdes für einen bestimmten Sonderfall („un ou plus", Gerdes 2002b: Abbildung 126, 178) benötigt, der aber meiner Ansicht nach bei Vorfeldern gar nicht eintritt. Außerdem wird bei meiner Analyse wert darauf gelegt, dass die Mittelfeldknoten kein positives VF-Merkmal besitzen. Rein kombinatorisch würde es schon ausreichen, nur den Vorfeldknoten entsprechend zu spezifizieren.

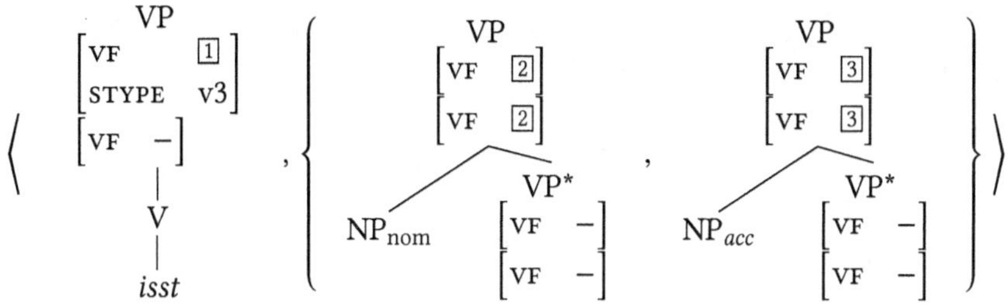

Abbildung 7.8: Baumtupel für VE-Sätze

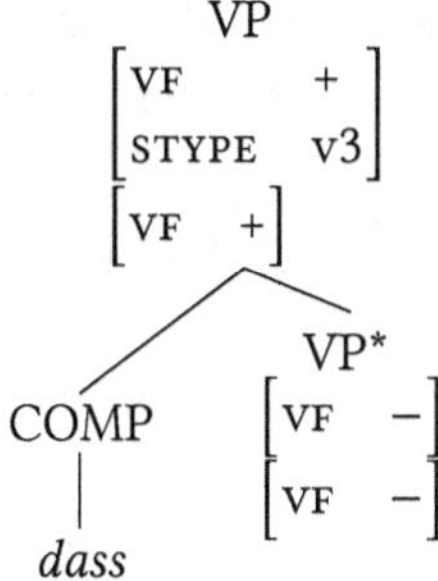

Abbildung 7.9: Kopfbaum für *dass*-Komplementierer

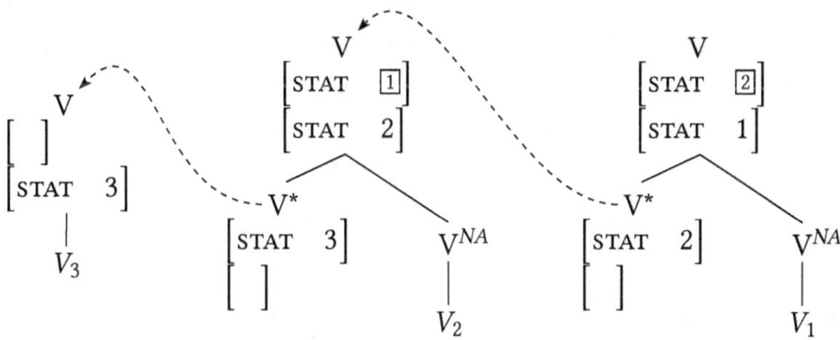

Abbildung 7.10: Kopfbäume für die Grundstellung im Verbalkomplex

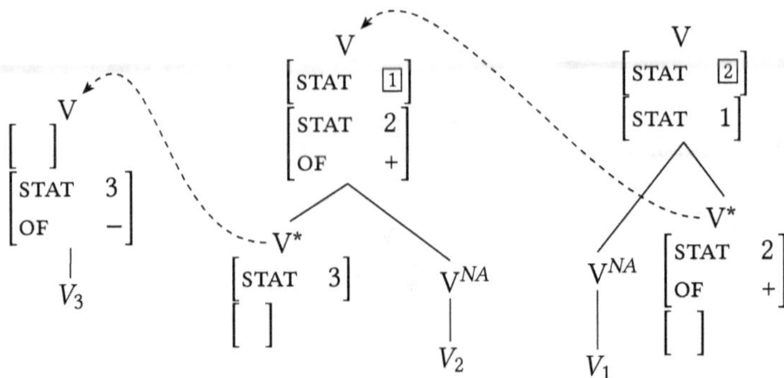

Abbildung 7.11: Elementarbäume für die Oberfeldumstellung im Verbalkomplex

dung 7.11. Würde hier der $V_1$-Baum direkt am $V_3$-Baum adjungieren, dann würde das zu einem Konflikt der jeweiligen OF-Merkmale führen (abgesehen vom Konflikt der STAT-Merkmale). Erst der intervenierende $V_2$-Baum trägt ein kompatibles OF-Merkmal.[18]

Die Oberfeldregel, nach der das Oberfeld kein Verb im 2. Status enthält (siehe S. 56), wird in der TT-MCTAG-Modellierung durch das Fehlen entsprechender Oberfeld-Elementarbäume für Status-2-Verben implementiert.

Eine Verbalstellung wie $V_2V_4V_3V_1$, in der die Oberfeldumstellung $V_2V_4V_3$ durch ein rechtsadjazentes $V_1$ zerstört wird, kann dagegen durch ein spezielles Merkmal verhindert werde, das die Adjunktion von $V_1$ an den Wurzelknoten von $V_2$ blockiert. Ich verzichte hier auf ein ausführliches Beispiel.

Das wesentliche Merkmal der Zwischenstellung $V_3V_1V_2$ ist die lineare Einbettung eines ranghöheren Verbs zwischen rangniedrigeren Verben. Wenn entsprechend der Hilfsbaum von $V_2$ an $V_3$ und der Hilfsbaum von $V_1$ wiederum an $V_2$ adungieren soll, ist im Hilfsbaum von $V_2$ der Abbildungen 7.10 und 7.11 ein Präterminal ohne NA-Beschränkung notwendig. Diese Anpassung ist in Abbildung 7.12 vorgenommen. $V_1$ kann nun alternativ an dem Knoten mit Gorn-Adresse 2 adjungiern und so die Zwischenstellung erzeugen. In diesem Knoten enthält das BOTTOM-Merkmal STAT den Status von $V_2$. Die Spezifizierung der Merkmalsidentität mittels ③ dient hier dazu, die Adjunktion eines weiteren $V_1$-Verbs am Wurzelknoten von $V_2$ auszuschließen: Adjungiert $V_1$ am unteren Knoten, so kann

---

[18] Das OF-Merkmal entspricht dem PUF-Merkmal in der HPSG-Analyse von Meurers (1999b: 201). Zum FLIP-Merkmal bei Hinrichs & Nakazawa (1994) besteht zwar auch eine gewisse funktionale Ähnlichkeit, aber anders als das FLIP-Merkmal löst das OF-Merkmal die Oberfeldumstellung nicht direkt aus. Siehe Meurers (1999b: 201) für eine Gegenüberstellung von FLIP und PUF.

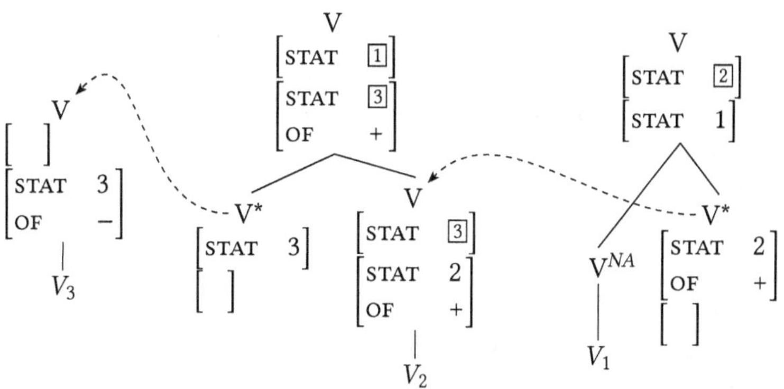

Abbildung 7.12: Kopfbäume für die Zwischenstellung im Verbalkomplex

keine weitere Instanz von $V_1$ am Wurzelknoten adjungieren (und vice versa), da
es andernfalls zu einem Merkmalskonflikt bei STAT kommt.

### 7.2.3 Diskontinuierliche Kohärenzfelder

Zunächst soll auf die Grundstellung oder Intraposition der Kohärenzfeldtopologie eingegangen werden. Abweichungen hiervon folgen dann im Anschluss.
Dieser Phänomenbereich wurde in Abschnitt 3.4 ausführlich vorgestellt. Anders
als bei der schematischen Darstellung der Implementierung von Verbalkomplexpermutationen empfiehlt sich hier die Verwendung konkreteren Anschauungs-
materials.

#### 7.2.3.1 Grundstellung/Intraposition

Die Intraposition des regierten Verbs eines Kohärenzfelds mit finitem Verb ist
in (5) zu sehen. (5a) zeigt eine Verbletzt-Satzstellung und (5b) eine Verbzweit-
Satzstellung.

(5)  a.  dass den Kühlschrank Peter zu reparieren versucht
     b.  Den Kühlschrank versucht Peter zu reparieren.

Zur Modellierung der Verbletzt-Stellung setze ich die Tupel in Abbildung 7.13 ein.
Das Schema der Kopfbäume sollte aus dem vorangegangenem Abschnitt über
Verbalkomplexe vertraut sein. Die dort eingeführten Merkmale fehlen hier und
im Weiteren der Übersichtlichkeit halber. Dagegen kommt nun ein neues binäres
Merkmal PHRASE zum Vorschein, das den phrasalen Status eines Knotens anzeigt.
Im Wesentlichen dient es dazu, unechte Ambiguität zu vermeiden, ohne dabei

das Lexikon aufzublähen.[19] Wie in Abbildung 7.13 zu sehen, ist der Wurzelknoten von *zu reparieren* hinsichtlich PHRASE unterspezifiziert, wodurch hier sowohl ein Argumentbaum (mit PHRASE $= +$) als auch *versucht* (mit PHRASE $= -$) adjungieren können. Zugleich ermöglicht die Unterscheidung qua PHRASE die kontinuierliche Derivation des Verbalkomplex, an dessen Wurzelknoten sukzessive die Restfeldglieder adjungieren. Dies ist im Ableitungsbaum darin zu erkennen, dass der Verbalkomplex einen verbundenen Teilbaum bildet. Eine unechte derivationelle Ambiguität durch die Alternation von links- und rechtsverzweigenden Hilfsbäumen wird somit an dieser Stelle verhindert.

Für eine bessere Lesbarkeit werde ich im Folgenden auf eine explizite Erwähnung des PHRASE-Merkmals verzichten und stattdessen die implizite Notation in (6) anwenden:

$$(6) \qquad \text{VP} \quad \approx \quad \begin{bmatrix} \text{PHRASE} & + \end{bmatrix}$$

$$\text{V} \quad \approx \quad \begin{bmatrix} \text{PHRASE} & - \end{bmatrix}$$

$$\text{V(P)} \quad \approx \quad \begin{bmatrix} \text{PHRASE} & \boxed{2} \\ \text{PHRASE} & \boxed{1} \end{bmatrix}$$

Daran hält sich auch die Darstellung der Tupel für die Derivation der Verbzweit-Stellung von (5b) in Abbildung 7.14. Man erkennt außerdem, dass der Kopfbaum des *versucht*-Tupels die Form des Kopfbaums des *isst*-Tupels aus Abbildung 7.6 wiederaufnimmt und durch einen Fußknoten an der rechten Satzklammer erweitert. Der Rest bleibt verglichen mit Abbildung 7.13 unverändert.

Der Kopfbaum des *versucht*-Tupels in Abbildung 7.14 lässt jedoch bereits eine gravierende Einschränkung dieser TT-MCTAG-Analyse erkennen: Die Argumentbäume der statusregierten Verben können nach Vorgabe der Node-Sharing-Lokalität nicht an seinem Mittelfeldknoten adjungieren, da dieser kein Wurzelknoten des Kopfbaums ist. Das Scrambling von Ergänzungen unterschiedlicher Verbalfelder im Mittelfeld ist dadurch nicht vollständig abgedeckt. Dazu mehr in Abschnitt 7.3.

---

[19] Vergleichbares leistet in manchen HPSG-Modellen, z. B. in dem von Hinrichs & Nakazawa (1994), ein LEX-Merkmal (siehe Müller 1996b, 1997; Meurers 1999a). Man beachte, dass es sich bei diesen Modellen um Valenzvereinigungsansätze handelt.

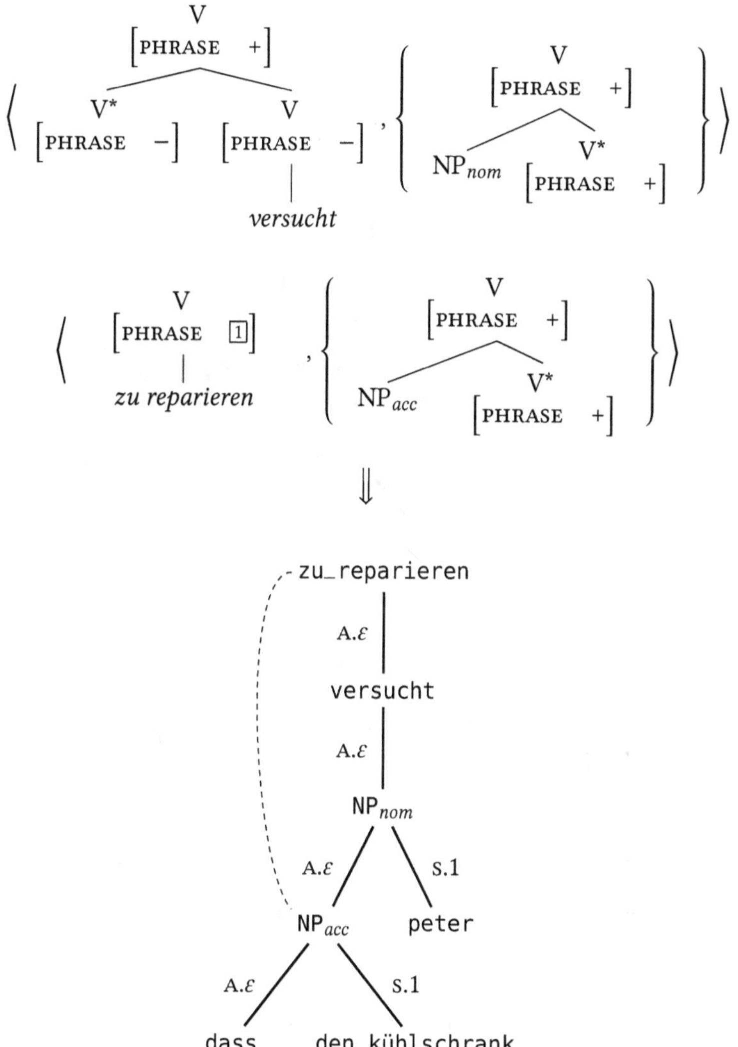

Abbildung 7.13: TT-MCTAG-Ableitung der Intraposition bei Verbletzt-Satzstellung in Satz (5a)

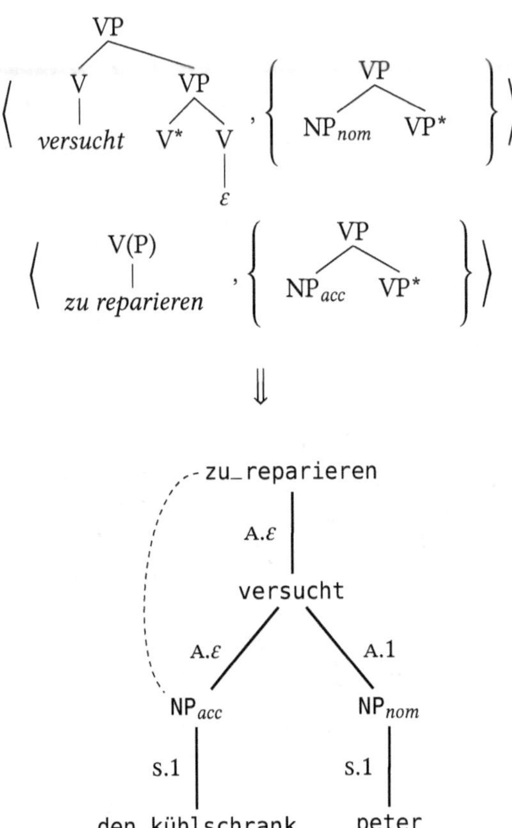

Abbildung 7.14: TT-MCTAG-Ableitung der Intraposition bei Verbzweit-Satzstellung in Satz (5b)

## 7.2.3.2  3. Konstruktion

Die Herausforderung der 3. Konstruktion besteht in dem Nebeneinander von kohärenten und inkohärenten topologischen Bereichen bei zwei Verbfeldern $V^i$, $V^{i+1}$: der inkohärente Bereich ist zwar für die Bestandteile von $V^{i+1}$ zugänglich, aber die Bestandteile des regierenden Verbalfeldes $V^i$ sind hiervon ausgeschlossen; zum anderen gibt es kohärente Bereiche, zu denen die Bestandteile beider Verbalfelder prinzipiell gleichermaßen Zugang haben. Deutlich wird dies an den Beispielen in (7). Die Ergänzung *den Kühlschrank* des extraponierten regierten Verbs *zu reparieren* kann zwar sowohl im Mittelfeld der extraponierten VP als auch im Mittelfeld des Matrixsatzes platziert werden, wie (7a) und (7b) zeigen, die Extraposition der Ergänzung des ranghöheren Finitums *Peter* zusammen *zu reparieren* ist dagegen unzulässig (vgl. (7c)):

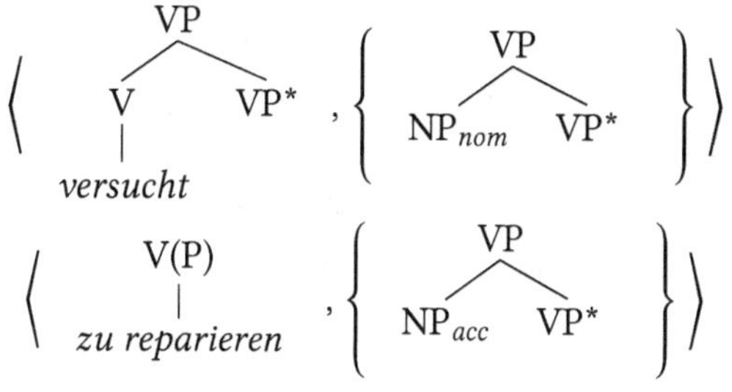

$$\left\langle\; \begin{array}{c} \text{VP} \\ \diagup\diagdown \\ \text{V} \quad \text{VP}^* \\ | \\ \textit{versucht} \end{array} \;,\; \left\{\; \begin{array}{c} \text{VP} \\ \diagup\diagdown \\ \text{NP}_{nom} \quad \text{VP}^* \end{array} \;\right\} \;\right\rangle$$

$$\left\langle\; \begin{array}{c} \text{V(P)} \\ | \\ \textit{zu reparieren} \end{array} \;,\; \left\{\; \begin{array}{c} \text{VP} \\ \diagup\diagdown \\ \text{NP}_{acc} \quad \text{VP}^* \end{array} \;\right\} \;\right\rangle$$

Abbildung 7.15: Baumtupel für die Ableitung der 3. Konstruktion in (7)

(7)  a.  dass Peter den Kühlschrank versucht, zu reparieren.
     b.  dass Peter versucht, den Kühlschrank zu reparieren.
     c.  *dass den Kühlschrank versucht, Peter zu reparieren.

Die TT-MCTAG-Modellierung der 3. Konstruktion muss also erreichen, dass die rechtsverzweigenden Argumentbäume von *versucht* nicht in einem Bereich adjungieren, der extraponiert ist (bzw. im Nachfeld steht).[20] Dafür ist tatsächlich nicht viel zu tun: Die Hinzunahme des Tupels für *versucht* in Abbildung 7.15 reicht dafür aus. Der Fußknoten steht hier gleichsam für den extraponierten Teil des regierten Verbalfelds. Dank der Beschränkung durch die Node-Sharing-Lokalität ist es nicht möglich, einen Argumentbaum von *versucht* „unterhalb" des Fußknotens zu adjungieren.[21] Stattdessen muss die Adjunktion am Wurzelknoten oder „darüber" erfolgen.

Was das extraponierte Verb *zu reparieren* betrifft, können seine Argumentbäume entsprechend der Node-Sharing-Lokalität entweder „zwischen" dem Wurzelknoten von *zu reparieren* und dem Fußknoten von *zu versuchen* adjungieren, oder „oberhalb" des Wurzelknotens von *zu versuchen*, in gleicher Weise wie die Argumentbäume von *zu versuchen*. Damit wird die Verteilungsasymmetrie der Ergänzungen erfasst.

Leider können nicht alle Instanzen der 3. Konstruktion erfasst werden, ohne wesentlich von den bis hierhin befolgten Designrichtlinien abzuweichen. Zwar erwachsen bei Verbletzt-Sätzen wie (7) keine Schwierigkeiten, doch erweisen sich Verbzweit-Sätze wie (8) als problematisch:

---

[20] Selbstverständlich können bestimmte Ergänzungen finiter Verben extraponiert werden; sie sind dann aber unmittelbare Bestandteile des Nachfelds und nicht im Kohärenzfeld eines regierten Verbs eingebettet. Im Rahmen einer TT-MCTAG-Theorie der Extraposition kann das mittels linksverzweigender Argumentbäume modelliert werden.

[21] Eine entscheidende Rolle spielt dabei natürlich auch die generelle NA-Beschränkung auf den Fußknoten.

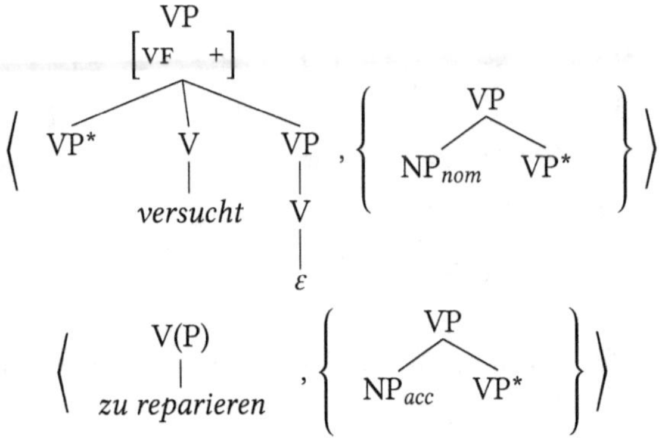

Abbildung 7.16: Baumtupel für die Ableitung der VP-Voranstellung in (9)

(8)  Peter fängt den Kühlschrank an zu reparieren.

Dies erinnert an die Bemerkung am Ende des letzten Abschnitts: Wieder ist es ein im Elementarbaum nicht als Wurzelknoten realisierter und deshalb nicht erreichbarer Mittelfeldknoten, der eine umfassende Modellierung verhindert. Wir werden uns damit im Detail in Abschnitt 7.3 auseinandersetzen. Diese Einschränkung wird bei der Voranstellung, zu der wir nun kommen, noch deutlicher, da sie ausschließlich in V2-Sätzen auftritt.

### 7.2.3.3 Partielle Voranstellung

Vergleichbar der Extraposition zeigt auch die Voranstellung regierter Verben ins Vorfeld ein Nebeneinander von Kohärenz und Inkohärenz. Die Ergänzung des vorangestellten infiniten Verbs *zu reparieren* kann sowohl vorangestellt sein wie in (9a) als auch im Mittelfeld auftauchen wie in (9b). Diese distributionelle Freiheit hat die Ergänzung des Finitums, *Peter*, dagegen nicht, vgl. (9c):

(9)  a.  Den Kühlschrank zu reparieren versucht Peter.
     b.  Zu reparieren versucht Peter den Kühlschrank.
     c.  *Peter zu reparieren versucht den Kühlschrank.

Für die Modellierung der vollständigen Voranstellung in (9a) wird wieder ein zusätzliches Tupel für das regierende Verb eingesetzt. Der Kopfbaum von *versucht* in Abbildung 7.16 entspricht dem Elementarbaum eines Finitums für die V1- und V2-Satzstellung, ergänzt durch einen linksperipheren Fußknoten für eine regierte Verbalphrase.

Die mit den Tupeln in Abbildung 7.16 erfasste Voranstellung ist zwangsläufig vollständig, denn die Argumentbäume des vorangestellten Verbs können nicht am Mittelfeldknoten des *versucht*-Kopfbaums adjungieren. Aufgrund der Node-Sharing-Lokalität ist nämlich nur der Wurzelknoten eines an den Kopfbaum adjungierenden Hilfsbaums erreichbar. Wie können aber Instanzen einer partiellen Voranstellung wie (9b) modelliert werden? Die unbefriedigende Antwort lautet: wohl nicht ohne wesentliche Änderungen an den Designprinzipien. An diesem Punkt erleben wir, dass durch die überschneidenden Geltungsbereiche von Node-Sharing-Lokalität, Valenzprinzip und Annahme einer rechtsverzweigenden Phrasenstruktur technische Grenzen gesetzt sind, die bei der partiellen Voranstellung überschritten werden. In Abschnitt 7.3 werde ich auf diese Grenze und mögliche Auswege genauer eingehen.

Was die Voranstellung von Subjekten bzw. Nominativ-NPs mit einer infiniten Verbalphrase betrifft, z. B. in (10), werde ich in Abschnitt 7.2.4 einen Mechanismus mit indirekter Kasusmarkierung (d. h. mittels Merkmalsperkolation in der syntaktischen Struktur) implementieren, der aus der üblichen TAG-Analyse von Anhebungskonstruktionen (XTAG Research Group 2001: Kapitel 9) übernommen und auch bei der Analyse des Fernpassivs verwendet werden kann:

(10)    Ein Außenseiter zu gewinnen scheint hier eigentlich nie.
        (Meurers 1999b: (265))

Dieses Vorgehen setzt sich deutlich von Analysevorschlägen im Rahmen der HPSG ab, wo die Kasusmarkierung anhand der Valenzinformationen in der SUB-CAT-Liste vollzogen wird (Heinz & Matiasek 1994; Meurers 1999b; Müller 2001).

Noch eine Bemerkung zur ternären Phrasenstruktur des Voranstellungsbaums in Abbildung 7.16: Hier wird aus Ökonomiegründen vom binären Phrasenstrukturschema in Abbildung 7.5 (S. 201) abgewichen. Die Implementierung einer binären Struktur wäre zwar ohne Weiteres möglich, aber dann gäbe es einen internen Vorfeldknoten mit NA-Beschränkung, an den nichts adjungieren könnte, der also aus kombinatorischer Sicht bedeutungslos wäre. Solche Knoten sind an sich unschädlich, widersprechen aber dem Ökonomieprinzip (siehe S. 147).

### 7.2.3.4 Linksstellung

Wie in Abschnitt 3.4.3 beschrieben, sind zwei Formen der Linksstellung zu unterscheiden. Zum einen kann das Oberfeld in das Mittelfeld verschoben sein, wie in Beispiel (11a) das finite Hilfsverb *hat*:

(11)    a.    dass Peter den Kühlschrank hat neulich reparieren lassen
        b.    dass Peter den Kühlschrank hat müssen neulich reparieren lassen
        c.    *dass hat Peter den Kühlschrank neulich reparieren lassen

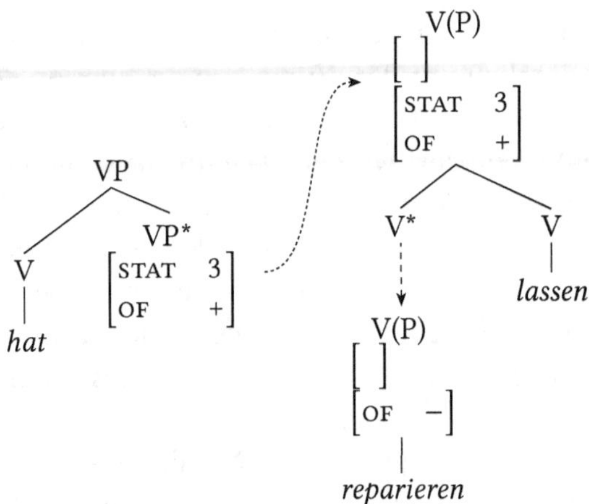



Abbildung 7.17: Kopfbäume für die Ableitung der Oberfeld-Linksstellung in (11). Der gepunktete Pfeil vom *hat*-Baum zum *lassen*-Baum drückt ein Dominanzverhältnis im abgeleiteten Baum aus.

Satz (11b) beweist, dass das linksversetzte Oberfeld tatsächlich auch mehrgliedrig sein kann. Und Satz (11c) zeigt schließlich, dass das linksversetzte Oberfeld nicht adjazent zum Komplementierer stehen kann. In Abschnitt 3.4.3 wurde letztere Einsicht als Linksstellungsregel bezeichnet.

Zum anderen besteht die Möglichkeit, das maximal untergeordnete Verb einer kohärenten subordinativen Kette im Mittelfeld zu platzieren. Vermutlich ist dies jedoch auf Verben mit 2. Status beschränkt. Beispiele hierfür finden sich in (12):

(12)   a.   Den Kühlschrank hat er zu reparieren noch nicht versucht.

b.   dass zu reparieren Peter den Kühlschrank nicht versucht hat

Wenden wir uns zunächst der TT-MCTAG-Analyse der Oberfeld-Linksstellung (OF-Linksstellung) zu. Hier beschränke ich mich auf OF-Linksstellungen mit einstelligem Oberfeld wie in (11a), um die Darstellung einfach zu halten.[22] Abbildung 7.17 enthält die entsprechenden Kopfbäume der verbalen Tupel. Neu ist hieran der Elementarbaum des linksversetzten *hat*: Im Unterschied zum $V_1$-Elementarbaum des Oberfeldschemas in Abbildung 7.11 adjungiert *hat* an einen VP-Knoten. Außerdem wird bei der Analyse in Abbildung 7.17 implizit angenommen, dass das OF-Merkmal und das STAT-Merkmal in der VP-Projektion wei-

---

[22] Mehrgliedrige linksversetzte Oberfelder können mit geeigneten Merkmalen in der VP-Projektion des Mittelfelds modelliert werden. Die Ausbuchstabierung dessen fügt an diesem Punkt der TT-MCTAG-Analyse kohärenter Konstruktionen keinen neuen Aspekt hinzu.

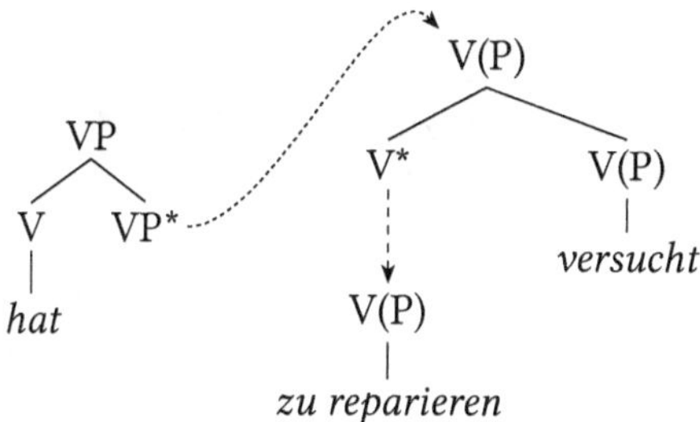

Abbildung 7.18: Kopfbäume für die Ableitung der Unterfeld-Linksstellung in (12a). Der gepunktete Pfeil vom *hat*-Baum zum *versucht*-Baum drückt ein Dominanzverhältnis im abgeleiteten Baum aus.

tergereicht werden. Dies reicht aus, um zu erreichen, dass beliebiges Material des Mittelfelds zwischen Oberfeld und Unterfeld intervenieren kann. Aufgrund der Node-Sharing-Lokalität sind jedoch die Argumentbäume des linksversetzten Verbs, hier die Nominativ-NP, zu solch einer Intervention unfähig, da sie in diesem Fall nicht mittelbar am Kopfbaum adjungieren. Diese Einschränkung deckt sich leider nicht mit dem empirischen Befund, demzufolge die Nominativ-NP sehr wohl Teil des intervenierenden Restfeldmaterials sein kann. Dazu gehört z. B. (13), eine Wiederholung von (73b) auf Seite 78:

(13)    Daß ihn gestern hätte jemand besiegen können, ist unwahrscheinlich.

Was die Linksstellungsregel betrifft, nach der das linksversetzte Oberfeld nicht adjazent zum Komplementierer stehen darf, reicht wiederum der unspektakuläre Einsatz entsprechender Merkmale in der VP-Projektion aus. Ich übergehe hier eine detaillierte Darstellung.

Die Linksstellung des maximal untergeordneten Verbs in (12), die ich in Abschnitt 3.4 auch als Unterfeld-Linksstellung bezeichnet habe, ist ungleich interessanter, weil für den hier vorgestellten TT-MCTAG-Ansatz problematischer. Der Satz (12a) ist dabei der einfachere und kann mittels der verbalen Kopfbäume in Abbildung 7.18 deriviert werden. Die Anpassung erfolgt am *versucht*-Elementarbaum, indem dort der Geschwisterknoten des Fußknotens für Restfeldmaterial zugänglich gemacht wird. Dagegen entzieht sich Satz (12b) einer Derivation innerhalb der Grenzen des hier verfolgten TT-MCTAG-Ansatzes. Die verbalen Kopfbäume in Abbildung 7.19 sollten dies deutlich machen. Da hier eine Verbletzt-Satzstellung vorliegt, adjungiert der *hat*-Elementarbaum an den Verbalkomplex in der rechten Satzklammer. Der kritische Punkt dieser Analyse ist wieder der op-

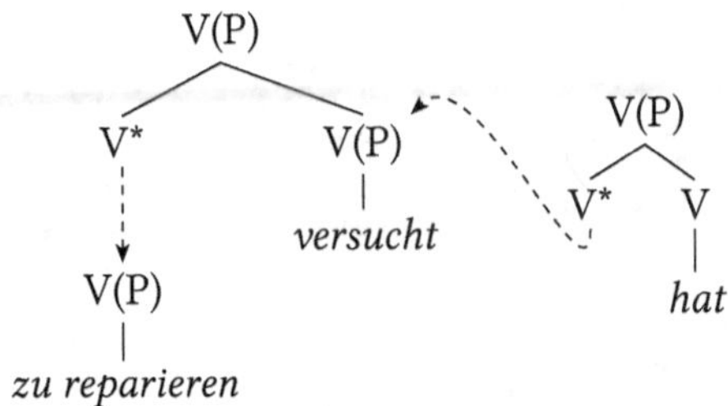

Abbildung 7.19: Kopfbäume für die Ableitung der Unterfeld-Linksstellung in (12b)

tional phrasale Geschwisterknoten des Fußknotens, an den unmittelbar oder mittelbar das intervenierende Restfeldmaterial adjungieren muss. Dem kann nämlich der Argumentbaum des linksversetzen Verbs *zu reparieren* nicht nachkommen, da diese Position nicht im Bereich der Node-Sharing-Lokalität liegt. Da eine Analysealternative, d. h. eine sinnvolle Anpassung der Elementarbäume, nicht verfügbar zu sein scheint, ist die Derivation von Satz (12b) nicht möglich. Es wiederholt sich also die Modellierungssackgasse, in die wir schon bei Fällen der 3. Konstruktion und der partiellen Voranstellung geraten sind. Und wieder verweise ich auf Abschnitt 7.3 für eine eingehende Untersuchung und das Ausloten von Modellierungsauswegen.

## 7.2.4 Rektionsbesonderheiten

Interessant sind an dieser Stelle solche Rektionsbesonderheiten, die mit einer syntaktischen Beschränkung einhergehen, d. h. von der Position des Regens und des Rektums abhängig sind. Ich werde auf diesen Aspekt bei Ersatzinfinitiven, Ersatz-*zu*-Infinitven und bei Fernpassiv-Konstruktionen eingehen.

### 7.2.4.1 Ersatzinfinitiv

Die Existenz einer Ersatzinfinitivform bei bestimmten Verben wird durch die sogenannte Unterfeldregel (siehe S. 60) syntaktisch eingeschränkt, derzufolge das regierende Verb des Ersatzinfinitivs nicht im Unterfeld stehen darf.[23] Dadurch sind die Grammatikalitätsurteile in (14) korrekt erfasst:

(14)    a.   *dass er heute Schokolade essen dürfen hat

           b.   ?dass er heute Schokolade essen hat dürfen

           c.   dass er heute Schokolade hat essen dürfen

---

[23] Möglicherweise ist die Unterfeldregel zu strikt. Siehe S. 60f für eine kurze Diskussion.

Die Unterfeldregel kann im TT-MCTAG-Ansatz mittels eines binären Merkmals E-INF implementiert werden, das die Existenz eines Ersatzinfinitivs anzeigt. Für das regierende Verb ist damit also sichtbar, ob das regierte Verb im Ersatzinfinitiv realisiert ist. Der Elementarbaum des regierenden Verbs für die Grundstellung wird schließlich bezüglich E-INF so spezifiziert, dass es mit der Existenz des Ersatzinfinitivs unverträglich ist. Dagegen sind die Elementarbäume des regierenden Verbs für die anderen Verbalkomplexstellungen bezüglich E-INF unterspezifiziert.

### 7.2.4.2 Ersatz-*zu*-Infinitiv

Wie in Abschnitt 3.3 (S. 61) ausführlich dargestellt, muss die Modellierung des Ersatz-*zu*-Infinitivs in (15a) zwei Eigenschaften erfassen: (i) das ranghöchste Verb des Schlussfelds, *haben*, hat den 1. Status anstelle des 2. Status; (ii) das von *haben* regierte Verb trägt den 2. Status anstelle des Ersatzinfinitivs. Die beiden zu erwartenden Alternativen in (15b) und (15c) werden durch die Oberfeldregel bzw. durch die Unterfeldregel verhindert:

(15)    a.    Ich glaube es haben$_1$ tun$_3$ zu können$_2$.

          b.    *Ich glaube es zu haben$_1$ tun$_3$ können$_2$.

          c.    *Ich glaube es tun$_3$ können$_2$ zu haben$_1$.

Ich schlage hier eine TT-MCTAG-Modellierung vor, bei der ein zusätzlicher Elementarbaum für *haben* wie der in Abbildung 7.20 angenommen wird. Anders als das sonst gebrauchte infinite Hilfsverb *haben*, regiert dieses *haben* einen Infinitiv im 2. Status mit Ersatzinfinitiv-Marker (d. h. E-INF = +). Dieser Ersatzinfinitiv-Marker zeigt im Grunde die Ersatzinfinitiv-Fähigkeit eines Verbs an und wird lexikalisch bestimmt. Dadurch findet sich der auslösende Faktor für die Existenz der Ersatz-*zu*-Infinitive tatsächlich alleine im dargestellten *haben*-Hilfsbaum.

Die Eigenart des TT-MCTAG-Ansatzes, für jede Abweichung von einem vermeintlichen Kernregularium einen zusätzlichen Elementarbaum (und folglich ein zusätzliches Tupel) zu stipulieren, mag auf den ersten Blick wenig attraktiv wirken, wenn man hier wie Bech (1963) oder Vogel (2009) das Dilemma zweier Stellungsregeln am Werk sieht, aus dem die Existenz des Ersatz-*zu*-Infinitivs irgendwie hervorgehen soll. Diese Betrachtungsweise übersieht jedoch, dass an dieser Stelle irgendetwas zusätzlich stipuliert werden muss, denn stipulationsfrei wäre allein das Fehlen des Ersatz-*zu*-Infinitivs zu erklären, wenn man die Bech'sche Systematik zugrunde legt. Natürlich lässt sich trotzdem darüber streiten, wie die zusätzliche Stipulation beschaffen sein soll.[24] Im Rahmen des TT-

---

[24] Allerdings bin ich der Meinung, dass man alternative Stipulationsmöglichkeiten nur bezüg-

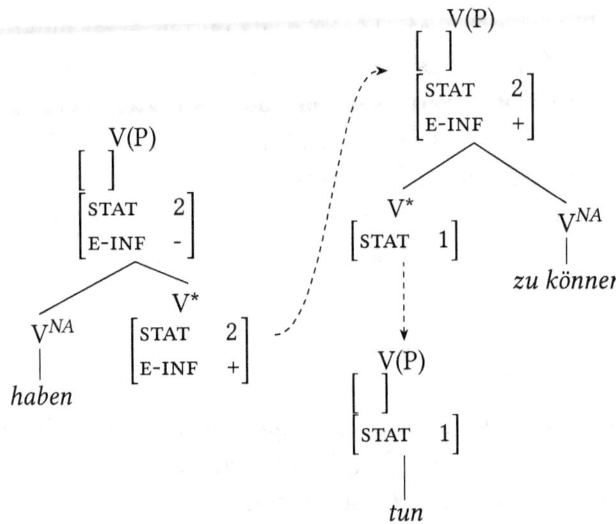

Abbildung 7.20: Kopfbäume für die Ableitung des Ersatz-*zu*-Infinitivs in (15a)

MCTAG-Ansatzes scheint es beispielsweise erstrebenswerter zu sein, statt eines weiteren Tupels „nur" ein weiteres Merkmal oder besser noch die Modifizierung eines bereits vorhandenen Merkmals zu stipulieren. Man könnte dahingehend annehmen, dass ein infinites *haben* im Oberfeld durch den Elementarbaum in Abbildung 7.21 repräsentiert wird. Statt einer konkreten Statusspezifizierung wie in Abbildung 7.20 ist hier nur eine Identität zwischen dem regierten Status und dem Status des Verbalkomplexes spezifiziert. Außerdem ist dieser *haben*-Elementarbaum weiterhin nur auf Verbalkomplexe mit Ersatzinfinitiv-Beteiligung anwendbar. Dadurch wird tatsächlich nicht nur die Durchlässigkeit für den Ersatzinfinitiv-Status in (16) erfasst, sondern auch die Nichtverfügbarkeit der Oberfeldumstellung bei einem Fehlen des Ersatzinfinitivs, vgl. (17):

(16)   a.   Peter könnte den Kühlschrank haben reparieren lassen.

      b.   ohne den Kühlschrank haben reparieren zu lassen

---

lich einer konkreten Implementierung in einem bestimmten Grammatikframework evaluieren kann. Nur so kann man etwas über den Umfang einer Stipulation sagen und diesen mit dem Umfang anderer Stipulationen vergleichen. Es ist jedoch völlig hoffnungslos, etwa eine Implementierung der Optimalitätstheorie oder der HPSG einer TT-MCTAG-Implementierung in ebensolcher Weise gegenüberzustellen. Oder mit anderen Worten: Es kann zwar verglichen werden, was Implementierungen unterschiedlicher Grammatikframeworks zu erfassen vermögen; es kann aber nicht verglichen werden, wie sie dies jeweils bewerkstelligen, ohne die Grundunterschiede der betroffenen Grammatikframeworks zu berücksichtigen.

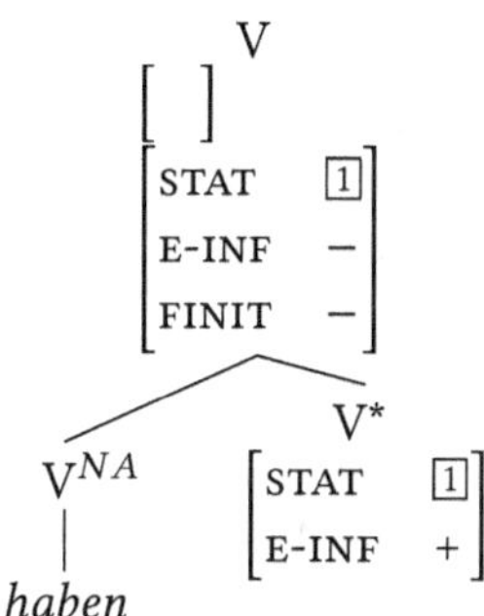

Abbildung 7.21: Kopfbaum für *haben* im Oberfeld

(17)    a.    Peter könnte den Kühlschrank zu reparieren versucht haben.

       b.    Peter könnte den Kühlschrank haben zu reparieren *versucht/*versuchen.

Dieser Ansatz hat starke Ähnlichkeiten zum HPSG-Ansatz von Meurers (1999b: Abschnitt 8.2), wo Oberfeld-Elemente als Marker modelliert werden, die zwar nicht die Statusinformationen der Verbprojektion (in VFORM) beeinflussen, aber deren Finitheits- und Kongruenzmerkmale abgreifen können.

### 7.2.4.3 Kasusrektion bei Fernpassiv und VP-Voranstellung

Abschließend möchte ich kurz auf die Modellierung des Fernpassivs und der Voranstellung von Subjekt (bzw. Nominativ-NP) und infinitem Verb eingehen. Beiden Phänomenen ist gemein, dass sie als eine Folge indirekter Kasusrektion modelliert werden.

Die Sätze in (18) exemplifizieren nochmals die wichtigsten Eigenschaften des Fernpassivs (siehe auch Abschnitt 3.3.3, S. 63):

(18)    a.    wenn Peter den Kühlschrank zu reparieren versucht

       b.    wenn der Kühlschrank von Peter zu reparieren versucht wird

       c.    wenn den Kühlschrank zu reparieren versucht wird

       d.    *wenn den Kühlschrank von Peter zu reparieren versucht wird

Der aktivische Satz in (18a) enthält ein regiertes Verbalfeld bestehend aus dem Verb *zu reparieren* und dem Akkusativobjekt *den Kühlschrank*. Bei Passivierung der höherrangigen Verben wie in (18b) kann jedoch dieses Akkusativobjekt nur im Nominativ realisiert werden („Kasuskonversion"). Der Akkusativ lässt sich zwar weiterhin verwenden (vgl. (18c)), er ist aber mit einer kohärenten Konstruk-

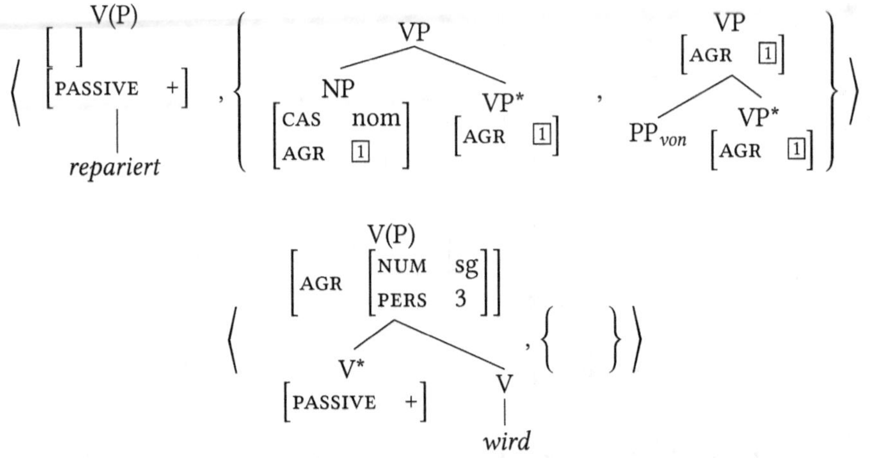

Abbildung 7.22: Baumtupel für die Derivation der Passivkonstruktion in (19)

tion wie in (18d), wo die *von*-PP als Ergänzung von *versucht* zu verstehen ist,
unvereinbar. Die Akkusativ-Nominativ-Konversion bei Passivierung betrifft also nicht nur die Ergänzungen des unmittelbar passivierten Verbs, sondern auch
die Ergänzungen eines (prima facie) unpassivierten, tiefer eingebetteten Verbs
einer kohärenten Rektionskette.

Die Modellierung dieser Fernpassiv-Daten baut auf der Modellierung des regulären Passivs auf. Eine einfache Passivkonstruktion wie in (19) kann beispielsweise mittels der Baumtupel in Abbildung 7.22 deriviert werden:

(19)    wenn der Kühlschrank von Peter repariert wird

Das Hilfsverb *wird* selegiert per PASSIVE-Merkmal ein Passiv-Partizipium wie *repariert*, dessen Argumentbäume aus einer Nominativ-NP und einer *von*-PP bestehen. In Baumtupeln für Perfekt-Partizipia würde u. a. der Argumentbaum für
*von*-PPs fehlen. Die Subjekt-Verb-Kongruenz wird indirekt durchgesetzt: Die Kongruenzmerkmale im komplexen Merkmal AGR(EEMENT) werden ausgehend vom
Hilfsverb entlang der Verbprojektion weitergereicht und von der Nominativ-NP
abgegriffen. Dagegen erfolgt die Nominativ-Kasusmarkierung lexikalisch, d. h.
direkt im Baumtupel von *repariert*.

Schauen wir uns nun die Fernpassiv-Konstruktion in (20) an:

(20)    wenn der Kühlschrank von Peter zu reparieren versucht wird

Hier regiert das Passiv-Partizip *versucht* den 2. Status des Verbs *zu reparieren*,
dessen Objekt *der Kühlschrank* im Nominativ steht und nicht wie bei der Aktiv-

Diathese in (18a) im Akkusativ. Die *von*-PP *von Peter* realisiert eine semantische Rolle sowohl von *versucht* als auch von *zu reparieren*, wird aber im Folgenden als Ergänzung des Passiv-Partizips behandelt. Es stellt sich dann die Frage, wie die Kasusvariabilität des Objekts des Status-2-Verbs modelliert werden soll. Zwei Modellierungsmöglichkeiten im Rahmen der TT-MCTAG bestehen: (i) Der Kasus wird lexikalisch im Baumtupel von *zu reparieren* zugewiesen. Dann benötigt man zwei Arten von Baumtupeln, nämlich je eine für Akkusativ und Nominativ, die durch spezielle Merkmale (analog zum PASSIVE-Merkmal bei Partizipia) unterschieden und selegierbar gemacht werden müssen. Oder (ii) der Kasus wird mittels Merkmalsperkolation von einem regierenden Verb zugewiesen. Das erspart zwar die Annahme spezieller Baumtupel-Paare für *zu reparieren*, macht aber einen Spezifizierung der Merkmalsperkolation nötig. Mir erscheint der zweite Modellierungsweg attraktiver, da eine Merkmalsperkolation in der syntaktischen Struktur unabhängig davon auch für die Modellierung der Subjekt-Verb-Kongruenz in Anhebungskonstruktionen ratsam ist.

Dieser zweite Ansatz wird in Abbildung 7.23 durchgespielt. Dort ist im NP-Blatt des Argumentbaums von *zu reparieren* das Kasusmerkmal (CAS) und das Kongruenzmerkmal (AGR) unterspezifiziert. Beide Merkmale sind jedoch mit bestimmten Merkmalen auf der Verbprojektion verlinkt. Die Kasuszuweisung erfolgt durch das Merkmal ASSIGN-CASE,[25] das in dem Kopfbaumwurzelknoten von *zu reparieren* einen Akkusativwert zugewiesen wird. Allerdings ist die Kasuszuweisung mit ASSIGN-CASE nur im BOTTOM-Bereich spezifiziert und damit prinzipiell durch Adjunktion veränderbar. Das Passivhilfsverb *wird* nützt diesen Umstand aus, unterbricht die Perkolation der Akkusativzuweisung (ebenso wie der Kopfbaum von *versucht*) und weist stattdessen per ASSIGN-CASE den Nominlativkasus zu. Man beachte, dass das *wird*-Baumtupel mit ASSIGN-CASE auch für die Derivation des einfachen Passiv in (19) geeignet ist.

Die Verteilung von Kasusmarkierung und Valenzbindung auf zwei verschiedene Verben hat erfreuliche Konsequenzen für die Modellierung partieller Voranstellungen in Fernpassiv-Konstruktionen wie (21):

(21)    Der Wagen zu reparieren versucht wurde lange Zeit.
      (Meurers 1999b: (316-b))

*Der Wagen* ist hier eine Ergänzung von *zu reparieren*, soll aber vom finiten Passivhilfsverb *wurde* seinen Kasus erhalten. Man kann daraus schlussfolgern, dass für die Zugänglichkeit zu einem vorangestelltem Kohärenzfeld allein die Valenzbindung (bzw. Valenzrahmenzugehörigkeit) ausschlaggebend ist. *Der Wagen* kann

---

[25] Das Merkmal ASSIGN-CASE ist aus der XTAG-Grammatik übernommen und dient dort ebenfalls zur Kasusmarkierung valenzfremder NPs.

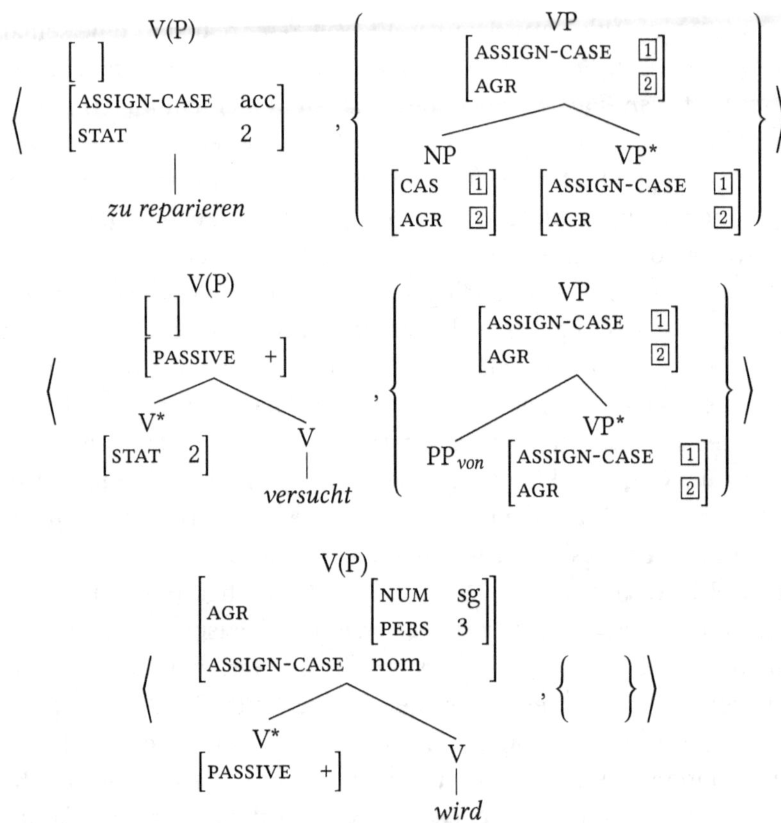

Abbildung 7.23: Baumtupel für die Derivation des Fernpassivs in (18b)

also deshalb mit *zu reparieren versucht* vorangestellt werden, weil es sich dabei um eine Ergänzung von *zu reparieren* handelt. Da die Node-Sharing-Lokalität auf Grundlage von Baumtupeln entschieden wird, die durch das Valenzprinzip motiviert sein müssen, fällt eine Erfassung solcher Voranstellungsdaten wie in (21) nicht schwer. Es muss den Baumtupeln in Abbildung 7.23 nur ein Baumtupel wie in Abbildung 7.24 hinzugefügt werden, das eine Voranstellung bewirkt und die gewünschte Merkmalsperkolation in Gang setzt.

Von der Modellierung passivischer Voranstellungdaten wie (21) ist es schließlich nicht weit zur Modellierung von partiellen VP-Voranstellungen in aktivischen Sätzen. Auch hier kann, wie schon mehrfach erwähnt, ein Subjekt in die Voranstellung einbezogen werden, falls das kasusmarkierende Verb nicht gleichzeitig in einer Valenzbeziehung zum Subjekt steht. Dies ist naturgemäß in Anhebungskonstruktionen der Fall, also in Passivkonstruktionen (mit dem Passivhilfs-

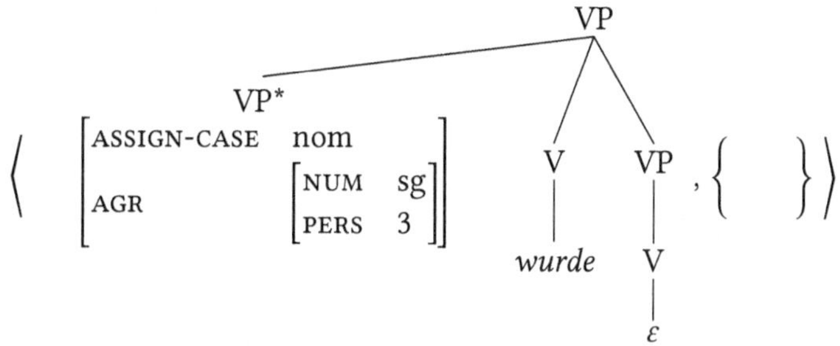

Abbildung 7.24: Baumtupel für das voranstellende Passivhilfsverb *wurde*

verb als Anhebungsverb) oder in Konstruktionen wie (22) mit dem Anhebungsverb *scheinen*:

(22)  a.  Ein Außenseiter zu gewinnen scheint hier eigentlich nie.
          (Meurers 1999b: (265))
      b.  Ein Lehrling den Wagen zu reparieren scheint hier eigentlich nie.

Beim Vergleich von (22b) mit dem vorangestellten Fernpassiv in (21) fällt zunächst auf, dass *zu reparieren* neben der Patiensrolle *den Wagen* auch die Agensrolle *ein Lehrling* realisiert. Da beide Rollen nicht zum Rollenbestand von *scheint*
gehören, müssen sie im Baumtupel von *zu reparieren* repräsentiert sein. Das ist
in Abbildung 7.25 auch der Fall. Die Voranstellung des Subjekts ist also deswegen
möglich, weil es als Argumentbaum des vorangestellten Kopfes *zu reparieren* fungiert und diesem per Node-Sharing-Lokalität die Vorfeldphrase zugänglich ist.

Unzugänglich soll die Vorfeldphrase dagegen in den Fällen sein, wo das finite
Verb das Subjekt nicht anhebt, sondern qua Valenz direkt regiert. Eine Voranstellung wie in (23) mit dem Kontrollverb *versuchen* an Stelle des Anhebungsverbs
*scheinen* soll also verhindert werden:

(23)  *Ein Lehrling den Wagen zu reparieren versucht hier eigentlich nie.

Dass *ein Lehrling* als Ergänzung von *versucht* nicht in der Vorfeldphrase platziert
werden kann, folgt in der TT-MCTAG-Modellierung direkt aus der Lokalitätsbe-
schränkung, die für die Verwendung eines Baumtupels gilt: Ein Kopfbaum kann
nicht an seinen Argumentbaum adjungieren, denn im Ableitungsbaum dominiert
ein Kopfbaum immer seine Argumentbäume. Genau das umgekehrte Dominanzverhältnis wäre aber nötig, wenn *versucht* den Elementarbaum von *scheint* in
Abbildung 7.25 ankern würde. Denn dann müsste der Subjekt-Argumentbaum
im Fall einer Voranstellung unterhalb des Fußknotens des Kopfbaums stehen

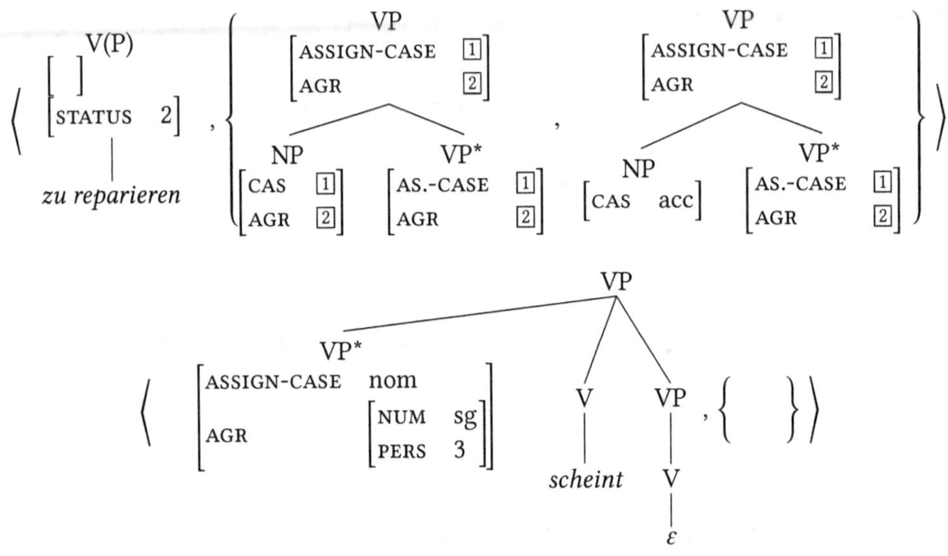

Abbildung 7.25: Baumtupel für die partielle VP-Voranstellung in (22b)

(aufgrund der Vorfeldbündelung) und damit im Ableitungsbaum den Kopfbaum dominieren.

So weit die Skizzierung der TT-MCTAG-Modellierung des Fernpassivs und der Subjekt-Voranstellung. Zusammenfassend kann man deren Strategie folgendermaßen charakterisieren: In Fällen der Anhebung kann die Kasusmarkierung, wie auch die Subjekt-Verb-Kongruenz, mittels Merkmalsperkolation in der abgeleiteten syntaktischen Struktur erfolgen, während die Lokalitätsbeschränkungen generell von der valenztheoretisch fundierten Gestalt lexikalischer Baumtupel bestimmt werden. Als Folge dieser Modellierungsstrategie muss eine systematische Ambiguität der Status-2-Verben in Kauf genommen werden, will man nicht auf leere PRO-NPs zurückgreifen.

In dieser Hinsicht gibt es naturgemäß gewisse Ähnlichkeiten zu Reapes HPSG-Ansatz mit Linearisierungsdomänen, der ja ebenfalls eine direkte diskontinuierliche Valenzrealisierung durchführt. Auch dort kann Fernpassiv und Anhebung nur indirekt über dazu bestimmte syntaktische Merkmale kontrolliert werden (Kathol 1998: Abschnitt 5.1; Müller 1999: Abschnitt 21.1; Kathol 2000: Abschnitt 8.6). Im TAG-Framework, wo die Valenzvereinigung nicht zur Verfügung steht, ist das kein ungewöhnlicher Weg – anders als vielleicht im HPSG-Framework, wo Müller (2007: 279) kritisiert, dass diese Lösung „ad hoc" sei. Doch selbst in einem HPSG-Valenzvereinigungsansatz wie dem von Meurers (1999b) können Kasus und Kongruenz nicht immer ohne Weiteres direkt festgelegt werden. Üblicherweise werden dort Rektionsbeziehungen anhand der SUBCAT-Liste spezifiziert und die SUBCAT-Liste dann entlang der Kopfprojektion entleert. Da aber das Subjekt in einer vorangestellten VP eingebettet sein kann (siehe (22)), muss Meurers die Existenz sogenannter Geister („spirits") auf der SUBCAT-Liste (bzw. im SUBJ-Merkmal) stipulieren, damit die Kasus- und Kongruenzmerkmale des eingebetteten Subjekts für das Anhebungsverb noch sichtbar sind.

## 7.3 Die Grenzen von TT-MCTAG

Zwischen den Analysebeispielen in Abschnitt 7.2 fanden sich bereits Hinweise auf die derivationellen Unzulänglichkeiten des hier dargestellten TT-MCTAG-Ansatzes. In diesem Abschnitt werden wir diesen Unzulänglichkeiten auf den Grund gehen, d. h. ihre Voraussetzungen untersuchen und Anpassungsmöglichkeiten erkunden. Abschließend möchte ich einen Vergleich mit einem analogen V-TAG-Ansatz anstellen.

### 7.3.1 Grenzziehung durch drei Einschränkungen

Die Gestalt der Elementarstrukturen des in dieser Arbeit vorgestellten TT-MC-TAG-Ansatzes und ihre Verknüpfung sind einer Reihe von Einschränkungen unterworfen, die linguistisch oder komplexitätstheoretisch motiviert sind. Im Zusammenhang mit den Unzulänglichkeiten bei der Erfassung von Kohärenzphänomenen ist der Geltungsbereich der folgenden Einschränkungen wesentlich: (i) das Valenzprinzip, (ii) die Annahme von rechtsverzweigenden Phrasenstrukturen und (iii) die Node-Sharing-Lokalität bei der Verwendung von Tupeln.

Das Valenzprinzip für TT-MCTAG wurde oben in (2) (S. 193) formuliert. In (24) wird es wiederholt:

(24)    **Valenzprinzip (für TT-MCTAG)**
Baumtupel entsprechen genau einem Valenzrahmen, wobei gilt:

    a.    Der lexikalische Anker im Kopfbaum ist der Valenzträger.

    b.    Es besteht ein bijektives Abbildungsverhältnis zwischen Valenzrollen einerseits und Substitutionsknoten und dem Kopfbaumfußknoten andererseits.

Im Einklang mit Phrasenstrukturkonventionen für die Satzsyntax nehme ich für V1- und V2-Sätze eine rechtsverzweigende Phrasenstruktur wie in Abbildung 7.26 an (modulo ternär verzweigende Vorfeldknoten bei partieller Voranstellung). Darin dominieren die Vorfeldknoten den Knoten der linken Satzklam-

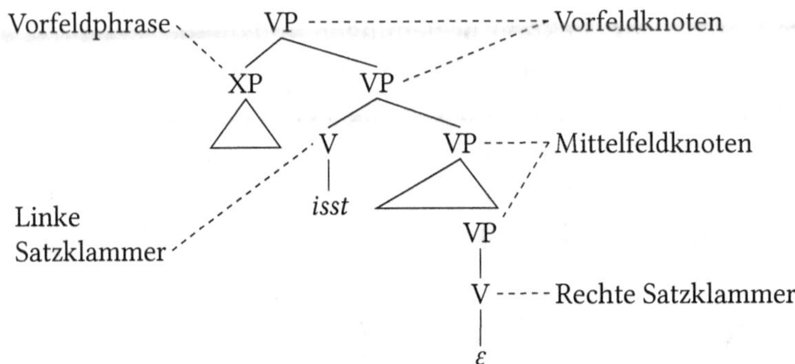


Abbildung 7.26: Phrasenstrukturschema eines V2-Satzes (Wiederholung von Abbildung 7.5)

mer und die Mittelfeldknoten, und letzterer wiederum den Knoten der rechten Satzklammer. Daneben ist das Vorfeld unter einer Phrase gebündelt. Die Bedeutung dieser Phrasenstruktur für die TT-MCTAG-Modellierung wird im Phrasenstrukturprinzip festgehalten (siehe auch S. 202):

(25)   **Phrasenstrukturprinzip (für V2-Sätze)**: Der abgeleitete Baum enthält nur die vollständigen Projektionen der lexikalischen Anker und ist eine Instanz des Phrasenstrukturschemas in Abbildung 7.26.

Die Node-Sharing-Lokalität beschränkt die Verwendung von Argumentbäumen und ist ein Bestandteil des TT-MCTAG-Formalismus (siehe Definition 15, S. 198). Sie besagt in einfachen Worten: Ein Argumentbaum $\beta_i$ adjungiert Node-Sharing-lokal am Kopfbaum $\gamma$, wenn $\beta_i$ entweder direkt an $\gamma$ adjungiert oder indirekt an den Wurzelknoten eines anderen Hilfsbaums, der an $\gamma$ Node-Sharing-lokal adjungiert. Bei einer Adjunktion wird also nur der Wurzelknoten des adjungierenden Hilfsbaums geteilt. Anders als die Formulierung des Valenzprinzips und die Wahl einer Phrasenstruktur ist die Wahl der Node-Sharing-Lokalität komplexitätstheoretisch begründet: Die formale Ausdrucksstärke von TT-MC-TAG soll nur so groß sein, wie es die Modellierung der strukturellen und derivationellen Eigenschaften eines Satzes verlangt, und dabei die MCS-Kriterien erfüllen. Strukturelle und derivationelle Eigenschaften sind wiederum grammatiktheoretische Größen. Verallgemeinert lässt sich also sagen, dass sich die Frage der notwendigen Ausdrucksstärke nicht losgelöst von grammatiktheoretischen Rahmenbedingungen beantworten lässt. Im nächsten Abschnitt werde ich die Wechselwirkung dieser Faktoren anhand dreier ausgewählter Grenzfälle veranschaulichen.

## 7.3.2 Jenseits der Grenzen

Im Geltungsbereich von Valenzprinzip, Phrasenstrukturprinzip (in der oben dargelegten Formulierung) und Node-Sharing-Lokalität können gewisse Konstruktionstypen nicht durch eine TT-MCTAG erfasst werden. Es sind allerdings Anpassungen dieser Einschränkungen denkbar, die zu einer größeren derivationellen Mächtigkeit führen und damit den Abdeckungsbereich der TT-MCTAG vergrößern. Ich werde hier drei Grenzfälle vorstellen, die sich letztlich in Art und Umfang der nötigen Anpassung unterscheiden, die zu ihrer Erfassung notwendig ist. Gemein ist diesen Grenzfällen die Existenz eines echt-dominierten Mittelfeldknotens, also das Vorliegen einer V1/V2-Satzstellung,[26] und die Adjunktion des Argumentbaums eines infiniten Verbs am Mittelfeldknoten. Die Position des infiniten Verbs ist dagegen in den Grenzfälle variabel und daher Bezugspunkt ihrer Unterscheidung.

### 7.3.2.1 Erster Grenzfall

Als ersten Grenzfall betrachte ich die TT-MCTAG-Modellierung von Satz (26), in dem das Infinitum *zu reparieren* im Schlussfeld steht und dessen Ergänzung *ihn* Teil des Mittelfelds ist:[27]

(26)    Heute versucht ihn Peter zu reparieren.

Für diesen Satz wird entsprechend des Phrasenstrukturprinzips der abgeleitete Baum in Abbildung 7.27 angenommen. Die gestrichelte Kante und das unübliche Knotenlabel V|VP weisen darauf hin, dass hier zwei Analyseansätze sinnvoll sind. Sie schlagen sich in Form zweier unterschiedlicher Kopfbäume für das *versucht*-Tupel nieder, dargestellt in Abbildung 7.28, in denen ein Mittelfeldknoten vorhanden sein kann oder nicht. Das *zu reparieren*-Tupel ist dagegen bereits aus den den Analysebeispielen in Abschnitt 7.2 bekannt.[28] Beide *versucht*-Kopfbäume können jedoch nicht zur Generierung der Struktur in Abbildung 7.27 führen: Inkorporiert der *versucht*-Kopfbaum einen Mittelfeldknoten, dann ist es zwar möglich, dessen Argumentbäume im Mittelfeld zu platzieren, aber der Argumentbaum von *zu*

---

[26] Da das Dominanzverhältnis reflexiv ist, unterscheide ich zwischen Dominanz und ECHTER DOMINANZ. Letztere besteht nur zwischen zwei Knoten $v_1, v_2 \in V$ für einen Baum $D = (V, E)$ mit reflexiv transitiver Dominanzrelation $\Rightarrow^*$, falls $v_1 \Rightarrow^* v_2$ und $v_1 \neq v_2$.

[27] Die TT-MCTAG-Modellierung von (26) ist hier auch stellvertretend für die TT-MCTAG-Modellierung von Fällen der 3. Konstruktion, bei der das infinite Verb extraponiert ist und seine Ergänzung im Mittelfeld erscheint (siehe (8) auf Seite 212).

[28] Gleichwohl könnte man den Mittelfeldknoten auch im Kopfbaum von *zu reparieren* unterbringen. Das ändert jedoch nichts an der spezifischen Unzulänglichkeit des Ansatzes, von der hier die Rede ist.

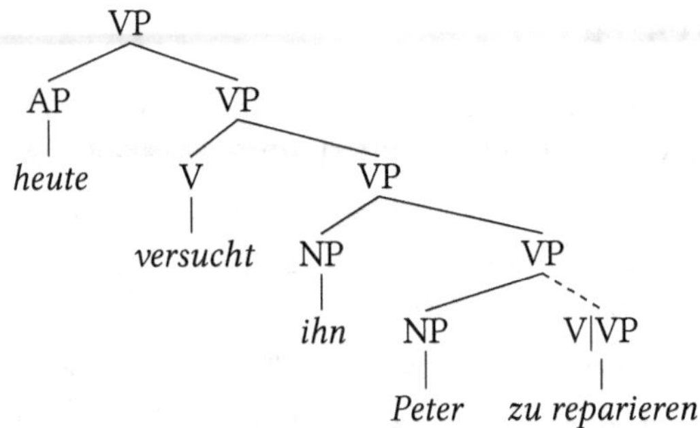

Abbildung 7.27: Phrasenstruktur für (26). Die gestrichelte Kante und das Kanten-label VP|V deuten die zwei unterschiedliche Ableitungsmöglich-keiten in Abbildung 7.29 an.

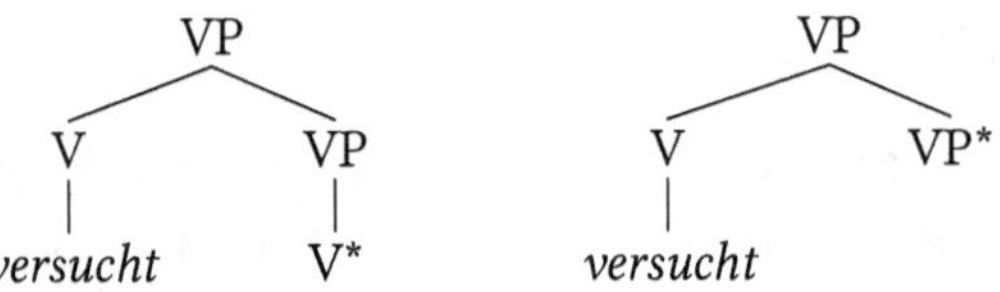

Abbildung 7.28: Zwei alternative Kopfbäume für *versucht*, die zu den zwei Ab-leitungsmöglichkeiten in Abbildung 7.29 und dem abgeleiteten Baum in Abbildung 7.27 führen

*reparieren* hat aufgrund der Node-Sharing-Lokalität keinen Zugang, da der Mit-telfeldknoten nicht der Wurzelknoten des *versucht*-Kopfbaums ist; im anderen Fall ohne Mittelfeldknoten kann zwar der Argumentbaum von *zu reparieren* im Mittelfeld platziert werden, dafür scheitert nun eine dortige Adjunktion des *ver-sucht*-Argumentbaums. Das Dilemma wird auch mit Blick auf die Ableitungsbäu-me in Abbildung 7.29 deutlich: Entweder der Pfad zwischen zu_reparieren und $NP_{acc}$ enthält eine Adjunktion an einer Adresse unterhalb des Wurzelknotens (hier A.2), oder der Argumentbaum $NP_{nom}$ dominiert den Kopfbaum versucht, was ebenfalls durch die Node-Sharing-Lokalität verboten ist.

Um Instanzen dieses Grenzfalltyps dennoch zu generieren, gibt es zwei Anpas-sungsmöglichkeiten bei den Rahmenbedingungen, nämlich (i) die Erweiterung der Node-Sharing-Lokalität oder (ii) die Lockerung des Valenzprinzips. Eine mi-nimale Erweiterung der Node-Sharing-Lokalität könnte etwa die Knoten auf dem

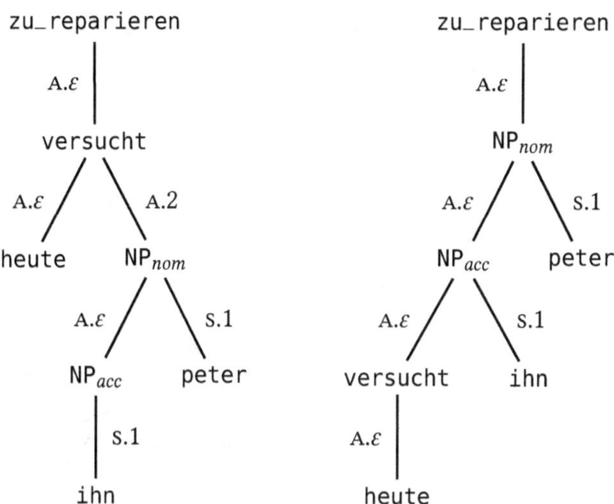

Abbildung 7.29: Ableitungsbaum mit *versucht*-Kopfbaum mit Mittelfeldknoten (links) und Ableitungsbaum mit *versucht*-Kopfbaum ohne Mittelfeldknoten (rechts)

Pfad zwischen Wurzel- und Fußknoten in das Sharing-Verhältnis einbeziehen.[29] Im Geltungsbereich dieser sogenannte Spine-Sharing-Lokalität kann der *versucht*-Elementarbaum mit Mittelfeldknoten in Abbildung 7.28 zur Generierung des Ableitungsbaums in Abbildung 7.27 verwendet werden, da nun der Mittelfeldknoten für den Argumentbaum von *zu reparieren* zugänglich ist. Alternativ ist jedoch auch eine Lockerung des Valenzprinzips denkbar, so dass auch Tupel zulässig sind, deren Kopfbäume nicht durch den Valenzträger lexikalisiert sind. Das *versucht*-Tupel könnte beispielsweise dann die Gestalt in Abbildung 7.30 annehmen, in der der Vorfeldknoten und die linke Satzklammer (mit dem Finitum) vom Mittelfeldknoten und der rechte Satzklammer getrennt worden ist. Der Mittelfeldknoten ist dadurch sowohl für die Argumentbäume des *versucht*-Tupels als auch für den Argumentbaum des *zu reparieren*-Tupels zugänglich.

---

[29] Könnte man am Fußknoten adjungieren, dann ließe sich womöglich die Erweiterung des Node Sharings auf die Einbeziehung des Fußknotens beschränken. Da die Spines aber in den betrachteten Elementarbäumen meist nur aus zwei Knoten bestehen, dem Wurzelknoten und dem Fußknoten, ist das Spine Sharing sogar in vielen Fällen sparsamer hinsichtlich der Stipulierung geteilter Knoten.

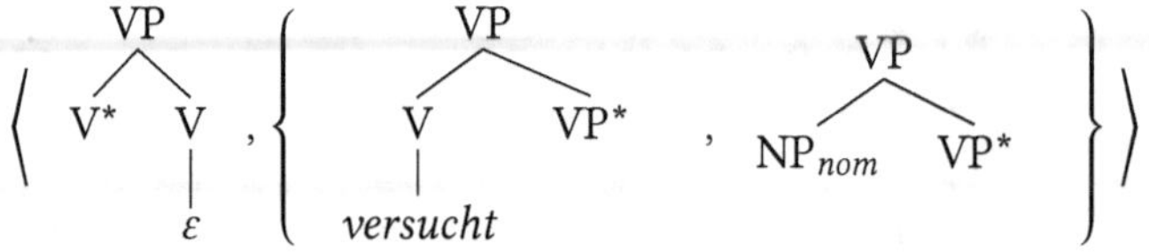

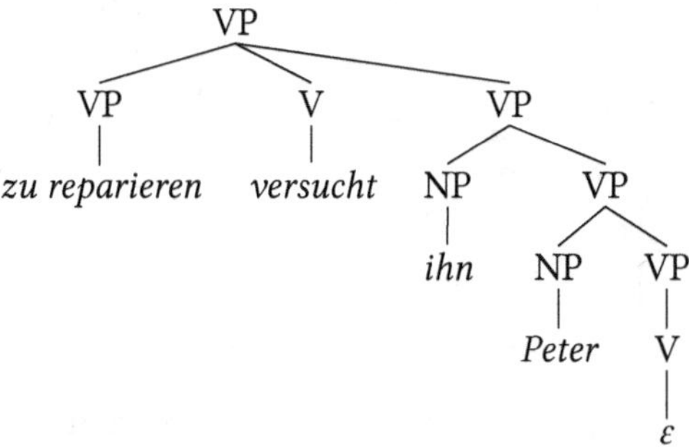

Abbildung 7.30: Baumtupel für *versucht* ohne Valenzträger im Kopfbaum

Abbildung 7.31: Phrasenstruktur für die partielle Voranstellung in (27)

### 7.3.2.2 Zweiter Grenzfall

Der zweite Grenzfall ist die partielle Voranstellung infiniter Verben, d. h. das infinite Verb tritt im Vorfeld auf, seine Ergänzung aber im Mittelfeld. Ein Beispiel dafür befindet sich in (27):

(27)    Zu reparieren versucht ihn Peter.

Gemäß des Phrasenstrukturprinzips erwarten wir für (27) einen abgeleiteten Baum wie in Abbildung 7.31. Derivationell verantwortlich kann dafür der Elementarbaum des Finitums *versucht*, abgebildet in Abbildung 7.32, gemacht werden. Wieder ist also der Mittelfeldknoten für den Argumentbaum von *zu reparieren* nach Maßgabe der Node-Sharing-Lokalität unzugänglich und damit der abgeleitete Baum nicht generierbar.

Für die Erfassung des zweiten Grenzfalls sind die folgenden Anpassungsoptionen erfolgversprechend: (i) Erweiterung der Node-Sharing-Lokalität, (ii) Lockerung des Valenzprinzips und (iii) Gebrauch einer linksverzweigenden Phrasenstruktur. Anders als beim ersten Grenzfall erweist sich hier jedoch eine Spine-Sharing-Lokalität als unzureichend, da der Mittelfeldknoten bei der Voranstellung nicht auf dem Pfad zwischen Wurzel- und Fußknoten liegt. Um den Mittelfeldknoten erreichbar zu machen, bietet es sich an, die Spine-Sharing-Lokalität

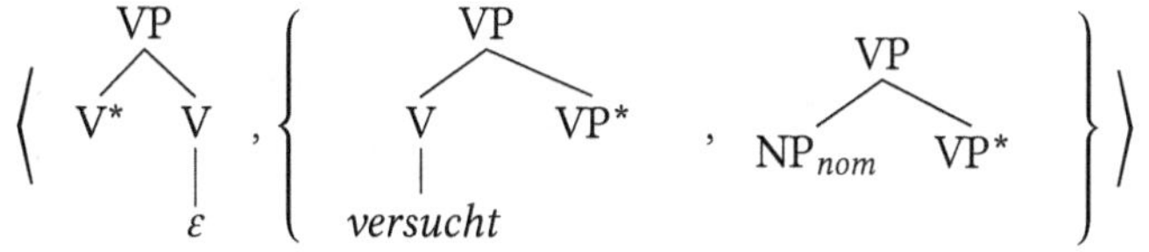

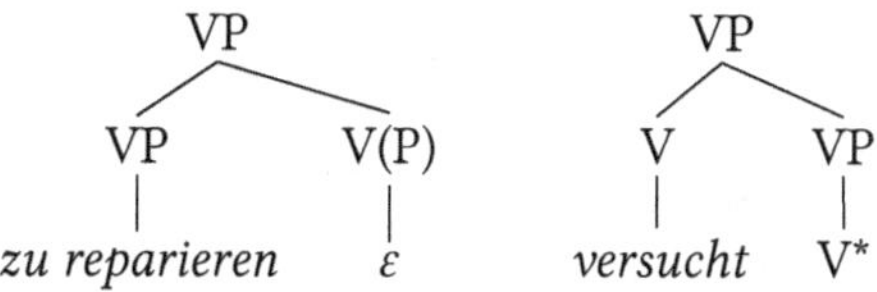

Abbildung 7.32: *versucht*-Kopfbaum für die Ableitung der partiellen Voranstellung in (27), wobei eine Tree-Sharing-Lokalität benötigt wird

Abbildung 7.33: Alternative Kopfbäume, die unter Spine-Sharing-Lokalität zur Ableitung von (27) eingesetzt werden können. Der *versucht*-Baum muss dafür an den V(P)-Knoten des *zu reparieren*-Baums adjungieren.

zu einer Tree-Sharing-Lokalität auszuweiten, d. h. alle Knoten eines adjungierenden Hilfsbaums in das Sharing-Verhältnis einzubeziehen. Damit könnte der *versucht*-Kopfbaum in Abbildung 7.32 beibehalten werden. Allerdings reicht auch die Spine-Sharing-Lokalität aus, wenn stattdessen die Kopfbäume in Abbildung 7.33 verwendet werden. Hier geht die Voranstellung vom infiniten Verb aus, nicht vom Finitum, welches in der Standardform für V1/V2-Satztypen realisiert wird (vgl. Abbildung 7.14, S. 210).

Alternativ, d. h. unter Beibehaltung der Node-Sharing-Lokalität, könnte man wiederum eine Lockerung des Valenzprinzips vornehmen und die Gestalt der Tupel verändern. *zu reparieren* könnte dann mithilfe des Tupels in Abbildung 7.34 modelliert werden, das im Zusammenspiel mit dem *versucht*-Tupel in Abbildung 7.30 die wesentlichen Struktureigenschaften des abgeleiteten Baums aus Abbildung 7.31 zu erzeugen und dem Phrasenstrukturprinzip zu genügen vermag. Ein gravierendes Defizit dieser Lösung ist jedoch, dass die Voranstellung allein das infinite Verb betrifft. Ein Satz wie (28) kann damit nicht abgeleitet werden, ohne die Vorfeldbündelung einzubüßen:

(28)    Ihn zu reparieren versuchte Peter nicht.

Eine weitere Anpassungsoption betrifft die Orientierung der Phrasenstruktur. Man könnte nämlich auch eine linksverzweigende Struktur wie in Abbildung 7.35

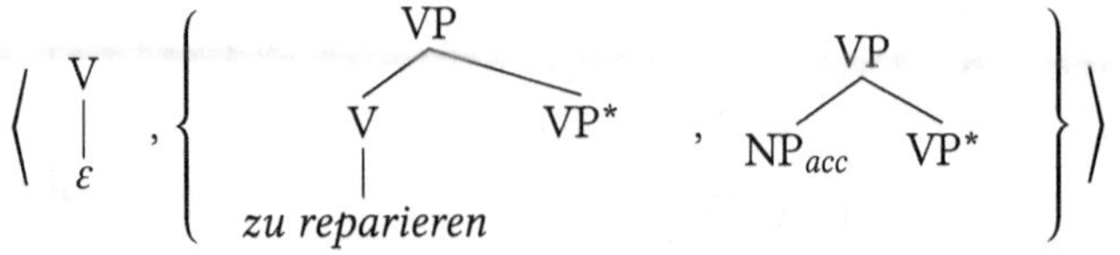

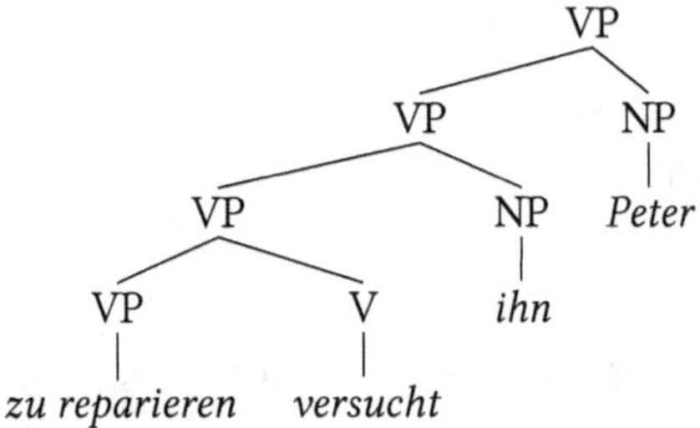

Abbildung 7.34: Baumtupel für *zu reparieren* ohne Valenzträger im Kopfbaum

Abbildung 7.35: Linksverzweigende Phrasenstruktur für die partielle Voranstellung in (27)

erzeugen.[30] Dementsprechend müssten die Tupel linksverzweigende Argumentbäume enthalten. Zwar widerspricht das Resultat den Sehgewohnheiten, aber ein Abweichen von der Node-Sharing-Lokalität und der strikten Form des Valenzprinzips ließe sich dadurch umgehen. Unattraktiv hieran ist jedoch der eng begrenzte Nutzen dieser Anpassung, da für andere Konstruktionen wiederum eine rechtsverzweigende Struktur vorteilhafter ist. Dazu mehr in Abschnitt 7.3.3. Zudem lässt sich auch bei einer linksverzweigenden Struktur nicht immer vermeiden, dass eine Spine-Sharing-Lokalität notwendig ist. Erstreckt sich das Finitum über beide Satzklammern wie in (29), mit einem abtrennbaren Verbzusatz in der rechten Satzklammer, dann existiert wieder ein echt-dominierter Mittelfeldknoten:

(29)    Zu reparieren fing ihn Peter an.

---

[30] Crysmann (2003) schlägt im Rahmen der HPSG solche linksverzweigenden Strukturen vor, um leere verbale Kategorien bei Verbbewegungsanalysen zu verhindern und das Parsen mit HPSG-Grammatiken effizienter zu machen. Das gilt allerdings nur für V1, da bei V2 das Vorfeld über Bewegung aus dem Mittelfeld besetzt wird und daher strukturell höher steht als die linke Satzklammer und das Mittelfeld. Siehe Müller (2005a) für eine Erwiderung. Linksverzweigende HPSG-Analysen für alle Satzarten schlägt Haugereid (2009) für das Englische und Norwegische vor. Nicht unerwähnt bleiben darf an dieser Stelle der Ansatz der Left-Associative Grammar (Hausser 1989), der ausschließlich linksverzweigende Strukturen zulässt.

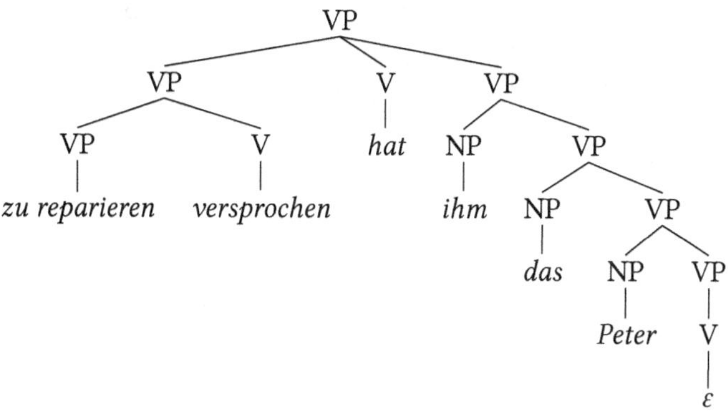

Abbildung 7.36: Phrasenstruktur der mehrfach partiellen Voranstellung in (30) mit Vorfeldbündelung

### 7.3.2.3 Dritter Grenzfall

Der dritte Grenzfall ist in gewisser Hinsicht der schwierigste der drei Grenzfälle. Dazu zählt beispielsweise die mehrfach partielle Voranstellung in (30):

(30)    Zu reparieren versprochen hat ihm das Peter.

Im Unterschied zur einfachen partiellen Voranstellung beim zweiten Grenzfall besteht das Vorfeld hier aus zwei infiniten Verben *zu reparieren* und *versprochen*, zwischen denen ein Rektionsverhältnis besteht und die jeweils eine Ergänzung, *das* bzw. *ihm*, im Mittelfeld regieren. Der abgeleitete Baum für (30) sollte so aussehen wie in Abbildung 7.36. Dessen Phrasenstruktur ist also nicht nur rechtsverzweigend, sondern das Vorfeld ist unter einem VP-Knoten gebündelt, der nicht das Mittelfeld dominiert. Dies entspricht der Regel, dass das Vorfeld von maximal einer Konstituente besetzt werden kann (siehe Abschnitt 7.2.1).

Wünschenswert wäre die Verwendung der Kopfbäume in Abbildung 7.37, die oben bereits zum Einsatz kamen. Wie schon bei der einfachen partiellen Voranstellung ist dies aber nur unter einer Tree-Sharing-Lokalität möglich, denn der Mittelfeldknoten liegt noch nicht einmal auf dem Pfad zwischen Wurzel- und Fußknoten von *hat* oder *versprochen*. Spine-Sharing allein ermöglicht also nicht die Adjunktion der Argumentbäume der vorangestellten Verbköpfe am Mittelfeldknoten. Eine Beschränkung auf die Spine-Sharing-Lokalität (geschweige denn auf eine Node-Sharing-Lokalität) scheint selbst dann nicht möglich, wenn die Kopfbaumvarianten in Abbildung 7.38 in die TT-MCTAG-Modellierung eingebracht werden. Diese Eigenschaft unterscheidet die mehrfache partielle Voran-

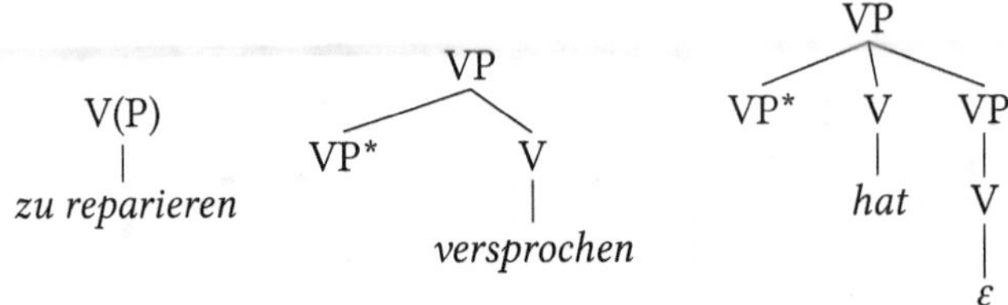

Abbildung 7.37: Kopfbäume für die Generierung der Phrasenstruktur in Abbildung 7.36 unter Tree-Sharing-Lokalität

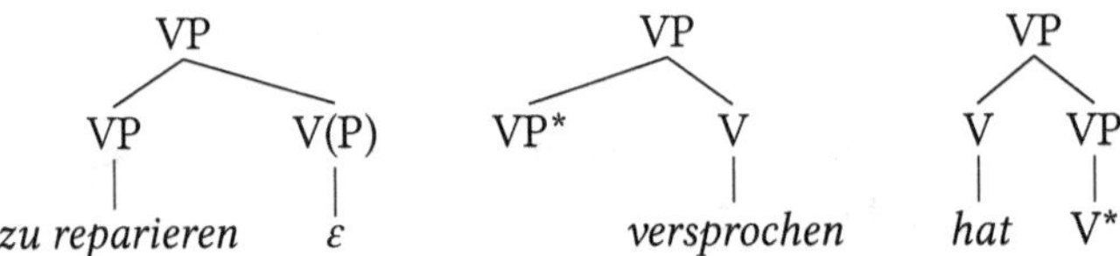

Abbildung 7.38: Alternative Kopfbäume für die Generierung der Phrasenstruktur in Abbildung 7.36, die ebefalls nur unter Tree-Sharing-Lokalität verwendbar sind

stellung von der einfach partiellen Voranstellung, bei der sich Kopfbäume wie in Abbildung 7.38 dazu eignen, die Tree-Sharing-Lokalität auf eine Spine-Sharing-Lokalität zurückzuführen. Auch die Lockerung des Valenzprinzips stellt keine Alternative zur Tree-Sharing-Lokalität dar.

Gibt man die Bündelung des Vorfelds auf und geht stattdessen von einer rechtsverzweigenden Strukur wie in Abbildung 7.39 aus, bei der die VP-Projektion der linken Satzklammer bei jedem vorangestelltem Verb fortgesetzt wird, dann ergeben sich neue Spielräume. Nun steht eine TT-MCTAG-Modellierung anhand der Kopfbäume in Abbildung 7.40 zur Verfügung, der eine Spine-Sharing-Lokalität genügt. Nimmt man zusätzlich noch eine Lockerung des Valenzprinzips vor, reicht gar Node Sharing aus. Alternativ kann man sich auf die Node-Sharing-Lokalität beschränken, wenn eine linksverzweigende Struktur des Mittelfelds vorliegt. Hier bestehen also keine grundsätzlichen Unterschiede zwischen der mehrfach partiellen Voranstellung und der einfach partiellen Voranstellung. Dies schließt auch die Eigenschaft ein, eine Spine-Sharing-Lokalität zu erfordern, falls das Finitum einen abtrennbaren Verbzusatz in der rechten Satzklammer enthält.

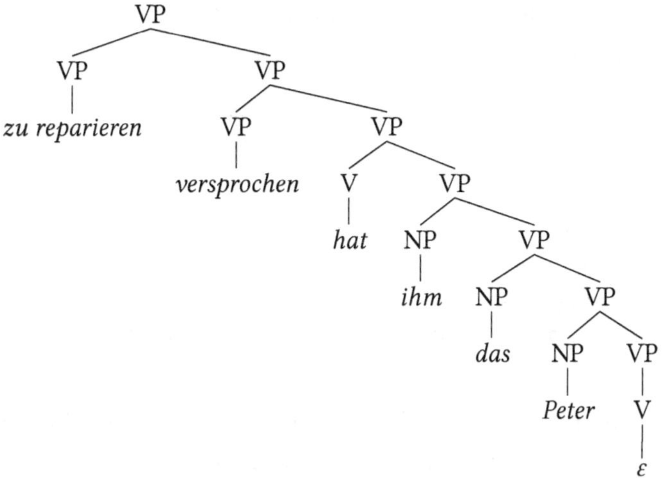

Abbildung 7.39: Phrasenstruktur der mehrfach partiellen Voranstellung in (30) ohne Vorfeldbündelung

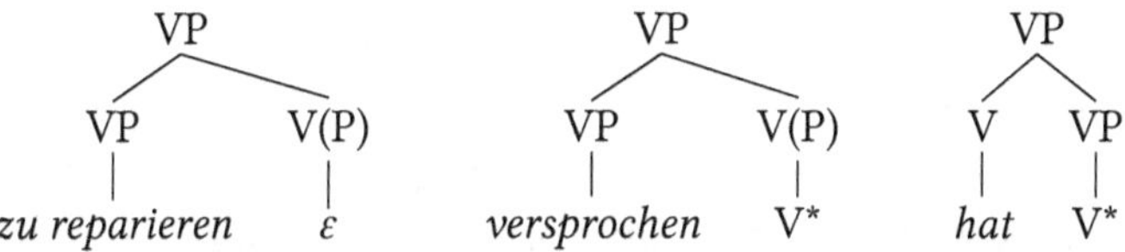

Abbildung 7.40: Kopfbäume für die Generierung der Phrasenstruktur ohne Vorfeldbündelung in Abbildung 7.39, bei der die Spine-Sharing-Lokalität ausreicht

### 7.3.3 Anpassungsmöglichkeiten im Detail

Die Ergebnisse des letzten Abschnitts sind in Tabelle 7.2 zusammengefasst. Sie zeigt, durch welche Anpassungen am vorliegenden TT-MCTAG-Ansatz die betrachteten Grenzfälle modelliert werden können. In diesem Abschnitt werde ich die Anpassungsmöglichkeiten (Erweiterung der Sharing-Lokalität, Valenzprinzip und Phrasenstrukturpinzip) genauer betrachten und auf ihre grammatiktheoretischen und komplexitätstheoretischen Implikationen hin untersuchen.

### 7.3.3.1 Valenzprinzip

Die Anpassung des Valenzprinzips für TT-MCTAG, ausgehend von der Formulierung in (24), war beim ersten und zweiten Grenzfall erfolgreich. Dabei bestand

Tabelle 7.2: Überblick über die Anpassungsmöglichkeiten und deren Auswirkungen auf die Modellierbarkeit der Grenzfälle

|  | 1. GF | 2. GF | 3. GF |
|---|---|---|---|
| Spine-Sharing | + | −/+ | − |
| Tree-Sharing | + | + | + |
| abgeschw. Valenzprinzip | + | + | − |
| linksverzweigende PS | − | + | + |

die Anpassung in einer Abschwächung, nämlich dass der Kopfbaum nicht mehr vom Valenzträger geankert werden muss. Statt (24) gilt also das abgeschwächte Valenzprinzip in (31):

(31)   **Abgeschwächtes Valenzprinzip (für TT-MCTAG):**
Baumtupel entsprechen genau einem Valenzrahmen, wobei gilt:

a.   Der Valenzträger lexikalisiert mindestens einen Elementarbaum des Baumtupels.

b.   Es besteht ein bijektives Abbildungsverhältnis zwischen Valenzrollen einerseits und Substitutionsknoten in der Argumentbaummenge bzw. Substitutionsknoten und Fußknoten im Kopfbaum andererseits.

Die Folge ist, dass die Differenzierung von Valenzträger und Valenzrolle nunmehr alleine anhand der Lexikalisierung sichtbar ist. Das intuitive Verständnis eines Baumtupel, das sich in den Bezeichnungen „Kopfbaum" und „Argumentbaum" ausdrückt, wird konterkariert. Rein technisch betrachtet ist daran jedoch kein gravierender Nachteil erkennbar. Die Unterscheidung zwischen Kopfbaum und Argumentbäumen ist letztlich ein technisches Hilfsmittel, um einen relativen Lokalitätsbegriff zu definieren, d. h. es wird ein Fixpunkt definiert (der Kopfbaum), relativ zu dem bestimmte Lokalitätsrestriktionen für die Adjunktion der Argumentbäume gelten. Die fehlende Korrelation von Kopfbaum und Valenzträger bzw. von Argumentbaum und Valenzrolle diskreditiert also das Kernanliegen des Formalismus überhaupt nicht.

Tatsächlich nähert sich das abgeschwächte Valenzprinzip in (31) der CETM für V-TAG an, die wir bereits (S. 170) kennengelernt haben und mit der wir uns im nächsten Abschnitt im Zuge eines Vergleichs von V-TAG und TT-MCTAG nochmals auseinandersetzen werden.

### 7.3.3.2 Phrasenstruktur

Zwei Anpassungspunkte hinsichtlich der Phrasenstruktur gilt es zu unterscheiden: (i) die Orientierung des Mittelfelds und (ii) die Vorfeldbündelung der vorangestellten Verben.

Es wurde gezeigt, dass **linksverzweigende Phrasenstrukturen** die Modellierung der partiellen Voranstellung erheblich erleichtert. Doch kann dies wirklich eine erstrebenswerte Anpassung sein? Die möglicherweise überraschende Antwort lautet: Ich sehe keine zwingenden Gründe, warum diese Anpassungsmöglichkeit an sich ausgeschlossen werden sollte:[31]

- Die Syntax-Semantik-Schnittstelle von TT-MCTAG/LTAG hat keinen direkten Bezug zur Phrasenstruktur, d. h. zum abgeleiteten Baum. Sie kann dank der erweiterten Lokalitätsdomäne des TAG-Formalismus auf dem Ableitungsbaum operieren.

- Es gibt bei einer TT-MCTAG-Modellierung keinen asymmetrischen Zusammenhang zwischen linker und rechter Satzklammer, anders als in vielen generativen Theorien. Es gibt z. B. keine Bewegung oder Transformation, die von einer rechtsverzweigenden Phrasenstruktur ausgeht. Der VE-Konstruktion und der V2-Konstruktion liegen aus Sicht einer TT-MCTAG zwei Tupel zugrunde, die in keinem bedingenden Verhältnis zueinander stehen.[32]

Freilich wird für VE-Konstruktionen weiterhin eine rechtsverzweigende Phrasenstruktur benötigt (falls nicht das Valenzpinzip angepasst werden soll) und ein Nebeneinander von links- und rechtsverzweigenden Alternativen hat unschöne technische Konsequenzen: Alles, was an das Mittelfeld adjungieren kann, also etwa Angaben oder die Argumentslots der Infinita, muss ebenfalls links- und rechtsverzweigende Alternativen im Lexikon enthalten. Die Einheitlichkeit der Mittelfeldmodellierung ginge damit ein Stück weit verloren. Doch auch wenn ich mich in dieser Situation für die eine oder andere Phrasenstruktur entscheide, bleibt ein grundsätzliches Problem dieser Phrasenstruktur: Ihre Wahl ist letztendlich willkürlich. Die Existenz gleichwertiger Alternativen bedeutet nämlich

---

[31] Siehe auch die kurze Diskussion in Crysmann (2003), wo mit Blick auf das HPSG-Framework ebenfalls keine zwingenden Gründe gegen die Annahme linksverzweigender Phrasenstrukturen gefunden werden können.

[32] Ein bedingendes oder zumindest asymmetrisches Verhältnis zwischen V2- und VE-Elementarbäumen könnte allerdings in der sogenannten Metagrammatik hergestellt werden, sei es durch nicht-monotone Metaregeln (Becker 1994, 2000; Prolo 2002) oder durch monotone Vererbung (Candito 1996; Crabbé et al. 2013).

immer, dass beide Alternativen unerhebliche Unterschiede und damit unerhebliche Eigenschaften aufweisen und dass deshalb im Sinne eines Ockhamschen Rasiermessers gefragt werden muss, welche phrasenstrukturellen Eigenschaften im Rahmen einer TT-MCTAG-Modellierung tatsächlich notwendig sind. Ich werde diesen Gedanken in Abschnitt 7.4 weiterführen und in die Motivierung einer spinalisierten TT-MCTAG-Variante einfließen lassen.

Eine generelle Beseitigung der Vorfeldbündelung hätte schwerwiegende Folgen für die Modellierung der Vorfeldbesetzungsregel, wonach maximal ein Satzglied das Vorfeld besetzen kann. Der oben dargestellten Modellierungsansatz basiert nämlich auf einer Adjunktionsbeschränkung, die mittels des vf-Merkmals auf dem Wurzelknoten desjenigen Hilfsbaums hergestellt wird, der am Vorfeldknoten adjungiert. Die Adjunktionsmöglichkeit an eben diesem Wurzelknoten ist jedoch Voraussetzung für die Generierung eines ungebündelten Vorfelds. Die Vorfeldbündelung müsste dann wohl in der Semantik stattfinden, was für eine als originär syntaktisch angesehene Gesetzmäßigkeit wenig erstrebenswert ist. Das kleinere Übel scheint im Vergleich dazu zu sein, einen Sonderfall zu schaffen und die Beseitigung der Vorfeldbündelung auf die Modellierung von mehrfach partiellen Voranstellungen zu beschränken (siehe Abbildung 7.40).

### 7.3.3.3 Sharing-Lokalität

Die Erweiterung der Sharing-Lokalität um weitere Knoten ist das bevorzugte Mittel, wenn es darum geht, das Phrasenstrukturprinzip und das Valenzprinzip in deren ursprünglichen Form beizubehalten. Es wurde gezeigt, dass die Ausdrucksstärke der Spine-Sharing-Lokalität für die Erfassung des 1. Grenzfalls und eingeschränkt auch des 2. Grenzfalls ausreichend ist, während die Tree-Sharing-Lokalität eine Derivation aller drei Grenzfälle möglich macht. Bevor jedoch die Spine-Sharing-Loklität oder die Tree-Sharing-Lokalität ernsthaft als Ersatz für die Node-Sharing-Lokalität in Erwägung gezogen werden kann, muss zuerst geklärt werden, was genau unter diesen Erweiterungen zu verstehen ist und ob sie eine Erfüllung der MCS-Kriterien erlauben.

Die Definitionen dieser Node-Sharing-Erweiterungen kann man mit wenigen Änderungen aus der Definition von TT-MCTAG-Ableitungsbäumen in Definition 15 gewinnen, die hier nochmals wiedergegeben wird:

**Definition 17 (TT-MCTAG-Ableitungsbaum mit Node Sharing)** *Sei $G = \langle N, T, S, I, A, \mathcal{A}, h \rangle$ eine TT-MCTAG und sei $D = \langle V, E \rangle$ ein MCTAG-Ableitungsbaum. D ist ein TT-MCTAG-Ableitungsbaum gdw.: Für jedes $v \in V$, wobei $v \in arg(\Gamma)$ mit einer Baummengeninstanz $\Gamma$, gilt:*

* $\langle h(\Gamma), v, p \rangle \in E$ *für beliebiges $p$, oder*

- *es gibt Instanzen von Hilfsbäumen $u_1, \ldots, u_n \in V$ mit $n > 1$, so dass*
  - *$\langle h(\Gamma), u_1, p \rangle \in E$ für beliebiges $p$, und*
  - *$\langle u_i, u_{i+1}, \varepsilon \rangle \in E$ für $1 \leq i < n$, und*
  - *$\langle u_n, v, \varepsilon \rangle \in E$.*

Erinnert sei daran, dass $arg(\Gamma)$ die Menge der Argumentbäume einer Baummenge $\Gamma$ ist.

Für die Definition der Spine-Sharing-Lokalität muss zunächst geklärt werden, was unter einem Spine zu verstehen ist. Intuitiv handelt es sich beim Spine eines Hilfsbaums um den Pfad zwischen Wurzelknoten und Fußknoten. Betrachtet man nur die Gorn-Adressen der Knoten auf dem Spine-Pfad, kann man sagen: Der Spine eines Hilfsbaums (bzw. einer Hilfsbauminstanz) $\gamma$ mit einem Fußknoten mit der Gorn-Adresse $p_n$ ist die größte Menge $spine(\gamma) = \{\varepsilon, p_1, \ldots, p_n\}$, so dass $p_i$ mit $1 \leq i \leq n$ ein Präfix von $p_n$ ist. Die Definition von TT-MCTAG-Ableitungsbäumen, die eine Spine-Sharing-Lokalität erlauben, lautet dann folgendermaßen:

**Definition 18 (TT-MCTAG-Ableitungsbaum mit Spine Sharing)** *Sei $G = \langle N, T, S, I, A, \mathcal{A}, h \rangle$ eine TT-MCTAG und sei $D = \langle V, E \rangle$ ein MCTAG-Ableitungsbaum. D ist ein TT-MCTAG-Ableitungsbaum gdw.: Für jedes $v \in V$, wobei $v \in arg(\Gamma)$ mit einer Baummengeninstanz $\Gamma$, gilt:*

- *$\langle h(\Gamma), v, p \rangle \in E$ für beliebiges $p$, oder*

- *es gibt Instanzen von Hilfsbäumen $u_1, \ldots, u_n \in V$ mit $n > 1$, so dass*
  - *$\langle h(\Gamma), u_1, p \rangle \in E$ für beliebiges $p$, und*
  - *$\langle u_i, u_{i+1}, p \rangle \in E$ für $1 \leq i < n$ mit $p \in spine(u_i)$, und*
  - *$\langle u_n, v, p \rangle \in E$ mit $p \in spine(u_i)$.*

Im Wesentlichen werden hier einfach die Beschränkungen auf Wurzeladjunktionen ersetzt durch Beschränkungen auf Spine-Adjunktionen.

Noch einfacher fällt die Definition der Tree-Sharing-Lokalität qua TT-MCTAG-Ableitungsbaum, weil dabei weder auf Wurzelknoten, noch auf Spine-Knoten Rücksicht genommen werden muss:

**Definition 19 (TT-MCTAG-Ableitungsbaum mit Tree Sharing)** *Sei $G = \langle N, T, S, I, A, \mathcal{A}, h \rangle$ eine TT-MCTAG und sei $D = \langle V, E \rangle$ ein MCTAG-Ableitungsbaum. D ist ein TT-MCTAG-Ableitungsbaum gdw.: Für jedes $v \in V$, wobei $v \in arg(\Gamma)$ mit einer Baummengeninstanz $\Gamma$, gilt:*

- $\langle h(\Gamma), v, p \rangle \in E$ *für beliebiges p, oder*

- *es gibt Instanzen von Hilfsbäumen* $u_1, \ldots, u_n \in V$ *mit* $n > 1$ *, so dass*
  - $\langle h(\Gamma), u_1, p \rangle \in E$ *mit beliebigem p, und*
  - $\langle u_i, u_{i+1}, p \rangle \in E$ *mit beliebigem p, und*
  - $\langle u_n, v, p \rangle \in E$ *mit beliebigem p.*

Bleibt noch zu klären, ob TT-MCTAG mit diesen Erweiterungen der Sharing-Lokalität die MCS-Kriterien erfüllt. Während noch immer unklar ist, ob TT-MC-TAG mit Node Sharing semilinear ist (siehe Abschnitt 7.1.1), wurde in Kallmeyer & Satta (2009) immerhin bewiesen, dass die Verarbeitungskomplexität von TT-MCTAG mit Node Sharing in PTIME liegt, dass damit also polynomielles Parsing möglich ist. Es besteht Anlass zu der Vermutung, dass sich dieser Beweis leicht so modifiziert lässt, dass er auch für TT-MCTAG mit Spine Sharing bzw. Tree Sharing die Zugehörigkeit zu PTIME nachweist (Kallmeyer, persönliche Mitteilung 2011).

## 7.3.4 Vergleich mit V-TAG

TT-MCTAG und V-TAG haben unübersehbare Gemeinsamkeiten, vor allem bedingt durch das Fehlen der Simultanitätsbedingung und das damit einhergehende valenztheoretische Verständnis der elementaren Multikomponentenstrukturen (siehe Abschnitte 6.2.1 und 7.1). Daneben gibt es aber auch erhebliche Unterschiede im Modus der Lokalitätsbestimmung bei der Verwendung dieser Multikomponentenstrukturen: Wo TT-MCTAG die Node-Sharing-Lokalität (und ihre Erweiterungen) einsetzt, deren Grundlage die strikte Trennung von Kopf- und Argumentbaum bildet, verwendet V-TAG relativ frei spezifizierbare Dominanzlinks zwischen Elementen einer Baummenge, die durch Integrity Constraints blockiert werden können.

Einen vollumfänglichen Vergleich der formalen Ausdrucksstärke zwischen V-TAG und TT-MCTAG werde ich in dieser Arbeit nicht durchführen. Es würde uns zu weit von der Betrachtung der Syntax-Valenz-Korrelation im TAG-Framework abbringen. Relevant ist dagegen, die Modellierungsmöglichkeiten, die V-TAG im Geltungsbereich des Valenzprinzips und des Phrasenstrukturprinzips zur Verfügung stellt, mit denen von TT-MCTAG zu vergleichen. Dazu muss das Folgende angemerkt werden: Rambow (1994) konzentriert sich bei der Darstellung der V-TAG-Modellierung kohärenter Konstruktionen auf Scrambling im Mittelfeld (insbesondere „long-distance scrambling"), die Vorfeldbesetzung durch Material aus infiniten Verbalfeldern („long-distance topicalization") und die 3. Konstruktion. Es liegen also keine Analysen der Grenzfälle mit partieller Voranstellung vor. Deswegen, und um den Vergleich zu erleichtern, werde ich möglichst nahe an der hier vertretenen TT-MCTAG-Modellierung bleiben.

V-TAG wurde bereits informell in Abschnitt 6.2.1 eingeführt. Drei wichtige Einschränkungen der Baummengen, die im Folgenden vorausgesetzt werden, wurden bisher noch nicht erwähnt:

1. **Dominanzlinks gehen nur von dem Fußknoten eines Hilfsbaums aus.** Diese Einschränkung wird explizit in der Definition von V-TAG gemacht (siehe Rambow 1994: Def. 21).

2. **Jeder Elementarbaum einer V-TAG-Baummenge enthält mindestens einen Knoten, der Ausgangspunkt oder Zielpunkt eines Dominanzlinks ist.** Diese Einschränkung besteht implizit auch schon bei Rambow (1994). Bestünde sie nicht, wären Rekursivität und Inselbildung nicht vereinbar, da V-TAG im Kern eine nicht-lokale MCTAG (ohne Simultanitätsbedingung) ist. Man kann diese Einschränkung noch verstärken und sagen, dass die Dominanzlinks und die Elementarbäume einen verbundenen Graphen bilden.

3. **Die Integrity-Constraints befinden sich auf den Substitutionsknoten.** Diese Einschränkung ist kein Bestandteil von V-TAG. Tatsächlich würden die Analysen in Rambow (1994) mit dieser Einschränkung nicht funktionieren (insbesondere Abbildung 5.22, S. 167). Dort werden Valenzslots, auch solche für regierte infinite Verben, immer durch Substitutionsknoten repräsentiert. Ich sehe jedoch nicht, dass die Maßnahme, alle Substitutionsknoten mit Integrity-Constraints zu belegen, in den betrachteten Fällen zu wesentlichen Einschnitten in der Ausdrucksstärke von V-TAG führt. Der Vorteil ist, dass dann die V-TAG-Analysen leichter mit den TT-MCTAG-Analysen vergleichbar sind.

Hinzu kommt das Valenzprinzip für V-TAG, das Rambow (für uns etwas irreführend) CETM nennt:

(32) The **Condition on Elementary Tree Minimality** (V-TAG version, final): every lexical set contains exactly one lexical head. There is a bijection between $\theta$-roles the head assigns and the frontier nonterminal nodes of the set. (Rambow 1994: 149)

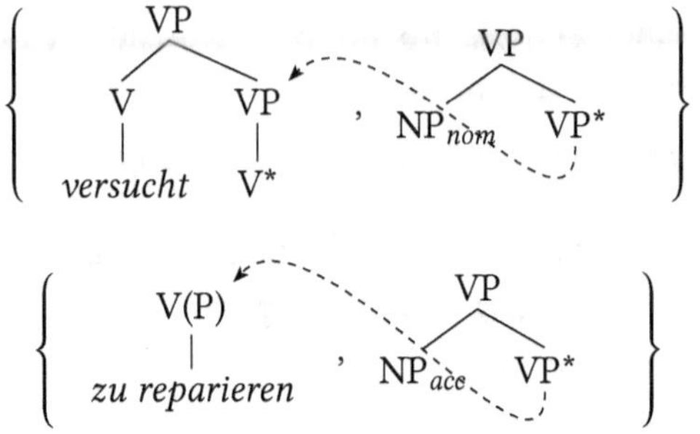

Abbildung 7.41: V-TAG-Baummenge für die Modellierung des 1. Grenzfalls in (34)
mit Scrambling im Mittelfeld

Rambows CETM lässt sich unter Verwendung der vertrauten Terminologie als
Valenzprinzip für V-TAG reformulieren:

(33)   **Valenzprinzip (für V-TAG):**
       Baummengen entsprechen genau einem Valenzrahmen, wobei gilt:

   a.   Der Valenzträger lexikalisiert mindestens einen Elementarbaum der
        Baummenge.
   b.   Es besteht ein bijektives Abbildungsverhältnis zwischen Valenzrol-
        len einerseits und denjenigen nichtterminalen Blättern der Elemen-
        tarbäume, von denen kein Dominanzlink ausgeht, andererseits.

Es gilt nun, zu klären, ob und wie eine so eingeschränkte V-TAG die Grenzfälle
zu modellieren vermag, die oben für TT-MCTAG identifiziert wurden.

Beim ersten Grenzfall steht das infinite Verb im Schlussfeld und seine Ergänzung getrennt davon im Mittelfeld. Das Datum in (34) zeigt eine solche Konstellation (eine Intraposition):

(34)   Heute versucht ihn Peter zu reparieren.

Wir haben oben festgestellt, dass TT-MCTAG im Geltungsbereich von Valenzprinzip und Phrasenstrukturprinzip den ersten Grenzfall nicht zu modellieren
vermag. Entweder das Valenzprinzip muss angepasst werden, oder die Spine-
Sharing-Lokalität gelten. Wie steht es mit V-TAG? Tatsächlich müssen hier keine
Anpassungen vorgenommen werden. Mit den Baummengen in Abbildung 7.41
kann der Satz (34) bereits im Rahmen einer regulären V-TAG phrasenstrukturell
korrekt deriviert werden.

Ähnliches gilt für den zweiten Grenzfall, eine Kombination aus partieller Vor-

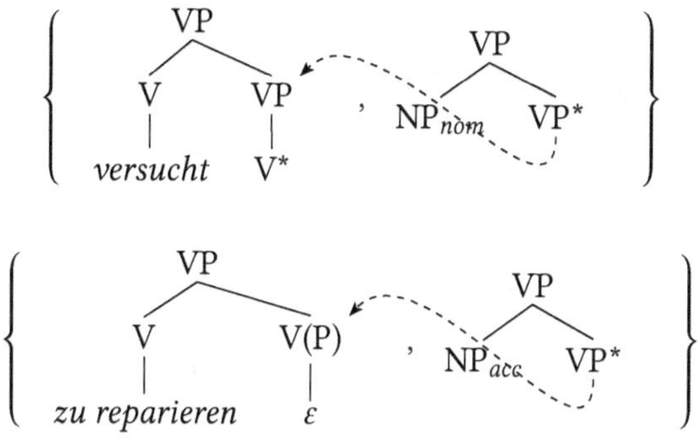

Abbildung 7.42: V-TAG-Baummenge für die Modellierung des 2. Grenzfalls in (35) mit einfacher partieller Voranstellung

anstellung des infiniten Verbs und der Platzierung seiner Ergänzung im Mittelfeld wie in (35):

(35)    Zu reparieren versucht ihn Peter.

Auch hier reicht eine reguläre V-TAG zur Derivation aus, wie die Baummengen in Abbildung 7.42 zeigen. Dabei handelt es sich bei den Elementarbäume in den Baummengen um genau jene, die bereits für TT-MCTAG mit Spine-Sharing-Lokalität vorgeschlagen wurden. Es scheint also so zu sein, dass V-TAG unter diesen Rahmenbedingungen mindestens so ausdrucksstark ausfällt wie TT-MCTAG mit Spine-Sharing-Lokalität.

Der dritte Grenzfall, d. h. eine mehrfach partielle Voranstellung wie in (36), stellt an TT-MCTAG höhere Anforderungen als der erste und zweite Grenzfall. Eine Spine-Sharing-Lokalität alleine reicht zur Modellierung nicht aus:

(36)    Zu reparieren versprochen hat ihm das Peter.

Doch auch V-TAG scheint dem dritten Grenzfall nicht ohne Weiteres gewachsen zu sein. Zwar kann eine Phrasenstruktur ohne Vorfeldbündelung (siehe Abbildung 7.39) mit den Baummengen in Abbildung 7.43 generiert werden, aber die Modellierung der Vorfeldbündelung verlangt eine Anpassung anderer Art. Ein Beispiel dafür ist in den Baummengen in Abbildung 7.44 zu sehen. Mit ihrer Hilfe gelingt die Derivation von (36) mit Vorfeldbündelung und ohne vom Phrasenstrukturprinzip in anderer Hinsicht abweichen zu müssen. Das Besondere an diesen Baummengen ist der zusätzliche Hilfsbaum, der nur aus einem Knoten besteht und jeweils mit Dominanzlinks auf die anderen Elementarbäume versehen

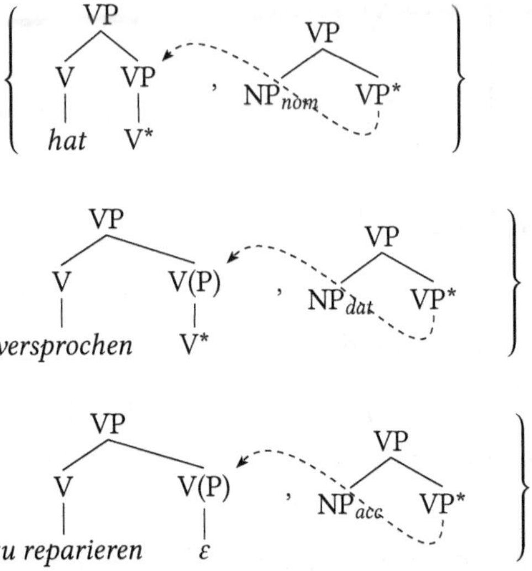

Abbildung 7.43: V-TAG-Baummenge für die Modellierung des 3. Grenzfalls in (36) mit mehrfach partieller Voranstellung ohne Vorfeldbündelung

ist. Sie werden am Wurzelknoten des *hat*-Baums adjungiert und dominieren damit sowohl das infinite Verb als auch dessen Ergänzung. Problematisch daran ist weniger die Tatsache, dass es sich um unlexikalisierte Elementarbäume handelt, als dass es einknotige Hilfsbäume sind. Eine der grundlegenden Konventionen des TAG-Formalismus besteht nämlich darin, dass an den Fußknoten nicht adjungiert werden darf (siehe Abschnitt 7.1). Demzufolge ist es also gar nicht möglich, nacheinander zwei einknotige Hilfsbäume am Wurzelknoten des *hat*-Baums zu adjungieren, wie es in der Analyse von (36) nötig wäre. Ich sehe jedoch keine große Hürde darin, eine Ausnahme für solche einknotigen Hilfsbäume zu stipulieren.[33] Schwerwiegender sind da in meinen Augen die Fußknoten der Hilfsbäume mit NP-Blatt: Von ihnen geht kein Dominanzlink aus, sie müssen also qua Valenzprinzip durch den Valenzrahmen des lexikalischen Ankers lizenziert sein, was hier aber nicht der Fall ist. Das Valenzprinzip müsste also ebenfalls angepasst werden, etwa indem der valenztheoretische Status eines Fußknotens nicht aus der Existenz eines Dominanzlinks folgt, sondern explizit stipuliert werden muss.[34]

---

[33] Als unschön könnte man (neben der Stipulation als solcher) die Tatsache bewerten, dass dieser Ansatz zu falscher derivationeller Ambiguität führt, d. h. für ein und denselben abgeleiteten Baum gibt es mehrere mögliche Ableitungsbäume.

[34] Würde man stattdessen einen Dominanzlink vom Fußknoten des NP-Slots zu einer Spur des

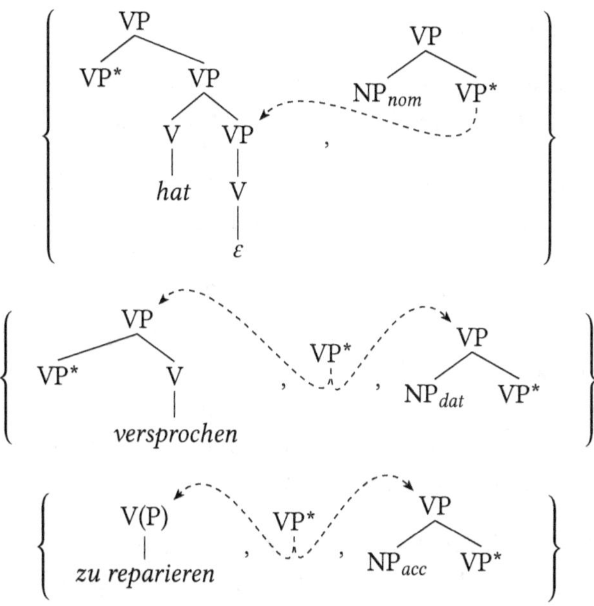

Abbildung 7.44: V-TAG-Baummenge für die Modellierung des 3. Grenzfalls in (36) mit mehrfach partieller Voranstellung mit Vorfeldbündelung

Zusammenfassend lässt sich also sagen, dass die V-TAG-Modellierung des 3. Grenzfalls Unzulänglichkeiten zeigt, deren Behebung größere Eingriffe im System der Wohlgeformtheitsprinzipien erfordert. Die Annahme einer Tree-Sharing-Lokalität bei TT-MCTAG scheint mir im Vergleich dazu das kleinere Übel zu sein.

## 7.4 Besser eine spinalisierte Variante?

Wir haben gesehen, dass TT-MCTAG mit Tree-Sharing-Lokalität für die Modellierung der kohärenten Konstruktionen ausreicht. Selbst eine Modellierung der mehrfach partiellen Voranstellung ist möglich, ohne beim Valenzprinzip oder beim Phrasenstrukturprinzip Zugeständnisse machen zu müssen. Dies ist ein sehr erfreuliches Ergebnis und führt die TAG-Forschung endlich an das Niveau vergleichbarer HPSG-Forschung heran, die in dieser Arbeit ausgiebig zitiert wurde.

---

vorangestellten Kopfes annehmen, bestünde das Problem auch, nur an anderer Stelle.

## 7.4.1 Verbliebene Desiderata

Doch so positiv dieses Ergebnis auch sein mag, es bleiben für mich Desiderata bestehen, die jenseits der Aspekte technischer Machbarkeit interessant werden:[35]

1. Im Zusammenhang mit der Anpassung der Phrasenstruktur in Abschnitt 7.3.3 habe ich bemerkt, dass sich aus den Grundprinzipien der TT-MCTAG-Modellierung keine Entscheidung zwischen links- und rechtsverzweigendem Mittelfeld herbeiführen lässt. Diese Strukturalternativen scheinen im Großen und Ganzen gleichwertig zu sein. Wie ich daraufhin schloss, zeigt deren Gleichwertigkeit, dass hier eine Struktureigenschaft variiert, die eigentlich nicht benötigt wird, und die daher im Sinne des Ockham'schen Rasiermessers entfernt werden sollte: Lässt sich irgendwie eine größere Verbindlichkeit der Phrasenstruktur herstellen?

2. Die TT-MCTAG-Modellierung sollte eigentlich ohne leere Elemente auskommen, benötigt diese aber bisweilen aus technischen Gründen in der rechten Satzklammer: Lassen sich diese leeren Elemente irgendwie vermeiden?

3. Das topologische Felderschema und andere Linearisierungsgesetzmäßigkeiten werden mittels spezieller Linearisierungsmerkmale wie VF implementiert, deren Verhalten bei Adjunktionen und TOP-BOTTOM-Unifikationen richtig antizipiert werden muss: Gibt es einen intuitiveren Weg der Implementierung von Linearisierungsgesetzmäßigkeiten?

4. Für unterschiedliche syntaktische Stellungen werden häufig unterschiedliche Baumtupel stipuliert: Wie lässt sich der Zusammenhang zwischen solchen Baumtupeln darstellen oder eine gemeinsame Repräsentation solcher Baumtupel finden?

Zunächst soll die Überlegung angestellt werden, wie die abgeleitete Struktur ohne verzweigendes Mittelfeld und ohne leeres Element aussehen könnte, die durch eine noch zu bestimmende TT-MCTAG-Variante generiert werden soll. Dafür konzentriere ich mich auf die mehrfach partielle Voranstellung, die sich in den vorangegangenen Abschnitten als besondere Herausforderung für den TT-MCTAG-Ansatz erwiesen hat. Statt der Phrasenstruktur in Abbildung 7.36 nehme ich die Phrasenstruktur in Abbildung 7.45 an. Sie behält die Vorfeldbündelung bei, enthält aber nur einen VP-Knoten, der alle Vorfeld- und Mittelfeldknoten aus Abbildung 7.36 vereinigt. Dadurch erhalten wir einen flachen, nicht-binären

---

[35] Die folgenden Überlegungen wurden teilweise bereits in Lichte (2010) gemacht.

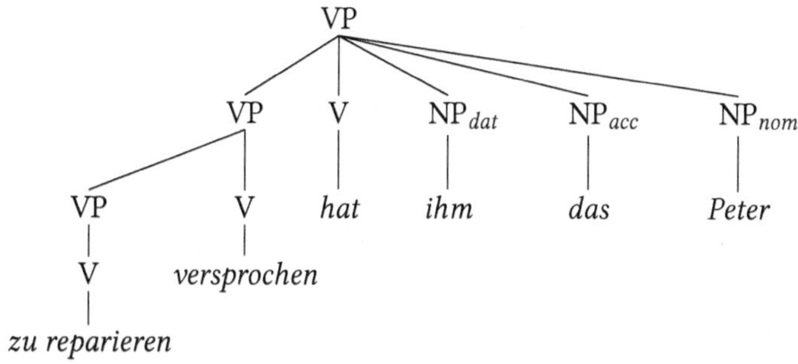

Abbildung 7.45: Flacher abgeleiteter Baum für eine mehrfach partielle Voranstellung

Baum ohne mehrstufige VP-Projektion über dem Mittelfeld. Auf die Repräsentation der leeren rechten Satzklammer wird verzichtet.

Wie sich flache Phrasenstrukturen dieser Art erzeugen lassen, wurde bereits
für GPSG (Uszkoreit 1986, 1987) und HPSG (Pollard 1996) beschrieben.[36] Eine reguläre TT-MCTAG (oder LTAG) scheint mir dazu jedoch nicht in der Lage zu sein,
ohne das Valenzprinzip in der jetzigen Form außer Kraft zu setzen. Dafür fehlt
hier schlicht die durch die Adjunktion hervorgerufene Rekurrenz aus Wurzel-
und Fußknoten, d. h. die eben zusammengefasste mehrgliedrige VP-Projektion
aus Vor- und Mittelfeldknoten. Es stellt sich also die Frage, welche Verknüpfungsoperation Strukturen wie in Abbildung 7.45 erzeugen kann und zugleich
eine valenztheoretisch befriedigende Analyse im Rahmen von TT-MCTAG zulässt.

## 7.4.2 Spinal-TT-MCTAG und Fusion

Die Antwort, die ich hier darauf geben möchte, erschließt sich bei einem Blick auf
die Ableitung (oder Elementarbaum-Partition) in Abbildung 7.46.[37] Auf Grundlage der hier verwendeten Elementarbäume lassen sich die Tupel in Abbildung 7.46
erstellen. Zunächst fällt auf, dass die Elementarbäume allesamt unär sind, was in
Anlehnung an Shen (2006) und Shen et al. (2008) Spinalisierung genannt wird.[38]
Die Spinalisierung der Elementarbäume ist ein charakteristisches (jedoch nicht
zwingend notwendiges) Merkmal dieser TT-MCTAG-Variante, weshalb ich im

---

[36] In diesen Ansätzen ist allerdings die Anzahl der benötigten Regeln sehr groß, unter Umständen
sogar unendlich, da auch Angaben integriert werden müssen (Müller 2004: Abschnitt 2.2.1).

[37] Dies stellt natürlich nicht die einzig mögliche Ableitung dar. Ein alternatives System basierend
auf Sister Adjunction wird in Lichte (2010) diskutiert.

[38] Die Terminologie ist leider unglücklich gewählt, da man als Spine auch den Pfad vom Fußknoten zum Wurzelknoten bezeichnet, so etwa in Schabes & Waters (1995).

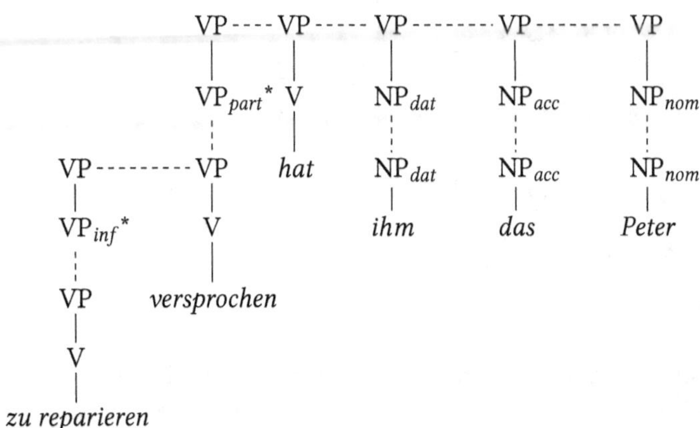

Abbildung 7.46: Eine Elementarbaum-Partition der flachen Phrasenstruktur in Abbildung 7.45

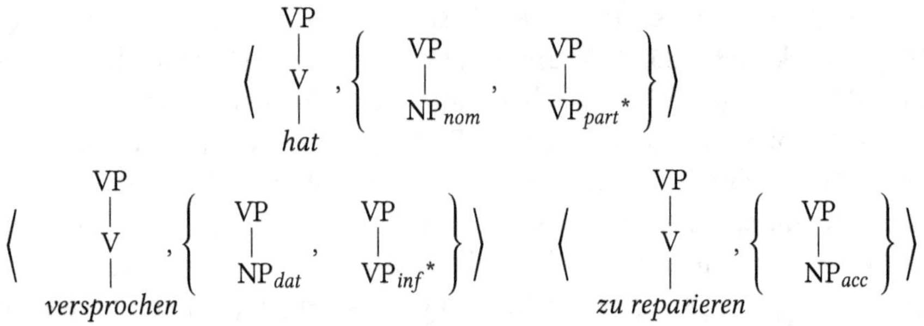

Abbildung 7.47: Baumtupel für die Elementarbaum-Partition in Abbildung 7.45

Folgenden auch von SPINAL-TT-MCTAG sprechen werde. Die waagrechten gestrichelten Linien stehen für eine neuartige Verknüpfungsoperation, die ich FUSION nennen möchte: Wenn zwei Knoten $v_i, v_j$ aus den Bäumen $\gamma_i, \gamma_j$ fusioniert werden, dann werden sie im resultierenden Baum $\gamma'$ durch einen Knoten $v'$ ersetzt, für den gilt, dass (i) alle direkt dominierenden Knoten von $v_i, v_j$ nun $v'$ direkt dominieren und (ii) die durch $v_i, v_j$ dominierten Teilbäume unmittelbar adjazent sind und $v'$ ausschließlich diese Teilbäume dominiert. Eine formale Definition befindet sich weiter unten in diesem Abschnitt. Drei Einschränkungen für den Gebrauch der Fusion kommen noch hinzu: (i) die Knotenlabels der fusionierten Knoten müssen identisch sein; (ii) mindestens einer der fusionierten Knoten muss ein Wurzelknoten sein, um die Baumförmigkeit der abgeleiteten Struktur zu erhalten; (iii) es können nur Innenknoten fusioniert werden.[39]

---

[39] Die Fusion kann als eingeschränkte Form der Baumunifikation verstanden werden, die bei TUG verwendet wird (Popowich 1989; Gerdes 2004). Siehe dazu auch Abschnitt 9.1.

Neben der Fusion stehen weiterhin Substitution und Adjunktion zur Verfügung, die für die Ersetzung nicht-terminaler Blätter benötigt werden und sich nur in der Rolle der Lokälitätsbestimmung im Rahmen der Sharing-Lokalität unterscheiden: Die Substitution definiert Lokalitätsinseln, während die Adjunktion die Lokalitätsdomäne per Sharing erweitert. Da mit der Fusion eine Verknüpfungsoperation für Angaben/Modifizierer schon zur Verfügung steht, kann die Adjunktion so eingeschränkt werden, dass Hilfsbäume nur am Wurzelknoten des Zielbaums adjungieren dürfen. Dies hat durchaus erfreuliche Folgen für den Ableitungsbaum, wie wir gleich sehen werden. Blicken wir aber zunächst mit diesem Wissen auf die Tupel der experimentellen Spinal-TT-MCTAG in Abbildung 7.47. Im Unterschied zu TT-MCTAG zeigen die Fußknoten der Hilfsbäume in der Argumentbaummenge Ergänzungen des lexikalen Kopfes an. Das bedeutet, dass nicht nur diejenigen Argumentslots, die sich wie Inseln verhalten und als Substitutionsknoten angedeutet sind, in der Argumenbaummenge erscheinen, sondern auch jene verbalen Ergänzungen, mit denen der valenztragende Kopf kohärent konstruiert. Da mehr als eine Ergänzung als Fußknoten angedeutet sein kann, erlaubt es Spinal-TT-MCTAG im Unterschied zu TT-MCTAG, mehr als eine disjunkte Ergänzung abzuleiten.

Wie bei TT-MCTAG und entsprechend der Tupel-Idee müssen die Argumentbäume mit dem Kopfbaum im Laufe der Ableitung verknüpft werden – direkt oder indirekt via Node-Sharing. Als direkte Verknüpfung zählt bei Spinal-TT-MCTAG die Fusion von Kopfbaum und Argumentbaum. In Abbildung 7.46 trifft das beispielsweise auf den *versprochen*-Baum und den VP$_{inf}$-Hilfsbaum zu. Die Verknüpfung des *versprochen*-Baums mit dem NP$_{dat}$-Baum erfolgt dagegen indirekt, indem der NP$_{dat}$-Baum mit einem Hilfsbaum fusioniert, der am Wurzelknoten des *versprochen*-Baums adjungiert. Dies entspricht der TT-MCTAG-Intuition des Node Sharings: Der Wurzelknoten eines Hilfsbaums $\gamma_1$, der an einem Elementarbaum $\gamma_2$ adjungiert, wird also von $\gamma_1$ und $\gamma_2$ geshared.

### 7.4.3 Ableitungsbäume

Auch bei Spinal-TT-MCTAG kann die Festlegung der Node-Sharing-Lokalität anhand des Ableitungsbaums erfolgen. Dieser weicht jedoch von den Ableitungsbäumen einer TT-MCTAG wesentlich ab. Ursache dafür ist die Fusion, die im Unterschied zu Adjunktion und Substitution als symmetrische Verknüpfung verstanden werden muss, d. h. als eine Verknüpfung derivationell gleichwertiger Bäume. Man kann hier nicht davon sprechen, dass einer der Bäume die Verknüpfung irgendwie hervorruft oder einen Knoten des anderen Baumes ersetzt.[40] Al-

---

[40] Vgl. auch die Bemerkung von Gerdes (2004: 21) zu Ableitungsbäumen in TUG, wo ja ebenfalls Knoten unifiziert werden: „In standard TAG, the derivation tree just records which node was

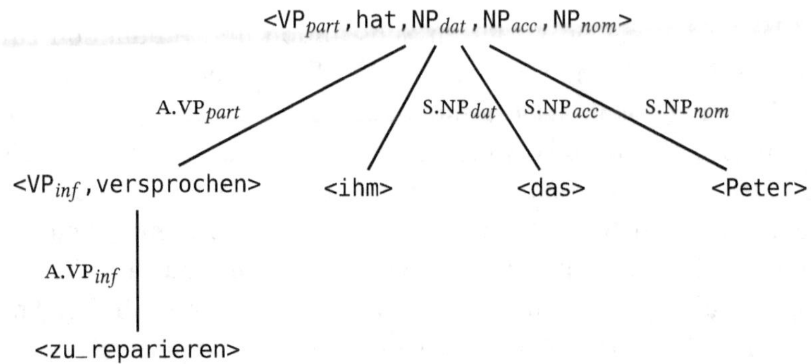


Abbildung 7.48: Ableitungsbaum mit Fusionsketten für die Ableitung in Abbildung 7.47

lein die lineare Abfolge der beteiligten Bäume stellt so etwas wie Asymmetrie her. Ich schlage deshalb vor, im Ableitungsbaum die Fusion als Kette (d. h. als spinalisierten Teilableitungsbaum) darzustellen, und diese Ketten als Knoten des Ableitungsbaums zu betrachten. Die Ableitung in Abbildung 7.46 soll also durch den Ableitungsbaum in Abbildung 7.48 repräsentiert werden. Man beachte, dass die Fusionsketten dann einelementig sind, wenn keine Fusion stattfindet.[41]

Eine andere wesentliche Veränderung am Ableitungsbaum sehen wir in den Kantenlabels: Statt Gorn-Adressen werden zur Identifizierung des Zielbaums die Elemente der Ketten verwendet. Das Kantenlabel s.NP$_{dat}$ bedeutet beispielsweise, dass eine Substitution am Elementarbaum NP$_{dat}$ stattfindet, einem Element der Fusionskette, von dem die Kante ausgeht. Gorn-Adressen sind bei der Repräsentation der Substitution und Wurzeladjunktion irrelevant, da ein Elementarbaum in der spinalisierten Form maximal ein nicht-terminales Blatt enthält. Bei der Repräsentation der Fusion kann dagegen die Angabe der Gorn-Adresse notwendig sein, falls die Fusion echt-dominierte Innenknoten betrifft. Ich klammere diesen Fall hier aus, um die Darstellung nicht unnötig komplizierter zu machen.

Schließlich besteht eine wesentliche Neuerung hinsichtlich der Form des Ableitungsbaums darin, dass Hilfsbäume (bzw. die Ketten, die sie enthalten) ihre Zielbäume dominieren. Da nur Wurzeladjunktionen möglich sind, kommen

---

substituted or adjoined into which other node. The case for TUG is less simple, as the atom unification is not directional, not unique, and non-local in the sense that an elementary tree can unify with branches 'belonging' to different elementary trees."

[41] Eine interessante Beobachtung lässt sich hier machen: Der abgeleitete Baum und der Ableitungsbaum gleichen sich einander an, auch wenn natürlich nach wie vor Unterschiede bestehen. Möglicherweise ist der Idealfall einer, in dem der abgeleitete Baum und der Ableitungsbaum übereinstimmen, der Ableitungsbaum also direkt generiert wird.

dadurch keine mehrwurzligen Ableitungsbäume zustande und man vermeidet sie sogar in Situationen, wo eine Fusionskette mehrere Hilfsbäume enthält. Ein willkommener Nebeneffekt dieser Repräsentation besteht außerdem darin, dass sich Spinal-TT-MCTAG-Ableitungsbäume und die entsprechenden Dependenzgraphen strukturell etwas annähern.[42]

Diese Umkehrung der Adjunktionskanten erinnert an das Vorgehen bei der „flexible composition" bzw. „reversed adjunction" (Joshi et al. 2003; Kallmeyer & Joshi 2003; Chiang & Scheffler 2008): Der Hilfsbaum kann dort optional als Zielbaum der Adjunktionsoperation fungieren, dessen Fußknoten dann ähnlich wie ein Substitutionsknoten behandelt wird. Da die klassische Adjunktionsvariante weiterhin zur Verfügung steht, sind die Umkehrungen der Adjunktionskanten nicht trivial, d. h. es können Kanten nicht nur umgekehrt, sondern auch umgesetzt werden. Genau das ist auch erwünscht, um bestimmte Phänomene mit einer baumlokalen MCTAG behandeln zu können (siehe Chiang & Scheffler (2008) für eine Übersicht).[43] Im Unterschied dazu ist die hier vorgeschlagene Umkehrung der Adjunktionskanten rein notationeller Art, denn (i) die Adjunktion kann ausschließlich am Wurzelknoten vollzogen werden und (ii) die Umkehrung der Adjunktionskanten im Ableitungsbaum ist obligatorisch, nicht optional.

## 7.4.4 Node-Sharing-Lokalität

Diese auf das Wesentliche beschränkte Darstellung der Ableitungsbäume einer Spinal-TT-MCTAG reicht aus, um die entsprechende Form der Node-Sharing-Lokalität zu konkretisieren: Ein Argumentbaum $\beta$ fusioniert mit seinem Kopfbaum $\gamma$ Node-Sharing-lokal, falls im Spinal-TT-MCTAG-Ableitungsbaum $\beta$ entweder einer Fusionskette angehört, deren Mitglied auch $\gamma$ ist, oder falls $\beta$ einer Fusionskette angehört, die die Fusionskette mit $\gamma$ entlang eines Kantenpfads dominiert, der ausschließlich aus Wurzeladjunktionen besteht.[44] Im Ableitungsbaum in Abbildung 7.48 besteht beispielsweise der Pfad zwischen dem Argumentbaum

---

[42] Trotz der Beschränkung auf Wurzeladjunktion können weite Abhängigkeiten (z. B. Brückenkonstruktionen) erfasst werden. Die Platzierung der Brückenverben zwischen Filler und Gap ermöglicht die Fusionsoperation.

[43] Eine alternative Sichtweise auf die „flexible composition" ohne Kantenumkehrung im Ableitungsbaum schlagen Chiang & Scheffler (2008) mit der „delayed tree-locality" vor. Die Elementarbäume einer Baummenge müssen dort nicht unmittelbar mit demselben Elementarbaum verknüpft werden, sondern können dies mit einer bestimmten Verzögerung.

[44] Könnten die Argumentbäume auch mit echt-dominierten Innenknoten der Hilfsbäume fusionieren? Nein, denn eine solche Fusion wird im Ableitungsbaum wie eine Substitution repräsentiert. Auf diese Form der Fusion möchte ich hier, wie bereits angekündigt, nicht genauer eingehen.

$NP_{acc}$ und seinem Kopfbaum `zu_reparieren` aus Kanten mit den Labeln $A.VP_{part}$ und $A.VP_{inf}$ und erfüllt damit die Kriterien der Node-Sharing-Lokalität.

Dass eine solche Node-Sharing-Lokalität auch für den Argumentbaum $NP_{dat}$ und den Kopfbaum `versprochen` besteht, beweist die Modellierbarkeit der mehrfach partiellen Voranstellung durch eine Spinal-TT-MCTAG – und das im Geltungsbereich eines Valenzprinzips, das das ursprüngliche Valenzprinzip für TT-MCTAG (vgl. (2)) nur unwesentlich abwandelt:

(37)   **Valenzprinzip (für Spinal-TT-MCTAG)**
Baumtupel entsprechen genau einem Valenzrahmen, wobei gilt:

a.   Der lexikalische Anker im Kopfbaum ist der Valenzträger.

b.   Es besteht ein bijektives Abbildungsverhältnis zwischen Valenzrollen einerseits und Substitutions- und Fußknoten in der Elementarbaummenge andererseits.

Die Rolle des Kopfbaums und der nicht-terminalen Blätter kann im Valenzprinzip für Spinal-TT-MCTAG klarer charakterisiert werden.

Mit der hier skizzierten Spinalisierung von TT-MCTAG und der Einführung der Fusion als einer symmetrischen Verknüpfunsoperation scheint es also möglich, flache Phrasenstrukturen ohne leere Elemente wie in Abbildung 7.45 zu erzeugen und dabei die Modellierung von Lokalitätsdomänen per Node Sharing beizubehalten, die oben für TT-MCTAG ausgearbeitet worden ist. Das erste und zweite Desideratum auf Seite 246 ist damit ansatzweise berücksichtigt. Wie steht es aber um das dritte und vierte Desideratum? Dazu kommen wir jetzt, wenn wir uns die Fusion und eine mögliche Methode ihrer Regulierung genauer anschauen.

## 7.4.5 Regulierung der Fusion

Substitution und Adjunktion werden üblicherweise durch die Unifikation von Merkmalsstrukturen reguliert, wie oben bei der TT-MCTAG-Modellierung in einiger Ausführlichkeit zu sehen war. Möglicherweise lässt sich diese Form der Regulierung mehr oder weniger direkt auf die Fusion übertragen. Die Fusion ermöglicht jedoch auch eine ganz andere Form der Regulierung, nämlich ENDLICHE AUTOMATEN. Endliche Automaten zeichnen sich durch zwei Eigenschaften aus:

1. Endliche Automaten können Abfolgen kompakt und überschaubar darstellen. Dagegen führt die Regulierung qua Merkmalstrukturen eine dezentrale Darstellung mit sich, indem Abfolgeaspekte unterschiedlichen Merk-

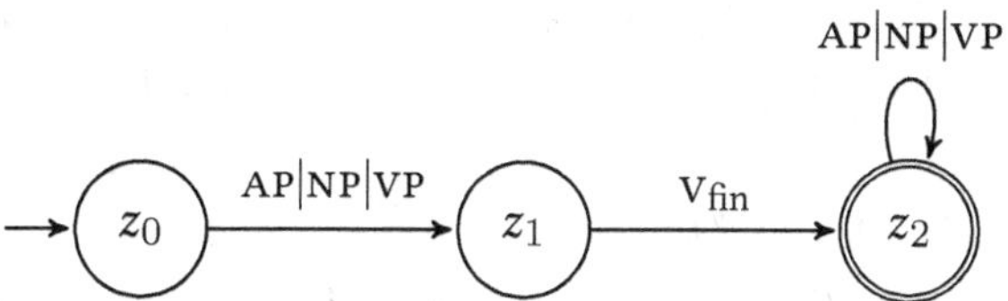


Abbildung 7.49: Skizze eines endlichen Automaten für das Knotenlabel VP

malen zugeordnet sind, deren Wikungsweise sich erst im Zusammenspiel unterschiedlicher Elementarbäume erschließt.

2. Endliche Automaten können Abfolgealternativen zusammenfassen. Damit fällt die Stipulierung unterschiedlicher Elementarbäume für unterschiedliche Abfolgetypen weg.

Diese Eigenschaften haben den positiven Effekt, dass sich die Grammatik wesentlich kompakter und gleichzeitig transparanter darstellen lässt, wodurch auch die Grammatikentwicklung und -implementierung wesentlich leichter fallen sollte.[45] Aus meiner Sicht macht das den architektonischen Nachteil mehr als wett, nämlich dass zu den Merkmalsstrukturen, die weiterhin zur Verfügung stehen sollen, eine weitere Modellierungsstruktur hinzukommt.

Die Verbindung zwischen dem Knoten eines Elementarbaums und einem endlichen Automaten wird durch das Knotenlabel und der Funktion *fsa* hergestellt, indem *fsa* etwa das Knotenlabel VP auf den endlichen Automaten in Abbildung 7.49 abbildet. Dieser ist mit seinen drei Zuständen natürlich grob vereinfacht und erfasst gerade mal V2-Sätze. Man sieht aber sehr deutlich, wie die Besetzung des Vorfelds mit genau einem Satzglied erzwungen werden kann: Vom Startzustand $z_0$ ausgehend muss in der Eingabe zunächst etwas von der Kategorie AP, NP oder VP stehen, um in den nächsten Zustand $z_1$ zu gelangen. Hier wird nur genau ein $V_{fin}$ akzeptiert, die Kategorie eines finiten Verbs. Im Endzustand $z_2$ wird schließlich eine beliebige Anzahl von APs, NPs oder VPs akzeptiert.

AP, NP, VP und $V_{fin}$ habe ich gerade als Kategoriebezeichnungen geführt. Es sind aber tatsächlich Knotenlabel. Die Eingabe für den endlichen Automaten, der per Knotenlabel an den Knoten $v$ eines abgeleiteten Baums geknüpft ist, bildet die Konkatenation derjenigen Knotenlabel, die unmittelbar von $v$ dominiert werden.

---

[45] Vgl. auch die Darstellung der Vorteile von Augmented Transition Networks (ATNs) in Woods (1970: 599ff). ATNs basieren auf dem Konzept endlicher Automaten, besitzen aber die Ausdrucksstärke von Turingmaschinen.

Wir definieren dafür die Funktion *idom*, die einen Knoten auf eine Knotenlabel-konkatenation abbildet. Für jeden Knoten $v$ eines wohlgeformten abgeleiteten Baums soll dann gelten: $idom(v) \in L(fsa(l_V(v)))$, wobei $l_V$ die Labelfunktion über Knoten ist, d. h. $l_V(v)$ ist das Label von $v$.

Die Verwendung endlicher Automaten bei der Modellierung der Syntax natürlicher Sprache ist unüblich.[46] Ein Grund dafür liegt sicherlich in deren unzulänglicher Ausdrucksstärke, die nur die Generierung von regulären Sprachen zulässt. Doch auch die in Woods (1970) vorgeschlagenen Varianten, die Recursive Transition Networks für die Generierung kontextfreier Sprachen und die Augmented Transition Networks mit einer der Transformationsgrammatik entsprechenden Ausdrucksstärke, genießen heutzutage bestenfalls den Status historischer Fußnoten. In der vorliegenden Arbeit dienen endliche Automaten zur Modellierung eines bestimmten Teilbereichs der Syntax, nämlich der Linearisierung von nicht-terminalen Schwesterknoten. Erstaunlicherweise trifft man selbst auf solche im syntaktischen Modell eingebettete endliche Automaten nur überaus selten.[47] Angesichts der oben erwähnten Vorteile, nämlich Kompaktheit und Transparenz, erscheint mir diese Ignoranz als ungerechtfertigt.

Zum Schluss möchte ich noch auf einen anderen, sehr interessanten Aspekt von Spinal-TT-MCTAG hinweisen: Es scheint hier ein inkrementeller Grammatikformalismus vorzuliegen, dessen Derivationen der „full connectivity" (Sturt & Lombardo 2005) bzw. „strong connectivity" (Stabler 1994) genügen. Das bedeutet, dass für jedes Präfix einer Eingabe eine (unfertige) zusammenhängende syntaktische Repräsentation generiert werden kann. Damit würde Spinal-TT-MCTAG zu den inkrementellen TAG-Versionen wie DVTAG (Mazzei et al. 2007) und PLTAG (Demberg & Keller 2008; Demberg 2010) zählen.

## 7.4.6 Definitionen

Die vorangegangenen informellen Erläuterungen des Spinal-TT-MCTAG-Formalismus sollen nun formal expliziter gemacht werden. Zunächst kann eine spinalisierte TT-MCTAG als TT-MCTAG mit einer Funktion *fsa* definiert werden:

---

[46] Gemeint ist hier nicht der Parser für solche Syntaxmodelle. Manche TAG-Parser verwenden sehr wohl endliche Automaten für bestimmte Teilaspekte, z. B. zur internen Repräsentation von Baumschablonen und Elementarbäumen (Nasr & Rambow 2004) oder zur lexikalischen Disambiguierung vor dem eigentlichen Parsen (Gardent et al. 2014). Dank an Owen Rambow für den Hinweis!

[47] Eine Arbeit dieser Art ist z. B. Maxwell & Manning (1996), wo im Rahmen einer LFG endliche Automaten für die Repräsentation der rechten Seite einer c-Struktur-Regel genutzt werden, um bei der Modellierung der Konstituentenkoordination von der konkreten morphosyntaktischen Form der Konjunkte abstrahieren zu können.

**Definition 20 (Spinal-TT-MCTAG)** *Sei* $G = \langle N, T, S, I, A, \mathcal{A}, h \rangle$ *eine TT-MCTAG.* $G' = \langle N, T, S, I, A, \mathcal{A}, h, fsa \rangle$ *ist eine spinalisierte TT-MCTAG (Spinal-TT-MCTAG) mit* $fsa = N \rightarrow M$, *wobei* $M$ *die Menge der endlichen Automaten ist.*

Die Bedeutung der endlichen Automaten für die Zulässigkeit eines abgeleiteten Baums bestimmt die folgende Definition:

**Definition 21 (Abgeleiteter Baum einer Spinal-TT-MCTAG)** *Sei* $D = \langle V, E \rangle$ *ein abgeleiteter Baum einer Spinal-TT-MCTAG* $G = \langle N, T, S, I, A, \mathcal{A}, h, fsa \rangle$ *mit einer partiellen Präzedensrelation* $<$ *über* $V$ *und einer Beschriftungsfunktion* $l_V = V \times N \cup T$. *Sei ferner dtrs eine Abbildung von Knoten auf die Konkatenation der Label der unmittelbar dominierten Knoten, also:*

$$
\begin{aligned}
dtrs = \{ &(v, l_V(v_1) \ldots l_V(v_n)) | \\
& v, v_1, \ldots, v_n \in V, \\
& (v, v_i) \in E \text{ für } 1 \le i \le n, \\
& \forall v' \text{ mit } (v, v') \in E, v' \in \{v_1, \ldots, v_n\}, \\
& (v_{i-1}, v_i) \in\ < \text{ für } 1 < i \le n \\
& \}
\end{aligned}
$$

*Dann gilt:* $\forall v \in V [dtrs(v) \in L(fsa(l_V(v)))].$

Die Konkatenation der Label der unmittelbar dominierten Knoten eines Knotens $v$, d. h. der Tochterlabelstring $dtrs(v)$, soll also in der Sprache desjenigen endlichen Automaten sein, der mit dem Label von $v$ qua *fsa* zusammenhängt. Ein kurzes Beispiel: Der Wurzelknoten mit VP-Label in Abbildung 7.45 dominiert den Tochterlabelstring VP V NP NP NP (modulo Subskripte), und dieser ist in der Sprache des zum VP-Label zugehörigen endlichen Automaten in Abbildung 7.49.

Die Fusionsoperation kann ohne Bezug auf Spinal-TT-MCTAG und endliche Automaten folgendermaßen definiert werden:

**Definition 22 (Fusion)** *Seien* $\gamma_i = \langle V_i, E_i \rangle$ *mit der Präzedensrelation* $<_i$ *und* $\gamma_j = \langle V_j, E_j \rangle$ *mit der Präzedensrelation* $<_j$ *geordnete Bäume.* $\gamma_i$ *und* $\gamma_j$ *fusionieren zu* $\gamma_{ij} = \langle V_{ij}, E_{ij} \rangle$ *mit* $<_{ij}$ *an den Knoten* $v_i \in V_i$, $v_j \in V_j$, *so dass gilt:*

- $\gamma_{ij}$ *ist ein Baum,*

- $V_{ij} = V_i \cup V_j \backslash v_i$,

- $E_{ij} = \{(v_1, v_2) \in E_i | v_1 \ne v_i \wedge v_2 \ne v_i\}$
  $\cup \{(v_1, v_j) | (v_1, v_i) \in E_i\}$
  $\cup \{(v_j, v_2) | (v_i, v_2) \in E_i\}$
  $\cup E_j,$

- $<_{ij}= \{(v_1, v_2) \in <_i \,|v_1 \neq v_i \land v_2 \neq v_i\}$
  $\cup \{(v_1, v_j)|(v_1, v_i) \in <_i\}$
  $\cup \{(v_j, v_2)|(v_i, v_2) \in <_i\}$
  $\cup <_j$
  $\cup \{(v'_i, v'_j)|(v_i, v'_i) \in E_i \land (v_j, v'_j) \in E_j \land$
  *es gibt kein* $(v'_i, v_n) \in <_i$
  *und kein* $(v_m, v'_j) \in <_j$ *für beliebige* $v_n, v_m\}$

Zwei Bäume fusionieren an je einem ihrer Knoten, wobei der resultierende Graph
wiederum baumförmig ist. Dadurch muss einer der fusionierenden Knoten ein
Wurzelknoten sein. Man beachte, dass in dieser Definition die beteiligten Bäume zunächst einmal derivationell ungleichwertig sind: Ein Knoten aus $\gamma_i$ wird
durch einen Knoten aus $\gamma_j$ ersetzt, wobei durch die Bestimmung von $<_{ij}$ eine
lineare Ordnung bezüglich den entsprechenden Teilbäumen von $\gamma_i$ und $\gamma_j$ vorgegeben ist. Diese Festlegung ist für die folgende Definition des Ableitungsbaums
wesentlich. Die derivationelle Ungleichwertigkeit im Zuge der Fusion ist aber
schwächer ausgeprägt als bei der Substitution oder Adjunktion, denn sie hängt
nur von Aspekten der linearen Ordnung ab und ist deshalb prinzipiell umkehr-
bar.

In der Definition eines Spinal-TT-MCTAG-Ableitungsbaums nutze ich der Lesbarkeit wegen die folgenden Schreibweisen: $\vec{\Gamma}$ ist eine Kette von Elementarbäu-
men und $\vec{\Gamma}.p$ das $p$te Element von $\vec{\Gamma}$. $\#_b(\vec{\Gamma})$ ist die Anzahl der nicht-terminalen
Blätter in $\vec{\Gamma}$. Desweiteren sollen die Einschränkung gelten, dass sowohl Adjunk-
tion als auch Fusion nur über Wurzelknoten operieren kann.

**Definition 23 (Spinal-TT-MCTAG-Ableitungsbaum)** *Sei* $G = \langle N, T, S, I, A, \mathcal{A},$
*h, fsa⟩ eine Spinal-TT-MCTAG und* $D = \langle V, E \rangle$ *ein Ableitungsgraph. Sei ferner* $\Gamma_G$
*eine Menge von Elementarbauminstanzen aus G und* $V \subseteq \Gamma_G \times 2^{\Gamma_G \times \Gamma_G}$ *eine Menge*
*von Ketten über* $\Gamma_G$:

- *D ist ein Baum.*

- *Für jede Kante* $\langle v_i, v_j, p \rangle \in E$ *gilt:* $v_i.p$ *hat ein nicht-terminales Blatt.*

- *Für jeden Knoten v gilt:* $|\{\langle v, v', p \rangle \in E|v' \text{ und } p \text{ sind beliebig}\}| = \#_b(v)$.

- *Für jedes* $\gamma \in \Gamma_G$ *gibt es genau eine Baummengeninstanz* $\Gamma$ *einer Baummenge*
  *in* $\mathcal{A}$, *so dass* $\gamma \in \Gamma$.

- *(MC) Wenn* $\Gamma$ *eine Baummengeninstanz einer Baummenge in* $\mathcal{A}$ *ist und es*
  *gibt ein* $v \in V$, *so dass* $v.p \in \Gamma$ *für beliebiges p, dann gilt für jedes* $\gamma \in \Gamma$: *Es*
  *gibt ein* $v' \in V$ *und* $v'.p = \gamma$ *für beliebiges p.*

- *(Node Sharing) Für jedes $\gamma \in arg(\Gamma)$ mit einer Baummengeninstanz $\Gamma$ gilt:*

    - *Es gibt ein $v \in V$ mit $v.i = h(\Gamma)$ und $v.j = \gamma$ für beliebige $i, j$, oder*

    - *es gibt Knoten $u_1, \ldots, u_n \in V$ mit $n > 1$ und $u_1.i = \gamma$ und $u_n.j = h(\Gamma)$ für beliebige $i, j$, so dass*

        * *$\langle u_1, u_2, p \rangle \in E$ für beliebiges $p$, und $u_1$ ist ein Hilfsbaum, und*

        * *$\langle u_i, u_{i+1}, p \rangle \in E$ für $1 \leq i < n$ und beliebiges $p$, und $u_i.p$ ist ein Hilfsbaum, und*

        * *$\langle u_{n-1}, u_n, p \rangle \in E$ für beliebiges $p$, und $u_{n-1}.p$ ist ein Hilfsbaum.*

Zur Bedeutung der Ketten in solchen Ableitungsbäumen muss noch gesagt werden, dass in einer Kette $\langle \ldots, \gamma_i, \gamma_{i+1}, \ldots \rangle$ der Knoten $v_i$ von $\gamma_i$ mit dem Knoten $v_{i+1}$ von $\gamma_{i+1}$ so fusioniert, dass im resultierenden Baum der Teilbaum unterhalb von $v_i$ dem Teilbaum von $v_{i+1}$ linear vorangeht.

## 7.5 Zusammenfassung

Dieses Kapitel führte durch den TT-MCTAG-Formalismus und seine Anwendung auf kohärente Konstruktionen des Deutschen. Wir haben gesehen, dass die Ausdrucksstärke von TT-MCTAG mit Tree Sharing ausreicht, um selbst komplexe Diskontinuitätsphänomene wie die mehrfach partielle Voranstellung zu modellieren. Die vorgeschlagene Modellierung zeichnet sich dabei durch die Wahrung des Valenzprinzips und des Phrasenstrukturprinzips aus – ein Kombination von Merkmalen, die keiner der bisherigen Vorschläge zur Modellierung kohärenter Konstruktionen im Rahmen von TAG vorzuweisen hat. Die vorgelegte Modellierung besticht im Vergleich zu anderen TAG-Arbeiten nicht zuletzt durch ihren Umfang: Verschiedene Verbalkomplexkonfigurationen (Oberfeldumstellung, Zwischenstellung), die Linksstellung, die 3. Konstruktion und die partielle Voranstellung wurden zumindest ansatzweise in das Modell integriert, außerdem Rektionsbesonderheiten wie Ersatzinfinitive, Ersatz-*zu*-Infinitive und das Fernpassiv.

Abschließend habe ich mich verbliebenen Desiderata (größere Verbindlichkeit der Phrasenstruktur, Verzicht auf leere Elemente, intuitivere Implementierung von Linearisierungsgesetztmäßigkeiten, Faktorisierung in Baumtupelfamilien) gewidmet. Diese nahm ich zum Anlass, eine spinalisierte TT-MCTAG-Variante, Spinal-TT-MCTAG, zu entwickeln, die dazu in der Lage ist, flache Phrasenstrukturen ohne leere Elemente zu generieren, und deren Verknüpfungsoperation, die Fusion, mittels endlicher Automaten reguliert werden kann. Diese Mischung macht Spinal-TT-MCTAG in meinen Augen zu einem faszinierenden Forschungsgegenstand, der auch für das inkrementelle Parsen geeignet sein könnte.

Während die Idealisierung der Kontinuität im TT-MCTAG-Modell also zufriedenstellend vermieden werden kann, stellt die Vermeidung der Idealisierung der Vollständigkeit ein ganz anderes, möglicherweise schwierigeres Unterfangen dar. Damit werden wir uns im nächsten Kapitel auseinandersetzen.

# 8 Analyse elliptischer Strukturen mit TAG-Varianten

In den beiden vorangegangenen Kapiteln konnte gezeigt werden, dass diskontinuierliche Valenzrealisierungen bei kohärenten Konstruktionen direkt mittels diskontinuierlicher Konstituenten repräsentiert werden können, dass man also die Idealisierung der Kontinuität nicht eingehen muss. In diesem Kapitel werden wir uns der Modellierung unvollständiger Valenzrealisierungen, besser bekannt als Ellipse (siehe Kapitel 4), zuwenden und fragen: Kann die Idealisierung der Vollständigkeit ebenso umgangen werden wie die Idealisierung der Kontinuität? Dabei möchte ich analog vorgehen und zunächst in Abschnitt 8.1 grundsätzliche Modellierungsstrategien unterscheiden, die unabhängig vom gewählten Grammatikformalismus aber mit den jeweils eigenen Mitteln umgesetzt werden können. In den nachfolgenden Abschnitten ruht das Augenmerk wiederum auf TAG-Umsetzungen.

## 8.1 Modellierungsstrategien im Überblick

Die syntaktische Modellierung elliptischer Strukturen muss sich einer der in Abbildung 8.1 zusammengefassten Modellierungstrategien bedienen:[1] Entweder ist die syntaktische Repräsentation (in irgendeiner Hinsicht) valenztheoretisch vollständig und die Unvollständigkeit der Oberfläche wird mittels dreier Prozesse erklärt, die ich hier Verschmelzung, Reduktion und Füllung nennen möchte; oder die syntaktische Repräsentation ist, genau wie die Oberfläche, valenztheoretisch unvollständig.

### 8.1.1 Reduktion

Unter REDUKTION fallen solche Verfahren, bei denen die syntaktische Repräsentation $R_v$ eines Valenzrahmens $v$ so gestutzt wird, dass die resultierende syntak-

---

[1] Vgl. die Taxonomien in Klein (1993: 768f,788f), Schwabe (1994: 16ff), Winkler & Schwabe (2003: 5) und Aelbrecht (2010: 2), die sich in Perspektivierung und Terminologie von der in dieser Arbeit vorgeschlagenen Taxonomie unterscheiden.

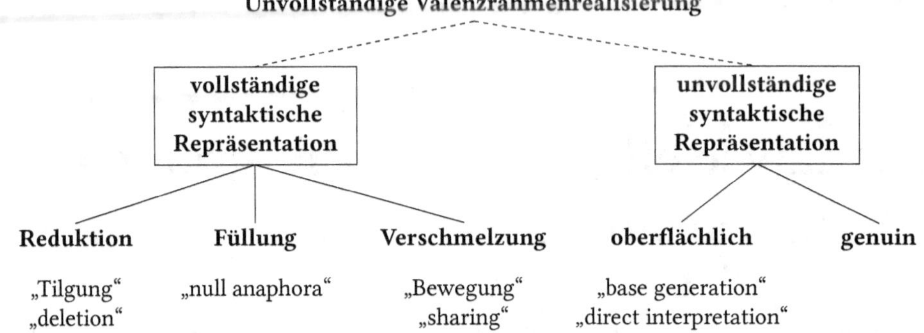


Abbildung 8.1: Taxonomie der Modellierungsstrategien bei elliptischen Strukturen

tische Repräsentation $R'_v$ der Oberflächenrealisierung von $v$ entspricht. Um dies zu veranschaulichen, betrachten wir nochmals das Gapping-Datum in (39a) auf Seite 104, hier wiederholt in (1):

(1)     ...[$\kappa_2$ der Tourist ~~sah~~ drei Waschbären]

Unter dem Blickwinkel der Reduktion ist hier das finite Verb als Teil einer Substruktur aus der syntaktischen Repräsentation entfernt worden. Die betroffene Substruktur kann unterschiedlich groß sein (vom Terminal bis zum Teilbaum) und nur bestimmte syntaktische Repräsentationsebenen betreffen. Ein bekanntes Beispiel für Letzteres ist die Reduktion auf der phonetischen Form (PF), die im Rahmen der Generativen Grammatik vorgeschlagen wurde (siehe z. B. Klein 1993; Hartmann 2000; Merchant 2001) und mittlerweile einer Reduktion auf der „syntaktischen Struktur" (D-Struktur/S-Struktur) vorgezogen wird.

## 8.1.2 Füllung

Spiegelbildlich zur Reduktion verhält sich die Füllung: Die syntaktische Repräsentation wird nicht gestutzt, sondern mit opakem Material bzw. „leeren Kategorien" aufgefüllt. Wasow (1972: 98f) stellt diesen Ansatz im Rahmen der generativen Grammatik als Empty Structures Hypothesis (ESH) vor und bezeichnet die leeren Terminale als Null-Anaphern („null anaphors"), die er mit dem $\Delta$-Symbol markiert.[2] In (2) markiert das $\Delta$-Symbol die Füllung des finiten Verbs:

---

[2] Siehe auch Wasow (1979). Eine aktuellere Arbeit dieser Art liefert beispielsweise Johnson (2001).

(2)     [$\kappa_1$ Der Jäger sah einen Hasen] und [$\kappa_2$ der Tourist $\Delta$ drei Waschbären].

Wasow nimmt im Rahmen der ESH an, dass Füllungen (bzw. Null-Anaphern) strukturiert sind, mehr noch, dass eine phrasenstrukturelle Isomorphie zwischen Ellipse und Antezedens besteht: „null anaphors have all the structure of their antecedents, lacking only phonetic material" (Wasow 1972: 98). Komplexe Ellipsen werden also mit mehreren Null-Anaphern, d. h. $\Delta$, gefüllt und phrasenstrukturell gegliedert. Die Sätze in (3) veranschaulichen die ESH anhand einer VP-Ellipse, eines Sluicing-Falls und eines Gapping-Falls, wobei die zugrunde gelegte Phrasenstruktur der Lesbarkeit halber ohne Phrasenmarker angezeigt wird:

(3)     a.     John heard someone out back, but he doesn't know [who [$\Delta$ [$\Delta$ $\Delta$]]].
        b.     John will come to the party if Mary can [$\Delta$ [$\Delta$ [$\Delta$]]].
               (Wasow 1972: (31))
        c.     I want to try to begin to write a novel, and Mary [$\Delta$ [$\Delta$ [$\Delta$ [$\Delta$ a play]]]].

Die Einschätzung von Winkler & Schwabe (2003: 6), dass es sich bei dieser Art des Füllungsansatzes (bzw. „interpretive position") um einen Vorläufer der PF-Tilgung handelt, ist ohne Schwierigkeiten nachvollziehbar.

Es ist jedoch auch denkbar, dass Füllungen phrasenstrukturell vom Antezedens abweichen. Dies ist Grundlage der sogenannten Non-Expansion Hypothesis (NEH), erstmals wohl in Akmajian (1968) formuliert,[3] nach der die Füllungen (bzw. Null-Anaphern) keinerlei interne Struktur besitzen. Statt einer Vielzahl von Füllungen wird den Sätze in (3) nun genau eine atomare Füllung zugesprochen:

(4)     a.     John heard someone out back, but he doesn't know who $\Delta$.
        b.     John will come to the party if Mary can $\Delta$.
        c.     I want to try to begin to write a novel, and Mary $\Delta$ a play.

Die NEH stieß wegen dieser atomaren Füllungen bereits bei Ross (1969) auf Ablehnung, u. a. mit dem Argument, dass sie damit die Kasusmarkierung gesluicter *Wh*-Pronomen nicht erklären könne.[4] Dieses Argument ist allerdings abhängig

---

[3] Siehe Wasow (1972: 94): „This approach, to be referred to as the non-expansion hypothesis, asserts that every phonetically anaphor consists simply of a dummy symbol (say $\Delta$) which is associated by interpretive rules with an antecedent." Leider wurde Akmajian (1968) nie veröffentlicht und ich konnte kein Exemplar ausfindig machen.

[4] Ross (1969) richtet seine Kritik nicht direkt auf einen Füllungsansatz mit unstrukturierten Null-Anaphora, sondern auf eine (damals noch nicht vorgebrachte) Sluicing-Analyse, bei der das gesluicte *Wh*-Pronomen kein Überbleibsel eines *Wh*-Gliedsatzes bildet. Direkt betroffen ist etwa der Ansatz von van Riemsdijk (1978) und auch die Ansätze mit freistehenden Phrasen bzw. phrasalen Äußerungen (siehe S. 266). Es ist wohl Wasow (1972), der einen Bezug zwischen

von der Prämisse, dass Kasusrektion durch die Phrasenstruktur bestimmt wird. Ich möchte auf diese Kritik und ihre Voraussetzungen nicht genauer eingehen, denn mir geht es hier in erster Linie um Aspekte der Ellipsenmodellierung.

Wie diese Füllung rekonstruiert wird, ob durch syntaktische (z. B. Fiengo & May 1994; Chung et al. 1995), semantische (z. B. Dalrymple et al. 1991) oder diskurs-basierte (z. B. Hardt 1993, 1999; Hardt & Romero 2004) Identität mit einem Antezedens, ist ein ganz anderes Problemfeld.[5] Zunächst einmal liegt hier eine reguläre, voll ausgeprägte syntaktische Struktur vor – mit dem gravierendem Zugeständnis allerdings, dass manche Terminale „unsichtbar" oder phonetisch leer sind. Im Ergebnis ähnelt diese Modellierungstrategie daher stark der phonetischen Reduktion in (1). Es gibt allerdings auch deutliche Unterschiede: Das leere Terminal ist nicht Ergebnis eines nachgeordneten phonetischen Prozesses, sondern Bestandteil des Lexikons, worin es per se nur sehr rudimentäre Spezifizierungen morphosyntaktischer und semantischer Natur mit sich führt. Das PF-reduzierte Material erscheint dagegen bis auf die phonologische Information voll ausspezifiziert.

Die Ähnlichkeiten und Unterschiede zwischen Reduktions- und Füllungsansätzen erklären sich meiner Ansicht nach mit deren unterschiedlichen Perspektive auf elliptische Strukturen. Während bei der Reduktion eine Sprachgenerierungsperspektive eingenommen wird, herrscht bei der Füllung eine Sprachverarbeitungsperspektive vor.

### 8.1.3 Verschmelzung

Im Unterschied zur Reduktion und Füllung wird bei der Verschmelzung die Stipulierung elliptischer Strukturen vermieden: Zwei distinkte syntaktische Repräsentationen unterschiedlicher Valenzrahmenrealisierungen werden hier so zusammengefügt, dass sie gemeinsame Bestandteile besitzen. Das Resultat kann man beispielsweise in (5) mit einer Bewegungsmetapher veranschaulichen:

(5)　　Heute$_i$ sah$_j$ [$\kappa_1$ $t_i$ $t_j$ der Jäger einen Hasen] und [$\kappa_2$ $t_i$ $t_j$ der Tourist drei Waschbären].

Die Satzglieder *heute* und *sah* werden aus den Konjunkten herausbewegt und dabei verschmolzen. Da die Konjunkte gleichermaßen betroffen sind, spricht man in Anlehnung an Williams (1978, 1981) von Across-the-Board-Bewegung (ATB-Bewegung). Einen Verschmelzungsansatz ohne Bewegungskonzept findet man

---

Ross' Kritik und unstrukturierten Null-Anaphern herstellt. Trotzdem wurden unstrukturierte Füllungen z. B. von Chung et al. (1995) für die Sluicing-Modellierung propagiert.

[5] Siehe z. B. Schlangen (2003: Kapitel 3) für eine Übersicht.

dagegen in Arbeiten zur Dependenzgrammatik (z. B. Hudson 1988; Pickering & Barry 1993), in deren Augen der Satz (5) wohl eine Dependenzstruktur wie in (6) erhalten würde:[6]

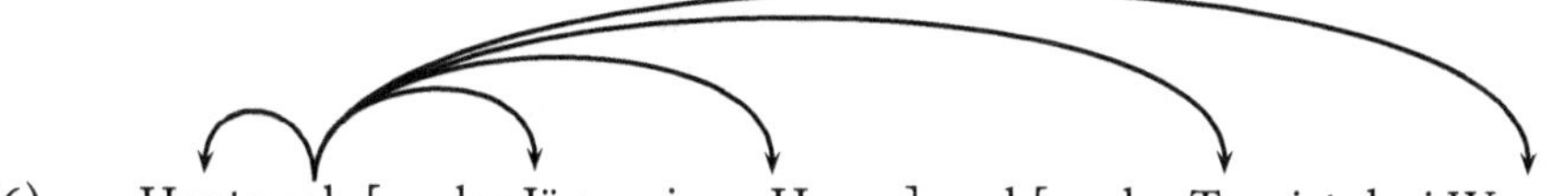

(6)    Heute sah [$\kappa_1$ der Jäger einen Hasen] und [$\kappa_2$ der Tourist drei Waschbären].

Das finite Verb *sah* ist hier der gemeinsame Regent der Konjunktkonstituenten. Da ihm in diesem Fall, entsprechend der $\kappa$-Instanziierung als Konstituentenkoordination, eine Position außerhalb der Konjunkte zugewiesen werden kann, spricht Osborne (2008) von Conjunct-External Sharing. Verschmelzungsprozesse werden jedoch nicht nur bei Konstituentenkoordination angenommen, sondern auch bei eindeutigen Fällen der Satzkoordination, wie etwa dem Gapping-Datum in (7):

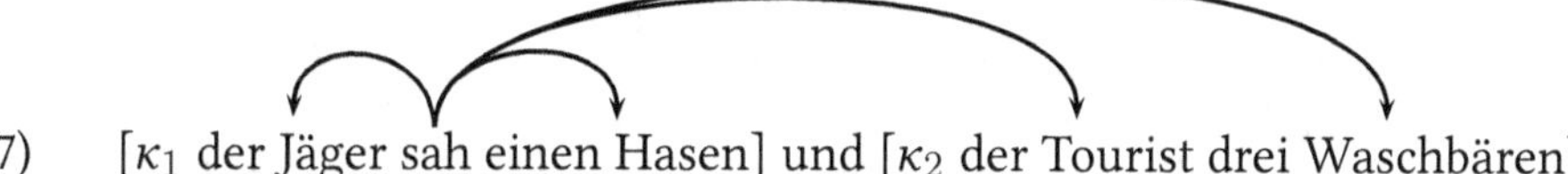

(7)    [$\kappa_1$ der Jäger sah einen Hasen] und [$\kappa_2$ der Tourist drei Waschbären].

Osborne nennt diesen Sharingtyp folgerichtig Conjunct-Internal Sharing. Und auch die ATB-Bewegung kann auf Gapping-Daten angewandt werden, wenn man wie Johnson (2004, 2009) ein Bewegungsmuster wie in (8) annimmt:

(8)    Der Jäger$_i$ sah$_j$ [$\kappa_1$ $t_i$ $t_j$ einen Hasen] und [$\kappa_2$ der Tourist $t_j$ drei Waschbären].

Die Eigenart dieses Bewegungsmusters und der entscheidende Unterschied zum Bewegungsmuster in (5) oben ist die asymmetrische Entleerung der Konjunkte, denn aus dem ersten Konjunkt wird nicht nur das finite Verb *sah* (im Gleichschritt mit dem zweiten Konjunkt) herausbewegt, sondern auch das Subjekt *der Jäger*. Letztere Bewegung verstößt eigentlich gegen Ross' Coordinate Structure Constraint (Ross 1967: 161).

Ein anderer Verschmelzungsansatz für Konstituentenstrukturen, der syntaktische Strukturen mit multipler Dominanz und kreuzenden Kanten vorsieht, wird z. B. in McCawley (1982) und Wilder (1999, 2008) vorgeschlagen. Dort erhalten Gapping-Daten eine syntaktische Struktur wie in Abbildung 8.2, in der der präterminale V-Knoten des geteilten finiten Verbs von den VP-Knoten beider Konjunkte dominiert wird.

---

[6] Die Idee des Across-the-Board („any dependency relation which crosses a conjunct boundary must be shared by all the conjuncts", Hudson 1988: 323) wird Hudson zufolge durch sein DICS-Prinzip (siehe Abschnitt 4.3.7) erfasst.

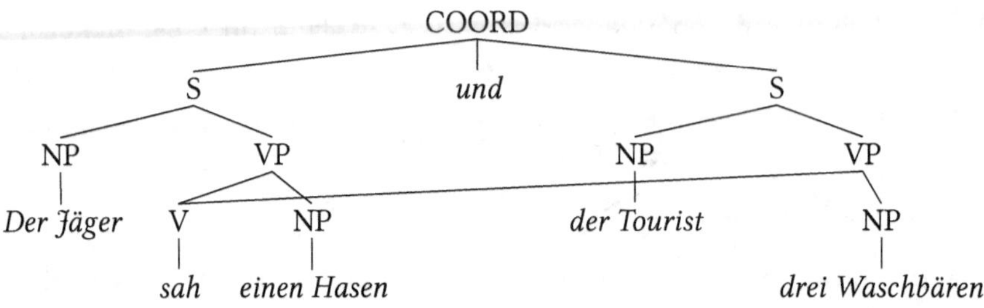

Abbildung 8.2: Gapping-Modellierung mit multipler Dominanz und kreuzenden
 Kanten

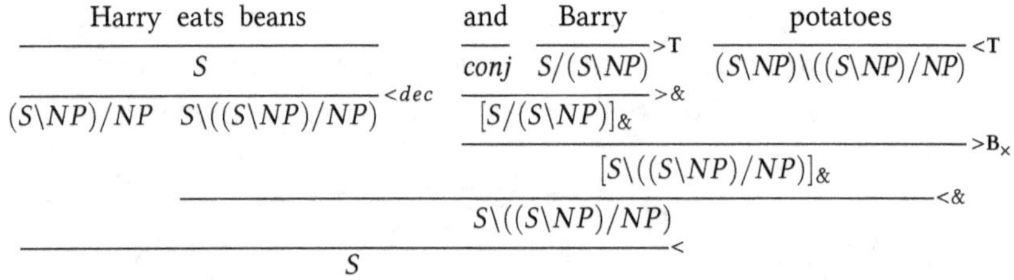

$$
\begin{array}{c}
\underline{\text{Harry\quad eats\quad beans}} \\
\dfrac{S}{(S\backslash NP)/NP\quad S\backslash((S\backslash NP)/NP)}
\end{array}
$$

Abbildung 8.3: CCG-Ableitung einer Gapping-Konstruktion aus Steedman (1990:
 (63),(85))

Auch der CCG-Ansatz aus Steedman (1990) bedient sich meiner Meinung nach
der Verschmelzungsstrategie. Abbildung 8.3 zeigt die CCG-Ableitung einer Gapping-Konstruktion (zusammengesetzt aus (63) und (85) in Steedman 1990). Durch
eine Reihe von Ableitungsschritten, auf die ich hier nicht detailliert eingehen
möchte, erhält das zweite Konjunkt die komplexe Kategorie $[S\backslash((S\backslash NP)/NP)]_\&$.
Das zweite Konjunkt bedarf also der funktionalen Applikation mit etwas von
der Kategorie $(S\backslash NP)/NP$, z. B. ein Verb mit zwei NP-Komplementen, um die
$S$-Kategorie ableiten zu können. Da die (hier stark vereinfachte) Koordinationsregel $X\ X \Rightarrow X$ für beliebige Kategorie $X$ ein erstes Konjunkt derselben Kategorie verlangt, steht die CCG-Ableitung zunächst vor einem Problem: Das erste Konjunkt ist nämlich ein vollständiger Satz, also von der Kategorie $S$, und
eine Anwendung der Koordinationsregel nicht möglich. Steedmans Ausweg besteht darin, die $S$-Kategorie zu dekomponieren (mittels $dec(ompose)$-Regel bzw.
„Left Conjunct Revealing Rule") und durch zwei andere Kategorien zu ersetzen:
$(S\backslash NP)/NP$ und $S\backslash((S\backslash NP)/NP)$. Die erste Kategorie entspricht wieder der Kategorie eines Verbs mit zwei NP-Komplementen, die zweite Kategorie ist dagegen
die des zweiten Konjunkts. Der Anwendung der Koordinationsregel und einer

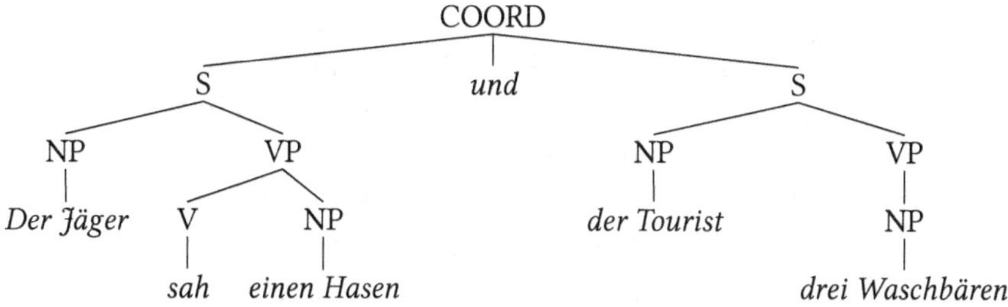

Abbildung 8.4: Basisgenerierung einer Gapping-Struktur

anschließenden funktionalen Applikation zur Ableitung der *S*-Kategorie steht dann nichts mehr im Wege. Von einer Verschmelzung kann hier deswegen gesprochen werden, weil das Verb durch die *dec*-Regel quasi herausgelöst und mit beiden Konjunkten verrechnet wird. Das Verb des ersten Konjunkts ist also auch das Verb des zweiten Konjunkts.

All diese Verschmelzungsansätze vermeiden zwar die Stipulation elliptischer Strukturen, sie können aber auch nur dort eingesetzt werden, wo sich zwei Valenzrahmenrealisierungen satzintern finden lassen. Das ist im Rahmen einer Koordination vertretbar, bei Adjazenzellipsen jedoch schon fragwürdig und bei freien Ellipsen schließlich ausgeschlossen.

## 8.1.4 Unvollständige syntaktische Repräsentation

Soweit die Modellierungsstrategien unter dem Vorsatz einer vollständigen syntaktischen Repräsentation von Valenzrahmen. Naturgemäß unterscheiden sich diese erheblich von Modellierungsansätzen, die nicht von einer so beschaffenen Vollständigkeit ausgehen, deren Repräsentationen man eine Unvollständigkeit prima facie also nicht ansieht. Beim Gapping beispielsweise wird dann auf die direkte Repräsentation des fehlenden finiten Verbs verzichtet, was einer Baumstruktur wie in Abbildung 8.4 entspricht. Da diese Baumstruktur quasi direkt generiert wird, d. h. ohne nachfolgende Tilgung, nennt Chao (1987) diesen Ansatz „base generation" und schlägt (im Rahmen der Prinzipien-und-Parameter-Theorie) ein „defektes" X-bar-Schema vor, das sogenannte H~-Schema, welches Phrasenstrukturregeln der Form IP~→ NP, IP~→ NP I~ oder IP~→ I~ erlaubt. Damit ist es also möglich, Projektionen ohne Kopf („H~-projections") zu generieren, wobei die Projektionsstufen mit einer Tilde markiert sind. Die naheliegende Anwendungsdomäne für H~-Strukturen sind Fälle von Gappping, wohingegen Chao bei VPE und Sluicing eine Modellierung mittels $H^+$-Strukturen wählt.[7] Solche „eigenen syntaktischen Regeln" (Klein 1993: 789) scheinen zumindest in diesem grammatiktheoretischen Kontext, in dem das Verb als Keimzelle der Satzprojektion verstanden wird, unvermeidlich zu sein.

Chaos Arbeit gilt zwar als wichtiger Bezugspunkt des Forschungsdiskurses, ihr Ansatz wurde jedoch meines Wissens nach nicht entsprechend weiterverfolgt. Als Ausnahme müssen Culicover & Jackendoff (2005) gelten, auch wenn ihre Arbeit eine radikale Weiterentwicklung („Simpler Syntax") der traditionellen Generative Grammatik, der Chaos Ansatz verpflichtet ist, darstellt. Sie nehmen für die Ellipsemodellierung ebenfalls spezielle kopflose Phrasenstrukturen an, für Gapping beispielsweise die Phrasenstruktur in (9):[8]

(9)     $[_S \text{NP}^{ORPH_1} \text{NP}^{ORPH_2}]^{IL}$          (Culicover & Jackendoff 2005: 277)

Die *ORPH*-Superskripte markieren Konstituenten, die zusammen mit der unvollständigen S-Phrase einer indirekten Lizenzierung (*IL*) durch das Antezedens bedürfen. Im Gegensatz zur Rezeptionssituation im Rahmen der Generativen Grammatik gibt es im Rahmen der HPSG eine Reihe von Arbeiten (z. B. Ginzburg & Sag 2001; Ginzburg & Cooper 2004: 333f; Schlangen 2003: 171ff), die solche „defekten" Strukturen bei der Modellierung elliptischer Antworten einsetzen.

Der Basisgenerierungsansatz mittels „defekter" Strukturen muss trotz gewisser Ähnlichkeiten von bestimmten Modellierungsansätzen unterschieden werden, die sich mit „non-sentential utterances", also mit freien Ellipsen mit nur einem Überbleibsel, befassen. In Arbeiten wie Yanofsky (1978), Barton (1990) und zuletzt in Arbeiten von Robert Stainton, etwa Stainton (1998, 2006), werden sie nicht als Sätze analysiert, sondern als freistehende Phrasen, d. h. als NPs, APs, VPs etc.:

(10)     A: He might be moving up to the major leagues soon.
         B: Never.
         $[_{ADV''} [_{ADV'} [_{ADV} \text{never}]]]$
         (Barton 1990: 60)

---

[7] Subjektlücken behandelt Chao (1987) nicht.

[8] Die Phrasenstruktur in (9) ist Instanziierung einer allgemeineren Gappingregel (Culicover & Jackendoff 2005: 276), die auch für freistehendes Gapping gilt. Die Überbleibsel freistehender Ellipsen sind jedoch unmittelbare Konstitutenten einer syntaktischen Entität der Kategorie U(tterance) (Culicover & Jackendoff 2005: 237f). U kann auch S einbetten, jedoch nicht umgekehrt.

In dieselbe Kerbe schlägt auch van Riemsdijk (1978: 233ff) bei seiner Sluicing-Analyse. Diese freistehenden Phrasen sind an sich vollständig – und damit sind solche Ansätze eigentlich für unsere Darstellung der Modellierungsstrategien für elliptische Strukturen irrelevant. Hier findet zwar wie bei Chao (1987) keine Reduktion, Verschmelzung oder Füllung statt, aber es sind eben auch keine „eigenen syntaktischen Regeln" notwendig, d. h. es müssen keine wesentlichen Änderungen am X-bar-Schema und der Phrasenstruktur vorgenommen werden.[9] Was Chaos Ansatz und die Annahme von freistehende Phrasen jedoch zweifellos gemeinsam haben, ist die Herausforderung, die Kasusmarkierung ganz anders herzuleiten als sonst üblich, nämlich nicht über die Kasusrektion durch das regierende Verb. Dieses fehlt ja in beiden Fällen in der syntaktischen Repräsentation. Darüber hinaus vereint Merchant (2004) (in einer kritischen Auseinandersetzung) beide Ansätze unter dem Begriff der „direct interpretation", da die semantische Komposition ebenfalls neue Wege beschreiten muss, d. h. nicht über eine vollständige, wenn auch reduzierte oder gefüllte syntaktische Struktur geleitet werden kann.[10]

Die genannten Ansätze, die unvollständige syntaktische Repräsentationen mittels „defekter" Strukturen basisgenerieren, werde ich unten in Abschnitt 8.6 als OBERFLÄCHLICH UNVOLLSTÄNDIG klassifizieren und GENUIN UNVOLLSTÄNDIGEN ANSÄTZEN gegenüberstellen. Letztere generieren unvollständige syntaktische Repräsentationen ohne Rückgriff auf „eigene syntaktischen Regeln".

Damit sind nun also die Modellierungsstrategien für elliptische Strukturen kurz dargestellt worden. Im Folgenden gehe ich auf diejenigen Umsetzungen genauer ein, die im Rahmen von TAG vorgeschlagen wurden – zunächst auf Verschmelzungsansätze, da es sich bei diesen um die ersten und bis heute prominentesten Versuche handelt, elliptische Strukturen mittels TAG zu modellieren. Angesichts vielfältiger Schwierigkeiten dieser Verschmelzungsansätze werde ich mich für das TT-MCTAG-Modell jedoch einer Reduktions- bzw. Füllungsstrategie bedienen und sie in den darauf folgenden Abschnitten ausarbeiten. Daran schließen sich Bemerkungen zur Basisgenerierung von Ellipsen an, die in das nächste Kapitel überleiten.

---

[9] Die einzige Änderung laut Barton (1990: 53ff) ist die Erweiterung der Menge der Startsymbole um „major lexical categories", kurz $X^{max}$, worin u. a. N", P", ADV" und V" enthalten sind.

[10] Merchant drückt es folgendermaßen aus: „we must allow non-sentential objects either to be able to denote propositions, or we must allow the non-propositional semantic objects to which they give rise to be able to be used to make assertions (further, under some assumptions, we may also need to propose new ways of building syntactic structures)." (Merchant 2004: 662)

## 8.2 Verschmelzung

Die Verschmelzungsstrategie wurde bisher in zwei sehr unterschiedlichen Ansätzen für das TAG-Framework aufgegriffen: Der eine Ansatz nimmt eine Verschmelzung von Elementarbäumen vor, während der andere Ansatz Ellipse und Antezdens in einer elementaren Baummenge bündelt. Beide Ansätze setzen jedoch die Verfügbarkeit eines Antezedens voraus, weswegen sie für die Modellierung freier Ellipsen ungeeignet sind.

### 8.2.1 Verschmelzung von Elementarbaumknoten

Anoop Sarkar und Aravind Joshi schlagen in Sarkar & Joshi (1996, 1997) die Hinzunahme einer weiteren Verknüpfungsoperation conjoin vor, die die Verschmelzung oder Kontraktion („contraction") von nicht-terminalen Blättern der Konjunkte und damit ein „sharing of arguments" erlaubt.[11] Sie demonstrieren ihre Vorgehensweise an folgendem englischen Satz mit Subjektlücke:

(11)     Chapman eats cookies and ~~Chapman~~ drinks beer.
         (Sarkar & Joshi 1997: (7))

Ausgangspunkt für die Derivation von (11) sind die üblichen Elementarbäume für die Verben *eats* und *drinks* und ein Elementarbaum für den Konjunktor („coordination schema"), die in Abbildung 8.5 dargestellt werden. Die durch die conjoin-Operation aus diesen Elementarbäumen resultierende Struktur ist kein Baum, sondern ein Graph mit Multidominanz und kreuzenden Kanten. Und auch die Ableitungsstruktur ist ein mehrwurzliger Graph, da die Substitution an einem kontrahierten Blatt auf beide kontrahierten Elementarbäume bezogen wird (mutatis mutandis mit Adjunktion und Fußknoten). Chapman substituiert quasi gleichzeitig in eats und drinks jeweils an der Gorn-Adresse 1 und die Ableitungsstruktur sieht deshalb so aus wie in Abbildung 8.6.

Solche Strukturen weichen gravierend von den üblichen Baumstrukturen des TAG-Frameworks und von klassischen Konstituentenstrukturen allgemein ab. Das kann trotzdem verschmerzbar sein, wenn dadurch linguistische und computationelle Kernprinzipien nicht bedroht sind. Ein Gefühl des Unwohlseins bleibt indessen. Sarkar & Joshi (1997) skizzieren deswegen einen Weg, aus den abgeleiteten Graphen Baumstrukturen zu rekonstruieren, indem Kanten umgehängt

---

[11] Erste Ideen für diesen Ansatz finden sich bereits in Joshi & Schabes (1991a). Chen-Main (2006) wendet den Kontraktionsansatz auch bei *Wh*-Bewegung an. Sie plädiert für die Verwendung mehrwurzliger Graphen bei der Repräsentation syntaktischer Strukturen.

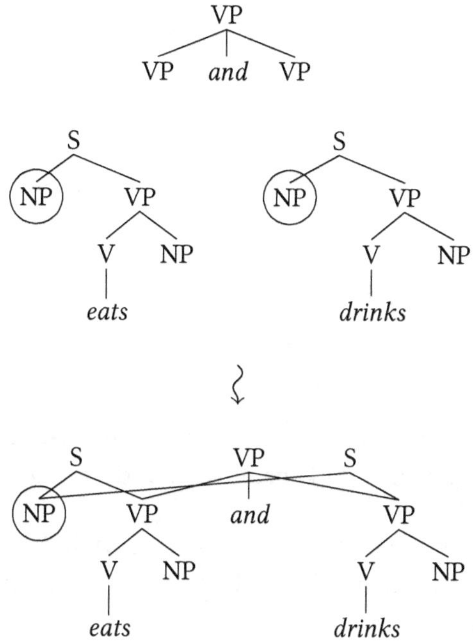

Abbildung 8.5: Ableitung von (11) in der Kontraktionanalyse (vgl. Sarkar & Joshi 1997: Abbildung 7)

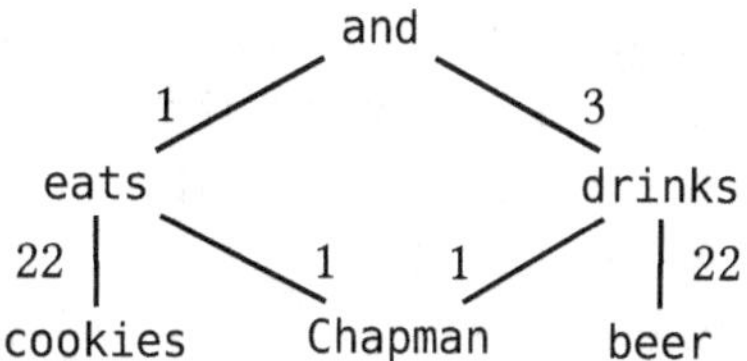

Abbildung 8.6: Mehrwurzliger Ableitungsgraph für die Ableitung in Abbildung 8.5

und vereinigt werden. Auf diese Weise kann beispielsweise aus dem Graphen in Abbildung 8.5 der abgeleitete Baum in Abbildung 8.7 (vgl. Sarkar & Joshi 1997: Abbildung 16) gewonnen werden. Das funktioniert in diesem Fall, weil eine VP-Koordination vorliegt. Bei Fällen der RNR-Koordination und des Gappings sind die kreuzenden Kanten dagegen nicht auf diese Weise eliminierbar.

Soweit die Idee der Kontraktion. Eine Spezifizierung der `conjoin`-Operation muss auf die folgenden Fragen eine Antwort geben: Welche Knoten können kontrahieren? Wo befindet sich der Yield des kontrahierten Knotens? Mit wel-

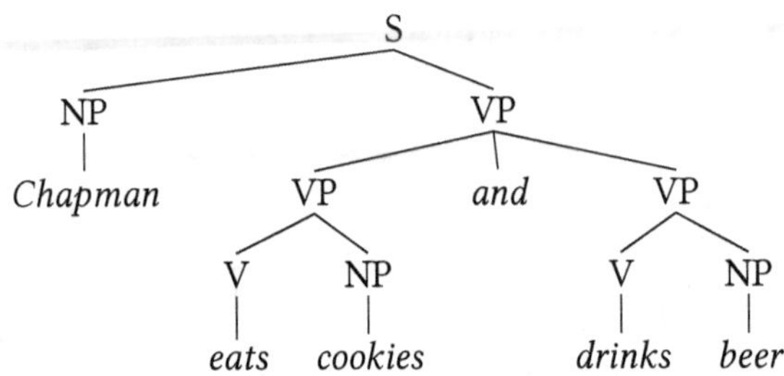

Abbildung 8.7: Abgeleiteter Baum für (11), der aus dem abgeleiteten Graphen in Abbildung 8.5 konstruiert ist

chen Knoten der Konjunktbäume wird der Elementarbaum des Konjunktors verknüpft? Sarkar & Joshi (1996, 1997) beantworten dies ungefähr so:

1. Zwei Knoten können kontrahieren, falls sie (i) Blätter sind und (ii) ein identisches Label und (iii) eine identische Gorn-Adresse bezüglich des Elementarbaums besitzen.

2. Was die Lokalisierungsregeln für kontrahierte Knoten betrifft, äußern sich Sarkar und Joshi leider nur sehr vage. Ich konkretisiere ihre Andeutungen folgendermaßen: Entsteht ein Knoten $v_k$ durch die Kontraktion der Knoten $v_1$, $v_2$, dann übernimmt $v_k$ die Position von $v_1$ oder $v_2$. Außerdem muss die lineare Präzedens aus den Elementarbäumen beibehalten werden, um ungrammatische Sätze wie (12) zu verhindern.

   (12)   a.   *Eats cookies and Chapman drinks beer.
          b.   *Keats steals apples and Chapman eats.

   Die relative lineare Ordnung von Schwesterknoten muss also beibehalten werden.

3. Die Konjunktbäume ersetzen die Blätter des Konjunktorbaums ähnlich wie bei der Substitution, mit dem Unterschied allerdings, dass mehrwurzlige Resultate erlaubt sind, dass also nicht nur der Wurzelknoten, sondern im Prinzip jeder Knoten des Konjunktbaums als Verknüpfungspunkt dienen kann. Der Verknüpfungspunkt im Konjunktbaum wird durch den Algorithmus FindRoot bestimmt, der denjenigen Knoten auswählt, der alle nichtkontrahierten Blätter minimal dominiert.

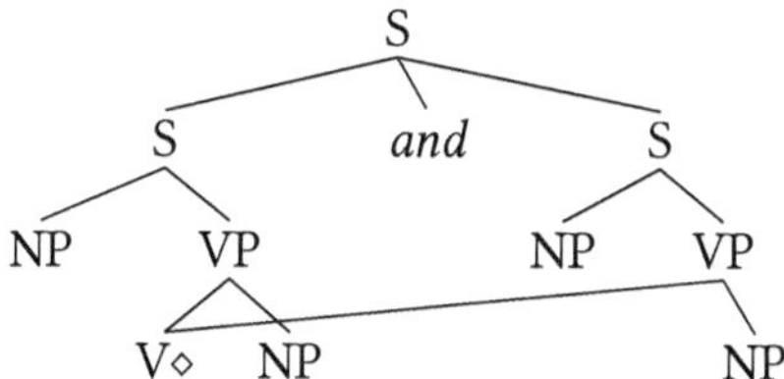

Abbildung 8.8: Ergebnis der Kontraktion von V-Knoten in unlexikalisierten Elementarbäumen

Mit dieser Spezifizierung der `conjoin`-Operation ist es jedoch nicht möglich, selbst einfache Fälle von Gapping wie in (13) abzuleiten:

(13)    John ate bananas and Bill strawberries.

Zum einen scheitert das daran, dass dafür Präterminale der lexikalischen Anker kontrahiert werden müssen, die per definitionem keine Blätter eines Elementarbaums sind. Sarkar und Joshi schlagen deshalb vor, die Elementarbäume in unlexikalisiertem Zustand zu verwenden. Die Lexikalisierung („lexical insertion") ist also ein nachgeordneter Prozess, vergleichbar mit Substitution und Adjunktion, und der unlexikalisierte Elementarbaum um das benötigte Blatt reicher. Dadurch können mit der `conjoin`-Operation Graphen mit kontrahierten, unlexikalisierten V-Knoten wie in Abbildung 8.8 erzeugt werden, die im Weiteren u. a. für die Ableitung von (13) benötigt werden. Man beachte, dass dieses `conjoin`-Resultat mit der Lokalisierungsregel vereinbar ist, die ich oben angegeben habe.

Was passiert aber, wenn wir komplexere Gappingfälle betrachten? Sarkar und Joshi behaupten nämlich, ohne das beispielhaft auszuführen, dass auch Sätze wie (14) durch `conjoin` erfasst werden können:

(14)    John wants Penn to win and Bill ~~wants~~ Princeton ~~to win~~.

Wenn wir die unlexikalisierten Elementarbäume für *wants* und *to win* in Abbildung 8.9 zugrunde legen, ist es unvermeidbar, dass `conjoin` nicht nur auf unlexikalisierte Elementarbäume, sondern auch auf abgeleitete Bäume anzuwenden ist.[12] Der Grund dafür ist, dass die zu kontrahierenden Blätter aus unterschiedlichen Elementarbäumen stammen und die `conjoin`-Operation letztlich auf das ganze Konjunkt bezogen wird und nicht nur auf Elementarbäume. Mit anderen Worten: `conjoin` kann zu einem beliebigen Zeitpunkt der Ableitung ausgeführt

---

[12] Dazu heißt es in Sarkar & Joshi (1997: 21) lapidar: „lexical insertion has to be handled by the parser while building a derivation."

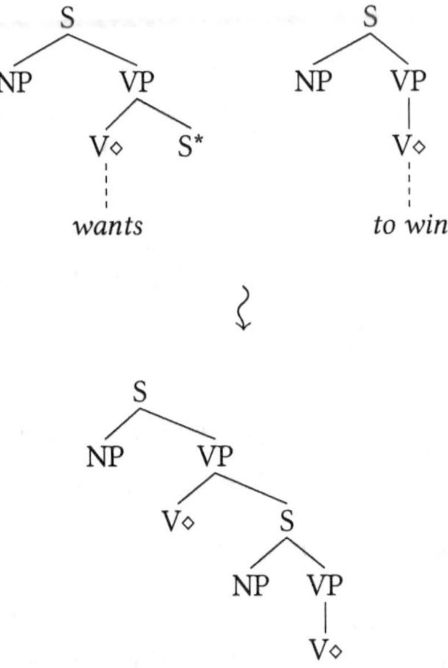

Abbildung 8.9: Erzeugung eines unlexikalisierten abgeleiteten Baums für die darauf folgende Kontraktionsanalyse des komplexen Gappingdatums in (14)

werden. Die im Zusammenhang mit einfachem Gapping in Abbildung 8.9 beobachtete Reihenfolge von `conjoin`, Lexikalisierung, Adjunktion und Substitution stellt also nur eine von mehreren Möglichkeiten dar.

Zum Abschluss der Darstellung des Kontraktionsansatzes möchte ich noch auf zwei Probleme hinweisen. Erstens sind durchaus Formen der RNR-Koordination denkbar, die die Kontraktion von Knoten erfordern, die keine identischen Gorn-Adressen besitzen. Satz (15) liefert ein Beispiel dafür:

(15)    Peter gives him, but Susi eats the cookies.

*gives* ist ein ditransitives Verb, *eats* dagegen ein transitives Verb. Wenn man, wie Sarkar & Joshi (1997: Abbildung 20), für *gives* den Elementarbaum in Abbildung 8.10 annimmt, muss das geteilte Objekt *the cookies* in den Elementarbäumen der beiden Verben eine unterschiedliche Gorn-Adresse besitzen (hier 23 versus 22). Diese Situation lässt sich zwar mit der Wahl eines anderen Elementarbaums vermeiden, es zeigt jedoch, dass der Kontraktionsansatz spürbaren Einfluss auf die Struktur der Elementarbäume hat.

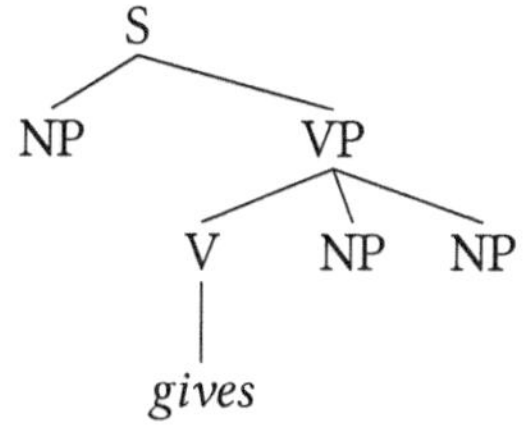

Abbildung 8.10: Elementarbaum für das ditransitive Verb *gives*

Es ist zweitens unklar, welche Komplexitätseigenschaft diese TAG-Erweiterungen haben. Im Rahmen der XTAG-Implementierung (XTAG Research Group 2001) wird die Integration dieses Ansatzes wegen des Auftretens gravierender Parsingambiguitäten als schwierig dargestellt und für einen späteren Zeitpunkt versprochen.[13] Wenn ich mit meiner Vermutung hinsichtlich der Kontraktionsanalyse komplexer Gappingfälle Recht habe, dann muss die Abfolge von lexikalischer Ankerung, Kontraktion, Substitution und Adjunktion im Derivationsprozess im Prinzip unbestimmt sein. Das führt aber dann dazu, dass das Lexikon, d. h. die Menge der lexikalisierten Bäume, nicht nur unendlich groß, sondern auch unendlich ambig ist: Manche verbalen Anker wie etwa *wants*, das in VP-übergreifenden Gappingfällen partizipieren kann, lexikalisieren eine unendlich große Menge von Baumschablonen. Dieses Ausmaß an Ambiguität tritt übrigens auch dann auf, wenn Koordinationen mit beliebig vielen Konjunkten modelliert werden sollen. Aus komplexitätstheoretischer Sicht ist das sicherlich unerwünscht.

## 8.2.2 Verschmelzung durch Bündelung in Baummengen

Djamé Seddah und Kollegen schlagen in Seddah (2008) und Seddah et al. (2010) eine Modellierung verschiedener Formen der Koordinationsellipsen mit Hilfe von Baummengen vor, d. h. im Rahmen einer MCTAG. Ihren Ausgangspunkt hat der MCTAG-Ansatz zwar in Seddah & Sagot (2006), genauer betrachtet handelt es sich dort aber um einen Füllungsansatz, der LTAG verwendet, und auf den ich deshalb im nächsten Abschnitt eingehe.

---

[13] „It is important to say that this implementation of predicative coordination is not part of the XTAG release at the moment due massive parsing ambiguities. This is partly because of the current implementation and also the inherent ambiguities due to VP coordination that cause a combinatorial explosion of the parser. We are trying to remedy both of these limitations using a probability model for coordination attachments which will be included as part of a later XTAG release." (XTAG Research Group 2001: 224)

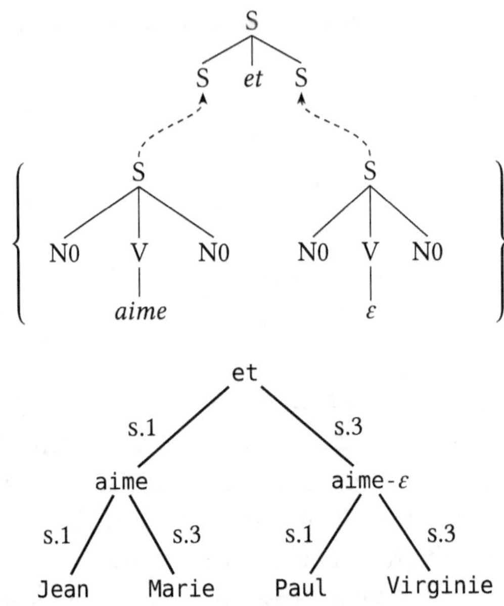

Abbildung 8.11: Ableitung der Gappingkonstruktion in (16) mittels Ellipse-Antezedens-Bündelung (vgl. Seddah et al. 2010: Abbildung 1)

Die Idee des MCTAG-Ansatzes ist die Bündelung von Ellipse und Antezedens in einer elementaren Baummenge. Dementsprechend werden zur Gappingmodellierung elementare Baummengen angenommen, die die Elementarbäume des ellidierten Verbs und des Antezedensverbs enthalten. Seddah et al. (2010) demonstrieren diese Vorgehensweise anhand der Modellierung von Satz (16) in Abbildung 8.11:

(16)    Jean aime$_i$ Marie et Paul $\varepsilon_i$ Virginie.                    (Seddah et al. 2010: (1))

Der Elementarbaum des ellidierten Verbs wird durch ein phonetisch leeres Terminal $\varepsilon$ lexikalisiert, der abgesehen davon den Valenzrahmen von *aime* realisiert. Seddah und Kollegen nennen solche Bäume „ghost trees". Diese Baummenge kann baumlokal mit dem Konjunktorbaum verknüpft werden. Im Unterschied zur Kontraktionsanalyse kommt also keine neuartige Verknüpfungsoperation zum Einsatz und es werden auch keine kreuzenden Kanten im abgeleiteten Baum und Ableitungsbaum erzeugt. Dafür muss z. B. in Kauf genommen werden, dass der valenztheoretische Status dieser Baummengen fragwürdig ist. Die Baummenge in Abbildung 8.11 repräsentiert nämlich mehrere Instanzen des *aime*-Valenzrahmens.

$$\left\{ \quad \begin{array}{c} \text{N} \\ | \\ \textit{des crêpes} \end{array} \quad , \quad \begin{array}{c} \text{N} \\ | \\ \varepsilon \end{array} \quad \right\}$$

Abbildung 8.12: Bündelung von Antezedens- und Ellipsenbaum für die nominale Ergänzung *des crêpes*

Analog dazu können Ellipse und Antezedens wie in Abbildung 8.12 gebündelt werden, um etwa die RNR-Konstruktion in (17) zu modellieren:

(17)    Marie fabrique $\varepsilon_i$ et Pierre vend des crêpes$_i$.    (Seddah et al. 2010: (2))

Ob auch diese Baummenge baumlokal verwendet wird, ist abhängig von der Modellierung der Koordination. Drei Möglichkeiten sind denkbar: (i) Die Konjunkte, d. h. die Valenzrahmen des jeweiligen maximal übergeordneten Verbs, und der Konjunktor werden in einem Elementarbaum repräsentiert; dann genügt Baumlokalität. (ii) Die Konjunkte und der Konjunktor werden als separate Elementarbäume repräsentiert, wobei die Konjunkte die Elemente einer Baummenge bilden; dann wird zumindest Mengenlokalität benötigt. (iii) Die Konjunkte werden als separate Elementarbäume repräsentiert, ohne in einer Baummenge gebündelt zu sein; dann wird Nicht-Lokalität benötigt. In Seddah et al. (2010: Abbildung 2) wird die zweite Möglichkeit verfolgt und mit der Baummenge in Abbildung 8.13 gearbeitet. (Zur Bedeutung der sekundären Kanten kommen wir gleich.) Das ist valenztheoretisch jedoch mindestens ebenso problematisch wie die Ellipse-Antezedens-Bündelung beim Gapping, denn hier sind sogar unterschiedlich geankerte Elementarbäume und damit gänzlich distinkte Valenzrahmen in einer Baummenge enthalten.

Seddah et al. (2010) beschreiben noch einen weiteren Ansatz zur Modellierung von Ergänzungsellipsen, der keine Ellipse-Antezedens-Bündelung der Ergänzung gebraucht, dafür allerdings eine Erweiterung von MCTAG einführt. Die Idee besteht darin, die Substitutionsknoten der verbalen Valenzrahmen in Abbildung 8.13 mit sekundären gerichteten Kanten zu verbinden, durch die ein potentielles Sharing-Verhältnis spezifiziert werden kann. Seddah und Kollegen nennen diese Erweiterung „MCTAG with Local Shared Derivations" (MCTAG-LSD): Wenn zwei Knoten $v_1$, $v_2$ zweier Elementarbäume $\gamma_1$, $\gamma_2$ durch eine Sharing-Kante $\langle v_1, v_2 \rangle$ verbunden sind, dann substituiert in $v_1$ ein vollwertiger Initialbaum $\alpha$, während in $v_2$ ein „ghost tree" $\alpha_\varepsilon$ substituiert werden kann. $\alpha$ und $\alpha_\varepsilon$ müssen jedoch nicht Schwesterelemente einer Baummenge sein. Schließlich wird der Ableitungsbaum so angepasst, dass $\gamma_2$ nicht $\alpha_\varepsilon$ dominiert, sondern $\alpha$. In Ab-

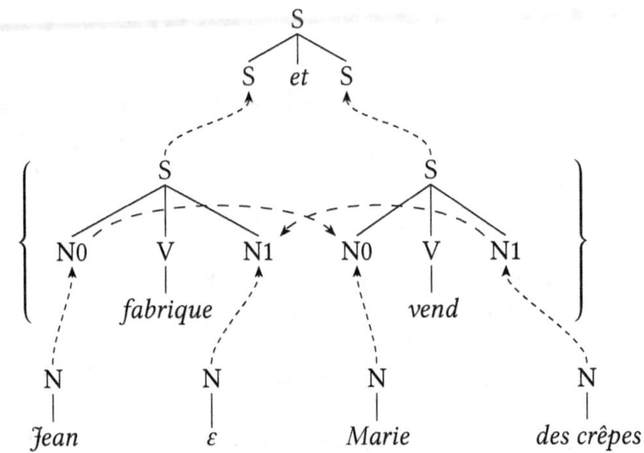

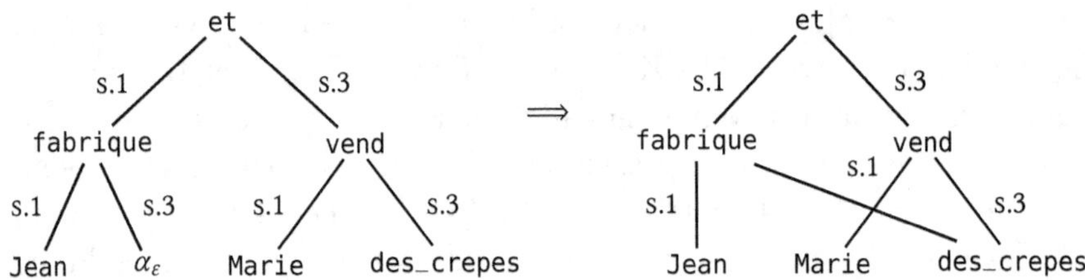

Abbildung 8.13: Ableitung von (17) im Bündelungsansatz mit sekundären Kanten (vgl. Seddah et al. 2010: Abbildung 2)

bildung 8.13 ist diese Form der Ableitung für die RNR-Koordination in (17) durchgespielt.

Aus meiner Sicht sind die Sharing-Links nicht unbedingt notwendig, um die Verwendung der „ghost trees" zu kontrollieren. Hierfür würden wohl passend gewählte Knoten-Merkmale ausreichen. Seddah und Kollegen geht es hier vor allem um die Überwindung der bekannten Diskrepanz zwischen Ableitungsstruktur und Dependenzstruktur.[14]

---

[14] Seddah et al. (2010) gehen deshalb auch auf Kontrollkonstruktionen ein und nehmen Bezug auf die Vorarbeit von Seddah & Gaiffe (2005), in der der „ghost tree" (bzw. ein fehlender Argumentbaum bei einer „incomplete derivation", Seddah & Gaiffe 2005: 292) als Trigger für eine Fusionsoperation auf dem Ableitungsbaum verstanden wird. Diese Fusionsoperation wird in Seddah & Sagot (2006) zwar auf die Ellipsemodellierung übertragen, aber erst in Seddah (2008) und Seddah et al. (2010) mit einer MCTAG kombiniert, um bestimmte Gappingphänomene („zeugma construction") erfassen zu können. Da ich in Seddah & Sagot (2006) einen Füllungsansatz erkenne, komme ich darauf in Abschnitt 8.4 zu sprechen.

Wenn man die Vorschläge von Seddah et al. (2010) auf die MCTAG-Modellierung ohne Local Shared Derivation reduziert, d. h. ohne nachträgliche Anpassungen des Ableitungsbaums, dann ist der Eindruck zwiespältig: Zwar werden keine neuartigen Verknüpfungsoperationen benötigt und keine irregulären Strukturen erzeugt, anders als beispielsweise im Kontraktionsansatz von Sarkar & Joshi (1997), aber die Elementarstrukturen fassen mehrere Valenzrahmen zusammen. Die Folge ist nicht nur, dass das Valenzprinzip außer Kraft gesetzt werden muss, sondern auch, dass das Lexikon um eine nicht unwesentliche Anzahl von Elementarstrukturen vergrößert wird. Betrachtet man Koordinationen mit beliebig vielen Konjunkten, dann führt dieser Ansatz tatsächlich zu einem unendlich großen und unendlich ambigen Lexikon – darin vergleichbar dem Kontraktionsansatz.[15]

## 8.3 Reduktion

In Anbetracht der vielfältigen Probleme von Verschmelzungsansätzen im TAG-Framework schlage ich zusammen mit Laura Kallmeyer in Lichte & Kallmeyer (2010) ein Reduktionsverfahren vor.

### 8.3.1 Entankerung im Ableitungsbaum

Einer Idee aus Kobele (2009) für Minimalist Grammar folgend, ist der Ansatzpunkt hier nicht der abgeleitete Baum, sondern der Ableitungsbaum: Knoten im Ableitungsbaum können abhängig von internen und externen Bedingungen einer ENTANKERUNG („de-anchoring") unterzogen werden, d. h. die lexikalischen Anker des dazugehörigen Elementarbaums werden getilgt oder durch das leere Terminal $\varepsilon$ ersetzt. Dies entspricht der Idee klassischer PF-Tilgungs-Ansätze und führt zu einer strukturellen Isomorphie von Ellipse und Antezedens. Lichte & Kallmeyer (2010) veranschaulichen die Entankerungsidee anhand des Gapping-Datums in (18):

(18)    Adam praised Mary, and Peter ~~praised~~ the waitress.

Zunächst wird das zweite Konjunkt regulär mittels der Elementarbäume in Abbildung 8.14 deriviert und in einem zweiten Schritt der Wurzelknoten des Ableitungsbaums entankert. Der entankerte Ableitungsbaum wird so wie in Abbildung 8.15 mit durchgestrichenem Knotenlabel dargestellt.

---

[15] Um Koordinationen mit beliebig vielen Konjunkten in einer Elementarstruktur zu repräsentieren, bedienen sich Seddah et al. (2010) einer Faktorisierung mittels der Kleene-Operatoren * und +. Dieses Vorgehen ist bereits aus Schema-TAG (Harbusch 2000) bekannt.

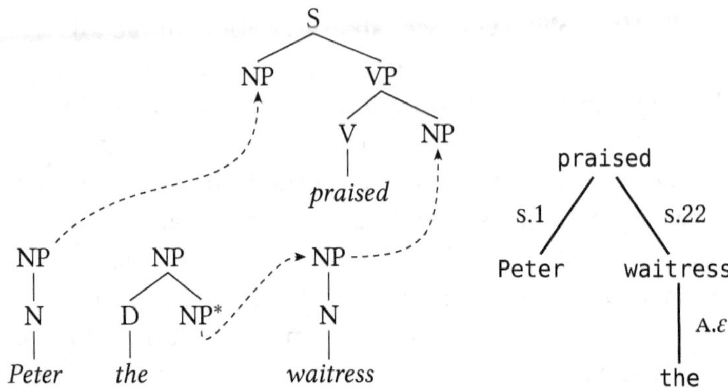

Abbildung 8.14: Ableitung und Ableitungsbaum für „Peter praised the waitress"
(Lichte & Kallmeyer 2010: Abbildung 4)

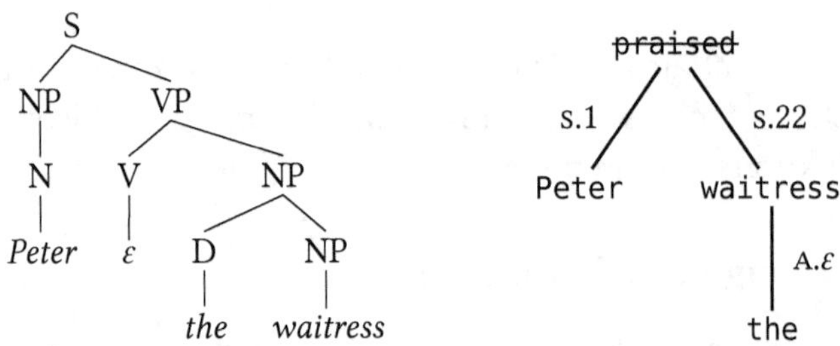

Abbildung 8.15: Abgeleiteter Baum und Ableitungsbaum für „Peter ~~praised~~ the
waitress" (Ableitungsbaum aus Lichte & Kallmeyer 2010: Abbildung 2)

Indem die Entankerung auf Ableitungsbäumen operiert, wird vorausgesetzt,
dass in dieser Repräsentationsstruktur diejenigen Informationen bereitstehen,
die für eine Implementierung der internen und externen Bedingungen des Gappings (siehe Abschnitt 4.4) wesentlich sind: Für die internen Bedingungen müssen das finite Verb und die Satzglieder identifizierbar sein, während für die externen Bedingungen die Verfügbarkeit bestimmter morphologischer Merkmale
erfordert wird.

In Lichte & Kallmeyer (2010) demonstrieren wir dies für das Englische anhand eines LTAG-Fragments, welches sich an der XTAG-Grammatik (XTAG Research Group 2001) orientiert. Die dortigen Entankerungsanlysen werde ich im
Folgenden referieren und später in Abschnitt 8.5 ein entsprechendes TT-MCTAG-
Modell für das Deutsche ausarbeiten.

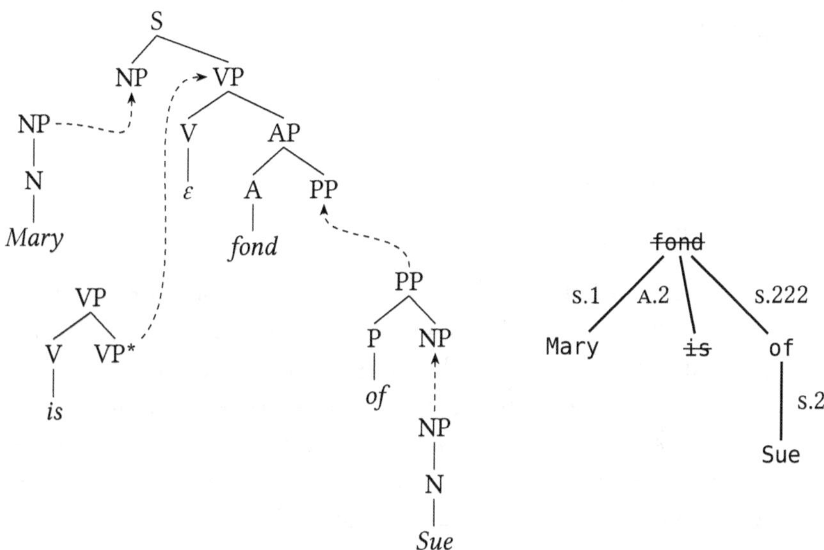

Abbildung 8.16: Ableitung und Ableitungsbaum für „Mary ~~is fond~~ of Sue" (Lichte
& Kallmeyer 2010: Abbildung 4)

## 8.3.2 Interne Bedingungen

Was das Beispiel in Abbildung 8.14 betrifft, ist die Identifikation des finiten Verbs
und der Satzglieder im Ableitungsbaum recht einfach: Das finite Verb entspricht
dem Wurzelknoten des Ableitungsbaums und die Satzglieder bilden die Teilbäume darunter. Diese Zuordnung ist jedoch nicht immer möglich. Beispielsweise
erhält die Kopulakonstruktion in (19) eine XTAG-Analyse ähnlich der in Abbildung 8.16:

(19)     John is fond of Mary and Mary ~~is fond~~ of Sue.
         (Lichte & Kallmeyer 2010: (4a))

Im Rahmen einer Small-Clause-Analyse adjungiert das finite Verb *is* an den Elementarbaum des Prädikats *fond*. Dadurch bildet das Finitum nicht mehr den Wurzelknoten des Ableitungsbaums, sondern eine Tochter des Wurzelknotens. Und
es kann sogar noch weiter vom Wurzelknoten entfernt sein. Lichte & Kallmeyer (2010) verdeutlichen das anhand der Kontrollverbkette in (20), die durch Ross
(1970) bekannt geworden ist:

(20)    I want to try to begin to write a novel, and

    a.    Mary ~~wants to try to begin to write~~ a play.
    b.    Mary ~~wants to try to begin~~ to write a play.
    c.    Mary ~~wants to try~~ to begin to write a play.
    d.    Mary ~~wants~~ to try to begin to write a play.

(Ross 1970: (2-c))

Wiederum inspiriert durch die XTAG-Grammatik kommen für die LTAG-Modellierung von (20) die Elementarbäume in Abbildung 8.17 zum Einsatz. Daraus ergibt sich der Ableitungsbaum in Abbildung 8.18, in dem das finite Verb *wants* an das maximal übergeordnete Verb der Kontrollverbkette, nämlich *to try*, adjungiert. Der Wurzelknoten entspricht jedoch dem maximal untergeordnetem Verb *to write*. Das Beispiel zeigt außerdem, dass das finite Verb beliebig tief im Ableitungsbaum eingebettet sein kann, da die Kontrollverbkette theoretisch beliebig viele Verben enthalten kann.

Aufgrund der Platzierung des finiten Verbs und des restlichen getilgten Materials in den Ableitungsbäumen der Abbildungen 8.16 und 8.18 betrachten Lichte & Kallmeyer (2010) den sogenannten A-TEILBAUM („A-subtree"), d. h. den Teilbaum des Ableitungsbaums, der den Wurzelknoten enthält und deren Kanten Adjunktionen repräsentieren (also ein A-Label haben). Die Annahme ist, dass das finite Verb, wenn es nicht im Wurzelknoten steckt, im A-Teilbaum unterhalb des Wurzelknotens zu finden ist. Satzglieder (bzw. „major constituents") bilden auch diejenigen Teilbäume des Ableitungsbaums, deren Wurzelknoten eine sogenannte S-Tochter ist. S-Töchter sind Knoten, die von einem Knoten des A-Teilbaums via einer Substitutionskante dominiert werden. Dazu zählen beispielsweise in Abbildung 8.18 die Knoten Mary, PRO und a_play. Teilbäume mit einer S-Tochter als Wurzelknoten werde ich im Folgenden auch als S-TEILBÄUME bezeichnen. Die Eingrenzung der Ellipse in Ableitungsbäumen von Lichte & Kallmeyer (2010) kann dann wie in (21) paraphrasiert werden:[16]

---

[16] Für die formale Darstellung einer Implementierung der internen Bedingungen verweise ich auf Lichte & Kallmeyer (2010). Dort wird auch eine Einschränkung erwähnt, um Daten wie (i) auszuschließen:

(i)    * ...and I want ~~to~~ try to begin to write a novel.

Die Einschränkung lautet, dass nur diejenige A-Tochter eines nicht entankerten Knotens entankert werden kann, die die kürzeste Gorn-Adresse hat, also am höchsten adjungiert.

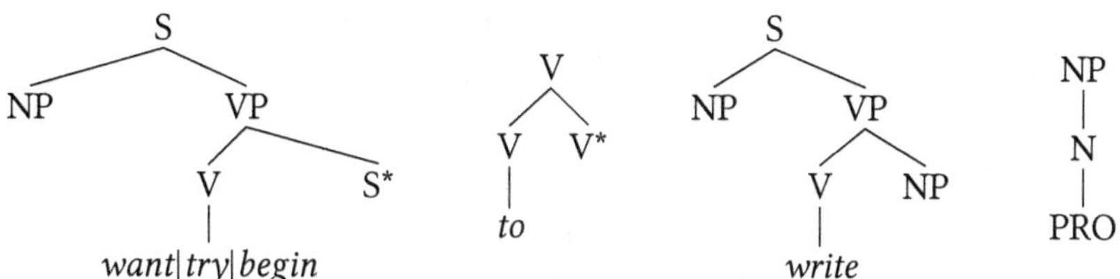

Abbildung 8.17: Elementarbäume für Kontrollverben im Sinne der XTAG-Grammatik (Lichte & Kallmeyer 2010: Abbildung 5)

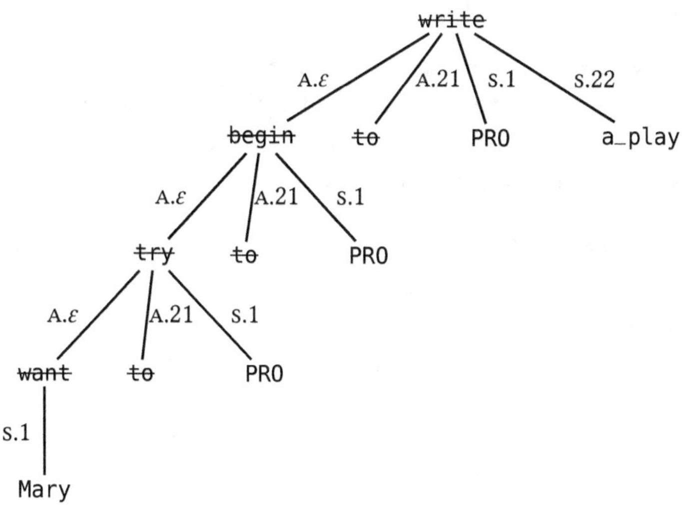

Abbildung 8.18: Ableitungsbaum für (20a) (Lichte & Kallmeyer 2010: Abbildung 6)

(21)   **Interne Bedingungen** (Lichte & Kallmeyer (2010), informell)

    a.   Die entankerten Knoten bilden einen verbundenen Teilbaum des Ableitungsbaums.

    b.   Falls ein Knoten $v$ des A-Teilbaums entankert wird, dann werden auch alle Knoten im A-Teilbaum entankert, die von $v$ dominiert werden.

    c.   Falls ein Knoten eines S-Teilbaums $\delta$ entankert wird, dann werden auch alle anderen Knoten in $\delta$ entankert.

    d.   Mindestens ein Knoten des Ableitungsbaums ist nicht entankert.

Zwar lassen sich damit die zuvor betrachteten Daten erfassen, mit Blick auf andere Gapping-Daten des Englischen erweist sich jedoch diese Eingrenzung (unter einer XTAG-basierten Modellierung) Lichte & Kallmeyer (2010) zufolge sowohl als zu permissiv, als auch als zu restriktiv. Zu permissiv ist die Eingrenzung, da sie das Gapping mit nur einem Überbleibsel (oder „Stripping") zulässt. Sätze wie (22) werden jedoch traditionell als ungrammatisch beurteilt (siehe z. B. Jackendoff 1971: 27a; Johnson 2004: 3):

(22)   *John gave a book to Mary and Peter ~~gave a book to Mary~~.
    (Lichte & Kallmeyer 2010: (13))

Zu permissiv ist diese Eingrenzung außerdem in Fällen, wo Brückenverben beteiligt sind. Da Brückenverben in TAG (und auch in XTAG) üblicherweise adjungieren, um weite Abhängigkeiten generieren zu können, und sie dann Teil des A-Teilbaums sind, sollten auch Ellipsen wie in (23) möglich sein:

(23)   Larry thinks Sue is nice and

    a.   *Sue ~~thinks~~ Larry is funny.

    b.   *Sue ~~thinks~~ Larry ~~is nice~~.

    (Lichte & Kallmeyer 2010: (17))

Leider spricht sich die Literatur gegen die Grammatikalität solcher Daten aus (Sag 1976: 198; Johnson 2004: 18; Osborne 2008: 1149).

Dagegen ist die Eingrenzung dann zu restriktiv, wenn entgegen der Vorhersage solche Knoten eines A-Teilbaums nicht entankert sind, die darin von einem entankerten Knoten dominiert werden. Lichte & Kallmeyer (2010) geben hierfür die Beispiele in (24):

(24)   a.   Mary always finishes her homework, but
        Peter ~~finishes his homework~~ only sometimes.

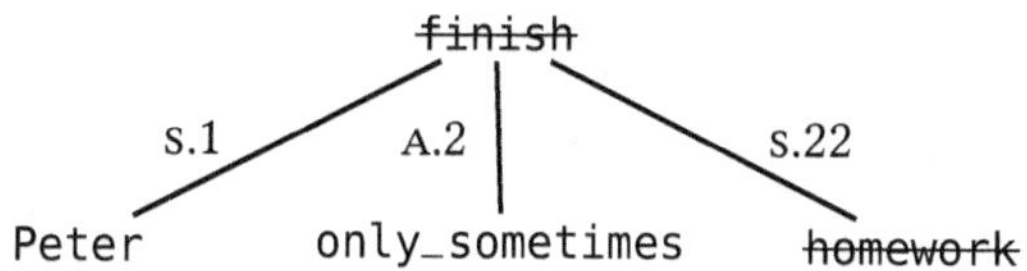

Abbildung 8.19: Ableitungsbaum für (24a) (Lichte & Kallmeyer 2010: Abbildung 8)

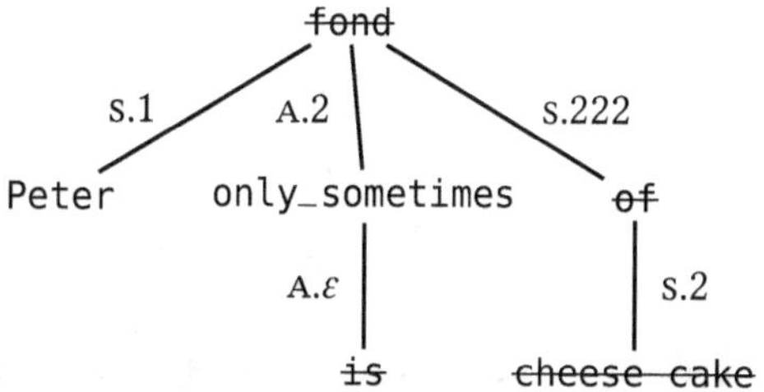

Abbildung 8.20: Ableitungsbaum für (24b) (Lichte & Kallmeyer 2010: Abbildung 9)

    b.    Mary is always fond of cheesecake, but
           Peter ~~is~~ only sometimes ~~fond of cheesecake~~.
    (Lichte & Kallmeyer 2010: (14),(15))

Die Ableitungsbäume dieser Sätze in Abbildung 8.19 und 8.20 zeigen ein unlizenziertes Entankerungsmuster, da der Knoten only_sometimes nicht entankert ist, obwohl die Eingrenzung in (21b) das eigentlich vorschreibt. Hier bedarf es also einer Anpassung, die aber in Lichte & Kallmeyer (2010) nicht durchgeführt wird. Dabei liegt eine mögliche Anpassung auf der Hand: Angaben werden im Ableitungsbaum mit einem speziellen Merkmal versehen und die b-Klausel in (21) so verändert, dass Knoten mit Angabenmarkierung davon ausgenommen werden – womit auch die a-Klausel obsolet wäre. Da komplexe Knotenlabel unabhängig davon für die Modellierung der externen Bedingungen angenommen werden müssen (siehe unten), ist das kein technischer Sonderweg. Ich möchte diese Anpassungsmöglichkeit hier jedoch nicht weiter ausführen.

### 8.3.3 Vergleich mit Osborne (2008) und Kobele (2009)

In Abschnitt 5.3 wurde bereits erwähnt, dass sich Ableitungsbäume und Dependenzbäume zwar ähneln, dass aber manche Arten der Komplementation durch unterschiedliche Dominanzverhältnisse repräsentiert werden (siehe Abbildung 5.12, S. 146). Der Entankerungsansatz ist daher zwar vergleichbar mit dem depen-

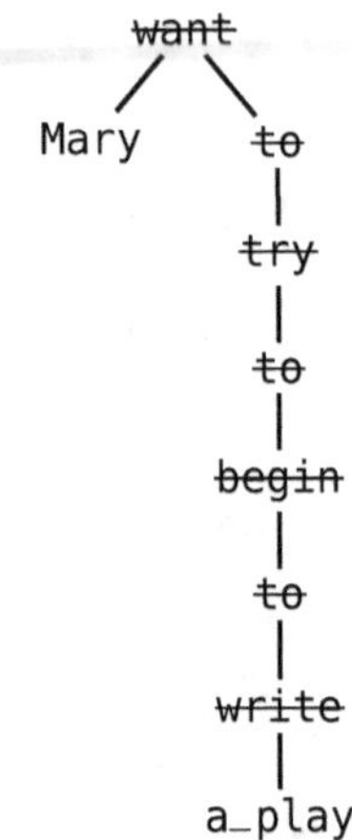


Abbildung 8.21: Dependenzgraph für (20a) aus Osborne (2008: (110))

denzstrukturellen Ansatz bei Osborne (2008), aber es ergeben sich deutliche Unterschiede durch folgenden Umstand: In Dependenzstrukturen ist das finite Verb, zumindest bei komplementiererfreien Hauptsätzen, leicht zu identifizieren, denn es bildet bei Osborne immer den Wurzelknoten des Dependenzgraphen. Bei Ableitungsbäumen ist dies dagegen nicht so. Ist das Finitum nämlich der lexikalische Anker eines Hilfsbaums, was etwa bei Hilfs-, Anhebungs- und Kontrollverben aber auch bei Kopulakonstruktionen zutrifft, dann entspricht es eben nicht dem Wurzelknoten des TAG-Ableitungsbaums. Man beachte, dass diese Eigenschaft auch eine Folge des Valenzprinzips für LTAG ist (siehe S. 144).

Augenfällig wird dieser Unterschied beispielsweise, wenn man den Ableitungsbaum in Abbildung 8.18 und den entsprechenden Dependenzbaum, der in Abbildung 8.21 dargestellt wird (vgl. Osborne 2008: (110)), gegenüberstellt. Der Dependenzbaum kehrt bestimmte Dominanzverhältnisse des Ableitungsbaums um: Die Verben dominieren einander entsprechend ihrer Rangordnung und auch der Statusmarkierer *to* dominiert das jeweils statusmarkierte Verb. Eine interessante Frage ist nun, ob in einem solchen Dependenzbaum nicht nur die Identifizierung des finiten Verbs leichter fällt, sondern auch die Identifizierung potentieller Überbleibsel. Doch letzteres scheint nicht der Fall zu sein, wenn man Osbornes Ausführungen zum Maßstab nimmt. Da seine Dependenzstrukturen keinerlei syntaktische Annotation aufweisen, muss er bei der Definition eines potentiellen Überbleibsels (oder „major constituent", Osborne 2008: 1146) auf den vagen Begriff der Prädikatkette („predicate chain") zurückgreifen. Ein Ableitungsbaum bietet hier per se mehr Anhaltspunkte für eine Charakterisierung, z. B. die Unterscheidung zwischen Substitutionskanten und Adjunktionskanten, die eine Charakterisierung mittels A-Teilbäume möglich macht.

Nur schwer zu vergleichen ist der Entankerungsansatz mit dem MG-Ansatz von Kobele (2009). Zwar ist beiden Ansätzen der Bezug auf Ableitungsstrukturen gemein, doch die jeweiligen Ableitungsstrukturen unterliegen ganz verschiedenen Repräsentationsfunktionen. Die Innenknoten eines MG-Ableitungsbaums repräsentieren bei Kobele nämlich Merge- und Move-Operationen, während dessen Blätter durch lexikale Elementarstrukturen besetzt werden. Dadurch und durch das Fehlen einer erweiterten Lokalitätsdomäne im MG-Formalismus ist die Prädikat-Argument-Struktur im Ableitungsbaum nicht sichtbar. Das scheint für die Erfassung von VP-Ellipsen im Englischen, denen sich Kobele widmet, kein Nachteil zu sein. Ob sich sein MG-Ansatz ohne Weiteres auf Gapping-Daten übertragen lässt, scheint mir aber fraglich.

## 8.3.4 Externe Bedingungen

Die Entankerung muss auch durch eine gewisse Ähnlichkeit zwischen Ellipse und Antezedens lizenziert sein, die in den sogenannten externe Bedingungen festgehalten wird. Die externen Bedingungen operieren wie die internen Bedingungen auf Ableitungsbäumen, betrachten aber immer Paare verschiedener Ableitungsbäume, nämlich zum einen den Ableitungsbaum mit der Entankerung und zum anderen den Ableitungsbaum mit deren Antezedens.[17] Die formale Explikation der externen Bedingungen, die Lichte & Kallmeyer (2010) angeben, lässt sich folgendermaßen paraphrasieren:

(25)   **Externe Bedingungen** (Lichte & Kallmeyer 2010, informell)

    a.    Jeder entankerte Knoten hat genau einen Antezedensknoten.

    b.    Ein entankerter Knoten und sein Antezedensknoten nehmen dieselbe Position im jeweiligen Ableitungsbaum ein, d. h. die Konkatenation der Kantenlabel entlang des Dominanzpfads ist identisch. (Pfadidentität)

    c.    Ein entankerter Knoten und sein Antezedensknoten haben ein partiell identisches Knotenlabel. (partielle Labelidenität)

---

[17] In einer Koordinationsellipse betrachten wir also diejenigen Teilbäume des Ableitungsbaums, die den Konjunkten der Koordination entsprechen, und in einer Adjazenzellipse die Ableitungsbäume aufeinander folgender Sätze. Bei einer freien Ellipse steht kein overter Ableitungsbaum zur Verfügung. Dort müsste die Diskursstruktur etwas entsprechendes beisteuern.

Man beachte, dass diese externen Bedingungen keinen Isomorphismus, sondern nur einen Homomorphismus zwischen Ellipse und Antezedens bewirken, da nur sichergestellt wird, dass jeder entankerte Knoten auf einen Antezdensknoten abgebildet wird, nicht jedoch, dass auch jeder Antezdensknoten auf einen entankerten Knoten abgebildet wird. Ellipsen können demnach kleiner sein als ihre Antezedenten. Dies ist aber insofern konsequent, als ja die internen und externen Bedingungen die Frage beantworten sollen, welche Knoten entankert werden können, und nicht, was der korrekte Rekonstruktionsumfang einer Ellipse ist.[18]

Lichte & Kallmeyer (2010) zufolge erweist es sich als zu strikt, die vollständige Identität der Label der betroffenen Knoten zu fordern. Bestimmte Möglichkeiten der morphosyntaktischen Divergenz zwischen Ellipse und Antezedens werden damit übergangen, wie z. B. die Numerus-Divergenz der Verben in (26):

(26)     I am flying to Europe, and you ~~are flying~~ to Asia.     (Osborne 2008: (4))

Auch wenn nicht vorgegeben ist, welches Label die Elementarbäume der Hilfsverben *am* und *are* in einer konkreten Implementierung erhalten, so erhalten sie in jedem Fall unterschiedliche Knotenlabel. Nur so kann die Bijektivität zwischen Ableitungsbäumen und abgeleiteten Bäumen bewahrt werden. Lichte & Kallmeyer (2010) schlagen daher eine Ausdifferenzierung der Knotenlabel vor, indem die Knoten im Ableitungsbaum statt eines atomaren Labels Merkmalsstrukturen wie in Abbildung 8.22 tragen. Mittels dieser Merkmalsstrukturen kann die Knotenlabelidentität auf bestimmte Merkmale, z. B. LEMMA, beschränkt werden, ohne das NUM(ERUS)-Merkmal einzubeziehen. Die Trennung von zulässigen und unzulässigen Divergenzen lässt sich so recht einfach modellieren. Zu den unzulässigen Divergenzen zählen Lichte & Kallmeyer (2010) außerdem noch das Genus

---

[18] Um den korrekten Rekonstruktionsumfang einer Ellipse zu erhalten, müsste man zuerst einmal festlegen, welchen Umfang ein Antezedens in einem Ableitungsbaum überhaupt haben kann. Im vorliegenden Fall könnte man dafür analog zu den internen Bedingungen aus (21) die folgenden Antezedensbedingungen formulieren:

(i)    **Antezedensbedingungen**
     a. Die Antezdensknoten bilden einen Teilbaum des Ableitungsbaums.
     b. Falls ein Knoten $v$ des A-Teilbaums ein Antezedensknoten ist, dann sind auch alle Knoten im A-Teilbaum ein Antezdensknoten, die von $v$ dominiert werden.
     c. Falls ein Knoten eines S-Teilbaums $\delta$ ein Antezedensknoten ist, dann sind auch alle anderen Knoten in $\delta$ Antezedensknoten.

Schließlich müsste noch die a-Klausel der externen Bedingungen in (25) angepasst werden: Jeder entankerte Knoten hat genau einen Antezedensknoten und jeder Antezedensknoten hat genau einen entankerten Knoten.

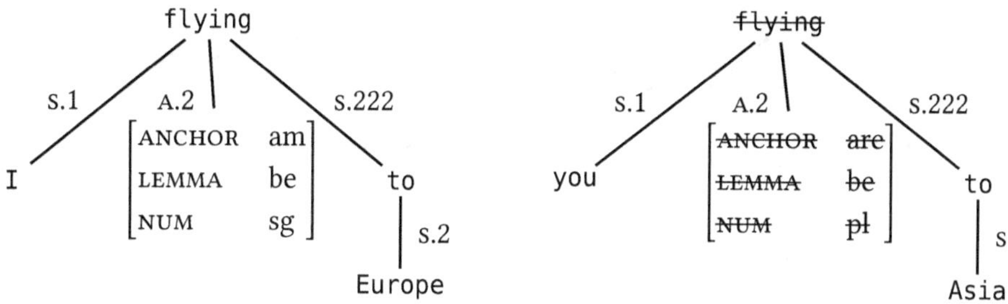

Abbildung 8.22: Ableitungsbäume mit komplexen Knotenlabel für die Modellierung morphosyntaktischer Divergenzen zwischen Ellipse und Antezedens (Lichte & Kallmeyer 2010: (7))

Verbi und die Tempusmorphologie. Möglicherweise zählt auch die Satzstellung (Topikalisierung vs. Basisstellung) dazu. Der Tatsache, dass phonetisch sichtbare Divergenzen nur bei Verben auftreten können, nicht aber bei Nominalphrasen (siehe (56) auf S. 111), kann man damit ebenfalls ohne Weiteres gerecht werden.

Ein interessanter Aspekt dieser komplexen Knotenlabel, den Lichte & Kallmeyer (2010) nicht erwähnen, besteht darin, dass mit ihrer Hilfe das finite Verb im Ableitungsbaum markiert werden kann. Damit wäre es bei der Entankerung im Rahmen der internen Bedingungen leichter identifizierbar, insbesondere wenn es nicht dem Wurzelknoten entspricht. Ich werde gleich bei der Anpassung der Entankerung für das TT-MCTAG-Modell des Deutschen darauf zurückgreifen.

Anders als die Label von Ellipseknoten und Antezedensknoten scheinen deren Pfade im jeweiligen Ableitungsbäumen immer identisch zu sein. Als Beleg führen Lichte & Kallmeyer (2010) den ungrammatischen Satz (27) an, in dem das eingebettete Verb *ordered* als Antezedens einer Ellipse dienen soll:

(27)  *Since Peter ordered a beer, the waitress instantly reached for the fridge and Mary ~~ordered~~ a whole chicken.      (Lichte & Kallmeyer 2010: (10))

Da sich im Ableitungsbaum für (27) die Pfade von Ellipseknoten und Antezedensknoten in der Länge unterscheiden müssen, ist (27) nicht derivierbar. Aber auch in subtileren Fällen, wo Ellipse und Antezedens unmittelbare Satzglieder der Konjunktsätze bilden, macht die Bedingung der Pfadidentität interessante Vorhersagen. Beispielsweise verhindert sie auch Ellipse der in (28) angedeuteten Art, deren grammatikalischer Status mir allerdings unklar ist:

(28)  ?Peter will first meet Susi and later this afternoon John ~~will meet~~ Mary.

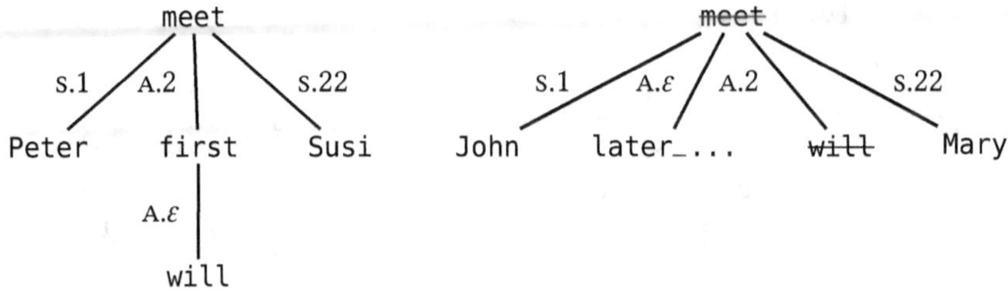

Abbildung 8.23: Ableitungsbäume der Konjunkte in (28)

Das Eigentümliche dieser Koordination ist die divergierende Stellung der temporalen Bestimmungen *first* und *later this afternoon*: Während im ersten Konjunkt *first* präverbal zwischen dem Hilfsverb und dem Vollverb steht, befindet sich im zweiten Konjunkt *later this afternoon* in einer satzinitialen Position. Da in der XTAG-Grammatik satzinitiale Adverbien am Wurzelknoten des Elementarbaums des Vollverbs adjungieren, unmittelbar präverbale Adverbien aber am tieferliegenden VP-Knoten, ergibt sich eine Pfaddivergenz zwischen den Ableitungsbäume wie in Abbildung 8.23 dargestellt. Die Pfaddivergenz zwischen dem Antezedensknoten und dem Ellipseknoten von will ist hier entscheidend und verhindert die Derivation von (28). Man beachte jedoch, dass bereits leichte Veränderungen an (28) diese Pfaddivergenz verschwinden lassen: die postverbale Positionierung von *later this afternoon* (vgl. (29a)), das dann an VP adjungieren kann, oder die Herausnahme des Hilfsverbs (vgl. (29b)):

(29)   a.   ?Peter will first meet Susi and then John ~~will meet~~ Mary later this afternoon.
       b.   ?Peter first met Susi and later this afternoon John ~~met~~ Mary.

Man kann sicherlich darüber streiten, ob (29b) wirklich wesentlich besser ist als die ausgefilterte Variante in (28).

## 8.4 Füllung

Den Füllungsansätzen im Rahmen des TAG-Frameworks ist gemein, dass Null-Anaphern anhand von Form von Elementarbäumen mit phonetisch leerem Anker implementiert werden, die auch „ghost trees" (Seddah & Sagot 2006) oder Dummy-Elementarbäume genannt werden. Beispiele für einen nominalen und einen verbalen Dummy-Elementarbaum sind in Abbildung 8.24 dargestellt. Im Unterschied zum Verschmelzungsansatz knüpfen die Füllungsansätze einen Dummy-

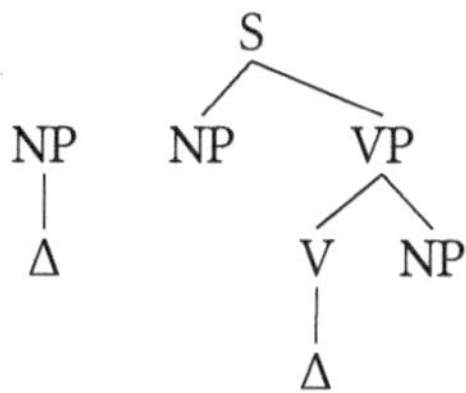

Abbildung 8.24: Ein nominaler und ein verbaler Dummy-Elementarbaum im Füllungsansatz

Elementarbaum nicht direkt an ein overtes Antezedens, etwa durch die Bündelung in einer Baummenge. Die Lizenzierung der Dummy-Elementarbäume erfolgt stattdessen entweder durch Merkmalsspezifikationen in dessen Knotenlabel, oder durch Bedingungen auf dem Ableitungsbaum. Man kann hier wie bei der Entankerung von den internen Bedingungen sprechen. Der Bezug zwischen Ellipse und Antezedens, oben als externe Bedingungen verhandelt, wird ebenfalls indirekt hergestellt, beispielsweise über den Ableitungsbaum oder die semantische Form.

Neben diesen Gemeinsamkeiten von TAG-Füllungsansätzen gibt es zwischen ihnen wesentliche Unterschiede abhängig davon, welches Füllungsparadigma jeweils umgesetzt wird: Entweder sind Füllungen strukturiert, d. h. es besteht eine phrasenstrukturelle Isomorphie zwischen Ellipse und Antezedens (im Sinne der Empty Structures Hypothesis), oder Füllungen sind unstrukturiert, d. h. es besteht dieser Isomorphismus nicht (im Sinne der Non-Expansion Hypothesis).

## 8.4.1 Seddah & Sagot (2006)

Die einzige bisher veröffentlichte Arbeit, die im Rahmen des TAG-Frameworks die Füllungsstrategie verfolgt, ist meines Wissens Seddah & Sagot (2006). Djamé Seddah und Benoît Sagot übertragen hier eine Methode auf die Ellipsenmodellierung, die zur Modellierung von Kontrollkonstruktionen in Seddah & Gaiffe (2005) entwickelt worden ist. In diesen Arbeiten werden die Dummy-Elementarbäume, oder „ghost trees", über den Ableitungsbaum sowohl lizenziert als auch rekonstruiert. Der Ableitungsbaum wird dabei als Menge von Chart-Objekten („derivation item") repräsentiert, wie sie beim deduktiven Parsing (Shieber et al. 1995) gebräuchlich sind. Seddah & Sagot (2006) beschränken sich auf die Angabe von zwei deduktiven Regeln auf diesen Chart-Objekten, je eine für verbale und nominale Dummy-Elementarbäume. Was sie strukturell implizieren und wie sie die Rekonstruktion der Dummy-Elementarbäume bestimmen, ist in Abbildung 8.25 zusammengefasst und soll hier nur informell wiedergegeben werden:

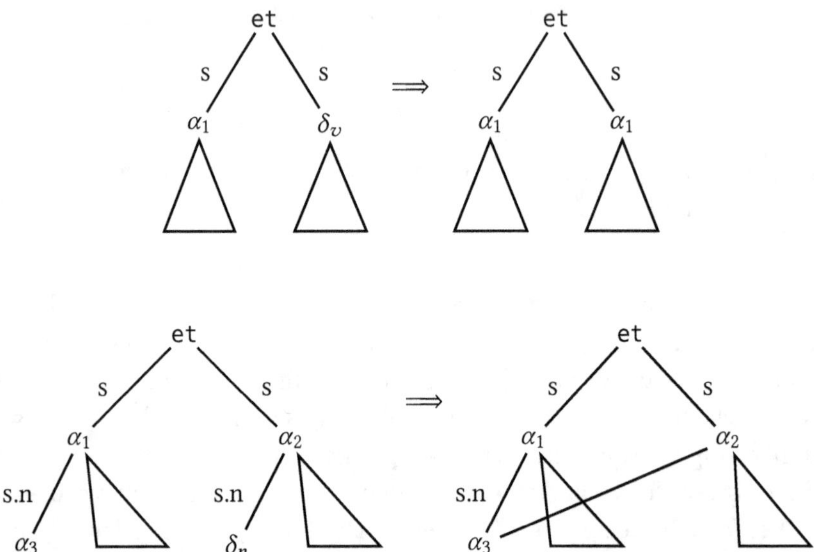

Abbildung 8.25: Lizenzierung und Rekonstruktion der Dummy-Elementarbäume
im Ableitungsbaum gemäß Seddah & Sagot (2006)

1. (Gapping) Ein verbaler Dummy-Elementarbaum $\delta_v$ kann den Wurzelknoten desjenigen Teilbaums des Ableitungsbaums bilden, der dem zweiten Konjunkt entspricht.

2. (Argumenttilgung) Ein nominaler Dummy-Elementarbaum $\delta_n$ kann die Tochter des Wurzelknotens $\alpha_2$ desjenigen Teilbaums bilden, der dem zweiten Konjunkt entspricht, sofern $\alpha_2$ kein Dummy-Elementarbaum ist.

Diese beiden Regeln erfassen nur einfache Fälle von Gapping und Argumenttilgung. Die Position der getilgten (oder vielmehr $\delta$-gefüllten) Argumente ist zudem vollkommen unbeschränkt und die Regeln daher übergenerierend. Seddah und Sagot begnügen sich offensichtlich mit einer groben Skizzierung des Verfahrens, die aber ausreicht, um die Rekonstruktion von Dummy-Elementarbäumen anhand des Ableitungsbaums zu demonstrieren. Die Rekonstruktion besteht im Grunde darin, die Instanzen der Dummy-Elementarbäume aus dem Ableitungsbaum zu entfernen, so dass sich die Ableitungsstruktur der vermeintlichen semantischen Dependenzstruktur annähert:

1. (Gapping) Im Ableitungsbaum erhält der Knoten eines verbalen Dummy-Elementarbaums $\delta_v$ das Label des Antezedens $\alpha_1$. Der Antezedenselementarbaum wird quasi kopiert.

2. (Argumenttilgung) Im Ableitungsbaum wird der Knoten eines nominalen Dummy-Elementarbaums $\delta_n$ mit dem Knoten des Antezedensbaums $\alpha_3$ fusioniert. Der resultierende Knoten trägt weiterhin das Label $\alpha_3$ und wird von $\alpha_1$ und $\alpha_2$ geteilt.

Die Fusion von Knoten im Ableitungsbaum kennen wir bereits aus dem Verschmelzungsansatz von MCTAG-LSD (vgl. Abbildung 8.13). Dort wird jedoch die Fusion durch lexikalische Spezifikationen, den sogenannten Sharing-Links, reglementiert, wohingegen Seddah & Sagot (2006) die Fusion allein anhand von Eigenschaften des Ableitungsbaums einschränken. Die Kopieroperation für die Rekonstruktion verbaler Dummy-Elementarbäume fehlt bei MCTAG-LSD und wird durch eine Antezedens-Ellipse-Bündelung qua Baummenge ersetzt. Seddah (2008) begründet diesen Schritt mit dem Verweis auf die Ellipse-Antezedens-Divergenzen in (30):

(30)  a.  Napoleon prit du poids et ~~prit~~ beaucoup de pays.
  b.  Jean est un républicain et ~~Jean est~~ fier de l'être.
  (Seddah 2008: Abbildung 1)

Die Divergenz in (30a), eine sogenannte Zeugma-Konstruktion, besteht auf der Ebene der lexikalischen Semantik, wohingegen die Divergenz in (30b) die Valenzstruktur des Kopulaverbs *est* betrifft. Die Modellierung solcher und anderer Ellipse-Antezedens-Divergenzen lässt sich wohl nicht mit einer Kopieroperation auf atomaren Knotenlabels bewerkstelligen. Wie aber bei der Entankerung gezeigt wurde (vgl. Abbildung 8.22, S. 287), kann man mittels komplexer Knotenlabels diejenigen Eigenschaften eines Elementarbaums unterscheiden, die für die notwendige Parallelität von Ellipse und Antezedens relevant sind. Möglicherweise lässt sich diese Methode auf den Füllungsansatz von Seddah & Sagot (2006) übertragen.

Bei den Fällen von Gapping mit nicht-komplexem Antezedens, die Seddah & Sagot (2006) betrachten, spielt die Unterscheidung zwischen strukturierten und unstrukturierten Füllungen naturgemäß noch keine Rolle. Im Folgenden werde ich auf Gappingdaten mit komplexen Antezedens eingehen, dabei aber nicht den Ansatz in Seddah & Sagot (2006) weiterführen, sondern den Vergleich mit dem Entankerungsansatz von Lichte & Kallmeyer (2010) suchen.

### 8.4.2 Strukturierte Füllungen

Entsprechend Wasows ESH können strukturierte Füllungen aus komplexen Phrasenstrukturen mit mehreren opaken Dummy-Terminalen ($\Delta$) bestehen. Oben in (3c) gab ich folgendes Beispiel:

(31)    I want to try to begin to write a novel, and Mary [$\Delta$ [$\Delta$ [$\Delta$ [$\Delta$ a play]]]].

Es wurde schon angemerkt, dass eine gewisse strukturelle Übereinstimmung mit der PF-Tilgung besteht (Winkler & Schwabe 2003: 6) und auch mit der Entankerung. Der Entankerungsansatz verwendet ja zur Ellipsenmodellierung ebenfalls Phrasenstrukturen mit Dummy-Terminalen – allerdings als Folge einer Nachbearbeitung, d. h. ohne lexikalischen Status. Es verwundert also nicht, dass die internen Bedingungen aus Lichte & Kallmeyer (2010), die in (21) festgehalten wurden und für das Englische gelten, beinahe direkt in den Füllungsansatz übernommen werden können. Dafür bedarf es im Wesentlichen nur einer Ersetzung von Ausdrücken der Art „entankert werden" durch Ausdrücke der Art „Dummy-Elementarbäume sein":

(32)    **Interne Bedingungen für die Verwendung der Dummy-Elementarbäume** (Strukturierte Füllungen)

    a.    Die Knoten für die Dummy-Elementarbäume bilden einen Teilbaum des Ableitungsbaums.

    b.    Falls ein Knoten $v$ des A-Teilbaums ein Dummy-Elementarbaum ist, dann sind auch alle Knoten im A-Teilbaum Dummy-Elementarbäume, die von $v$ dominiert werden.

    c.    Falls ein Knoten eines S-Teilbaums $\delta$ ein Dummy-Elementarbaum ist, dann sind auch alle anderen Knoten in $\delta$ Dummy-Elementarbäume.

    d.    Mindestens ein Knoten des Ableitungsbaums ist kein Dummy-Elementarbaum.

Für die Rekonstruktion strukturierter Füllungen bietet sich wieder der Weg über den Ableitungsbaum an und die Adaption der externen Bedingungen aus dem Entankerungsansatz (siehe S. 285). Der Homomorphismus zwischen Ellipse und Antezedens drückt sich dann darin aus, dass im Ellipse-Ableitungsbaum jeder Knoten eines Dummy-Elementarbaums auf einen pfadidentischen und partiell labelidentischen Knoten des Antezedens-Ableitungsbaums abgebildet werden kann.

Die enge Kopplung an den Ableitungsbaum des Antezdens dämmt zugleich eine Gefahr ein, die im lexikalischen Status der Dummy-Elementarbäume lauert. Für die Generierung strukturierter Füllungen wie in (31) benötigt man nämlich Dummy-Elementarbäume, die rekursiv aneinander adjungieren können. Damit ist es jedoch möglich, für einen beliebigen Satz mit Gapping unendlich viele syntaktische Derivationen durchzuführen. Der Kontext in Form eines Antezdens-Ableitungsbaums hilft eine solche derivationelle Explosion zu verhindern, indem z. B. maximal so viele Dummy-Elementarbauminstanzen in der Derivation der Ellipse erlaubt sind, wie Elementarbauminstanzen in der Derivation des Antezedenssatzes verwendet werden. Dummy-Elementarbäume wären demnach trotz ihres lexikalischen Status keine gewöhnlichen Elementarbäume, denn ihre Instanziierung wird satzextern restringiert.

### 8.4.3 Unstrukturierte Füllungen

Wenn keine phrasenstrukturelle Isomorphie zwischen Ellipse und Antezedens verlangt wird,[19] kann statt der strukturierten Füllung in (31) auch die unstrukturierte Füllung in (4c), hier wiederholt als (33), eingesetzt werden:

(33)  I want to try to begin to write a novel, and Mary $\Delta$ a play.

Da hierfür auf rekursiv adjungierende Dummy-Elementarbäume verzichtet werden kann, lassen sich die internen Bedingungen für unstrukturierte Füllungen kürzer fassen als die in (32). Der A-Teilbaum und die S-Teilbäume des Ableitungsbaums enthalten dann nämlich maximal einen Knoten mit Dummy-Elementarbauminstanz:

(34)  **Interne Bedingungen für die Verwendung der Dummy-Elementarbäume** (Unstrukturierte Füllungen)

    a.  Falls ein Knoten $v$ des A-Teilbaums ein Dummy-Elementarbaum ist, dann ist $v$ entweder der Wurzelknoten oder ein Blatt des A-Teilbaums.

    b.  Falls ein Knoten $v$ eines S-Teilbaums $\delta$ ein Dummy-Elementarbaum ist, dann ist $v$ der einzige Knoten in $\delta$.

    c.  Mindestens ein Knoten des Ableitungsbaums ist kein Dummy-Elementarbaum.

---

[19] Dies ist möglicherweise weniger strikt als die von Wasow formulierte NEH (siehe Abschnitt 8.1), die nur atomare Füllungen vorzusehen scheint.

Die unstrukturierte Füllung mit Dummy-Elementarbäumen ist also, was die Syntax betrifft, weniger aufwändig als die strukturierte Füllung bzw. Entankerung, da keine vollständige Derivation der Ellipse durchgeführt wird und der Ableitungsbaum kleiner ausfällt. Zudem ist der Gefahr einer derivationellen Explosion, von der ich oben im Zusammenhang mit strukturierten Füllungen sprach, die Grundlage entzogen, womit auch auf eine spezielle kontextuelle Restringierung der Dummy-Elementarbaumverwendung verzichtet werden kann.

Der geringere Aufwand in der Syntax wird jedoch mit einem erhöhten Aufwand in der Rekonstruktion der Füllungen, d. h. in den externen Bedingungen, erkauft. Bei unstrukturierten Füllungen wie in (33), die ein komplexes Antezedens besitzen, muss die Rekonstruktion qua Ableitungsbaum neue Wege gehen, da eine bijektive Korrelierung von Knoten nicht möglich ist: Der Knoten eines Dummy-Elementarbaums $\delta$ steht nun einer Menge von Knoten $V_{Ant}$ im Ableitungsbaum des Antezedenssatzes $D_{Ant}$ gegenüber. Was lässt sich über $V_{Ant}$ sagen? Sofern man die XTAG-Analyse der Antezedenssätze zugrunde legt, bildet $V_{Ant}$ einen Teilbaum von $D_{Ant}$, der auch den Wurzelknoten von $D_{Ant}$ umfasst. Beim Gapping in (33) kann man zudem erkennen, dass die Kanten zwischen Knoten aus $V_{Ant}$ Adjunktionen repräsentieren. Es begegnet uns also hier wieder der Begriff des A-Teilbaums, der im Rahmen des Entankerungsansatzes zur Charakterisierung der Ellipse und ihrer Überbleibsel verwendet wurde.

Die Rekonstruktion unstrukturierter Füllungen kann aber auch mittels der (Diskurs-)Semantik erfolgen, was u. a. Dalrymple et al. (1991) vorschlagen.[20] Grob gesagt besteht deren Ansatz darin, die Bedeutung einer Füllung ad hoc durch Unifikation höherer Ordnung („higher-order unification“) bzw. durch prädikatenlogische Gleichungen aus dem Antezedenssatz zu gewinnen, beispielsweise den $\lambda$-Term in (35) für den Gappingfall in (33):

(35)    $\lambda x\,\lambda y.\mathtt{want}(x,\mathtt{try}(\mathtt{begin}(\mathtt{write}(y))))$

Dieser $\lambda$-Term kann daraufhin mit den Bedeutungen der Überbleibsel kombiniert werden. Der Gleichungsansatz besticht also durch ein hohes Maß an Flexibilität, das insbesondere bei der Modellierung strikter und nicht-strikter („sloppy“) Referenzidentität nötig ist. Diese Arbeit klammert diesen vieldiskutierten Aspekt der Semantik von Ellipsen jedoch wohlweislich aus. Ausklammern möchte ich auch den in Babko-Malaya (2006) skizzierten LTAG-Ansatz, der die semantische Rekonstruktion mittels einer unterspezifizierten LTAG-Semantik modelliert. Darauf ausführlich einzugehen, würde den thematischen Rahmen dieser Arbeit sprengen.

---

[20] Siehe Hardt (1993: 68f) für kritische Anmerkungen und einen alternativen Vorschlag und Winkler & Schwabe (2003) für Referenzen neueren Datums.

### 8.4.4 Lizenzierung über den abgeleiteten Baum

Die Verwendung der Dummy-Elementarbäume kann alternativ durch den abgeleiteten Baum geregelt werden, d. h. durch den Einsatz geeigneter Merkmale in den Knotenlabeln der Elementarbäume und durch deren Unifikation bei Substitution und Adjunktion. Diese Methode ist ausdrucksstark genug für die Implementierung der internen Bedingungen in (32) und (34), da die dort zugelassenen Dominanzpfade im Ableitungsbaum durch reguläre Ausdrücke beschrieben werden können. Man scheint also die Wahl zu haben zwischen Ableitungsbäumen und abgeleiteten Bäumen als Grundlage für die Lizenzierung der Dummy-Elementarbäume. Darin liegt ein wesentlicher Unterschied zum Entankerungsansatz: Die Lizenzierung der Entankerung auf Grundlage des abgeleiteten Baums ist im vorgestellten Entankerungsansatz schwieriger, da dort zunächst gewöhnliche Elementarbäume verwendet und erst postderivationell entankert werden.

Von solchen Implementierungsdetails abgesehen, die auch mit der Einnahme einer Sprachgenerierungsperspektive bzw. Sprachverarbeitungsperspektive zusammenhängen, verhalten sich Entankerung und (strukturierte) Füllung bei der Formulierung der internen und externen Bedingungen deswegen sehr ähnlich, weil in beiden Fällen der Ableitungsbaum als Bezugsgröße genutzt werden kann. Wenn ich also im nächsten Abschnitt eine Übertragung auf das TT-MCTAG-Modell und das Deutsche vornehme, dann ist die Wahl zwischen Entankerung und Füllungen zunächst einmal nebensächlich.

## 8.5 Entankerung/Füllung mit TT-MCTAG

Der Anschauungsschwerpunkt bei der Vorstellung des Entankerungsansatzes in Lichte & Kallmeyer (2010) lag auf einem LTAG-Fragment des Englischen. In diesem Abschnitt möchte ich stattdessen das TT-MCTAG-Modell aus Kapitel 7 und die Gappingregeln aus Kapitel 4 in den Mittelpunkt rücken und im Rahmen eines Entankerungsansatzes zusammenführen.

### 8.5.1 Interne Bedingungen

Wie wir gesehen haben, hängt die Ausführung des Entankerungsansatzes von der gegebenen Form der Ableitungsbäume, insbesondere der Lokalisierung des finiten Verbs und der Satzglieder ab. Schauen wir uns also zunächst die TT-MCTAG-Modellierung der zweiten Konjunkte in (36) an:

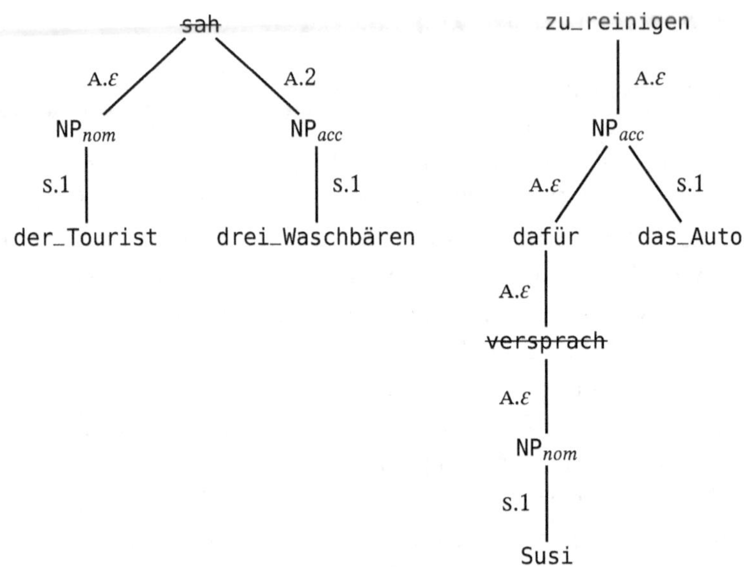

Abbildung 8.26: TT-MCTAG-Ableitungsbäume für das zweite Konjunkt in (36a) und (36b)

(36)  a.  [$\kappa_1$ Der Jäger sah einen Hasen] und [$\kappa_2$ der Tourist ~~sah~~ drei Waschbären].

 b.  [$\kappa_1$ Peter versprach, das Fahrrad zu reparieren] und [$\kappa_2$ Susi ~~versprach~~, dafür das Auto zu reinigen].

Entsprechend der Modellierungsvorschläge, die in Kapitel 7 gemacht wurden, haben wir es mit den Ableitungsbäumen in Abbildung 8.26 zu tun. Ein A-Teilbaum soll wieder ein maximaler Teilbaum des Ableitungsbaums sein, der den Wurzelknoten enthält und deren Kanten Adjunktionen repräsentieren, d. h. ein A-Label besitzen.[21] Beispielsweise bildet im linken Ableitungsbaum die Knotenmenge {sah, NP$_{nom}$, NP$_{acc}$} den A-Teilbaum. Sei außerdem ein S-Teilbaum ein Teilbaum des Ableitungsbaums, dessen Wurzelknoten die S-Tochter eines Knotens des A-Teilbaums ist. Im linken Ableitungsbaum in Abbildung 8.26 trifft das zum Beispiel auf die Knotenmengen {der_Tourist} und {drei_Waschbären} zu. Man stellt dann zunächst fest, dass (i) das finite Verb potentiell an beliebiger Position im A-Teilbaum stehen kann und (ii) die Knoten des A-Teilbaums beliebig

---

[21] Bei TT-MCTAG besteht außerdem die Möglichkeit, den A-Teilbaum anhand der benötigten Sharing-Lokalität weiter zu beschränken: Der A-Teilbaum besteht ausschließlich aus Knoten, die in einem Sharing-Verhältnis zum Wurzelknoten stehen. In den behandelten Fällen ist der Unterschied jedoch unwesentlich.

entankert werden können – mit Ausnahme des Knotens des finiten Verbs selbstverständlich.

Die Gappingregeln G1–G3 (siehe Abschnitt 4.4) können folgendermaßen in den TT-MCTAG-Entankerungsansatz implementiert werden:

(37)  **Interne Bedingungen** (für das TT-MCTAG-Modell des Deutschen)

    a.  Falls ein Knoten im A-Teilbaum entankert wird, dann auch der Knoten des finiten Verbs im A-Teilbaum. ($\approx$ G1)

    b.  Falls ein Knoten $v$ im A-Teilbaum entankert wird, dann auch die Knoten all derjenigen S-Teilbäume, die $v$ unmittelbar dominiert. Falls ein Knoten in einem S-Teilbaum $\gamma$ entankert wird, dann werden alle Knoten in $\gamma$ entankert und derjenige Knoten im A-Teilbaum, der $\gamma$ unmittelbar dominiert. ($\approx$ G2)

    c.  Falls ein Knoten im A-Teilbaum entankert wird, dann auch der Knoten des *dass*-Komplementierers im A-Teilbaum. ($\approx$ G3)

    d.  Mindestens ein Knoten des A-Teilbaums wird nicht entankert.

Die G1-Implementierung in (37a) setzt eine Identifizierbarkeit des finiten Verbs im A-Teilbaum voraus. Das lässt sich leicht mit einem Merkmal, z. B. FIN, bewerkstelligen, welches finite Verben von infiniten Verben unterscheidet.[22] Damit entsprechen sich (37a) und G1 auch insoweit, als beide für Ellipsemöglichkeiten in VE-Konfigurationen noch zu restriktiv sind. Beispielsweise umfasst die Vorwärtsellipse in (40a) auf Seite 105, wiederholt in (38), nicht das finite Verb *erschoss*:

(38)  dass [$\kappa_1$ der Jäger den Hasen sah] und [$\kappa_1$ ~~der Jäger~~ ihn erschoss].

Der Ableitungsbaum bietet aber eigentlich alle Informationen, um dieses Ellipsenmuster zu lizenzieren: Man benötigt im Knoten des finiten Verbs nur ein zusätzliches Merkmal, das den Satztyp anzeigt. Da der Satztyp im TT-MCTAG-Modell immer durch den Elementarbaum des finiten Verbs festgelegt wird, ist diese Information an dieser Stelle auch immer verfügbar. Unter Einbezug dieses Satztypenmerkmals könnte die G1-Implementierung in (37a) dann so umformuliert werden, dass sie nicht für VE-Satztypen gilt. Ich überspringe hier die Details.

Die G2-Implementierung in (37b) verhindert u. a. die partielle Ellipse des nominalen Satzglieds in (44b) auf Seite 106, wiederholt in (39):

(39)  #[$\kappa_1$ Der Jäger sah drei Hasen] und [$\kappa_2$ der Tourist ~~sah drei~~ Waschbären].

---

[22] Es sei daran erinnert, dass es sich bei den Knotenlabeln um Merkmalsstrukturen handelt. Vgl. die Darstellung der partiellen Labelidentität in Abbildung 8.22.

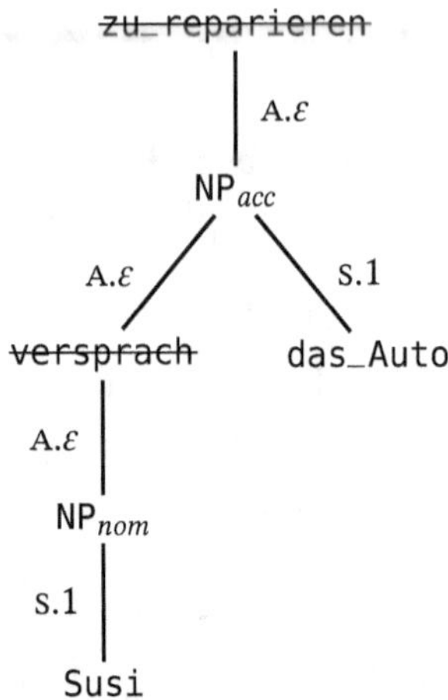


Abbildung 8.27: TT-MCTAG-Ableitungsbäume für das zweite Konjunkt in (40)

Die entsprechende Entankerung ist deshalb unzulässig, weil drei und Waschbären in jedem Fall Knoten eines S-Teilbaums sind, der nur im Ganzen entankert werden darf. Auf der anderen Seite ist die G2-Implementierung permissiv genug, um Gapping in kohärenten Konstruktionen zu lizenzieren. Nehmen wir beispielsweise das Datum in (40), eine Wiederholung von (50a) auf Seite 108, und den entsprechenden Ableitungsbaum in Abbildung 8.27:

(40)  [$\kappa_1$ Peter versprach, das Fahrrad zu reparieren] und [$\kappa_2$ Susi ~~versprach~~ das Auto ~~zu reparieren~~].

Dieses Entankerungsmuster ist deshalb möglich, weil gemäß (37b) die Knoten im A-Teilbaum beliebig entankert werden können. Davon sind auch die Knoten des Verbalkomplex betroffen, wodurch auch die Ellipsen in (41), eine Wiederholung von (46) auf Seite 107, derivierbar sind:

(41)  [$\kappa_1$ Peter hat das Fahrrad zu reparieren versprochen]

    a.   und [$\kappa_2$ Susi ~~hat das Fahrrad zu reparieren~~ versucht].
    b.  ?und [$\kappa_2$ Susi ~~hat das Fahrrad~~ zu benutzen ~~versprochen~~].
    c.  ??und [$\kappa_2$ Susi ~~hat~~ das Auto ~~zu reparieren~~ versucht].

Will man jedoch, angesichts der fragwürdigen Grammatikalität von (41b) und (41c), das Entankerungsverhalten so einschränken, dass der Verbalkomplex nur als Ganzes oder in einer bestimmten Reihenfolge entankert werden darf, dann bietet der Ableitungsbaum in dieser Form nicht die benötigten Unterscheidungen. Spezifische Entankerungsregeln für Verbalkomplexe kollidieren unweiger-

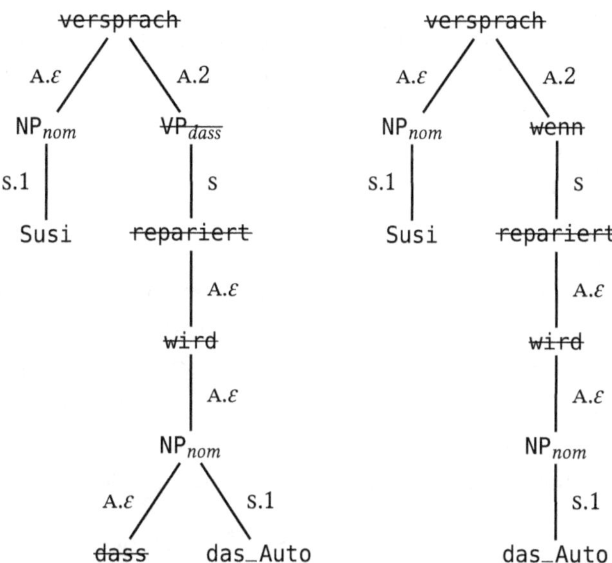

Abbildung 8.28: TT-MCTAG-Ableitungsbäume für die zweiten Konjunkte in (42a) und (42b)

lich mit der freien Entankerbarkeit von A-Teilbaum-Knoten. Ähnlich wie bei der G1-Implementierung könnte man jedoch die Entankerbarkeit mittels spezieller Knotenmerkmale einschränken, die die Elemente des Verbalkomplexes für die Entankerungsregeln sichtbar machen. Prinzipiell stehen die dafür nötigen Informationen im Ableitungsbaum bzw. den zugrundeliegenden Elementarbäumen zur Verfügung.

Bisher habe ich (37b) als Implementierung von G2 bezeichnet und G2$^+$ in diesem Zusammenhang nicht erwähnt – das hat einen guten Grund. G2$^+$ kommt bei der Lizenzierung satzübergreifenden Gappings wie in (42), eine Wiederholung von (50b) und (50c) auf Seite 108, zum Tragen:

(42)   a.   [$\kappa_1$ Peter versprach, dass das Fahrrad repariert wird] und [$\kappa_2$ Susi versprach, dass das Auto repariert wird].

   b.   [$\kappa_1$ Peter freut sich, wenn das Fahrrad repariert wird], und [$\kappa_2$ Susi freut sich, wenn das Auto repariert wird].

Der Blick auf den fraglichen Ableitungsbaum in Abbildung 8.28 offenbart nun, dass hier eine partielle Entankerung des S-Teilbaums unter repariert erforderlich ist, die jedoch durch die zweite Klausel der internen Bedingungen blockiert wird. Aus meiner Sicht sind drei Strategien vorstellbar, um G2$^+$ zu implementieren: (i) man kann den Ableitungsbaum so verändern, dass die A-Teilbäume die richtige Größe erhalten; (ii) man kann die Definition der A-Teilbäume so anpassen, dass darin trotz Substitution auch die A-Teilbäume der Gliedsätze enthalten sind; (iii) man kann die Klausel (37b) so umformulieren, dass S-Teilbäume, die für bestimmte Teilsätze stehen, ausgenommen werden. Gehen wir diese Möglichkeiten im einzelnen durch:

- Die Hineinsubstitutierung des *dass*-Komplementsatzes ist aus Gründen der Lokalitätseinschränkung unumgänglich, denn TT-MCTAG definiert Bewegungsinseln mittels der Substitution (siehe Abschnitt 7.1). Würde also der *dass*-Komplementsatz durch Adjunktion statt durch Substitution mit dem Matrixsatz verknüpft, so könnten die Ergänzungen von repariert nicht nur unabhängig voneinander entankert, sondern auch außerhalb des *dass*-Satzes platziert werden. Letzteres gilt es unbedingt zu vermeiden.[23]

- Die bessere Strategie scheint mir, die Definition der A-Teilbäume anzupassen: Ein $\gamma$ ist der maximale Teilbaum eines Ableitungsbaums $D$, so dass $\gamma$ ausschließlich den Wurzelknoten, Adjunktionskanten und solche Substitutionskanten, deren dominierender Knoten ein bestimmtes Label ($\text{VP}_{dass}$, wenn, ...) oder Merkmal hat, umfasst. Strukturelle Kriterien, die sich allein auf die Verteilung von Adjunktions- und Substitutionskanten im Ableitungsbaum beziehen, reichen hier also nicht aus.

- Statt die A-Teilbäume zu vergrößern, kann man auch die definitorische Bindung der A-Teilbäume an den Wurzelknoten des Ableitungsbaums aufheben, so dass ein Ableitungsbaum über mehr als einen A-Teilbaum mit jeweils eigenen S-Teilbäumen verfügt. Dann lässt sich nämlich die b-Klausel in (37) folgendermaßen umformulieren: (i) falls ein Knoten $v$ ohne ein bestimmtes Label ($\text{VP}_{dass}$, wenn, ...) in einem A-Teilbaum $\gamma_a$ entankert wird, dann auch die Knoten all derjenigen S-Teilbäume, die $v$ unmittelbar dominiert; (ii) falls in einem S-Teilbaum $\gamma_s$, der von einem Knoten $v'$ ohne ein bestimmtes Label ($\text{VP}_{dass}$, wenn, ...) unmittelbar dominiert wird, ein Knoten entankert wird, dann werden $v'$ und alle Knoten in $\gamma_s$ entankert.

---

[23] Dagegen kann bei V-TAG das Regens an einen *dass*-Komplementsatz adjungieren, ohne dass gleichzeitig der Status als Bewegungsinsel verloren geht. Bewegungsinseln werden bei V-TAG nämlich nicht durch Substitution, sondern durch beliebig auf Elementarbaumknoten platzierte Integrity Constraints hervorgerufen (siehe Abschnitt 6.2.1). Damit würde wohl die ursprüngliche Formulierung der internen Bedingungen in (37) ausreichen.

Ich vermag nicht zu entscheiden, welche der letzten zwei Strategien die bessere ist. Erfreulich ist in jedem Fall, dass beide die Implementierung von $G2^+$ ermöglichen, ohne die Gestalt des Ableitungsbaums selber zu verändern.

Weit weniger Aufwand verursacht die G3-Implementierung in (37c), die für die Blockierung von Daten wie (43), das wir bereits in (53b) auf Seite 110 gesehen haben, zuständig ist:

(43)   *[$\kappa_1$ Peter versprach, dass das Fahrrad repariert wird] und
       [$\kappa_2$ Susi ~~versprach~~, dass das Auto ~~repariert wird~~].

Da der *dass*-Komplementierer im Ableitungsbaum per Knotenlabel leicht zu identifizieren ist, kann seine Entankerung ohne Weiteres durchgesetzt werden.

## 8.5.2  Externe Bedingungen

Die externen Bedingungen aus Lichte & Kallmeyer (2010), die in (25) paraphrasiert wurden, fordern eine Pfadidentität und eine partielle Labelidentität zwischen entankerten Knoten und Antezedensknoten. Gilt das auch für den hier ausgearbeiteten TT-MCTAG-Entankerungsansatz? Nicht ganz. Aufgrund der Flexibilität der Wortstellung im Deutschen können sich Antezedenssatz und Ellipsesatz in dieser Hinsicht unterscheiden:

(44)   a.   Den Großen nehme ich, und du ~~nimmst~~ den Kleinen.
            (van Oirsouw 1987: 262)
       b.   dass der Jäger einen Hasen sah und ~~der Jäger~~ später drei Waschbären
            ~~sah~~.

Im TT-MCTAG-Modell geht die Wortstellungsdiskrepanz einher mit einer gewissen Strukturdiskrepanz in den involvierten Ableitungsbäume. Sichtbar wird das beispielsweise an den Ableitungsbäumen in Abbildung 8.29 für die Konjunkte in Satz (44b). Die Knoten NP$_{nom}$ und der_Jäger und ihre entankerten Gegenstücke haben jeweils einen anderen Pfad zum Wurzelknoten. Die Forderung nach der Identität der Pfade ist daher zu strikt. Statt auf absoluter Pfadidentität muss im TT-MCTAG-Modell darauf gepocht werden, dass Ellipse- und Antezedensknoten entweder beide dem A-Teilbaum im jeweiligen Ableitungsbaum oder beide den entsprechenden S-Teilbäumen angehören. Dabei ist zweierlei zu beachten: (i) innerhalb der S-Teilbäume (die ja nur vollständig entankert werden können) sollen Ellipse- und Antezedensknoten einen identischen Pfad zum jeweiligen Wurzelknoten haben, wobei (ii) entankerte S-Teilbäume genau einem S-Teilbaum im Antezedenssatz zugeordnet werden. Durch das Fehlen der absoluten Pfadidenti-

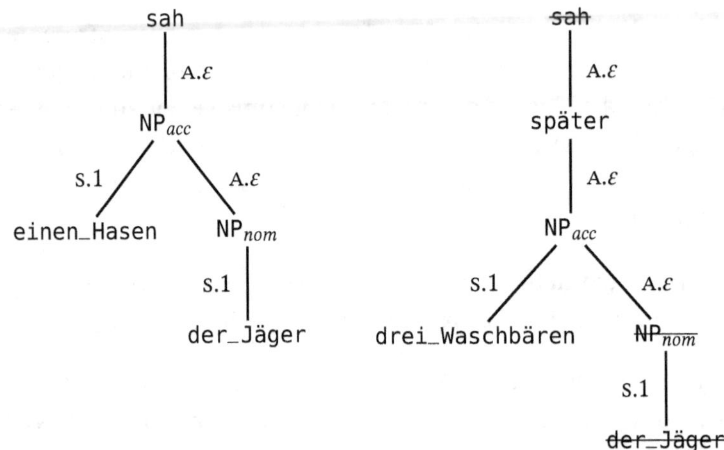


Abbildung 8.29: TT-MCTAG-Ableitungsbäume für die Konjunkte in (44)

tät muss außerdem explizit sichergestellt werden, dass das Abbildungsverhältnis von den entankerten Knoten auf deren Antezedensknoten injektiv ist, dass also kein Knoten im Antezedenssatz mehr als einen entankerten Knoten lizenziert. All dies wird in der folgenden Formulierung der externen Bedingungen berücksichtigt:

(45)   **Externe Bedingungen** (für das TT-MCTAG-Modell des Deutschen)

   a.   Jeder entankerte Knoten hat genau einen Antezedensknoten und jeder Knoten des Ableitungsbaums des Antezedenssatzes lizenziert maximal einen entankerten Knoten.

   b.   Ein entankerter Knoten und sein Antezedensknoten sind entweder Knoten des A-Teilbaums, oder sie sind Knoten mit identischem Pfad zum Wurzelknoten des jeweiligen S-Teilbaums, in dem sie sich befinden. (relative Pfadidentität)

   c.   Sei $v_{ell}$ ein entankerter Knoten und $\gamma_{ell}$ ein von $v_{ell}$ unmittelbar dominierter S-Teilbaum. Sei ferner $v_{ant}$ der Antezdensknoten von $v_{ell}$ und $\gamma_{ant}$ der von $v_{ant}$ unmittelbar dominierte S-Teilbaum. Es gilt dann: Alle Knoten in $\gamma_{ell}$ haben einen Antezedensknoten in $\gamma_{ant}$.

   d.   Ein entankerter Knoten und sein Antezdensknoten haben ein partiell identisches Knotenlabel. (partielle Labelidentität)

Was die Labelidentität betrifft, so besteht kein Anlass zu wesentlichen Änderungen. Wie im Englischen können sich Ellipse und Antezedens auch im Deutschen in manchen Aspekten unterscheiden (z. B. Numerus) und in anderen Aspekten müssen sie übereinstimmen (z. B. Tempus, vgl. (54a), S. 110, und (55), S. 111):

(46)  a.  [$\kappa_1$ Gestern sah der Jäger einen Hasen] und [$\kappa_2$ die Touristen ~~sahen~~ drei Waschbären].

  b.  #[$\kappa_1$ Letztes Semester nahm Peter an einem Tanzkurs teil] und [$\kappa_2$ dieses Semester ~~nimmt Peter~~ vielleicht auch ~~an einem Tanzkurs teil~~].

Die partielle Identität komplexer Knotenlabel zu fordern, ist also auch hier angebracht.

Bevor ich diesen Abschnitt abschließe, sei noch darauf hingewiesen, dass sich der Entankerungsansatz auch auf Spinal-TT-MCTAG anwenden lässt und die für TT-MCTAG gemachten Anpassungen im Wesenlichen auf Spinal-TT-MCTAG übertragen werden können. Dabei muss zwar auf die spezifische Form der Spinal-TT-MCTAG-Ableitungsbäume eingegangen werden, z. B. auf die Entankerung von Kettenelementen und die Entankerung der dazugehörigen S-Teilbäumen. Es handelt sich aber in meinen Augen um rein technische Umformulierungen, die ich uns an dieser Stelle ersparen möchte.

### 8.5.3 Zwischenstand

In diesem Abschnitt habe ich zu zeigen versucht, wie die in Kapitel 4 identifizierten Gappingregeln in das TT-MCTAG-Modell aus Kapitel 7 integriert werden können. Ich habe mich dabei auf die Formulierung der entsprechenden internen Bedingungen eines Entankerungsansatzes konzentriert. Sie lassen sich aber in trivialer Weise in die internen Bedingungen eines Füllungsansatzes, egal ob mit strukturierten oder unstrukturierten Füllungen, übertragen. Natürlich sind noch viele Detailfragen zu Modellierung und Implementierung offen, gerade was den Rekonstruktionsmachanismus betrifft, aber meiner Ansicht nach wird bereits deutlich, dass der Ableitungsbaum eine sehr nützliche Bezugsgröße für die Implementierung der Gappingregeln darstellt.

Während also dieses erweiterte TT-MCTAG-Modell sowohl hinsichtlich kohärenter als auch hinsichtlich elliptischer Strukturen die gesteckten Ziele erreicht, ist die Asymmetrie seiner valenztheoretischen Fundierung auffällig: Zwar wird die Idealisierung der Kontinuität weitgehend aufgegeben; die Idealisierung der Vollständigkeit bleibt aber bestehen – erkennbar z. B. an den leeren Terminalen nach der Entankerung bzw. in den Dummy-Elementarbäumen. Daran ist zunächst nichts auszusetzen, da wir in erster Linie an der Möglichkeit einer Modellierung interessiert sind. In zweiter Linie interessiert uns aber natürlich auch, ob nicht auf die leeren Terminale irgendwie verzichtet werden kann und wie ein

Syntaxmodell ohne Idealisierung der Vollständigkeit aussehen könnte. Wie wir im nächsten Abschnitt sehen werden, lässt sich erstere Frage auf einfache aber ebenso uninteressante Weise bejahen. Die Antwort auf die zweite Frage fällt dagegen weitaus schwerer und ist daher, wie so oft, spannender. Ihr ist daher zusätzlich das Kapitel 9 gewidmet.

## 8.6 Unvollständige syntaktische Repräsentation

Die Unvollständigkeit syntaktischer Repräsentation als Mittel der Ellipsenmodellierung kann im TAG-Framework sowohl im abgeleiteten Baum als auch im Ableitungsbaum in Erscheinung treten: Im abgeleiteten Baum bzw. in den Elementarbäumen fehlen diejenigen Blätter und im Ableitungsbaum diejenigen Knoten, die den ellidierten Valenzrahmenbestandteilen entsprechen. Gegen das TAG-Valenzprinzip (siehe S. 144) muss hierbei selbstverständlich verstoßen werden. Dies bedeutet jedoch nicht, dass die Unvollständigkeit im abgeleiteten Baum und Ableitungsbaum notwendigerweise zusammenfällt, denn zumindest bei der Gappingmodellierung kann der abgeleitete Baum unvollständig, der Ableitungsbaum jedoch vollständig sein. Dazu folgt gleich ein Beispiel. Und auch der skizzierte Unvollständigkeitsbegriff ist keinesfalls monolithisch, denn er lässt eine Unterscheidung zwischen oberflächlichen und genuinen Unvollständigkeiten zu, die eine fundamentale Trennlinie definiert: die Trennlinie zwischen Syntaxkonzepten, denen der Valenzbezug inhärent ist, und Syntaxkonzepten, die nur einen indirekten Bezug zur Valenz haben.

### 8.6.1 Oberflächliche Unvollständigkeit

Unter oberflächlicher Unvollständigkeit verstehe ich eine Form der Ellipsenmodellierung, bei der der Verstoß gegen das Valenzprinzip als syntaktischer Spezialfall gilt und „eigene syntaktische Regeln" (Klein 1993) erfordert. Demgegenüber verkörpert die Wahrung des Valenzprinzips den Normalfall. Beispielsweise kann man, von einem vollständigen Elementarbaumschema für ditransitive Verben ausgehend, zusätzlich die unvollständigen Elementarbäume in Abbildung 8.30 annehmen. In diese Richtung zielt auch der Vorschlag von Sarkar (1997), wobei dort je ein unvollständiger Elementarbaum mit einem vollständigen Gegenstück in einem 2-Tupel gebündelt und beide Elementarbäume für die synchrone Generierung der Konstituentenstruktur und der Dependenzstruktur eingesetzt werden.[24]

---

[24] Die 2-Tupel sind Elementarstrukturen einer sogenannten Link-Sharing TAG, wobei es sich, Sarkar zufolge, um eine etwas ausdrucksschwächere Variante einer synchronen TAG (Shieber

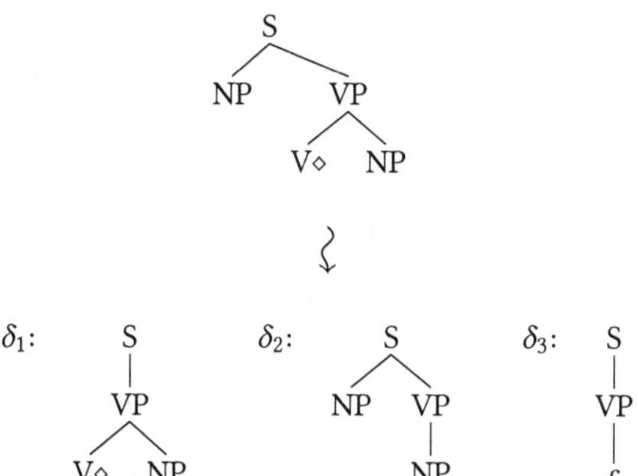

Abbildung 8.30: Unvollständige Elementarbaumschemata ($\delta_1$, $\delta_2$, $\delta_3$), die mit einem vollständigen Elementarbaum für ditransitive Verben korreliert sind

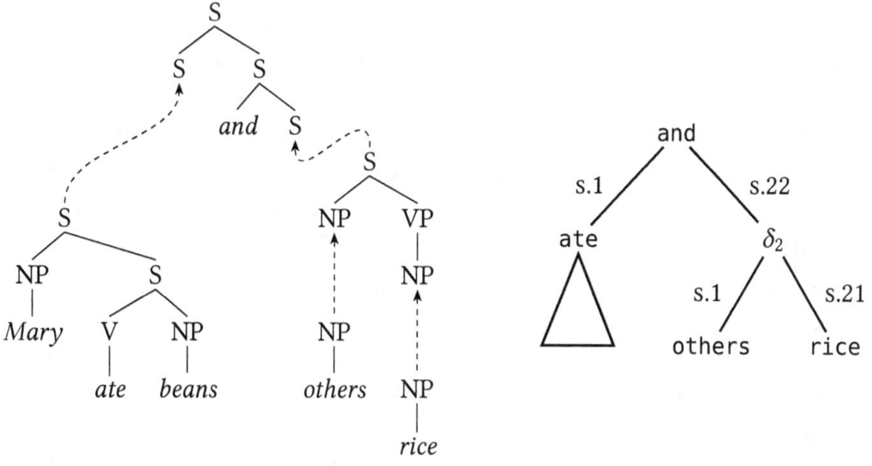

Abbildung 8.31: Gapping-Analyse mit dem unlexikalisierten Elementarbaum $\delta_2$

Mithilfe des unvollständigen Elementarbaums $\delta_2$ in Abbildung 8.30 kann dann beispielsweise das Gappingexemplar in (47) Ergebnis der Ableitung in Abbildung 8.31 sein.

(47)    Mary ate beans, and others ~~ate~~ rice.

---

& Schabes 1990) handelt.

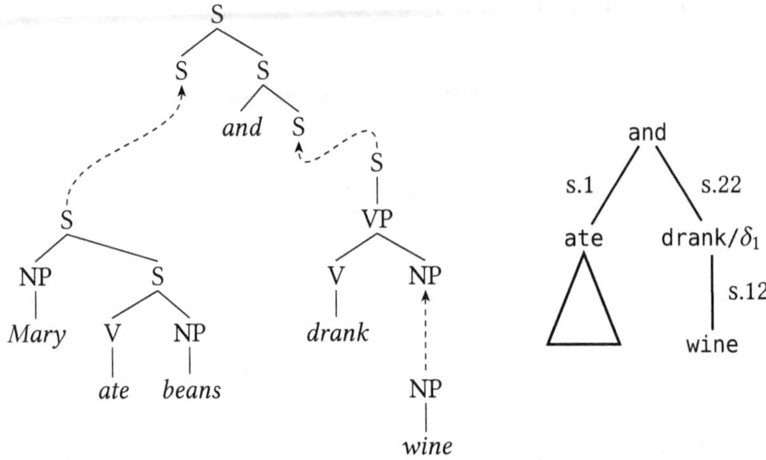

Abbildung 8.32: Derivation einer Subjektlücke mit dem unvollständigen Elementarbaum $\delta_1$

Obwohl im abgeleiteten Baum die Strukturen des ellidierten Verbs fehlen, ist es im Ableitungsbaum weiterhin durch den Knoten $\delta_2$ syntaktisch repräsentiert. Wenn man also allein den Ableitungsbaum betrachtet, besteht kein wesentlicher Unterschied zum Füllungsansatz (vgl. Abbildung 8.25), denn die Struktur der Elementarbäume, abgesehen von nicht-terminalen Blättern, ist nur relevant für die Kombinatorik der Elementarbäume. Mit anderen Worten: Es spielt keine Rolle, ob beim Gapping das ellidierte Verb durch ein Dummy-Terminal im Elementarbaum repräsentiert wird, oder gar nicht wie bei $\delta_2$.[25]

Einen anderen Effekt hat dagegen die Verwendung der unvollständigen Elementarbäume $\delta_1$ und $\delta_3$. Da hier Substitutionsknoten für NP-Ergänzungen fehlen, fehlt auch deren Repräsentation als Knoten im Ableitungsbaum. Der Ableitungsbaum in Abbildung 8.32 für die Subjektlücke in (48) enthält also keinen Knoten, der dem ellidierten Subjekt entspricht:

(48)    Mary ate beans and ~~Mary~~ drank wine.

In gewisser Hinsicht ist hier also nicht nur der abgeleitete Baum, sondern auch der Ableitungsbaum unvollständig. Zwei Dinge gilt es jedoch zu beachten: (i)

---

[25] Während im TAG-Framework der Unterschied zwischen Füllung und oberflächlicher Unvollständigkeit marginal ist, kann er in Frameworks wie der GB-Theorie oder HPSG, die sich an der abgeleiteten Struktur orientieren und über keine erweiterte Lokalitätsdomäne verfügen, wesentlich deutlicher ausfallen. Daher sind dort Vorschläge à la Chao (1987) auch wesentlich interessanter. Vgl. Abschnitt 8.1.

Der Eindruck ist falsch, dass zwischen der Unvollständigkeit des abgeleiteten Baums und des Ableitungsbaums ein bedingendes Verhältnis besteht. Der Elementarbaum für die Subjektlücke kann durchaus Dummy-Strukturen enthalten, die das ellidierte Subjekt repräsentieren sollen. (ii) Die Unvollständigkeit des Ableitungsbaums bezeichnet hier das Fehlen eines valenztheoretisch lizenzierten Blattes in einem Elementarbaum. Das bedeutet jedoch nicht, dass das ellidierte Subjekt gänzlich aus dem Ableitungsbaum verschwunden wäre. Es steckt quasi im Knotenlabel $drank/\delta_1$, das eindeutig einen Elementarbaum mit Subjektlücke bezeichnet.

## 8.6.2 Genuine Unvollständigkeit

Genuine Unvollständigkeit besteht dann, wenn die Verletzung gegen das Valenzprinzip kein Spezialfall der Syntax darstellt, wenn also die Ellipsenmodellierung keiner „eigenen syntaktischen Regeln" bedarf. In einem genuin unvollständigen TAG-Ansatz würde demnach kein Nebeneinander von unvollständigen und vollständigen Elementarbäume wie die in Abbildung 8.31 bestehen. Als Folge dessen würde es auch nicht möglich sein, Hinweise auf eine Subjektlücke in einem der Knoten des Ableitungsbaums vorzufinden, wie das mit $drank/\delta_1$ in Abbildung 8.32 der Fall war. Das Fehlen des Subjekts müsste sich ausschließlich durch das Fehlen eines oder mehrerer Knoten im Ableitungsbaum niederschlagen.

Wie muss man sich eine TAG vorstellen, die solche Ableitungsbäume hat? Zwei Eigenschaften scheinen mir zentral:

1. Die Ergänzungen werden nicht durch nicht-terminale Blätter im Elementarbaum des Valenzträgers repräsentiert, denn sonst sind spezielle Elementarbäume für Vorfeldellipsen notwendig. Ergänzungen verhalten sich daher syntaktisch nicht anders als Angaben.

2. Die Elementarbäume der Ergänzungen eines Verbs können unabhängig vom Elementarbaum des Verbs in die Satzstruktur integriert werden, denn sonst muss für das Gapping ein spezieller Elementarbaum angenommen werden. Es besteht, mit anderen Worten, kein syntaktischer Verbzentrismus.

Diese Eigenschaften hat beispielsweise die TAG-Analyse in Abbildung 8.33, wo spinalisierte Bäume mit der Fusionsoperation verknüpft werden. Spinalisierung und Fusion wurden bereits in Abschnitt 7.4 als Formalismuskomponenten der Spinal-TT-MCTAG eingeführt. Im Unterschied zu einer Modellierung mit Spinal-TT-MCTAG sind die Elementarbäume in Abbildung 8.33 aber nicht Bestandteile

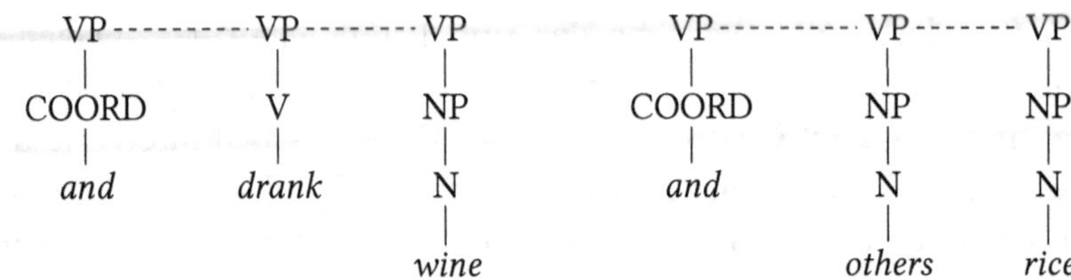

Abbildung 8.33: Genuin unvollständige Analyse der zweiten Konjunkte in (47) und (48) mittels Fusion

einer valenztheoretisch fundierten Multikomponentenstruktur. Tatsächlich wird hier das Valenzprinzip für Elementarstrukturen vollständig aufgegeben und es fehlt jeglicher Valenzbezug in der Syntax.

Dieser TAG-Ansatz der genuinen Unvollständigkeit in der Ellipsenmodellierung und der daraus folgenden Abspaltung von Syntax und Valenz provoziert natürlich eine Reihe grundsätzlicher Fragen:

- Wie erfolgt hier das Argument Linking?

- Was ist der dahinterstehende Syntax-Begriff? Ist er gerechtfertigt?

- Ist es gerechtfertigt, hier noch von einer TAG zu sprechen? Kann man sich nicht mit einem viel ausdrucksschwächeren Formalismus begnügen?

- Was gewinnt man damit? Durch was rechtfertigt sich diese Abkehr vom Vertrauten, abgesehen vom Reiz des Neuen?

Angesichts dieser nicht einfach zu beantwortenden Fragen erstaunt es nicht, dass meines Wissens bisher noch kein Vorschlag in diese Richtung gemacht wurde, sei es im TAG-Framework oder im Rahmen irgendeines anderen Grammatikformalismus.[26] Ich werde die Gelegenheit nutzen und im nächsten Kapitel die Perspektiven eines solchen Ansatzes umreißen und seine Potentiale auszuloten versuchen. Dabei knüpfe ich an die Unterscheidung zwischen Phänogrammatik und Tektogrammatik zur Modellierung von kohärenten Konstruktionen und freier Wortstellung an, die in Abschnitt 6.1.3 thematisiert wurden: Die Tektogrammatik, die Bezugsebene der Valenztheorie, ignoriert dann nicht nur die Kontinuität, sondern auch die Vollständigkeit der Valenzrahmenrealisierung.

---

[26] LTAG-spinal (Shen 2006; Shen et al. 2008) verzichtet zwar auch weitgehend auf eine syntaktische Valenzrepräsentation, wird aber in erster Linie als ein Behelfsmittel für effizientes, inkrementelles LTAG-Parsen eingesetzt und nicht als linguistisches Modell.

# 8.7 Zusammenfassung

In diesem Kapitel habe ich Modellierungsstrategien für elliptische Phänomene und ihre TAG-Umsetzungen dargestellt. Dem valenztheoretisch bestimmten Ellipsebegriff folgend orientiert sich die Taxonomie der Modellierungsstrategien an der vollständigen bzw. unvollständigen syntaktischen Repräsentation des Valenzrahmens. Zu den Modellierungsstrategien, die von einer vollständigen syntaktischen Repräsentation des Valenzrahmens ausgehen, und damit von der Idealisierung der Vollständigkeit, zähle ich Reduktion, Verschmelzung und Füllung:

- Bei der VERSCHMELZUNG werden zwei valenztheoretisch vollständige syntaktische Strukturen kombiniert. Neben der Einschränkung, nur Koordinationsellipsen modellieren zu können, müssen auch hier zusätzliche Verknüpfungsoperationen (conjoin bei Sarkar & Joshi 1996, 1997) bzw. der Verstoß gegen das Valenzprinzip (Seddah 2008; Seddah et al. 2010) in Kauf genommen werden. Zudem führen diese Ansätze eine massive lexikalische Ambiguität mit sich.

- Die REDUKTION operiert auf bereits abgeleiteten, valenztheoretisch vollständigen, syntaktischen Strukturen und ersetzt Teile davon durch phonetisch leere Dummy-Elemente. Dazu zählt der Entankerungsansatz von Lichte & Kallmeyer (2010), der für ein LTAG-Fragment des Englischen entwickelt wurde. Ich konnte zeigen, dass die dortige Bezugnahme auf den Ableitungsbaum auch im TT-MCTAG-Modell des Deutschen als Werkzeug zur Generalisierung von Gappingmustern taugt. Wie die Entankerung im TAG-Framework genau implementiert werden soll, ist jedoch noch offen.

- Bei einer FÜLLUNG fließen die nicht realisierten Valenzrahmenbestandteile in Form von Dummy-Elementarbäumen in die syntaktische Ableitung ein. Dieses Vorgehen findet man bei Seddah & Sagot (2006). Eine gewisse Analogie zum Entankerungsansatz ist zu beobachten, die in der leichten Übertragbarkeit der internen Bedingungen auf dem Ableitungsbaum zum Ausdruck kommt. Allerdings stellt sich, zumindest bei strukturierten Füllungen, das Problem der massiven stringneutralen Übergenerierung. Eine enge derivationelle Verzahnung mit dem Antezedens scheint daher ratsam, muss aber noch genauer ausgearbeitet werden.

Auch wenn gezeigt werden konnte, dass der Ableitungsbaum eine ausreichend informative Bezugsgröße bei der Implementierung von Reduktion und Füllung darstellt, ist damit natürlich noch nicht die eingangs gestellte Frage beantwortet, wie die Idealisierung der Vollständigkeit umgangen werden kann. Um darauf eine Antwort zu geben, habe ich mich zuletzt solchen Modellierungsstrategien zugewandt, die eine unvollständige syntaktische Repräsentation des Valenzrahmens ermöglichen. Eine wichtige Einsicht war hier, dass Unvollständigkeit in der Repräsentation nicht notwendigerweise mit einer fehlenden Idealisierung der Vollständigkeit einhergeht:

- Als OBERFLÄCHLICH UNVOLLSTÄNDIG bezeichne ich Ansätze, die zwar unvollständige Elementarstrukturen erlauben, diese aber speziell lizenzieren und interpretieren. Einen Vorschlag in diese Richtung macht Sarkar (1997). Abgesehen davon, dass hier weniger Struktur in den Elementarbäumen stipuliert wird und die Ableitungen in den Ableitungsbäumen kompakter repräsentiert werden können, besteht innerhalb des TAG-Frameworks kein wesentlicher Unterschied zu Füllungsansätzen mit unstrukturierten Füllungen.

An die Stelle der weggelassenen Valenzrahmenbestandteile treten also syntaktische Kompensationsregeln. Dies gilt nicht nur für den TAG-Framework, sondern für alle hier untersuchten Frameworks mit irgendwie unvollständigen Repräsentationen. Der Weg führt also über den Ausschluss solcher Kompensationsregeln:

- GENUIN UNVOLLSTÄNDIG sind solche Ansätze, die unvollständige Valenzrealisierungen mittels Standardregeln modellieren. Das heißt mit anderen Worten, dass unvollständige Repräsentationen nicht als Spezialfall, sondern als Normalfall behandelt werden.

Meines Wissens wurden genuin unvollständige Repräsentationen bei der Ellipsenmodellierung bisher noch nicht vorgeschlagen, geschweige denn detailliert ausgearbeitet. Das ist verständlich, wenn man sich die weitreichenden Konsequenzen für die Grammatikarchitektur klar macht, nämlich das Verschwinden der valenzinduzierten Trichotomie syntaktischer Einheiten (in Valenzträger, Ergänzung und Angabe), und damit die Trennung von Syntax und Valenz. Es erscheint mir also nicht übertrieben, der Konkretisierung eines solchen Grammatikmodells das ganze nächste Kapitel zu widmen.

# Teil III

# Syntax ohne Valenz

# 9 Syntax ohne Valenz

In diesem Kapitel werde ich einen Grammatikformalismus, Synchronous Tree
Unification Grammar (STUG), vorstellen, der sich von all den Grammatikformalismen, die in den vorangegangenen Kapiteln erwähnt wurden, in einem zentra-
len Aspekt unterscheidet: Er lässt eine strikte Trennung von Syntax und Valenz
zu. Syntax wird hier verstanden als Mechanismus, mit dem Konstituenstruk-
turen über Worttoken erzeugt werden, und Valenz gilt als das lexikalisch determi-
nierte Potential von Worttoken, anderen kookkurrenten Worttoken bestimmte
Valenzrollen zuzuweisen.

Da dieser neuartige Grammatikformalismus nicht weniger leisten sollte als die
untersuchten TAG-Varianten, allen voran TT-MCTAG, ergibt sich der folgende
Anforderungskatalog:

1. Es sollte immer noch möglich sein, die Valenzbeziehungen zwischen den
   Satzgliedern zu ermitteln, also ein **Argument Linking** durchzuführen, und
   dabei die spezifische Valenzeigenschaften der Valenzträger zu berücksichtigen, bzw. Verstöße dagegen zu registrieren.

2. Der Grammatikformalismus sollte die Fähigkeit haben, das **Argument-Lin-
   king bei kohärenten Konstruktionen**, also insbesondere das Potential zu
   diskontinuierlichen Valenzrahmenrealisierungen, korrekt zu modellieren.

3. Entsprechend der Vorgaben aus dem letzten Kapitel sollte der Grammatikformalismus eine **genuin unvollständige Ellipsenmodellierung** ermöglichen.

4. Der Grammatikformalismus sollte immer noch **computationell beherrsch-
   bar** sein und auch die übrigen MCS-Eigenschaften besitzen.

Ich werde mich in diesem Kapitel auf die Punkte 1–3 konzentrieren und klammere den vierten Punkt aus.

Beginnen möchte ich mit einer Einführung in die Funktionsweise des STUG-
Formalismus und mit seiner Definition. In Abschnitt 9.2 folgen dann Fallstudi-
en zur Kohärenzmodellierung, bevor ich in Abschnitt 9.3 Wege der Ellipsenmo-

dellierung demonstriere. Den Abschluss des Kapitels bildet Abschnitt 9.4 mit einer Aufarbeitung grammatiktheoretischer Anknüpfungspunkte des dargelegten STUG-Modells.

## 9.1 Synchronous TUG

### 9.1.1 Idee

Die Trennung von Syntax und Valenz bedeutet zwar, dass die syntaktischen Elementarstrukturen und Verknüpfungsoperationen keinerlei Reflex der valenztheoretischen Eigenschaften der beteiligten Worttoken zeigen; es bedeutet jedoch nicht, dass überhaupt kein Zusammenhang zwischen syntaktischer Struktur und Valenzstruktur bestehen kann. Vielmehr nehme ich an, dass die syntaktische Struktur und die dazugehörige Valenzstruktur paarweise auftreten und dass die Knoten der syntaktischen Struktur mit Knoten der Valenzstruktur verlinkt sind. Einen Vorgeschmack bietet Abbildung 9.2 auf S. 316.

Das erinnert stark an die Gestalt der Elementarstrukturen einer Synchronous TAG (STAG, Shieber & Schabes 1990; Shieber 1994; Nesson & Shieber 2008), wo syntaktische und semantische Repräsentationen gebündelt und verlinkt werden können. Die syntaktische Seite bilden dort aber gewöhnliche TAG-Elementarbäume, die dem Valenzprinzip unterliegen und per Substitution und Adjunktion verknüpft werden. Sowohl das Valenzprinzip als auch die Baumersetzungsoperationen spielen dagegen bei STUG (fast) gar keine Rolle. Vielmehr kommt als Verknüpfungsoperation eine Form der Baumunifikation zum Einsatz, die es so ähnlich bereits in der Tree Unification Grammar (TUG, Popowich 1989; Gerdes 2004) gibt und der STUG den Namen verdankt.

STUG scheint außerdem der Lexical-Functional Grammar (LFG, Kaplan & Bresnan 1982; Dalrymple 2001; Asudeh & Toivonen 2009) recht ähnlich zu sein, zumindest was die formale Architektur betrifft. LFG unterscheidet eine syntaktische C-Struktur („c-structure") und eine zur Repräsentation der Valenz bestimmte F-Struktur („f-structure"), welche durch eine Korrespondenz-Funktion („correspondence function") miteinander verlinkt sind. Ein wesentlicher Unterschied scheint mir z. B. zu sein, dass die C-Struktur durch eine übliche endozentrische Phrasenstrukturgrammatik gebildet wird, dass also die Realisierung des Phrasenkopfes idealisiert wird. Das führt, wie wir im letzten Kapitel gesehen haben, dazu, dass Gapping-Daten mit leerem verbalem Kopf analysiert werden müssen. Im Verlauf dieses Kapitels werden wir sehen, dass STUG im Unterschied dazu genuin unvollständige Repräsentationen erzeugen kann.

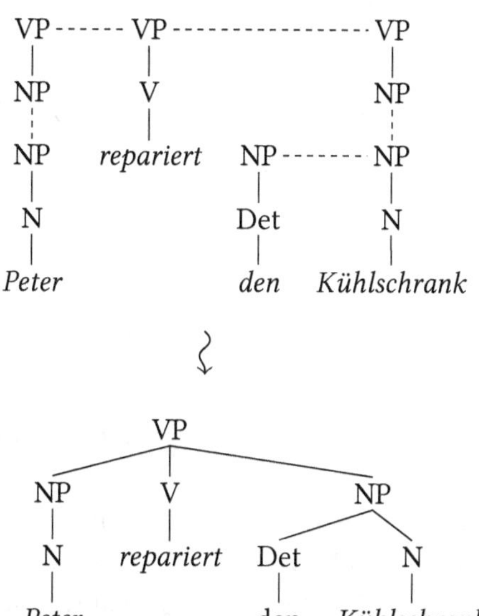

Abbildung 9.1: Ableitung der syntaktischen Struktur von (1) mittels Fusion und Substitution

## 9.1.2 Einfache Sätze mit Aktiv-Passiv-Diathesen

Für die Demonstration der Funktionsweise einer STUG betrachten wir zunächst den einfachen aktivischen Satz in (1):

(1)    Peter repariert den Kühlschrank.

Die Derivation von (1) ist in Abbildung 9.1 dargestellt. Die horizontalen gestrichelten Linien deuten Fusionen an, die vertikalen gestrichelten Linien stehen für Substitutionen. Wie bei der Definition der Spinal-TT-MCTAG-Ableitungsbäume (siehe Definition 23, S. 256) nehme ich im Folgenden die Einschränkung vor, dass nur Wurzelknoten fusionieren können. Die Substitution verwende ich in ihrer üblichen Form. Auf die Wurzeladjunktion, die noch bei Spinal-TT-MCTAG zum Einsatz kam, können wir hier verzichten, da die Lokalitätsbestimmung nicht von der Wahl der Verknüpfungsoperation abhängt. Das Konzept der Node-Sharing-Lokalität wird also ebenfalls nicht benötigt.

Die Fusion ist auf zweierlei Weise beschränkt: (i) Die fusionierende Knoten müssen ein identisches Label tragen und (ii) die Kette der Tochterknotenlabel muss in der Sprache desjenigen endlichen Automaten sein, auf den das Label des Mutterknotens abgebildet wird. Der Fusionsbegriff wird also unverändert von Spinal-TT-MCTAG übernommen (siehe Definition 22, S. 255).

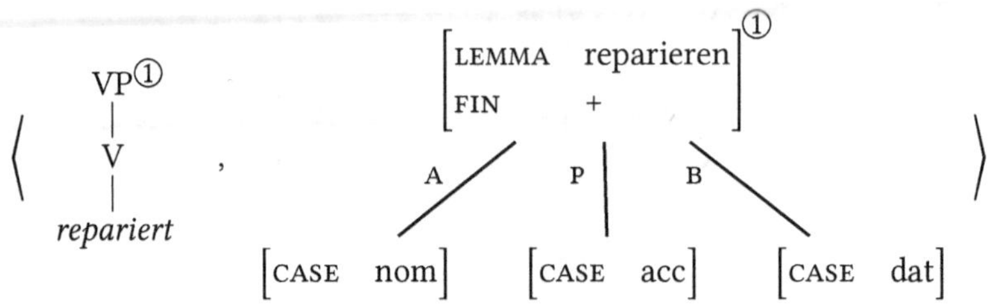

Abbildung 9.2: STUG-Tupel für *repariert*

Einer syntaktischen Struktur wie in Abbildung 9.1 und den dort enthaltenen Elementarbäumen wird in einer STUG eine Valenzstruktur (bzw. eine Menge von Valenzstrukturfragmenten) zur Seite gestellt. Der Elementarbaum des finiten Verbs *repariert* ist dementsprechend das erste Element des 2-Tupels in Abbildung 9.2, dessen zweites Element die Valenzstruktur darstellen soll. In dieser Arbeit schreibe ich die Valenzstruktur als Baum mit komplexen Knotenlabeln und atomaren Kantenlabeln auf, worin die Knoten für Valenzträger bzw. Valenzrollen stehen und die Kanten für Valenzbeziehungen, die durch das Kantenlabel unterschieden werden. Der dominierende Knoten spezifiziert jeweils einen Valenzträger und seine Tochterknoten jeweils die dazugehörigen Valenzrollen. Die Valenzstruktur in Abbildung 9.2 bedeutet also, dass der Valenzträger drei Valenzrollen mit je unterschiedlichem Kasusmerkmal hat, wobei sich die Valenzbeziehungen entsprechend der Kantenlabel (A(GENS), P(ATIENS), B(ENEFICANS)) unterscheiden.[1] Den folgenden Ausführungen lege ich ein funktionales Verständnis der Valenzbeziehungen zugrunde, will sagen: Die von einem Mutterknoten ausgehenden Kanten haben paarweise verschiedene Label. Dieses funktionale Verständnis ließe sich ohne Weiteres durch funktionale Merkmale einer Merkmalsstruktur formalisieren.[2] Ich verwende hier jedoch eine Baumdarstellung, um auch Kantenlabel unterspezifizieren zu können (siehe z. B. Abbildung 9.3).

STUG-Tupel enthalten mindestens einen Link zwischen einem Knoten der syntaktischen Struktur und einem Knoten der Valenzstruktur, annotiert mit den Linklabeln ①, …, ⓝ. In Abbildung 9.2 besteht ein solcher Link zwischen den Wurzelknoten der Tupel-Elemente. Bei der Verknüpfung zweier STUG-Tupel dürfen

---

[1] Für den Ergänzungsstatus des benefikativen Dativs (bzw. des dativus commodi/incommodi) argumentiert z. B. Wegener (1985: 115).

[2] Die „syntax-semantics interface representations" aus Hahn & Meurers (2011), die dem Sinn und Zweck der Valenzstrukturen nahe kommen, sind zwar Merkmalsstrukturen, stellen die Valenz eines Valenzträgers allerdings als Liste von Ergänzungen dar. Dort müsste der funktionale Charakter der Valenzrollen also auch zusätzlich stipuliert werden.

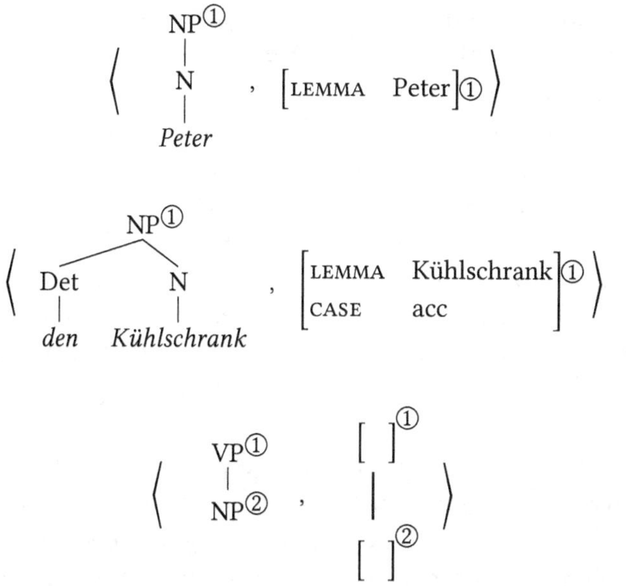

$$\left\langle \quad \begin{array}{c} \text{NP}① \\ | \\ \text{N} \\ | \\ \textit{Peter} \end{array} \quad , \quad \left[\text{LEMMA} \quad \text{Peter}\right]① \quad \right\rangle$$

$$\left\langle \quad \begin{array}{c} \text{NP}① \\ \diagup \quad \diagdown \\ \text{Det} \qquad \text{N} \\ | \qquad | \\ \textit{den} \quad \textit{Kühlschrank} \end{array} \quad , \quad \left[\begin{array}{ll} \text{LEMMA} & \text{Kühlschrank} \\ \text{CASE} & \text{acc} \end{array}\right]① \quad \right\rangle$$

$$\left\langle \quad \begin{array}{c} \text{VP}① \\ | \\ \text{NP}② \end{array} \quad , \quad \begin{array}{c} [\ \ ]^① \\ | \\ [\ \ ]^② \end{array} \quad \right\rangle$$

Abbildung 9.3: Weitere elementare STUG-Tupel für die Derivation von (1)

nur solche Valenzstrukturknoten mit Link unifiziert werden, die mit einem identischen syntaktischen Knoten verlinkt sind, also dasselbe Linklabel tragen. Dazu gleich mehr.

Die für die Ableitung in Abbildung 9.1 außerdem notwendigen STUG-Tupel für die nominalen Ergänzungen sind in Abbildung 9.3 aufgelistet. Da ich die NP-interne Syntax an dieser Stelle ausklammern möchte, ist *den Kühlschrank* als bereits abgeleitetes Tupel enthalten. Des weiteren simplifiziere ich die Valenzstruktur der Nomina, da uns in dieser Arbeit allein die Verbvalenz interessiert. Bei den STUG-Tupeln in Abbildung 9.3 sticht das letzte Tupel heraus, das für die Anknüpfung der NP-Konstituenten an den VP-Knoten benötigt wird. Seine Valenzstruktur besteht aus einer nicht weiter spezifizierte Valenzbeziehung, deren Valenzträger mit dem VP-Knoten und deren Valenzrolle mit dem NP-Knoten verlinkt sind.

Wie werden nun die Valenzstrukturen der STUG-Tupel in Abbildung 9.2 und 9.3 bei der Derivation der syntaktischen Struktur in Abbildung 9.1 kombiniert? Man kann einen Vereinigungs- und einen Unifikationsschritt unterscheiden. Abbildung 9.4 gibt dafür ein Beispiel: Werden zwei Syntaxbäume $\sigma_1$ und $\sigma_2$ per Fusion oder Substitution zu $\sigma'$ verknüpft, dann werden die Tupel $\langle \sigma_1, V_1 \rangle$, $\langle \sigma_2, V_2 \rangle$ durch das Tupel $\langle \sigma', V_1 \cup V_2 \rangle$ ersetzt. Die Valenzstrukturen $V_1$ und $V_2$ werden also zunächst vereinigt, was darauf hindeutet, dass es sich beim zweiten Element eines STUG-Tupels eigentlich um eine Menge von Valenzstrukturen (bzw. Valenzstrukturfragmenten) handelt. Zur Vereinfachung der Darstellung der STUG-Tupel verzichte ich bei einelementigen Valenzstrukturmengen meist auf die Mengenklammer. Das Ergebnis dieses Vereinigungsschritts ist in Abbildung 9.4 im ersten Tupel wiedergegeben, wobei dort der Übersichtlichkeit halber die Valenzstrukturen der nominalen Ergänzungen bereits unifiziert wurden.

Wie man in Abbildung 9.4 außerdem sehen kann, werden die Links beim Vereinigungsschritt übernommen: Die Links zu einem ersetzten Knoten beziehen sich danach auf den ersetzenden Knoten. Die Linklabel werden dabei so gewählt, dass zuvor unterschiedliche Links auch nach der Vereinigung ein unterschiedliches Label tragen.

Der Unifikationsschritt führt schließlich die Elemente der Valenzstrukturmenge zu einer zusammenhängenden Valenzstruktur zusammen. Unifizieren zwei Valenzstrukturen, so werden (unter Beibehaltung der jeweiligen Dominanzverhältnisse) beliebig viele ihrer Knoten und Kanten identifiziert und deren Label unifiziert. Die Unifikation von Valenzstrukturen operiert also auf ganzen Bäumen, wodurch sie sich wesentlich von der Wurzelknotenfusion in der syntaktischen Struktur, geschweige denn von der Verknüpfungsoperation bei STAG, unterscheidet. Zwei STUG-spezifische Einschränkungen kommen bei der Valenzstrukturunifikation hinzu: (i) Valenzstrukturen können nur unifizieren, wenn dabei mindestens zwei Knoten unifiziert werden, die mit einem identischen Syntaxknoten verlinkt sind; (ii) Knoten mit Link können nur unifizieren, wenn sie mit einem identischen Syntaxknoten verlinkt sind. Damit wird die Unifizierbarkeit an die Zugehörigkeit zu einer syntaktischen Lokalitätsdomäne geknüpft. In Abbildung 9.4 ist ein mögliches Ergebnis des Unifikationsschrittes im zweiten Tupel zu sehen. Die Unifikation der *Peter*-Valenzstruktur mit der Agensrolle ist dabei keineswegs alternativlos – sie könnte auch mit der Benefikans-Rolle unifizieren. Wie die Realisierung der Agensrolle erzwungen werden kann, werden wir weiter unten in Abschnitt 9.3 und 9.4.4 sehen.

Wenn ich von Realisierung einer Valenzrolle spreche, dann meine ich die Spezifizierung des LEMMA-Merkmals in einem Valenzrollenknoten. Man beachte, dass die LEMMA-Spezifizierung keine Bedingung für die Wohlgeformtheit einer Valenzstruktur darstellt. Valenzrollen und Valenzträger können beliebig unterspezifiert sein.

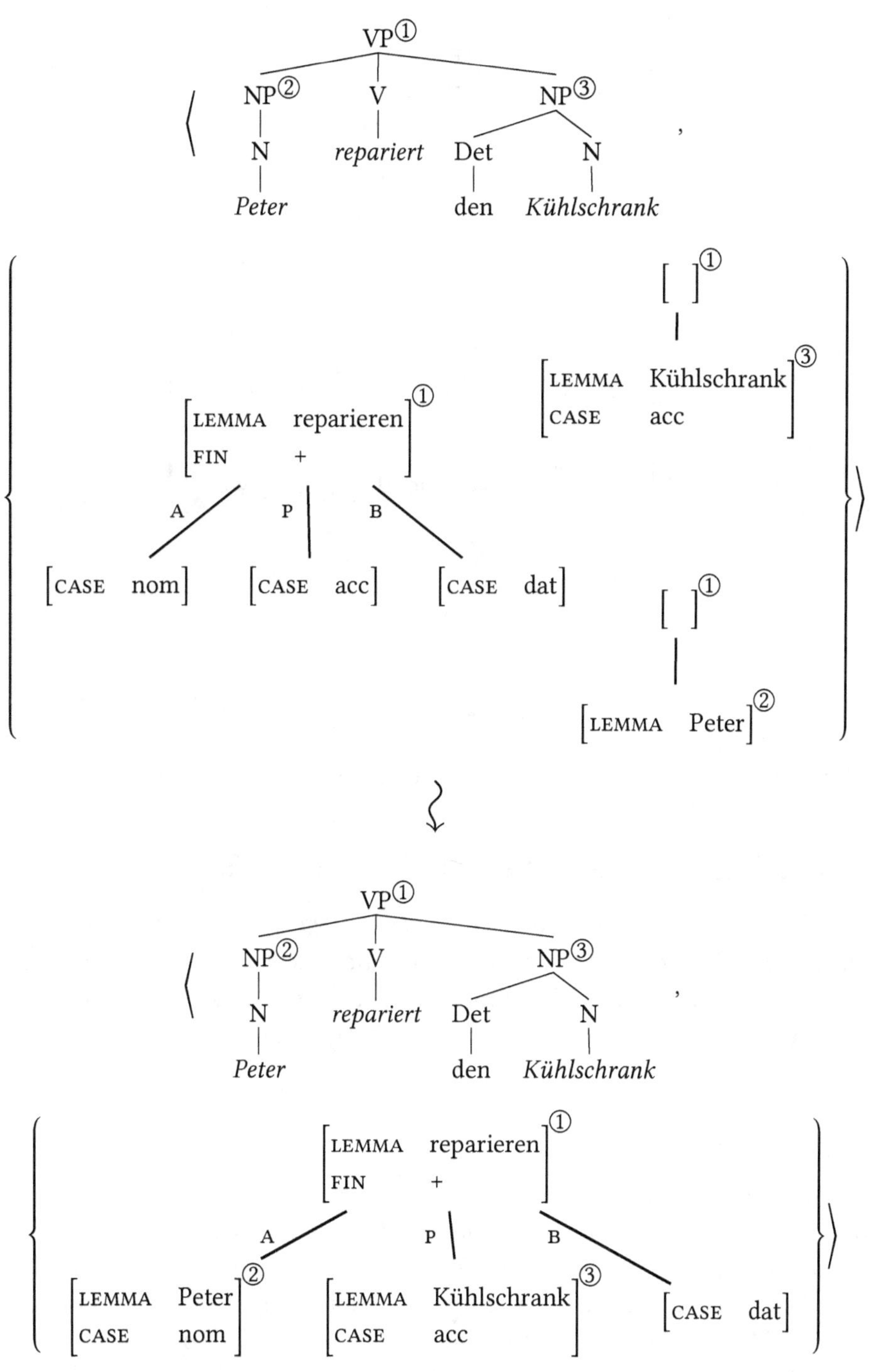

Abbildung 9.4: STUG-Ableitung für (1)

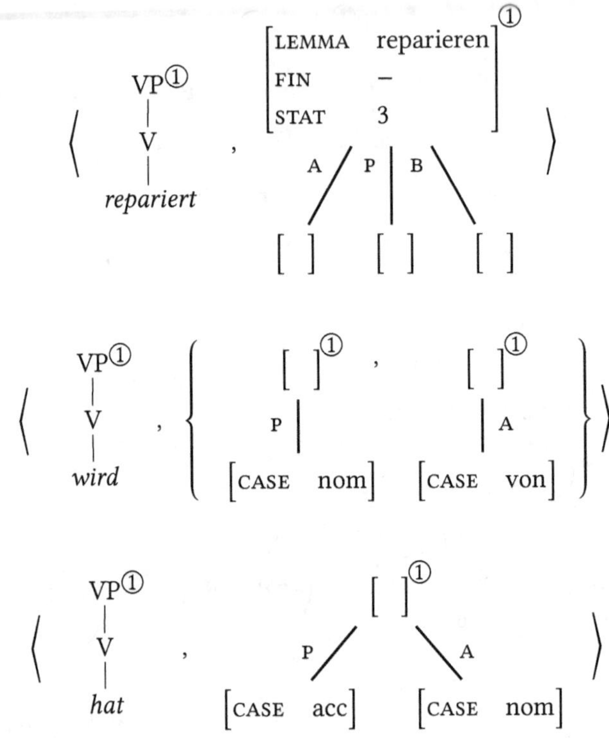

Abbildung 9.5: Verbale STUG-Tupel für Passiv- und Perfektkonstruktionen

### 9.1.3 Kurzbeispiele: Passiv, Perfekt und Voranstellung

Soweit die Darstellung der elementaren Wesenszüge des STUG-Formalismus. Im Folgenden möchte ich, um einen besseren Eindruck der Modellierungswege zu vermitteln, die sich mit STUG eröffnen, kurz auf die passivische und die perfektivische Variante unseres Eingangsbeispiels in (1) eingehen:

(2)  a.  Der Kühlschrank wird von Peter repariert.

 b.  Peter hat den Kühlschrank repariert.

Wenn wir von den STUG-Tupeln aus der obigen Fallstudie ausgehen, reicht die Hinzunahme der STUG-Tupel in Abbildung 9.5, um den Sätzen in (2) eine STUG-Analyse angedeihen zu lassen. Das STUG-Tupel für das Partizip *repariert* unterscheidet sich von der finiten Variante (siehe Abbildung 9.2) in den morphosyntaktischen Merkmalen im Wurzelknoten und dem Grad der Spezifizierung in den Valenzrollenknoten. Tatsächlich sind die Agens- und Patiensrolle vollkommen unspezifiziert. Diese Eigenschaft macht das *repariert*-Tupel sowohl für Passiv-

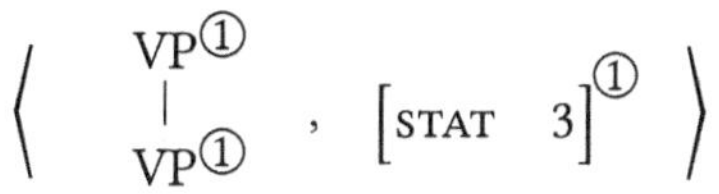

$$\left\langle\quad \begin{array}{c} \text{VP}^{\textcircled{1}} \\ | \\ \text{VP}^{\textcircled{1}} \end{array} \quad , \quad \left[\text{STAT} \quad 3\right]^{\textcircled{1}} \quad \right\rangle$$

Abbildung 9.6: Einbettendes STUG-Tupel für die Derivation der partiellen Voranstellung in (3)

als auch für Perfekt-Konstruktionen verwendbar, indem die notwendige Spezifizierung durch das jeweilige Hilfsverb beigesteuert wird. Dass dabei die Valenzrollen in getrennte Valenzstrukturfragmente aufgeteilt werden, hat in dem hier betrachteten Beispiel keine besondere Auswirkung. Bei der STUG-Analyse des Fernpassivs, auf die ich im nächsten Abschnitt eingehe, spielt das allerdings eine Rolle, da so die Valenzstrukturfragmente mit unterschiedlichen Valenzträgern unifizieren können.

Als nächstes möchte ich den Blick auf die Modellierung partieller Voranstellungen wie der in (3) lenken:

(3)     Der Kühlschrank repariert wird von Peter.

Für solche Fälle benötigt man ein spezielles unlexikalisiertes STUG-Tupel wie das in Abbildung 9.6, das die Vorfeldbündelung veranlasst. In der Valenzstruktur wird hier nur ein Knoten angenommen, der mit beiden Syntaxknoten verlinkt ist. Auf diese Weise können die beiden nominalen Ergänzungen *der Kühlschrank* und *von Peter* gleichermaßen mit dem Valenzträger *repariert* unifizieren. Die Einschränkung auf Status-3-Verben kann mittels eines morphosyntaktischen Merkmals in der Valenzstruktur vollzogen werden. Die Voranstellung von Status-2-Verben verlangt nämlich eine etwas andere Valenzstruktur nebst Verlinkung, wie wir gleich sehen werden. Ein Nachteil der Lösung in Abbildung 9.6 scheint jedoch in ihrer großen Permissivität zu liegen, da auch die unakzeptable Voranstellung mit Subjekt in (4a) lizenziert wird:

(4)     a.     *Peter gelesen hat den Roman.          (Gerdes 2004: Abbildung 6)
        b.     Ein Außenseiter gewonnen hat hier noch nie.     (Haider 1990: 10-d)

Andererseits ist gerade diese Permissivität für die Modellierung des vergleichbaren aber wesentlich akzeptableren Voranstellungsdatums in (4b) notwendig. Außerdem wurde bei der Datendiskussion in Abschnitt 3.4.2 vorsichtig vermutet, dass für die Unakzeptabilität von (4a) diskurs- und informationsstrukturelle Faktoren verantwortlich zu machen sind. Ich halte die Derivation von (4a) also für das kleinere Übel.

### 9.1.4 Desiderata

Bevor eine erste Definition von STUG vorgenommen und danach auf die Modellierung kohärenter und elliptischer Konstruktionen eingegangen wird, möchte ich kurz auf zwei Desiderata hinweisen, nämlich die Modellierung von Angaben und die Modellierung der Stellungsvarianten im Verbalkomplex. Deren Klärung ist für ein umfassendes STUG-Modell des Deutschen sicherlich wichtig, aber keine Voraussetzung für den Fortlauf des Kapitels, da hier andere Phänomene im Fokus stehen.

Bisher wurden Valenzträger und Ergänzungen betrachtet, doch wie können Angaben in das STUG-Modell integriert werden? Folgt man dem klassischen Valenzbegriff aus Kapitel 2, dann ist die Integration in die Valenzstruktur konzeptuell unangemessen, da sich Angaben ja gerade nicht in einer Valenzbeziehung zu einem Valenzträger befinden sollen. Ich schlage es aber trotzdem vor und berufe mich dabei auf einen Valenzbegriff, der sich an Storrers Situationsvalenz orientiert und den ich in Abschnitt 9.4 noch etwas genauer darstellen will. Angaben sollen also wie Ergänzungen als Valenzrollenknoten in der Valenzstruktur auftauchen, wobei dann entsprechende Kantenlabel (T(EMPUS), L(OCUS), D(IRECTIO), M(ODUS), ...) eingesetzt werden. Ein technisches Problem dieser Integration ist jedoch, dass der funktionale Charakter der Valenzrollen, der für Ergänzungen aus gutem Grund gelten soll, der Iterierbarkeit von Angaben nicht gerecht wird:

(5)     Am Freitag wollte Peter nach dem Abendessen den Kühlschrank reparieren.

Um Sätze wie (5) mit iterierter Tempusbestimmung korrekt zu erfassen, kann man zu folgendem Trick greifen: Man verwendet doch komplexe Kantenlabel, bestehend aus einem Valenzrollenmerkmal und einem zweiten Merkmal, z. B. einem Positionsmerkmal, das allerdings nur bei iterierbaren Valenzrollen spezifiziert ist. Dadurch unterscheiden sich die Kantenlabel aller iterierbaren Valenzrollen und müssen daher nicht unifiziert werden.

Das zweite Desideratum betrifft die Wortstellung im Verbalkomplex. Das dargestellte STUG-Modell unterscheidet nämlich nicht zwischen den beiden Stellungsvarianten in (6):

(6)     a.    dass Peter den Kühlschrank reparieren will
        b.    ?dass Peter den Kühlschrank will reparieren

Um bestimmte Stellungsvarianten wie die in (6b) zu blockieren, ohne die flache Phrasenstruktur aufzugeben, könnte man eine Indizierung des Verbalkomplex durchführen und den Positionsindex als morphologisches Merkmal in die Valenzstruktur übertragen. Das regierende Verb könnte dann auf diesen Positionsindex zugreifen und (mittels eines simplen Nachfolgeoperators) die korrekte Adjazenz sicherstellen. Ein solcher Mechanismus wäre auch nötig, um bei flacher Phrasenstruktur kreuzende Abhängigkeiten im Niederländischen und Schweizerdeutschen korrekt zu analysieren und damit eines der MCS-Kriterien zu erfüllen.[3]

## 9.1.5 Definitionen

Die STUG-Tupel bestehen aus einer syntaktischen Struktur und einer Menge von Valenzstrukturen. Die Unterschiede dieser Strukturtypen werden in folgenden Definitionen sichtbar:

**Definition 24 (Syntaktische Struktur)** *Sei $D = \langle E, V \rangle$ ein Baum. Eine syntaktische Struktur ist ein geordneter Baum $D_{syn} = \langle E, V, N, T, l_V \rangle$ mit einer Knotenlabelfunktion $l_V : V \rightarrow N \cup T$, wobei gilt:*

- *$D_{syn}$ hat mindestens zwei Knoten.*

- *$N, T$ sind disjunkte Alphabete nicht-terminaler und terminaler Symbole.*

- *Wenn $l_v(v) \in T$, dann ist $v$ ein Blatt in D.*

**Definition 25 (Valenzstruktur)** *Sei $D = \langle E, V \rangle$ ein Baum. Eine Valenzstruktur ist ein ungeordneter Baum $D_{val} = \langle E, V, F, W, l_V, R, l_E \rangle$ mit einer Knotenlabelfunktion $l_V : V \rightarrow 2^{F \times W}$ und einer Kantenlabelfunktion $l_E : E \rightarrow R$, wobei gilt:*

- *$l_V(v)$ für beliebiges $v \in V$ ist eine partielle Funktion $l_V(v) : F \rightarrow W$, d. h. eine Menge von Merkmal-Wert-Paaren mit Merkmalen $F$ und Werten $W$.*

- *$R$ ist eine Menge von Valenzrollenkürzeln.*

- *Es gibt keine paarweise verschiedenen Knoten $v, v_i, v_j \in V$, so dass $((v, v_i), r) \in l_E$ und $((v, v_j), r) \in l_E$ für beliebiges $r \in R$.*

Syntaktische Strukturen sind linear geordnet, haben atomare Knotenlabel und keine Kantenlabel. Valenzstrukturen sind dagegen linear ungeordnet, verfügen über komplexe Knotenlabel in Form funktionaler Merkmalsstrukturen und über

---

[3] Dies führt freilich dazu, dass die Menge der Knoten- und Kantenlabel unendlich ist.

atomare Kantenlabel. Letztere sind in einer Valenzstruktur jedoch nicht beliebig verteilt, denn die von einem Knoten ausgehenden Kanten tragen paarweise verschiedene Kantenlabel.

Basierend auf diesen Strukturtypen lässt sich die Form eines STUG-Tupels folgendermaßen definieren, wobei $P(A)$ eine Partition der Menge $A$ bedeutet soll:

**Definition 26 (STUG-Tupel)** *Ein STUG-Tupel ist ein Tupel der Form* $\langle \sigma, \{\phi_1, \ldots, \phi_n\}, \frown \rangle$ *bestehend aus einer syntaktischen Struktur* $\sigma$*, einer Menge von Valenzstrukturen* $\{\phi_1, \ldots, \phi_n\}$ *und einer Verlinkung* $\frown$*, für die gilt:*

- $\frown: P(V_\sigma) \to 2^{V_{\phi_1} \cup \ldots \cup V_{\phi_n}}$*, wobei* $V_\sigma$ *die Knoten aus* $\sigma$ *und* $V_{\phi_1}, \ldots, V_{\phi_n}$ *die Knoten aus* $\phi_1, \ldots, \phi_n$ *sind.*

- *Für jedes* $\phi_i \in \{\phi_1, \ldots, \phi_n\}$ *mit Knoten* $V_i$ *existiert mindestens ein* $\langle V_{syn}, V_{val} \rangle \in \frown$ *mit* $V_i \cap V_{val} \neq \emptyset$*.*

Bemerkenswert an dieser STUG-Tupel-Definition ist sicherlich die Definition der Verlinkung, indem nämlich eine Partition von Syntaxknoten auf eine Potenzmenge von Valenzstrukturknoten abgebildet wird. Die Folge ist, dass die Syntaxknoten an maximal einer Verlinkung beteiligt sind, wogegen die Valenzstrukturknoten an beliebig vielen Verlinkungen beteiligt sein können. Die Mehrfachverlinkung kann z. B. bei der Modellierung der partiellen Voranstellung und der 3. Konstruktion nötig sein (siehe Abbildung 9.12, S. 332).

Diese Art der Verlinkung unterscheidet sich wesentlich von der Verlinkung in STAG, die dort als Menge von Knotenpaaren definiert ist. Warum diese Abweichung? Eine Verlinkung mittels Knotenpaaren würde STUG nicht mit der nötigen Ausdrucksstärke ausstatten, z. B. um die partielle Voranstellung in (10) auf Seite 333 wie in Abbildung 9.13 auf Seite 334 zu modellieren: Der vorangestellte eingebettete Valenzträger könnte dann nicht mit den Ergänzungen verknüpft werden, die im Mittelfeld der Matrix-VP platziert sind. Eine Verlinkung mittels Knotenmengenpaaren lässt dagegen die benötigte Flexibilität zu.

Wiederum basierend auf den Definitionen für syntaktische Strukturen, Valenzstrukturen und STUG-Tupeln lässt sich eine STUG folgendermaßen definieren:

**Definition 27 (Synchronous TUG)** *Eine Synchronous Tree Unification Grammar ist ein Tupel STUG* $= \langle N, T, \Gamma_{syn}, fsa, F, W, R, \Gamma_{val}, \Gamma_{stug} \rangle$*, wobei gilt:*

- $\Gamma_{syn}$ *ist eine Menge elementarer syntaktischer Strukturen mit Knotenlabeln* $N \cup T$*.*

- $fsa : N \to M$ *mit* $M$ *als der Menge der endlichen Automaten.*

- $\Gamma_{val}$ *ist eine Menge elementarer Valenzstrukturen mit Knotenlabeln aus* $2^{F \times W}$ *und den Kantenlabeln R.*

- $\Gamma_{stug} \sqsubseteq \{\langle \sigma, \{\phi_1, \ldots, \phi_n\}, \frown \rangle \mid \sigma \in \Gamma_{syn} \land \phi_1, \ldots, \phi_n \in \Gamma_{val}\}$ *sind elementare STUG-Tupel.*

Entsprechend ihrer drei Teile werden die STUG-Tupel einer STUG in einem komplexen Ableitungsschritt kombiniert: Syntaktische Strukturen werden mittels und verknüpft, wobei die endlichen Automaten in *fsa* die Fusion regulieren (siehe Definition 22, S. 255); Valenzstrukturmengen werden vereinigt und die Verlinkungen (entsprechend der syntaktischen Verknüpfungsoperation) zusammengefügt:

**Definition 28 (STUG-Ableitungsschritt)** *Seien* $\langle \sigma_i, \phi_i, \frown_i \rangle$ *und* $\langle \sigma_j, \phi_j, \frown_j \rangle$ *abgeleitete STUG-Tupel oder Instanzen elementarer STUG-Tupel. Entsteht durch Fusion oder Substitution von* $\sigma_i$ *und* $\sigma_j$ *eine syntaktische Struktur* $\sigma_{ij}$, *dann werden* $\langle \sigma_i, \phi_i, \frown_i \rangle$ *und* $\langle \sigma_j, \phi_j, \frown_j \rangle$ *durch* $\langle \sigma_{ij}, \phi_i \cup \phi_j, \frown_{ij} \rangle$ *ersetzt.*

*Seien im Folgenden* $v_i$ *ein Knoten aus* $\sigma_i$ *und* $v_j$ *ein Knoten aus* $\sigma_j$. *Sei ferner* $\langle V^i_{syn}, V^i_{val} \rangle \in \frown_i$ *mit Knotenmengen* $V^i_{syn}, V^i_{val}$ *und* $v_i \in V^i_{syn}$ *und sei* $\langle V^j_{syn}, V^j_{val} \rangle \in \frown_j$ *mit Knotenmengen* $V^j_{syn}, V^j_{val}$ *und* $v_j \in V^j_{syn}$:

- *(Substitution) Wird in* $\sigma_{ij}$ $v_i$ *durch* $v_j$ *ersetzt, dann gilt:*
$$\frown_{ij} = \frown_i \setminus \{\langle V^i_{syn}, V^i_{val} \rangle\} \cup \frown_j \setminus \{\langle V^j_{syn}, V^j_{val} \rangle\} \cup \{\langle V^i_{syn} \setminus \{v_i\} \cup V^j_{syn}, V^i_{val} \cup V^j_{val} \rangle\}$$

- *(Fusion) Werden in* $\sigma_{ij}$ $v_i$ *und* $v_j$ *durch* $v_{ij}$ *ersetzt, dann gilt:*
$$\frown_{ij} = \frown_i \setminus \{\langle V^i_{syn}, V^i_{val} \rangle\} \cup \frown_j \setminus \{\langle V^j_{syn}, V^j_{val} \rangle\} \cup \{\langle V^i_{syn} \setminus \{v_i\} \cup V^j_{syn} \setminus \{v_j\} \cup \{v_{ij}\}, V^i_{val} \cup V^j_{val} \rangle\}$$

Das Resultat dieses STUG-Ableitungsschritts ist also ein STUG-Tupel mit einer Menge von Valenzstrukturen, die zwar verlinkt, aber noch nicht unifiziert sind. Die Valenzstrukturunifikation ist tatsächlich von der STUG-Ableitung unabhängig und erfolgt in einem nachfolgenden Schritt. Um zu verstehen, was genau bei der Unifikation zweier Valenzstrukturen unifiziert, hilft das Konzept der isomorphen Teilbäume:

**Definition 29 (Isomorphe Teilbäume)** *Seien* $D_i = \langle E_i, V_i \rangle$ *und* $D_j = \langle E_j, V_j \rangle$ *Bäume. Seien ferner* $D'_i = \langle E'_i, V'_i \rangle$ *mit* $E'_i \subseteq E_i$, $V'_i \subseteq V_i$ *und* $D'_j = \langle E'_j, V'_j \rangle$ *mit* $E'_j \subseteq E_j$, $V'_j \subseteq V_j$ *Teilbäume von* $D_i$ *und* $D_j$. $D'_i$ *und* $D'_j$ *sind isomorphe Teilbäume, falls es eine Bijektion* $f : V'_i \to V'_j$ *gibt, für die gilt: Falls* $\langle v'_{i1}, v'_{i2} \rangle \in E'_i$, *dann* $\langle f(v'_{i1}), f(v'_{i2}) \rangle \in E'_j$.

Die Valenzstrukturunifikation operiert auf folgende Weise auf den isomorphen Teilbäumen von Valenzstrukturen:

**Definition 30 (Valenzstrukturunifikation)** *Seien* $D_i = \langle E_i, V_i, F, V, l_{Vi}, R, l_{Ei} \rangle$ *und* $D_j = \langle E_j, V_j, F, V, l_{Vj}, R, l_{Ej} \rangle$ *Valenzstrukturen. Seien* $D_i' = \langle E_i', V_i' \rangle$ *und* $D_j' = \langle E_j', V_j' \rangle$ *isomorphe Teilbäume von* $D_i$ *und* $D_j$ *dank der Bijektion* $f : V_i' \rightarrow V_j'$. *Dann ist* $D_{ij} = \langle E_{ij}, V_{ij}, F, V, l_{Vij}, R, l_{Eij} \rangle$ *das Ergebnis der Unifikation von* $D_i$ *und* $D_j$, *für das gilt:*

- $D_{ij}$ *ist eine Valenzstruktur.*

- $V_{ij} = V_i \cup V_j \setminus V_i'$

- $E_{ij} = E_i \cup E_j \setminus E_i'$
  $\cup \{(v, f(v_i')) \mid v_i' \in V_i' \land (v, v_i') \in E_i \setminus E_i'\}$
  $\cup \{(f(v_i'), v) \mid v_i' \in V_i' \land (f(v_i'), v) \in E_i \setminus E_i'\}$

- $l_{Vij} = \{(v, fs) \mid (v, fs) \in l_{Vi} \land v \in V_i \setminus V_i'\}$
  $\cup \{(v, fs) \mid (v, fs) \in l_{Vj} \land v \in V_j \setminus V_j'\}$
  $\cup \{(f(v), fs_i \cup fs_j) \mid (v, fs_i) \in l_{Vi} \land v \in V_i' \land (f(v), fs_j) \in l_{Vj} \land f(v) \in V_j'\}$
  *für Merkmalsstrukturen* $fs, fs_i, fs_j$.

- $l_{Eij} = \{(e, r) \mid (e, r) \in l_{Ei} \land e \in E_i \setminus E_i'\}$
  $\cup \{(e, r) \mid (e, r) \in l_{Ej} \land e \in E_j \setminus E_j'\}$
  $\cup \{((f(v_1), f(v_2)), r) \mid ((f(v_1), f(v_2)), r) \in l_{Ej} \lor ((v_1, v_2), r) \in l_{Ei} \land v_1, v_2 \in V_i'\}$
  *für Vallenzrollenkürzel* $r \in R$.

Dies ist die allgemeine Form der Valenzstrukturunifikation mit beliebigen isomorphen Teilbäumen. Dies berücksichtigt jedoch noch nicht die Verlinkung mit der syntaktischen Struktur. Dafür nehme ich folgende Einschränkung der betrachteten isomorphen Teilbäume vor: Sei $\langle \sigma, \Phi, \frown \rangle$ ein STUG-Tupel mit einem isomorphen Teilbaum $f$ von $\phi_i, \phi_j \in \Phi$. Unifizieren $\phi_i$ und $\phi_j$ anhand von $f$, dann gilt für $f$ zusätzlich:

- Es gibt ein $\langle v_i, v_j \rangle \in f$ mit beliebigen Knoten $v_i, v_j$, so dass $v_i, v_j \in \frown (V_{syn})$ für beliebiges $V_{syn}$. Mit anderen Worten: Mindestens zwei miteinander unifizierende Valenzstrukturknoten sind mit demselben syntaktischen Knoten verlinkt.

- Falls $\langle v_i, v_j \rangle \in f$ mit beliebigen Knoten $v_i, v_j$ und $v_i \in \frown (V_{syn})$ für beliebiges $V_{syn}$ und $v_j \in \frown (V'_{syn})$ für beliebiges $V'_{syn}$, dann auch $v_i, v_j \in \frown (V''_{syn})$ für beliebiges $V''_{syn}$. Mit anderen Worten: Falls zwei miteinander unifizierende Valenzstrukturknoten mit einem syntaktischen Knoten verlinkt sind, dann sind sie auch mit einem identischen syntaktischen Knoten verlinkt.

- $f$ ist maximal groß gewählt.

Eine vollständige STUG-Ableitung und Valenzstrukturunifikation resultiert in einem STUG-Tupel $\langle \sigma, \{\phi\}, \frown \rangle$ mit einer syntaktischen Struktur $\sigma$ ohne Blätter mit nicht-terminalem Knotenlabel und einer Valenzstruktur $\phi$.

## 9.2 Modellierung kohärenter Konstruktionen

Ausgehend von den STUG-Analysen im vorangegangenen Abschnitt möchte ich nun einen Modellierungsweg für kohärente Konstruktionen skizzieren. Wieder geht es darum, Potenzial und Eigenheit eines STUG-Modells zu veranschaulichen, ohne jedoch einen Detailgrad und einen empirischen Abdeckungsgrad wie z. B. bei der Darstellung des TT-MCTAG-Modells in Kapitel 7 anzustreben. Stattdessen werde ich mich auf Konstruktionstypen beschränken, die sich im TT-MCTAG-Modell als besonders schwierig herausgestellt haben, nämlich das Fernpassiv und die mehrfach partielle Voranstellung.

### 9.2.1 Leichte Formen der Kohärenz

Betrachten wir zunächst einen möglichst simplen Vertreter einer kohärenten Konstruktion:

(7)    Den Kühlschrank verspricht Peter zu reparieren.

Im Unterschied zu den oben behandelten Passiv- und Perfektkonstruktionen sind hier zwei verbale Valenzrahmen involviert, da nämlich *zu reparieren* als Valenzrolle seines Statusregens *verspricht* fungiert, während zugleich deren Valenzrollen relativ frei im Satz platziert werden können. Die Herausforderung besteht dann darin, sicherzustellen, dass die Valenzrollen von *zu reparieren* in der Valenzstruktur zum Valenzträger finden, auch wenn dieser, bezogen auf die syntaktische Lokalitätsdomäne, nicht den Wurzelknoten der Valenzstruktur bildet. Wie lässt sich dies in den STUG-Tupeln bewerkstelligen? In Abbildung 9.7 kann man sehen, dass dafür die Annahme eines weiteren Links im Regens *verspricht* ausreicht: Indem nicht nur der Wurzelknoten, sondern auch der Valenzrollenkno-

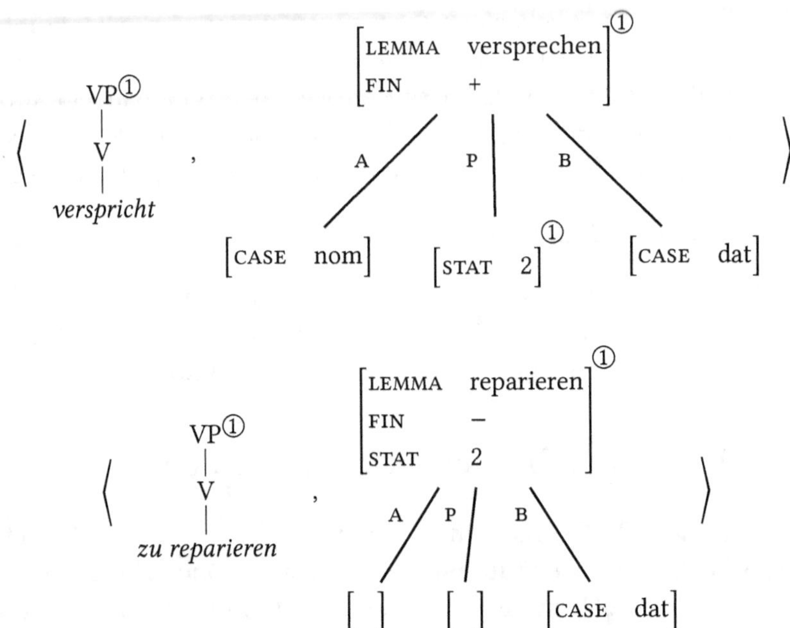

Abbildung 9.7: STUG-Tupel für die Verben der kohärenten Konstruktion in (7)

ten des regierten Verbs mit dem VP-Knoten verlinkt ist, können die nominalen Ergänzungen, die mit dem VP-Knoten fusionieren, auch auf letzteren zugreifen. Das Ergebnis der STUG-Derivation kann daher so aussehen wie in Abbildung 9.8, wo *den Kühlschrank* als Valenzrolle des eingebetteten Verbs *zu reparieren* fungiert.

Natürlich ist das STUG-Tupel von *zu reparieren* in Abbildung 9.8 an sich viel zu permissiv, denn es verhindert beispielsweise nicht, alle drei Valenzrollen mit Dativ zu realisieren. Hier sind also entsprechende Kasusspezifikationen (z. B. mittels Disjunktion im CASE-Wert oder der Annahme mehrerer STUG-Tupel für *zu reparieren*) geboten, die ich aus Darstellungsgründen überspringe. Das gilt auch für Maßnahmen, um zu verhindern, dass in beiden Valenzstrukturen (der von *zu reparieren* und der von *verspricht*) je ein Nominativ realisiert wird. Dafür könnte man ebenfalls spezielle Merkmale im Valenzträgerknoten von *zu reparieren* annehmen, die helfen, die gewünschte Valenzstruktur aus dem Lexikon abzurufen. Auf zusätzliche Merkmale und entsprechende lexikalische Ambiguität kann aber möglicherweise verzichtet werden, wenn nämlich die Valenzstruktur von *verspricht* direkt in die Valenzstruktur des regierten Infinitums eingreift und dort die Realisierung eines Nominativs unterbindet.

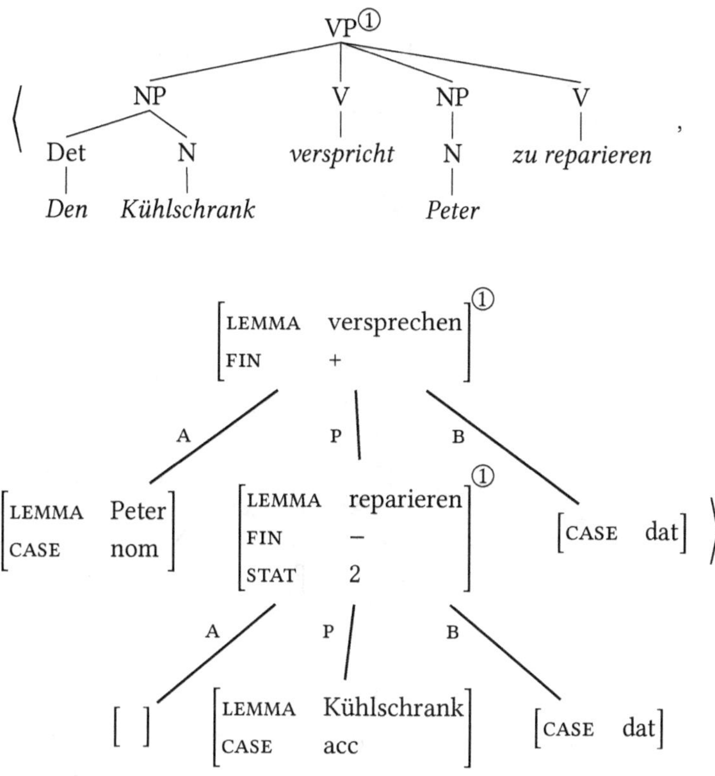

Abbildung 9.8: Ergebnis der STUG-Derivation von (7)

## 9.2.2 Fernpassiv

Die im vorangegangenen Abschnitt bereits erläuterte Modellierung des Passivs kann unverändert auf kohärente Konstruktionen angewandt werden, wobei en passant auch die Fernpassiv-Konstruktion in (8) korrekt erfasst wird:

(8)     Der Kühlschrank wird von Peter zu reparieren versprochen.

Die dafür benötigten verbalen STUG-Tupel werden in Abbildung 9.9 aufgelistet. Die Valenzstruktur von *versprochen* entspricht im Wesentlichen der Form anderer Status-3-Verben. Der Eintrag für das Passivhilfsverb ist ebenfalls bereits bekannt aus Abbildung 9.5. Die Valenzstrukturfragmente spezifizieren zwei Valenzbeziehungen zwischen einem noch unbekannten Valenzträger und einer nominalen Konstitutente, nämlich einer Nominativ-NP einerseits und einer *von*-PP andererseits. Damit gelangen wir für Satz (8) zu dem abgeleiteten STUG-Tupel in Abbildung 9.10. Dort erscheint das Fernpassiv in Gestalt der Nominativspe-

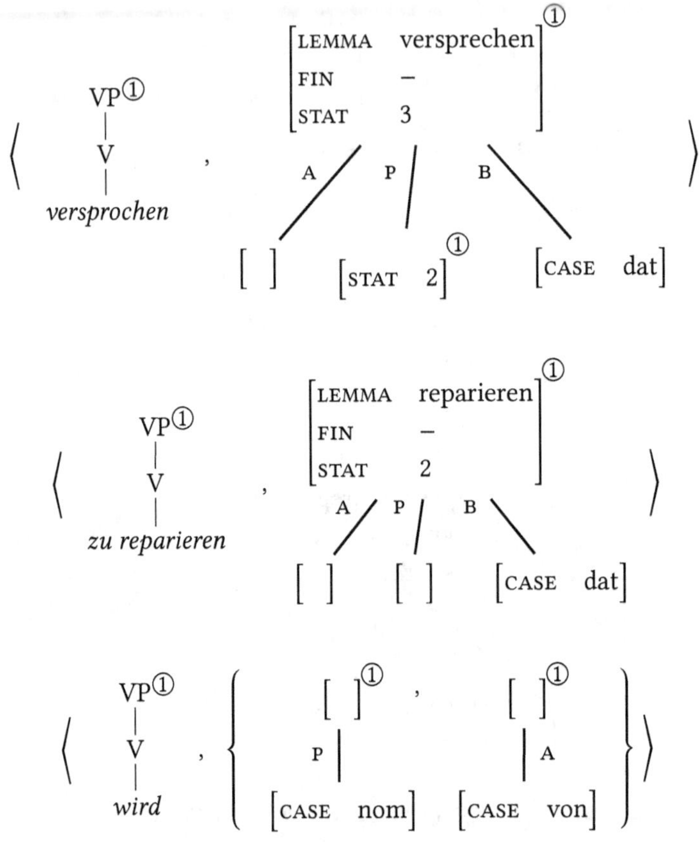

Abbildung 9.9: Elementare verbale STUG-Tupel für die Derivation des Fernpassivs in (8)

zifizierung der Patiensrolle des eingebetteten Status-2-Verbs, die auf das Passivhilfsverb zurückgeht und durch die bei kohärenten Kontruktionen vorhandene Verlinkung ermöglicht wird.

### 9.2.3  3. Konstruktion und partielle Voranstellung

Meint man, die Frage beantwortet zu haben, wie die Ergänzungen unterschiedlicher Verben in einer gemeinsamen syntaktischen Domäne permutieren können, so stellt sich gleich die nächste: Wie lässt sich dann das Nebeneinander kohärenter und inkohärenter Bereiche in der 3. Konstruktion und der partiellen Voranstellung korrekt erfassen? Gemeint sind damit Daten wie in (9):

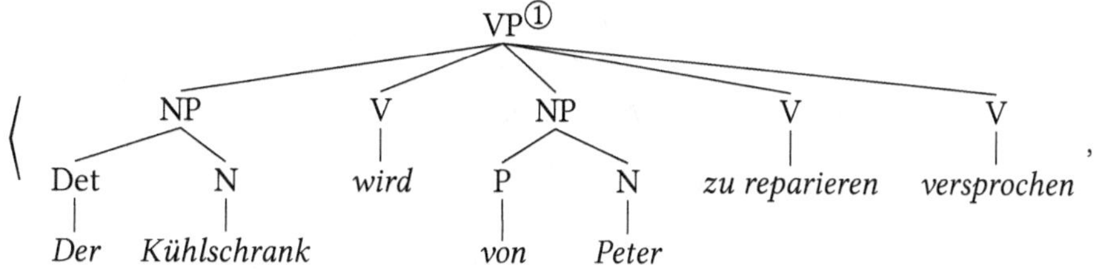

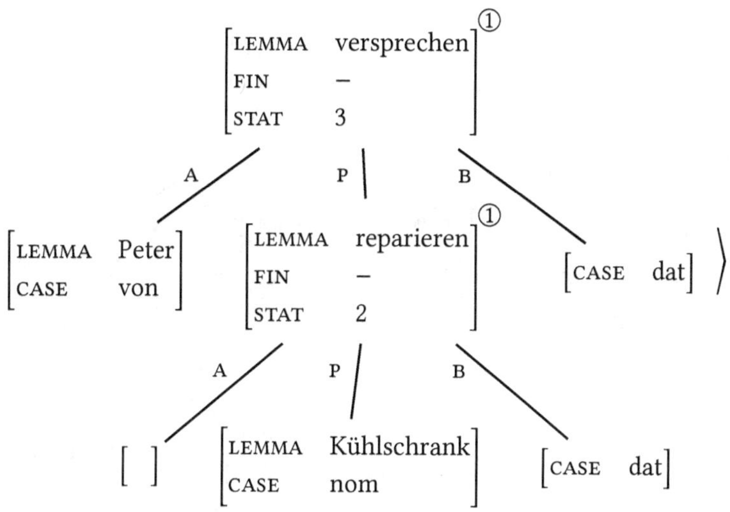

Abbildung 9.10: Ergebnis der STUG-Derivation des Fernpassivs in (8)

Abbildung 9.11: Einbettendes STUG-Tupel für partielle Voranstellungen und die
3. Konstruktion

(9)   a.   dass er den Kühlschrank verspricht, zu reparieren.
      b.   Zu reparieren verspricht er den Kühlschrank.

Die Antwort fällt wieder relativ kurz aus. Zwar ist es mit einem weiteren Link
nicht getan, aber bereits die zusätzliche Annahme des STUG-Tupels in Abbildung 9.11 sorgt für die gewünschten Effekte. Dieses unlexikalisierte STUG-Tupel

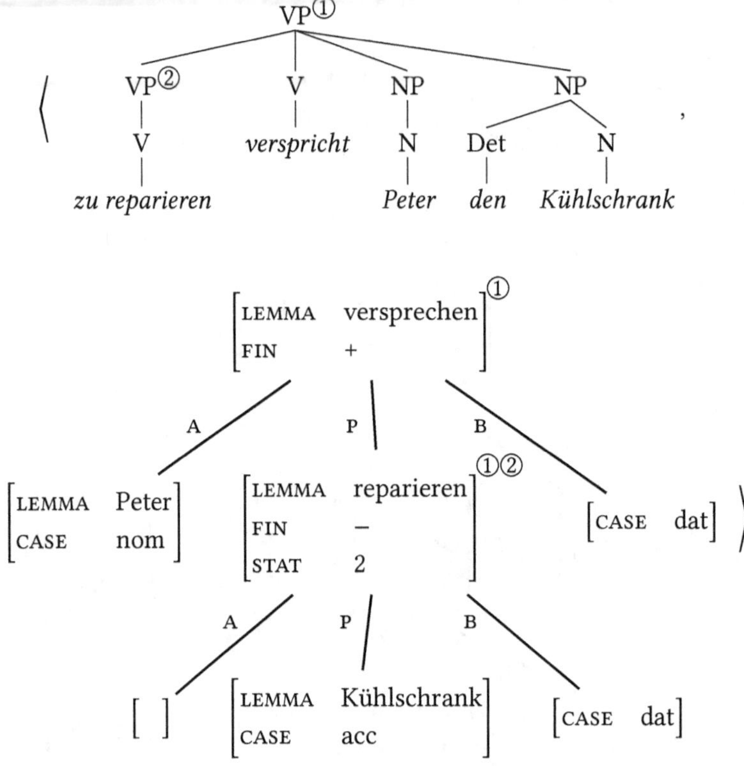

Abbildung 9.12: Abgeleitetes STUG-Tupel für die partielle Voranstellung in (9b)

unterscheidet zwei in einem Dominanzverhältnis befindlichen VP-Domänen, die analog mit Mutter und Tochter einer Valenzbeziehung verlinkt sind. Man beachte, dass solch ein unlexikalisiertes STUG-Tupel in Fällen komplexer Voranstellung dann verwendet werden muss, wenn die endlichen Automaten der Fusionsregulierung eine Vorfeldbündelung vorsehen (vgl. Abbildung 7.49, S. 253). In Kombination mit den STUG-Tupeln in Abbildung 9.7 ergibt sich dann etwa für Satz (9b) das abgeleitete STUG-Tupel in Abbildung 9.12. Durch die Verlinkung des VP-Wurzelknotens mit dem *reparieren*-Knoten in der Valenzstruktur kann *den Kühlschrank*, eine Konstituente des Mittelfelds, auf diesen zugreifen. *den Kühlschrank* könnte jedoch auch mit einer Valenzrolle des Regens unifizieren. Im Unterschied dazu ist die Vorfeld-VP nur mit dem *reparieren*-Knoten verlinkt und nicht mit seinem Regens, d. h. mit dem Wurzelknoten der Valenzstruktur. Dadurch können Elemente, die mit der Vorfeld-VP fusionieren nicht auf den Valenzstrukturknoten des Regens zugreifen und die gewünschte Asymmetrie entsteht. Da sich das einbettende STUG-Tupel in Abbildung 9.11 auch bei der Modellierung der 3. Konstruktion einsetzen lässt, ergeben sich dort ebenfalls die gewünschten Asymmetrieeffekte.

### 9.2.4 Mehrfach partielle Voranstellung

Von der einfachen partiellen Voranstellung in (9b) ist es im STUG-Modell nicht mehr weit bis zur mehrfach partiellen Voranstellung in (10), die sich in Kapitel 7 als besondere Herausforderung für die TT-MCTAG-Modellierung herausgestellt hat:

(10)    Zu reparieren versprochen hat ihm das Peter.

Die für die Derivation von (10) nötigen verbalen STUG-Tupel fanden bereits in anderen Beispielen Verwendung. In Abbildung 9.13 werden sie nochmals dargestellt, neben dem Resultat der STUG-Derivation.

Das zweite STUG-Tupel dient der Voranstellung von VPs mit partizipialem Kopf, wobei die Verlinkung beider VP-Knoten im Zusammenspiel mit dem Verlinkungsmuster bei kohärenten Verben das Mittelfeld für Ergänzungen des eingebettet vorangestellten Verbs *zu reparieren* zugänglich macht. *Zu reparieren* selber ist in Abbildung 9.13 Teil des dritten STUG-Tupels, das bereits aus elementaren STUG-Tupeln abgeleitet wurde. Der angesichts solcher Datentypen bei der TT-MCTAG-Modellierung festgestellte Bedarf zur Erweiterung der Node-Sharing-Lokalität (zur Tree-Sharing-Lokalität) stellt sich bei STUG aufgrund der flachen Phrasenstruktur nicht ein. Ein Lokalitätsdomäne kann hier an einzelne Knoten festgemacht werden, während bei TT-MCTAG eine Lokalitätsdomäne eine variable Menge von Knoten umfassen muss. Dieses meiner Ansicht nach wünschenswerte Merkmal hat STUG mit Spinal-TT-MCTAG gemein und ist sicherlich mit der Verfügbarkeit der Fusions-Operation zu erklären.

Es sollte deutlich geworden sein, dass und wie Diskontinuitäten im Rahmen kohärenter Konstruktionen mit einer STUG modelliert werden können. Im Folgenden werde ich abschließend zwei Desiderata aufgreifen, auf deren Klärung hin das skizzierte STUG-Modell weiterentwickelt werden muss.

### 9.2.5 Desiderata

Das bis hierhin dargelegte STUG-Modell kann die als unakzeptabel eingestufte Verteilung der Rektionskettenglieder in (11) nicht verhindern:

(11)    a.   ?Versprochen hat ihm das Peter zu reparieren.
        b.   *Müssen wird er ihr ein Märchen erzählen.    (Müller 2002: (569a))

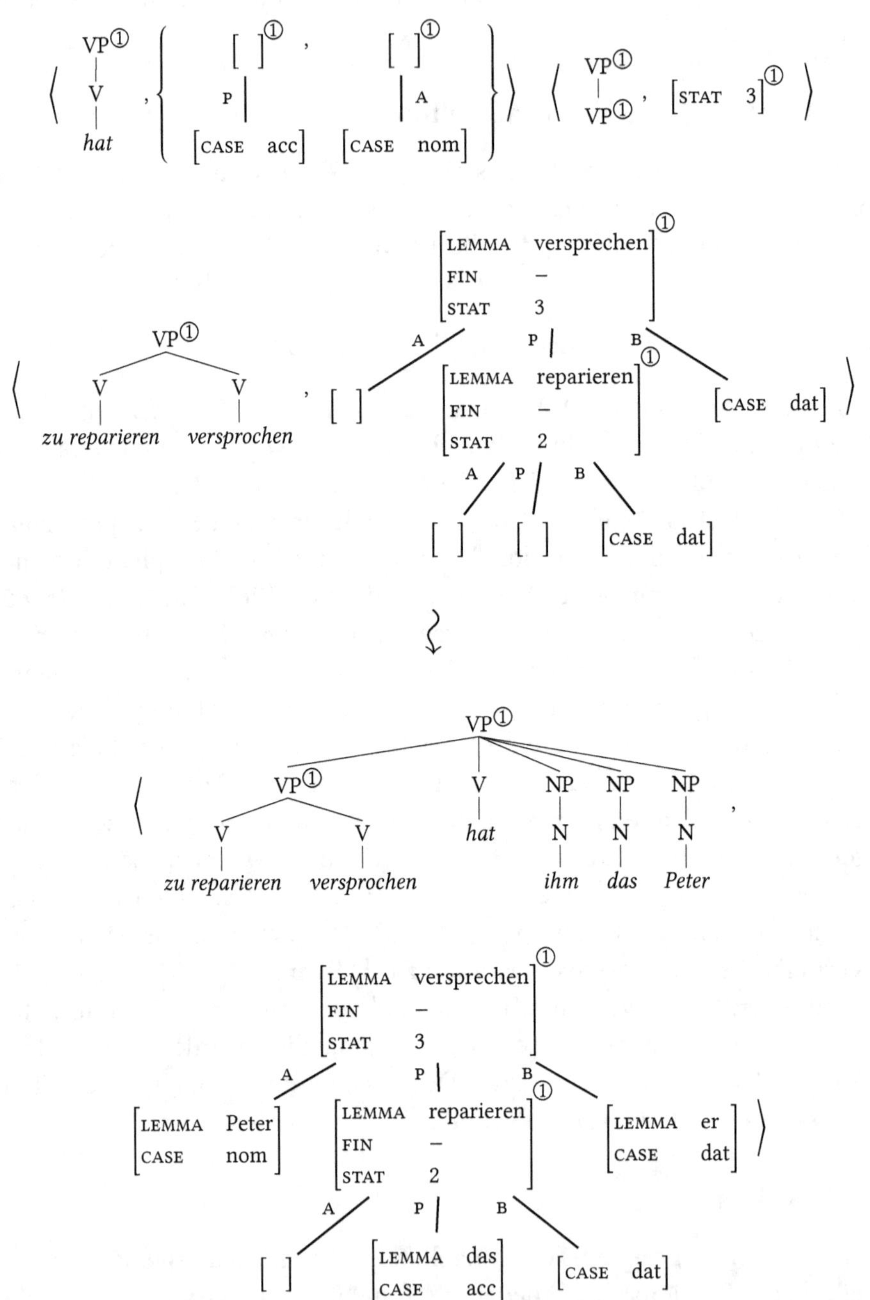

Abbildung 9.13: STUG-Ableitung der mehrfach partiellen Voranstellung in (10)

Der Grund für die Unakzeptabilität dieser Sätze ist wohl, dass die vorangestellten Verben *versprochen* und *müssen* jeweils ein Verb in der rechten Satzklammer regieren, nämlich *zu reparieren* bzw. *erzählen* (siehe Abschnitt 3.4.2). Linearisierungssyntaktisch betrachtet sind diese Sätze jedoch unauffällig und mit den oben eingeführten STUG-Tupeln lässt sich auch ohne Weiteres eine adäquate Valenzstruktur errechnen. Mit anderen Worten: Das STUG-Modell scheint an dieser Stelle zu permissiv zu sein. In meinen Augen liegt der Schlüssel für eine angemessene Beschränkung in der Ausarbeitung der Verbalkomplexsyntax. Würde nämlich das vorangestellte Regens das regierte Verb im vorangestellten Verbalkomplex erwarten, dann könnte für solche Sätze wie in (11) keine verbundene Valenzstruktur gebildet werden, denn das regierte Verb entspräche dann nicht den spezifischen morphosyntaktischen Merkmalen einer Valenzrolle des Regens. Dieser Ansatz würde also vorhersagen, dass Sätze wie (11) kein Verbalkomplex in der rechten Satzklammer haben können. Während in (11a) dann noch eine alternative Analyse als 3. Konstruktion denkbar wäre, ist das in (11b) ausgeschlossen.

Die Platzierung des statusregierten Verbs spielt auch bei obligatorisch kohärent konstruierenden Verben wie *müssen* und *scheinen* eine Rolle, denn das statusregierte Verb kann hier zwar vorangestellt aber nicht nachgestellt werden (Wiederholung von (46a) und (47) auf Seite 71):

(12)    a.   *dass er den Wagen muss ohne Werkzeug reparieren
          b.   *dass er ohne Werkzeug scheint, den Wagen zu reparieren

Diese Form der Asymmetrie lässt sich auf zweierlei Weise modellieren: Zum einen kann schon bei der Fusion die Nachstellung (d. h. die Platzierung im Nachfeld) von Status-1-VPs blockiert werden; zum anderen kann eine entsprechende Einschränkung in der Valenzstruktur spezifiziert werden, falls felderspezifische Positionsmerkmale dort verfügbar sind. Letzteres würde insbesondere bei einem obligatorisch kohärenten Verb wie *scheinen*, das den 2. Status regiert, in Frage kommen.

Das zweite Desideratum ist die Modellierung sogenannter Brückenkonstruktionen. Dabei handelt es sich um Fälle langer Extraktion aus Komplementsätzen wie beispielsweise in (13):

(13)    Wen glaubst du, dass er repariert hat?

Hier wurde, der Bewegungsmetapher folgend, die W-Phrase aus dem *dass*-Satz extrahiert, was zunächst nur bedeuten soll, dass die W-Phrase eine Ergänzung des im *dass*-Satz eingebetteten Verbs *repariert* ist. Brückenkonstruktionen sind zum einen auf bestimmte Verben und Komplementsatztypen beschränkt und zum anderen kann die Extraktion nur auf bestimmte Positionen im Matrixsatz abzielen, nämlich grob gesagt auf das Vorfeld (Kvam 1983: Abschnitt 4.2.1.2; Lühr 1988; Lutz 2004: Abschnitt 1.2):[4]

(14)    a.  ??Du glaubst wen, dass er repariert hat?

         b.  *… dass du wen glaubst, dass er repariert hat?

*Dass*-Sätze konstituieren also gewissermaßen Bewegungshalbinseln und die Herausforderung besteht darin, diese Bewegungshalbinseln nur den nötigen Spalt zu öffnen, ohne eine massive Übergenerierung zu verursachen. Zu den Stärken von TAG zählt, dies auf relativ simple und dennoch kontrollierte Weise zu bewerkstelligen (Kroch 1989; Frank 2006). Dagegen scheint mir das bis hierhin dargelegte STUG-Modell entweder zu restriktiv oder zu permissiv zu sein. Zu restriktiv ist es, wenn man *dass*-Sätze wie gewöhnliche NP-Komplemente behandelt, und zu permissiv, wenn man stattdessen *dass*-Sätze wie Infinitiv-VPs in der 3. Konstruktion analysiert. Es ist aber noch nicht vollständig geklärt, ob ein Zwischenweg mit den vorhandenen Mitteln nicht doch möglich ist. Andernfalls könnte ein Konstruktionsmodul weiterhelfen, das in der Lage wäre, die Verlinkung bei der STUG-Analyse von (13) rekursiv so zu modifizieren, dass die Valenzstruktur von *wen* direkt mit der Valenzstruktur des eingebetteten *dass*-Satzes unifiziert. In die Zuständigkeit des Konstruktionsmoduls würden übrigens nicht zwingend idiomatische Mehrwortausdrücke wie *Bauklötze staunen* fallen, denn hierfür reicht die Lokalitätsdomäne der Valenzstruktur prinzipiell aus.

## 9.3 Modellierung elliptischer Strukturen

Nachdem im letzten Abschnitt die Mächtigkeit des STUG-Formalismus hinsichtlich der direkten Repräsentation diskontinuierlicher Valenzrahmenrealisierungen demonstriert wurde, kreist dieser Abschnitt um das Potential des STUG-Formalismus, genuin unvollständige Strukturen zu erzeugen und damit einen neuartigen Weg der Ellipsenmodellierung zu beschreiten. Dabei beschränke ich mich auf die STUG-Modellierung der Gappingregeln G1–G3, die in Kapitel 4 herausgearbeitet wurden.

---

[4] Im Framework der Generativen Grammatik wird lange Bewegung durch das Subjazenzprinzip (Chomsky 1973; Chomsky 1986: Kapitel 6) eingeschränkt. Es besagt ungefähr, dass lange Bewegungen bestimmte Knoten, etwa SpecC, nicht kreuzen können, ohne dort eine Spur zu hinterlassen. Sie verlaufen also zyklisch, d. h. in Etappen. Das Subjazenzprinzip allein verhindert aber nicht lange Extraktionen ins Mittelfeld, die die Sätze in (14) ungrammatisch machen. Siehe G. Müller & Sternefeld (1993).

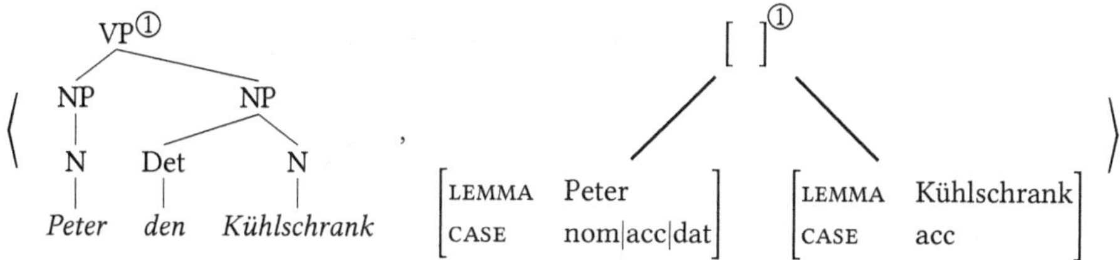

Abbildung 9.14: Ergebnis der STUG-Derivation der Gappingkonstruktion in (15)

Die Gappingregel G1 besagt, dass die Ellipse immer das finite Verb umfasst –
so wie in der Koordinationsellipse in (15):

(15)    [$\kappa_1$ Susi repariert das Auto] und [$\kappa_2$ Peter ~~repariert~~ den Kühlschrank].

Die STUG-Derivation von $\kappa_2$ benötigt keine leeren Elemente oder spezielle Elementarstrukturen, um das fehlende Verb zu kompensieren. Die nominalen Überbleibsel werden einfach per Fusion verknüpft und deren Valenzstrukturen entsprechend unifiziert. Heraus kommt das STUG-Tupel in Abbildung 9.14. Die Abwesenheit eines finiten Verbs führt also schlimmstenfalls zu einem unspezifizierten Valenzträgerknoten in der Valenzstruktur, dessen Spezifizierung Aufgabe eines hier nicht weiter ausgeführten Rekonstruktionsmechanismus ist.

Da aber weder die syntaktische Struktur noch die Valenzstruktur irgendeinen Begriff von Vollständigkeit haben, stellt sich natürlich die Frage, wie man der Unakzeptabilität von (16) gerecht werden kann:

(16)    *Den Kühlschrank repariert ~~Peter~~.

In Widerspruch zu G1 umfasst hier die Ellipse zwar die obligatorische Nominativ-Ergänzung aber nicht den finiten Valenzträger *repariert*. Das STUG-Modell muss also den Zusammenhang zwischen finitem Verb und der Realisierung bestimmter Valenzrollen irgendwie herstellen. Der richtige Ort dafür scheint mir die Valenzstruktur des finiten Verbs zu sein, wo die obligatorischen Ergänzungen als solche markiert werden. Das ist in Abbildung 9.15 mit dem Ausrufezeichen geschehen, das eine Spezifizierungspflicht für das LEMMA-Merkmal ausdrücken soll. Während noch offen ist, wie diese Markierung im STUG-Formalismus implementiert werden kann, wird also bereits deutlich, dass die Unakzeptabilität von Daten wie (16) auf Eigenschaften ihrer Valenzstruktur zurückgeführt wird und nicht mit ihrer syntaktischen Struktur zusammenhängen soll. Was es mit dieser Differenzierung auf sich hat, werde ich in Abschnitt 9.4.4 skizzieren.

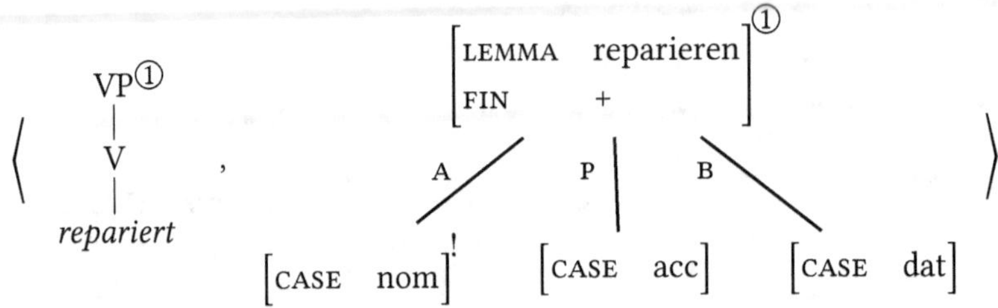

Abbildung 9.15: STUG-Tupel für *repariert* mit !-Markierung an der obligatorischen Nominativ-Valenzrolle

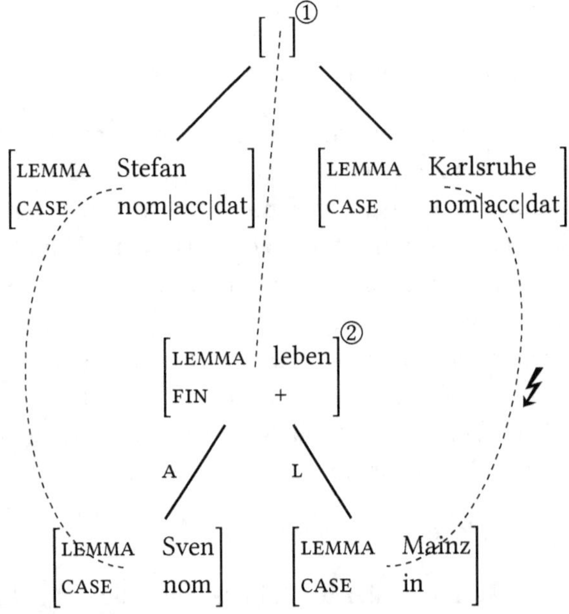

Abbildung 9.16: Ellipse-Antezedens-Relationen (gestrichelte Linien) zwischen den Valenzstrukturen der Konjunkte in (17)

Gemäß der Gappingregel G2$^+$ haben die Überbleibsel einer Ellipse immer den Umfang vollständiger Satzglieder, wobei Teilsätze davon ausgenommen werden. G2$^+$ erfasst zunächst einmal korrekt die Unakzeptabilität von (17):

(17)    *[$\kappa_1$ Sven lebt in Mainz] und [$\kappa_2$ Stefan ~~lebt in~~ Karlsruhe].

In der STUG-Derivation für (17) würde zunächst nichts darauf hinweisen und wir erhielten für das zweite Konjunkt die Valenzstruktur in Abbildung 9.16. Ein Problem entstünde allerdings bei der Rekonstruktion des Valenzträgerknotens aus dem ersten Konjunkt. Sollte hierbei eine weitgehende Parallelität von Ellipse und Antezedens hinsichtlich der Valenzstruktur herrschen und daher der Valenzträger des Antezedens mit dem Valenzträger der Ellipse identisch sein, dann ergäbe sich in (17) folgendes Problem: Da *lebt* nur Valenzrollen für eine Nominativ-NP und eine PP mit lokaler Präposition bereithält, könnte es mit der Valenzstruktur des zweiten Konjunkts nicht unifizieren. Dieser Sichtweise zufolge ist $G2^+$ also eine Folgeerscheinung des Rekonstruktionsmechanismus.

Dass der Rekonstruktionsmechanismus, ohne auf ihn an dieser Stelle im Detail einzugehen, auch mit strukturell wesentlich komplexeren Fällen als (17) zurecht kommen muss, offenbart ein Blick auf valenzrahmenübergreifendes Gapping wie in (18):

(18)    [$\kappa_1$ Susi verspricht das Auto zu reparieren] und [$\kappa_2$ Peter ~~verspricht~~ den Kühlschrank ~~zu reparieren~~].

Wenn wir für die Konjunkte in (18) die Valenzstrukturen in Abbildung 9.17 als Grundlage hernehmen, dann müssen im Rahmen der Rekonstruktion (wie in der Abbildung angedeutet) die folgenden Korrelationen etabliert werden: Der leere Valenzträgerknoten der Ellipse korreliert mit zwei Valenzträgerknoten im Antezedens und die Valenzrollenknoten der Ellipse korrelieren mit Valenzrollenknoten unterschiedlicher Valenzträger. Die Implementierung eines solch mächtigen Rekonstruktionsmechanismus kann sich möglicherweise an der Higher Order Unification für Lambda-Ausdrücke orientieren, die oben in Abschnitt 8.4 (S. 294) erwähnt wurde. In dieser Hinsicht besteht also eine gewissen Ähnlichkeit zu unstrukturierten Füllungen, die ja ebenfalls mit mehreren Antezedensknoten in Beziehung stehen können.

Die Gappingregel G3 fordert die Realisierung des finiten Verbs in Teilsätzen mit *dass*-Komplementierer und trägt damit der Unakzeptabilität von (19) Rechnung:

(19)    *Peter verspricht, dass den Kühlschrank.

Da hier nur die Kookkurrenz zweier morphologisch charakterisierter Konstituenten gefordert wird, kann sich die STUG-Implementierung von G3 auf die Derivation der syntaktischen Struktur beschränken, indem z. B. die Fusionsmöglichkeiten von VP-Knoten mit einem endlichen Automaten wie in Abbildung 9.18 geregelt werden. Damit unterscheidet sich die Implementierung von G3 wesentlich von den Implementierungen der anderen Gappingregeln, die auf der Valenzstruktur operieren.

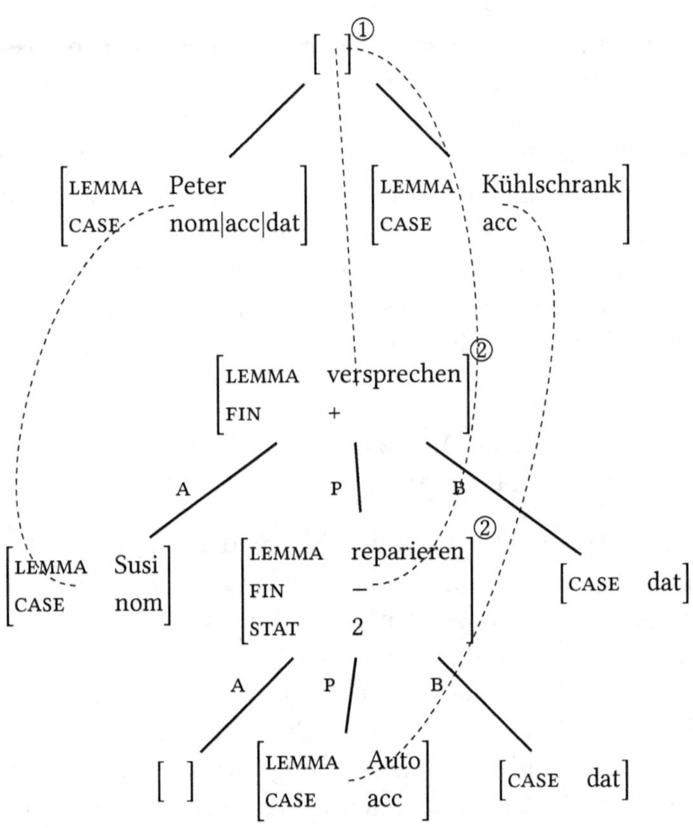

Abbildung 9.17: Valenzstrukturen für die Konjunkte in (18) mit den zu rekonstruierenden Ellipse-Antezedens-Relationen

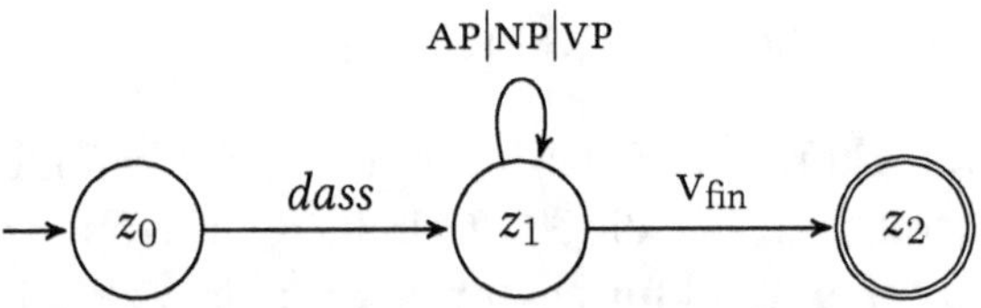

Abbildung 9.18: Endlicher Automat für die Fusion von VP-Knoten, der die Derivation des unvollständigen *dass*-Teilsatzes in (19) verhindert

# 9.4 Anknüpfungspunkte in der Literatur

Das vorgestellte STUG-Modell implementiert nicht neuartige grammatiktheoretische Ideen, sondern es schafft und konkretisiert erstmals eine Verbindung zwischen Ideen, die in drei mehr oder weniger getrennten Forschungsrichtungen bereits entwickelt wurden: (i) die Idee einer Valenztheorie, die keinen Unterschied zwischen Ergänzungen und Angaben macht, (ii) die Idee einer Syntax, die von semantischen Konzepten befreit ist, und (iii) die Idee einer Semantik, die keine Strukturähnlichkeit zur Syntax zeigt. So unterschiedlich die drei Forschungsrichtungen auch sein mögen – ein gemeinsamer Bezugspunkt liegt in der Beantwortung der Frage, welcher Art die valenztheoretisch begründete Unvollständigkeit eigentlich ist (oder nicht ist), d. h. in welcher linguistischen Beschreibungsebene die valenztheoretisch begründete Obligatheit ausgedrückt und überprüft werden soll. Wir werden im Folgenden sehen, dass die Antworten, die im Rahmen dieser drei Forschungsrichtungen darauf gegeben werden, widersprüchlich ausfallen und dass für den Entwurf des STUG-Modells ein Weg zwischen diesen Antworten gewählt wurde.

## 9.4.1 Situationsvalenz und Perspektivierung

Für die klassische Valenztheorie ist die Unterscheidung von valenzgebundenen Ergänzungen und valenzungebundenen Angaben ein zentrales Anliegen, aber auch ein wesentlicher Faktor der in Kapitel 2 skizzierten „Valenzmisere": Die Kriterien der Valenzbindung sind diffus und die Ergebnisse der Valenzermittlung oftmals widersprüchlich. Angesichts dieser Probleme plädiert Storrer (1992) für eine Abkehr von der Ergänzung-Angabe-Dichotomie.[5] Nicht nur Ergänzungen, sondern auch Angaben sollen in der Valenzbeschreibung eines Valenzträgers enthalten sein. Da der Valenzbegriff unverändert bleibt, Valenz also weiterhin (im Sinne von Definition 1, S. 21) als eine Menge von Tripeln aus semantischer Rolle, morphologischen Merkmalen und einer Notwendigkeitsmarkierung entspricht, muss nun auch den Angaben eine semantische Rolle in der Prädikation des Valenzträgers zugesprochen werden. Genau das ist in der durch Montague gepräg-

---

[5] Die Zweifel von Vater (1978) an der Ergänzung-Angabe-Dichotomie wurden oben bereits erwähnt (Fußnote 6, S. 12). Einen Zusammenhang zwischen Valenz und Perspektiviertheit stellt schon Heringer (1984) her. Im Rahmen der HPSG gibt es eine Reihe von Arbeiten, die eine gewisse Abmilderung der Ergänzung-Angabe-Dichotomie vorschlagen. Angaben können dort dynamisch in den Valenzrahmen integriert werden („adjuncts-as-complements"), was u. a. eine flache Phrasenstruktur ermöglicht, aber an der Valenzmisere nichts ändert. Siehe z. B. Przepiórkowski (1999: Kapitel 9), Bouma et al. (2001), Bouma (2003) und die dort zitierte Literatur.

ten, typenlogischen Semantik, auf die sich das ARG-Kriterium bezieht, eigentlich nicht vorgesehen, vor allem um eine Proliferation der Prädikatstypen zu verhindern.[6]

Dies mag zumindest ein Grund dafür sein, dass Storrer ein anderes Semantik-Modell wählt: Die Bedeutung eines Valenzträgers ist nicht ein Prädikat bestimmter Stelligkeit, sondern ein SITUATIONSTYP. Situationstypen sind Abstraktionen über Mengen konkreter Situationen, wobei Situation als „scene" im Sinne der Scenes-and-Frames-Semantik aus Fillmore (1977a,b) zu verstehen ist, nämlich als „Konstellation von Entitäten mit bestimmten Eigenschaften, die an einem bestimmten Ort und zu einer bestimmten Zeit miteinander in Beziehung stehen" (Storrer 1996: 232). Ein Situationstyp definiert also eine Anzahl bestimmter Beziehungen zwischen den Entitäten der subsumierten Situationen (auch raumzeitliche oder modale Entitäten), die Storrer als situationsspezifische Rollen oder Situationsrollen bezeichnet und deren Gesamtheit die SITUATIONSVALENZ eines Situationstyps bildet. Als Beispiel liefert Storrer den Situationstyp der Lüge in Form eines „Situationsframes":

```
(20)    Situationsframe_1: (Lügen_Situation)

        Slot1: Lügner
        Slot2: Belogener
        Slot3: Lüge
        Slot4: Frequenz des Lügens
        Slot5: Grund der Lüge
        Slot6: Art und Weise der Lüge
        Slot7: Ort der Lüge
        Slot8: Zeitpunkt der Lüge
```

(Storrer 1992: 286)

Die Instanzen des Lüge-Situationstyps spezifizieren diese Slots auf je eigene Weise, lassen sich aber auf vielfache Weise und auch unvollständig „versprachlichen".[7] Insbesondere bestehen „Verbalisierungsalternativen", d. h. man hat bei der Versprachlichung die Wahl zwischen verschiedenen Verben, in diesem Fall z. B. zwischen *lügen, belügen, anlügen, vorlügen, schwindeln,* etc. Die für einen Si-

---

[6] Die drohende Proliferation der Prädikatstypen war auch das Motiv für die semantische Unterscheidung von Ergänzungen und Angaben bei der Entwicklung der Ereignissemantik in Davidson (1967).

[7] Die Terminologie in Storrer (1992, 1996) resultiert aus der Darstellung des Modells der Situationsvalenz als Sprachgenerierungsmodell. Daher ist dort die Unterscheidung zwischen Äußerungssituation und Rekurssituation essentiell. In der vorliegenden Arbeit meine ich mit Situation immer die Rekurssituation.

tuationstyp „bedeutungsgeeigneten" Verben unterscheiden sich in ihrer Valenz, legen also u. a. fest, welche Situationsrollen wie versprachlicht werden können, welche nicht versprachlicht werden können und welche versprachlicht werden müssen.

Das Situationstypenmodell unterscheidet sich also in zweierlei Hinsicht von den Semantik-Modellen, die die Ergänzung-Angabe-Dichotomie klassischer Valenztheorien begleiten: (i) Situationstypen bilden Prädikate flexibler Stelligkeit, bzw. Prädikate fester Stelligkeit, deren Argumente aber nicht versprachlicht werden müssen; (ii) Situationstypen haben Argumentstellen für Angaben. Storrers Ausführungen (insbesondere zur Syntax-Semantik-Schnittstelle) sind aber nicht explizit genug, um sagen zu können, wie in ihrem Modell mehrere Angaben einer Situationsrolle zugewiesen werden können, wie also aus typenlogischer Sicht die Proliferation der Prädikatstypen verhindert werden kann.

Die Variabilität der Verbalisierung einer Situation dient Storrer zufolge der „Perspektivierung" einer Situation, d. h. der pragmatisch motivierten Hervorhebung einer Teilmenge der Situationsrollen durch Versprachlichung. Der Begriff der Perspektive findet sich bereits in Fillmore (1977a,b), allerdings wird er dort auf die Versprachlichung selber bezogen, d. h. auf die Hervorhebung von Konstituenten eines Satzes. Auf weitere Mittel der groben Perspektivierung (z. B. Aktiv/Passiv-Diathese, Intransitivierung) und Formen der informationsstrukturellen Hervorhebung im Satz (z. B. durch Intonation und Wortstellung) muss ich an dieser Stelle nicht weiter eingehen (siehe dazu auch Dürscheid 1999: Kapitel 5). Relevant für uns ist der Begriff der PERSPEKTIVIERUNGSFIXIERTHEIT von Valenzrollen, den Storrer folgendermaßen einführt:

> Eine verbspezifische Rolle ist dann perspektivierungsfixiert in Bezug auf einen Situationstyp Sit-Typ, wenn mit der Wahl des betreffenden Verbs diese Rolle auf jeden Fall zu realisieren ist und somit die ihr entsprechende Situationsrolle auf jeden Fall perspektiviert wird. (Storrer 1992: 285)

In diesem Sinne perspektivierungsfixiert sei etwa die Akkusativrolle des Verbs *ehelichen* (doch anscheinend nicht die Nominativrolle) im Gegensatz zur Akkusativrolle von *heiraten*:

(21)    a.   *Paul ehelicht.
        b.   *Paul und Maria ehelichen.
        c.   Fritz wird heiraten.
        (Storrer 1992: 285)

In welcher Hinsicht (21a) und (21b) unakzeptabel sind, lässt Storrer (1992) offen. In Storrer (1996: 240) heißt es aber, dass die Realisierung perspektivierungsfixierter Valenzrollen „syntaktisch obligatorisch" sei (auch die Realisierung der Nominativrolle). Eine semantisch induzierte Obligatheit ist mit dem Modell der Situationsvalenz, in dem der Situationstyp keinen Einfluss auf die sprachliche Realisierung seiner Situationsrollen hat, auch gar nicht vereinbar.

### 9.4.2 Desemantifizierung der Syntax

Eine Syntax ohne semantischen Fremdkörper? Die Entwicklung dieser Idee ist zunächst abhängig von den Strukturen, die man als Repräsentationen der Syntax und Semantik jeweils antrifft, und deren Komposition in einer gegebenen Grammatikarchitektur. Bezogen auf den Framework der Generativen Grammatik plädieren etwa Heim & Kratzer (1998: Kapitel 3) dafür, das $\theta$-Kriterium als Kriterium der syntaktischen Wohlgeformtheit zu streichen, da es durch die typenlogische Semantik bereits vorweggenommen ist. Ein Satz wie der in (22) sei also nicht etwa syntaktisch schlecht, sondern bloß semantisch uninterpretierbar:

(22)    *Greeted Ann.                                        (Heim & Kratzer 1998: 50)

Wenn die Bedeutung des Verbs *greeted* vom Typ $\langle e, \langle e, t \rangle \rangle$ ist und der Eigenname *Ann* vom Typ $\langle e \rangle$, verhindert das offensichtlich die Derivation einer saturierten prädikatenlogischen Formel (entlang der LF-Phrasenstruktur).[8] In diesem Modell ist die Feststellung der valenztheoretisch begründete Unvollständigkeit in (22) ausschließlich Sache der Semantik.

Heim und Kratzer gehen jedoch noch weiter und sehen auch keine zwingenden Gründe, eine syntaktische Repräsentation der Argumentstruktur (bzw. der Valenz) anzunehmen. Das Linking, d. h. die Abbildung einer syntaktischen Position auf eine Argumentposition im Prädikat, soll durch die Reihenfolge der Lambda-Abstraktion sichergestellt sein. Abgesehen von der Frage, ob wirklich alle Generalisierungen bezüglich der Argumentstruktur mit den Mitteln der $\lambda$-Abstraktion hergestellt werden können,[9] funktioniert dies nur dann, wenn die syntaktische Struktur und die semantische Derivationsstruktur irgendwie homomorph sind, zumindest hinsichtlich der LF.

Wenn dieser Homomorphismus wie in Haider (2004) dadurch gemindert wird, dass nicht die LF, sondern nur die Oberflächenstruktur in die semantische Deri-

---

[8] Andererseits, so Heim & Kratzer (1998: 51f), sei das $\theta$-Kriterium in manchen Fällen zu strikt: Es sind Sätze denkbar, die gegen das $\theta$-Kriterium verstoßen, obwohl sie interpretierbar sind.

[9] Diese Frage kann im Rahmen von Heim & Kratzer (1998) nicht abschließend geklärt werden.

vation einfließt, scheint sich die syntaktische Repräsentation der Argumentstruktur nur schwer umgehen zu lassen.[10] Im Gegensatz zur LF werden Spuren in der Oberflächenstruktur (falls es sie dort überhaupt gibt) nicht rekonstruiert. Eine Semantik im Sinne von Heim & Kratzer (1998) müsste also Spuren interpretieren und dabei die Bewegungsrekonstruktion eigenhändig vornehmen. Wie soll das gehen? Haider gibt darauf keine direkte Antwort, beschreibt die syntaktische Struktur aber als „eine hierarchisch gegliederte 'Schachtel-in-Schachtel'-Struktur mit Abhängigkeitsbeziehungen" (Haider 2004: 73). Es bleibt zwar im Dunkeln, welcher Art diese Abhängigkeitsbeziehungen genau sein sollen, ich vermute aber, dass dazu auch Valenzbeziehungen zählen und dass damit die Argumentstruktur syntaktisch repräsentiert wird. Haider erklärt auch nicht, warum er Abhängigkeitsbeziehungen in der syntaktischen Repräsentation annimmt, doch ihr Zweck scheint mir offensichtlich zu sein: Sie ersparen der Semantik die Bewegungsrekonstruktion. Der Verzicht auf die LF ändert übrigens nichts an der Überflüssigkeit des $\theta$-Kriteriums im Sinne von Heim & Kratzer (1998), denn die valenztheoretisch begründete Unvollständigkeit lässt sich weiterhin in der Semantik feststellen.[11]

Den Verzicht auf eine der Semantik angepassten syntaktischen Repräsentation übt auch Kracht (2007, 2011). Er geht jedoch noch weiter als Haider, indem er auch Argumentstruktur und Linking zur alleinigen Angelegenheit der Semantik erklärt: „$\theta$-roles and linking are an integral part of semantics, and not syntax" (Kracht 2007: 48). Semantisch induzierte Abhängigkeitsbeziehungen, also auch Valenzbeziehungen, sollten in der syntaktischen Struktur folglich nicht zu finden sein. Allerdings muss es irgendeinen Reflex der Valenzbeziehungen in der syntaktischen Struktur geben, da Kracht zufolge die valenztheoretische Unvollständigkeit eines Satzes durch die Syntax und nicht durch die Semantik festgestellt wird.[12] Primär ist Kracht jedoch an der Entwicklung einer Semantik ohne Vollständigkeitskonzept gelegen, nicht an einer Syntax mit Vollständigkeitskonzept. Die Inhärenz eines Vollständigkeitskonzepts ist einer von mehreren Kritikpunkten an der Montagueschen Semantik und ihren Nachfolgern, die Kracht im Rahmen der Entwicklung einer „desyntaktifizierten" Semantik überwinden möchte. Ich werde darauf im nächsten Abschnitt kurz eingehen.

---

[10] Die Annahme einer LF lehnt Haider (2004) mit dem Verweis auf Inkonsistenzen zwischen Bewegungen in der Oberflächensyntax und der LF-Syntax ab.

[11] Auf die LF zu verzichten bedeutet im Framework von Heim & Kratzer (1998) jedoch auch, Skopusambiguitäten bei Mehrfachquantifizierung nicht über unsichtbare Bewegung auf LF modellieren zu können. Haider (2004) bietet hierzu keine Alternative an.

[12] „I ask: why is *see* not a complete thought? My answer is: because syntax makes us think that way." (Kracht 2007: 55)

Im vorgestellten STUG-Modell gibt es auf der Seite der Syntax keine Entsprechung zum $\theta$-Kriterium und auch keine Repräsentation der Argumentstruktur (oder Valenz). Die Feststellung valenztheoretisch begründeter Unvollständigkeit obliegt der Valenzstruktur. Eine Form der Unvollständigkeit, die syntaktisch festgestellt wird, gibt es jedoch auch. Sie begegnet uns in den endlichen Automaten für die Fusionskontrolle, in denen nicht jeder Zustand ein Endzustand sein muss. Ein Beispiel dafür hatten wir in Abbildung 9.18 bei der STUG-Modellierung von G3 gesehen.

Durch die Auslagerung valenztheoretischer Komponenten wird das Aufgabengebiet der Syntax im Vergleich zu den etablierten Grammatiktheorien stark eingeschränkt, aber, wie ich meine, auch geschärft. Tatsächlich kann man es bei zwei Kernaufgaben belassen:

1. Die **Konstruktion einer Konstituentenstruktur** für eine Kette von Worttoken auf Grundlage ihrer morphosyntaktischen Eigenschaften und festgelegter Abfolgemuster. Die Konstituentenstruktur dient wiederum als Ausgangspunkt für die Etablierung von Lokalitätsdomänen, d. h. in STUG für die Regulierung der Unifizierbarkeit von Valenzstrukturen qua Verlinkung. Bei der Konstruktion einer Konstituentenstruktur muss nicht zwingend auf Kongruenztypen wie die Subjekt-Verb-Kongruenz Rücksicht genommen werden. Kongruenz lässt sich auch in der Valenzstruktur darstellen und überprüfen.

2. Das **lineare Indizieren** oder **Durchzählen**. Die Syntax ist sicherlich der einzig richtige Ort, um die morphosyntaktischen Eigenschaften eines Worttokens mit seinem Positionsindex hinsichtlich der gegebenen Worttokenkette (oder einer darin identifizierten Konstituente) anzureichern. Dieser Positionsindex ist in vielerlei Hinsicht nützlich, z. B. bei der Modellierung einer flachen Verbalkomplexsyntax oder bei der Übertragung des STUG-Modells auf Sprachen mit rein positionaler Unterscheidung von Valenzrollen, was etwa im Englischen zu beobachten ist.

Diese Formulierung der Kernaufgaben der Syntax lässt offen, wie die Konstituentenstruktur aussieht. Eine X-bar-artige, binäre Konstituentenstruktur ist nur eine von vielen Optionen, denn der Begriff eines syntaktischen Kopfes, der sie maßgeblich motiviert, verliert in dieser Art von Syntax ohne Valenz seine Zielgenauigkeit: Die Ernennung eines Phrasenkopfes ist syntaktisch betrachtet ein rein willkürlicher Akt.[13]

---

[13] Wiewohl sich der Kopfbegriff und bestimmte Anwendungsmuster in der syntaktischen Theo-

### 9.4.3 Desyntaktifizierung der Semantik

Die typenlogische Semantik, wie sie Montague entwickelt und bekannt gemacht hat, wird in Arbeiten wie Kracht (2007, 2011) und Erdélyi-Szabó et al. (2008) grundsätzlich in Frage gestellt. Ihrer Ansicht nach integriere diese Semantik semantikfremde, nämlich vornehmlich syntaktische Strukturkonzepte:

- Das Konzept der **Vollständigkeit**, eingeführt durch Freges funktionalen Bedeutungsbegriff: Bedeutungen sind Funktionen mit fester Stelligkeit, die durch funktionale Applikation verbunden werden. Die $n$-stelligen Funktionen (mit $n > 0$) entsprechen unsaturierten, nicht-propositionalen Bedeutungen. Funktionale Applikationen, in denen ein Argument fehlt, sind undefiniert, haben also keine Bedeutung.[14]

- Eine **hierarchische Ordnung** der Bedeutungen durch das Typensystem: Bedeutungen sind getypt und können nur Bedeutungen eines weniger komplexen Typs als Argument haben.

- Eine **lineare Ordnung** der Argumente und der $\lambda$-Abstraktion durch Currying.[15]

- Die **Multiplizität von Variablen** („multiplicity", Kracht 2007, 2011): Variablen sind in beliebiger Anzahl verfügbar, haben einen beliebigen Namen und einen beliebigen Inhalt.

In den genannten Arbeiten werden Alternativen ohne solche semantikfremden Strukturkonzepte vorgeschlagen, auf die ich an dieser Stelle aber nicht im Detail eingehen muss.

Es ist interessant, zu sehen, dass der Valenzstruktur eines STUG-Tupels die in Kracht (2007, 2011) und Erdélyi-Szabó et al. (2008) benannten semantikfremden Strukturkonzepte fehlen:

- Ihre Knoten können beliebig spezifiziert sein – also auch gar nicht.

---

riebildung fest etabliert haben, gibt es auch kritische Zwischenrufe wie Matthews (2007), der die konzeptuelle Unschärfe und inflationäre Benutzung des Kopfbegriffs thematisiert.

[14] Das Unbehagen am Vollständigkeitskonzept und an der lineare Ordnung der Argumente im Prädikat hat schon eine gewisse Tradition und führte z. B. zum Neo-Davidson'schen Ansatz (Parsons 1990, 1995). Dort werden im Grunde Prädikate höherer Stelligkeit durch eine variable Menge zweistelliger Prädikate ersetzt, die eine gemeinsame (Event-)Variable besitzen und $\wedge$-konjungiert sind.

[15] Dowty (1989) hat dafür den treffenden Ausdruck „Ordered-Arguments Theory" geprägt.

- Eine typenhierarchische Ordnung fehlt, denn die Knoten sind ungetypt.

- Es existiert keine lineare Ordnung der Argumente, denn eine Valenzstruktur ist ein ungeordneter Baum.

- Valenzstrukturen enthalten keine Variablennamen, also fehlt eine Voraussetzung für Variablenmultiplizität. Die Identifizierung von Valenzstrukturknoten wird indirekt über Verlinkung und Unifizierbarkeit der Merkmalsstrukturen lizenziert.

Die Valenzstruktur eines Satzes möchte ich aber keinesfalls mit seiner semantischen Struktur gleichsetzen, obwohl natürlich gewisse Ähnlichkeiten zu Storrers Situationsframes und Fillmores Scenes-and-Frames-Semantik bestehen. Die Valenzstruktur muss als Eingabeformat für die Semantik verstanden werden, die letztlich die morphologischen Informationen interpretiert und weitere semantische Relationen (z. B. Skopusrelationen) hinzufügt.

### 9.4.4 Vollständigkeit der Valenzstruktur?

Was die valenztheoretisch begründete Realisierungsnotwendigkeit betrifft, haben wir bisher Widersprüchliches gehört: Einmal soll ausschließlich die Semantik dafür zuständig sein (sagen Heim und Kratzer), dann wieder ausschließlich die Syntax (sagen Storrer und Kracht). Im STUG-Modell wurden weder Syntax noch Semantik verantwortlich gemacht, sondern in der Valenzstruktur ein betroffener Knoten mit einem Ausrufezeichen versehen (siehe Abbildung 9.15). Die !-Markierung soll durch einen noch zu implementierenden Mechanismus für die objektsprachlich Realisierung des Knotens sorgen.

Wie lässt sich diese Wahl einordnen und motivieren? Zunächst einmal durch die Architektur des STUG-Modells und das, was ich darin als Aufgaben der Syntax begreife: Die Syntax beschreibt die Distribution von Worttoken aufgrund ihrer morphosyntaktischen Eigenschaften, insbesondere ihrer syntaktischen Kategorie (Verb, Nomen, Komplementierer, Adverb, ...). Lexikalische Eigenschaften, die nicht mit einer systematischen Positionsabweichung oder Kookkurrenz einhergehen, sollen darin keinen Platz haben. Mit anderen Worten: Ein irreguläres syntaktisches Muster soll kontextunabhängig irregulär sein. Beispielsweise gilt die Kookkurrenz bestimmter Verben mit ihren perspektivierungsfixierten Valenzrollen deshalb nicht als syntaktisch systematisch, da selbst perspektivierungsfixierte Valenzrollen m. E. in einer entsprechende Diskursstruktur weggelassen werden können, etwa dann, wenn eine „Modus-Fokussierung" (Maienborn 1991) vorliegt:[16]

(23)    Peter sollte sie endlich ehelichen. Aber du weißt ja: Peter ehelicht nicht gern.

Die Worttoken *ehelichen* und *heiraten*, dem keine perpektivierungsfixierte Valenzrolle angehört, sind in diesem Sinne syntaktisch indifferent. Schwerer einzuordnen ist dagegen die Kookkurrenz von Nominativ und Finitum, weil in manchen Fällen eine Weglassung des Nominativs auch in augenscheinlich förderlichen Kontexten nicht möglich ist:

(24)    Peter muss sie endlich ehelichen. Aber du weißt ja: Unter Zwang ehelicht *(Peter) nicht gern.

Anderseits sind diese kontextunabhängig obligatorischen Kookkurrenzen abhängig von spezifischen Eigenschaften des finiten Verbs bzw. der verbalen Rektionskette (anders als etwa bei der Modellierung von G3). Natürlich kann man die Alternative in Betracht ziehen, den betroffenen Verben spezielle syntaktische Merkmale zuzuweisen und damit die Nominativ-Finitum-Kookkurrenz in der Syntax selektiv zu erzwingen. In dem hier skizzierten STUG-Modell habe ich jedoch (auch aus Darstellungsgründen) eine möglichst kontext- und lexemunabhängige Syntaxkomponente angestrebt.

Die Valenzstruktur soll im Gegensatz zur syntaktischen Struktur ein adaptives Schnittstellenformat zur Verfügung stellen, das Kontexteinflüssen offen steht

---

[16] Das folgende Fundstück belegt eine Verwendung von *ehelichen* ohne obligatorischer Ergänzung:

(i)    Tatsächlich endet die Geschichte mit einer Hochzeit, doch es ehelicht nicht etwa Krause, sondern seine jüngere Schwester Meta (Angelika Bölliger). (http://www.tagesspiegel.de/medien/komoedie-der-entschleuniger/5976602.html)

Müller (2010: 24, Fußnote 14) liefert Belege für analoge Verwendungen des Verbs *wohnen*:

(ii)    a. Das Landgericht Bad Kreuznach wies die Vermieterklage als unbegründet zurück, die Mieterfamilie kann wohnen bleiben. (Mieterzeitung 6/2001, S. 14)
    b. Die Bevölkerungszahl explodiert. Damit immer mehr Menschen wohnen können, wächst Hongkong, die Stadt, und nimmt sich ihr Terrain ohne zu fragen. (taz, 31.07.2002, S. 25)
    c. Wohnst Du noch, oder lebst Du schon? (strassen|feger, Obdachlosenzeitung Berlin, 01/2008, S. 3)
    d. Wer wohnt, verbraucht Energie – zumindest normalerweise. (taz, berlin, 15.12.2009, S. 23)

und auch konstruktionellen oder kollokationellen Faktoren zugänglich ist. Das kam zum Beispiel in den Bemerkungen zur Gapping-Rekonstruktion im vorangegangenen Abschnitt zum Ausdruck. Das bedeutet auch, dass die !-Markierung nicht als Entsprechung eines nicht-terminalen Blattes oder einer OA-Markierung in einem TAG-Elementarbaum zu begreifen ist, sondern als prinzipiell widerrufbare Fokus- oder Kollokat-Markierung.[17] Eine Ausarbeitung dieser Ideen weist jedoch über den thematischen Rahmen dieser Arbeit hinaus.

## 9.5 Zusammenfassung

Wie könnte ein Grammatikformalismus aussehen, der eine Trennung zwischen Syntax und Valenz vollzieht, in diesem Zuge die Idealisierung der Vollständigkeit als Prinzip des Syntax-Valenz-Verhältnisses aufgibt und genuin unvollständige Strukturen bei der Ellipsemodellierung zu erzeugen vermag? In diesem Kapitel wurde mit STUG meines Wissens erstmals ein solcher Formalismus vorgestellt. Formal handelt es sich bei STUG um einen baumbasierten Unifikationsansatz, der an Vorarbeiten aus dem TAG-Framework, insbesondere STAG und TUG, anknüpfen kann. Die Idee des STUG-Modells besteht darin, Syntax und Valenz zwar zu trennen, sie aber dennoch lexikalisch zu bündeln und parallel abzuleiten. Durch eine Verlinkung der syntaktischen Struktur und der Valenzstruktur können dabei gezielt Lokalitätsdomänen etabliert werden, die für die korrekte Ableitung der Valenzstruktur wesentlich sind.

Das Potenzial zur Erzeugung genuin unvollständiger Strukturen konnte anhand der Modellierung der Gappingregeln G1–G3 gezeigt werden. Eine entscheidende Rolle spielt dabei die Fusionsoperation, die ursprünglich für Spinal-TT-MCTAG in Kapitel 7 entwickelt wurde. Dank ihr können syntaktische Strukturen ohne die Verwendung nicht-terminaler Blätter verknüpft werden. Darüber hinaus wurde bei der Entwicklung von STUG Wert darauf gelegt, den durch kohärenten Konstruktionen gestellten Herausforderungen gerecht zu werden. Auch hier erweist sich die Fusionsoperation als glückliche Wahl, da sie flache Phrasenstrukturen und damit eine sparsame Verlinkung von syntaktischer Struktur und Valenzstruktur zulässt. In einer Reihe von kurzen Pilotanalysen wurden die Modellierungsmöglichkeiten mit STUG vorgeführt, u. a. anhand der mehrfach partiellen Voranstellung und des Fernpassivs.

---

[17] Vgl. Dürscheid (1999: 265), der zufolge eine perspektivierungsfixierte Valenzrolle in einer „paradigmatische Figur-Grund-Relation" zu einer entsprechenden nicht-perspektivierungsfixierten Valenzrolle stehen soll. Die perspektivierungsfixierte Valenzrolle „rückt" also relativ dazu „in den Vordergrund", sei also informationsstrukturell stärker markiert.

Neben diesen anscheinend zureichenden Modellierungsmöglichkeiten bietet STUG noch weitere reizvolle Gesichtspunkte und Potenziale. Zu nennen sind etwa die Inkrementalität der Verarbeitung, die Modularität der Wohlgeformtheitsbedingungen und die Affinität zu bestimmten Frame-orientierten Semantikmodellen, die durch die weitgehende Gleichbehandlung von Ergänzungen und Angaben angelegt ist. Eine weitere vorteilhafte Eigenschaft des STUG-Ansatzes scheint mir zu sein, dass im Vergleich zu klassischen TAG-Ansätzen weit weniger Bedarf für eine Faktorisierung der Elementarobjekte besteht, dass also viele Generalisierungen, die bei TAG in einer Metagrammatik ausgedrückt werden müssen, als Teil der regulären Grammatik implementiert werden können.[18] All diese Gesichtspunkte und Potenziale von STUG, genauso wie dessen computationellen Eigenschaften, müssen in nachfolgenden Arbeiten genauer untersucht werden.

---

[18] Mehr oder weniger expressive Metagrammatiken finden in allen umfangreicheren TAG-Fragmenten Anwendung (Xia et al. 2010). Ein Beispiel für eine solche Metagrammatik ist die eXtensible MetaGrammar (XMG, Duchier et al. 2005; Crabbé et al. 2013).

# 10 Zusammenfassung und Fazit

Der Forschungsgegenstand dieser Arbeit war der Status lexikalischer Valenzeigenschaften in Syntaxmodellen, wobei der Betrachtungsschwerpunkt auf solchen Syntaxmodellen lag, denen die Baumadjunktionsgrammatik (TAG) und ihre Varianten zugrundeliegen. Zunächst wurde die fest etablierte und auch im TAG-Framework dominante Sichtweise nachvollzogen, derzufolge sich die Valenzeigenschaften strukturell oder derivationell direkt in der Syntax niederschlagen. Die valenztheoretische Trichotomie aus Valenzträger, Ergänzung und Angabe führt hier also zu einer Ungleichbehandlung im Syntaxmodell. Bedingt durch diese enge konzeptuelle Verzahnung und durch die formalen Eigenschaften der Syntaxmodelle werden bestimmte Formen der Valenzrealisierung idealisiert, andere Realisierungsvarianten hingegen marginalisiert. Ich habe in Abschnitt 2.4 drei solche Idealisierungen der Valenzrealisierung beschrieben: die Idealisierung der Vollständigkeit, die Idealisierung der Kontinuität und die Idealisierung der Funktionalität, wobei letztere im Weiteren ausgeklammert wurde.

Diese Idealisierungen stehen im Widerspruch zu bestimmten, sich überschneidenden Datenklassen, nämlich kohärenten Konstruktionen und Ellipsen, mit diskontinuierlichen oder unvollständigen Valenzrealisierungen. In Kapitel 3 und 4 habe ich beide Datenklassen unter valenztheoretischen Gesichtspunkten ausführlich dargestellt. Um Kohärenz und Ellipse im Geltungsbereich dieser Idealisierungen modellieren zu können, wurden in anderen Arbeiten bereits Ausweichstrategien entwickelt: Bewegung und Valenzvereinigung bei Kohärenz; Reduktion, Füllung und Verschmelzung bei Ellipse. In dieser Arbeit habe ich mich jedoch für Syntaxmodelle interessiert, die aus diesem Raster herausfallen und in denen diese Valenzidealisierungen ganz oder teilweise fehlen.

Zunächst habe ich mich der direkten Repräsentation diskontinuierlicher Valenzrealisierungen zugewandt, die TAG alleine schon aufgrund der erweiterten Lokalitätsdomäne und der Adjunktionsoperation bis zu einem gewissen Grad leisten kann. Um über die Ausdrucksstärke von TAG hinaus Diskontinuität modellieren zu können, habe ich in Kapitel 7 die TAG-Erweiterung TT-MCTAG entwickelt, die einige Schwächen vergleichbarer TAG-Erweiterungen (TL-MCTAG, V-TAG, DTG, SegTAG, SN-MCTAG) ausräumt. Im Anschluss habe ich ein TT-

MCTAG-Fragment für kohärente Konstruktionen im Deutschen skizziert. Es enthält auch als kritisch eingestufte Daten wie die mehrfach-partielle Voranstellung, diverse Verbalkomplexstellungen und das Fernpassiv. Das macht es meines Wissens zum umfangreichsten Grammatikfragment mit einer direkten Repräsentation diskontinuierlicher Valenzrealisierung, das bisher beschrieben worden ist. Es zeigt auch, dass Ansätze mit diskontinuierlichen Konstituenten den Daten und der linguistischen Intuition durchaus gerecht werden können – entgegen den Zweifeln, die in der HPSG-Literatur in den letzten Jahren die Oberhand gewonnen haben.

Das TT-MCTAG-Fragment folgt zwar nicht der Idealisierung der Kontinuität, aber der Idealisierung der Vollständigkeit: Obligatorische Bestandteile eines Valenzrahmens können nicht weggelassen werden, ohne auf leere Wörter oder spezielle Elementarstrukturen zurückzugreifen. Für das TT-MCTAG-Fragment habe ich in Abschnitt 8.5 beispielhaft einen Reduktionsansatz ausgeführt, der zur Implementierung der internen und externen Bedingungen auf elegante Weise vom Ableitungsbaum Gebrauch macht.

Gibt man auch die Idealisierung der Vollständigkeit auf und strebt eine genuin unvollständige Repräsentation von Ellipsen in der Syntax an, dann scheint mir die Trennung von Syntax und Valenz unvermeidbar zu sein. Das führt dazu, dass die Syntax keinen Unterschied macht zwischen Valenzträgern, Ergänzungen und Angaben. Mit STUG habe ich erstmals einen baumbasierten Grammatikformalismus dieser Art vorgeschlagen und auch gezeigt, wie damit Ellipse und Kohärenz im Deutschen modelliert werden können. Doch STUG hilft nicht einfach nur, den Einsatz leerer Wörter vollständig zu vermeiden, sondern scheint auch eine Reihe weiterer erfreulicher Eigenschaften zu besitzen. Genannt wurden die mögliche Inkrementalität der Verarbeitung und die stärkere Faktorisierung der Grammatik. Eine genaue Untersuchung dieser und anderer Eigenschaften von STUG, insbesondere der Komplexitätseigenschaften, steht jedoch noch aus. Und auch das skizzierte STUG-Modell für das Deutsche ist natürlich längst nicht zufriedenstellend, wie die im letzten Kapitel formulierten Desiderata gezeigt haben. Ein Anfang ist aber gemacht.

Doch auch der Valenzbegriff selber hat sich im Verlauf dieser Arbeit gewandelt. In der Jacob'schen Explikation war Valenz bestimmt als direkter Reflex der semantischen Prädikat-Argument-Struktur des Valenzträgers (d. h. durch die ARG-Beziehung). Der valenztheoretischen Trichotomie ging also eine semantische Trichotomie aus Prädikat, Argument und Modifizierer voraus. Dagegen reflektiert die zuletzt bei STUG eingeführte Valenzstruktur keine derartige semantische Trichotomie. Ihr liegt konzeptuell vielmehr Storrers Situationsvalenz und

Fillmores Scenes-and-Frames-Semantik zugrunde, die keine explizite Differenzierung zwischen Ergänzung und Angabe (bzw. zwischen Argument und Modifizierer) machen. Valenz gilt hier als Potential der Situationsrollenspezifizierung und -perspektivierung, wobei die Spezifizierung der Valenzstruktur aus unterschiedlichen Richtungen und nicht nur durch den Valenzträger erfolgen kann.

Es bleibt abschließend die Frage, welcher Weg der bessere ist. Soll man nun die Idealisierungen vermeiden, Syntax und Valenz trennen, das Valenzkonzept überdenken? Oder soll man besser auf den gewohnten Pfaden bleiben? In dieser Arbeit bin ich bis jetzt dieser Frage ausgewichen (so mein Eindruck), wiewohl die Sympathien ungleich verteilt waren und sicherlich erkennbar der Idealisierungsvermeidung galten. Mein Anliegen war zunächst einmal, den (eigenen) Horizont zu erweitern und die Alternativen überhaupt erst greifbar zu machen. Die Absicht war, zu verstehen. Dafür ist es nicht nötig, gleich vehement gegen andere Ansätze zu argumentieren. Ich habe auch an der einen oder anderen Stelle durchscheinen lassen, dass ich skeptisch bin, dass solche grammatik- und frameworkübergreifenden Vergleiche leicht zu bewerkstelligen sind.

Leider ist selbst 60 Jahre nach der Etablierung formalisierter Grammatikmodelle noch immer nicht klar, wie man zwischen zwei konkreten, nicht-trivialen Grammatiken entscheiden soll.[1] Das Offensichtliche, nämlich die Abdeckung zu betrachten (d. h. Chomskys „observational adequacy"), reicht nicht aus, da potentielle Erweiterungen berücksichtigt werden müssen (Müller 2007: Kapitel 20).[2] Die Erweiterung in der Zukunft hat aber nichts mit der Abdeckung jetzt zu tun. Auch der Vergleich anhand anderer quantitativer Eigenschaften, etwa der Anzahl und Mächtigkeit der eingesetzten Grammatikelemente, ist nur sehr eingeschränkt möglich, da die Abdeckung identisch und die Grammatiken tatsächlich idempotent sein müssen. Und wie will man, selbst wenn das zutrifft, unterschiedliche Grammatikelemente wie Merkmale und Regeln gegeneinander verrechnen? Ähnlich, nur noch schlimmer, verhält es sich mit der von Müller (2007: 403) vorgeschlagenen Erweiterbarkeit, d. h. mit dem Aufwand, eine Grammatik so zu erweitern, dass eine bestimmte Veränderung in der Abdeckung erreicht wird. Auch hier ist das Problem die Gewichtung unterschiedlicher Typen, nämlich von konkreten und virtuellen Grammatiken.

---

[1] Chomsky widmet sich dieser Frage bereits einigermaßen ausführlich in seinen frühen Klassikern (Chomsky 1964: Kapitel 2; Chomsky 1965: Kapitel 1). Leider wird diese Art der fundamentalen Methodenkritik aus meiner Sicht viel zu selten betrieben. Eine erfreuliche Ausnahme ist Müller (2007: Kapitel 20).

[2] Wenn wir allein die aktuelle Abdeckung als Kriterium in Betracht ziehen, hat es keinen Sinn, neue Grammatiken zu entwickeln, einfach weil es schon Grammatiken mit einer größeren Abdeckung gibt. Mit anderen Worten: Die abdeckungsgrößte Grammatik gewinnt sofort.

Man bedenke außerdem, dass der Vergleich nochmals schwerer fällt, wenn die Grammatiken unterschiedlichen Frameworks angehören. Gerade hier geschieht es leicht, dass man Urteile fällt (z. B. gegen Transformationen, leere Elemente, oder eben diskontinuierliche Konstituenten), die letztlich zu selektiv sind und vor allem den persönlichen Geschmack widerspiegeln. Geschmacksurteile mögen methodologisch unvermeidbar sein, weil sie Ausdruck einer Anfangsmotivation sind; doch wissenschaftlich sind sie wertlos. Schon Chomsky hat die Situation kommen sehen, zwischen zwei Grammatiken wählen zu müssen, die nach quantitativen und qualitativen Maßstäben („observational adequacy") gleichwertig erscheinen. Sein Vorschlag besteht darin, auf zusätzliche Kriterien zurückzugreifen, die weniger auf Abdeckung oder Sparsamkeit der Mittel abzielen, als auf die Kompatibilität mit der Vorstellung, dass Grammatik ein kognitives Instrument ist und dass dieses Instrument mit beschränkten kognitiven Ressourcen gelernt und beherrscht werden muss. Die Rede ist von der Erklärungsadäquatheit („explanatory adequacy") einer Theorie oder Grammatik.

Was würde nun dafür sprechen, dass sich die Valenzidealisierungen positiv auf die quantitativen Eigenschaften einer Grammatik auswirken. Werden damit die Grammatiken kleiner und deren Abdeckung größer? Eher im Gegenteil; wir haben ja „Sonderfälle" gesehen, in denen dann Erweiterungen vorgenommen werden müssen. Könnten die Idealisierungen aber vielleicht Kriterien der Erklärungsadäquatheit darstellen? Das würde bedeuten, dass sie angeboren wären, quasi als Prinzipien der Universalgrammatik. Es spricht nicht viel für diese nativistische Deutung, denn warum sind dann die inkompatiblen „Sonderfälle" überhaupt möglich?

Während der Nutzen für konkrete Grammatiken nur schwer zu erkennen ist, ist der methodologische Schaden im Umgang mit den Daten offensichtlich. Die apriorische Annahme, dass Satzglieder unterschiedlichen valenztheoretischen Kategorien angehören (Valenzträger, Ergänzung und Angabe), die sich wiederum syntaktisch sehr unterschiedlich verhalten, wirkt sich auf die Wahrnehmung der Daten aus. Sieht man einen Valenzträger, so unterstellt man ihm unwillkürlich Dominanz und eine determinierende Funktion; über Angaben sieht man dagegen leicht hinweg. Damit geht eine gewisse Neutralität gegenüber den Daten verloren. Und natürlich setzt man sich lieber mit Daten auseinander, die mit den durch die Idealisierungen geweckten Erwartungen zusammenpassen – Theoriebildung und Datenauswahl gehen eben gerne Hand in Hand.

Statt Idealisierung, d. h. der apriorischen Beschränkung durch den Grammatikformalismus, sollten wir etwas anstreben, was man als Generalisierung bezeichnen könnte. Generalisierungen beziehen sich auf Eigenschaften von Primärrepräsentationen (das sind im Idealfall möglichst neutrale, beobachtungsnahe Repräsentationen syntaktischer Einheiten), geben diese aber nicht vor oder schränken diese ein. Generalisierungen sind vielmehr nachgeordnete Beschreibungen von Primärrepräsentationen. Ein Beispiel dafür ist das Verhältnis zwischen dem abgeleiteten Baum in TAG (der Primärrepräsentation) und seiner Faktorisierung qua Elementarbäume (der Generalisierung); oder das Verhältnis zwischen der flachen Syntaxrepräsentation in STUG und einem die Fusion regulierenden endlichen Automaten. Diese konzeptuelle Trennung hat den Vorteil, dass die Primärrepräsentationen auch dann erhalten bleiben, wenn sich die Generalisierungen grundlegend ändern oder unterscheiden. Generalisierungen sind möglicherweise nicht in der Art reversibel wie es quantitative Abstraktionen à la Stokhof & van Lambalgen (2011) sind. Aber der ontologische Wechsel vollzieht sich, wenn überhaupt, nur auf der Ebene der Generalisierungen, nicht auf der Ebene der unmittelbaren Datenrepräsentation. Leider hat dieser Hoffnungsschimmer eine nicht unerhebliche Schattenseite, denn gerade die Form der Primärrepräsentationen ist strittig. Es lässt sich aus meiner Sicht immerhin sagen, dass die STUG-Strukturen (flache Syntaxbäume verlinkt mit Valenzstrukturen) dem Ideal der Beobachtungsneutralität näher zu kommen scheinen als beispielsweise die üblichen abgeleiteten Bäume in TAG, geschweige denn die syntaktischen Strukturen der GB-Theorie, einfach weil bei STUG die Valenzidealisierungen fehlen.

Abschließend kann man festhalten: Auch wenn all diese Überlegungen hier notgedrungen vage bleiben müssen, legen sie doch nahe, den mit dieser Arbeit eingeschlagenen Weg weiterzugehen, nämlich Valenzidealisierungen zu vermeiden, Syntax und Valenz zu trennen, das Valenzkonzept zu überdenken – oder wirklich gute Gründe zu liefern, das nicht zu tun.

# Literaturverzeichnis


Abeillé, Anne. 1988a.  A lexicalized Tree Adjoining Grammar for French: The general framework.  Tech. Rep. MS-CIS-88-64 Department of Computer and Information Science, University of Pennsylvania. http://repository.upenn.edu/cis_reports/683/.

Abeillé, Anne. 1988b.  Parsing French with Tree Adjoining Grammar: Some linguistic accounts.  In *Procedings of the 12th international conference on computational linguistics (COLING)*, 7–12. Budapest. http://aclweb.org/anthology-new/C/C88/C88-1002.pdf.

Abeillé, Anne. 1995. The flexibility of French idioms: A representation with lexicalized Tree Adjoining Grammar. In Martin Everaert, Erik-Jan van der Linden, André Schenk & Rob Schreuder (eds.), *Idioms: Structural and psychological perspectives*, 15–42. Hillsdale, NJ: Lawrence Erlbaum.

Abeillé, Anne. 2002. *Une grammaire électronique du français* (Science du Langage). Paris: CNRS Éditions.

Abeillé, Anne & Owen Rambow. 2000.  Tree Adjoining Grammar: An overview. In Anne Abeillé & Owen Rambow (eds.), *Tree Adjoining Grammars: Formalisms, linguistic analyses and processing* (CSLI Lecture Notes 107), 1–68. Stanford: CSLI Publications.

Abeillé, Anne & Yves Schabes. 1989.  Parsing idioms in lexicalized TAGs.  In *Proceedings of the fourth conference on European chapter of the Association for Computational Linguistics (EACL '89)*, 1–9.

Abeillé, Anne & Yves Schabes. 1996. Non-compositional discontinuous constituents in Tree Adjoining Grammar.  In Harry Bunt & Arthur van Horck (eds.), *Discontinuous constituency*, 279–306. Berlin: Mouton de Gruyter.

Aelbrecht, Lobke. 2010. *The syntactic licensing of ellipsis.* Amsterdam: John Benjamins.

Ágel, Vilmos. 2000. *Valenztheorie.* Tübingen: Gunter Narr Verlag.

Akmajian, Adrian. 1968.  An interpretive principle for certain anaphoric expressions. Unpublished MIT paper.

Askedal, John Ole. 1983.  Kohärenz und Inkohärenz in deutschen Infinitivfügungen. Vorschlag zur begrifflichen Klärung. *Lingua* 59. 177–196.

Askedal, John Ole. 1986.  Über 'Stellungsfelder' und 'Satztypen' im Deutschen. *Deutsche Syntax* 14(3). 193–223.

Asudeh, Ash & Ida Toivonen. 2009. Lexical-Functional Grammar. In Bernd Heine & Heiko Narrog (eds.), *The oxford handbook of linguistic analysis*, 425–458. Oxford: Oxford University Press.

Babko-Malaya, Olga. 2006. Semantic interpretation of unrealized syntactic material in LTAG. In *Proceedings of the eighth international workshop on Tree Adjoining Grammar and related formalisms (TAG+ 8)*, 91–96. Sydney: Association for Computational Linguistics. http://www.aclweb.org/anthology/W/W06/W06-1511.

Bach, Emmon. 1988. Categorial Grammars as theories of language. In Richard T. Oehrle, Emmon Bach & Deirdre Wheeler (eds.), *Categorial Grammars and natural language structures* (Studies in Linguistics and Philosophy 32), 17–34. Dordrecht: D. Reidel Publishing Company.

Barton, Ellen L. 1990. *Nonsentential constituents. A theory of grammatical structure and pragmatic interpretation.* Amsterdam: John Benjamins.

Bech, Gunnar. 1955. *Studien über das deutsche Verbum infinitum* (Linguistische Arbeiten 139). Tübingen: Max Niemeyer Verlag. 2nd unrevised edition published 1983.

Bech, Gunnar. 1963. Grammatische Gesetze im Widerspruch. *Lingua* 12. 291–299.

Becker, Tilman. 1994. *HyTAG: A new type of Tree Adjoining Grammars for hybrid syntactic representations of free word order languages.* Saarbrücken: Universität des Saarlandes dissertation. http://www.dfki.de/~becker/becker.diss.ps.gz.

Becker, Tilman. 2000. Patterns in metarules for TAG. In Anne Abeillé & Owen Rambow (eds.), *Tree Adjoining Grammars: Formalisms, linguistic analyses and processing* (CSLI Lecture Notes 107), 331–342. Stanford: CSLI Publications.

Becker, Tilman, Aravind K. Joshi & Owen Rambow. 1991. Long-distance scrambling and Tree Adjoining Grammars. In *Proceedings of the 5th conference of the European chapter of the Association for Computational Linguistics (EACL'91)*, 21–26.

Becker, Tilman, Owen Rambow & Michael Niv. 1992. The derivationel generative power of formal systems or scrambling is beyond LCFRS. Tech. Rep. IRCS-92-38 Institute for Research in Cognitive Science, University of Pennsylvania.

Behaghel, Otto. 1932. *Deutsche Syntax: Eine geschichtliche Darstellung*, vol. 4, Wortstellung, Periodenbau. Heidelberg: Winter.

den Besten, Hans & Jean Rutten. 1989. On verb raising, extraposition and free word order in Dutch. In Dany Jaspers, Wim Klooster, Yvan Putseys & Pieter Seuren (eds.), *Sentential complementation and the lexicon*, Dordrecht: Foris.

Blevins, James. 1990. *Syntactic complexity: Evidence for discontinuity and multidomination.* Amherst: University of Massachusetts dissertation.

Bodirsky, Manuel, Marco Kuhlmann & Mathias Möhl. 2005. Well-nested drawings as models of syntactic structure. In *In 10th conference on formal grammar and 9th meeting on mathematics of language (FGMOL'05)*, 195–203. Edinburgh.

Boullier, Pierre. 2000. Range Concatenation Grammars. In *Proceedings of the sixth international workshop on parsing technologies (IWPT 2000)*, 53–64.

Bouma, Gosse. 2003. Verb clusters and the scope of adjuncts in Dutch. In Pieter A. M. Seuren & Gerard Kempen (eds.), *Verb constructions in German and Dutch*, Amsterdam: John Benjamins.

Bouma, Gosse, Rob Malouf & Ivan A. Sag. 2001. Satisfying constraints on adjunction and extraction. *Natural Language and Linguistic Theory* 19. 1–65.

Breindl, Eva. 1989. *Präpositionalobjekte und Präpositionalobjektsätze im Deutschen* (Linguistische Arbeiten 220). Tübingen: Niemeyer.

Brettschneider, Gunter. 1978. *Koordination und syntaktische Komplexität. Zur Explikation eines linguistischen Begriffs*. München: Wilhelm Fink Verlag.

Bunt, Harry, Jan Thesingh & Ko van der Sloot. 1987. Discontinuous constituents in trees, rules and parsing. In *Proceedings of the third conference of the European chapter of the Association for Computational Linguistics (EACL'87)*, 203–210.

Büring, Daniel & Katharina Hartmann. 1997. Doing the right thing. *The Linguistic Review* 14. 1–42.

Büring, Daniel & Katharina Hartmann. 1998. Asymmetrische Koordination. *Linguistische Berichte* 174. 172–201.

Candito, Marie-Hélène. 1996. A principle-based hierarchical representation of LTAGs. In *Proceedings of the 16th international conference on computational linguistics (COLING 96)*, Copenhagen. http://aclweb.org/anthology-new/C/C96/C96-1034.pdf.

Candito, Marie-Hélène & Sylvain Kahane. 1998. Can the TAG derivation tree represent a semantic graph? An answer in the light of Meaning-Text Theory. In *Proceedings of the fourth workshop on Tree-Adjoining Grammars and related frameworks (TAG+ 4)*, Philadelphia.

Cann, Ronnie, Ruth Kempson, Lutz Marten & Masayuki Otsuka. 2005. Right node raising, coordination and the dynamics of language processing. *Lingua* 115(4). 503–525.

Champollion, Lucas. 2008. Binding theory in LTAG. In *Proceedings of the the ninth international workshop on Tree Adjoining Grammars and related formalisms (TAG+ 9)*, 1–8. Tübingen.

Champollion, Lucas. 2011. Lexicalized non-local MCTAG with dominance links is NP-complete. *Journal of Logic, Language, and Information* 20(3). 343–359.

Chao, Wynn. 1987. *On ellipsis.* Amherst: University of Massachusetts dissertation.

Chen, John, Srinivas Bangalore & K. Vijay-Shanker. 2006. Automated extraction of Tree-Adjoining Grammars from treebanks. *Natural Language Engineering* 12. 251–299.

Chen-Main, Joan. 2006. *On the generation and linearization of multi-dominance structures.* Baltimore: Johns Hopkins University dissertation.

Chen-Main, Joan & Aravind K. Joshi. 2008. Flexible composition, multiple adjoining and word order variation. In *Proceedings of the the ninth international workshop on Tree Adjoining Grammar and related formalisms (TAG+ 9)*, http://www.seas.upenn.edu/~chenmain/chenmain_joshi_TAG9_rev_final.pdf. Revised TAG+ 9 paper.

Chen-Main, Joan & Aravind K. Joshi. 2012. A dependency perspective on the adequacy of Tree Local Multi-component Tree Adjoining Grammar. *Journal of Logic and Computation* .

Chiang, David. 2000. Statistical parsing with an automatically-extracted Tree Adjoining Grammar. In *Proceedings of the 38th annual meeting of the Association for Computational Linguistics (ACL'00)*, 456–463.

Chiang, David & Tatjana Scheffler. 2008. Flexible composition and delayed tree-locality. In *Proceedings of the the ninth international workshop on Tree Adjoining Grammar and related formalisms (TAG+ 9)*, .

Chomsky, Noam. 1957. *Syntactic structures.* The Hague: Mouton.

Chomsky, Noam. 1964. *Current issues in linguistic theory.* The Hague: Mouton.

Chomsky, Noam. 1965. *Aspects of the theory of syntax.* Cambridge, MA: MIT Press.

Chomsky, Noam. 1970. Remarks on nominalization. In Roderick Jacobs & Peter Rosenbaum (eds.), *Readings in English Transformational Grammar*, 184–221. Waltham, MA: Ginn.

Chomsky, Noam. 1973. Conditions on transformations. In Stephen R. Anderson und Paul Kiparski (ed.), *A Festschrift for Morris Halle*, 232–286. New York: Holt, Rinehart & Winston.

Chomsky, Noam. 1981. *Lectures on government and binding.* Dordrecht: Foris.

Chomsky, Noam. 1986. *Barriers* (Linguistic Inquiry Monographs 13). Cambridge, MA: MIT Press.

Chung, Sandra, William Ladusaw & James McCloskey. 1995. Sluicing and logical form. *Natural Language Semantics* 3. 239–282.

Colomo, Katarina. 2011. *Modalität im Verbalkomplex. Halbmodalverben und Modalitätsverben im System statusregierender Verbklassen* (Bochumer Linguistische Arbeitsberichte 6). Bochum: Ruhr-Universität Bochum.

Cook, Philippa. 2001. *Coherence in German: An information structure approach.* Manchester: University of Manchester Phd dissertation.

Crabbé, Benoit, Denys Duchier, Claire Gardent, Joseph Le Roux & Yannick Parmentier. 2013. XMG: eXtensible MetaGrammar. *Computational Linguistics* 39(3). 1–66.

Crysmann, Berthold. 2003. On the efficient implementation of German verb placement in HPSG. In *Proceedings of RANLP 2003*, 112–116. Borovets, Bulgaria.

Culicover, Peter W. & Ray S. Jackendoff. 2005. *Simpler syntax.* Oxford: Oxford University Press.

Culicover, Peter W. & Ray S. Jackendoff. 2006. Turn over control to the semantics! *Syntax* 9(2). 131–152.

Culicover, Peter W. & Wendy Wilkins. 1986. Control, PRO, and the projection principle. *Language* 62(1). 120–153.

Curry, Haskell B. 1963. Some logical aspects of grammatical structure. In *Structure of language and its mathematical aspects: Proceedings of the twelfth symposium in applied mathematics*, 56–68.

Dalrymple, Mary. 2001. *Lexical Functional Grammar.* San Diego: Academic Press.

Dalrymple, Mary, Stuart M. Shieber & Fernando C. N. Pereira. 1991. Ellipsis and higher-order unification. *Linguistics and Philosophy* 14. 399–452.

Daniels, Michael W. 2005. *Generalized ID/LP grammar: A formalism for parsing linearization-based HPSG grammars.* Columbus, OH: The Ohio State University dissertation. http://ling.osu.edu/~daniels/thesis.html.

Davidson, Donald. 1967. The logical form of action sentences. In Nicholas Rescher (ed.), *The logic of decision and action*, Pittsburgh: University of Pittsburgh Press.

De Kuthy, Kordula. 2002. *Discontinous NPs in German – A case study of the interaction of syntax, semantics and pragmatics* (Studies in Constraint-Based Lexicalism). Stanford: CSLI Publications.

Debusmann, Ralph, Denys Duchier & Geert-Jan M. Kruijff. 2004. Extensible Dependency Grammar: A new methodology. In *Proceedings of the COLING 2004 workshop on recent advances in dependency grammar*, 70–76. Geneva.

Demberg, Vera. 2010. *A broad-coverage model of prediction in human sentence processing.* Edinburgh: University of Edinburgh dissertation. http://www.coli.uni-saarland.de/~vera/PhDThesis.pdf.

Demberg, Vera & Frank Keller. 2008. A psycholinguistically motivated version of TAG. In *Proceedings of the 9th international workshop on Tree Adjoining Grammars and related formalisms (TAG+ 9)*, 25–32. Tübingen.

Dikovsky, Alexander & Larissa Modina. 2000. Dependencies on the other side of the curtain. *Traitement Automatique des Langues* 41(1). 67–96.

Dowty, David R. 1989. On the semantic content of the notion of 'thematic role'. In Gennaro Chierchia, Barbara H. Partee & Raymond Turner (eds.), *Properties, types and meaning*, 69–129. Dordrecht: Kluwer Academic Publishers.

Dowty, David R. 1996. Toward a minimalist theory of syntactic structure. In Harry C. Bunt & Arthur van Horck (eds.), *Discontinuous constituency*, Berlin: Mouton de Gruyter.

Duchier, Denys & Ralph Debusmann. 2001. Topological dependency trees: A constraint-based account of linear precedence. In *Proceedings of 39th annual meeting of the Association for Computational Linguistics (ACL'01')*, 180–187. Toulouse. http://www.aclweb.org/anthology/P01-1024.

Duchier, Denys, Joseph Le Roux & Yannick Parmentier. 2005. The metagrammar compiler: An NLP application with a multi-paradigm architecture. In Peter Van Roy (ed.), *Multiparadigm programming in Mozart/Oz* (Lecture Notes in Computer Science 3389), 175–187. Berlin: Springer.

Dürscheid, Christa. 1999. Perspektivierung und Sprachstruktur. *Dogilmunhak. Koreanische Zeitschrift für Germanistik* 40(4). 7–29.

Eisenberg, Peter. 2006. *Grundriß der deutschen Grammatik*, vol. 2. Der Satz. Stuttgart: J. B. Metzler 3rd edn.

Engel, Ulrich. 1988. *Deutsche Grammatik*. Heidelberg: Groos.

Erdélyi-Szabó, Miklós, László Kálmán & Agi Kurucz. 2008. Towards a natural language semantics without functors and operands. *Journal of Logic, Language and Information* 17. 1–17.

Eroms, Hans-Werner. 2000. *Syntax der deutschen Sprache* (de Gruyter Studienbuch). Berlin: Walter de Gruyter.

Eroms, Hans-Werner & Hans Jürgen Heringer. 2003. Dependenz und lineare Ordnung. In Vilmos Ágel, Ludwig M. Eichinger, Hans-Werner Eroms, Hans Jürgen Heringer & Henning Lobin (eds.), *Dependenz und Valenz. Ein internationales Handbuch der zeitgenössischen Forschung. An international handbook of contemporary research* (Handbücher zur Sprach- und Kommunikationswissenschaft 25.1), 247–263. Berlin: Walter de Gruyter.

Evers, Arnold. 1975. *The transformational cycle in Dutch and German*: University of Utrecht dissertation.

Evert, Stefan. 2005. *The statistics of word cooccurrences: Word pairs and collocations*. Stuttgart: Universität Stuttgart dissertation.

Featherston, Sam. 2003. That-trace in German. *Lingua* 115(9). 1277–1302.

Fiengo, Robert & Robert May. 1994. *Indices and identity*. Cambridge, MA: MIT Press.

Fillmore, Charles J. 1977a. The case for case reopened. In Peter Cole & Jerrold M. Sadock (eds.), *Grammatical relations* (Syntax and Semantics 8), 59–81. New York: Academic Press.

Fillmore, Charles J. 1977b. Scenes-and-frames semantics. In Antonio Zampolli (ed.), *Linguistic structures processing*, vol. 5, 55–81. Amsterdam: North Holland.

Fortmann, Christian. 2005. Die Lücken im Bild von der Subjektlücken-Koordination. *Linguistische Berichte* 204. 441–476.

Frank, Robert. 1992. *Syntactic locality and Tree Adjoining Grammar: Grammatical, acquisition and processing perspectives.* Philadelphia: University of Pennsylvania dissertation.

Frank, Robert. 2002. *Phrase structure composition and syntactic dependencies.* Cambridge, MA: MIT Press.

Frank, Robert. 2006. Phase theory and Tree Adjoining Grammar. *Lingua* 116. 145–202.

Frazier, Lyn. 1985. Syntactic complexity. In David Dowty, Lauri Karttunen & Arnold Zwicky (eds.), *Natural language processing: Psychological, computational andtheoretical perspectives*, 129–189. Cambridge, UK: Cambridge University Press.

Frey, Werner. 2003. Syntactic conditions on adjunct classes. In Ewald Lang, Claudia Maienborn & Cathrine Fabricius-Hansen (eds.), *Modifying adjuncts* (Interface Explorations 4), 163–209. Berlin: Mouton de Gruyter.

Fries, Norbert. 1988. Über das Null-Topik im Deutschen. In *S&P – Veröffentlichung des Lunder Projektes "Sprache und Pragmatik"*, vol. 3, 19–49. Lund, Sweden: Germanistisches Institut der Universität Lund.

Gaifman, Haim. 1965. Dependency systems and phrase-structure systems. *Information and Control* 8(3). 304–337. Also published as report p-2315, RAND Corp. Santa Monica (CA) in 1961.

Gardent, Claire, Yannick Parmentier, Guy Perrier & Sylvain Schmitz. 2014. Lexical disambiguation in LTAG using left context. In Zygmunt Vetulani & Joseph Mariani (eds.), *Human language technology. Challenges for computer science and linguistics. 5th language and technology conference, LTC 2011, Poznan, Poland, November 25-27, 2011, revised selected papers* (Lecture Notes in Computer Science (LNCS)/Lecture Notes in Artificial Intelligence (LNAI) 8387), 67–79. Springer.

Gazdar, Gerald & Geoffrey K. Pullum. 1981. Subcategorization, constituent order, and the notion "head". In Michael H. Moortgat, Harry van der Hulst & Teun Hoekstra (eds.), *The scope of lexical rules*, 107–123. Dordrecht: Foris.

Geach, Peter Thomas. 1970. A program for syntax. *Synthese* 22. 3–17.

Gerdes, Kim. 2002a. DTAG? In *Proceedings of the TAG+ 6 workshop*, 242–251. Venice.

Gerdes, Kim. 2002b. *Topologie et grammaires formelles de l'allemand.* Paris: Université Paris 7 dissertation. http://gerdes.fr/papiers/avant/theseKimGerdes. pdf.

Gerdes, Kim. 2004. Tree Unification Grammar. *Electronic Notes in Theoretical Computer Science* 53. 108–136. Proceedings of the joint meeting of the 6th Conference on Formal Grammar and the 7th Conference on Mathematics of Language.

Gerdes, Kim & Sylvain Kahane. 2001. Word order in German: A formal Dependency Grammar using a topological hierarchy. In *Proceedings of 39th annual meeting of the Association for Computational Linguistics (ACL '01)*, 220–227. Toulouse. http://www.aclweb.org/anthology/P01-1029.

Gibson, Edward & James Thomas. 1999. Memory limitations and structural forgetting: The perception of complex ungrammatical sentences as grammatical. *Language and Cognitive Processes* 14(3). 225–248.

Ginzburg, Jonathan & Robin Cooper. 2004. Clarification, ellipsis, and the nature of contextual updates. *Linguistics and Philosophy* 27(3). 297–366.

Ginzburg, Jonathan & Ivan A. Sag. 2001. *Interrogative investigations: The form, meaning, and use of English interrogatives.* Stanford: CSLI Publications.

Gómez-Rodríguez, Carlos, John Carroll & David J. Weir. 2011. Dependency parsing schemata and mildly non-projective dependency parsing. *Computational Linguistics* 37(3). 541–586.

Gorn, Saul. 1967. Explicit definitions and linguistic dominoes. In John Francis Hart & S. Takasu (eds.), *Systems and computer science*, 77–115. Toronto: University of Toronto Press.

Grewendorf, Günther & Joachim Sabel. 1994. Long scrambling and incorporation. *Linguistic Inquiry* 25(2). pp. 263–308.

Grimshaw, Jane. 1991. Extended projection. Manuscript, Brandeis University.

Grimshaw, Jane. 2000. Locality and extended projection. In Peter Coopmans, Martin Everaert & Jane Grimshaw (eds.), *Lexical specification and insertion* (Current Issues in Linguistic Theories 197), 115–133. Amsterdam: John Benjamins.

Groenink, Annius. 1995. Literal Movement Grammars. In *Proceedings of the 7th conference of the European chapter of the Association for Computational Linguistics (EACL '95)*, 90–97. Dublin. http://aclweb.org/anthology/E/E95/E95-1013.pdf.

de Groote, Philippe. 2001. Towards Abstract Categorial Grammars. In *Proceedings of 39th annual meeting of the Association for Computational Linguistics (ACL '01)*, 252–259. http://aclweb.org/anthology-new/P/P01/P01-1033.pdf.

Grosse, Julia. 2005. *Zu Kohärenz und Kontrolle in infiniten Konstruktionen des Deutschen.* Marburg: Tectum Verlag.

Ha, Seungwan. 2008. *Ellipsis, Right Node Raising, and Across-the-Board constructions.* Boston: Boston University dissertation.

Haegeman, Liliane & Henk van Riemsdijk. 1986. Verb projection raising, scope, and the typology of rules affecting verbs. *Linguistic Inquiry* 17. 417–466.

Hahn, Michael & W. Detmar Meurers. 2011. On deriving semantic representations from dependencies: A practical approach for evaluating meaning in learner corpora. In *Proceedings of the int. conference on dependency linguistics (Depling 2011)*, Barcelona. http://purl.org/dm/papers/hahn-meurers-11.html.

Haider, Hubert. 1990. Topicalization and other puzzles of German. In Günther Grewendorf & Wolfgang Sternefeld (eds.), *Scrambling and barriers*, 93–112. Amsterdam: John Benjamins.

Haider, Hubert. 1993. *Deutsche syntax – generativ. Vorstudien zu einer projektiven Grammatik.* Tübingen: Gunter Narr Verlag.

Haider, Hubert. 2004. Wieviel Syntax braucht die Semantik? *Tidsskrift for Sprogforskning* 114(6). 779–807.

Hankamer, Jorge. 1973. Unacceptable ambiguity. *Linguistic Inquiry* 4(1). 17–68.

Hankamer, Jorge & Ivan A. Sag. 1976. Deep and surface anaphora. *Linguistic Inquiry* 7(3). 391–426.

Harbusch, Karin. 2000. Natural-language processing with Schema-TAGs. In Anne Abeille & Owen Rambow (eds.), *Tree Adjoining Grammars: Formal properties, linguistic theory and applications* (CSLI Lecture Notes 107), 121–146. Stanford: CSLI Publications.

Hardt, Daniel. 1993. *Verb phrase ellipsis: Form, meaning, and processing.* Philadelphia: University of Pennsylvania dissertation.

Hardt, Daniel. 1999. Dynamic interpretation of verb phrase ellipsis. *Linguistics and Philosophy* 22. 185–219.

Hardt, Daniel & Maribel Romero. 2004. Ellipsis and the structure of discourse. *Journal of Semantics* 21. 375–414.

Hartmann, Katharina. 2000. *Right node raising and gapping.* Amsterdam: John Benjamins.

Haugereid, Petter. 2009. *Phrasal subconstructions : A constructionalist grammar design, exemplified with Norwegian and English*: Norwegian University of Science and Technology dissertation.

Hausser, Roland. 1989. *Computation of language*. Berlin: Springer.

Havelka, Jiří. 2007. Beyond projectivity: Multilingual evaluation of constraints and measures on non-projective structures. In *Proceedings of the 45th annual meeting of the Association of Computational Linguistics (ACL'07)*, 608–615. Prague: Association for Computational Linguistics. http://www.aclweb.org/anthology/P/P07/P07-1077.

Heim, Irene & Angelika Kratzer. 1998. *Semantics in Generative Grammar*. Oxford: Blackwell.

Heinz, Wolfgang & Johannes Matiasek. 1994. Argument structure and case assignment in German. In John Nerbonne, Klaus Netter & Carl Pollard (eds.), *German in Head-Driven Phrase Structure Grammar*, 199–236. Stanford: CSLI Publications.

Helbig, Gerhard. 1973. *Geschichte der neueren Sprachwissenschaft*. München: Max Hueber Verlag 2nd edn.

Heringer, Hans Jürgen. 1984. Neues von der Verbszene. In Gerhard Stickel (ed.), *Pragmatik in der Grammatik. Jahrbuch 1983 des Instituts für Deutsche sprache* (Sprache der Gegenwart 60), 34–64. Düsseldorf: Schwann-Bagel.

Heringer, Hans Jürgen. 1985. The verb and its semantic power: Association as a basis for valency theory. *Journal of Semantics* 4. 79–99.

Heringer, Hans Jürgen. 1993. Dependency syntax. Basic ideas and the classical model. In Joachim Jacobs, Arnim von Stechow, Wolfgang Sternefeld & Theo Vennemann (eds.), *Syntax. Ein internationales Handbuch zeitgenössischer Forschung. an international handbook of contemporary research* (Handbücher zur Sprach- und Kommunikationswissenschaft 9.1), 298–316. Berlin: Walter de Gruyter.

Heringer, Hans Jürgen. 1996. *Deutsche Syntax dependentiell* (Stauffenburg Linguistik). Tübingen: Stauffenburg.

Hesse, Harald & Andreas Küstner. 1985. *Syntax der koordinativen Verknüpfung* (studia grammatica 24). Berlin: Akademie-Verlag Berlin.

Higginbotham, James. 1985. On semantics. *Linguistic Inquiry* 16(4). 547–593. http://www.jstor.org/stable/4178457.

Hinrichs, Erhard & Tsuneko Nakazawa. 1989. Flipped out: Aux in German. In *Papers from the 25th regional meeting of the chicago linguistics society*, 193–202. Chicago.

Hinrichs, Erhard & Tsuneko Nakazawa. 1994. Linearizing AUXs in German verbal complexes. In John Nerbonne, Klaus Netter & Carl Pollard (eds.), *German in Head-Driven Phrase Structure Grammar*, 11–37. Stanford, CA: CSLI Publications.

Höhle, Tilman N. 1978. *Lexikalistische Syntax: Die Aktiv-Passiv-Relation und andere Infinitkonstruktionen im deutschen.* Tübingen: Niemeyer.

Höhle, Tilman N. 1983a. Subjektlücken in Koordinationen. http://www.linguistik. uni-tuebingen.de/hoehle/manuskripte/SLF-W5.1_neu.pdf.

Höhle, Tilman N. 1983b. Topologische Felder. Unveröffentlichtes Manuskript, Tübingen. http://www.linguistik.uni-tuebingen.de/hoehle/.

Höhle, Tilman N. 1986. Der Begriff ‚Mittelfeld‘. Anmerkungen über die Theorie der topologischen Felder. In W.E. Weiss, H. Wiegand & Marga Reis (eds.), *Akten des VII. Kongresses der internationalen Vereinigung für germanische Sprach- und Literaturwissenschaft. Göttingen 1985*, vol. Textlinguistik contra Stilistik? – Wortschatz und Wörterbuch – Grammatische oder pragmatische Organisation von Rede 5, 329–340. Tübingen: Max Niemeyer Verlag.

Höhle, Tilman N. 1990. Assumptions about asymmetric coordination in German. In Joan Mascaró & Marina Nespor (eds.), *Grammar in progress. Glow essays for Henk van Riemsdijk*, 221–235. Dordrecht: Foris.

Höhle, Tilman N. 1991. On reconstruction and coordination. In Hubert Haider & Klaus Netter (eds.), *Representation and derivation in the theory of grammar* (Studies in Natural Language and Linguistic Theory 22), 139–197. Dordrecht: Kluwer.

Holan, Tomáš, Vladislav Kuboň, Karel Oliva & Martin Plátek. 1998. Two useful measures of word order complexity. In *Workshop on processing of dependency-based grammars*, 21–29. Montréal.

Huang, C.-T. James. 1984. On the distribution and reference of empty pronouns. *Linguistic Inquiry* 15(4). 531–574.

Hudson, Richard A. 1976. Conjunction reduction, gapping, and right-node raising. *Language* 52(3). 535–562.

Hudson, Richard A. 1980. Constituency and dependency. *Linguistics* 18. 179–198.

Hudson, Richard A. 1988. Coordination and grammatical relations. *Journal of Linguistics* 24. 303–342.

Hudson, Richard A. 1989. Gapping and grammatical relations. *Journal of Linguistics* 25. 57–94.

Huybrechts, Riny A. C. 1984. The weak inadequacy of context-free phrase structure grammars. In Ger de Haan, Mieke Trommelen & Wim Zonneveld (eds.), *Van periferie naar kern*, 81–99. Dordrecht: Foris.

Jackendoff, Ray S. 1971. Gapping and related rules. *Linguistic Inquiry* 2(1). 21–35.

Jackendoff, Ray S. 1977. *X' syntax: A case study of phrase structure.* Cambridge, MA: MIT Press.

Jacobs, Joachim. 1992. Bewegung als Valenzvererbung – Teil 1. *Linguistische Berichte* 138. 85–121.

Jacobs, Joachim. 1994a. Das lexikalische Fundament der Unterscheidung von obligatorischen und fakultativen Ergänzungen. *Zeitschrift für Germanistische Linguistik* 22. 284–319.

Jacobs, Joachim. 1994b. *Kontra Valenz.* Trier: WVT Wissenschaftlicher Verlag Trier.

Jacobs, Joachim. 2003. Die Problematik der Valenzebenen. In Vilmos Ágel, Ludwig M. Eichinger, Hans-Werner Eroms, Hans Jürgen Heringer & Henning Lobin (eds.), *Dependenz und Valenz. Ein internationales Handbuch der zeitgenössischen Forschung* (Handbücher zur Sprach- und Kommunikationswissenschaft 25.1), 378–399. Berlin: Walter de Gruyter.

Jacobs, Joachim. 2009. Valenzbindung oder Konstruktionsbindung? Eine Grundfrage der Grammatiktheorie. *Zeitschrift für germanistische Linguistik* 37(3). 490–513.

Johnson, Kyle. 2001. What VP ellipsis can do, what it can't, but not why. In Mark Baltin & Chris Collins (eds.), *The handbook of contemporary syntactic theory*, 439–479. Oxford: Blackwell.

Johnson, Kyle. 2004. In search of the English middle field. Unpublished manuscript. University of Massachusetts at Amherst. http://people.umass.edu/kbj/homepage/Content/middle_field.pdf.

Johnson, Kyle. 2009. Gapping is not (VP) ellipsis. *Linguistic Inquiry* 40(2). 289–328.

Johnson, Mark. 1986. A GPSG account of VP structure in German. *Linguistics* 24. 871–882.

Joshi, Aravind K. 1985. Tree-Adjoining Grammars: How much context-sensitivity is required to provide reasonable structural descriptions. In David Dowty, Lauri Karttunen & Arnold Zwicky (eds.), *Natural language parsing*, 206–250. Cambridge, UK: Cambridge University Press.

Joshi, Aravind K. 1987. Word-order variation in natural language generation. In *Proceedings of the sixth national conference on artificial intelligence (AAAI-87)*, 550–555. Seattle.

Joshi, Aravind K., Tilman Becker & Owen Rambow. 2000. Complexity of scrambling: A new twist to the competence/performance distinction. In Anne Abeillé & Owen Rambow (eds.), *Tree-Adjoining Grammars: Formalisms, linguistic analyses and processing*, Stanford: CSLI Publications.

Joshi, Aravind K., Laura Kallmeyer & Maribel Romero. 2003. Flexible composition in LTAG: Quantifier scope and inverse linking. In Harry Bunt, Ielka van der

Sluis & Roser Morante (eds.), *Proceedings of the fifth international workshop on computational semantics (IWCS-5)*, 179–194. Tilburg.

Joshi, Aravind K., Leon S. Levy & Masako Takahashi. 1975. Tree Adjunct Grammars. *Journal of Computer and System Science* 10. 136–163.

Joshi, Aravind K. & Yves Schabes. 1991a. Fixed and flexible phrase structure: Coordination in Tree Adjoining Grammars. In *Fourth DARPA speech and natural language workshop*, http://acl.ldc.upenn.edu/H/H91/H91-1035.pdf.

Joshi, Aravind K. & Yves Schabes. 1991b. Tree-Adjoining Grammars and lexicalized grammars. Tech. Rep. MS-CIS-91-22 Department of Computer and Information Science, University of Pennsylvania. http://repository.upenn.edu/cis_reports/445/.

Joshi, Aravind K. & Yves Schabes. 1997. Tree-Adjoining Grammars. In G. Rozenberg & A. Salomaa (eds.), *Handbook of formal languages*, vol. 3, 69–124. Berlin: Springer.

Joshi, Aravind K., K. Vijay Shanker & David J. Weir. 1990. The convergence of mildly context-sensitive grammar formalisms. Tech. Rep. MS-CIS-90-01 Department of Computer and Information Science, University of Pennsylvania.

Jurafsky, Daniel & James H. Martin. 2009. *Speech and language processing. An introduction to natural language processing, computational linguistics, and speech recognition*. Upper Saddle River, NJ: Prentice Hall 2nd edn.

Kaeshammer, Miriam & Vera Demberg. 2012. German and English treebanks and lexica for Tree-Adjoining Grammars. In Nicoletta Calzolari, Khalid Choukri, Thierry Declerck, Mehmet Uğur Doğan, Bente Maegaard, Joseph Mariani, Asuncion Moreno, Jan Odijk & Stelios Piperidis (eds.), *Proceedings of the eighth international conference on language resources and evaluation (LREC'12)*, Istanbul: European Language Resources Association (ELRA).

Kallmeyer, Laura. 2001. Local Tree Description Grammars. *Grammars* 4. 85–137.

Kallmeyer, Laura. 2005. Tree-local Multicomponent Tree Adjoining Grammars with shared nodes. *Computational Linguistics* 31:2. 187–225.

Kallmeyer, Laura. 2006. Comparing lexicalized grammar formalisms in an empirically adequate way: The notion of generative attachment capacity. In *Preproceedings of the international conference on linguistic evidence*, 154–156. Tübingen.

Kallmeyer, Laura. 2009. A declarative characterization of different types of Multicomponent Tree Adjoining Grammar. *Research on Language and Computation* 7. 55–99.

Kallmeyer, Laura. 2010a. On mildly context-sensitive non-linear rewriting. *Research on Language and Computation* 8(4). 341–363.

Kallmeyer, Laura. 2010b. *Parsing beyond Context-Free Grammars*. Heidelberg: Springer.

Kallmeyer, Laura & Aravind K. Joshi. 2003. Factoring predicate argument and scope semantics: Underspecified semantics with LTAG. *Research on Language and Computation* 1(1–2). 3–58.

Kallmeyer, Laura, Timm Lichte, Wolfgang Maier, Yannick Parmentier & Johannes Dellert. 2008. Developing a TT-MCTAG for German with an RCG-based parser. In European Language Resources Association (ELRA) (ed.), *Proceedings of the sixth international language resources and evaluation (LREC'08)*, Marrakech, Morocco.

Kallmeyer, Laura & Yannick Parmentier. 2008. On the relation between Multicomponent Tree Adjoining Grammars with Tree Tuples (TT-MCTAG) and Range Concatenation Grammars (RCG). In *Proceedings of the 2nd international conference on language and automata theory and applications (LATA)*, 277–288. Tarragona, Spain.

Kallmeyer, Laura & Maribel Romero. 2007. Reflexives and reciprocals in LTAG. In Jeroen Geertzen, Elias Thijsse, Harry Bunt & Amanda Schiffrin (eds.), *Proceedings of the seventh international workshop on computational linguistics (IWCS-7)*, 271–282. Tilburg.

Kallmeyer, Laura & Maribel Romero. 2008. Scope and situation binding in LTAG using semantic unification. *Research on Language and Computation* 6(1). 3–52.

Kallmeyer, Laura & Giorgio Satta. 2009. A polynomial-time parsing algorithm for TT-MCTAG. In *Proceedings of the joint conference of the 47th annual meeting of the ACL and the 4th international joint conference on natural language processing of the AFNLP*, 994–1002. Suntec, Singapore. http://www.aclweb.org/anthology/P/P09/P09-1112.

Kanazawa, Makoto. 2009. The convergence of well-nested mildly context-sensitive grammar formalisms. Invited talk at the 14th Conference on Formal Grammar, Bordeaux, France, July 25, 2009. http://research.nii.ac.jp/~kanazawa/talks/fg2009_talk.pdf.

Kaplan, Ron M. & Joan Bresnan. 1982. Lexical-Functional Grammar: A formal system for grammatical representation. In Joan Bresnan (ed.), *The mental representation of grammatical relations*, 173–281. Cambridge, MA: MIT Press.

Kathol, Andreas. 1995. *Linearization-based German syntax*. Columbus, OH: Ohio State University dissertation.

Kathol, Andreas. 1998. Constituency and linearization of verbal complexes. In Erhard Hinrichs, Tsuneko Nakazawa & Andreas Kathol (eds.), *Complex predicates in non-derivational syntax* (Syntax and Semantics 30), 221–270. New York: Academic Press.

Kathol, Andreas. 1999. Linearization vs. phrase structure in German coordination constructions. *Cognitive Linguistics* 10(4). 303–342.

Kathol, Andreas. 2000. *Linear syntax.* Oxford: Oxford University Press.

Kathol, Andreas. 2001. Positional effects in a monostratal grammar of German. *Journal of Linguistics* 37(1). 35–66.

Kefer, Michel & Joseph Lejeune. 1974. Satzglieder innerhalb eines Verbalkomplexes. *Deutsche Sprache* 2. 322–334.

Keller, Frank. 1995. Towards an account of extraposition in HPSG. In *Proceedings of the seventh conference on European chapter of the Association for Computational Linguistics (EACL '95)*, 301–306. Dublin.

Kemmerling, Andreas. 1990. Gedanken und ihre Teile. *Grazer Philosophische Studien* 37. 1–30.

Kemmerling, Andreas. 2010. Thoughts without parts – Frege's doctrine. *Grazer Philosophische Studien* 82. 165–188.

Kindt, Walther. 1985. Grammatische Prinzipien sogenannter Ellipsen und ein neues Syntaxmodell. In R. Meyer-Hermann & H. Rieser (eds.), *Ellipsen und fragmentarische Ausdrücke*, vol. 1, 161–290. Tübingen: Niemeyer.

Kiss, Tibor. 1995. *Infinite Komplementation – Neue Studien zum deutschen Verbum Infinitum.* Tübingen: Max Niemeyer Verlag.

Kiss, Tibor. 2005. Semantic constraints on relative clause extraposition. *Natural Language and Linguistic Theory* 23. 281–334.

Klein, Wolfgang. 1981. Some rules of regular ellipsis in German. In Wolfgang Klein & Willem J. M. Levelt (eds.), *Crossing the boundaries in linguistics. Studies presented to Manfred Bierwisch*, 51–78. Dordrecht: Reidel.

Klein, Wolfgang. 1993. Ellipse. In Joachim Jacobs, Arnim von Stechow, Wolfgang Sternefeld & Theo Vennemann (eds.), *Syntax. Ein internationales Handbuch zeitgenössischer Forschung. An international handbook of contemporary research* (Handbücher zur Sprach- und Kommunikationswissenschaft 9.1), 763–799. Berlin: Walter de Gruyter.

Klima, Edward. 1964. Negation in English. In Jerry A. Fodor & Jerrold Katz (eds.), *The structure of language*, 246–323. Englewood Cliffs, NJ: Prentice Hall.

Kobele, Gregory M. 2009. Syntactic identity in survive-minimalism. Ellipsis and the derivational identity hypothesis. In Michael T. Putnam (ed.), *Towards a derivational syntax: Survive-minimalism* (195–229), Amsterdam: John Benjamins.

Kracht, Marcus. 2002. Referent systems and Relational Grammar. *Journal of Logic, Language and Information* 11. 251–286.

Kracht, Marcus. 2007. The emergence of syntactic structure. *Linguistics and Philosophy* 30. 47–95.

Kracht, Marcus. 2011. *Interpreted languages and compositionality* (Studies in Linguistics and Philosophy 89). Dordrecht: Springer.

Krenn, Brigitte. 1999. *The usual suspects. Data-oriented models for identification and representation of lexical collocations* (Saarbrücken Dissertations in Computational Linguistics and Language Technology 7). Saarbrücken: DFKI and Universität des Saarlandes.

Kroch, Anthony S. 1989. Asymmetries in long distance extraction in a Tree Adjoining Grammar. In Mark R. Baltin & Anthony S. Kroch (eds.), *Alternative conceptions of phrase structure*, Chicago: University of Chicago Press.

Kroch, Anthony S. & Aravind K. Joshi. 1987. Analyzing extraposition in a Tree Adjoining Grammar. In Geoffrey J. Huck & Almerindo E. Ojeda (eds.), *Discontinous constituency* (Syntax and Semantics 20), 107–149. New York: Academic Press.

Kuhlmann, Marco. 2010. *Dependency structures and lexicalized grammars* (Lecture Notes in Computer Science 6270). Berlin: Springer.

Kuhlmann, Marco & Mathias Möhl. 2006. Extended cross-serial dependencies in Tree Adjoining Grammars. In *Proceedings of the 8th international workshop on Tree Adjoining Grammar and related formalisms (TAG+ 8)*, 121–126. Sydney.

Kuhlmann, Marco & Mathias Möhl. 2007. Mildly context-sensitive dependency languages. In *Proceedings of the 45th annual meeting of the Association of Computational Linguistics (ACL'07)*, 160–167. Prague.

Kuhlmann, Marco & Joakim Nivre. 2006. Mildly non-projective dependency structures. In *Proceedings of the COLING/ACL 2006 main conference poster sessions*, 507–514. Sydney. http://www.aclweb.org/anthology/P/P06/P06-2066.

Kulick, Seth Norman. 2000. *Constraining non-local dependencies in Tree Adjoining Grammar: Computational and linguistic perspectives*. Philadelphia: University of Pennsylvania dissertation.

Kunze, Jürgen. 1972. *Die Auslaßbarkeit von Satzteilen bei koordinativen Verbindungen im Deutschen* (Schriften zur Phonetik, Sprachwissenschaft und Kommunikationsforschung 14). Berlin: Akademie-Verlag.

Kunze, Jürgen. 1975. *Abhängigkeitsgrammatik* (studia grammatica 12). Berlin: Akademie-Verlag.

Kunze, Jürgen. 1991. *Kasusrelationen und semantische Emphase* (studia grammatica XXXII). Berlin: Akademie Verlag.

von Kutschera, Franz. 1975. *Sprachphilosophie*. München: Wilhelm Fink Verlag 2nd edn.

Kvam, Sigmund. 1979. Diskontinuierliche Anordnung von eingebetteten Infinitivphrasen im Deutschen. *Deutsche Sprache* 7. 315–325.

Kvam, Sigmund. 1983. *Linksverschachtelung im Deutschen und Norwegischen* (Linguistische Arbeiten 130). Tübingen: Niemeyer.

Lemnitzer, Lothar. 1997. *Akquisition komplexer Lexeme aus Textkorpora* (Reihe Germanistische Linguistik 180). Tübingen: Niemeyer.

Lichte, Timm. 2007. An MCTAG with tuples for coherent constructions in German. In *Proceedings of the 12th conference on formal grammar*, Dublin, Ireland, 4-5 August 2007.

Lichte, Timm. 2010. From partial VP fronting towards Spinal TT-MCTAG. In *Proceedings of the 10th international workshop on Tree-Adjoining Grammar and related formalisms (TAG+ 10)*, 85–92. New Haven.

Lichte, Timm & Laura Kallmeyer. 2010. Gapping through TAG derivation trees. In *Proceedings of the 10th international workshop on Tree-Adjoining Grammar and related formalisms (TAG+ 10)*, 93–100. New Haven.

Little, Nathaniel. 2010. Reevaluating gapping in CCG: Evidence from English and Chinese. In *Proceedings of the 10th international workshop on Tree-Adjoining Grammar and related formalisms (TAG+ 10)*, 25–33.

Lobeck, Anne C. 1995. *Ellipsis. Functional heads, licensing, and identification.* Oxford: Oxford University Press.

Lobin, Henning. 1993. *Koordinationssyntax als prozedurales Phänomen* (Studien zur deutschen Grammatik 46). Tübingen: Narr.

Lorimor, Heidi. 2007. *Conjunctions and grammatical agreement.* Champaign, IL: Universitiy of Illinois at Urbana-Champaign dissertation. http://www.facstaff.bucknell.edu/hml003/Lorimor%20thesis.pdf.

Lühr, Rosemarie. 1988. Zur Satzverschränkung im heutigen Deutsch. *Groninger Arbeiten zur Germanistischen Linguistik* 29. 74–87.

Lutz, Ulrich. 2004. *Studien zu Extraktion und Projektion im Deutschen.* Tübingen: University of Tübingen dissertation. http://hdl.handle.net/10900/46226.

Lyons, John. 1968. *Introduction to theoretical linguistics.* Cambridge, UK: Cambridge University Press.

Maienborn, Claudia. 1991. Bewegungs- und Positionsverben: Zur Fakultativität des lokalen Arguments. In E. Klein, F. P. Dutei & K. Wagner (eds.), *Betriebslinguistik und Linguistikbetrieb. Akten des 24. Linguistischen Kolloquiums, Universität Bremen*, Tübingen: Niemeyer.

Maienborn, Claudia. 2001. On the position and interpretation of locative modifiers. *Natural Language Semantics* 9(2). 191–240.

Maier, Wolfgang & Timm Lichte. 2011. Characterizing discontinuity in constituent treebanks. In *Formal grammar. 14th international conference, FG 2009. Bordeaux, France, July 25-26, 2009. Revised selected papers* (Lecture Notes in Artificial Intelligence 5591), 167–182. Berlin: Springer.

Matthews, Peter. 1993. Central concepts of syntax. In Joachim Jacobs, Arnim von Stechow, Wolfgang Sternefeld & Theo Vennemann (eds.), *Syntax. Ein internationales Handbuch zeitgenössischer Forschung*, 89–117. Berlin: Mouton de Gruyter.

Matthews, Peter. 2007. *Syntactic relations. A critical survey* (Cambridge Studies in Linguistics 114). Cambridge, UK: Cambridge University Press.

Maxwell, John T. & Christopher D. Manning. 1996. A theory of non-constituent coordination based on finite state rules. In *Proceedings of the first LFG conference*, Grenoble: CSLI Publications. http://cslipublications.stanford.edu/LFG/1/MaxwellManning.ps.

Mazzei, Alessandro, Vincenzo Lombardo & Patrick Sturt. 2007. Dynamic TAG and lexical dependencies. *Research on Language and Computation* 5(3). 309–332.

McCarthy, Diana. 2009. Word sense disambiguation: An overview. *Language and Linguistics Compass* 3(2). 537–558.

McCawley, James D. 1982. Parentheticals and discontinuous constituent structure. *Linguistic Inquiry* 13(1). 91–106.

Mel'čuk, Igor. 2009. Dependency in natural language. In Alain Polguère & Igor Mel'čuk (eds.), *Dependency in natural language* (Studies in Language Companion Series 111), 1–110. Amsterdam: John Benjamins.

Merchant, Jason. 2001. *The syntax of silence*. Oxford: Oxford University Press.

Merchant, Jason. 2004. Fragments and ellipsis. *Linguistics and Philosophy* 27. 661–738.

Meurers, W. Detmar. 1994. A modified view of the German verbal complexes. Handout of a talk given on 7. October 1994 at the HPSG Workshop in Heidelberg, Germany. http://www.sfs.uni-tuebingen.de/~dm/papers/handouts/heidelberg.ps.

Meurers, W. Detmar. 1997. Statusrektion und Wortstellung in kohärenten Infinitivkonstruktionen des Deutschen. In Erhard Hinrichs, W. Detmar Meurers, Frank Richter, Manfred Sailer & Heike Winhart (eds.), *Ein HPSG-Fragment des Deutschen* (Arbeitspapiere des SFB 340 95), 189–248. Tübingen: Universität Tübingen.

Meurers, W. Detmar. 1999a. German partial-VP topicalization revisited. In Gert Webelhuth, Jean-Pierre Koenig & Andreas Kathol (eds.), *Lexical and constructional aspects of linguistic explanation* (Studies in Constraint-Based Lexicalism), Stanford: CSLI Publications.

Meurers, W. Detmar. 1999b. *Lexical generalizations in the syntax of German nonfinite constructions*. Tübingen: Universität Tübingen dissertation. http://purl.

org/dm/papers/diss.html. Published 2000 as Volume 145 in Arbeitspapiere des SFB 340, ISSN 0947-6954/00.

Michaelis, Jens. 2001a. Derivational minimalism is mildly context-sensitive. In Michael Moortgat (ed.), *Logical aspects of computational linguistics* (LNCS/LNAI 2014), 179–198. Berlin: Springer.

Michaelis, Jens. 2001b. Transforming linear context-free rewriting systems into Minimalist Grammars. In Philippe de Groote & Glyn Morrill (eds.), *Logical aspects of computational linguistics* (LNCS/LNAI 2099), 228–244. Berlin: Springer.

Mönnich, Uwe. 2010. Well-nested tree languages and attributed tree transducers. In *Proceedings of the 10th international conference on Tree Adjoining Grammars and related formalisms (TAG+ 10)*, 35–43. New Haven.

Morgan, Jerry L. 1973. Sentence fragments and the notion 'sentence'. In Braj B. Kachru, Robert B. Lees & Yakov Malkiel (eds.), *Issues in linguistics: Papers in honor of Henry and Renée kahane*, 719–751. Champaign, IL: University of Illinois Press.

Müller, Beat Louis. 1985. *Der Satz. Definition und sprachtheoretischer Status* (Reihe Germanistische Linguistik 57). Tübingen: Niemeyer.

Müller, Gereon. 1998. *Incomplete category fronting: A derivational approach to remnant movement in German* (Studies in Natural Language and Linguistic Theory 42). Dordrecht: Kluwer Academic Publishers.

Müller, Gereon & Wolfgang Sternefeld. 1993. Improper movement and unambiguous binding. *Linguistic Inquiry* 24(3). 461–507.

Müller, Stefan. 1996a. The Babel-System – an HPSG fragment for German, a parser, and a dialogue component. In *Proceedings of the fourth international conference on the practical application of Prolog*, 263–277. London.

Müller, Stefan. 1996b. Yet another paper about partial verb phrase fronting in German. In *Proceedings of COLING 96*, 800–805. Copenhagen.

Müller, Stefan. 1997. Yet another paper about partial verb phrase fronting in German. Research Report RR-97-07 DFKI Saarbrücken. A shorter version appeared in *Proceedings of COLING 96*. http://hpsg.fu-berlin.de/~stefan/Pub/pvp.html.

Müller, Stefan. 1999. *Deutsche Syntax deklarativ. Head-Driven Phrase Structure Grammar für das Deutsche* (Linguistische Arbeiten 394). Tübingen: Max Niemeyer Verlag.

Müller, Stefan. 2001. Case in German – Towards an HPSG analysis. In W. Detmar Meurers & Tibor Kiss (eds.), *Constraint-based approaches to Germanic syntax* (Studies in Constraint-Based Lexicalism 7), 217–255. Stanford: CSLI Publications. http://hpsg.fu-berlin.de/~stefan/Pub/case.html.

Müller, Stefan. 2002. *Complex predicates. Verbal complexes, resultative constructions, and particle verbs in German* (Studies in Constraint-Based Lexicalism). Stanford: CSLI Publications.

Müller, Stefan. 2003. Mehrfache Vorfeldbesetzung. *Deutsche Sprache* 31(1). 29–62.

Müller, Stefan. 2004. Continuous or discontinuous constituents? A comparison between syntactic analyses for constituent order and their processing systems. *Research on Language and Computation, Special Issue on Linguistic Theory and Grammar Implementation* 2(2). 209–257.

Müller, Stefan. 2005a. Zur Analyse der deutschen Satzstruktur. *Linguistische Berichte* 201. 3–39.

Müller, Stefan. 2005b. Zur Analyse der scheinbar mehrfachen Vorfeldbesetzung. *Linguistische Berichte* 203. 297–330.

Müller, Stefan. 2007. *Head-Driven Phrase Structure Grammar: Eine Einführung* (Stauffenburg Einführungen 17). Tübingen: Stauffenburg Verlag.

Müller, Stefan. 2009. On predication. In *Proceedings of the 16th international conference on Head-Driven Phrase Structure Grammar, University of Göttingen, Germany*, 213–233. Stanford: CSLI Publications. http://hpsg.fu-berlin.de/~stefan/Pub/predication.html.

Müller, Stefan. 2010. *Grammatiktheorie* (Stauffenburg Einführungen 20). Tübingen: Stauffenburg Verlag. http://hpsg.fu-berlin.de/~stefan/Pub/grammatiktheorie.html.

Munn, Alan. 2000. Three types of coordination asymmetries. In Kerstin Schwabe & Ning Zhang (eds.), *Ellipsis in conjunction* (Linguistische Arbeiten 418), 1–22. Tübingen: Niemeyer.

Muskens, Reinhard. 2001. Lambda Grammars and the syntax-semantics interface. In Robert van Rooij & Martin Stokhof (eds.), *Proceedings of the thirteenth Amsterdam colloquium*, 150–155. Amsterdam.

Nasr, Alexis & Owen Rambow. 2004. Supertagging and full parsing. In *Proceedings of the 7th international workshop on Tree Adjoining Grammar and related formalisms (TAG+ 7)*, 56–63. Vancouver.

Nederhof, Mark-Jan, Giorgio Satta & Stuart M. Shieber. 2003. Partially ordered multiset context-free grammars and free-word-order parsing. In *8th international workshop on parsing technologies (IWPT 2003)*, 171–182. Nancy.

Neijt-Kappen, Anna H. 1979. *Gapping: A contribution to sentence grammar*. Dordrecht: Foris.

Nerbonne, John. 1994. Partial verb phrases and spurious ambiguities. In John Nerbonne, Klaus Netter & Carl Pollard (eds.), *German in Head-Driven Phrase Structure Grammar*, 109–150. Stanford: CSLI Publications.

Nesson, Rebecca & Stuart M. Shieber. 2008. Synchronous vector-TAG for natural language syntax and semantics. In *Proceedings of the ninth international workshop on Tree Adjoining Grammars and related formalisms (TAG+ 9)*, Tübingen. http://tagplus9.cs.sfu.ca/papers/NessonShieber.pdf.

Neuhaus, Peter & Norbert Bröker. 1997. The complexity of recognition of linguistically adequate Dependency Grammars. In *Proceedings of the 35th annual meeting of the Association for Computational Linguistics (ACL'97)*, 337–343. Madrid: Association for Computational Linguistics. http://www.aclweb.org/anthology/P97-1043.

van Oirsouw, Robert R. 1987. *The syntax of coordination* (Croom Helm Linguistics Series). London: Croom Helm.

van Oirsouw, Robert R. 1993. Coordination. In Joachim Jacobs, Arnim von Stechow, Wolfgang Sternefeld & Theo Vennemann (eds.), *Syntax. Ein internationales Handbuch zeitgenössischer Forschung. An international handbook of contemporary research* (Handbücher zur Sprach- und Kommunikationswissenschaft 9), chap. 35, 748–763. Berlin: Walter de Gruyter.

Oppenrieder, Wilhelm. 1991. *Von Subjekten, Sätzen und Subjektsätzen: Untersuchungen zur Syntax des Deutschen* (Linguistische Arbeiten 241). Tübingen: Niemeyer.

Ortner, Hanspeter. 1987. *Die Ellipse. Ein Problem der Sprachtheorie und der Grammatikschreibung* (Reihe Germanistische Linguistik 80). Tübingen: Max Niemeyer Verlag.

Osborne, Thomas. 2008. Major constituents and two dependency grammar constraints on sharing in coordination. *Linguistics* 46. 1109–1165.

Parmentier, Yannick, Laura Kallmeyer, Timm Lichte & Wolfgang Maier. 2007. XMG: eXtending MetaGrammars to MCTAG. In *Actes de l'atelier sur les formalismes syntaxiques de haut niveau, conférence sur le traitement automatique des langues naturelles, TALN 2007*, Toulouse.

Parsons, Terence. 1990. *Events in the semantics of English* (Current Studies in Linguistics 19). Cambridge, MA: MIT Press.

Parsons, Terence. 1995. Thematic relations and arguments. *Linguistic Inquiry* 26(4). 635–662.

Pickering, Martin & Guy Barry. 1993. Dependency Categorial Grammar and coordination. *Linguistics* 31. 855–902.

Pollard, Carl J. 1994. Toward a unified account of passive in German. In John Nerbonne, Klaus Netter & Carl Pollard (eds.), *German in Head-Driven Phrase Structure Grammar* (CSLI Lecture Notes 46), 273–296. Stanford: CSLI Publications.

Pollard, Carl J. 1996. On head non-movement. In Harry Bunt & Arthur van Horck (eds.), *Discontinuous constituency*, 279–306. Berlin: Mouton de Gruyter.

Pollard, Carl J. & Ivan A. Sag. 1987. *Information-based syntax and semantics* (CSLI Lecture Notes 13). Stanford: CSLI Publications.

Pollard, Carl J. & Ivan A. Sag. 1994. *Head-Driven Phrase Structure Grammar*. Chicago: University of Chicago Press.

Popowich, Fred. 1989. Tree Unification Grammar. In *Proceedings of the 27th annual meeting of the Association for Computational Linguistics (ACL'89)*, 228–236. Vancouver. http://www.aclweb.org/anthology/P89-1028.

Postal, Paul M. 1974. *On raising*. Cambridge, MA: MIT Press.

Postal, Paul M. 1998. *Three investigations of extraction* (Current Studies in Linguistics 29). Cambridge, MA: MIT Press.

Prolo, Carlos A. 2002. Generating the XTAG English grammar using metarules. In *Proceedings of the 19th international conference on computational linguistics (COLING 2002)*, 814–820. Taipei. Taiwan.

Przepiórkowski, Adam. 1999. *Case assignment and the complement-adjunct dichotomy: A non-configurational constraint-based approach*. Tübingen: Universität Tübingen dissertation. http://tobias-lib.uni-tuebingen.de/volltexte/1999/72/.

Pullum, Geoffrey K. 1982. Free word order and phrase structure grammar. In *Proceedings of the 12th annual meeting of the notheast linguistic society*, 209–220. Amherst.

Pullum, Geoffrey K. & Barbara C. Scholz. 2001. On the distinction between model-theoretic and generative-enumerative syntactic frameworks. In Philippe de Groote, Glyn Morill & Christian Retoré (eds.), *Logical aspects of computational linguistics: 4th international conference*, 17–43. Berlin: Springer.

Pullum, Geoffrey K. & Barbara C. Scholz. 2010. Recursion and the infinitude claim. In Harry van der Hulst (ed.), *Recursion in human language* (Studies in Generative Grammar 104), 113–138. Berlin: Mouton de Gruyter.

Rambow, Owen. 1994. *Formal and computational aspects of natural language syntax*. Philadelphia: University of Pennsylvania dissertation. IRCS Report 94-08.

Rambow, Owen & Giorgio Satta. 1992. Formal properties of non-locality. In *2nd international workshop on Tree Adjoining Grammar*, Philadelphia.

Rambow, Owen, K. Vijay-Shanker & David J. Weir. 1995. D-Tree Grammars. In *Proceedings of the 33rd annual conference of the Association for Computational Linguistics (ACL'95)*, Cambridge, MA.

Rambow, Owen, K. Vijay-Shanker & David J. Weir. 2001. D-Tree Substitution Grammars. *Computational Linguistics* 27(1). 89–121.

Reape, Mike. 1992. *A formal theory of word order: A case study in West Germanic.* Edinburgh: University of Edinburgh dissertation.

Reape, Mike. 1994. Domain union and word order variation in German. In John Nerbonne, Klaus Netter & Carl J. Pollard (eds.), *German in Head-Driven Phrase Structure Grammar* (CSLI Lecture Notes 46), 151–198. Stanford: CSLI Publications.

Reape, Mike. 1996. Getting things in order. In Harry Bunt & Arthur van Horck (eds.), *Discontinuous constituency* (Natural Language Processing 6), 209–253. Berlin: Mouton de Gruyter.

Reich, Ingo. 2009. *"Asymmetrische Koordination" im Deutschen* (Studien zur deutschen Grammatik 75). Tübingen: Stauffenburg Verlag.

Reis, Marga. 1979. Ansätze zu einer realistischen Grammatik. In Klaus Grubmüller (ed.), *Befund und Deutung: Zum Verhältnis von Empirie und Interpretation in Sprach- und Literaturwissenschaft (Festschrift Hans Fromm)*, 1–21. Tübingen: Max Niemeyer Verlag.

Reis, Marga. 1980. On justifying topological frames: 'Positional field' and the order of nonverbal constituents in German. *Documentation et Recherche en Linguistique Allemande Contemporaine* 22/23. 59–85.

Reis, Marga. 2001. Bilden Modalverben im Deutschen eine syntaktische Klasse? In Reimar Müller & Marga Reis (eds.), *Modalität und Modalverben im Deutschen* (Linguistische Berichte – Sonderheft 9), 287–318. Hamburg: Helmut Buske Verlag. http://tobias-lib.uni-tuebingen.de/volltexte/2012/6303/.

Reis, Marga. 2005. Zur Grammatik der sog. 'Halbmodale' drohen/versprechen + Infinitiv. In Franz Josef d'Avis (ed.), *Deutsche Syntax: Empirie und Theorie* (Göteborger Germanistische Forschungen 46), 125–145. Göteborg: Acta Universitatis Gothoburgensis. http://tobias-lib.uni-tuebingen.de/volltexte/2012/6358.

Reis, Marga & Wolfgang Sternefeld. 2004. Review article: Susanne Wurmbrand: Infinitives. restructuring and clause structure. *Linguistics* 42(2). 469–508.

Richter, Frank. 1997. Die Satzstruktur des Deutschen und die Behandlung langer Abhängigkeiten in einer Linearisierungsgrammatik. Formale Grundlagen und Implementierung in einem HPSG-Fragment. In Erhard Hinrichs, W. Detmar Meurers, Frank Richter, Manfred Sailer & Heike Winhart (eds.), *Ein HPSG-Fragment des Deutschen. Teil 1: Theorie* (Arbeitspapiere des SFB 340 95), 13–188. Tübingen: Universität Tübingen. http://purl.org/net/dm/papers/sfb-report-nr-95/kapitel2-richter.html.

Richter, Frank & Manfred Sailer. 1995. *Remarks on linearization. Reflections on the treatment of LP-rules in HPSG in a typed feature logic.* Tübingen Universität Tübingen, Seminar für Sprachwissenschaft Magisterarbeit.

van Riemsdijk, Henk. 1978. *A case study in syntactic markedness: The binding nature of prepositional phrases*. Lisse, The Netherlands: Peter de Ridder.

Ross, John R. 1967. *Constraints on variables in syntax*. Cambridge, MA: MIT dissertation. http://hdl.handle.net/1721.1/15166. Reproduced by the Indiana University Linguistics Club.

Ross, John R. 1969. Guess who? In *Papers from the fifth regional meeting of the Chicago linguistic society*, 252–286.

Ross, John R. 1970. Gapping and the order of constituents. In Manfred Bierwisch & Karl Erich Heidolph (eds.), *Progress in linguistics*, 249–259. The Hague: Mouton.

Ross, John R. 1982. Pronoun deleting processes in German. Paper presented at the annual meeting of the Linguistic Society of America, San Diego, California.

Ryant, Neville & Tatjana Scheffler. 2006. Binding of anaphors in LTAG. In *Proceedings of the eighth international workshop on Tree Adjoining Grammar and related formalisms*, 65–72. Sydney. http://www.aclweb.org/anthology/W/W06/W06-1509.

Sabel, Joachim. 1995. On parallels and differences between clitic climbing and long scrambling and the economy of derivations. In *Proceedings of the north east linguistic society (NELS 25)*, 405–423.

Sabel, Joachim. 1996. *Restrukturierung und Lokalität. Universelle Beschränkungen für Wortstellungsvarianten* (studia grammatica 42). Berlin: Akademie-Verlag. http://web.uni-frankfurt.de/fb10/sabel/RestrukLokal.pdf.

Sabel, Joachim. 2001. Das deutsche Verbum infinitum. *Deutsche Sprache* 29(2). 148–175.

Sag, Ivan A. 1976. *Deletion and logical form*. Cambridge, MA: MIT dissertation.

Sag, Ivan A., Gerald Gazdar, Thomas Wasow & Steven Weisler. 1985. Coordination and how to distinguish categories. *Natural Language and Linguistic Theory* 3(2). 117–171.

Sampson, Geoffrey R. 2007. Grammar without grammaticality. *Corpus Linguistics and Linguistic Theory* 3(1). 1–32.

Sarkar, Anoop. 1997. Seperating dependency from constituency in a tree rewriting system. In Tilman Becker & Hans-Ulrich Krieger (eds.), *Proceedings of the fifth meeting on mathematics of language*, 153–160. Saarbrücken.

Sarkar, Anoop & Aravind K. Joshi. 1996. Coordination in Tree Adjoining Grammars: Formalization and implementation. In *Proceedings of the 16th international conference on computational linguistics (COLING 1996)*, 610–615. Copenhagen.

Sarkar, Anoop & Aravind K. Joshi. 1997. Handling coordination in a Tree Adjoining Grammar. Longer version of Sarkar & Joshi (1996). Draft of August 19, 1997. http://www.cs.sfu.ca/~anoop/papers/pdf/tag-coordination.pdf.

Schabes, Yves. 1990. *Mathematical and computational aspects of lexicalized grammars*. Philadelphia: University of Pennsylvania dissertation.

Schabes, Yves, Anne Abeillé & Aravind K. Joshi. 1988. Parsing strategies with 'lexicalized' grammars: Application to Tree Adjoining Grammars. In *Procedings of the 12th international conference on computational linguistics (COLING)*, 578–583. Budapest. http://aclweb.org/anthology-new/C/C88/C88-2121.pdf.

Schabes, Yves & Aravind K. Joshi. 1990. Parsing with lexicalized Tree Adjoining Grammar. Tech. Rep. MS-CIS-90-11 Department of Computer and Information Science, University of Pennsylvania. http://repository.upenn.edu/cis_reports/542/.

Schabes, Yves & Stuart M. Shieber. 1994. An alternative conception of tree-adjoining derivation. *Computational Linguistics* 20(1). 91–124.

Schabes, Yves & Richard C. Waters. 1995. Tree Insertion Grammar: A cubic-time parsable formalism that lexicalizes Context-Free Grammar without changing the trees produced. *Computational Linguistics* 21(4). 479–513.

Schirn, Matthias. 1992. Gottlob Frege (1848–1925). In Marcelo Dascal, Dietfried Gerhardus, Kuno Lorenz & Georg Meggle (eds.), *Sprachphilosophie. Ein internationales Handbuch zeitgenössischer Forschung* (Handbücher zur Sprach- und Kommunikationswissenschaft 7.1), chap. 34, 467–494. Berlin: Walter de Gruyter.

Schlangen, David. 2003. *A coherence-based approach to the interpretation of nonsentential utterances in dialogue*. Edinburgh: University of Edinburgh dissertation.

Schulte im Walde, Sabine. 2002. A subcategorisation lexicon for German verbs induced from a lexicalised PCFG. In *Proceedings of the 3rd conference on language resources and evaluation (LREC)*, vol. IV, 1351–1357. Las Palmas de Gran Canaria, Spain.

Schulte im Walde, Sabine. 2008. Human associations and the choice of features for semantic verb classification. *Research on Language & Computation* 6. 79–111.

Schulte im Walde, Sabine. 2009. The induction of verb frames and verb classes from corpora. In Anke Lüdeling & Merja Kytö (eds.), *Corpus linguistics. An international handbook* (Handbooks of Linguistics and Communication Science 29.2), chap. 44, 952–971. Berlin: Mouton de Gruyter.

Schütze, Carson T. 1996. *The empirical base of linguistics*. Chicago: The University of Chicago Press.

Schwabe, Kerstin. 1994. *Syntax und Semantik situativer Ellipsen* (Studien zur deutschen Grammatik 48). Tübingen: Narr.

Schwabe, Kerstin & Klaus von Heusinger. 2001. On shared indefinite NPs in coordinative structures. *Journal of Semantics* 18(3). 243–269.

Seddah, Djamé. 2008. The use of MCTAG to process elliptic coordination. In *Proceedings of the ninth international workshop on Tree Adjoining Grammars and related formalisms (TAG+ 9)*, 81–88. Tübingen.

Seddah, Djamé & Bertrand Gaiffe. 2005. How to build argumental graphs using TAG shared forest: A view from control verbs problematic. In Philippe Blache, Edward Stabler, Joan Busquets & Richard Moot (eds.), *5th international conference on the logical aspects of computational linguistics, LACL 2005, Bordeaux, France* (Lecture Notes in Computer Science 3492), 287–300. Berlin: Springer.

Seddah, Djamé & Benoît Sagot. 2006. Modeling and analysis of elliptic coordination by dynamic exploitation of derivation forests in LTAG parsing. In *Proceedings of the eigth international workshop on Tree Adjoining Grammars and related formalisms (TAG+ 8)*, 147–152. Syndey.

Seddah, Djamé, Benoît Sagot & Laurence Danlos. 2010. Control verb, argument cluster coordination and multi component TAG. In *Proceedings of the 10th international conference on Tree Adjoining Grammars and related formalisms (TAG+ 10)*, 101–109. New Haven.

Seki, Hiroyuki, Takashi Matsumura, Mamoru Fujii & Tadao Kasami. 1991. On Multiple Context-Free Grammars. *Theoretical Computer Science* 88(2). 191–229.

Shen, Libin. 2006. *Statistical LTAG parsing*. Philadelphia: University of Pennsylvania dissertation.

Shen, Libin, Lucas Champollion & Aravind K. Joshi. 2008. LTAG-spinal and the treebank: A new resource for incremental, dependency and semantic parsing. *Language Resources and Evaluation* 42(1). 1–19.

Shieber, Stuart M. 1984. Direct parsing of ID/LP grammars. *Linguistics and Philosophy* 7(2). 135–154.

Shieber, Stuart M. 1985. Evidence against the context-freeness of natural language. *Linguistics and Philosophy* 8. 333–343.

Shieber, Stuart M. 1994. Restricting the weak-generative capacity of Synchronous Tree-Adjoining Grammar. *Computational Intelligence* 10(4). 371–385.

Shieber, Stuart M. & Yves Schabes. 1990. Synchronous Tree-Adjoining Grammars. In *Proceedings of the 13th international conference on computational linguistics (COLING'90)*, vol. 3, 253–258. Helsinki.

Shieber, Stuart M., Yves Schabes & Fernando C. N. Pereira. 1995. Principles and implementation of deductive parsing. *Journal of Logic Programming* 24(1&2). 3–36.

Søgaard, Anders, Timm Lichte & Wolfgang Maier. 2007. The complexity of linguistically motivated extensions of Tree-Adjoining Grammar. In *Proceedings of the 7th international conference on recent advances in natural language processing (RANLP 2007)*, Borovets, Bulgaria.

Stabler, Edward P. 1994. The finite connectivity of linguistic structure. In C. Clifton, L. Frazier & K. Rayner (eds.), *Perspectives on sentence processing*, 303–336. Hillsdale, NJ: Lawrence Erlbaum.

Stabler, Edward P. 1997. Derivational minimalism. In Christian Retoré (ed.), *Logical aspects of computational linguistics* (Lecture Notes in Computer Science 1328), 68–95. New York: Springer.

Stainton, Robert J. 1998. Quantifier phrases, meaningfulness "in isolation", and ellipsis. *Linguistics and Philosophy* 21. 311–340.

Stainton, Robert J. 2006. *Words and thoughts. Subsentences, ellipsis, and the philosophy of language.* Oxford: Oxford University Press.

von Stechow, Arnim. 1990. Status government and coherence in German. In Günther Grewendorf & Wolfgang Sternefeld (eds.), *Scrambling and barriers*, Amsterdam: John Benjamins.

von Stechow, Arnim & Wolfgang Sternefeld. 1988. *Bausteine syntaktischen Wissens.* Opladen: Westdeutscher Verlag.

Steedman, Mark. 1985. Dependency and coördination in the grammar of Dutch and English. *Language* 61(3). 523–568. http://www.jstor.org/stable/414385.

Steedman, Mark. 1990. Gapping as constituent coordination. *Linguistics and Philosophy* 13. 207–263.

Steedman, Mark. 2000. *The syntactic process.* Cambridge, MA: MIT Press.

Steiner, Ilona. 2009. Partial agreement in German: A processing issue? In Sam Featherston & Susanne Winkler (eds.), *The fruits of empirical linguistics* (Studies in Generative Grammar 102), 239–259. Berlin: de Gruyter.

Steinitz, Renate. 1992. "Modern": Argumentstruktur, "Traditionell": Valenz – Versuch eines Brückenschlags. *Linguistische Berichte* 137. 33–44.

Sternefeld, Wolfgang. 2006. *Eine morphologisch motivierte generative Beschreibung des Deutschen.* Tübingen: Stauffenburg Verlag. 2 Bände.

Sternefeld, Wolfgang. 2008. Complex predicates in German. Talk given at the University of Hiroshima, 22.02.2008. http://www2.sfs.uni-tuebingen.de/~wolfgang/Downloads/ComplexPredicates.pdf.

Stokhof, Martin & Michiel van Lambalgen. 2011. Abstractions and idealisations: The construction of modern linguistics. *Theoretical Linguistics* 37. 1–26.

Storrer, Angelika. 1992. *Verbvalenz. Theoretische und methodische Grundlagen ihrer Beschreibung in Grammatikographie und Lexikographie* (Reihe Germanistische Linguistik 126). Tübingen: Niemeyer.

Storrer, Angelika. 1996. Verbbedeutung und Situationsperspektivierung. In Joachim Grabowski, Gisela Harras & Theo Herrmann (eds.), *Bedeutung – Konzepte – Bedeutungskonzepte. Theorie und Anwendung in Linguistik und Psychologie*, 231–255. Opladen: Westdeutscher Verlag.

Storrer, Angelika. 2003. Ergänzungen und Angaben. In Vilmos Ágel, Ludwig M. Eichinger, Hans-Werner Eroms, Hans Jürgen Heringer & Henning Lobin (eds.), *Dependenz und Valenz. Ein internationales Handbuch der zeitgenössischen Forschung. An international handbook of contemporary research* (Handbücher zur Sprach- und Kommunikationswissenschaft 25.1), 764–780. Berlin: Walter de Gruyter.

Sturt, Patrick & Vincenzo Lombardo. 2005. Processing coordinated structures: Incrementality and connectedness. *Cognitive Science* 29(2). 291–305.

Suhre, Oliver. 1999. *Computational aspects of grammar formalism for languages with freer word order*. Tübingen Universität Tübingen Diplomarbeit. http://www.sfs.uni-tuebingen.de/sfb/reports/berichte/154/154abs.html. Published 2000 as Volume 154 in Arbeitspapiere des SFB 340.

Tesnière, Lucien. 1959. *Eléments de syntaxe structurale*. Paris: Klincksieck.

Uszkoreit, Hans. 1986. Linear precedence in discontinuous constituents: Complex fronting in German. CSLI report CSLI-86-47 Center for the Study of Language and Information, Stanford University Stanford.

Uszkoreit, Hans. 1987. *Word order and constituent structure in German* (CSLI Lecture Notes 8). Stanford: CSLI Publications.

Van Valin, Robert D., Jr. 2005. *Exploring the syntax-semantics interface*. Cambridge, UK: Cambridge University Press.

Vater, Heinz. 1978. Probleme der Verbvalenz. *Leuvense Bijdragen* 67. 267–308.

Vater, Heinz. 1981. Valenz. In G. Radden & R. Dirven (eds.), *Kasusgrammatik und Fremdsprachendidaktik* (Anglistik & Englischunterricht 14), 217–235. Trier: Wissenschaftlicher Verlag.

Vijay-Shanker, K. 1992. Using descriptions of trees in a Tree Adjoining Grammar. *Computational Linguistics* 18(4). 481–517.

Vijay-Shanker, K. & Aravind K. Joshi. 1988. Feature Structures Based Tree Adjoining Grammar. In *Proceedings of COLING*, 714–719. Budapest.

Vijay-Shanker, K., David J. Weir & Aravind K. Joshi. 1987. Characterizing structural descriptions produced by various grammatical formalisms. In *Proceedings of the 25th annual meeting of the Association for Computational Linguistics (ACL'87)*, 104–111. doi:10.3115/981175.981190. http://www.aclweb.org/anthology/P87-1015.

Vogel, Ralf. 1998. *Polyvalent verbs.* Berlin: Humboldt-Universität zu Berlin dissertation.

Vogel, Ralf. 2009. Skandal im Verbkomplex. Betrachtungen zur scheinbar inkorrekten Morphologie in infiniten Verbkomplexen des Deutschen. *Zeitschrift für Sprachwissenschaft* 28. 307–346.

Wasow, Thomas. 1972. *Anaphoric relations in English.* Cambridge, MA: MIT dissertation. http://hdl.handle.net/1721.1/12986.

Wasow, Thomas. 1979. *Anaphora in Generative Grammar* (Studies in Generative Linguistic Analysis 2). Ghent: Story-Scientia.

Wegener, Heide. 1985. *Der Dativ im heutigen Deutsch* (Studien zur deutschen Grammatik 28). Tübingen: Gunter Narr Verlag.

Weir, David J. 1988. *Characterizing mildly context-sensitive grammar formalisms.* Philadelphia: University of Pennsylvania dissertation.

Wesche, Birgit. 1995. *Symmetric coordination* (Linguistische Arbeiten 332). Tübingen: Niemeyer.

Wilder, Chris. 1994. Coordination, ATB and ellipsis. *Groninger Arbeiten zur Germanistischen Linguistik* 37. 291–331.

Wilder, Chris. 1997. Some properties of ellipsis in coordination. In Artemis Alexiadou & T. Alan Hall (eds.), *Studies on Universal Grammar and typological variation*, 59–107. Amsterdam: John Benjamins.

Wilder, Chris. 1999. Right node raising and the LCA. In *Proceedings of th 18th west coast conference in formal linguistics*, 586–598. Somerville, MA: Cascadilla Press.

Wilder, Chris. 2008. Shared constituents and linearization. In Kyle Johnson (ed.), *Topics in ellipsis*, 229–258. Cambridge, UK: Cambridge University Press.

Williams, Edwin S. 1978. Across-the-board rule application. *Linguistic Inquiry* 9(1). 31–43.

Williams, Edwin S. 1981. Tranformationless grammar. *Linguistic Inquiry* 12(4). 645–653.

Winkler, Susanne. 2005. *Ellipsis and focus in Generative Grammar* (Studies in Generative Grammar 81). Berlin: Mouton de Gruyter.

Winkler, Susanne & Kerstin Schwabe. 2003. Exploring the interfaces from the perspective of omitted structures. In Kerstin Schwabe & Susanne Winkler (eds.), *The interfaces. Deriving and interpreting omitted structures*, 1–26. Amsterdam: John Benjamins.

Wittgenstein, Ludwig. 1984. Philosophische Untersuchungen. In *Werkausgabe Band 1*, Frankfurt a. M.: Suhrkamp.

Wöllstein-Leisten, Angelika. 2001. *Die Syntax der dritten Konstruktion.* Tübingen: Stauffenburg Verlag.

Woods, William A. 1970. Transition network grammars for natural language analysis. *Commun. ACM* 13. 591–606.

Wunderlich, Dieter. 1985. Über die Argumente des Verbs. *Linguistische Berichte* 97. 183–227.

Wunderlich, Dieter. 1988. Some problems of coordination in German. In Uwe Reyle & Christian Rohrer (eds.), *Natural language parsing and linguistic theories,* 289–316. Dordrecht: Reidel.

Wurmbrand, Susanne. 2001. *Infinitives. Restructuring and clause structure* (Studies in Generative Grammar 55). Berlin: de Gruyter.

Wurmbrand, Susanne. 2003. Results of a corpus search on "long passive". http://wurmbrand.uconn.edu/Papers/long-passive.pdf.

Xia, Fei. 2001. *Automatic grammar generation from two different perspectives.* Philadelphia: University of Pennsylvania dissertation. http://faculty.washington.edu/fxia/papers_from_penn/thesis.pdf.

Xia, Fei, Martha Palmer & K. Vijay-Shanker. 2010. Developing Tree-Adjoining Grammars with lexical descriptions. In Srinivas Bangalore & Aravind K. Joshi (eds.), *Using complex lexical descriptions in natural language processing,* 73–110. Cambridge, MA: MIT Press.

XTAG Research Group. 2001. A Lexicalized Tree Adjoining Grammar for English. Tech. rep. Institute for Research in Cognitive Science, University of Pennsylvania Philadelphia.

Yanofsky, Nancy M. 1978. NP utterances. In *Papers from the 14th regional meeting of the Chicago linguistic society,* 491–502.

Yatabe, Shuichi. 2002. A linearization-based theory of summative agreement in peripheral-node raising constructions. In *Proceedings of the 9th international conference on Head-Driven Phrase Structure Grammar,* 391–411.

Zifonun, Gisela. 2003. Grundlagen der Valenz. In Vilmos Ágel, Ludwig M. Eichinger, Hans-Werner Eroms, Hans Jürgen Heringer & Henning Lobin (eds.), *Dependenz und Valenz. Ein internationales Handbuch der zeitgenössischen Forschung* (Handbücher zur Sprach- und Kommunikationswissenschaft 25.1), 352–377. Berlin: Walter de Gruyter.

Zifonun, Gisela, Ludger Hoffmann & Bruno Strecker. 1997. *Grammatik der deutschen Sprache.* Berlin: de Gruyter.

Zwicky, Arnold. 1986. Concatenation and liberation. In *Proceedings of the twenty-second regional meeting (general session) of the Chicago linguistics society,* 65–74.

Michaelis, Jens, 128
Modina, Larissa, 40, 41
Möhl, Mathias, 41, 135, 159
Mönnich, Uwe, 135
Morgan, Jerry L., 121
Müller, Beat Louis, 86
Müller, Gereon, 336
Müller, Stefan, 9, 29, 30, 42, 44, 50, 54,
58, 65, 71, 74, 77, 95, 154–156,
158, 164, 166, 200–202, 208,
213, 224, 232, 247, 333, 349,
355
Munn, Alan, 95
Muskens, Reinhard, 167

Nakazawa, Tsuneko, 164, 167, 206, 208
Nasr, Alexis, 254
Nederhof, Mark-Jan, 164
Neijt-Kappen, Anna H., 106, 109
Nerbonne, John, 164
Nesson, Rebecca, 314
Neuhaus, Peter, 41
Niv, Michael, 148, 149, 154, 186
Nivre, Joakim, 41

Oliva, Karel, 41
Oppenrieder, Wilhelm, 95
Ortner, Hanspeter, 25, 32, 86
Osborne, Thomas, vi, 263, 282–284,
286
Otsuka, Masayuki, 113

Palmer, Martha, 351
Parmentier, Yannick, 170, 192, 237, 254,
351
Parsons, Terence, 347
Pereira, Fernando C. N., 102, 262, 289,
294
Perrier, Guy, 254

Pickering, Martin, 100, 263
Plátek, Martin, 41
Pollard, Carl J., 1, 29, 73, 156, 164, 247
Popowich, Fred, 248, 314
Postal, Paul M., 96, 112
Prolo, Carlos A., 237
Przepiórkowski, Adam, 341
Pullum, Geoffrey K., 35, 129, 165

Rambow, Owen, 70, 134, 136, 143, 144,
146–156, 169–174, 176, 182, 186,
240, 241, 254
Reape, Mike, 166, 167
Reich, Ingo, 92, 94, 95, 97, 98, 105, 117
Reis, Marga, 54, 55, 65, 73, 199
Richter, Frank, 166
Romero, Maribel, 130, 137, 144, 251,
262
Ross, John R., 102–104, 111, 112, 117,
261, 263, 279, 280
Rutten, Jean, 58, 68
Ryant, Neville, 137

Sabel, Joachim, 64, 70, 163
Sag, Ivan A., 1, 29, 85, 87, 156, 266,
282, 341
Sagot, Benoît, vi, 273–277, 288–291,
309
Sailer, Manfred, 166
Sampson, Geoffrey R., 32
Sarkar, Anoop, 268–272, 277, 304, 309,
310, 383
Satta, Giorgio, 155, 164, 171, 193, 240
Schabes, Yves, 1, 129, 131, 135, 142, 147,
174, 247, 268, 289, 305, 314
Scheffler, Tatjana, 137, 251
Schirn, Matthias, 25
Schlangen, David, 116, 117, 262, 266
Schmitz, Sylvain, 254

# Sachregister